강화 학습

JN434594

한빛아카데미
Hanbit Academy, Inc.

지은이 **오일석** isoh@jbnu.ac.kr

전북대학교 컴퓨터인공지능학부 교수로 재직 중입니다. 서울대학교 컴퓨터공학부를 졸업하고, KAIST 전산학과에서 박사학위를 받았으며 주요 연구 분야는 기계학습, 컴퓨터 비전, 인공지능입니다. 저서로는 한빛아카데미의 『컴퓨터 비전과 딥러닝』(세종도서 2023년 우수학술도서), 『파이썬으로 만드는 인공지능』(세종도서 2021년 우수학술도서), 『R로 배우는 데이터 과학』, 『기계학습』(대한민국학술원 2018년 우수학술도서), 『컴퓨터 비전』(대한민국학술원 2015년 우수학술 도서)과 교보문고의 『패턴인식』(문화체육관광부 2009년 우수학술도서), 『C 프로그래밍과 스타일링』(2009년), 인피니티북스의 『세상을 여는 컴퓨터 이야기』(2020년)가 있고 역서로는 한빛아카데미의 『앱인벤터2』(2015년)가 있습니다.

강화 학습

초판발행 2025년 7월 24일

지은이 오일석 / **펴낸이** 전태호

펴낸곳 한빛아카데미(주) / **주소** 서울시 서대문구 연희로2길 62 한빛아카데미(주) 2층

전화 02-336-7112 / **팩스** 02-336-7199

등록 2013년 1월 14일 제2017-000063호 / **ISBN** 979-11-7340-007-0 93000

총괄 박현진 / **책임편집** 김성무 / **기획·편집** 정지윤 / **교정** 권수연

디자인 표지 이아란, 윤혜원 내지 윤혜원 / **전산편집** 백지선 / **제작** 박성우, 김정우

영업 김호철, 김태진, 김성삼, 이정훈, 임현기, 이성훈, 김주성, 심지연

이 책에 대한 의견이나 오탈자 및 잘못된 내용은 출판사 홈페이지나 아래 이메일로 알려주십시오.
파본은 구매처에서 교환하실 수 있습니다. 책값은 뒤표지에 표시되어 있습니다.

홈페이지 www.hanbit.co.kr / 이메일 question@hanbit.co.kr

강화 학습

기초 개념부터 최신 알고리즘까지
이론과 실습을 통해 응용으로 가는 길

오일석 지음

REINFORCEMENT
LEARNING

한빛아카데미
Hanbit Academy, Inc.

저자 머리말

아이가 자전거 타기를 배우는 과정은 참으로 신비롭다. 도저히 불가능해 보이던 일이 가능해졌을 때의 기쁨이란! 그런데 불가능이 가능으로 바뀌는 이 과정에서 무엇이 작용한 걸까? 시도하고 넘어지고, 어쩌다 조금 나아가고, 또 넘어지고, 조금 더 나아가고…. 뇌는 정보 처리를 통해 이런 시행착오를 반복한다. 뇌는 자신이 생성한 데이터를 바탕으로 좋은 행동은 강화하고 나쁜 행동은 억제하는 방식으로 학습한다. 한마디로, 사람은 강화 학습을 통해 자전거 타기를 배운다.

아빠가 알려준 요령만 반복하는 아이보다, 그걸 기본으로 삼아 이런저런 행동을 스스로 구상하고 시도하는 아이가 더 빨리 배운다. 강화 학습 관점에서 보면, 탐험 요인을 적절히 활용하는 알고리즘이 그렇지 못한 알고리즘보다 성능이 뛰어나다. 이전에 경험한 행동을 기억했다가 학습에 잘 활용하는 아이는 그렇지 못한 아이보다 더 빠르게 배운다. 강화 학습 관점으로 말하면, 메모리 버퍼를 활용하여 데이터 효율을 높인 알고리즘이 그렇지 못한 알고리즘보다 성능이 뛰어나다. 이런 이유로 기계 학습 방법 중에서 강화 학습이 사람의 지능과 가장 닮았다고 말한다.

현대 강화 학습 알고리즘은 이미 아타리 비디오 게임, 바둑, 스타크래프트 등에서 인간의 수준을 넘어섰고, 자율주행과 지능 로봇의 실용화도 이뤄냈다. 최근에는 잠복 공간과 월드 모델을 학습하고, 흉내 학습이나 MCTS와 같은 다른 알고리즘과 결합함으로써 학습 모델의 과업 일반화 능력을 확장해 나가고 있다.

이 책은 강화 학습을 구상plot에서 시작하여 상세detail로 나아가는 방식으로 설명한다. 화가가 스케치를 통해 밑그림을 그린 다음 음영과 색을 가지고 그림을 완성하듯이, 이 책은 동기와 발상을 통해 기본 아이디어를 설명한 다음 수식과 알고리즘을 가지고 프로그램을 완성한다. 먼저 왜 새로운 발상이 필요한지와 발상을 떠받치는 기본 원리를 설명한다. 그런 다음 수식을 유도하고, 유도된 수식을 이용해 알고리즘을 작성한다. 마지막 단계에서는 프로그래밍 실습과 성능 분석을 수행한다.

이 책은 이론과 실습의 균형을 중요하게 다룬다. 텐서플로와 Gymnasium 라이브러리를 활용한 73개의 프로그램을 제공함으로써 프로그래밍 실습이 충분히 이루어질 수 있게 한다. 이전 프로그램에서 달라진 점을 분명히 설명함으로써 새로운 알고리즘의 본질을 직관적으로 이해할 수 있게 배려한다. 이론과 실습이 서로 보완하는 이러한 설명 방식은 창의적 아이디어를 불러일으키고 프로그래밍을 통해 경쟁력 있는 제품을 만들 힘을 키워줄 것이다.

1~2장은 강화 학습을 공부하는 데 필요한 개념과 기본 원리를 설명한다. 3~5장은 표 기반 방법으로서 동적 프로그래밍, 몬테카를로 방법, Sarsa, Q-러닝을 설명한다. 6~7장은 신경망 기반으로 전환하는 방법을 설명하고, 딥러닝과 Q-러닝을 결합한 DQN을 제시한다. 8~10장은 정책 기반 방법으로 REINFORCE, A2C, A3C, TRPO, PPO를 설명한다. 11장은 DQN과 정책 기반을 결합한 방법으로

DDPG, TD3, SAC를 설명한다. 12장은 사람이 생성한 시연 데이터를 사용하는 흉내 학습을 소개한다. 13장은 비디오 게임, 보드 게임, LLM, 자율주행, 지능 로봇 분야에서 강화 학습을 실제로 어떻게 활용했는지 최신 사례를 중심으로 상세히 설명한다. 이 책을 공부하려면 파이썬 언어에 대한 기초 실력이 필요하다. 파이썬 기초가 부족한 독자를 위해 온라인 부록으로 파이썬 기초 프로그래밍 튜토리얼을 제공한다.

기획부터 출판까지 꼼꼼하게 챙겨준 한빛아카데미㈜의 정지윤 선임께 고마운 마음을 전한다. 항상 응원해주고 행복함을 안겨주는 나의 가족, 진선, 서영, 서정, 석찬에게 한없이 감사한다.

저자 오일석

이 책의 사용 설명서

강의 보조 자료

한빛아카데미 홈페이지에서 '교수회원'으로 가입하신 분은 인증 후 교수용 강의 보조 자료를 제공받을 수 있습니다. 한빛아카데미 홈페이지 상단의 [교수전용공간] 메뉴를 클릭하세요.

http://www.hanbit.co.kr/academy

학습 보조 자료

학습에 필요한 자료와 온라인 부록은 아래 주소에서 내려받을 수 있습니다.

http://www.hanbit.co.kr/src/41007

연습문제 해답 안내

이 책은 대학 강의용 교재로 개발되었으므로 연습문제 해답은 제공하지 않습니다.

무엇을 다루는가

- 1장은 강화 학습의 개념을 소개하고, 역사와 응용, 읽을거리를 제시한다.
- 2장은 마르코프 결정 프로세스(MDP)를 소개하고, 정책과 가치 함수를 포함하여 중요한 용어와 원리를 설명한다. Gymnasium 라이브러리를 이용한 프로그래밍을 시작한다.
- 3장은 벨만 방정식과 벨만 최적 방정식을 소개하고, 동적 프로그래밍 학습 알고리즘을 설명한다.
- 4장은 에피소드 데이터를 활용하여 정책을 학습하는 몬테카를로 학습 알고리즘을 설명한다.
- 5장은 한 순간의 데이터를 활용하는 시간차 학습 알고리즘으로서 Sarsa와 Q-러닝을 설명한다. 3~5장의 표 기반 방식의 한계를 설명하고 신경망으로 전환해야 할 필요성을 제시한다.
- 6장은 신경망의 원리를 간략하게 소개하고, 신경망을 이용하여 Q-러닝을 구현한다. 텐서플로 라이브러리를 이용한 프로그래밍을 시작한다.
- 7장은 딥러닝을 Q-러닝과 결합한 DQN 알고리즘을 설명한다. DQN을 이용하여 퐁 아타리 게임을 학습하는 프로그래밍 실습을 수행한다.
- 8장은 3~7장의 가치 기반 방법을 정책 기반으로 전환하는 데 필요한 정책 그레이디언트 정리를 소개한다. REINFORCE 학습 알고리즘을 설명하고 실습한다.
- 9장은 정책과 가치 함수가 협력하는 행동가-비평가 방법으로서 A2C와 A3C 학습 알고리즘을 설명한다.

- 10장은 신뢰 영역 안에서 정책을 학습하는 TRPO와 PPO 학습 알고리즘을 설명한다. MuJoCo 라이브러리가 제공하는 로봇 과업에 PPO를 적용하는 실습을 수행한다.
- 11장은 가치 기반과 정책 기반을 결합한 DDPG와 TD3, SAC 학습 알고리즘을 설명한다.
- 12장은 시연 데이터를 활용한 흉내 학습을 설명한다.
- 13장은 비디오 게임, 보드 게임, LLM, 자율주행, 지능 로봇 분야에서 최신 제품을 뽑아 강화 학습을 어떻게 활용했는지 상세히 설명한다. 흉내 학습과 MCTS와 결합한 혼합 알고리즘, 잠복 공간과 월드 모델을 통한 과업 일반화 달성 등을 상세히 소개한다. 강화 학습을 통해 AGI로 나아가는 길을 제시한다.

표기

aeb	$a \times 10^b$(예를 들어, $2.3e3 = 2.3 \times 10^3$)
$a \ll b$	a는 b보다 훨씬 작다.
$a \approx b$	a와 b는 근사하게 같다.
$[a,b)$	a보다 크거나 같고 b보다 작은 범위. [과]은 경곗값을 포함하고 (과)은 포함하지 않음 (예를 들어, [1,3]은 1 이상이고 3 이하인 범위, [1,3)은 1 이상이고 3 미만인 범위)
$\mathbf{a}$	d차원의 벡터 $\mathbf{a} = (a_1, a_2, \cdots, a_d)$
$\lVert\mathbf{a}\rVert_2$	벡터 $\mathbf{a}$의 놈norm으로서 $\lVert\mathbf{a}\rVert_2 = \sqrt{a_1^2 + a_2^2 + \cdots + a_d^2}$
$\lVert\mathbf{a}\rVert_2^2$	벡터 $\mathbf{a}$의 놈의 제곱으로서 $\lVert\mathbf{a}\rVert_2^2 = a_1^2 + a_2^2 + \cdots + a_d^2$
$\max(\mathbf{a})$	벡터 $\mathbf{a}$에서 최대 요솟값
$\min(\mathbf{a})$	벡터 $\mathbf{a}$에서 최소 요솟값
$\text{argmax}_i(\mathbf{a})$	벡터 $\mathbf{a}$에서 최대 요소의 인덱스
$\text{argmin}_i(\mathbf{a})$	벡터 $\mathbf{a}$에서 최소 요소의 인덱스
$\text{argmax}_\theta f(\theta)$	$f(\theta)$를 최대로 하는 θ 값
$\text{argmin}_\theta f(\theta)$	$f(\theta)$를 최소로 하는 θ 값
$a \sim p$	확률 분포 p에서 샘플링한 a
$\mathbb{E}(x)$	확률변수random variable x의 기댓값
$\log(a)$	a의 로그값
$\exp(a)$	e^a (e는 자연상수natural constant로서 2.71828⋯)

목차

CHAPTER 05 시간차 학습

CHAPTER 13 고급 응용

알고리즘 목차

프로그램 목차

CHAPTER 01
소개

CHAPTER 01 소개

Preview

아이가 걸음마를 배우는 과정은 신비롭다. 아이의 학습 과정을 [그림 1-1]에서처럼 시간 흐름에 따라 관찰하면, 아이는 매 순간 어떤 행동을 취한다. 좋은 행동을 취하면 즐거움을 느끼는 양의 보상을 얻고, 나쁜 행동을 취하면 넘어져 아픔을 느끼는 음의 보상을 얻는다. 아이는 양의 보상을 받은 좋은 행동은 늘리고, 음의 보상을 받은 나쁜 행동은 줄인다. 이런 학습 과정을 반복하면 어느새 뛰어다니며 신나게 노는 아이로 성장한다.

그림 1-1 인간의 강화 학습

이런 고도의 지능적인 학습 과정을 기계가 흉내 낼 수 있을까? 이 책은 바로 이 질문에서 출발한다. 강화 학습은 이에 긍정적인 답을 제공한다.

1

강화 학습이란

모든 동물은 자신에게 유리한 행동을 학습할 수 있어야만 생존할 수 있다. 학습 능력이 뛰어난 개체는 그렇지 않은 개체보다 더 나은 생존 가능성을 가진다. 이 절에서는 동물의 강화 학습을 살펴보고, 컴퓨터로 이를 어떻게 모방할지에 대해 생각해본다.

1. 동물의 강화 학습

[그림 1-2]는 행동 심리학자 스키너Skinner가 고안한 스키너 상자Skinner box이다. 이 장치는 다양한 조합으로 실험을 설계할 수 있도록 만들어졌다. 예를 들어 파란 불이 켜져 있을 때 쥐가 손잡이를 누르면 맛있는 치즈라는 양의 보상positive reward을 얻고, 빨간 불이 켜져 있을 때 손잡이를 누르면 감전에 따른 고통이라는 음의 보상negative reward을 받는 환경을 설정할 수 있다. 처음에는 쥐가 반반의 확률로 양의 보상 또는 음의 보상을 받지만, 시간이 지나면서 파란 불일 때 선택은 강화되고 빨간 불일 때 선택은 억제된다. 심리학자들은 동물의 이런 학습 과정을 좋은 보상에 해당하는 행동을 점점 더 많이 선택, 즉 강화한다는 의미에서 강화 학습Reinforcement Learning이라 부른다[Niv2009].

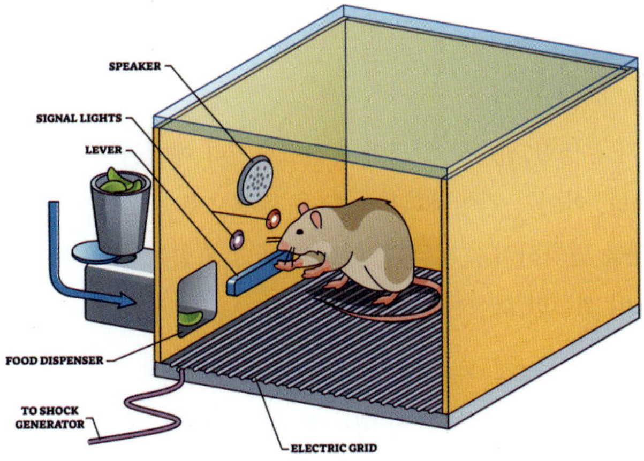

그림 1-2 스키너 상자

강화 학습은 인간의 학습 과정에서도 쉽게 찾아볼 수 있다. [그림 1-1]에서 보았듯이, 아이가 걸음마를 배우는 과정도 좋은 행동을 점점 늘려가는 대표적인 강화 학습이다. 이외에도 수영, 자전거 타기, 자동차 운전, 축구, 목공 등은 모두 강화 학습을 통해 이루어진다. 신체를 사용하는 과업뿐만 아니라 정신적인 영역에서도 강화 학습이 작용한다. 상대의 마음을 얻기 위해서는 상대의 반응을 잘 살펴 양의 보상을 받는 행동을 강화해야 한다.

이들 사례는 학습하는 주체, 주체와 상호작용하는 환경, 주체가 취하는 행동, 행동에 따라 변하는 상태, 그리고 주어진 보상 등의 요소에서 차이를 보이지만, 모두 동일한 기본 원리 아래에서 작동한다. 강화 학습에서는 학습하는 주체를 에이전트agent라 부르고 에이전트가 상호작용interaction하는 외부 세계를 환경environment이라 부른다. [그림 1-1]의 경우 아이의 두뇌는 에이전트, 아이의 몸은 환경으로 볼 수 있다. 에이전트는 오랜 시간 환경과 상호작용하면서 보상을 최대화하는 행동을 학습한다.

2. 기계의 강화 학습

강화 학습reinforcement learning을 컴퓨터로 구현하려면 수학을 이용하여 문제를 정의하고 해결 방법을 구상해야 한다. [그림 1-3]은 에이전트가 환경과 상호작용하는 방식을 설명한다. 에이전트는 행동action을 선택한다. 환경은 행동에 따라 상태state를 변화시키며 적절한 보상reward을 제공한다. 이런 상호작용은 순간time-step 0에서 시작하여 순간 1, 2, 3, …으로 진행된다.

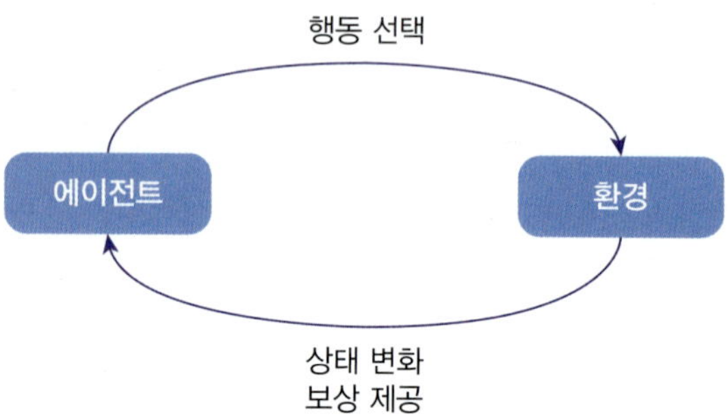

그림 1-3 강화 학습에서 에이전트와 환경의 상호작용

에이전트와 환경을 구분하는 일은 과업task에 따라 분명한 경우도 있지만 혼란스럽거나 애매한 경우도 있다. 예를 들어 [그림 1-1]에서 아이를 에이전트로, 아이가 기어다니는 바닥을 환경으로 간주할 수도 있다. 하지만 이렇게 설정하면 아이의 행동이 상태를 변화시키지 않는다. 아이가 왼발에 힘을 주는 행동을 했다고 해서 바닥의 상태가 변할 리 없으며 바닥이 적절한 보상을 제공하는 것도 아니다.

따라서 아이의 두뇌를 에이전트, 아이의 몸을 환경으로 설정하는 것이 더 적절하다. 두뇌(에이전트)에서 "왼발에 힘을 주라"는 신호가 발생하면 이 신호가 행동에 해당하며, 이 행동에 따라 몸(환경)의 상태가 변한다. 만약 환경이 좋은 상태로 바뀌면 양의 보상이 주어지며 나쁜 상태로 바뀌면 음의 보상이 주어진다.

이와 유사하게 이족 보행 로봇에서는 모터에 보낼 구동 신호를 결정하는 제어 장치를 에이전트, 로봇의 나머지 부분을 환경으로 보는 것이 적절하다. 자율주행차의 경우 자동차의 움직임을 결정하는 제어 박스를 에이전트, 제어 박스를 제외한 나머지 부품과 도로를 환경으로 보는 것이 합리적이다.

자율주행차에서 행동은 무엇일까? 엑셀, 핸들 조작, 브레이크, 깜빡이 등의 조합으로 행동을 표현할 수 있다. 깜빡이의 경우 좌, 우, 없음의 세 가지 선택지만 존재하므로 유한하지만, 엑셀을 밟는 정도는 연속적이므로 무한하다. 하지만 실질적인 계산을 위해 엑셀 강도를 몇 단계로 나누면 유한한 값으로 표현할 수 있다. 그렇다면 상태는 어떻게 표현할까? 또한 보상은 무엇일까? 강화 학습을 구현하려면 이들 질문에 명확하게 답을 해야 한다.

강화 학습은 지능적으로 게임을 플레이하는 프로그램을 개발하는 데 널리 활용된다. 대표적인 사례가 이세돌 9단을 이긴 알파고AlphaGo다. 그렇다면 바둑에서 에이전트와 환경은 무엇이고, 행동과 상태, 보상은 무엇일까? [그림 1-4]는 19×19의 바둑판에서 벌어지는 게임 예시를 보여준다. 빨간 테두리는 해당 순간에 둔 돌을 표시한다.

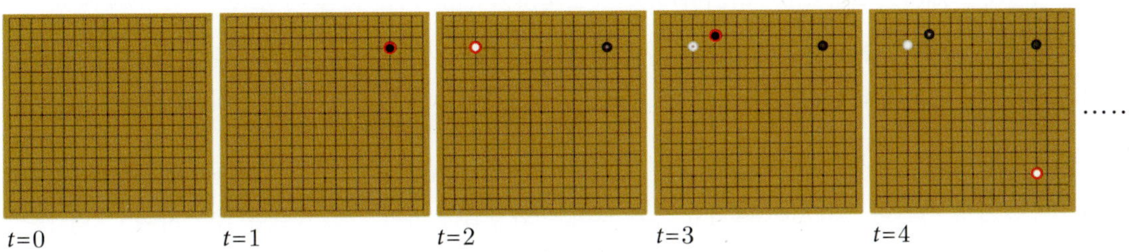

그림 1-4 바둑 게임의 상태 변화

바둑에서는 돌을 둘 곳을 결정하는 프로그램을 에이전트, 바둑판을 환경이라고 간주하면 합리적이다. 행동과 상태, 보상은 무엇일까? 에이전트가 할 일은 돌을 놓는 위치를 결정하는 것이기 때문에 돌의 위치가 행동action에 해당한다. 바둑판은 19×19 격자이므로 행동은 {(1,1), (1,2), ⋯, (1,19), (2,1), (2,2), ⋯, (19,19)}의 유한 집합을 구성한다. 상태state는 돌이 놓여 있는 격자 상황이다. [그림 1-4]는 순간time step $t=0$에서 시작하여 $t=1,2,3,4$일 때 상태를 보여준다. 게임이 진행되는 동안에 보상으로 0을 주고 승패가 결정된 종료 상태에서는 이기면 +1, 지면 −1의 보상을 준다.

이처럼 실제로 의미 있는 보상이 늦게 제공되는 경우가 많으며, 이를 지연 보상delayed reward이라 한다. 바둑의 경우, 다양한 전략과 복잡한 상황이 존재하여 가능한 상태의 수가 사실상 무한에 가깝다. 이러한 방대한 상태 공간을 효율적으로 표현하고 빠르게 처리하는 방법, 그리고 지연된 보상의 희소한 정보를 효과적으로 학습하는 방법이 강화 학습의 핵심 과제다. 현대 강화 학습 기법들은 이러한 문제를 해결하기 위한 다양한 접근법을 제공한다.

2

기계 학습 = 지도 학습 + 비지도 학습 + 강화 학습

인공지능 초창기에는 사람의 경험 규칙을 모으고 정제한 다음 프로그래밍을 통해 인공지능 시스템을 개발하는 규칙 기반 방법론rule-based methodology이 주로 사용되었다. 그러나 규칙 기반 방법론은 실용화 수준의 성능을 달성하는 데 한계가 있다. 세상에는 인간의 지식과 추론을 통해 표현한 규칙 집합보다 훨씬 복잡한 불확실성이 존재하기 때문이다. 이러한 한계를 극복하기 위해 기계 학습 방법론machine learning methodology이 개발되었다. 기계 학습은 현실 세계에서 수집한 대용량 데이터를 활용하여 모델을 학습하고, 이를 통해 인공지능 시스템을 구현한다.

예전에는 기계 학습을 보통 지도 학습supervised learning과 비지도 학습unsupervised learning으로 구분하였다. 그러나 최근에는 강화 학습의 중요성이 커지고 응용 분야가 확장됨에 따라 강화 학습을 추가하여 [그림 1-5] 처럼 세 가지로 구분한다. 편의상 여기서는 입력 데이터를 영상으로 가정했지만, 자연어 처리의 경우에는 영상 대신 문장을 입력으로 생각하면 된다.

[그림 1-5(a)]의 지도 학습은 입력 영상의 부류를 알아내는 분류classification 문제의 사례를 보여준다. 훈련 집합train set에 포함된 각 영상에는 부류 정보가 포함되어 있다. 부류 정보는 사람이 미리 달아둔 레이블label이며, 이를 참값ground truth(GT)이라고 부른다. 즉, 모델에게 정답을 알려주며 학습시키는 방식이기 때문에 지도 학습이라 한다.

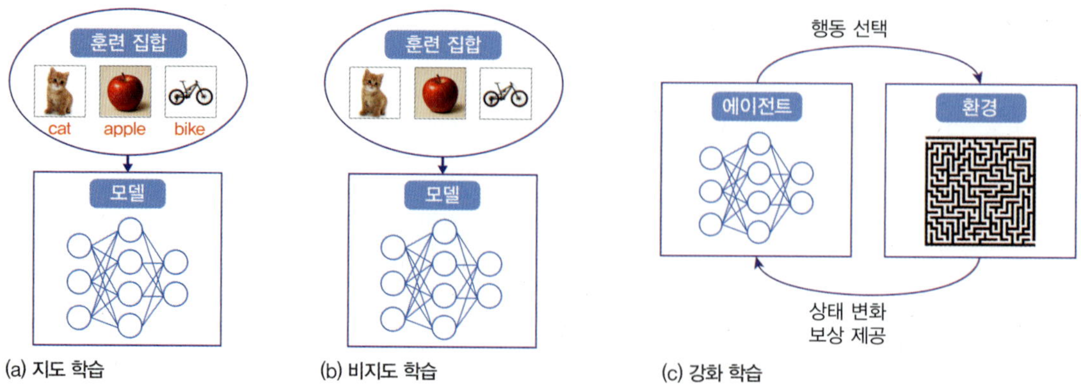

그림 1-5 기계 학습의 종류

[그림 1-5(b)]의 비지도 학습은 레이블 없이 영상만 준다. 학습 알고리즘은 유사한 영상을 그룹화하는 군집화clustering 또는 훨씬 적은 수의 값으로 영상을 표현하는 차원 축소dimensionality reduction와 특징 추출feature extraction 등을 수행한다. 최근에는 훈련 집합을 활용하여 학습한 후, 기존 영상과 유사한 가짜 영상을 생성하는 생성 모델generative model이 크게 발전했다.

[그림 1-4]의 바둑 프로그램은 지도 학습이나 비지도 학습만으로 구현할 수 없다. [그림 1-5(c)]처럼 에이전트와 환경이 있고, 에이전트는 행동을 선택하고 환경은 상태와 보상을 제공하는 방식의 강화 학습이 필요하다. 지도 학습이나 비지도 학습은 미리 데이터를 준비한 후 학습을 시작하는 반면, 강화 학습은 에이전트가 환경과 상호작용하면서 데이터를 직접 생성하여 학습한다. 따라서 강화 학습에서는 사람이 사전에 훈련 집합을 준비할 필요가 없다. 대신 에이전트가 행동을 선택하면 환경이 적절한 확률 규칙에 따라 현재 상태를 다음 상태로 전환하고 적절한 보상을 제공하도록 설계해야 한다. 예를 들어 [그림 1-4]의 바둑에서는 에이전트가 한 수를 선택하면, 그 수를 바둑판에 추가하여 다음 상태로 전환하고, 승패가 결정되지 않으면 보상 0을, 승패가 결정되면 이긴 경우 +1, 진 경우 −1의 보상을 주는 환경을 설계하면 된다.

[그림 1-6]은 강화 학습과 지도 학습이 데이터를 생성하고 소비하는 과정을 좀 더 자세하게 설명한다. 강화 학습에서 에이전트는 정책policy을 통해 행동을 선택하는데, 처음에는 어떤 정책이 좋을지 모르기 때문에 랜덤하게 정책을 초기화한 후 학습을 시작한다. 학습 알고리즘은 정책을 이용하여 에피소드episode라 부르는 데이터를 생성하고, 이를 바탕으로 정책을 점진적으로 개선한다. 개선된 정책은 개선된 에피소드를 생성하고, 다시 그 에피소드로 정책을 추가로 개선하는 과정을 반복하면서 최적의 정책에 도달한다. 이 학습 전략이 강화 학습의 핵심이다. [그림 1-6(a)]는 강화 학습의 학습 전략을 설명한다. 한편, 지도 학습은 [그림 1-6(b)]가 보여 주듯이 먼저 수동으로 샘플을 레이블링하여 데이터 준비를 마치면 그때서야 학습을 시작한다. 요약하면, 강화 학습은 학습 과정과 데이터 생성이 밀접하게 결합되어 있는 반면, 지도 학습은 데이터 준비와 학습이 철저히 분리되어 순차적으로 진행된다. 이 점이 강화 학습과 지도 학습을 구별하는 가장 두드러진 특징이다.

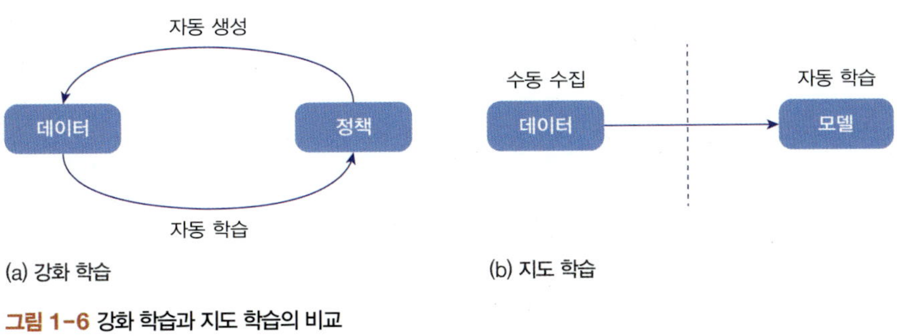

그림 1-6 강화 학습과 지도 학습의 비교

강화 학습은 인공일반지능artificial general intelligence(AGI)에 가장 가까운 학습 방법으로 평가된다[Silver2021]. 이는 인간의 학습 방식과 유사하게, 사전에 준비된 데이터를 활용하는 대신 실시간으로 환경과 상호작용하며 최적의 정책을 학습하기 때문이다.

3
성공 사례와 응용 분야

강화 학습에는 인공지능의 혁신으로 여겨지는 많은 성공 스토리가 있다. 최근 응용 분야가 확대되면서 더 많은 성공 사례가 발표되고 있으며, 이러한 성과는 연구자들에게 강한 동기를 부여한다.

1. 성공 사례

대표적인 성공 사례 다섯 가지를 소개한다. [그림 1-7]은 이와 관련된 그림이다.

- **TD-Gammon**: 백개먼Backgammon은 두 명의 플레이어가 검은 말과 빨간 말을 번갈아 움직이며 진행하는 게임이다. 주사위 두 개를 던져 나온 눈의 수에 따라 자신의 말을 이동시키며, 모든 말을 보드에서 먼저 빼내는 쪽이 이긴다. Gerald Tesauro는 1990년대 초반부터 백개먼을 플레이하는 인공지능 프로그램을 개발하기 시작하였다. 초기에는 지도 학습을 이용해 신경망을 학습한 NeuroGammon이라는 프로그램을 만들었으나 성능이 낮은 편이었다. 이후 강화 학습에 주목하여 시간차 학습temporal difference learning 알고리즘을 적용해 신경망을 학습함으로써 성능을 크게 향상시켰다[Tesauro1995]. 이 프로그램은 학습 알고리즘의 이름을 따서 TD-Gammon이라 불리며, 세계 챔피언과 겨룰 정도의 성능을 자랑한다. 시간차 학습은 5장에서 다룬다.
- **아타리 게임**Atari game: 1977년에 출시되어 큰 인기를 끌었던 아타리Atari 사의 비디오 게임기는 약 3천만 대 이상 판매되었으나, 1992년 생산이 중단되었다. Volodymyr Mnih는 49종의 아타리 게임을 자동으로 플레이하는 인공지능 프로그램을 개발하였으며, 대부분 게임에서 전문가 수준 이상의 성능을 달성하였다[Mnih2015]. 놀라운 점은 서로 다른 특성을 가진 게임에 동일한 신경망 구조와 하이퍼 매개변수를 적용함으로써 게임 간 일반화 능력을 입증한 사실이다. 비디오 게임에서 화면 영상은 상태에 해당하고, 입력 장치의 버튼과 조이스틱 움직임 등이 행동에 해당한다. 이 신경망 모델은 상태에 해당하는 210×160 컬러 영상을 입력받아 행동에 해당하는 18개 값을 출력한다. 7장에서 DQN 학습 알고리즘을 이용하여 퐁 아타리 게임을 구현하는 프로그래밍 실습을 한다.
- **알파고**AlphaGo: 2016년, 알파고는 세계 바둑 최고수인 이세돌을 4:1로 이겼다. 알파고는 19×19 바둑판의 상태에서 특징을 추출하는 컨볼루션 신경망convolutional neural network(CNN), 빠른 속도로 많은 수를 두어

최적에 가까운 수를 찾아내는 몬테카를로 트리 탐색Monte Carlo tree search(MCTS), 그리고 최적 정책을 학습하는 강화 학습이 결합된 시스템이다[Silver2016, Silver2017].

알파고는 먼저 프로 기사가 둔 기보 데이터를 훈련 집합으로 활용하여 지도 학습을 수행한 후, 프로그램 복사본 두 개가 스스로 대국을 펼치는 자기 대전self-play을 통해 강화 학습을 진행한다. 이후 등장한 알파고 제로AlphaGo Zero는 기존 기보를 사용하지 않고 오직 자기 대전만으로 학습을 진행했으며, 기존 알파고를 백전백승으로 이겼다. 13.3절에서 몬테카를로 트리 탐색과 강화 학습을 결합하는 방법을 설명하며, 알파고가 알파고 제로, 알파 제로, 뮤제로로 발전하는 과정을 설명한다.

- **파쿠르 로봇**Parkour robot: 파쿠르는 맨몸으로 장애물을 극복하면서 목표 지점에 도달하는 스포츠다. 로봇 공학자들은 파쿠르 동작을 수행할 수 있는 로봇 개발에 집중해 왔으며, 그 결과 장애물 뛰어넘기, 공중제비, 바닥 기기, 철봉 매달리기 등 복잡한 동작을 거의 완벽하게 수행하는 로봇을 만들었다[Zhuang2023, Zhuang2024]. 파쿠르 로봇은 예상치 못한 다양한 지형지물에 효과적으로 대처해야 하므로 일반화 능력이 뛰어나야 한다. Zhuang은 컴퓨터 비전 기능을 갖춘 사족 로봇 Unitree A1과 휴머노이드 로봇 Unitree H1을 이용하여 파쿠르 로봇을 제작하고 관련 기술을 공개했다. 해당 연구의 시연 영상은 파쿠르 웹사이트(https://robot-parkour.github.io)에서 확인할 수 있다. 이 로봇은 강화 학습 알고리즘으로 PPOproximal policy optimization를 사용하였는데 PPO 알고리즘은 10장에서 소개한다.

- **ChatGPT**: GPTgenerative pre-trained transformer는 인터넷에서 수집한 방대한 양의 문서 데이터를 학습하여 만들어진 인공지능 모델이다[Zhao2023]. 이러한 문서에는 욕설이나 인종 차별과 같은 부적절한 내용이 포함될 수 있어 그대로 대중에게 공개할 경우 심각한 사회적 문제가 발생할 수 있다. 이를 해결하는 한 가지 방법은 데이터를 사전에 검토하고 필터링하는 것이지만, 이 방법은 막대한 노동력이 필요하다는 또 다른 문제를 야기한다. OpenAI는 보다 효율적인 해결책으로 얼라인먼트 학습alignment learning을 적용하였으며, 이 과정에서 강화 학습을 활용했다. 얼라인먼트 학습을 위해 먼저 적절한 보상 함수를 정의해야 하는데, OpenAI는 이를 위해 40명의 전문가를 채용하여 데이터를 수집하고 보상 함수를 학습하였다[Ouyang2022].

  PPO 알고리즘은 이 보상 함수를 이용하여 GPT를 얼라인먼트한다. 이렇게 얼라인먼트된 GPT가 바로 ChatGPT이다. PPO는 10장에서 소개한다. 한편 OpenAI의 경쟁사인 앤스로픽Anthropic의 클로드Claude 역시 강화 학습을 통해 얼라인먼트 학습을 수행하였다[Bai2022].

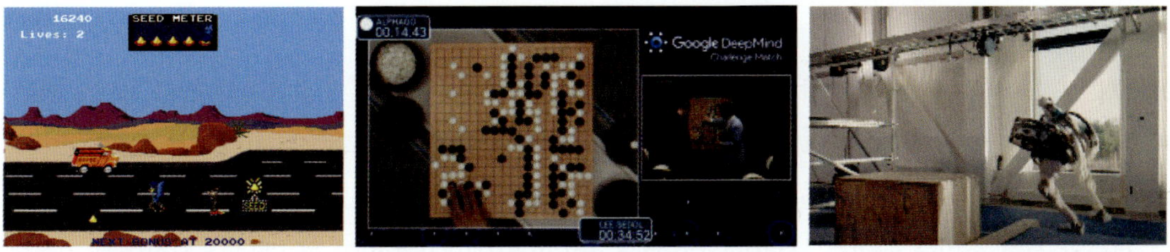

그림 1-7 강화 학습의 성공 사례(왼쪽부터 아타리 게임, 알파고, 파쿠르 로봇)

2. 응용 분야

강화 학습의 응용 분야는 매우 다양하고 점점 확장되고 있다. 이 절에서는 분야별 대표적인 성공 사례를 설명하고, 관련 문헌을 제시하여 독자가 보다 자세한 내용을 직접 탐색할 수 있도록 유도한다. 응용 분야를 잘 정리한 논문으로 [Li2018]을 추천한다.

- **게임**: 게임은 성공 스토리가 가장 많은 분야다. 1.3.1절에서 소개한 TD-Gammon과 알파고, 아타리 비디오 게임 외에도 StarCraft Ⅱ 에서 전문 플레이어 수준을 달성한 AlphaStar[Vinyals2019], Dota 2에서 프로게이머 수준의 실력을 갖춘 OpenAI의 OpenAI Five[OpenAI2019], 포커 챔피언을 이긴 Pluribus 등이 있다[Brown2019].
- **로봇**: 이족 또는 사족 보행 로봇이 걷기, 점프와 같은 기본 동작부터, 이를 조합한 복잡한 동작을 학습하는 데에는 강화 학습이 가장 효과적이다. 또한 공장 로봇에게 일하는 순서를 가르칠 때도 강화 학습을 널리 사용한다[Singh2021]. OpenAI는 강화 학습을 적용해 다섯 손가락을 가진 로봇이 정교한 손재주를 수행하도록 학습시켰다[Andrychowicz2019]. 구글은 탁구 치는 로봇을 강화 학습을 이용하여 개발하였다[D'Ambrosio2024]. 1.3.1절에서 소개한 파쿠르 로봇도 여기에 해당한다.
- **자연어 처리**: 1.3.1절에서 소개한 바와 같이, 현대 대규모 언어 모델large language model(LLM) 대부분은 사용성을 사람에게 맞추는 얼라인먼트 학습에서 강화 학습을 적극적으로 사용한다[Du2023, Ouyang2022]. 또한 언어 번역, 음성 인식, 문헌 요약 등 자연어 처리의 핵심 응용 분야에서도 강화 학습을 널리 활용한다. 다자가 참여하는 대화형 인공지능conversational AI을 구현할 때, 혼재된 메시지에서 개별 메시지를 효과적으로 분리하는 문제를 해결하는 데에도 강화 학습을 사용한다[Bhukar2023].
- **컴퓨터 비전**: 강화 학습은 컴퓨터 비전의 세부 주제인 랜드마크 위치 찾기, 물체 검출, 물체 추적, 정합, 영상 분할, 비디오 분석에 널리 활용되고 있다[Le2022]. 최근에는 사람 애니메이션 및 군중 애니메이션에 강화 학습을 적용한 사례가 늘고 있다[Kwiatkowski2022]. 이외에도 사람 수 세기[Liu2020], 그림 그리기 배우기[Huang2019] 등 흥미로운 응용 사례도 많다.
- **자율주행**self-driving: 자율주행차를 개발하려면 센싱과 처리, 구동의 세 단계를 자동화해야 한다. 초기에는 개별 모듈을 제작한 후 이를 결합하는 방식이 일반적이었으나, 최근에는 전체 과정을 동시에 최적화하는 통째 학습end-to-end learning에 대한 관심이 커지고 있다[Chen2024a, Ozaibi2024, Kiran2022a]. 통째 학습을 구현할 때는 강화 학습 또는 강화 학습과 유사한 흉내 학습imitation learning을 주로 사용한다[Chitta2023]. 또한 자율주행 시스템의 안전성을 검증하는 과정에서도 강화 학습이 활용된다[Feng2023].
- **에너지**: 재생 에너지의 비중이 커지면서 다양하고 분산된 에너지 자원을 효율적으로 생산, 전송, 배분, 저장, 과금하는 일이 점점 중요해지고 있다. 이런 복잡한 과정을 효율적으로 처리하기 위해 강화 학습이 점점 많이 사용된다[Klaiber2023, Hou2022, Perera2021, Cao2020]. 예를 들어, 가정 내 가전 제품의 전력 소비를 줄이는 노력[Vazquez-Canteli2019], 변동성이 큰 에너지 시장에서 기온에

따른 효율적인 구매량 결정[Naghibi-Sistani2006], 구글 데이터센터의 냉방비 절감[Google2018, Luo2022] 등 다양한 응용 사례가 있다.

- **추천**: 유튜브는 비디오 콘텐츠뿐만 아니라 광고도 개인 맞춤형으로 제공하는 추천recommendation 시스템을 운영한다[Covington2016]. 추천 시스템의 대상은 책, 친구, 상품, 영화, 기사 등 다양하다. 예전에는 통계적 분석 방법이나 지도 학습을 이용한 분류 및 예측 기법을 주로 사용하였다. 그러나 이런 방식은 사용자가 남기는 상호작용 이력 정보를 제대로 처리하지 못하는 한계가 있다. 이를 보완하기 위해 현대 추천 시스템에서는 강화 학습을 많이 사용한다[Afsar2022]. 추천하는 이유를 설명하는 연구 주제를 서베이한 논문으로 [Chatti2024, Zhang2020]을 추천한다.

- **운영체제와 클라우드 컴퓨팅**: 최근 운영체제에 인공지능을 적용하는 연구가 활발히 진행되고 있다[Zhang2024a]. 강화 학습을 이용한 사례로는 메모리 효율을 향상시키는 연구[Ipeck2008], SmartOS를 제작한 연구[Goodarzy2021] 등이 있다. 현대는 클라우드 컴퓨팅 시대다[Ruparelia2023]. 클라우드 시스템이 자원 분배와 사용자 응답을 최적화하는 데 강화 학습을 이용하는 경향이 강해지고 있다[Zhou2024, Xiu2023].

- **경제**: Neptune.ai의 블로그에서는 경제 분야에 강화 학습을 적용하는 대표적 응용으로 자동 주식 거래, 주식 챗봇, 대출 위험 관리, 포트폴리오 관리, 주식 거래 가격 전략 수립, 주식 추천, 최저 투자로 최대 수익 창출을 꼽는다[Chatterjee2024]. 관련 연구를 정리한 서베이 논문으로 [Hambly2023, Charpentier2021]을 추천한다.

- **항공**: 강화 학습은 비행 제어, 비행기 정비 스케줄링, 비행 트래픽 관리, 항공사 수익 분석 등 다양한 항공 분야에 활용되고 있다[Razzaghi2024]. 또한 비행기 날개 설계[Dussauge2023]나 글라이더 활공 계획[Reddy2018]과 같은 흥미로운 응용 사례도 있다.

- **의료**: 인공지능 기술이 가장 활발하게 적용되는 분야 중 하나가 바로 의료이다[Rajpurkar2022, Alowais2023]. 이들 응용 연구 대부분은 의료 영상 분석을 통한 발병 진단, 병변 영역 분할 등의 지도 학습에 집중되어 있다. 그러나 장기간 추적 관찰이 필요한 만성질환이나 환자의 이력을 살펴야 정확한 진단을 할 수 있는 문제에서는 지도 학습의 한계가 있으며, 강화 학습은 이런 경우에 매우 효과적이다[Yu2021, Zhou2021]. 수술 장면을 대화 방식으로 시뮬레이션할 수 있는 시스템을 개발한 사례가 있다[Koju2025].

- **농업**: 수확, 전정, 잡초 제거, 농약 뿌리기 등 여러 농업 과업을 지도 학습으로 자동화하는 연구가 활발히 진행되고 있다[Chen2024b]. 최근에는 순차적인 의사 결정이 필요한 과업에 강화 학습을 적용하는 사례가 늘고 있다[Binas2019]. 바헤닝언 대학Wageningen University의 연구팀은 작물 생장 모델링에 강화 학습을 적용하는 연구를 진행하고 있으며, Gymnasium 라이브러리에 CropGym이라는 과업을 추가하여 농업에 강화 학습을 적용하는 연구를 촉진하고 있다[Kallenberg2023]. 또한 강화 학습을 활용한 농업 분야의 디지털 트윈 연구도 진행 중이다[Goldenits2024].

- **과학 발견**: 과학에서 새로운 패턴을 발견하는 일은 창조적인 과정이다. 뉴턴[Isaac Newton]의 만유인력, 케플러[Johannes Kepler]의 행성 운동 법칙, 다윈[Charles Darwin]의 진화론, 캐러더스[Wallace Carothers]의 나일론 등이 대표적인 사례다. 이러한 창의적인 발견을 인공지능이 할 수 있을까? 현대 인공지능 기술은 신약 개발, 신물질 발견, 단백질 구조 발견, 수학 공식 발견 등에 널리 활용되고 있다[Lu2024, Toner-Rodgers2024, Wang2023]. 단백질 구조를 예측하는 알파폴드[AlphaFold]를 개발한 허사비스[Demis Hassabis]와 베이커[David Baker], 점퍼[John Jumper]는 2024년 노벨 화학상을 수상하였다. 알파폴드는 지도 학습과 비지도 학습을 결합하여 개발하였으나, 최근에는 강화 학습을 추가하여 성능을 개선한 사례가 발표되고 있다[Aderinwale2024]. 한편 행렬 곱셈을 가장 빨리할 수 있는 공식을 강화 학습으로 찾아낸 재미있는 사례도 있다[Fawzi2022].

4

간략 역사

리처드 서튼Richard S. Sutton의 책 [Sutton2018]은 각 장의 끝에 'Bibliographical and Historical Remarks'를 두어 관련 연구와 역사를 체계적으로 정리하고 있다. 1장은 특별히 1.7절 'Early History of Reinforcement Learning'에서 강화 학습의 초기 역사를 상세히 설명한다. 또한 14장의 끝에 수록된 'Comments on Terminology'에서는 '강화', '보상', '행동'이라는 용어가 심리학이나 인지 과학에서는 컴퓨터 분야와 어떻게 다르게 사용되어 왔는지 상세히 설명한다.

강화 학습의 연구는 다양한 학문적 배경과 발전 과정을 거쳐 정립되었다. 초기에는 행동 심리학과 인지 과학에서 개념을 차용했으며, 이후 컴퓨터 과학과 수학적 이론을 바탕으로 체계화되었다. 서베이 논문은 이러한 연구 흐름과 역사를 정리하는 데 유용한 자료가 된다. 강화 학습의 초기 서베이 논문으로 [Kaelbling1996], 딥러닝 시대의 서베이 논문으로 [Wang2024a, Francois-Lavet2018]을 추천한다.

[표 1-1]은 강화 학습의 역사를 요약한다. 정책 그레이디언트 정리나 시간차 알고리즘처럼 강화 학습과 직접적으로 관련된 사건도 있고, 몬테카를로 샘플링이나 다층 퍼셉트론처럼 일반적인 방법론이지만 강화 학습에서 중요한 도구로 활용되는 간접적인 관련 사건도 포함되어 있다. 역사적 사건을 보다 명확하게 이해할 수 있도록 관련 문헌을 함께 제시한다.

표 1-1 강화 학습의 간략 역사

연도	사건
1947	몬테카를로 방법 탄생[Metropolis1987, Eckhardt1987]
1957	리처드 벨만(Richard E. Bellman), 『Dynamic Programming』 출간[Bellman1957]
1958	프랭크 로젠블랫(Frank Rosenblatt), 퍼셉트론 제안[Rosenblatt1958]
1959	Checkers 프로그램에서 시간차 아이디어 창안[Samuel1959, Sutton2018(16.2절)]
1983	강화 학습으로 CartPole 과업 해결 및 행동가-비평가 알고리즘 창안[Barto1983]
1986	데이비드 루멜하트(David E. Rumelhart), 다층 퍼셉트론을 설명한 『Parallel Distributed Processing』 출간[Rumelhart1986]
1988	시간차 아이디어를 강화 학습의 주요 알고리즘으로 정립[Sutton1988]
1989	Q-러닝 창안[Watkins1989]
1992	백개먼을 플레이하는 TD-Gammon 공개[Tesauro1992, Tesauro1995] REINFORCE 알고리즘 탄생[Williams1992]
1993	바둑 프로그램에 처음으로 몬테카를로 방법 적용[Brugmann1993]

연도	사건
1994	Sarsa 알고리즘 창안[Rummery1994]
1998	컨볼루션 신경망을 실용화한 LeNet-5 공개[LeCun1998]
1999	정책 그레이디언트 정리 제안[Sutton1999]
2002	UCB 공식 탄생[Auer2002]
2003	Bullet Physics 라이브러리 공개[Coumans2015]
2006	UCB를 트리 탐색에 적용하는 UCT 창안[Kocsis2006]
	몬테카를로 트리 탐색 알고리즘 탄생[Coulom2006]
2012	AlexNet이 ILSVRC 대회 우승하여 딥러닝 시대 엶[Krizhevsky2012]
	아타리 게임 에뮬레이터 ALE 공개[Bellemare2013]
	MuJoCo 라이브러리 공개[Todorov2012]
2013	DQN으로 아타리 게임 정복[Mnih2013, Mnih2015]
2015	구글이 텐서플로 공개[Abadi2016]
	UC Berkeley가 가사 노동 로봇 BRETT 공개[Yang2015]
	TRPO 알고리즘 창안[Schulman2015]
2016	알파고가 이세돌을 이김[Silver2016]
	OpenAI가 Gym 라이브러리를 공개[Brockman2016]
	DeepStack 프로그램이 2인 포커 게임에서 전문가를 이김[Moravcik2017]
2017	PPO 알고리즘 창안[Schulman2017]
	알파고 제로가 알파고를 100:0으로 이김[Silver2017]
	OpenAI Five 초기 버전을 The International 2017 대회에서 공개
	사람 피드백을 강화 학습에 적용하는 RLHF 기법 제안[Christiano2017]
	PyBullet 라이브러리 공개[Coumans2016]
2018	AlphaStar가 StarCraft II 게임에서 세계 챔피언을 이김[Vinyals2019]
2019	OpenAI Five가 Dota 2 게임에서 세계 챔피언을 이김[Berner2019]
	OpenAI가 루빅스 큐브를 맞추는 로봇 공개[Akkaya2019]
	UC Berkeley가 레고 조립이 가능한 SOLAR 로봇 공개[Zhang2019]
	Pluribus 프로그램이 6명 포커 게임에서 세계 챔피언을 이김[Brown2019]
	사람 피드백을 LLM에 적용[Ziegler2019]
	엔비디아가 Isaac Sim 최초 공개[Zhou2023]
2020	컬링 로봇 Curly가 인간 컬링 팀을 이김[Won2020]
2021	OpenAI가 Gym의 관리 권한을 Farama 재단에 이관
	Farama 재단의 Gymnasium 서비스 개시[Towers2024]
	테슬라가 Optimus 로봇 공개[Malik2023]
	딥마인드가 MuJoCo를 인수하고 무료 공개[Towers2024]
2022	OpenAI가 ChatGPT를 대중에 공개[Bubeck2023]
	딥마인드가 MuJoCo를 오픈소스로 공개[DeepMind2022]
2023	앤스로픽이 Claude를 대중에 공개[Bai2022]
	구글이 Gemini를 대중에 공개[Gemini-team2023]
2024	학술 논문을 자동 생성하는 The AI Scientist 공개[Lu2024]
	구글이 탁구 로봇 공개[D'Ambrosio2024]
	알파폴드에 강화 학습을 적용한 연구[Aderinwale2024]
	딥마인드가 Genie와 Genie2 공개[Bruce2024, Parker-Holder2024]
2025	민첩한 휴머노이드 ASAP 로봇 공개[He2025]
	Sutton과 Barto가 2024년 Turing Award 수상(https://awards.acm.org/about/2024-turing)
	Gemini Robotics 공개[DeepMind2025]

5

읽을거리

강화 학습을 공부하는 데 도움이 될 교육 콘텐츠는 풍부하다. 먼저 많이 읽히거나 인터넷에 공개된 강화 학습에 관련된 도서를 소개한다. 앞쪽에 있는 네 권은 인터넷에 공개되어 있다.

- **『Reinforcement Learning: An Introduction』 2nd Edition [Sutton2018]**: 강화 학습의 바이블로 평가되는 책이다. 1998년에 1판, 2018년에 2판이 출간되었다. 2판의 무료 pdf를 http://incompleteideas.net/book/the-book-2nd.html에서 내려받을 수 있다.
- **『Algorithms for Reinforcement Learning』 [Szepesvari2009]**: 분량은 적지만 강화 학습의 핵심 내용을 잘 정리한 책이다. 무료 pdf를 https://sites.ualberta.ca/~szepesva/rlbook.html에서 내려받을 수 있다.
- **『Deep Reinforcement Learning: Fundamentals, Research and Applications』 [Dong2020]**: 여러 저자가 다양한 관점에서 작성한 글을 체계적으로 편집한 책이다. 1부 기초, 2부 연구, 3부 응용으로 구성되며, 텐서플로로 구현한 파이썬 코드가 제공된다. 무료 pdf를 https://link.springer.com/content/pdf/10.1007/978-981-15-4095-0.pdf에서 내려받을 수 있다.
- **『Reinforcement Learning for Sequential Decision and Optimal Control』 [Li2023a]**: 제목에 최적 제어가 포함되어 있지만 실제로는 일반적인 내용을 소개한다. 무료 pdf를 https://link.springer.com/book/10.1007/978-981-19-7784-8에서 내려받을 수 있다.
- **『Foundations of Deep Reinforcement Learning: Theory and Practice in Python』 [Graesser 2020]**: 1부 정책과 가치 기반 알고리즘, 2부 혼합 방법, 3부 실용 상세, 4부 환경 설계로 구성된다. 이론 설명과 함께 파이토치 코드를 제시한다.
- **『Grokking Deep Reinforcement Learning』 [Morales2020]**: 1부 강화 학습 기초, 2부 알고리즘과 응용으로 구성된다. 이론 설명과 함께 파이토치 코드를 제시한다.
- **『Deep Reinforcement Learning Hands-On』 [Lapan2024]**: 1부 강화 학습 소개, 2부 가치 기반 방법, 3부 정책 기반 방법, 4부 고급 강화 학습으로 구성된다. 이론 설명과 함께 파이토치 코드를 제시한다.

- **『Reinforcement Learning: Theory and Python Implementation』[Xiao2024]**: 1부 기초, 2부 가치 기반 방법, 3부 정책 기반 방법으로 구성된다. 이론 설명과 함께 텐서플로 코드를 제시한다.

현대 강화 학습은 딥러닝과 밀접하게 결합되어 있다. 딥러닝을 깊이 있게 이해하기 위해서는 다음 책을 추천한다. 두 권 모두 인터넷에 공개되어 있다.

- **『Dive into Deep Learning』[Zhang2024b]**: 온라인에서 지속적으로 업데이트되는 책으로 최신 딥러닝을 폭넓고 깊이 있게 설명한다. 텐서플로, Jax, 파이토치를 이용한 실습을 제공한다. 강화 학습을 다루는 장이 있으며, 무료 pdf를 https://d2l.ai에서 내려받을 수 있다.
- **『Deep Learning』[Goodfellow2016]**: 2016년까지 개발된 딥러닝 내용을 심도 있게 다룬 책으로, 강화 학습을 다루지는 않는다. 무료 원고를 https://www.deeplearningbook.org에서 내려받을 수 있다.

강화 학습을 공부하는 사람들이 많이 찾는 유명한 웹사이트를 소개한다.

- **허깅페이스**HuggingFace: 허깅페이스는 인공지능 커뮤니티 사이트로, 강화 학습을 공부할 수 있는 교육 프로그램을 제공한다. 일정한 내용을 이수하면 인증서를 발급해준다. URL은 https://huggingface.co/learn/deep-rl-course이다.
- **OpenAI**: OpenAI는 Gymnasium 라이브러리를 개발하여 강화 학습에 크게 기여했다. 또한 Spinning Up이라는 튜토리얼을 제공하며 강화 학습 교육 자료도 운영하고 있다. URL은 https://spinningup.openai.com이다.
- **UC Berkeley**: UC Berkeley의 유명한 강의 웹사이트로 Joshua Achiam 교수가 제공하는 https://rail.eecs.berkeley.edu/deeprlcourse-fa17/f17docs와 Sergey Levine 교수가 제공하는 https://rail.eecs.berkeley.edu/deeprlcourse가 있다.
- **스탠퍼드 대학**: Emma Brunskill 교수가 제공하는 https://stanford.edu/class/cs234가 있다. 유튜브에서 'stanford cs234'로 검색하면 동영상 강의를 찾을 수 있다.
- **Google DeepMind**: Google DeepMind는 UCL University College London과 협력하여 인공지능 강의 콘텐츠를 제공한다. 강화 학습에 대한 강의도 포함되어 있다. https://www.youtube.com/@googledeepmind/playlists에 접속하면 2015년 판(Silver가 제공하는 10개 강의 동영상), 2018년 판(Hasselt가 제공하는 10개 강의 동영상), 2021년 판(Hasselt가 제공하는 13개 강의 동영상)을 볼 수 있다. 알파고 제작을 주도한 David Silver 박사가 제공하는 2015년 판은 오래되었지만 여전히 가장 인기 있는 강의다. 2015년 판은 https://www.davidsilver.uk/teaching에서도 볼 수 있다.
- **개인 블로그**: 강화 학습을 설명하는 개인 블로그가 많은데, Lilian Weng의 블로그가 가장 많이 참조된다[Weng2025]. 여러 딥러닝 주제를 잘 요약해 제공하는데, 그중 강화 학습에 관련된 내용으로 "The multi-armed bandit problem and its solutions", "A long peek into reinforcement

learning", "Policy gradient algorithms", "Implementing deep reinforcement learning models with TensorFlow+OpenAI Gym", "Domain randomization for sim2real transfer", "Meta reinforcement learning", "Curriculum for reinforcement learning", "Exploration strategies in deep reinforcement learning", "Reward hacking in reinforcement learning"이 있다.

서베이 논문도 읽어볼 것을 권장한다. 이러한 논문은 강화 학습의 기본 원리를 잘 설명하고 있어 튜토리얼 역할을 겸한다. 딥러닝 이전 시대를 다루는 대표 논문은 1996년에 발표된 [Kaelbling1996]이다. 딥러닝 시대의 대표 논문으로는 [Jaeger2023, Francois-Lavet2018, Li2018, Arulkumaran2017, Shakya2023]을 추천한다.

연습문제

1 [표 1-1]은 강화 학습의 간략한 역사를 정리한 것이다. 표에 제시된 사건 중 하나를 선택하여 자세히 조사하시오.

2 아이가 한적한 도로에서 자전거 타는 법을 배우고 있다. 이 상황에서 에이전트는 무엇이고, 환경은 무엇인지 각각 기술하시오.

3 John R. Anderson 교수가 제안한 ACT-R에 대해 조사하고, 이것이 강화 학습과 어떤 관련성이 있는지 설명하시오.

4 Yael Niv 교수의 논문 [Niv2009]를 읽고,[1] 인간 두뇌의 의사결정 과정과 강화 학습 간의 공통점과 차이점을 에세이 형식으로 작성하시오.

5 강화 학습 없이 지도 학습만으로 바둑 프로그램을 만들었을 때 도달한 수준이 어느 정도였는지 조사하시오.
Hint 알파고 논문 [Silver2016]을 참고하시오.[2]

6 전 세계적으로 많은 사람들이 강화 학습 알고리즘을 구현할 때 파이썬 언어를 사용한다. 이 책 역시 파이썬을 사용한다. 그 이유를 설명하시오.

7 2024년 튜링상Turing Award은 Andrew G. Barto와 Richard S. Sutton이 공동 수상하였다. 이들의 수상이 미래 인공지능 기술 발전 측면에서 어떤 의미를 가지는지 에세이로 작성하시오.

---

1 [Niv2009] Yael Niv, "Reinforcement learning in the brain," Journal of Mathematical Psychology.

2 [Silver2016] David Silver et al., "Mastering the game of Go with deep neural networks and tree search," Nature.

CHAPTER 02

강화 학습 기초 다지기

CHAPTER 02 강화 학습 기초 다지기

Preview

동물은 생존을 위해 때때로 순간적인 보상을 희생하는 대신 긴 시간 누적한 보상, 즉 이득을 최대화하는 전략을 구사한다. [그림 2-1]은 누 떼가 건너편에 있는 풀밭으로 이동하려고 악어가 득실거리는 강을 건너는 장면이다. 세상은 불확실성 투성이기 때문에 누 떼는 단순히 한 번이 아닌 수십 년간 쌓인 경험을 활용하여 강을 건널지 결정한다. 수학적으로 표현하면 기대 이득expected return을 통해 의사결정을 한다. 바둑에서도 비슷한 전략이 사용된다. 고수는 대마를 살리기 위해 종종 작은 집을 희생한다.

그림 2-1 순간 보상을 희생함으로써 이득을 최대화하는 누 떼

2장에서는 강화 학습 문제를 수학적으로 공식화하고, 이를 알고리즘으로 변환한 뒤, 프로그래밍하는 과정의 첫발을 뗀다. 다양한 형태의 예제 과업을 통해 강화 학습에서 사용하는 용어와 공식을 직관적으로 이해할 수 있도록 돕는다. 또한 파이썬 프로그래밍 실습을 시작함으로써 강화 학습의 세계로 본격적으로 들어간다.

1

환경과 상호작용하는 에이전트

이 절에서는 에이전트와 환경의 구성요소 및 상호작용 방식을 수학적으로 정의한다. 강화 학습에서는 이러한 과정을 마르코프 결정 프로세스로 표현한다.

1. 마르코프 결정 프로세스

[그림 2-2]는 에이전트와 환경이 상호작용하는 과정을 마르코프 결정 프로세스Markov decision process(MDP)로 표현한다. 마르코프 결정 프로세스를 MDP로 줄여 부른다. MDP에서 에이전트는 행동을 선택하고, 환경은 행동을 실행하여 상태를 변화시키고 보상을 제공한다. 이러한 과정은 시간 축을 따라 반복된다.

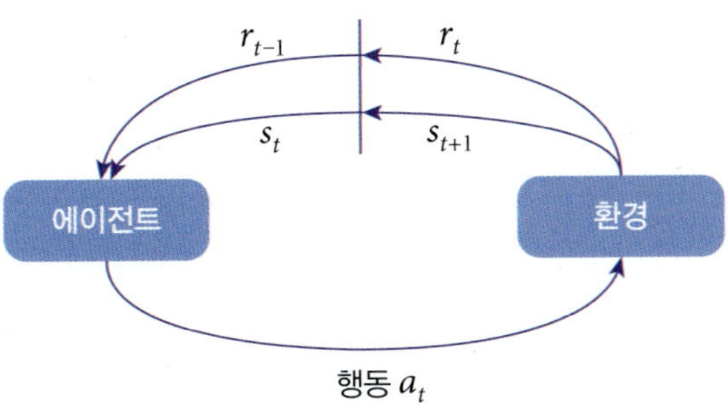

(a) 사이클로 표현

$$[-,s_0]a_0[r_0,s_1]a_1[r_1,s_2]a_2\cdots\cdots[r_{t-1},s_t]a_t[r_t,s_{t+1}]a_{t+1}\cdots\cdots[r_{T-2},s_{T-1}]a_{T-1}[r_{T-1},s_T]$$

(b) 펼쳐서 표현

그림 2-2 마르코프 결정 프로세스

[그림 2-2]에 따르면 순간time step t에서 환경은 s_t 상태에 있다. 이 상태에서 에이전트가 a_t라는 행동을 선택하면 다음 순간 t+1로 넘어가고 환경은 상태 s_{t+1}로 전환되고 r_t라는 보상을 제공한다. 이런 과정이 순차적으로 $t=0,1,2,3,\cdots,T$까지 반복된다. T는 종료 상태에 도달한 마지막 순간을 의미하며, 바둑에서

T는 승패가 결정된 순간이다.

이런 과정을 통해 MDP는 식 (2.1)의 에피소드episode e를 생성한다. 시작 순간에는 보상이 없다. [Sutton2018]을 포함해 일부 문헌에서는 이를 $[-,s_0]a_0[r_1,s_1]a_1[r_2,s_2]\cdots$와 같이 표기하기도 하지만, 이 책은 식 (2.1)로 표기한다.[1] 에피소드의 일부를 궤적trajectory이라고 한다. 예를 들어 $[-,s_5]a_5[r_5,s_6]a_6[r_6,s_7]$과 $[-,s_5]a_5[r_5,s_6]\cdots[r_{T-2},s_{T-1}]a_{T-1}[r_{T-1},s_T]$는 궤적이다.

$$e=[-,s_0]a_0[r_0,s_1]a_1[r_1,s_2]a_2\cdots[r_{T-2},s_{T-1}]a_{T-1}[r_{T-1},s_T] \tag{2.1}$$

식 (2.2)는 상태state, 행동action, 보상reward 공간을 정의한다. 상태 공간 $\mathcal{S}$는 발생 가능한 모든 상태의 집합이고, 행동 공간 $\mathcal{A}$는 발생 가능한 모든 행동의 집합이며, 보상 공간 $\mathcal{R}$은 발생 가능한 모든 보상의 집합이다. 2.1.2절은 예제 과업에 대해 이들 공간을 제시함으로써 직관적인 이해를 돕는다.

$$\left.\begin{array}{l} s_t \in \mathcal{S} \\ a_t \in \mathcal{A} \\ r_t \in \mathcal{R} \end{array}\right\} \tag{2.2}$$

상태는 환경이 처한 상황을 형식적으로 표현한 것이다. 상태를 설계할 때는 에이전트가 학습에 필요한 정보를 충실히 제공받을 정도가 되도록 신경 써야 한다. 강화 학습은 순간 보상 r_t 자체를 최대화하는 대신 식 (2.3)으로 정의되는 누적 보상accumulated reward, 즉 이득return R을 최대화한다. e는 식 (2.1)로 정의되는 에피소드이고, z는 순간 t에서 시작하는 궤적이다.

$$\left.\begin{array}{l} R(e)=\sum\limits_{i=0,1,\cdots,T-1} r_i \\ R(z)=\sum\limits_{i=t,t+1,\cdots,T-1} r_i \end{array}\right\} \tag{2.3}$$

강화 학습의 최종 목표는 기대 이득expected reward을 최대화하는 것이다. 누 떼는 단 한 번의 경험만을 바탕으로 의사결정을 하지 않는다. 대신 수십 년간의 경험을 통해 얻은 이득의 기댓값을 통해 강을 건널지 말지를 판단한다. 수학적으로 표현하면, 식 (2.3)의 이득 R의 기댓값, 즉 기대 이득 $\mathbb{E}(R)$을 이용한다. 기댓값 $\mathbb{E}$에 대해서는 2.4.3절에서 설명한다. 이는 바둑, 비디오 게임, 자전거 타기, 수영, 목공 등 인간의 학습 과정에서도 동일하게 적용된다. 기대 이득을 최대화한다는 목표는 동물과 기계의 강화 학습에 두루 적용되는 보편 진리다.

---

1 논리적으로는 행동을 수행한 후에 상태가 바뀌고 보상이 발생하므로 $[-,s_0]a_0[r_1,s_1]a_1[r_2,s_2]\cdots$로 표기하는 것이 합리적이다. 하지만 현대적인 학습 알고리즘은 현재 상태 s에서 행동 a를 취했을 때 발생하는 보상 r, 즉 s-a-r을 단위 정보로 활용하여 학습한다. 따라서 $[-,s_0]a_0[r_1,s_1]a_1[r_2,s_2]\cdots$로 표기하면 단위 정보가 s_t-a_t-r_{t+1}이 되어 보상을 저장하는 배열의 인덱스가 오른쪽으로 한 칸 밀려 코딩할 때 혼란이 발생한다. 이런 이유 때문에 현대적인 강화 학습 알고리즘은 주로 식 (2.1)의 표기를 사용한다.

2. 과업 사례

구체적인 과업을 살펴보면서 MDP 개념을 보다 직관적으로 이해해보자. 과업은 행동의 성질에 따라 이산 과업과 연속 과업으로 나뉜다. 행동을 이산 값으로 표현할 수 있으면 이산 과업discrete task이라 부른다. 바둑에서의 행동은 19×19 격자 내 특정 위치에 돌을 두는 것이므로 가능한 행동이 유한개로 정해져 있어 이산 과업에 해당한다. 반면, 행동이 연속적인 값을 가지면 연속 과업continuous task이라 부른다. 이족 로봇에게 걷기를 가르치는 과업인 BipedalWalker의 경우 모터에 가하는 힘을 나타내는 실수 값으로 행동을 표현하기 때문에 연속 과업에 해당한다. 여기서는 일곱 가지 과업을 예시하는데 이 중 틱택토를 제외한 모든 과업은 Gymnasium 라이브러리에서 환경을 제공한다.

이산 과업

앞으로 이 책에서 프로그래밍 예제로 사용할 네 가지 주요 이산 과업을 소개한다.

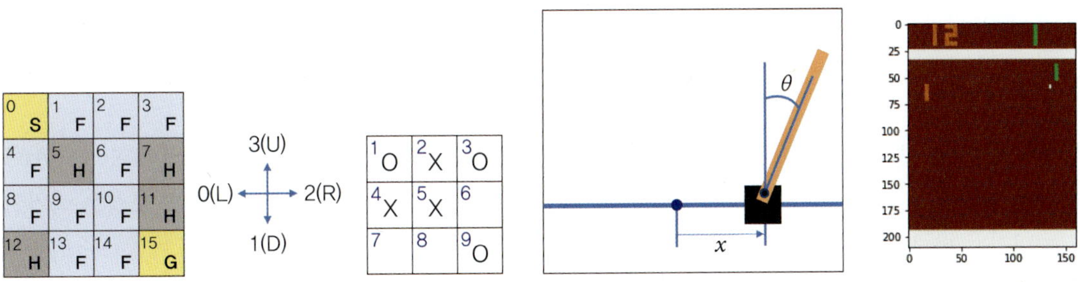

(a) FrozenLake (b) 틱택토 (c) CartPole (d) 퐁 게임

그림 2-3 이산 과업 사례

예제 2-1 **FrozenLake**

[그림 2-3(a)]는 Gymnasium이 제공하는 FrozenLake 과업이다. 아주 단순해서 강화 학습의 개념과 용어를 설명하는 데 적합하다. 4×4 보드에서 0번에 해당하는 S(Start) 칸에서 출발하여 15번에 해당하는 G(Goal) 칸에 도달하는 것이 목표다. 종료 상태에 해당하는 G 칸에 도달하면 보상 1을 받고 끝난다. F(Frozen) 칸은 두꺼운 얼음이 있어 올라가도 되지만 H(Hole) 칸은 살얼음이라 올라가면 꺼진다. H 칸에 도달하면 보상 0을 받고 종료된다. 플레이어는 보드의 정보를 모르며, L(왼쪽), R(오른쪽), D(아래), U(위) 네 방향으로 이동할 수 있다. 보드 밖으로 나가려 하면 제자리를 유지한다.

FrozenLake 과업에서는 4×4 보드가 환경이고 이동을 결정하는 플레이어가 에이전트다. 식 (2.2)의 상태 공간 $\mathcal{S}$, 행동 공간 $\mathcal{A}$, 보상 공간 $\mathcal{R}$은 무엇일까? 플레이어가 있는 칸의 번호를 상태로 하면 합리적이다. 집합 $\mathcal{S}$의 크기는 $|\mathcal{S}|=16$이다. 어떤 칸에서 에이전트가 취할 수 있는 행동은 L, R, D, U 네 가지다. 보상은 G 상태에 도달하면 1을 받고, 나머지 상태에서는 0을 받는다.

$$\mathcal{S}=\{0,1,2,3,4,5,6,7,8,9,10,11,12,13,14,15\}$$

$$\mathcal{A}=\{0(L),1(D),2(R),3(U)\}$$

$$\mathcal{R}=\{1,0\}$$

상태를 4×4 배열에 플레이어가 있는 칸은 1, 나머지 칸은 0으로 표시해도 되는데, 이렇게 하면 프로그래밍이 덜 간결하다. 플레이어는 특정 순간 한 곳에만 있을 수 있기 때문에 칸의 번호, 즉 정수 하나로 상태를 표현하는 것이 현명하다.

예제 2-2 틱택토

[그림 2-3(b)]의 틱택토는 3×3 보드에서 O와 X가 번갈아 가며 수를 두는 게임이다. 가로, 세로, 대각선 방향으로 연속된 세 칸을 먼저 차지하는 플레이어가 승리한다. 그림에서 O가 둘 차례라면 6번 칸에 두어 3–6–9를 차지하면 O가 이긴다. 틱택토는 게임이 단순하여 두 플레이어의 지능이 어느 수준 이상이면 항상 비기는 결과가 나온다. 하지만 강화 학습에서는 알고리즘을 설명하는 데 적합한 크기라 종종 활용된다.

틱택토 게임의 상태는 3×3 배열로 표현하거나, 123456789 순서로 나열한 문자열(OXOXX−−−O)로 나타낼 수도 있다. 여기서 −은 빈칸을 의미한다. 칸에 수를 두는 행위가 행동에 해당한다. 보상은 이기면 1, 지면 −1, 비기면 0이다.

$$\mathcal{S}=\{---------,O--------,\cdots\cdots,OXOXX---O,\cdots\}$$

$$\mathcal{A}=\{1,2,3,4,5,6,7,8,9\}$$

$$\mathcal{R}=\{1,0,-1\}$$

상태 공간의 크기, 즉 서로 다른 상태의 개수에 대해 생각해보자. 9개의 칸 각각이 O, X, −의 세 가지 값 중 하나를 가지므로 $|\mathcal{S}|=3^9=19683$이다. 하지만 실제로 발생할 수 없는 상태도 존재하므로, 실제 상태 공간 크기는 이보다 작다. 이 크기는 충분히 감당할 만한 수준이다.

한편 19×19 보드를 사용하는 바둑 게임에서는 한 위치가 흑, 백, 비어 있음의 세 값 중 하나이므로 상태 공간의 크기는 $|\mathcal{S}|=3^{361}\cong1.74\times10^{172}$다. 이 숫자는 천문학적으로 큰 수로, 바둑 프로그램을 구현하기 어려운 근본적인 원인이 된다. 참고로, 천문학자들은 우주의 부피를 3.58×10^{80}㎥로 추정하는데, 우주를 1㎣ 크기의 모래로 채운다고 했을 때, 그 개수는 3.58×10^{89}개 정도 된다. 바둑에서 $|\mathcal{S}|$는 우주를 가득 채우는 데 필요한 모래의 개수보다도 훨씬 크다.

예제 2-3 **CartPole**

[그림 2-3(c)]는 좌우로 움직이는 수레 위에서 막대를 가능한 한 오래 세워야 하는 CartPole 과업을 보여준다. Gymnasium 라이브러리에서 수레는 가운데 파란 원점을 중심으로 x축 방향으로 움직인다. 기운 각도 θ가 ±12도를 넘거나 수레가 원점으로부터 2.4 이상 멀어지면 실패로 간주하고 종료한다. 게임은 [−0.05,0.05] 사이의 랜덤한 위치에서 시작한다. 쓰러지지 않은 채 500개 순간을 넘기면 승리한다. 순간을 넘길 때마다 보상 1을 받는다.

2.1.1절에서 에이전트가 학습하는 데 필요한 정보를 충실히 제공할 수 있도록 상태를 표현해야 한다고 강조했다. 이 관점에 따라, CartPole 과업이 상태를 어떻게 표현하는지 주의 깊게 살필 필요가 있다. 수레의 위치 x와 막대의 기운 각도 θ가 기본 정보인데, 이 두 가지 정보만으로는 상태를 표현하기에 충분하지 않다. 왜냐하면 현재 수레가 어느 방향으로 이동하고 있는지에 따라 취해야 하는 행동이 달라지기 때문이다. 따라서 Gymnasium은 수레의 속도 $\vec{x}$와 막대의 각속도 $\vec{\theta}$를 추가해서 충분한 정보를 제공한다. 행동은 수레를 왼쪽(0) 또는 오른쪽(1)으로 이동하는 것이다. 보상으로 순간을 넘길 때마다 1이 주어진다.

$$\mathcal{S}=\{x,\vec{x},\theta,\vec{\theta}\mid x,\vec{x},\theta,\vec{\theta}\text{ 는 실수}\}$$
$$\mathcal{A}=\{0(\text{왼쪽}),1(\text{오른쪽})\}$$
$$\mathcal{R}=\{1\}$$

상태를 표현하는 네 개의 변수(x, $\vec{x}$, θ, $\vec{\theta}$)가 모두 실수이므로 상태 공간은 무한하다. 따라서 표를 사용하여 정책을 표현하는 알고리즘을 사용하는 경우, 실수 범위를 적당한 구간으로 나누어야 하는 불편함이 있다.

예제 2-4 **퐁 게임**

[그림 2-3(d)]는 퐁 아타리 게임, 즉 Gymnasium이 제공하는 Pong 과업의 화면이다. 오렌지색 배트는 컴퓨터가 조작하고, 파란색 배트는 에이전트가 조작한다. 공이 다가오면 에이전트는 배트를 위 또는 아래로 이동시켜 공을 되받아 쳐내야 한다. 이 게임에서 화면 전체가 상태에 해당한다. 만약 210×160 화면을 구성하는 화소가 256단계의 명암값을 가진다면 상태 공간의 크기는 256^{33600}으로서 사실상 무한에 가깝다. 행동은 배트를 정지, 위로 이동, 아래로 이동시키는 세 가지다. 게임이 진행되는 도중에는 0, 이기면 1, 지면 −1의 보상을 받는다.

$$\mathcal{S}=\{\text{화면1,화면2,}\cdots\cdots\}$$
$$\mathcal{A}=\{0(\text{정지}),2(\text{위}),3(\text{아래})\}$$
$$\mathcal{R}=\{0,1,-1\}$$

연속 과업

아래 세 예제 과업은 행동 공간이 연속이어서 연속 과업에 해당한다.

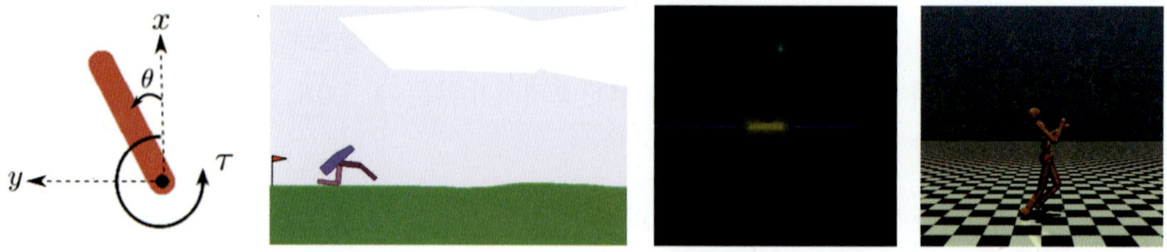

(a) Pendulum (b) BipedalWalker (c) MuJoCo

그림 2-4 연속 과업 사례

예제 2-5 **Pendulum**

[그림 2-4(a)]는 Gymnasium 라이브러리가 제공하는 Pendulum 과업이다. 이 과업의 목표는 막대에 적절한 힘을 가하여 위쪽을 향하게 한 다음 최대한 오래 머물게 하는 것이다.

이 과업에서 상태는 막대의 끝 좌표를 나타내는 x와 y, 각을 나타내는 θ로 구성되는 벡터다. 세 변수가 모두 실수이므로 상태 공간은 실수 공간이다. 행동은 막대에 가하는 회전력torque τ로서 실수다. 따라서 행동 공간은 실수 공간에 정의되며 이 과업은 연속 과업에 해당한다. 보상은 θ와 τ를 가지고 계산한다.

$$\mathcal{S}=\{(x,y,\theta)\mid x,y,\theta\text{는 실수}\}$$
$$\mathcal{A}=\{\tau\mid\tau\text{는 실수}\}$$
$$\mathcal{R}=\left\{r\,\middle|\, r=-\left(\theta^2+0.1\times\left(\frac{d\theta}{dt}\right)^2+0.001\times\tau^2\right)\right\}$$

예제 2-6 **BipedalWalker**

[그림 2-4(b)]는 무릎과 엉덩이에 각각 2개씩 관절을 가진 이족 보행 로봇을 보여준다. 넘어지지 않고 오래 걸을 수 있도록 관절에 적절한 힘을 주는 과업이다. 상태는 10개의 라이더LiDAR 센서에서 들어오는 신호를 포함하여 위치와 속도를 나타내는 24개 변수다. 앞으로 나아가면 속도에 따라 양의 보상 a를 받고, 넘어지면 -100의 보상을 받는다. 추가로 관절에 달린 모터에 가한 회전력에 따라 음의 보상을 받는다. 이 음의 보상은 로봇이 가급적 적은 힘으로 걸을 수 있게 유도한다. 행동은 4개 관절에 가하는 회전력이다. 회전력은 실수이기 때문에 BipedalWalker 역시 연속 과업에 해당한다.

$$\mathcal{S}=\{(x_1,x_2,\cdots,x_{24})\mid x_i\text{는 실수}\}$$
$$\mathcal{A}=\{(\tau_1,\tau_2,\tau_3,\tau_4)\mid\tau_i\text{는 실수}\}$$
$$\mathcal{R}=\{r\mid r=\text{앞으로 전진한 거리}-\text{모터에 가한 힘의 합, 넘어지면 }-100\}$$

예제 2-7 **MuJoCo 과업들**

MuJoCo^multi-joint dynamics with contact^는 로봇 및 동물의 신체 동작을 물리적으로 시뮬레이션하는 라이브러리다[Todorov2012]. 실제 환경의 물리 현상을 정밀하게 재현할 수 있도록 설계되어, 실전 로봇 제어에도 활용 가능한 수준의 높은 정확도를 제공한다. 공식 웹사이트는 https://mujoco.org다. 이 라이브러리는 한때 고가의 상용 제품이었으나, 2021년에 딥마인드가 인수하여 2022년에 오픈소스로 공개했다[DeepMind2022].

Gymnasium은 MuJoCo 엔진 기반의 다양한 과업을 제공하며, [그림 2-4(c)]에는 InvertedPedulum과 Humanoid 과업이 예시로 나타나 있다. InvertedPedulum은 CartPole과 같은 원리로 작동하는 과업으로, MuJoCo에서 가장 단순한 과업 중 하나다. 상태와 보상은 CartPole과 마찬가지이고, 다른 점은 행동 공간뿐이다. CartPole은 왼쪽 또는 오른쪽 중 하나를 선택해야 하기 때문에, 정교한 제어가 불가능하다. 반면 InvertedPendulum은 아래와 같이 행동 변수가 실수이므로 훨씬 세밀한 조정이 가능하다. 예를 들어 −0.6인 행동은 −0.3보다 두 배 더 강한 힘으로 수레를 왼쪽으로 움직인다. 이 과업에 대한 프로그래밍 실습은 8.5절에서 다룬다.

$$\mathcal{A}=\{\tau \mid -3\leq\tau\leq3\text{인 실수}\}$$

Humanoid 과업에서는 로봇 부속품의 위치와 속도, 무게중심 등을 포함하여 376개의 실수 변수로 상태를 표현하고 로봇 관절에 가할 회전력을 포함하여 17개 실수 변수로 행동을 표현한다.

3. MDP의 성질

MDP는 주어진 과업이 식 (2.4)의 마르코프 성질^Markov property^을 만족한다고 가정한다. 순간 0부터 순간 t까지 이력을 고려했을 때 다음 순간의 상태 확률은 직전 순간만 고려한 상태 확률과 같다는 가정이다.

$$p(s_{t+1} \mid s_0,a_0,s_1,a_1,\cdots,s_t,a_t)=p(s_{t+1} \mid s_t,a_t) \tag{2.4}$$

날씨는 마르코프 성질을 만족하지 않는다. 예를 들어 오늘 비가 올 확률은 단순히 어제 날씨에만 의존하는 것이 아니라 그제, 그끄제 등 이전 날씨까지 고려해야 보다 정확하게 예측할 수 있다. 하지만 강화 학습이 다루는 과업 대부분은 원래 마르코프 성질을 만족하거나, 그렇지 않은 경우라도 상태를 적절히 정의하여 마르코프 성질에 가깝게 만들 수 있다.

예를 들어 [그림 2-3(b)]의 틱택토에서 O가 둘 차례라면, 이전에 어떤 이력을 거쳐 이 상태에 도달했는지와 관계없이 행동 6을 선택하면 O가 이긴다. 바둑에서도 갑자기 나타난 사람이 훈수를 둔다는 것은 이전 상황과 무관하게 현재 상태만으로 다음 수를 선택할 수 있다는 뜻이다. 따라서 틱택토나 바둑과 같은 과업은 본래 마르코프 성질을 만족한다.

반면, 자율주행차의 경우 단순히 차량의 위치만 가지고 상태를 정의하면 마르코프 성질이 성립하지 않는다. 현재 위치만으로는 차량의 속도나 방향을 알 수 없기 때문이다. 그러나 위치뿐만 아니라 가속도, 휠 방향, 각속도 등을 상태에 추가하면 직전 상태만으로도 다음 상태를 정확히 예측할 수 있어 마르코프 성질에 가깝게 된다.

마르코프 성질에 따라 현재 순간 t의 상태 s_t에서 행동 a_t를 취했을 때, 다음 순간 t+1에서 상태 s_{t+1}과 보상 r_t가 발생할 확률을 식 (2.5)와 같이 나타낼 수 있다. 종종 시간을 표시하는 첨자를 생략하여 $p(s',r|s,a)$처럼 간결하게 표기한다. s와 s'는 각각 현재 순간과 다음 순간의 상태를 나타낸다.

$$p(s_{t+1},r_t \mid s_t,a_t),\ \text{줄여서 쓰면}\ p(s',r \mid s,a) \tag{2.5}$$

식 (2.5)의 확률 분포probability distribution는 환경이 현재 순간의 상태를 다음 순간으로 전환하는 데 쓰는 핵심 정보다. 이 확률 분포를 전이 확률transition probability 또는 MDP 역학MDP dynamics이라고도 부른다.

강화 학습이 다루는 과업은 결정론 과업deterministic task과 스토캐스틱 과업stochastic task으로 구분할 수 있다. 결정론 과업에서는 어떤 상태에서 어떤 행동을 취하면 항상 같은 상태로 전환한다. [그림 2-3]과 [그림 2-4]의 과업은 모두 결정론 과업이다. 예를 들어 [그림 2-3(b)]의 틱택토 상태에서 O가 6에 두는 행동을 취하면 항상, 즉 1의 확률로 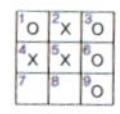 상태로 전환한다. 스토캐스틱은 임의성randomness을 포함하고 있는 과정을 뜻한다. 날씨와 주식 가격은 스토캐스틱하다. [그림 2-5(a)]가 보여주는 바와 같이 FrozenLake 과업의 기본은 결정론이다. 예를 들어 상태 10에서 행동으로 a=D(아래)를 선택하면 항상 상태 14로 전환한다. 그런데 얼음 위에서 미끄러질 수 있다는 현실을 반영하면 [그림 2-5(b)]의 스토캐스틱 FrozenLake 과업이 된다. 이때는 상태 10에서 행동으로 a=D(아래)를 선택하면 1/3의 확률로 상태 14, 9, 11 중 하나로 전환한다. Gymnasium 라이브러리에서는 gym.make('FrozenLake-v1', …, is_slippery=False)로 설정하면 결정론 과업이 되고, gym.make('FrozenLake-v1', …, is_slippery=True)로 설정하면 스토캐스틱한 과업을 생성한다. 결정론 과업은 스토캐스틱 과업보다 다루기 쉽다.

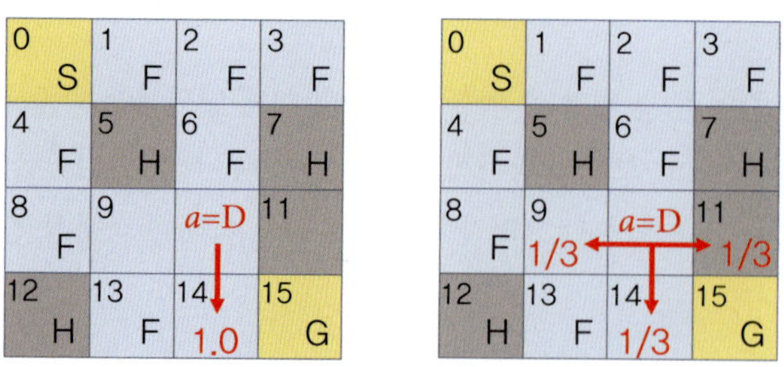

(a) 결정론 판 (b) 스토캐스틱 판

그림 2-5 FrozenLake 과업의 결정론 판과 스토캐스틱 판

식 (2.5)의 MDP 역학(전이 확률)은 환경이 관장하는 정보로서 에이전트는 접근할 수 없다. 에이전트는 특정 행동 a를 취했을 때 MDP 역학이 제공하는 상태 s'와 보상 r, 즉 (s,a,r,s') 데이터를 통해서만 MDP 역학을 간접적으로 경험한다. 이런 원칙을 지키는 학습 알고리즘을 모델 자유^model-free^라 부른다. 반면 원칙을 깨고 MDP 역학을 직접 활용하는 학습 알고리즘이 있는데 이를 모델 기반^model-based^이라 부른다. 3장에서 다룰 동적 프로그래밍과 13.3.1절에서 소개할 몬테카를로 트리 탐색은 모델 기반이다. 4장 이후에 등장하는 몬테카를로, 시간차, Sarsa, Q-러닝, DQN, REINFORCE, TRPO, PPO, DDPG, TD3, SAC는 모두 모델 자유에 속한다.

MDP는 환경이 처한 상황을 전부 관찰하는 경우와 일부만 관찰하는 경우로 나눌 수 있다. 후자를 부분 관찰 MDP, 즉 POMDP^partially observable MDP^라 부른다. 예를 들어, 바둑 과업은 어떤 순간에서든 바둑판 전체를 관찰할 수 있으므로 전부 관찰되는 MDP에 해당한다. 반면 [그림 2-3(d)]의 퐁 게임과 같은 경우 현재 화면만 관찰 가능하다. 하지만 내부적으로 공의 방향과 속도, 게임의 단계 등 추가 정보가 존재하기 때문에 POMDP에 해당한다.

POMDP 과업의 경우 상태를 표현할 때 주의를 기울여야 한다. [그림 2-3(d)]의 퐁 게임의 경우 현재 관찰한 화면만으로는 공의 이동 방향을 알 수 없다. 따라서 Mnih는 최근 네 장의 영상을 쌓아 상태를 표현하는 방법을 사용했다[Mnih2015]. 이를 식 (2.5)로 다시 말하면 $p(s_{t+1},r_t|s_t,a_t)$ 대신 $p(s_{t+1},r_t|s_{t-3},s_{t-2},s_{t-1},s_t,a_t)$를 사용하는 셈이다. 7장에서 퐁 게임을 위한 프로그래밍 실습할 때 이 아이디어를 사용한다.

문헌에 따라 에이전트가 관찰하는 정보를 observation, 환경 내부에 존재하지만 직접 관찰할 수 없는 정보까지 포함한 정보를 state로 구분하는 경우가 있다. Gymnasium 라이브러리가 제공하는 공식 문서(https://gymnasium.farama.org)에서도 state space라는 용어 대신 observation space를 사용하며, 예제 코드에서 observation,reward,⋯.=end.step(⋯)처럼 state 대신 observation을 변수 이름으로 사용한다. 이 책은 observation과 state가 일치하는 경우가 많기 때문에 state라는 용어를 사용한다. 아타리 게임처럼 특수한 경우에는 state를 사용하되 부연 설명을 통해 혼란을 피한다.

2

파이썬으로 MDP 프로그래밍

이 절에서는 MDP 과정을 프로그래밍하는 실습을 제공함으로써 강화 학습 알고리즘을 공부하는 데 필요한 토대를 다진다. [예제 2-1]의 FrozenLake 과업은 아주 단순하지만 강화 학습의 모든 요소를 담고 있어 첫 실습 과업으로 적합하다.

1. Gymnasium 라이브러리

강화 학습에서 프로그래밍 실습을 하기 위해서는 환경과 에이전트가 상호작용하는 과정, 즉 [그림 2-2]의 MDP 과정을 시뮬레이션하는 프로그램 코드가 있어야 한다. 이런 코드를 작성하려면 먼저 과업을 완전히 이해한 후, 이를 기반으로 MDP를 코딩해야 하는데 이 과정에는 적지 않은 시간이 소요된다. 예를 들어 [그림 2-3(c)]의 CartPole의 경우 물리적 동역학을 이해해야 하고, [그림 2-3(d)]의 퐁 게임의 경우 그래픽 프로그래밍을 해야만 한다. 강화 학습에 입문하는 모든 사람이 이러한 복잡한 작업을 반복하는 것은 비효율적이다. 다행히 입문자에게는 단비와 같이 여러 오픈소스 라이브러리가 MDP를 미리 구현하여 제공한다. 또한 고도의 인공지능 시스템을 구현할 때도 공개 라이브러리를 사용한다. 예를 들어 구글 연구진은 사람 수준으로 탁구를 치는 로봇을 개발할 때, [예제 2-7]에서 소개한 MuJoCo 라이브러리를 사용하였다[D'Ambrosio2024].

강화 학습에서 가장 널리 쓰이는 라이브러리 중 하나는 OpenAI 재단이 개발한 Gym이다[Brockman2016, Towers2024]. Gym은 2.1.2절에서 예제로 소개한 FrozenLake, CartPole, Pong, Pendulum, BipedalWalker, InvertedPendulum, Humanoid 등 다양한 종류의 과업을 제공함으로써 강화 학습 발전에 크게 기여해왔다. 하지만 2020년경부터 유지보수가 원활하지 않게 되면서 OpenAI는 2021년 Gym의 관리 권한을 Farama 재단에 이관하였다. Farama는 이듬해 라이브러리 이름을 Gymnasium으로 바꾸고, 기존 Gym과의 일관성을 이루는 함수들을 제공하는 웹사이트를 새롭게 개설하였다. Gym에서 Gymnasium으로 전환된 과정과, 집단지성을 활용한 관리 노력 등에 대한 자세한 설명은 https://farama.org/Announcing-The-Farama-Foundation을 참조한다. 관련 웹 사이트는 다음과 같다.

- **공식 사이트:** https://farama.org
- **매뉴얼 사이트:** https://gymnasium.farama.org
- **소스코드 사이트:** https://github.com/Farama-Foundation/Gymnasium

프로그래밍을 효율적으로 하려면 매뉴얼 사이트를 자주 참조해야 한다. [그림 2-6]은 매뉴얼 사이트(https://gymnasium.farama.org)에서 [API] 메뉴의 [Env]를 클릭했을 때 볼 수 있는 Env 클래스에 대한 문서의 일부다. [프로그램 2-1]에서 사용할 step, reset, render, close 함수에 대한 설명이 있다. 각 함수의 동작과 사용법을 자세히 읽어보기 바란다. 매뉴얼에 친숙해지는 것이 프로그래밍 세계로 가는 지름길이다.

class `gymnasium.Env` [source]

The main Gymnasium class for implementing Reinforcement Learning Agents environments.

The class encapsulates an environment with arbitrary behind-the-scenes dynamics through the `step()` and `reset()` functions. An environment can be partially or fully observed by single agents. For multi-agent environments, see PettingZoo.

The main API methods that users of this class need to know are:

- `step()` - Updates an environment with actions returning the next agent observation, the reward for taking that actions, if the environment has terminated or truncated due to the latest action and information from the environment about the step, i.e. metrics, debug info.
- `reset()` - Resets the environment to an initial state, required before calling step. Returns the first agent observation for an episode and information, i.e. metrics, debug info.
- `render()` - Renders the environments to help visualise what the agent see, examples modes are "human", "rgb_array", "ansi" for text.
- `close()` - Closes the environment, important when external software is used, i.e. pygame for rendering, databases

그림 2-6 Gymnasium 라이브러리가 제공하는 문서의 예

Gymnasium 라이브러리 외에도 다양한 라이브러리가 인터넷에서 제공된다. Gymnasium 사이트의 [External Environments] 메뉴에서 제3자가 제공하는 다양한 라이브러리를 ① Autonomous Driving(자율주행), ② Biological/Medical(생물학/의학), ③ Economic/Financial(경제/금융), ④ Electrical/Energy(전기/에너지), ⑤ Game(게임), ⑥ Mathematics/Computational(수학/컴퓨팅), ⑦ Robotics(로봇), ⑧ Telecommunication Systems(통신 시스템), ⑨ Others(기타)로 구분하여 제시한다.

2. MDP 알고리즘

[알고리즘 2-1]은 MDP 동작을 기술한 알고리즘으로, [그림 2-2(a)]의 MDP 사이클을 알고리즘 형태로 정리한 것이다. 입력은 MDP의 환경에 해당하는 env와 에이전트에 해당하는 agent이고, 출력은 식

(2.1)의 에피소드다. 알고리즘을 간결하게 표현하기 위해 순간을 나타내는 0,1,2,⋯를 생략한다.

1행은 env가 제공하는 reset 함수로 초기 상태를 생성하고 state 변수에 저장한다. 2~6행을 종료 상태에 도달할 때까지 반복한다. 3행에서는 에이전트의 정책에 해당하는 policy를 이용하여 상태 state에 대한 행동을 선택하고 action 변수에 저장한다. 4행은 식 (2.5)의 MDP 역학에 따라 동작하는 step 함수를 이용하여 다음 순간으로 전환한다. 이때 action을 실행하면 다음 상태 state1로 전환되고, 보상 reward를 제공하며, 종료 상태에 도달했는지 여부를 done에 저장한다. 5행은 state를 state1로 대치하여 다음 순간으로 넘어간다. 6행에서 done이 참이면 루프를 탈출한다.

알고리즘 2-1 MDP 사이클

입력: MDP의 환경 env와 에이전트 agent

출력: 식 (2.1)의 에피소드 e

```
1  state=env.reset()  // 초기 상태 생성
2  while True
3     action=agent.policy(state)  // 에이전트가 정책을 이용하여 행동을 선택
4     state1,reward,done=env.step(action)  // 환경이 MDP 역학을 이용하여 다음 순간으로 전이
5     state=state1
6     if done, break
```

[알고리즘 2-1]의 MDP 사이클은 모든 강화 학습 알고리즘에 어떤 형태로든 나타나기 때문에 강화 학습의 근간을 이룬다고 말할 수 있다. 강화 학습은 이 MDP 사이클을 반복 수행하며, 시작 상태에서 종료 상태까지 도달한 하나의 샘플은 식 (2.1)의 에피소드 e가 된다.

[그림 2-7]은 [그림 2-2]의 MDP 사이클을 확장하여, 정책 π와 MDP 역학(전이 확률)을 포함하여 보다 상세히 그린 그림이다. 여기서 ~는 확률 분포에서 샘플링하는 연산이다. 이 그림에서 $\pi(s_t)$는 3행의 policy, a_t는 action에 해당한다. 4행의 step 함수는 환경 내부에 있는 상태 전이 확률 p를 사용하여 다음 상태 s_{t+1}과 보상 r_t를 생성한다. s_{t+1}은 4행의 state1, r_t는 reward에 해당한다.

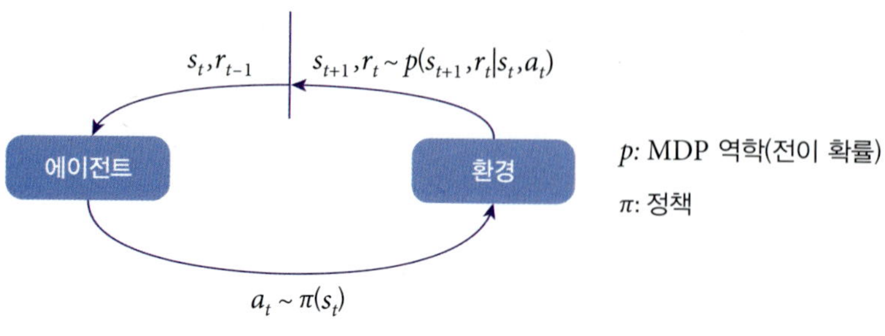

그림 2-7 MDP 사이클

3. MDP 프로그래밍

[프로그램 2-1]은 [예제 2-1]의 FrozenLake-v1 과업을 위해 [알고리즘 2-1]의 MDP 사이클을 구현한 프로그램이다. 처음 등장하는 프로그램이니 정성을 들여 살피고 기억할 것을 권한다. 이 프로그램을 실행하려면 아래 명령어로 Gymnasium 라이브러리를 설치해야 한다.

```
pip install gymnasium
```

1행은 Gymnasium 라이브러리를 gym이라는 이름으로 불러온다. Gymnasium에서는 기존 Gym 라이브러리와 일관성을 유지하기 위해 이렇게 불러오는 것이 관행이다. 2행은 numpy 라이브러리를 불러온다. 4행은 make 함수를 이용해 환경을 생성하고 env 변수에 저장한다. 첫 번째 매개변수는 FrozenLake-v1이라는 환경을 지정하고, 두 번째는 상태를 텍스트로 렌더링하도록 지시하며, 세 번째 매개변수 is_slippery=False는 결정론 과업을 사용하도록 지시한다. is_slippery=True로 설정하면 스토캐스틱 과업이 된다. 결정론 과업과 스토캐스틱 과업에 대해서는 2.1.3절을 참조한다. 5~6행은 환경의 내부 속성 중에서 상태 공간과 행동 공간을 확인한다.

8~16행은 MDP 사이클이다. 8행은 reset 함수를 통해 환경을 초기화한다. 이 함수는 초기 상태와 추가 정보를 반환하며, 이들을 각각 state와 info 변수에 저장한다. FrozenLake 과업은 항상 0번 칸에서 시작하므로 reset 함수가 반환하는 상태는 항상 0이다. 9행의 render 함수는 현재 상태를 화면에 렌더링하는 역할을 한다. 10~16행은 [그림 2-7]의 MDP 사이클을 반복한다. 11행은 choice 함수를 이용하여 행동을 선택하고, 그 결과를 action 변수에 저장한다. numpy의 choice 함수는 세 번째 매개변수 p=[0.25,0.25,0.25,0.25]의 확률 분포에 따라 첫 번째 매개변수 [0,1,2,3] 중에서 하나를 선택한다. 두 번째 매개변수 1은 한 번만 샘플링하라는 지시다. 에이전트는 아무 생각 없이 네 가지 행동을 같은 확률로 랜덤 선택하는 멍청한 정책을 사용하고 있다. 학습을 통해 똑똑한 정책을 만들면, 이 부분에서 멍청한 정책을 똑똑한 정책으로 교체해야 한다. 맨 뒤에 [0]을 붙인 이유는 choice 함수가 리스트를 반환하기 때문에 값을 꺼내기 위해서다. 12행은 11행이 결정한 action을 가지고 step 함수를 수행한다. step 함수는 결과로써 다음 상태 state1, 보상 reward, 종료 상태에 도달했는지 여부를 알려주는 terminated와 truncated를 반환한다. terminated는 H로 표시된 구멍에 빠지거나 G로 표시된 목표 상태에 도달하면 True가 된다. truncated는 MDP 외부에서 설정한 조건이 만족되면 True가 된다. 13행은 state1을 state에 대치하여 다음 순간으로 넘어간다. 14행은 현재 상태를 화면에 렌더링한다. 15행은 terminated 또는 truncated가 참이 되면 루프를 탈출한다. 18행은 환경을 종료한다.

프로그램 2-1 **FrozenLake 과업의 MDP 사이클 확인**

```
1  import gymnasium as gym
2  import numpy as np
3
4  env=gym.make('FrozenLake-v1',render_mode='ansi',is_slippery=False)
```

```
5   print(env.observation_space)  # 상태 공간
6   print(env.action_space)       # 행동 공간
7
8   state,info=env.reset()
9   print(env.render())
10  while True:
11      action=np.random.choice([0,1,2,3],1,p=[0.25,0.25,0.25,0.25])[0]  # 랜덤 정책
12      state1,reward,terminated,truncated,info=env.step(action)
13      state=state1
14      print(env.render())
15      if terminated or truncated:
16          break
17
18  env.close()
```

```
Discrete(16)
Discrete(4)

        (Right)    (Up)    (Down)
SFFF    SFFF      SFFF     SFFF
FHFH    FHFH      FHFH     FHFH
FFFH    FFFH      FFFH     FFFH
HFFG    HFFG      HFFG     HFFG
```

프로그램 실행 결과를 살펴보자. 5행이 출력한 상태 공간 observation_space는 Discrete(16)으로 [예제 2-1]에서 정의한 16개 상태로 이루어진 집합 $\mathcal{S}$에 해당한다. 6행이 출력한 행동 공간은 4개 값으로 구성되어 [예제 2-1]에서 정의한 4개 행동으로 이루어진 집합 $\mathcal{A}$에 해당한다. 8~9행의 reset 함수의 출력 결과를 보면, 에이전트가 0번 칸에 있음을 알 수 있다. 10~16행을 통해 생성된 에피소드는 행동 열로 Right→Up→Down을 선택했고 5번 칸에서 종료한다. 1번 칸에서 Up을 선택했을 때 바깥으로 나가기 때문에 제자리에 머문다. 에피소드를 식 (2.1)에 따라 표현하면 아래와 같다. 종료 순간은 3으로서 T=3인 셈이다.

$$e=[-,0]\mathrm{R}[0,1]\mathrm{U}[0,1]\mathrm{D}[0,5]$$

이 프로그램은 스토캐스틱stochastic, 즉 확률 분포에 따라 난수random number를 생성하기 때문에 실행할 때마다 다른 결과를 얻는다. 앞으로 실습할 대부분의 프로그램도 난수를 사용하므로, [프로그램 2-1]처럼 실행할 때마다 서로 다른 결과가 나타난다.

Gymnasium 사이트에 있는 Basic Usage(https://gymnasium.farama.org/introduction/basic_usage) 페이지를 정독할 것을 권한다. 이 페이지에서는 [프로그램 2-1]의 핵심 함수인 reset과 step의 동작을 자세히 설명하며, Gymnasium이 제공하는 공간 표현 형식과 렌더링 모드를 망라해서 소개한다.

FrozenLake는 단순하여 모든 공간을 Discrete로 표현하지만, 더 복잡한 과업에서는 Discrete뿐 아니라 Box, MultiBinary, MultiDiscrete, Text, Dict, Tuple, Graph, Sequence 형태의 공간을 사용한다. 또한, FrozenLake는 텍스트로 렌더링하는 ansi 모드를 사용하지만, 복잡한 과업은 human, rgb_array, rgb_array_list라는 렌더링 모드를 사용한다. Basic Usage 페이지를 참고하면 이들을 보다 쉽게 이해할 수 있다.

3

랜덤 정책과 최적 정책의 기대 이득 비교

강화 학습의 핵심 목표는 기대 이득을 최대화하는 것이다. 이 절은 양 극단에 해당하는 두 정책, 즉 가장 비효율적인 랜덤 정책random policy과 가장 효율적인 최적 정책optimal policy의 기대 이득을 실험적으로 추정하고 비교한다. 이 실험을 통해 기대 이득과 정책의 개념을 직관적으로 이해할 수 있게 된다. [프로그램 2-1]은 하나의 에피소드만 생성했지만, 이 절에서는 에피소드를 많이 생성하고 기대 이득을 추정한다.

1. 랜덤 정책의 비효율

[프로그램 2-2]는 10만 개의 에피소드를 수집한 다음 목표 상태인 15번 칸에 도달하여 보상 1을 받을 확률을 계산한다. 4행은 에피소드 개수를 지정하고, 6행은 FrozenLake-v1 환경을 생성한다. 7행은 순간 t가 100을 넘으면 에피소드를 종료하라고 지시한다. 다시 말해 t=100이 되면 15행의 step 함수가 truncated에 True 값을 반환한다. 8행은 에피소드를 저장할 리스트 변수 episodes를 생성한다. 9~20행은 에피소드를 수집하는 일을 10만 번 반복한다. 10행은 현재 에피소드를 저장할 리스트 변수 epi를 생성한다. 11~19행은 [프로그램 2-1]의 MDP 사이클이다. 17행은 행동, 보상, 상태를 epi에 추가하여 에피소드를 만든다. 20행은 완성된 에피소드를 episodes에 추가한다.

24~25행은 수집한 episodes 리스트를 분석하여 기대 이득 expected_return을 계산한다. 각 에피소드의 이득은 식 (2.3)을 이용하여 계산하면 된다. FrozenLake 과업에서는 에피소드가 진행되는 도중에는 보상 0이 주어지고, 종료 상태에 도달했을 때 G 칸이면 1, 그렇지 않으면 0의 보상이 주어지기 때문에 에피소드의 마지막 순간만 조사하면 된다. 24행은 이러한 원리를 활용하여 이득의 평균을 계산하고 이를 기대 이득으로 취한다.

프로그램 2-2 FrozenLake에서 최적 정책의 기대 이득 추정

```
1   import gymnasium as gym
2   import numpy as np
3   
4   n=100000 # 에피소드 개수
5   
6   env=gym.make('FrozenLake-v1',render_mode='ansi',is_slippery=False)
7   env=gym.wrappers.TimeLimit(env,max_episode_steps=100)
8   episodes=[]
9   for _ in range(n):
10      epi=[]
11      state,info=env.reset()
12      epi.append([None,state])
13      while True:
14          action=np.random.choice([0,1,2,3],1,p=[0.25,0.25,0.25,0.25])[0] # 랜덤 정책
15          state1,reward,terminated,truncated,info=env.step(action)
16          state=state1
17          epi.append([action,reward,state])
18          if terminated or truncated:
19              break
20      episodes.append(epi)
21  
22  env.close()
23  
24  expected_return=sum([e[-1][1] for e in episodes])/n # 기대 이득 계산
25  print('랜덤 정책의 기대 이득 =',expected_return)
```

```
랜덤 정책의 기대 이득 = 0.01412
```

정책은 특정 상태에서 행동을 선택하는 데 쓰는 확률 분포다. 강화 학습에서는 정책을 관행적으로 π로 표기한다. [그림 2-3(a)]의 FrozenLake 과업은 16가지 상태를 가지며 각 상태에서 선택할 수 있는 행동은 네 가지다. 따라서 정책 π를 16×4 배열로 표현할 수 있다. 행은 상태에 해당하고 열은 행동에 해당한다. 2.4.1절에서 정책을 보다 엄밀하게 정의한다.

[프로그램 2-2] 14행의 np.random.choice([0,1,2,3],1,p=[0.25,0.25,0.25,0.25])는 랜덤 정책으로서 네 가지 행동 중 하나를 동일한 확률로 선택한다. 다음 페이지의 π_1은 랜덤 정책을 형식을 갖춰 쓴 것이다. 여기서 $p(\mathrm{L}|0)$은 $p(a=\mathrm{L}|s=0)$을 간략히 표기한 형태이며, s와 a는 각각 상태와 행동 변수다. 상태 5, 7, 11, 12, 15는 종료 상태에 해당하므로 확률을 지정할 필요가 없어 0으로 설정하였다. 랜덤 정책 π_1의 비효율성은 [프로그램 2-2]에서 확인하였다. 기대 이득이 불과 0.01412로 추정되었다. 이 프로그램은 [프로그램 2-1]과 마찬가지로 스토캐스틱하기 때문에 실행할 때마다 다른 결과를 얻는다.

$$
\text{랜덤 정책 } \pi_1 = \begin{cases} p(\mathrm{L}\,|\,0)=0.25, p(\mathrm{D}\,|\,0)=0.25, p(\mathrm{R}\,|\,0)=0.25, p(\mathrm{U}\,|\,0)=0.25 \\ p(\mathrm{L}\,|\,1)=0.25, p(\mathrm{D}\,|\,1)=0.25, p(\mathrm{R}\,|\,1)=0.25, p(\mathrm{U}\,|\,1)=0.25 \\ \quad\vdots \\ p(\mathrm{L}\,|\,5)=0, p(\mathrm{D}\,|\,5)=0, p(\mathrm{R}\,|\,5)=0, p(\mathrm{U}\,|\,5)=0 \\ \quad\vdots \\ p(\mathrm{L}\,|\,14)=0.25, p(\mathrm{D}\,|\,14)=0.25, p(\mathrm{R}\,|\,14)=0.25, p(\mathrm{U}\,|\,14)=0.25 \\ p(\mathrm{L}\,|\,15)=0, p(\mathrm{D}\,|\,15)=0, p(\mathrm{R}\,|\,15)=0, p(\mathrm{U}\,|\,15)=0 \end{cases}
$$

[프로그램 2-2]의 실험은 가치 함수value function 개념을 포함하고 있다. 강화 학습에서는 정책을 평가하는 함수를 가치 함수value function라고 부른다. 따라서 이 프로그램이 추정한 기대 이득은 가치 함수 값에 해당한다. 2.4.2절에서 가치 함수를 엄밀하게 정의한다.

2. 최적 정책의 효율

[프로그램 2-2]의 랜덤 정책 π_1은 왜 비효율적일까? 랜덤 정책은 어떤 상태에서든 같은 확률로 네 가지 행동 중 하나를 선택한다. 예를 들어 [그림 2-3(a)]에서 상태 4에 있을 때 오른쪽으로 가면 구멍에 빠져 보상을 받을 수 없지만, 랜덤 정책은 4번 중 1번 꼴로 오른쪽을 선택한다. 이는 프로그램의 실행 결과에서 기대 이득이 0.01412로 매우 낮게 추정된 이유다. 효율적인 정책이라면 상태 4에서 목표 상태 G에 가까워지도록 아래로 이동해야 한다. 따라서 좋은 정책은 상태 4에서 0(L), 2(R), 3(U)의 선택 확률은 0, 1(D)의 선택 확률은 1인 확률 분포를 써야 한다. 이러한 확률 분포를 아래와 같이 쓸 수 있다. 이처럼 강화 학습이 할 일은 더 좋은 정책을 찾는 것이다.

$$
p(a=\mathrm{L}\mid s=4)=0, p(a=\mathrm{D}\mid s=4)=1, p(a=\mathrm{R}\mid s=4)=0, p(a=\mathrm{U}\mid s=4)=0
$$

FrozenLake 과업은 아주 단순하여 사람이 직접 최적 정책을 설계할 수 있다. 아래 π_2는 최적 정책이다. π_2를 쓰면, 에피소드가 모든 상태에서 최선의 선택을 함으로써 목표 상태에 도달하여 1의 보상을 받는다. 다시 말해 기대 이득이 최대치 1.0이 된다.

$$
\text{최적 정책 } \pi_2 = \begin{cases} p(\mathrm{L}\,|\,0)=0, p(\mathrm{D}\,|\,0)=0.5, p(\mathrm{R}\,|\,0)=0.5, p(\mathrm{U}\,|\,0)=0 \\ p(\mathrm{L}\,|\,1)=0, p(\mathrm{D}\,|\,1)=0, p(\mathrm{R}\,|\,1)=1, p(\mathrm{U}\,|\,1)=0 \\ p(\mathrm{L}\,|\,2)=0, p(\mathrm{D}\,|\,2)=1, p(\mathrm{R}\,|\,2)=0, p(\mathrm{U}\,|\,2)=0 \\ p(\mathrm{L}\,|\,3)=1, p(\mathrm{D}\,|\,3)=0, p(\mathrm{R}\,|\,3)=0, p(\mathrm{U}\,|\,3)=0 \\ p(\mathrm{L}\,|\,4)=0, p(\mathrm{D}\,|\,4)=1, p(\mathrm{R}\,|\,4)=0, p(\mathrm{U}\,|\,4)=0 \\ p(L\,|\,5)=0, p(\mathrm{D}\,|\,5)=0, p(\mathrm{R}\,|\,5)=0, p(\mathrm{U}\,|\,5)=0 \\ \quad\vdots \\ p(\mathrm{L}\,|\,14)=0, p(\mathrm{D}\,|\,14)=0, p(\mathrm{R}\,|\,14)=1, p(\mathrm{U}\,|\,14)=0 \\ p(\mathrm{L}\,|\,15)=0, p(\mathrm{D}\,|\,15)=0, p(\mathrm{R}\,|\,15)=0, p(\mathrm{U}\,|\,15)=0 \end{cases}
$$

상태 0에서는 D와 R에 해당하는 행동에 각각 0.5만큼씩 확률을 배분하였다. 한 행동에 확률 1을 몰아주어도 여전히 최적 정책이다. 상태 10에서는 L, D, U로 이동할 수 있는데 세 행동에 1/3의 확률을 부여해도 기대 이득은 1로 동일하다. 하지만 이렇게 하면 더 긴 경로를 거쳐 목표에 도달하는 상황이 생긴다. 만일 경로의 길이가 짧을수록 더 큰 보상을 준다면 상태 10에서는 D에 확률 1을 몰아 주어야 한다. [프로그램 2-3]은 최적 정책 π_2의 기대 이득을 추정한다. [프로그램 2-2]에서 달라진 부분을 음영 표시하여 쉽게 구별할 수 있도록 했다. 6~9행은 최적 정책 π_2를 16×4 배열로 표현한다. 19행에서는 현재 상태 state의 확률 분포 pi2[state]를 이용하여 네 가지 행동 중 하나를 선택한다.

프로그램 2-3 FrozenLake에서 최적 정책의 기대 이득 추정

```
1   import gymnasium as gym
2   import numpy as np
3
4   n=100000  # 에피소드 개수
5
6   pi2=np.array([[0,0.5,0.5,0],[0,0,1,0],[0,1,0,0],[1,0,0,0],  # 최적 정책
7                 [0,1,0,0],[0,0,0,0],[0,1,0,0],[0,0,0,0],
8                 [0,0,1,0],[0,0.5,0.5,0],[0,1,0,0],[0,0,0,0],
9                 [0,0,0,0],[0,0,1,0],[0,0,1,0],[0,0,0,0]])
10
11  env=gym.make('FrozenLake-v1',render_mode='ansi',is_slippery=False)
12  env=gym.wrappers.TimeLimit(env,max_episode_steps=100)
13  episodes=[]
14  for _ in range(n):
15      epi=[]
16      state,info=env.reset()
17      epi.append([None,state])
18      while True:
19          action=np.random.choice([0,1,2,3],1,p=pi2[state])[0]  # 최적 정책으로 행동 결정
20          state1,reward,terminated,truncated,info=env.step(action)
21          state=state1
22          epi.append([action,reward,state])
23          if terminated or truncated:
24              break
25      if epi[-1][1]!=1: print(epi); input('a)')
26      episodes.append(epi)
27
28  env.close()
29
30  expected_return=sum([e[-1][1] for e in episodes])/n  # 기대 이득 계산
31  print('최적 정책의 기대 이득 =',expected_return)
```

```
최적 정책의 기대 이득 = 1.0
```

실행 결과를 보면, 예상대로 기대 이득은 1.0이다. 10만 개의 에피소드를 생성하고 평균을 구한 결과인데, 모든 에피소드가 목표 상태 15에 도달하여 보상 1을 받았다는 뜻이다. 랜덤 정책을 사용하던 [프로그램 2-2]의 기대 이득 0.01412와 비교하면 71배가량 커졌다.

[프로그램 2-3]의 6~9행의 정책 π_2는 기대 이득을 최대화하는 최적 정책이다. 앞서 말했듯이 FrozenLake는 아주 단순한 과업이라 사람이 쉽게 최적 정책을 만들 수 있다. 하지만 [그림 2-3]과 [그림 2-4]에 있는 대부분의 과업은 상태 공간의 복잡성으로 인해 사람이 직접 최적 정책을 만들 수 없다. 이제부터 최적 정책을 자동으로 알아내는 학습 알고리즘을 공부하는 긴 여정을 시작한다. 먼저 정책과 가치 함수를 엄밀하게 정의한다.

4
정책과 가치 함수

앞 절에서는 엄밀한 수학적 정의를 제시하지 않은 채 정책과 가치 함수를 개념적으로 설명했다. 이 절에서는 정책을 상태 공간에 대한 확률 분포로 정의한다. 또한 가치 함수를 명확히 정의하고, 단순한 상황에 대해 이를 계산하는 방법을 제시함으로써 좋은 정책을 찾는 실마리를 제공한다.

1. 에이전트의 지능 = 좋은 정책

정책 π는 어떤 상태에서 행동을 선택할 때 쓰는 확률 분포다. 식 (2.6)이 보여주듯이 $\pi(a|s)$는 상태 s에서 행동 a를 선택할 확률 $p(a|s)$다. $\forall s, \forall a$는 모든 상태와 모든 행동에 대해 결정할 수 있어야 한다는 뜻이다.

$$\pi(a|s) = p(a|s), \forall s, \forall a \tag{2.6}$$

2.3절의 랜덤 정책 π_1과 최적 정책 π_2는 식 (2.6)으로 정의되는 정책의 사례다. 이때 정책의 확률 분포를 $|\mathcal{S}| \times |\mathcal{A}|$ 크기의 2차원 참조표look-up table로 표현하였다. π_2는 FrozenLake 과업을 위한 최적 정책인데, 이 과업은 $|\mathcal{S}|=16$으로서 매우 단순하기 때문에 참조표의 크기는 16×4에 불과하고 최적의 확률값도 쉽게 채울 수 있었다. 만약 [그림 2-3(a)]의 4×4 격자가 1000×1000이 되면 참조표의 크기는 100만$\times$4가 되고 확률값을 직접 채우는 일은 현실적으로 불가능해진다. [그림 2-3]과 [그림 2-4]에 있는 CartPole이나 Pendulum, BipedalWalker와 같은 과업은 동역학으로 작동하기 때문에 사람이 참조표를 채워 최적 정책을 만드는 일은 불가능하다.

강화 학습은 학습 알고리즘을 사용하여 자동으로 최적 정책을 찾는다. 이 책을 포함한 대부분의 강화 학습 관련 책은 학습 알고리즘을 설명하는 데 중점을 둔다. 이 책은 동적 프로그래밍(3장), 몬테카를로 방법(4장), Sarsa와 Q-러닝(5장), DQN(7장), REINFORCE(8장), A2C와 A3C(9장), TRPO와 PPO(10장), DDPG와 TD3, SAC(11장) 등의 알고리즘을 제시할 것이다.

[알고리즘 2-2]는 모든 강화 학습 알고리즘이 공유하는 가장 일반적인 틀이다. 처음에는 어떤 확률 분포가 좋은 정책인지 알 수 없기 때문에 정책을 적절한 방법으로 초기화한다. 보통 난수를 사용하여 초기화

한다. 2~3행은 성능이 만족될 때까지 정책을 개선하는 과정을 반복한다. 이때 더 큰 이득을 가져온 행동은 이후에 더 자주 선택되도록 강화하고 적은 이득을 가져온 행동은 덜 선택되도록 억제한다. 사람이 새로운 기술을 습득할 때 쓰는 학습 과정과 같다.

알고리즘 2-2 강화 학습 알고리즘의 일반 틀1

```
1  정책을 초기화한다.
2  while (not 만족스러운 성능)
3      좋은 행동은 강화하고 나쁜 행동은 억제하는 방향으로 정책을 개선한다.
```

[알고리즘 2-3]은 [알고리즘 2-2]를 좀 더 컴퓨터 알고리즘에 가깝게 다시 쓴 것이다. 입력은 주어진 과업의 MDP이고 출력은 최적 정책 π_*다. 강화 학습에서는 관행적으로 최적 정책을 π_*로 표기한다. 1행은 정책 π를 난수로 초기화한다. 2~4행은 정책이 더 이상 개선이 되지 않을 때까지, 즉 수렴할 때까지 에피소드 생성과 정책 개선 과정을 반복한다. 3행이 생성한 에피소드는 정책을 개선하는 데 쓸 훈련 데이터에 해당한다. 4행에서는 기대 이득을 향상하는 방향으로 개선이 이루어진다. 이렇게 개선된 정책은 같은 과정을 반복함으로써 최적 정책에 점점 가까워진다. 학습 알고리즘이 수렴하면 5행에 도달하는데 이때 최종적으로 얻은 π를 최적 정책으로 간주하여 π_*에 저장하고 끝낸다.

알고리즘 2-3 강화 학습 알고리즘의 일반 틀2

입력: 과업의 MDP

출력: 최적 정책 π_*

```
1  정책 π를 난수로 초기화한다.
2  while (not 수렴 조건)
3      π로 에피소드를 생성한다.  // 현재 정책으로 훈련 데이터 수집
4      에피소드로 π를 개선한다.  // 훈련 데이터로 정책 개선
5  π*=π
```

[그림 1-6]은 지도 학습과 강화 학습의 근본적인 차이를 설명한다. 지도 학습에서는 데이터 생성과 학습 과정이 철저히 분리되어 순차적으로 일어나는 반면, 강화 학습에서는 두 과정이 강하게 결합되어 있다. 강화 학습은 이처럼 자신이 생성한 데이터로 자신을 학습하기 때문에 자율 학습^self-learning^을 한다고 말할 수 있다.

1행에서 난수로 초기화하고 출발한 정책은 좋은 에피소드 데이터를 생성할 수 없다. [프로그램 2-2]의 실험에서처럼 대부분 에피소드가 H 칸에 빠져 보상 0을 받은 채 종료할 것이다. 그런데 때로 G 칸에 도달하여 보상 1을 받는 에피소드가 발생할 것이다. 이때 4행은 G 칸에 도달한 좋은 에피소드에 해당하는 행동을 강화함으로써 정책을 개선한다. 조금 개선된 정책은 조금 더 나은 에피소드 데이터를 생성할 것이다. 강화 학습은 이런 시행착오^trial and error^ 과정을 반복함으로써 최적 정책에 점점 다가가는 전략을 사용

한다. 따라서 강화 학습은 시행착오에 기반한 자율 학습을 한다고 말한다.

2. 정책을 평가하는 가치 함수

[알고리즘 2-3]의 구현에 대해 생각해보자. 3행은 에피소드를 생성해야 하는데 [알고리즘 2-1]의 MDP 사이클을 사용하면 된다. 그런데 4행은 학습 알고리즘이 해야 할 일을 기술할 뿐 실제로 어떻게 구현할지에 대한 실마리는 없다. 따라서 [알고리즘 2-3]의 핵심은 4행을 어떻게 구현할지 구상하는 것이다.

4행에서 정책 π를 개선한다는 말의 의미를 생각해보자. 만약 두 정책 π와 π'가 식 (2.7)을 만족하면 π'는 π보다 우월하다고 말한다. 엄밀히 말하면 $\mathcal{S}$에 속하는 한 개 이상의 상태 s에서 $v_{\pi'}(s)>v_\pi(s)$를 만족해야 한다. 이 식에 따르면 4행은 현재 정책 π를 개선하여 π'를 만들면 된다.

$$v_{\pi'}(s) \geq v_\pi(s), \forall s \in \mathcal{S} \tag{2.7}$$

$v_\pi(s)$를 가치 함수value function라 부른다. 가치 함수는 정책 π가 얼마나 좋은지, 다시 말해 π를 사용했을 때 기대 이득이 얼마가 될지 평가해주는 함수다. 가치 함수를 v_π가 아니라 $v_\pi(s)$로 표기하는 이유를 이해할 필요가 있다. 가치 함수는 정책 π가 주어진 상황에서 $s \in \mathcal{S}$인 모든 상태에 대해 가치를 평가해야 한다. 따라서 $v_\pi(s)$로 표기한다. 가치 함수 $v_\pi(s)$는 정책 π를 사용했을 때 상태 s의 기대 이득을 평가하는 함수다. [프로그램 2-2]와 [프로그램 2-3]에서 랜덤 정책 π_1과 최적 정책 π_2의 기대 이득을 추정한 적이 있는데, 각각 $v_{\pi_1}(s)$와 $v_{\pi_2}(s)$를 계산한 셈이다.

식 (2.8)은 가치 함수를 이용하여 최적 정책 π_*를 정의한다. 발생 가능한 모든 정책으로 구성된 정책 공간에서 가장 우월한 정책을 찾아 π_*로 취한다는 뜻이다.

$$\pi_* = \underset{\pi}{\operatorname{argmax}}\, v_\pi \tag{2.8}$$

이제 강화 학습을 구현하려면 무슨 일을 해야 하는지 분명해졌다.

1. 가치 함수를 어떻게 계산할 것인가?
2. 무한하게 많은 정책 중에서 최적 정책 π_*를 어떻게 빠르게 찾을 것인가?

첫 번째 문제는 비교적 쉽다. 2.4.3절은 Fronzen Lake 과업을 통해 가치 함수가 기대 이득을 계산하는 과정을 쉽게 설명한다.

두 번째 문제는 최적 정책을 효율적으로 찾는 알고리즘을 고안해야 한다. FrozenLake처럼 단순한 문제조차 가능한 정책의 개수는 무한하다. 정책은 확률 분포이고, 확률은 실수 공간에 정의되기 때문에 서로 다른 정책은 무한히 존재할 수밖에 없다. 강화 학습의 핵심 주제는 무한한 정책 공간에서 최적 정책을 현실적인 시간 내에 찾는 문제이다. 3장의 동적 프로그래밍을 비롯하여 이후 개선된 알고리즘은 모두 최적 정책을 빠르게 찾는 방법을 제시한다.

식 (2.7)의 $v_\pi(s)$는 정책 π에서 상태 s의 가치를 평가하기 때문에 상태 가치 함수state value function라고 부른다. 강화 학습은 또 다른 가치 함수 $q_\pi(s,a)$를 사용한다. $q_\pi(s,a)$는 정책 π가 상태 s에서 행동 a를 취했을 때 기대 이득을 평가하며, 이를 행동 가치 함수action value function라고 부른다. 행동 가치 함수를 사용하여 식 (2.8)의 최적화 문제를 식 (2.9)로 바꿔 쓸 수 있다. 가치 함수를 통해 최적 정책을 찾는 학습 알고리즘에는 식 (2.8)의 상태 가치 함수를 이용하는 방법과 식 (2.9)의 행동 가치 함수를 이용하는 방법이 있다.

$$\pi_* = \underset{\pi}{\operatorname{argmax}}\, q_\pi(s,a), \forall s \in \mathcal{S}, \forall a \in \mathcal{A} \tag{2.9}$$

식 (2.10)은 상태 가치 함수와 행동 가치 함수의 관계를 설명한다. $\pi(a|s)$는 행동 a의 발생 확률을, $q_\pi(s,a)$는 행동 a의 기대 이득을 의미한다. $\mathcal{A}(s)$는 상태 s에서 에이전트가 취할 수 있는 행동의 집합이다.

$$v_\pi(s) = \sum_{a \in \mathcal{A}(s)} \pi(a|s) q_\pi(s,a), \forall s \in \mathcal{S} \tag{2.10}$$

3. 가치 함수의 계산

식 (2.8)과 식 (2.9)는 가치 함수를 통해 최적 정책을 찾을 수 있다는 선언이다. 여기에 가치 함수를 어떻게 계산할 것인지에 대한 구체적인 방법은 제시되지 않았다. 이 절에서는 상태 가치 함수 v_π와 행동 가치 함수 q_π를 어떻게 계산할지에 대해 생각해본다.

이 절의 목적을 분명히 해둘 필요가 있다. 여기서는 아주 단순한 과업인 FrozenLake에 대해 일일이 궤적의 확률을 따지고 확률 공식을 적용하는 분석적 방법을 사용한다. 이 사례는 가치 함수 계산에 대한 개념과 기본 원리를 설명할 뿐이다. 실제 학습 알고리즘은 [알고리즘 2-3]처럼 에피소드 데이터를 샘플링하는 방법을 이용한다.

먼저 확률 통계학의 기본 개념인 기댓값expected value을 간략히 설명한다. 기댓값은 각 사건이 발생할 확률에 그 사건이 발생했을 때 얻는 이득을 곱한 값을 모두 더한 값이다. 예를 들어 주사위를 던졌을 때 눈 i가 나오면 $(10-i)\times 100$원의 보상을 얻는 게임을 생각해보자. 기댓값은 $\sum_{i=1,2,3,4,5,6} \frac{1}{6}(10-i)\times 100 = 650$원이다. 만일 업자가 6이 나올 확률 $\frac{1}{2}$, 나머지 눈은 각각 $\frac{1}{10}$ 확률로 주사위 모양을 조작하였다면 기댓값은 $\frac{1}{10}\times 900 + \frac{1}{10}\times 800 + \frac{1}{10}\times 700 + \frac{1}{10}\times 600 + \frac{1}{10}\times 500 + \frac{1}{2}\times 400 = 550$ 원이 된다.

주사위 게임에서는 눈이 사건에 해당하고, 가치 함수에서는 특정 상태에서 시작하는 궤적이 사건에 해당한다. 궤적을 나열할 수 있고 궤적의 발생 확률과 이득을 알 수 있다면 주사위 게임에서처럼 기대 이득을 계산할 수 있다. FrozenLake는 단순해 이 분석적 방법으로 가치 함수를 계산할 수 있다. 식 (2.11)은 가치 함수를 계산하는 분석적 방법을 제시한다. $p(z)$는 궤적 z의 발생 확률이고, $R(z)$는 식 (2.3)이 정의하는 z의 이득이며, $\mathbb{E}$는 기댓값 연산이다. 종료 상태에서는 더 이상 행동을 취할 필요가 없으므로 기대 이득을 0으로 설정한다. 다시 말해 s가 종료 상태면, s에서 출발하는 궤적이 없기 때문에 $v_\pi(s)$는 0이다.

$$v_{\pi}(s) = \mathbb{E}(R|s) = \sum_{s\text{에서 출발하는 궤적 } z} p(z)R(z),\ \forall s \in \mathcal{S} \tag{2.11}$$

식 (2.11)에서 말하는 s에서 출발하는 궤적 z에 대한 설명이 필요하다. 대부분 과업은 시작 상태가 정해져 있다. FrozenLake에서는 0번 칸, 바둑은 빈 바둑판이 시작 상태다. 에피소드는 시작 상태 s_0에서 시작하여 $s_1, s_2, \cdots$로 순서가 매겨진다. 그런데 식 (2.11)은 시작 상태뿐 아니라 모든 상태 s에서 가치 함수 값을 구해야 하고, 이 값을 계산하려면 s에서 출발하는 궤적이 필요하다. 예를 들어 $v_\pi(s=6)$은 상태 6의 가치 함수 값인데, 이 값을 계산하려면 상태 6에서 출발하는 궤적이 필요하다. 강화 학습에서는 에피소드에서 일부를 떼어 사용한다. 예를 들어 에피소드가 e=[-,0]R[0,1]R[0,2]D[0,6]D[0,10]D[0,14]R[1,15]라면 파란색으로 표시한 부분은 상태 6에서 출발하는 궤적이다.

[예제 2-8]을 통해 가치 함수를 보다 깊게 이해해보자.

예제 2-8 식 (2.11)를 이용한 상태 가치 함수 v_π 계산

2.3.2절에서 제시한 π_2 정책은 유한개의 궤적을 가진다. 따라서 식 (2.11)로 가치 함수를 계산할 수 있다. 68쪽에 있는 [그림 2-8(a)]의 왼쪽 그림은 시작 상태 0에서 출발하는 모든 궤적을 보여준다. 이들 궤적을 다음과 같이 쓸 수 있다.

z_1=[0,0]R[0,1]R[0,2]D[0,6]D[0,10]D[0,14]R[1,15] $p(z_1)=0.50$ $R(z_1)=1$

z_2=[0,0]D[0,4]D[0,8]R[0,9]R[0,10]D[0,14]R[1,15] $p(z_2)=0.25$ $R(z_2)=1$

z_3=[0,0]D[0,4]D[0,8]R[0,9]D[0,13]R[0,14]R[1,15] $p(z_3)=0.25$ $R(z_3)=1$

π_2에서는 상태 0의 확률 분포가 $p(\text{L}|0)=0, p(\text{D}|0)=0.5, p(\text{R}|0)=0.5, p(\text{U}|0)=0$이므로 z_1의 확률은 0.5다. 상태 9의 확률 분포는 $p(\text{L}|9)=0, p(\text{D}|9)=0.5, p(\text{R}|9)=0.5, p(\text{U}|9)=0$이므로 z_2와 z_3의 확률은 각각 $0.5\times0.5=0.25$이다. 이들 궤적은 G라고 표시된 목표 상태에 도달하여 보상 1을 받기 때문에 식 (2.3)에 따라 이득은 $0+0+\cdots+1=1$이다.

이들을 식 (2.11)에 대입하여 상태 0에 대한 가치 함수 값을 계산할 수 있다. 결과적으로 $v_{\pi_2}(s=0)=1$이다. [프로그램 2-3]에서 에피소드를 10만 개 생성하여 추정한 기대 이득과 같다는 사실을 알 수 있다.

$$v_{\pi_2}(0)=p(z_1)R(z_1)+p(z_2)R(z_2)+p(z_3)R(z_3)=1$$

가치 함수는 모든 상태의 기대 이득을 계산해야 완성된다. [그림 2-8(a)]의 오른쪽 그림은 상태 8에서 출발하는 궤적을 보여준다. 상태 8에서 기대 이득, 즉 가치 함수 값은 다음과 같다.

z_4=[0,8]R[0,9]R[0,10]D[0,14]R[1,15] $p(z_4)=0.5$ $R(z_4)=1$

z_5=[0,8]R[0,9]D[0,13]R[0,14]R[1,15] $p(z_5)=0.5$ $R(z_5)=1$

$v_{\pi_2}(8)=p(z_4)R(z_4)+p(z_5)R(z_5)=1$

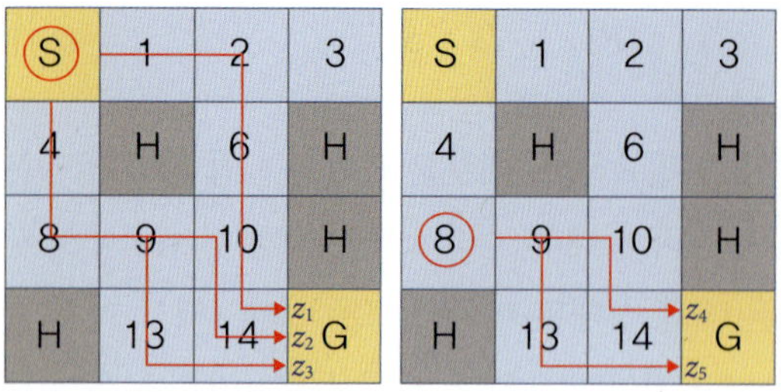

(a) π_2에서 발생한 모든 궤적

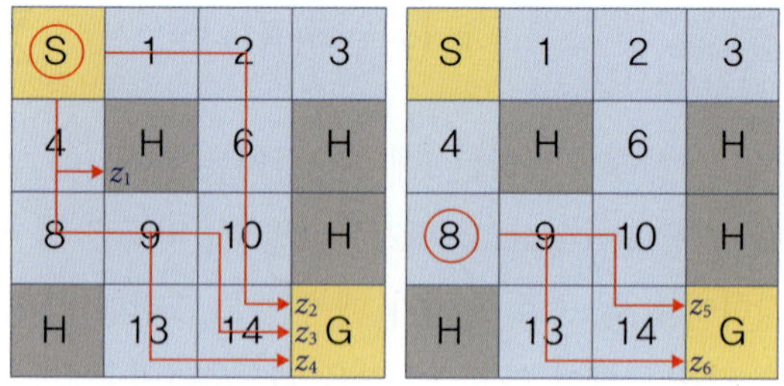

(b) π_3에서 발생한 모든 궤적

그림 2-8 정책 π_2와 π_3에서 발생한 모든 궤적

이제 상태 4에서 D와 R을 동일한 확률(0.5)로 선택하는 새로운 정책 π_3을 사용한다고 가정한다. π_3은 아래와 같이 기술할 수 있다.

$$\pi_3 = \begin{cases} p(\mathrm{L} \mid 4)=0,\ p(\mathrm{D} \mid 4)=0.5,\ p(\mathrm{R} \mid 4)=0.5,\ p(\mathrm{U} \mid 4)=0 \\ \text{나머지 상태는 } \pi_2\text{와 동일} \end{cases}$$

[그림 2-8(b)]의 왼쪽 그림은 π_3에 대해 상태 0에서 출발하는 궤적을 보여준다. z_1은 구멍에 빠졌으므로 이득이 0이다.

z_1=[0,0]D[0,4]R[0,5] $\quad p(z_1)=0.25 \quad R(z_1)=0$

z_2=[0,0]R[0,1]R[0,2]D[0,6]D[0,10]D[0,14]R[1,15] $\quad p(z_2)=0.50 \quad R(z_2)=1$

z_3=[0,0]D[0,4]D[0,8]R[0,9]R[0,10]D[0,14]R[1,15] $\quad p(z_3)=0.125 \quad R(z_3)=1$

z_4=[0,0]D[0,4]D[0,8]R[0,9]D[0,13]R[0,14]R[1,15] $\quad p(z_4)=0.125 \quad R(z_4)=1$

상태 0에서 가치 함수 $v_{\pi_3}(0)$은 0.75다.

$$v_{\pi_3}(0) = p(z_1)R(z_1) + p(z_2)R(z_2) + p(z_3)R(z_3) + p(z_4)R(z_4) = 0.75$$

[그림 2-8(b)]의 오른쪽 그림은 정책 π_3에 대해 상태 8의 가치 함수를 계산한다. 결과는 1이다.

z_5=[0,8]R[0,9]R[0,10]D[0,14]R[1,15] $\quad p(z_5)=0.5 \quad R(z_5)=1$

z_6=[0,8]R[0,9]D[0,13]R[0,14]R[1,15] $\quad p(z_6)=0.5 \quad R(z_6)=1$

$$v_{\pi_3}(8) = p(z_5)R(z_5) + p(z_6)R(z_6) = 1$$

식 (2.7)에 따르면 $v_{\pi_2} \geq v_{\pi_3}$이므로 π_2가 π_3보다 우월하다.

[예제 2-8]에서 π_2와 π_3의 가치 함수 값은 상태 0에서는 다르지만 상태 8에서는 동일하다. π_2와 π_3의 확률 분포는 상태 4에서만 다른데, 상태 8은 이 변화에 영향을 받지 않기 때문이다. 이처럼 정책은 서로

연결되어 있으며, 이웃한 상태 또한 긴밀하게 연결되어 있다. 이 책에서 배우는 학습 알고리즘은 이런 연결 정보를 이용하여 효율적으로 최적 정책을 찾는다.

앞에서 상태 가치 함수 v_π를 계산하는 방법을 살펴보았는데 이제 행동 가치 함수 q_π에 대해 살펴보자. 식 (2.12)는 행동 가치 함수를 계산하는 식이다. s'는 상태 s에서 행동 a를 취했을 때 다음 상태이고 r은 이때 받는 보상이다. 행동을 실행하면 항상 정해진 상태로 전이하는 결정론 MDP를 가정한다. 결정론 MDP에 대해서는 2.1.3절을 참조한다. s'가 종료 상태면, s'에서 출발하는 궤적이 없기 때문에 둘째 항이 0이 되어 $q_\pi(s,a)$는 r이다.

$$q_\pi(s,a) = r + \mathbb{E}(R|s') = r + \sum_{s'\text{에서 출발하는 궤적 } z} p(z)R(z),\ \forall s \in \mathcal{S},\ \forall a \in \mathcal{A} \tag{2.12}$$

[예제 2-9]는 행동 가치 함수를 계산하는 예제를 제시한다.

예제 2-9 식 (2.12)를 이용한 행동 가치 함수 q_π 계산

[예제 2-8]에서 사용했던 π_2 정책으로 행동 가치 함수 $q_{\pi_2}(s,a)$를 계산해보자. 아래는 상태 0에서 행동 D를 취했을 때 행동 가치 함수 값 $q_{\pi_2}(0,\text{D})$를 계산하는 과정이다. 상태 0에서 행동 D를 취했으므로 상태 4로 이동하며, 이후 발생 가능한 궤적은 다음과 같이 두 가지다.

$$z_1 = [0,4]\text{D}[0,8]\text{R}[0,9]\text{R}[0,10]\text{D}[0,14]\text{R}[1,15] \qquad p(z_1)=0.5 \qquad R(z_1)=1$$
$$z_2 = [0,4]\text{D}[0,8]\text{R}[0,9]\text{D}[0,13]\text{R}[0,14]\text{R}[1,15] \qquad p(z_2)=0.5 \qquad R(z_2)=1$$

이들을 식 (2.12)에 대입하여 행동 가치 함수 $q_{\pi_2}(s=0,a=\text{D})$을 계산하면 1.0이 된다.

$$q_{\pi_2}(0,\text{D}) = 0 + (p(z_1)R(z_1) + p(z_2)R(z_2)) = 1$$

다른 상태에 대한 계산은 연습문제로 남겨두며, π_3에 대한 계산도 연습문제로 제시한다.

4. 에피소드 과업과 영구 과업

지금까지 예제로 사용한 FrozenLake 과업은 유한한 시간 내에 에피소드가 끝난다. 이런 과업을 에피소드 과업episodic task이라 부른다. 에피소드 과업에서는 식 (2.3)에 따라 각 순간에서 발생한 보상의 총합을 이득으로 간주한다. 틱택토나 체스, 바둑도 에피소드 과업이다.

반면 장시간 작업하는 로봇의 경우 에피소드가 끝나는 순간 T는 사실상 무한에 가깝다. 예를 들어 하루 종일 작업하는 로봇의 상태를 0.01초마다 측정한다면 T는 무려 864만에 이른다. 이런 과업을 영구 과업continuing task이라 부른다. 영구 과업에서 모든 순간마다 1만큼 보상을 준다면 이득이 매우 커져 무한에 가까운 수가 된다. 따라서 시간이 지남에 따라 일정한 비율만큼 보상을 할인하는 방법을 사용한다. 식 (2.13)은 매 순간 보상을 γ만큼 할인하면서 이득을 계산한다. γ를 할인율discount rate이라 부른다. 할인율을 1로 설정하면 식 (2.3)이 되기 때문에 식 (2.13)은 에피소드 과업까지 포함하는 일반적인 식이다.

$$R(e) = r_0 + \gamma^1 r_1 + \gamma^2 r_2 + \gamma^3 r_3 + \cdots + \gamma^{T-1} r_{T-1} = \sum_{i=0,T-1} \gamma^i r_i \tag{2.13}$$

식 (2.13)의 $R(e)$는 시작 순간 $t=0$에서 출발하는 궤적의 이득을 정의한다. 식 (2.3)에서 그랬듯이, 일반화하여 순간 t에서 시작하는 궤적 z의 이득을 정의해 놓으면 앞으로 등장하는 여러 알고리즘에서 활용할 수 있어 여러모로 편리하다. 식 (2.14)의 $R_t(z)$를 순간 t에서의 이득 또는 순간 t에서의 미래 보상rewards-to-go이라고 부른다.

$$R_t(z) = r_t + \gamma^1 r_{t+1} + \gamma^2 r_{t+2} + \cdots + \gamma^{T-1-t} r_{T-1} = \sum_{i=t,T-1} \gamma^{i-t} r_i \tag{2.14}$$

영구 과업에서는 $\gamma<1$인 할인율이 필수적이지만, 에피소드 과업에서는 반드시 필요하지는 않다. 하지만 도움되는 경우가 많아 종종 사용한다. 예를 들어 에피소드의 중간에서는 계속 0의 보상을 주다가 종료 상태에서 0이 아닌 보상을 주는 에피소드 과업이 있다. 바둑의 경우가 대표적인데 게임 도중에는 승패가 확정되지 않아 보상이 0이지만, 승부가 결정된 종료 상태에서 이기면 1, 지면 −1의 보상을 준다. 이런 과업의 경우 에피소드에 있는 모든 행동이 승패에 기여했을 것이다. 따라서 보상을 이들 행동에 적절히 배분해야 한다. 강화 학습에서는 이 배분 작업을 신용 할당credit assignment이라 부른다. 신용 할당에서 모든 행동에 같은 값을 나눠주는 것은 공평하지 않다. 대신 종료 순간에서 멀수록 적은 신용을 할당하는 방안이 합리적인데, 할인율은 이때 유용하다. 예를 들어 $\gamma=0.99$라면 a_{T-1}은 1.0, a_{T-2}는 0.99, a_{T-3}은 0.9801, a_{T-4}는 0.970299, ⋯ 만큼의 보상을 받는다.

보상 설계 방식에 따라 동일한 과업을 에피소드 과업으로 정의할 수도, 영구 과업으로 정의할 수도 있다. 예를 들어 [예제 2-3]은 CartPole 과업에서 매 순간 1의 보상을 주도록 설계하였다. 이렇게 하면 300 순간만큼 막대를 세운 채 버틴다면 이득이 300이 된다. 이 경우는 에피소드 과업에 해당한다. 매 순간 0의 보상을 주고 막대가 넘어져 종료할 때 −1의 보상을 주도록 설계하면 영구 과업이 된다. 이 경우 이득이 $0+0+\cdots+\gamma^{T-1}\times(-1)=-\gamma^{T-1}$이 되어 오래 버틸수록 이득이 커진다. 예를 들어 $\gamma=0.99$일 때 100 순간을 버티면 이득은 −0.366, 1000 순간을 버티면 −0.0000432가 된다.

5

강화 학습의 난이도와 접근방법 이해

[그림 1-6]과 [알고리즘 2-3]이 설명하는 바와 같이 강화 학습에서는 데이터 생성과 학습이 강하게 결합되어 있다. 이는 강화 학습이 지도 학습과 가장 차별화되는 특징이다. 이러한 특성으로 인해 학습 과정에서 여러 가지 어려움이 발생한다.

1. 강화 학습이 어려운 이유

이 절은 강화 학습이 어려운 이유를 설명한다. 왜 어려운지 알면 학습 알고리즘을 이해하는 데 크게 도움이 된다.

첫째, 정답을 알려주는 절대자가 없다. 강화 학습은 [알고리즘 2-3]이 보여주는 바와 같이 난수로 설정한 초기 정책이 생성한 엉터리 데이터를 가지고 출발하여 자신의 데이터로 자신을 학습하는 과정을 반복하는 자율 학습 방식을 따른다. 반면 [그림 1-6]이 보여주는 바와 같이 지도 학습은 절대자에 해당하는 누군가가 정답을 레이블링하면 그 후에 학습을 시작한다.

둘째, 데이터의 비정상성non-stationary이다. [알고리즘 2-3]에서 볼 수 있듯이 학습이 진행되면서 정책이 계속 개선된다. 정책이 훈련 데이터를 생성하기 때문에 시간에 따라 데이터를 생성하는 원천이 달라지는 셈이다. 이런 데이터를 비정상성이라 부른다. 반면 지도 학습이 사용하는 데이터는 하나의 원천에서 수집하였기 때문에 정상성stationary을 만족한다. 다시 말해 강화 학습이 사용하는 훈련 데이터는 학습이 진행되면서 확률 분포가 꾸준히 변하는데 지도 학습이 사용하는 데이터는 동일한 확률 분포를 유지한다.

셋째, 데이터 샘플 간 상관성correlation이 매우 높다. 에피소드 데이터에서 순간 t의 s_t-a_t-r_t-s_{t+1} 샘플은 다음 순간의 샘플과 매우 유사하다. 바둑 과업에서 순간 t+1의 샘플은 순간 t에서 단지 한 수만 더 둔 차이이므로 두 샘플은 매우 비슷하다. 데이터 상관성이 높으면 학습 과정에서 과잉 적합over-fitting이 발생할 가능성이 높다. 지도 학습에서는 데이터를 독립적으로 수집했다고 가정한다. 실제 데이터 수집 과정에서는 독립성을 만족하려고 최대한 다양한 환경에서 샘플을 수집한다. 지도 학습 데이터는 정상성과 독립성을 만족하기 때문에 독립항등분포independent and identically distributed(iid)를 이룬다고 말한다.

넷째, 데이터가 제공하는 정보가 희소하다. 에피소드 데이터에서 학습에 도움이 되는 핵심 정보는 보상이다. 좋은 보상을 받으면 해당 행동을 강화하고 나쁜 보상을 받으면 해당 행동을 억제하는 전략이 학습 알고리즘의 주요 전략이기 때문이다. 그런데 대부분 과업은 종료 상태에 도달했을 때 의미 있는 보상을 제공하는 지연 보상delayed reward을 사용한다. 지도 학습은 샘플마다 정답에 해당하는 레이블을 가지고 있기 때문에 밀집된 정보를 가지고 학습하는 셈이다.

다섯째, 탐험exploration과 탐사exploitation의 균형이 필요하다. 대부분 과업은 상태 공간이 실수 공간이거나 이산 공간인데 무한에 가깝다. 이런 방대한 공간에서 최적 정책을 효율적으로 찾아내려면, 공간 전체를 골고루 방문하는 탐험과 현재까지 파악한 좋은 곳 근처를 집중 방문하는 탐사 사이에서 균형을 이루는 학습 전략을 사용해야 한다.

여섯째, 보상 설계reward design가 어려운 과업이 있다. FrozenLake나 바둑 같은 과업은 중간에 보상 0을 주고 종료 상태에서 상황에 따라 적절한 보상을 주면 되기 때문에 보상 설계가 쉽다. 최근 강화 학습의 응용이 확장됨에 따라 새로 관심을 가지게 된 자율주행이나 지능 로봇 같은 과업의 경우 보상 설계가 매우 까다롭다.

2. 문제 해결 전략

현대 강화 학습 알고리즘은 다양한 전략을 사용하여 앞 절이 제시한 어려움을 극복한다. 대부분 전략은 앞 절이 설명한 어려움을 야기하는 특성을 역으로 이용하는 역발상에 따른 것이다.

첫째, 상태 공간의 연결성을 활용한다. 상태 공간에서 상태들은 [그림 2-9]가 보여주는 바와 같이 서로 밀접하게 연결되어 있다. 상태 연결성을 잘 활용하면 현실적으로 계산 가능한 식을 유도할 수 있다. 예를 들어 [그림 2-9(a)]의 FrozenLake 사례에서 현재 상태 $s=10$에서 행동 D를 선택하면 $s'=14$로 전환한다. s'에서 행동 R을 선택하면 목표 상태에 도달하여 보상 1을 받는다. 따라서 s'는 아주 좋은 상태이고 가치 함수 값을 높게 설정할 수 있다. 그런데 s'는 s를 거쳐왔기 때문에 s'의 높은 값을 s로 파급할 수 있다. 이런 원리를 식으로 표현하면 벨만 방정식Bellman Equation이 된다. 벨만 방정식은 3장의 동적 프로그래밍과 이후 개선된 학습 알고리즘의 근간이다. 상태 공간뿐 아니라 정책 공간도 밀접한 연결성을 가진다. 강화 학습의 모든 학습 알고리즘은 이웃한 더 좋은 정책으로 이동하는 과정을 반복함으로써 최적 정책에 도달한다.

둘째, 정책과 가치 함수가 협력한다. 사람이 평가를 통해 자아실현을 하듯이, 정책은 가치 함수를 통해 자아실현, 즉 최적 정책을 향해 나아간다. 3장부터 공부할 정책 반복이나 가치 반복 알고리즘에서는 가치 함수가 정책을 평가하고 정책은 평가 결과에 따라 개선 방향을 찾아간다. 강화 학습의 모든 학습 알고리즘은 이런 협력 체계에서 동작한다. 9장 이후에 공부할 행동가–비평가 방법에서는 정책이 행동가 역할을 맡고 가치 함수가 비평가 역할을 맡는 발전된 협력 체계에서 학습한다.

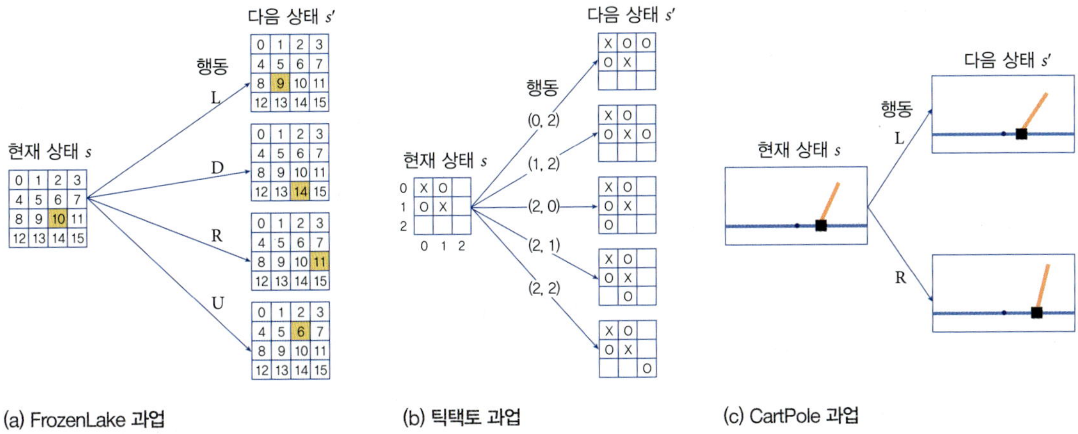

그림 2-9 상태 공간의 연결성

셋째, 신경망을 활용하여 정책과 가치 함수를 근사한다. 3~5장이 제시하는 학습 알고리즘은 정책과 가치 함수의 값을 참조표에 기록하는데, 상태 공간이 방대한 과업에서 참조표는 메모리 요구량이 폭발적으로 늘어나 무용지물이다. 신경망은 이런 문제를 해결하는 데 가장 강력한 도구다. 현대 강화 학습 알고리즘은 모두 신경망을 기본으로 사용한다. 6장 이후의 모든 학습 알고리즘은 신경망을 사용한다.

넷째, 데이터 효율data efficiency을 높이는 전략을 사용한다. 강화 학습이 사용하는 데이터는 비정상성과 높은 상관관계, 희소한 정보 탓에 데이터 효율성이 매우 낮다. 학습 과정에서 발생하는 에피소드 데이터를 적절한 크기의 버퍼에 저장한 다음, 학습할 때 버퍼에서 랜덤하게 미니배치를 샘플링하는 방법을 포함하여 다양한 전략을 활용한다. 7장에서는 리플레이 메모리라는 버퍼를 사용하여 퐁 아타리 게임을 제작하는 실습을 한다.

다섯째, 혼합 알고리즘을 활용한다. 상태 공간이 너무 커서 강화 학습만으로 높은 성능을 달성할 수 없는 자율주행이나 지능 로봇과 같은 과업에서는 강화 학습과 12장의 흉내 학습을 결합한 혼합 학습 알고리즘을 사용한다. 13장에서는 강화 학습과 흉내 학습을 결합하거나 강화 학습과 MCTS라는 트리 탐색 알고리즘을 결합하여 높은 지능을 달성한 성공 사례를 소개한다.

여섯째, 보상 설계를 위해 자동화 도구를 활용한다. 지능 로봇이나 자율주행 같은 과업의 경우 보상 설계가 핵심인데 사람이 수행하기에는 버겁다. 최근 ChatGPT같은 LLMlarge-language model을 활용하여 보상을 자동 설계하는 연구가 발표되고 있다[Kwon2023].

연습문제

1 Gymnasium 사이트가 제공하는 Lunar Lander 과업을 [예제 2-1]의 형식에 따라 기술하시오.

2 Gymnasium 사이트의 External Env에서 제공하는 HighwayEnv 과업을 [예제 2-1]의 형식에 따라 기술하시오.

3 아래 과업에 [프로그램 2-1]을 적용하시오.

(1) Gymnasium 사이트가 제공하는 Lunar Lander 과업

(2) Gymnasium 사이트의 External Env에서 제공하는 HighwayEnv 과업

4 2.3.2절에서는 최적 정책 π_2의 일부 상태를 생략하고 있다. π_2를 모든 상태에 대해 기술하시오.

5 [프로그램 2-2]와 [프로그램 2-3]은 시작 상태의 기대 이득을 계산한다. 그러나 이들 프로그램은 불완전한 가치 함수를 계산한다고 말할 수 있다.

(1) 왜 불완전한지 설명하시오.

(2) 완전한 가치 함수를 계산하도록 프로그램을 확장하시오.

6 [예제 2-8]에서 상태 2와 상태 3에 대한 상태 가치 함수를 π_2와 π_3 각각에 대해 계산하시오.

7 [예제 2-8]과 같은 계산을 랜덤 정책 π_1에 적용할 수 있는가? 예/아니오로 답하고, 그 이유를 설명하시오.

8 [예제 2-9]에 대해 답하시오.

(1) $q_{\pi_2}(0,\mathrm{L})$, $q_{\pi_2}(0,\mathrm{R})$, $q_{\pi_2}(0,\mathrm{U})$를 계산하시오.

(2) $q_{\pi_3}(0,\mathrm{D})$를 계산하시오.

9 주식 시세에 대해 답하시오.

(1) 주식 시세가 마르코프 성질을 만족하는지에 대해 예/아니오로 답하고, 그 이유를 설명하시오.

(2) 주식 시세 예측에 사용되는 기하 브라운 운동geometric Brown motion(GBM) 모델은 마르코프 성질을 어떻게 다루는지 설명하시오.

10 Gymnasium은 FrozenLake-v1 과업에 대해 4×4 버전과 8×8 버전을 제공한다. [프로그램 2-1], [프로그램 2-2], [프로그램 2-3]은 4×4 버전에서 실험한다.

(1) 이들 프로그램을 8×8 버전에서 실험하고, 그 결과를 해석하시오.

(2) 계산 시간이 대략 몇 배 증가하는지 측정하고, 그 이유를 설명하시오.

CHAPTER 03

동적 프로그래밍

CHAPTER 03 동적 프로그래밍

Preview

사람은 이웃으로부터 영향을 받고 이웃에 영향을 끼치며 살아간다. [그림 3-1]은 옆 사람이 벌떡 일어나 함성을 지르면 나도 따라 일어나게 되고, 이러한 여파가 옆으로 계속 파급되는 축구 응원석의 모습을 보여준다. 강화 학습에서는 상태와 상태, 행동과 행동, 정책과 정책 사이에 밀접한 연결성이 있고 상태와 행동, 상태와 정책 사이에도 연결성이 존재한다. 강화 학습은 이러한 연결성을 활용하여 이웃과 정보를 주고받으며 효율적으로 학습을 수행한다.

그림 3-1 축구 응원에서 이웃과 연결성

동적 프로그래밍dynamic programming은 강화 학습 초창기에 주로 사용된 오래된 알고리즘이다. 지금은 DQN(7장)이나 PPO(10장)와 같은 더 발전된 알고리즘이 등장하면서 잘 쓰이지 않지만 이웃 간의 연결성을 명시적으로 활용하기 때문에 알고리즘의 본질을 이해하는 데 유리하다. 또한 현대 학습 알고리즘이 사용하는 중요한 개념과 근간을 이루는 기초 공식을 제공하므로 자세히 살펴볼 가치가 충분하다.

1

원리

동적 프로그래밍은 1950년대 개발되어 공학과 과학의 다양한 문제를 해결하는 데 유용하게 사용되어 왔다[Cormen2022]. 컴퓨터 과학에서 동적 프로그래밍은 분할 정복[divide-and-conquer], 탐욕 알고리즘[greedy algorithm], 백트래킹[backtracking], 한정 분기[branch-and-bound] 등과 함께 문제를 해결하는 중요한 알고리즘 방법론이다. 이 절에서는 알고리즘 방법론으로서 동적 프로그래밍의 원리를 살펴본 후, 이를 강화 학습에 어떻게 적용할 수 있을지 생각해본다.

동적 프로그래밍은 크기가 n인 문제가 주어지면 크기가 1인 가장 작은 문제로 분해한 다음, 크기 1인 문제의 답을 구해 표에 기록한다. 크기 1인 문제의 답을 보고 크기 2인 문제의 답을 구해 표에 기록하고, 크기 2인 문제의 답을 보고 크기 3인 문제의 답을 구해 표에 기록하는 일을 반복하다가 원래 문제의 크기 n의 답을 얻으면 멈춘다. 따라서 동적 프로그래밍은 상향식[bottom-up] 방법에 해당한다.

예제 3-1 **동적 프로그래밍을 이용한 최적 행렬 곱셈 순서 정하기**[optimal matrix chain multiplication]

아래 행렬 $\mathbf{A}_1$, $\mathbf{A}_2$, $\mathbf{A}_3$의 크기가 각각 20×3, 3×10, 10×2라고 하자. 행렬 곱의 결합 법칙에 따라 아래와 같이 두 가지 계산 순서가 있는데, 첫 번째 방법에서는 $600+400=1000$번의 곱셈을 수행하고 두 번째 방법에서는 $60+120=180$번의 곱셈을 수행하므로 두 번째가 5.5배 가량 빠르다.

$$((\mathbf{A}_1\mathbf{A}_2)\mathbf{A}_3)\text{와 }(\mathbf{A}_1(\mathbf{A}_2\mathbf{A}_3))$$

이 문제를 일반화하면 n개 행렬 $\mathbf{A}_1\mathbf{A}_2\mathbf{A}_3\cdots\mathbf{A}_n$을 곱할 때 어떤 순서로 계산해야 가장 적은 곱셈 횟수가 필요한지 알아내는 문제가 된다. 모든 가능한 곱셈 순서를 나열하고 각각의 곱셈량을 계산하는 방식은 경우의 수가 너무 많아 시간이 오래 걸린다. 이때 동적 프로그래밍은 효율적인 해결책을 제시한다.

가장 작은 문제는 행렬이 한 개일 때로, 이는 [그림 3-2]의 왼쪽 그림에서 확인할 수 있다. 이때는 오른쪽에 있는 표의 대각선, 즉 크기 1이라 표시된 곳에 0을 채운다. 다음으로 크기 2일 때 곱셈 횟수를 계산하여 표에 기록하는데, $\mathbf{A}_i\mathbf{A}_{i+1}$의 답을 $(i,i+1)$ 칸에 기록한다. 이제 크기 3일 때를 계산하는데, $\mathbf{A}_i\mathbf{A}_{i+1}\mathbf{A}_{i+2}$의 답을 다음 페이지의 식으로 계산한다. 이때 $\mathbf{A}_i\mathbf{A}_{i+1}$의 곱셈 횟수와 $\mathbf{A}_{i+1}\mathbf{A}_{i+2}$의 곱셈 횟수가 필요하며, 이는 직전에 저장해둔 값을 가져다 사용한다.

$$M[i,i+2]=\min(\mathbf{A}_i\mathbf{A}_{i+1}\text{에 }\mathbf{A}_{i+2}\text{를 곱할 때 곱셈 횟수, }\mathbf{A}_i\text{에 }\mathbf{A}_{i+1}\mathbf{A}_{i+2}\text{를 곱할 때 곱셈 횟수})$$

이 식을 일반화하면 다음과 같은 순환식recurrent relation이 도출된다. 이 순환식을 크기 $2,3,4,\cdots,n$까지 적용하면 표가 다 채워진다. 답은 표의 가장 오른쪽 맨 위 칸에 위치하며, [그림 3-2]의 경우 (1,7) 칸에 해당한다.

$$M[i,j]=\min_{k=i,i+1,\cdots,j-1}\left(M[i,k]+M[k+1,j]+d_{i-1}d_kd_j\right)$$

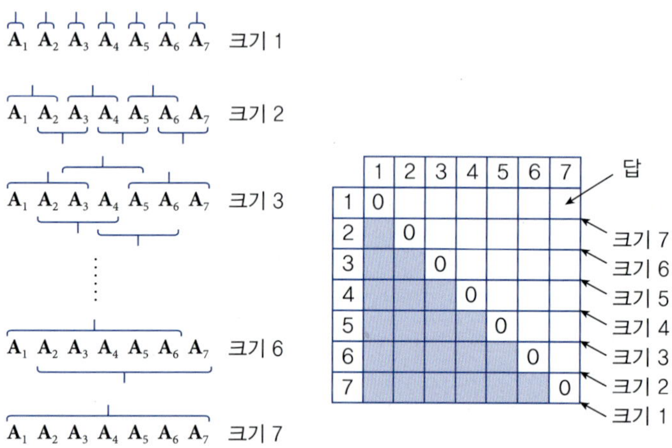

그림 3-2 행렬 곱의 최적 순서 정하기를 위한 동적 프로그래밍

[예제 3-1]은 동적 프로그래밍의 원리를 설명한다. 이제 동적 프로그래밍을 강화 학습에 어떻게 적용할지 생각해본다. 강화 학습에서 가장 작은 문제는 무엇이고, 하나 더 큰 문제는 무엇일까? 또한 작은 문제의 답을 하나 더 큰 문제로 파급하기 위한 순환식은 어떻게 유도할 수 있을까? FrozenLake 과업을 통해 이들 질문에 대한 답을 찾아보자.

[그림 3-3]에서 H로 표시한 구멍과 G로 표시한 목표 지점은 종료 상태, 즉 에피소드가 끝나는 상태다. 이들 종료 상태를 가장 작은 문제로 간주하면 합리적이다. 왜냐하면 종료 상태에서는 보상 자체를 이득으로 취하기 때문이다. [그림 3-2]에서 크기 1이라고 표시한 대각선에 해당한다. G의 왼쪽에 있는 14번 상태는 크기가 2, 그 위의 10번 칸과 왼쪽의 13번 칸은 크기가 3인 문제로 간주할 수 있다. 다시 말해 화살표는 점점 더 큰 문제로 향하는 과정을 나타낸다.

이때 알고리즘이 활용 가능한 정보는 식 (2.1)의 에피소드인 $[-,s_0]a_0[r_0,s_1]a_1\cdots[r_{T-2}s_{T-1}]a_{T-1}[r_{T-1},s_T]$이다. 여기서 s_T는 [그림 3-3]에서 H 또는 G로 표시된 종료 상태로서 크기가 1인 문제에 해당한다. s_{T-1}은 크기가 2인 문제로 간주할 수 있으며 일반적으로 s_i는 s_{i+1}보다 하나 큰 문제로 간주할 수 있다. 이제 강화 학습에 동적 프로그래밍을 적용할 기초를 마련했다.

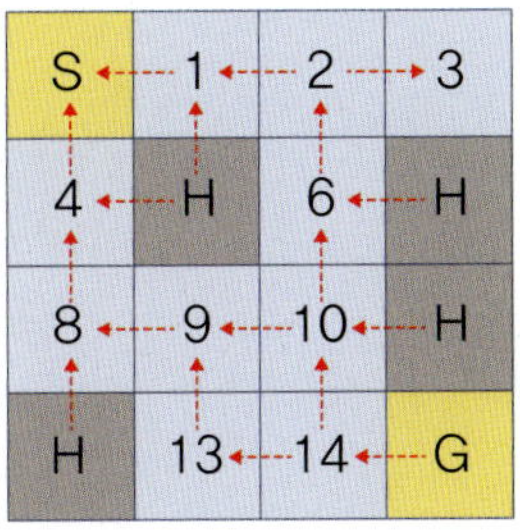

그림 3-3 FrozenLake 과업에 동적 프로그래밍 적용

알고리즘 과목에서 다루는 [그림 3-2]와 같은 최적화 문제와 강화 학습이 다루는 [그림 3-3] 같은 과업은 여러 차이점이 있다. [그림 3-2]에서는 크기 i와 크기 $i+1$이 엄밀히 구분되어 순환식이 적용된다. 반면 [그림 3-3]에서는 크기 i와 크기 $i+1$이 불분명하다. 예를 들어 상태 6의 경우 G에서 출발하면 크기가 4지만 바로 오른쪽에 있는 H 표시된 구멍에서 출발하면 크기가 2다. 게다가 사이클이 포함된 궤적이 존재할 수 있으며, 이 경우 이웃한 상태의 크기 관계가 뒤집어지는 경우가 자주 발생한다. 예를 들어 상태 9가 상태 10보다 하나 더 큰 궤적도 있지만 반대로 상태 10이 상태 9보다 하나 더 큰 궤적도 있다. 다음 절에서는 이런 복잡성을 일관성 있게 처리해주는 벨만 방정식을 유도한다.

2

벨만 방정식과 정책 반복 알고리즘

이 절은 모든 궤적을 나열하여 가치 함수를 계산하는 식 (2.11)과 식 (2.12)에 동적 프로그래밍을 적용하여 순환식을 유도한다. 이 순환식을 벨만 방정식이라고 부른다. 벨만 방정식은 모든 강화 학습 알고리즘의 근간을 형성하기 때문에 정확히 이해하는 것이 중요하다.

1. 벨만 방정식

아래 유도식의 첫 번째 행은 식 (2.10)을 그대로 옮겨 쓴 것이다. 두 번째 행은 $q_\pi(s,a)$에 식 (2.12)를 대입하여 유도한 것이며, 세 번째 행은 식 (2.11)을 대입하여 유도한 식이다.

$$\begin{aligned} v_\pi(s) &= \sum_{a\in\mathcal{A}(s)} \pi(a\,|\,s) q_\pi(s,a) \\ &= \sum_{a\in\mathcal{A}(s)} \pi(a\,|\,s) \left(r + \sum_{s'\text{에서 출발하는 모든 궤적 } z} p(z)R(z) \right) \\ &= \sum_{a\in\mathcal{A}(s)} \pi(a\,|\,s) \big(r + v_\pi(s') \big) \end{aligned}$$

이 유도 과정에서 중간 과정을 생략하고 결과를 다시 쓰면 식 (3.1)이 된다. $v_\pi(s')$에 할인율 γ를 곱해 영구 과업과 에피소드 과업에 모두 적용할 수 있게 한다. 에피소드 과업의 경우 $\gamma=1$로 설정한다. 식 (3.1)은 어떤 행동을 취하면 항상 같은 상태로 전이하는 결정론 MDP를 가정한 것이다. 이 식은 상태 s의 값을 이웃 상태 s'의 값으로 정의하기 때문에 순환식이다. 이 순환식을 벨만 방정식Bellman equation 또는 벨만 기대 방정식Bellman expectation equation이라고 부른다.

$$v_\pi(s) = \sum_{a\in\mathcal{A}(s)} \pi(a\,|\,s)\big(r+\gamma v_\pi(s')\big), \forall s \in \mathcal{S} \tag{3.1}$$

[그림 3-4]는 벨만 방정식의 동작을 구체적 사례를 통해 설명한다. FrozenLake 과업에서 현재 상태 $s=10$에서 가치 함수 $v_\pi(s=10)$을 계산한다고 가정하자. 상태 s에서 취할 수 있는 행동은 $\mathcal{A}(s)=\{\mathrm{L,D,R,U}\}$고 행동 $a\in\mathcal{A}(s)$를 취할 확률은 $\pi(a\,|\,s)$다. 행동 a를 취했을 때 다음 상태는 s'고 보상 r을 얻는다. 예를

들어 a=L을 취했다면, 결정론 환경이기 때문에 1의 확률로 s'=9로 전이한다. 이때 상태 9의 가치 함수 값, 즉 $v_\pi(s'=9)$를 알고 있다면 이득은 $\pi(a=\text{L}|s=10)(r+v_\pi(s'=9))$다. $\mathcal{A}(s)$에 있는 모든 행동에 대해 이득을 계산하고 이들을 더하면 기대 이득, 즉 $v_\pi(s=10)$이 된다.

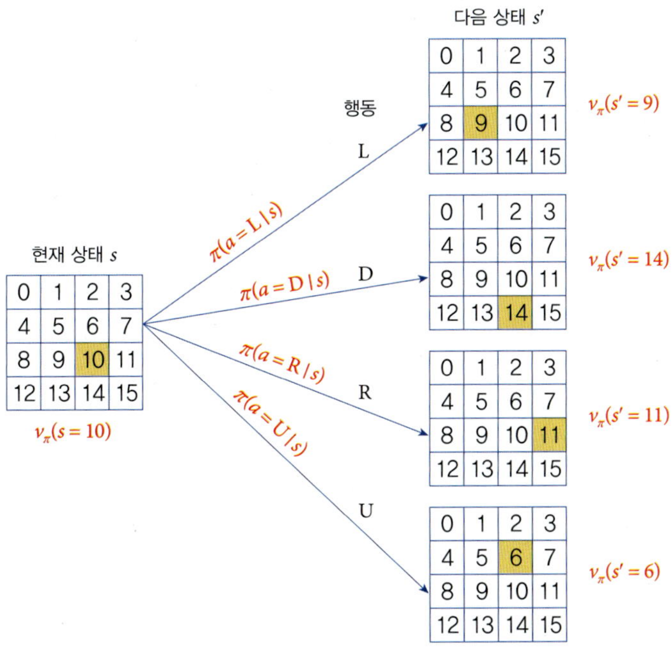

그림 3-4 결정론 MDP를 가진 FrozenLake 과업에서 벨만 방정식의 동작

[그림 3-5]는 순환식으로 가치 함수를 계산하는 식 (3.1)의 벨만 방정식과, 궤적을 나열하여 가치 함수를 계산하는 식 (2.11)을 설명하는 그림이다. 벨만 방정식에서는 다음 상태의 가치 함수 값 $v_\pi(s')$를 알면 현재 상태의 가치 함수 값 $v_\pi(s)$를 현실적인 시간 내에 계산할 수 있다. 반면 식 (2.11)에서는 궤적의 개수 k가 무한하거나 궤적 z_i의 이득 $R(z_i)$를 일일이 계산할 수 없어 특수한 경우를 제외하고는 현실적으로 계산이 불가능하다. 벨만 방정식은 강화 학습을 현실 세계로 끌어낸 혁신적인 공식이다. 모든 강화 학습 알고리즘은 벨만 방정식의 토대 위에서 동작한다.

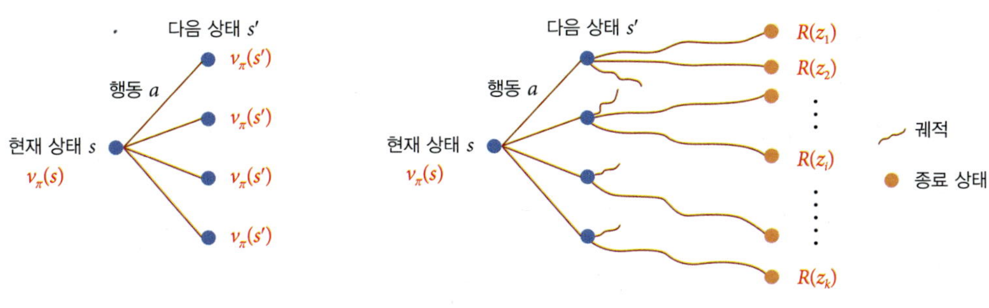

(a) 식 (3.1)의 벨만 방정식　　(b) 궤적을 나열하는 식 (2.11)

그림 3-5 가치 함수를 계산하는 공식의 동작 방식

벨만 방정식의 동작에 대해 생각해볼 점이 있다. 현재 상태 s의 가치 함수 값은 이웃 상태 s'에 의존하는데, 과연 이웃 상태의 값을 믿을 수 있을까? 당연히 신뢰할 수 없다. 왜냐하면 알고리즘은 모든 상태에 대한 가치 함수 값을 랜덤하게 초기화하고 학습을 통해 점차 개선하는 방식을 취하기 때문이다. 알고리즘이 진행되는 도중에는 어떤 상태도 확정된 값을 가지고 있지 않다. 따라서 벨만 방정식에서 어떤 상태는 이웃의 불완전한 값을 기반으로 자신의 값을 개선한다. 추정을 가지고 추정하는 셈이다. 상태들은 서로 연결되어 있기 때문에 이웃 또한 이렇게 개선된 값을 가져다 자신을 개선한다. 이처럼 이웃끼리 값을 주고받으며 개선해가는 방식을 부트스트래핑bootstrapping이라 한다. 동적 프로그래밍은 대표적인 부트스트래핑 방식의 알고리즘이다.

수렴한 가치 함수는 자기 일관성self-consistency을 유지해야 한다. 어떤 상태에 대해 이웃 상태의 값을 가지고 벨만 방정식을 계산하면 자신이 가진 값과 같아야 한다. 모든 상태가 이 조건을 만족하면 자기 일관성을 유지한다고 말한다. 벨만 방정식은 자기 일관성을 만족한다고 증명되어 있다. [프로그램 3-1]과 [프로그램 3-2]의 실습에서 자기 일관성을 확인한다.

결정론 MDP는 어떤 상태에서 행동을 취하면 항상 같은 상태로 전이하는 과업을 뜻한다. 반면에 스토캐스틱 MDP에서는 어떤 상태에서 행동을 취하면 확률 분포에 따라 서로 다른 상태로 전이할 수 있다. 결정론과 스토캐스틱 MDP에 대해서는 2.1.3절을 참조한다. 식 (3.1)은 결정론 MDP 과업을 위한 벨만 방정식이다. 강화 학습이 다루는 과업 대부분은 결정론 MDP에 해당한다. 3.4절은 스토캐스틱 MDP를 가진 과업에 대한 벨만 방정식을 제시한다. 이 책은 3.4절을 제외하고는 모두 결정론 MDP를 가진 과업만 다룬다.

2. 정책 평가 알고리즘

[알고리즘 3-1]은 식 (3.1)의 벨만 방정식을 이용하여 정책을 평가하는 알고리즘이다. 입력은 정책 π고, 출력은 π의 평가 결과에 해당하는 가치 함수 v_π다. 1행은 가치 함수 값을 저장할 배열 V를 만든다. 2행은 모든 상태에 대해 V를 0으로 초기화한다. 3~7행의 루프를 수렴할 때까지 반복한다. 4행은 개선된 양을 계산하려고 현재 V를 $oldV$에 저장한다. 5~6행은 벨만 방정식을 모든 상태에 적용하여 가치 함수를 개선한다. 7행은 개선된 양의 최대치가 임곗값 ε보다 작으면 수렴했다고 간주하고 알고리즘을 종료한다. 이 알고리즘은 결정론 MDP를 위한 것인데, 스토캐스틱 MDP에 적용하는 일은 3.4절에서 설명한다.

알고리즘 3-1 벨만 방정식을 이용한 정책 평가

입력: 정책 π

출력: 가치 함수 v_π (배열 V)

```
1   |S| 크기의 배열 V를 만든다.
2   모든 상태 s에 대해 V(s)를 0으로 초기화한다.
3   while TRUE
```

```
    oldV=V
    for s∈S // 상태 각각에 대해
        V(s)=Σ_{a∈A(s)}π(a|s)(r+γV(s')) // 식 (3.1)의 벨만 방정식 적용
    if max_s|V(s)-oldV(s)|<ε, break // 변화가 충분히 작으면 수렴으로 간주하고 루프 탈출
return V
```

3. 프로그래밍 실습: 정책 평가

[프로그램 3-1]은 FrozenLake 과업에 대해 [알고리즘 3-1]을 구현한다. 4행은 할인율을 설정한 것이고, 6~18행은 [알고리즘 3-1]을 구현한 함수다. 7행은 가치 함수를 저장할 배열 V를 만들고, 0으로 초기화한다. 8~17행은 수렴할 때까지 가치 함수 개선 작업을 반복한다. 9행은 개선 최대량을 계산하기 위해 현재 가치 함수를 oldV에 저장한다. 10~14행은 식 (3.1)의 벨만 방정식을 계산한다. 10행을 통해 모든 상태에 대해 값을 계산한다. 13행의 env.unwrapped.P는 MDP의 전이 확률에 해당한다. 동적 프로그래밍은 환경 안에 있는 이 정보를 가져가 쓰기 때문에 모델 기반 알고리즘에 속한다. 이곳을 이해하려면 env.unwrapped.P[state][action]의 구조를 알아야 한다. 예를 들어 env.unwrapped.P[0][1]을 출력하면 [(1.0, 4, 0.0, False)]를 얻는다. 상태 0에서 행동 1(D)을 취하면, 확률 1.0으로 상태 4로 이전하고 보상은 0.0이며, terminated가 False라는 뜻이다. 결정론 MDP이기 때문에 이처럼 하나의 상태로 전이한다. 15행은 새로운 값 v로 가치 함수 값을 갱신한다. 20~24행은 메인에 해당한다. 20행은 FronzenLake 과업을 is_slippery=False로 설정하여 결정론 MDP를 생성한다. 22행은 모든 상태에서 네 행동이 같은 확률을 갖는 랜덤 정책 pi1을 설정하고, 23행은 policy_evaluation 함수를 호출하여 pi1을 평가한다.

프로그램 3-1 벨만 방정식을 이용하여 랜덤 정책을 평가(FrozenLake 과업)

```
1   import gymnasium as gym
2   import numpy as np
3
4   gamma=0.9 # 할인율
5
6   def policy_evaluation(env,policy):
7       V=np.zeros(env.observation_space.n) # 가치 함수를 저장할 표
8       while True:
9           oldV=V.copy()
10          for state in range(env.observation_space.n):
11              v=0
12              for action,action_prob in enumerate(policy[state]):  # 벨만 방정식
13                  prob,next_state,reward,terminated=env.unwrapped.P[state][action][0]
14                  v=v+action_prob*(reward+gamma*V[next_state])
15              V[state]=v
16          if max(np.abs(V-oldV))<1e-8:
```

```
            break
    return V

env=gym.make('FrozenLake-v1',is_slippery=False,render_mode='ansi')

pi1=np.ones((env.observation_space.n,env.action_space.n))/env.action_space.n # 랜덤 정책
V=policy_evaluation(env,pi1)
print('pi1(랜덤 정책)의 가치 함수:\n',np.round(V.reshape([4,4]),4))
```

```
pi1(랜덤 정책)의 가치 함수:
 [[0.0045 0.0042 0.0101 0.0041]
 [0.0067 0.     0.0263 0.    ]
 [0.0187 0.0576 0.107  0.    ]
 [0.     0.1304 0.3915 0.    ]]
```

프로그램 실행 결과를 해석하면, H와 G에 해당하는 종료 상태의 가치 함수 값이 모두 0임을 확인할 수 있다. 상태 14의 가치 함수 값, 즉 $v_{\pi_1}(s=14)$는 0.3915다. 이 상태에서 행동 R을 선택하여 오른쪽으로 이동하면 보상 1을 받고 종료한다. 따라서 상태 14는 1에 가까운 가치를 가지는 데 너무 저평가되었다. 그 이유는 [프로그램 3-1]이 랜덤 정책 π_1을 평가했기 때문이다. 이 정책은 상태 14에서 오른쪽으로 가면 좋은 보상을 받는다는 사실을 모른 채 같은 확률로 네 방향 중 하나로 이동하는 멍청한 정책이다. 상태 14에서 확률 1로 R을 선택하는 조금 나은 정책에 대해 [프로그램 3-1]을 적용하고 결과를 분석하는 일은 연습문제로 남긴다.

[프로그램 3-1]로 얻은 가치 함수가 자기 일관성을 이루는지 확인해보자. 상태 14에서 LDRU 네 방향 각각의 이득 $r+\gamma v_\pi(s')$는 0+0.9×0.1304(L), 0+0.9×0.3915(D), 1+0(R), 0+0.9×0.107(U)다. 이들 각각에 확률 1/4을 곱하여 합산하면 0.3915가 된다. 이는 상태 14의 가치 함수 값과 정확히 일치한다. 즉, 자기 일관성이 유지됨을 확인할 수 있다. 다른 상태의 자기 일관성을 확인하는 일은 연습문제로 남겨둔다.

[알고리즘 2-1]이 사용하는 reset과 step은 [그림 2-7]의 MDP 사이클을 구현하는 데 가장 중요한 함수다. 그런데 [프로그램 3-1]은 이들 함수 없이 동작한다. 그 이유는 동적 프로그래밍이 모델 기반이기 때문이다. 모델 자유 알고리즘은 reset과 step 함수가 제공하는 다음 상태와 보상 정보를 이용하여 학습을 진행하는 반면, 모델 기반 알고리즘은 reset과 step 함수가 사용하는 전이 확률에 직접 접근하여 학습을 진행한다. 모델 자유와 모델 기반에 대한 설명은 2.1.3절을 참조한다.

4. 정책 반복 알고리즘

[알고리즘 3-1]은 정책 π가 주어지면 좋은 정도, 즉 π의 가치 함수를 계산한다. 이제 이 기능을 이용하여 최적 정책을 찾는 알고리즘으로 확장한다. 처음에는 좋은 정책에 대한 실마리가 없기 때문에 랜덤하

게 정책을 초기화하고 출발한다. 이 정책을 π_0이라 하자. π_0의 가치 함수 v_{π_0}을 구한 다음, v_{π_0}을 이용하여 π_0을 π_1로 개선한다. 다시 π_1의 가치 함수 v_{π_1}을 구한 다음, v_{π_1}을 이용하여 π_1을 π_2로 개선한다. 이런 과정을 수렴할 때까지 반복하면 최적 정책 π_*에 도달할 수 있다. 이런 방식으로 최적 정책을 찾는 알고리즘을 정책 반복 알고리즘policy iteration algorithm이라 부른다. 정책 반복 알고리즘을 식 (3.2)와 같이 요약할 수 있다. E는 평가evaluation, I는 개선improvement을 뜻한다.

$$\pi_0 \xrightarrow{E} v_{\pi_0} \xrightarrow{I} \pi_1 \xrightarrow{E} v_{\pi_1} \xrightarrow{I} \pi_2 \xrightarrow{E} v_{\pi_2} \cdots\cdots \xrightarrow{I} \pi_* \tag{3.2}$$

[그림 3-6]은 식 (3.2)를 그림으로 설명한다. 서튼은 이 전략을 GPIgeneralized policy iteration라고 부른다 [Sutton2018, Section 4.6]. 정책을 평가하고 개선하는 과정에서 MDP 모델, 즉 전이 확률 분포를 사용하기 때문에 매 단계에 M을 붙였다. 또한 서튼은 평가 과정을 예측prediction, 개선하는 과정을 제어control 라고 구분하여 설명한다. 그런데 기계 학습에서 예측이라는 용어가 학습을 마친 모델을 가지고 새로운 샘플의 출력을 구하는 추론inference 과정과 혼동될 수 있다. 따라서 이 책에서는 예측과 제어라는 용어 대신 평가와 개선이라는 표현을 사용한다.

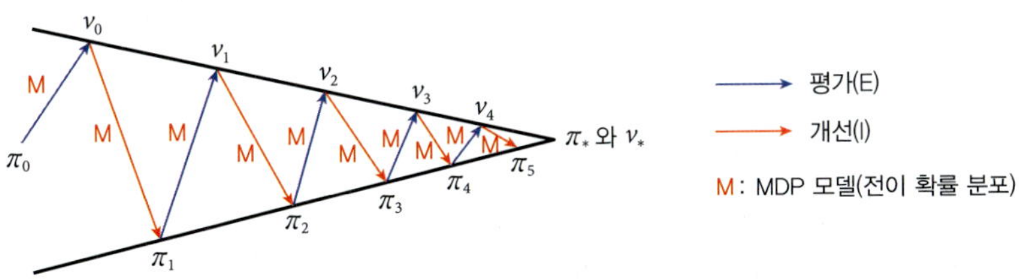

그림 3-6 정책 반복 알고리즘의 GPI 전략

[알고리즘 3-2]는 정책 반복 알고리즘이다. 1행은 초기 정책 π_0을 생성한다. 설명의 간결함을 위해 첨자를 생략하고 π로 표기한다. 2~9행의 루프는 3행의 E 단계와 5~8행의 I 단계를 반복한다. E 단계는 [알고리즘 3-1]로 π의 가치 함수 v_π를 계산한다. 4행에서 converged 변수를 True로 설정하고 I 단계를 시작한다. 7행은 모든 행동에 대해 이득을 추정하고 최대에 해당하는 행동을 선택하여 정책을 갱신한다. 8행은 이전 행동이 개선된 행동과 다를 경우 converged를 False로 바꾸어 수렴이 덜 되었음을 표시한다. 9행에서 converged가 True면 모든 상태에서 개선이 없었다는 뜻이므로 수렴했다고 간주하고 루프를 탈출한다.

알고리즘 3-2 정책 반복 알고리즘

입력: 과업

출력: 최적 정책 π_*와 최적 가치 함수 v_*

```
1  정책 π를 난수로 초기화한다.
2  while True
3      [알고리즘 3-1]을 이용하여 가치 함수 v_π를 계산한다.      // E(정책 평가) 단계
```

```
4       converged=True
5       for s∈S  // I (정책 개선) 단계
6           old_action=π(s)
7           π(s)=argmax_a(r+γv_π(s'))
8           if old_action≠π(s), converged=False
9       if converged=True, break    // 변화가 없으면 수렴으로 간주하고 루프 탈출
10  return π,v_π  // π_*와 v_*를 반환
```

일반적으로 정책은 식 (2.6)에 따라 어떤 상태에서 행동을 선택할 확률 분포다. 따라서 2.3.1절과 2.3.2절의 예제 정책처럼 $|\mathcal{S}|\times|\mathcal{A}|$ 크기의 2차원 참조표로 표현해야 한다. 그러나 정책 반복 알고리즘은 7행에서 최댓값을 가진 행동 하나만 선택하여 저장하기 때문에 $|\mathcal{S}|$ 크기의 1차원 참조표 $\pi(s)$로 표현한다. 정책 반복 알고리즘은 지금까지 이력과 향후 벌어질 일에 대한 고려 없이 현재 상황만 보고 행동을 선택하기 때문에 탐욕 알고리즘greedy algorithm에 해당한다. 다시 말해 정책 반복 알고리즘은 결정론 정책으로 단순화한 알고리즘이다.

5. 프로그래밍 실습: 정책 반복

[프로그램 3-2]는 FrozenLake 과업을 가지고 [알고리즘 3-2]를 구현한다. policy_iteration 함수에서 9~31행의 루프는 E(정책 평가)와 I(정책 개선) 단계를 반복하면서 최적 정책을 찾는다. 10~18행의 루프는 E 단계고 20~31행은 I 단계다. 7행은 가치 함수를 저장할 $|\mathcal{S}|$ 크기의 1차원 배열 V를 생성하고 0으로 초기화한다. 8행은 정책을 저장할 1차원 배열 pi를 생성하고 행동 0으로 초기화한다. 정책은 확률 분포이기 때문에 [프로그램 2-3]의 6~9행처럼 $|\mathcal{S}|\times|\mathcal{A}|$ 크기의 2차원 배열에 저장해야 하는데, 정책 반복 알고리즘은 결정론 정책을 사용하기 때문에 $|\mathcal{S}|$ 크기의 1차원 배열을 사용한다.

10~18행의 E 단계는 [프로그램 3-1]의 policy_evaluation 함수에 해당하는데 정책 반복은 결정론 정책을 사용하기 때문에 약간의 수정이 필요하다. [프로그램 3-1]의 12행에서는 모든 행동을 고려해야 하기 때문에 for 문을 사용했는데, 여기서는 결정론 정책을 사용하기 때문에 상태에 해당하는 행동을 꺼내면 된다. 13행이 이 일을 하고, 15행이 계산하는 식도 이에 따라 바뀌었다. 20~31행의 I 단계를 살펴보자. 20행에서 converged를 True로 설정하고 시작한다. 23~26행은 모든 행동에 대해 이득을 계산하고, 27행은 최대인 행동을 찾아 정책을 갱신한다. 28~29행은 상태 개선이 발생하면 수렴이 안되었다고 표시한다.

메인에 해당하는 34~38행을 살펴보자. 36행은 policy_iteration 함수를 호출하여 정책 반복 알고리즘을 실행한다. 37~38행은 최적 정책과 최적 가치 함수를 보기 좋게 보드 모양으로 변환하여 출력한다.

프로그램 3-2 FrozenLake 과업을 위한 정책 반복 알고리즘

```
import gymnasium as gym
import numpy as np

gamma=0.9 # 할인율

def policy_iteration(env):
    V=np.zeros(env.observation_space.n)
    pi=[0 for i in range(env.observation_space.n)] # 정책을 행동 0으로 초기화
    while True:
        while True: # E(정책 평가)
            oldV=V.copy()
            for state in range(env.observation_space.n):
                action=pi[state]
                prob,next_state,reward,terminated=env.unwrapped.P[state][action][0]
                v=reward+gamma*V[next_state]
                V[state]=v
            if max(np.abs(V-oldV))<1e-8:
                break

        converged=True # I (정책 개선)
        for state in range(env.observation_space.n):
            old_action=pi[state]
            q=np.zeros(env.action_space.n)
            for action in range(env.action_space.n):
                prob,next_state,reward,terminated=env.unwrapped.P[state][action][0]
                q[action]=reward+gamma*V[next_state]
            pi[state]=np.argmax(q)
            if pi[state]!=old_action:
                converged=False
        if converged:
            break
    return V,pi

env=gym.make('FrozenLake-v1',is_slippery=False,render_mode='ansi')

V,pi=policy_iteration(env)
print('최적 정책:\n',np.array(pi).reshape([4,4]))
print('최적 가치 함수:\n',np.round(V.reshape([4,4]),4))
```

```
최적 정책:
 [[1 2 1 0]
 [1 0 1 0]
 [2 1 1 0]
 [0 2 2 0]]
```

```
최적 가치 함수:
 [[0.5905 0.6561 0.729  0.6561]
 [0.6561 0.     0.81   0.    ]
 [0.729  0.81   0.9    0.    ]
 [0.     0.9    1.     0.    ]]
```

프로그램 실행 결과에서 최적 정책을 살펴보면, 상태 14에서 행동 2(R)를 선택한다. 따라서 상태 14의 가치 함수 값은 1+0.9×0=1.0인데, 최적 가치 함수 표와 일치함을 확인할 수 있다. 상태 10에서는 행동 1(D)을 선택하고, 이때의 가치 함수 값은 0+0.9×v(10)=0.9가 된다.

[프로그램 3-1]에서처럼 자기 일관성을 확인해보자. [프로그램 3-1]은 네 가지 행동이 같은 확률을 가진 랜덤 정책을 평가했는데, 여기서는 최적 정책 π_*와 π_*를 평가한 가치 함수 v_*를 가지고 자기 일관성을 따져야 한다. 상태 14에서 행동 2(R)를 선택하므로 확률 분포가 (0,0,1,0)인 셈이다. 각각의 행동에 대한 이득 $r+\gamma v_\pi(s')$는 0+0.9×0.9(L), 0+0.9×1.0(D), 1+0(R), 0+0.9×0.9(U)다. 이들에 확률 0, 0, 1, 0을 곱하여 합산하면 1이 된다. 상태 14의 가치 함수 값이 1이기 때문에 상태 14에서 자기 일관성이 성립한다.

3

벨만 최적 방정식과 가치 반복 알고리즘

정책 반복 알고리즘은 정책 평가를 통해 정책을 개선해 나가는 전략을 사용한다. 그러나 이 전략은 계산량이 많은 심각한 문제를 안고 있다. 이 절에서는 정책 반복 알고리즘이 왜 비효율적인지 분석하고, 이를 개선할 수 있는 가치 반복[value iteration] 알고리즘을 소개한다. 가치 반복 알고리즘[value iteration algorithm]은 식 (3.1)의 벨만 방정식을 개조한 벨만 최적 방정식을 이용한다.

1. 벨만 최적 방정식

정책 반복 알고리즘([알고리즘 3-2])을 잘 살펴보면, 2~9행의 루프를 수렴할 때까지 반복하는데 루프 안에 있는 3행은 정책 평가 알고리즘([알고리즘 3-1])을 수행한다. [알고리즘 3-1] 또한 수렴할 때까지 반복하는데 매 루프마다 모든 상태의 값을 갱신해야 한다. 따라서 while(not converged) … while (not converged) … for each state …라는 3중 루프가 형성되며, 이는 계산량을 크게 증가시키는 원인이 된다.

식 (3.3)은 벨만 최적 방정식[Bellman optimality equation]으로, 이는 식 (3.1)의 벨만 방정식에서 파생했다. 벨만 방정식이 $\sum_{a\in\mathcal{A}(s)}\pi(a|s)$ 연산자를 통해 모든 행동에 대한 이득 $(r+\gamma v_*(s'))$의 기댓값을 계산하는 반면, 벨만 최적 방정식은 $\max_{a\in\mathcal{A}(s)}$ 연산자를 통해 최댓값을 취한다. 벨만 최적 방정식은 최적으로 수렴한 가치 함수 v_*에 대해 성립한다. 다시 말해 벨만 최적 방정식은 수렴을 마친 최적 가치 함수가 반드시 만족해야 하는 조건식이다.

$$v_*(s)=\max_{a\in\mathcal{A}(s)}\left(r+\gamma v_*(s')\right) \tag{3.3}$$

가치 반복 알고리즘은 벨만 최적 방정식을 가치 함수의 유효성을 확인하는 목적이 아니라 가치 함수를 개선할 목적으로 활용한다. 식 (3.3)을 가치 함수 개선에 사용하기 위해서는 $v_*(s)$에서 최적을 뜻하는 *만 제거하면 된다. 식 (3.4)는 가치 반복 알고리즘이 가치 함수를 개선하는 데 사용하는 벨만 최적 방정식이다.

$$v(s)=\max_{a\in\mathcal{A}(s)}\left(r+\gamma v(s')\right) \tag{3.4}$$

2. 가치 반복 알고리즘

[알고리즘 3-3]은 식 (3.4)를 이용한 가치 반복 알고리즘이다. 1~2행은 가치 함수를 저장할 배열을 만들고 초깃값을 0으로 설정한다. 3~7행은 가치 함수를 점점 개선한다. 6행은 식 (3.4)를 적용하여 가치 함수를 더 좋은 방향으로 갱신한다. 7행은 개선 최대량이 아주 작으면 수렴했다고 간주하고 루프를 탈출한다. 이 과정에서 주목할 점은 정책을 고려하지 않고 가치 함수만 개선한다는 사실이다. 정책 반복 알고리즘의 절차를 식 (3.2)처럼 표현하면 가치 반복 알고리즘의 절차는 식 (3.5)와 같다.

$$v_0 \xrightarrow{\text{I}} v_1 \xrightarrow{\text{I}} v_2 \cdots\cdots \xrightarrow{\text{I}} v_* \tag{3.5}$$

3~7행의 실행을 마치면 최적 가치 함수를 얻는다. 8~9행은 최적 가치 함수 v_*를 해독하여 최적 정책 π_*를 만든다. 이 과정에서 최댓값을 선택하는 탐욕적 정책을 사용한다. 10행은 π_*와 v_*를 반환한다.

알고리즘 3-3 가치 반복 알고리즘(결정론 MDP)

입력: 과업

출력: 최적 정책 π_*와 최적 가치 함수 v_*

```
1   |S| 크기의 배열 V를 만든다.
2   모든 상태 s에 대해 V(s)를 0으로 초기화한다.
3   while TRUE
4      oldV=V
5      for s∈S  // 상태 각각에 대해
6         V(s)=max_a(r+γV(s'))  // 식 (3.4)의 벨만 최적 방정식 적용
7      if max_s|V(s)-oldV(s)|<ε, break  // 변화가 충분히 작으면 수렴으로 간주
8   for s∈S  // 최적 가치 함수로부터 최적 정책 구하기
9     π(s)=argmax_a(r+γV(s'))
10  return π, V  // π*와 v*를 반환
```

[알고리즘 3-3]을 잘 살펴보면, 3~7행의 루프를 수렴할 때까지 반복하는데 매 루프마다 모든 상태를 갱신한다. 따라서 while(not converged) ⋯ for each state ⋯라는 2중 루프를 형성한다. 3중 루프를 사용한 [알고리즘 3-2]의 정책 반복 알고리즘과 달리, 가치 반복 알고리즘은 2중 루프만 수행하므로 계산량이 훨씬 줄어든다.

3. 프로그래밍 실습: 가치 반복

[프로그램 3-3]은 FrozenLake 과업에 대해 [알고리즘 3-3]을 구현한 코드다. 7~17행에서는 [알고리즘 3-3]의 3~7행을 기반으로 최적 가치 함수를 추정하고, 19~25행에서는 [알고리즘 3-3]의 8~9행을 따라 최적 정책을 도출한다.

7행은 가치 함수를 저장할 배열 V를 0으로 초기화한다. 8~17행은 개선량이 아주 적을 때까지, 즉 수렴할 때까지 가치 함수 개선을 반복한다. 10~15행은 모든 상태에 대해 가치 함수를 개선한다. 11~14행은 상태 state에서 모든 행동의 이득을 계산하여 q 배열에 저장한다. 15행은 최댓값으로 가치 함수를 갱신한다. 16~17행은 개선된 양의 최댓값이 임곗값보다 작으면 수렴으로 간주하고 루프를 탈출한다.

19행은 정책을 저장할 배열 pi를 만든다. 결정론 정책을 가정하기 때문에 배열 크기는 상태 공간의 크기 $|\mathcal{S}|$와 같다. 20~25행은 모든 상태에 대해 최적 행동을 찾아 pi에 저장한다.

프로그램 3-3 FrozenLake 과업을 위한 가치 반복 알고리즘

```
1   import gymnasium as gym
2   import numpy as np
3
4   gamma=0.9 # 할인율
5
6   def value_iteration(env):
7       V=np.zeros(env.observation_space.n)
8       while True: # 최적 가치 함수 추정
9           oldV=V.copy()
10          for state in range(env.observation_space.n):
11              q=np.zeros(env.action_space.n)
12              for action in range(env.action_space.n):
13                  prob,next_state,reward,terminated=env.unwrapped.P[state][action][0]
14                  q[action]=reward+gamma*V[next_state]
15              V[state]=np.max(q)
16          if max(np.abs(V-oldV))<1e-8:
17              break
18
19      pi=env.observation_space.n*[None] # 최적 가치 함수로부터 최적 정책 구하기
20      for state in range(env.observation_space.n):
21          q=np.zeros(env.action_space.n)
22          for action in range(env.action_space.n):
23              prob,next_state,reward,terminated=env.unwrapped.P[state][action][0]
24              q[action]=reward+gamma*V[next_state]
25          pi[state]=np.argmax(q)
26      return pi,V
27
28  env=gym.make('FrozenLake-v1',is_slippery=False,render_mode='ansi')
29
30  pi,V=value_iteration(env)
31  print('최적 정책:\n',np.array(pi).reshape([4,4]))
32  print('최적 가치 함수:\n',np.round(V.reshape([4,4]),4))
```

```
최적 정책:
 [[1 2 1 0]
 [1 0 1 0]
 [2 1 1 0]
 [0 2 2 0]]
최적 가치 함수:
 [[0.5905 0.6561 0.729  0.6561]
 [0.6561 0.     0.81   0.    ]
 [0.729  0.81   0.9    0.    ]
 [0.     0.9    1.     0.    ]]
```

프로그램 실행 결과를 살펴보면, 정책 반복 알고리즘을 구현한 [프로그램 3-2]의 결과와 같다는 사실을 확인할 수 있다.

4

스토캐스틱 과업의 동적 프로그래밍

앞서 제시한 벨만 방정식과 벨만 최적 방정식은 결정론 MDP를 가진 과업에만 적용할 수 있다. 결정론 MDP는 실제 세계를 단순화한 측면이 있다. 예를 들어, 실제 환경에서 작업하는 로봇은 상태 변화를 결정할 때 바람, 지형, 조명 등의 외부 요인을 반영해야 한다. 강화 학습에서 이러한 불확실성을 반영하려면 스토캐스틱 MDP로 환경을 시뮬레이션해야 한다.

1. 벨만 최적 방정식

식 (3.1)의 벨만 방정식과 식 (3.4)의 벨만 최적 방정식은 결정론 MDP를 가진 과업을 위한 식이다. 결정론 MDP에서는 특정 행동을 취하면 항상 동일한 상태로 전이한다. FrozenLake 과업을 gym.make(…,is_slippery=False,…)로 생성하면 결정론 MDP가 된다. 반면 gym.make(…,is_slippery=True,…)로 생성하면 스토캐스틱 MDP가 된다. 스토캐스틱 MDP는 얼음판이 미끄러워 어떤 행동을 취했을 때 의도한 방향으로만 가지 않고 확률 분포에 따라 다른 방향으로도 갈 수 있는 상황을 시뮬레이션한다. 결정론 MDP와 스토캐스틱 MDP에 대해서는 2.1.3절을 참조한다.

스토캐스틱 MDP에서 벨만 방정식은 좀 더 복잡해진다. 이 경우에는 정책 $\pi(a|s)$의 확률 분포에 따라 상태 s에서 행동 a를 선택하면 [그림 3-7]이 보여주는 바와 같이 MDP의 전이 확률 $p(s',r|s,a)$에 따라 다음 상태 s'로 이동하고 보상 r을 받는다. 식 (3.6)은 이런 스토캐스틱한 성질을 고려한 벨만 방정식이다. 식 (3.1)의 벨만 방정식에 $\Sigma_{s'}\Sigma_r p(s',r|s,a)$ 항이 추가된 꼴인데, 이 항이 스토캐스틱한 성질을 반영한다.

$$v_\pi(s) = \sum_{a\in\mathcal{A}(s)} \underbrace{\pi(a|s)}_{\text{정책}} \sum_{s'}\sum_{r} \underbrace{p(s',r|s,a)}_{\text{MDP 전이 확률}} \underbrace{\left(r+\gamma v_\pi(s')\right)}_{\text{이득}} \tag{3.6}$$

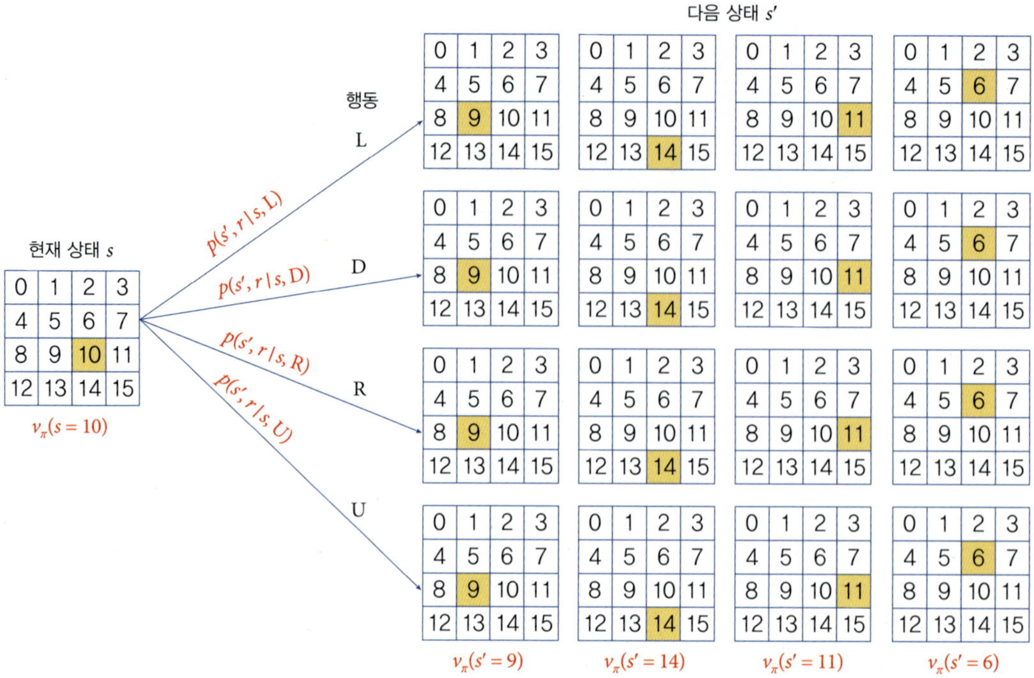

그림 3-7 스토캐스틱 MDP를 가진 FrozenLake 과업에서 벨만 방정식의 동작

식 (3.7)은 스토캐스틱 MDP를 위한 벨만 최적 방정식이다. 이 식도 결정론 MDP를 위한 식 (3.4)의 벨만 최적 방정식에 $\Sigma_{s'}\Sigma_r p(s',r|s,a)$ 항이 추가된 꼴이다.

$$v(s)=\max_{a\in\mathcal{A}(s)}\sum_{s'}\sum_{r}p(s',r\,|\,s,a)\big(r+\gamma v(s')\big) \tag{3.7}$$

2. 가치 반복 알고리즘

[알고리즘 3-4]는 스토캐스틱 MDP를 위한 가치 반복 알고리즘이다. 결정론 MDP를 위한 [알고리즘 3-3]과 기본 절차는 같은데 6행과 9행을 식 (3.7)로 바꾼 점만 다르다.

알고리즘 3-4 가치 반복 알고리즘(스토캐스틱 MDP)

입력: 과업

출력: 최적 정책 π_*와 최적 가치 함수 v_*

```
1   |S| 크기의 배열 V를 만든다.
2   모든 상태 s에 대해 V(s)를 0으로 초기화한다.
3   while TRUE
4       oldV=V
5       for s∈S   // 상태 각각에 대해
```

```
        V(s)=max_a Σ_s' Σ_r p(s',r|s,a)(r+γV(s'))  // 식 (3.7)의 벨만 최적 방정식 적용
    if maxs|V(s)-oldV(s)|<ε, break  // 변화가 충분히 작으면 수렴으로 간주
for s∈S  // 최적 가치 함수로부터 최적 정책 구하기
    π(s)=argmax_a Σ_s' Σ_r p(s',r|s,a)(r+γ(s'))
return π, V  // π*와 v*를 반환
```

3. 프로그래밍 실습: 가치 반복

[알고리즘 3-4]를 구현하려면 스토캐스틱 MDP의 전이 확률 분포를 이해해야 한다. [프로그램 3-4]는 FrozenLake 과업의 MDP를 결정론과 스토캐스틱 버전으로 각각 설정하고 전이 확률 분포를 출력해 봄으로써 환경 내부에서 확률 분포가 어떻게 표현되어 있는지 확인한다.

전이 확률 분포는 딕셔너리에 저장되어 있는데, 이를 가독성 있게 출력하기 위해 2행에서 pprint 라이브러리를 불러온다. 4행은 is_slippery=False로 결정론 MDP를 생성하여 env 변수에 저장한다. 6행은 전이 확률 분포가 저장되어 있는 env.unwrapped.P를 출력한다. 8~10행은 is_slippery=True로 스토캐스틱 MDP를 생성하고 같은 과정을 수행한다.

프로그램 3-4 FrozenLake 과업의 MDP 전이 확률 분포를 확인

```
1   import gymnasium as gym
2   import pprint # 딕셔너리를 깔끔하게 출력
3
4   env=gym.make('FrozenLake-v1',is_slippery=False,render_mode='ansi')
5   print('결정론 MDP의 전이 확률 분포:')
6   pprint.pprint(env.unwrapped.P)
7
8   env=gym.make('FrozenLake-v1',is_slippery=True,render_mode='ansi')
9   print('스토캐스틱 MDP의 전이 확률 분포:')
10  pprint.pprint(env.unwrapped.P)
```

```
결정론 MDP의 전이 확률 분포:
{0: {0: [(1.0, 0, 0.0, False)],
     1: [(1.0, 4, 0.0, False)],
     2: [(1.0, 1, 0.0, False)],
     3: [(1.0, 0, 0.0, False)]},
…
스토캐스틱 MDP의 전이 확률 분포:
{0: {0: [(0.3333333333333333, 0, 0.0, False),
         (0.3333333333333333, 0, 0.0, False),
         (0.3333333333333333, 4, 0.0, False)],
```

```
        1: [(0.3333333333333333, 0, 0.0, False),
            (0.3333333333333333, 4, 0.0, False),
            (0.3333333333333333, 1, 0.0, False)],
        2: [(0.3333333333333333, 4, 0.0, False),
            (0.3333333333333333, 1, 0.0, False),
            (0.3333333333333333, 0, 0.0, False)],
        3: [(0.3333333333333333, 1, 0.0, False),
            (0.3333333333333333, 0, 0.0, False),
            (0.3333333333333333, 0, 0.0, False)]},
…
```

프로그램 실행 결과를 살펴보자. 두 MDP에서는 상태 0~15를 위한 확률 분포가 출력되는데 출력이 너무 길기 때문에 상태 0만 살펴본다. 결정론 MDP의 전이 확률 분포를 먼저 살펴보자. 상태 0에서 행동 0, 1, 2, 3의 전이 확률이 출력되었는데, 예를 들어 행동 0의 [(1.0, 0, 0.0, False)]는 상태 0에서 행동 0을 취하면 1.0의 확률로 상태 0으로 전이하고, 보상은 0.0이며, 종료 상태가 아니므로 terminated가 False가 된다는 뜻이다. 상태 0에서 행동 0을 취하면 보드 밖으로 나가기 때문에 제자리 0에 머물게 된다. 눈여겨볼 점은 행동 0, 1, 2, 3 모두 확률 1.0으로 하나의 행동으로 전이한다는 사실이다. [프로그램 3-3]의 13행과 23행이 사용한 env.unwrapped.P가 바로 결정론 MDP의 전이 확률 분포다.

이제 스토캐스틱 MDP의 출력을 살펴보자. 스토캐스틱 MDP에서는 바닥이 미끄러운 탓에 어떤 행동을 선택하면 확률 1/3로 오른쪽 90도 방향, 확률 1/3로 의도한 방향, 1/3 확률로 왼쪽 90도 방향으로 이동한다. 예를 들어 상태 0에서 행동 0(L)을 선택하면 1/3 확률로 3(U) 방향으로 이동하여 상태 0, 1/3 확률로 0(L) 방향으로 이동하여 상태 0, 1/3 확률로 1(D) 방향으로 이동하여 상태 4가 된다. [그림 2-5(b)]는 상태 10의 상황을 예시한다. 따라서 상태-행동 쌍마다 3개의 리스트가 존재한다. 종료 상태에서는 모든 행동이 1.0 확률로 자신의 상태에 머물도록 정의되어 있고, 상태-행동 쌍마다 1개의 리스트만 가진다.

스토캐스틱 MDP가 사용하는 전이 확률 분포를 이해했으니 [알고리즘 3-4]를 구현해보자. 구현 과정의 핵심은 결정론 MDP를 위한 [알고리즘 3-3]과 달라진 점을 명확히 파악하는 것이다. 차이점은 단순하다. 결정론 MDP에서는 특정 행동을 취하면 1.0 확률로 하나의 상태로 전이되었지만, 스토캐스틱 MDP에서는 확률 분포에 따라 여러 상태로 전이할 수 있다. 다시 말해 [알고리즘 3-4]는 [알고리즘 3-3]의 6행과 9행에 $\Sigma_{s'}\Sigma_r p(s',r|s,a)$ 항이 추가된 점만 달라졌다.

[프로그램 3-5]는 스토캐스틱 MDP를 가진 FrozenLake 과업에 대해 [알고리즘 3-4]를 구현한다. 이 프로그램은 [프로그램 3-3]과 거의 동일하므로 달라진 곳을 음영 표시하여 쉽게 구별할 수 있게 했다. 먼저 환경을 생성하는 28행에서 is_slippery=True로 설정하여 스토캐스틱 MDP를 만든다. [알고리즘 3-4]의 6행에 해당하는 곳은 11~15행이다. 이곳에서 $\Sigma_{s'}\Sigma_r p(s',r|s,a)$를 구현한 곳은 13~14행이다. 확률 분포에 따라 여러 상태로 전이 가능하므로 for 문을 사용한다. [알고리즘 3-4]의 9행에 해당하는 곳은 21~25행인데, 이곳에서 23~24행도 똑같은 이유로 for 문을 사용한다.

프로그램 3-5 FrozenLake 과업을 위한 가치 반복 알고리즘(스토캐스틱 환경)

```
import gymnasium as gym
import numpy as np

gamma=0.9 # 할인율

def value_iteration(env):
    V=np.zeros(env.observation_space.n)
    while True: # 최적 가치 함수 추정
        oldV=V.copy()
        for state in range(env.observation_space.n):
            q=np.zeros(env.action_space.n)
            for action in range(env.action_space.n):
                for prob,next_state,reward,terminated in env.unwrapped.P[state][action]:
                    q[action]=q[action]+prob*(reward+gamma*V[next_state])
            V[state]=np.max(q)
        if max(np.abs(V-oldV))<1e-8:
            break

    pi=env.observation_space.n*[None] # 최적 가치 함수로부터 최적 정책 구하기
    for state in range(env.observation_space.n):
        q=np.zeros(env.action_space.n)
        for action in range(env.action_space.n):
            for prob,next_state,reward,terminated in env.unwrapped.P[state][action]:
                q[action]=q[action]+prob*(reward+gamma*V[next_state])
        pi[state]=np.argmax(q)
    return pi,V

env=gym.make('FrozenLake-v1',is_slippery=True,render_mode='ansi')

pi,V=value_iteration(env)
print('최적 정책:\n',np.array(pi).reshape([4,4]))
print('최적 가치 함수:\n',np.round(V.reshape([4,4]),4))
```

```
최적 정책:
 [[0 3 0 3]
 [0 0 0 0]
 [3 1 0 0]
 [0 2 1 0]]
최적 가치 함수:
 [[0.0689 0.0614 0.0744 0.0558]
 [0.0919 0.     0.1122 0.     ]
 [0.1454 0.2475 0.2996 0.     ]
 [0.     0.3799 0.639  0.     ]]
```

프로그램 실행 결과를 보면, 기대했던 결과와는 다른 실망스러운 결과가 나온다. 예를 들어, 상태 14에서는 2(R)를 선택하여 목표(G) 상태에 도달해야 하는데 1(D)을 선택한다. 이는 어떤 행동을 선택했을 때 같은 확률로 세 방향으로 이동하기 때문에 발생한 현상이다.

하지만 아무리 빙판이 미끄럽더라도 선택한 행동이 의도한 방향으로 이동할 확률이 더 높다. 이런 현실적인 상황을 반영하려면, Gymnasium이 제공하는 전이 확률 분포를 강제로 바꾸어야 한다. [프로그램 3-6]은 확률 분포 [1/3,1/3,1/3]을 [0.1,0.8,0.1]로 변경하여 의도한 행동에 더 많은 확률을 준다. Gymnasium은 env.unwrapped.P에 [오른쪽 90도 방향, 의도한 방향, 왼쪽 90도 방향] 순으로 확률을 저장하고 있다. [프로그램 3-6]은 30~35행을 추가하여 28행에서 생성한 env의 전이 확률 분포 env.unwrapped.P를 강제로 바꾼다. 31~32행은 모든 상태에 대해 모든 행동을 조사한다. 33행은 한 방향을 가진 종료 상태를 배제하고 세 방향을 가진 종료 아닌 상태에만 적용한다. 34행은 env.unwrapped.P[state][action]에 들어있는 세 리스트를 반복하고 35행은 30행의 확률 prob로 대치한다.

프로그램 3-6 FrozenLake 과업을 위한 가치 반복 알고리즘(의도한 방향의 확률을 높인 스토캐스틱 환경)

아래 코드를 제외하고 [프로그램 3-5]와 같음

```
…
28  env=gym.make('FrozenLake-v1',is_slippery=True,render_mode='ansi')
29
30  prob=[0.1,0.8,0.1] # 전이 확률 (1/3,1/3,1/3)을 (0.1,0.8,0.1)로 수정
31  for state in range(env.observation_space.n):
32      for action in range(env.action_space.n):
33          if len(env.P[state][action])==3:
34              for i,transition in enumerate(env.unwrapped.P[state][action]):
35                  env.P[state][action][i]=(prob[i],transition[1],transition[2],
                    transition[3])
36
37  pi,V=value_iteration(env)
38  print('최적 정책:\n',np.array(pi).reshape([4,4]))
39  print('최적 가치 함수:\n',np.round(V.reshape([4,4]),4))
```

```
최적 정책:
 [[1 2 1 0]
 [1 0 1 0]
 [2 1 1 0]
 [0 2 2 0]]
최적 가치 함수:
 [[0.3804 0.3589 0.4536 0.3589]
 [0.436  0.     0.5403 0.    ]
 [0.551  0.7108 0.7504 0.    ]
 [0.     0.8246 0.9533 0.    ]]
```

프로그램 실행 결과를 살펴보면, 이제 길을 제대로 찾는다. 상태 14에서는 2(R)를 선택하여 목표 G에 해당하는 상태 15로 들어가며, 상태 10에서는 1(D)을 선택하여 상태 14로 이동한다.

5

동적 프로그래밍의 특성과 한계

동적 프로그래밍은 강화 학습이 태동할 즈음의 초창기 알고리즘이다. 이 알고리즘은 독특한 특성을 지녔으며 현대적인 응용 관점에서 한계를 지닌다. 현재 동적 프로그래밍을 실제 활용하는 사례는 거의 없지만, 수동 변속기를 익힌 사람이 자동 변속기만 운전한 사람보다 자동차를 더 잘 다룰 수 있는 것처럼, 동적 프로그래밍을 이해하면 강화 학습을 더 깊이 있게 다룰 수 있다. 동적 프로그래밍은 다음과 같은 특성과 한계를 가진다.

첫째, 동적 프로그래밍은 모델 기반model-based 알고리즘이다. [그림 2-2]의 MDP에 따르면, 에이전트는 환경과 상호작용할 때 발생하는 상태와 보상 정보만을 이용하여 정책을 개선해야 한다. 하지만 [그림 3-8]에서 보듯이, 모델 기반 알고리즘은 MDP의 전이 확률을 직접 이용한다. 제한 구역을 접근하는 셈이다. 4~11장에서 공부할 학습 알고리즘은 전이 확률을 사용하지 않는 모델 자유model-free에 속한다. 모델 자유 알고리즘은 2장에서 일반적인 학습 알고리즘 틀로 제시한 [알고리즘 2-3]을 따른다. 이들 알고리즘에서는 에이전트가 [알고리즘 2-1]에서처럼 reset 함수와 step 함수를 이용하여 환경과 상호작용하면서 에피소드 데이터를 생성하고 생성한 데이터를 이용하여 정책을 학습한다.

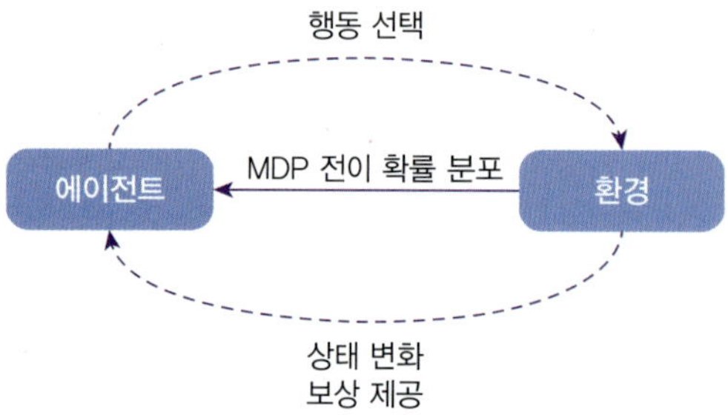

그림 3-8 모델 기반 알고리즘

둘째, 동적 프로그래밍은 참조표 기반 알고리즘이다. 정책은 모든 상태에서 각 행동에 대해 선택 확률을 지정해야 하므로 $|\mathcal{S}| \times |\mathcal{A}|$ 크기의 2차원 배열을 사용한다. 상태 가치 함수는 $|\mathcal{S}|$ 크기의 1차원 배열, 행동 가치 함수는 $|\mathcal{S}| \times |\mathcal{A}|$ 크기의 2차원 배열을 사용한다. 대부분의 과업에서는 상태 공간이 상당히

크기 때문에 $|\mathcal{S}|$가 지나치게 커질 경우, 컴퓨터 메모리로 표현하기에 부담스럽거나 불가능한 경우가 많다. 또한 상태 공간이 연속인 과업에서는 이산화discretization해야 하는데 이 과정이 비효율적이고 부자연스럽다.

셋째, 동적 프로그래밍은 상태 공간을 한 곳도 빠짐없이 모두 탐색해야 한다. 이 사실은 [알고리즘 3-3]의 5행과 8행의 for $s \in \mathcal{S}$에서 확인할 수 있다. [프로그램 3-3]은 상태 공간의 크기가 불과 16인 FrozenLake 과업을 대상으로 했기 때문에 프로그램 실행 시간이 짧다. 보드 크기가 1000×1000으로 확장되면 상태 공간의 크기가 100만으로 커지는데, 방대한 상태 공간을 반복적으로 살피는 일은 매우 비효율적이다.

넷째, 동적 프로그래밍은 부트스트래핑bootstrapping 방식이다. 일반적으로 부트스트래핑은 외부 입력 없이 자체적으로 성장하는 방식을 뜻하는데, 강화 학습에서는 이웃한 상태들이 서로 값을 주고받으며 점진적으로 개선해 나가는 방식을 뜻한다. 동적 프로그래밍은 벨만 방정식을 사용하여 현재 상태의 값을 이웃 상태의 추정치를 기반으로 추정하는 과정을 반복하기 때문에 대표적으로 부트스트래핑 방식에 속한다.

연습문제

1 FrozenLake는 사이클이 발생하는 과업이다. 사이클이란 한 번 거쳐간 상태로 다시 돌아오는 궤적을 뜻한다. 틱택토 과업에서도 사이클이 발생하는가? 예/아니오로 답하고, 그 이유를 설명하시오.

2 [프로그램 3-1]의 9행에서는 copy 함수를 사용하여 V를 oldV로 복사한다. 만약 copy 함수를 사용하지 않고 oldV=V로 변경하면 어떤 일이 발생하는지 설명하시오.

3 [프로그램 3-1]은 [알고리즘 3-1]을 구현한 것이다. [알고리즘 3-1]의 6행에 해당하는 프로그램 코드는 몇 행부터 몇 행까지인지 쓰고, 프로그램 코드에 있는 각 변수와 [알고리즘 3-1]의 6행에 해당하는 변수 또는 항을 각각 연결하시오.

4 [프로그램 3-3]은 [알고리즘 3-3]을 구현한 것이다. [알고리즘 3-3]의 6행에 해당하는 프로그램 코드는 몇 행부터 몇 행까지인지 쓰고, 프로그램 코드에 있는 각 변수와 [알고리즘 3-3]의 6행에 해당하는 변수 또는 항을 각각 연결하시오.

5 [프로그램 3-1]이 사용하는 랜덤 정책 π_1에서 상태 14에 대해서만 확률 1로 R을 선택하도록 수정한 정책을 pi1_14라고 한다.

(1) pi1_14를 평가하도록 [프로그램 3-1]을 수정하고 실행 결과를 쓰시오.

(2) 실행 결과를 해석하시오.

6 [프로그램 3-1]의 실행 결과가 모든 상태에서 자기 일관성을 만족하는지 확인하시오.

7 [프로그램 3-2]는 9~31행의 반복을 통해 최적 정책과 최적 가치 함수로 수렴한다.

(1) 매 반복마다 가치 함수 값을 출력하여 수렴하는 과정을 확인할 수 있는 프로그램으로 확장하시오.

(2) (1)의 출력을 해석하시오.

(3) (1)에서 가치 함수 값을 수치 뿐만 아니라 컬러맵으로 표시하는 프로그램으로 확장하시오. 이때 최솟값은 파란색이고 최댓값은 빨간색인 jet colormap을 사용하시오.

8 동적 프로그래밍은 환경이 가진 모델, 즉 전이 확률 분포를 사용하기 때문에 모델 기반에 속한다. 이런 방식은 원시적인 모델 기반이라고 볼 수 있다. 현대적인 모델 기반 방식은 모델을 자체적으로 학습하여 사용한다. 현대적인 모델 기반 방법 중 하나를 선정하여 원리, 특성, 성능을 조사하시오.

9 동적 프로그래밍이 탄생한 역사를 기술한 [Dreyfus2002][1]를 읽고 에세이를 작성하시오.

1 [Dreyfus2002] Stuart Dreyfus, "Richard Bellman on the birth of dynamic programming," Operations Research.

CHAPTER 04

몬테카를로 방법

CHAPTER 04 몬테카를로 방법

Preview

[그림 4-1]의 보드 게임은 시작 상태에서 출발하여 엎치락뒤치락 과정을 거쳐 승자가 결정되는 종료 상태에 도달한다. 게임 기록을 기억했다가 다음 게임에 잘 활용하는 사람은 그렇지 못한 사람을 금방 능가한다. 이때 사용하는 전략은 단순하다. 이긴 게임에 썼던 행동은 강화하고 진 게임에서 사용한 행동은 억제한다. 강화 학습 용어로 다시 말하면, 양의 보상을 받은 에피소드 데이터에 있는 행동의 선택 확률은 높이고 음의 보상을 받은 에피소드 데이터에 있는 행동의 선택 확률은 낮춘다.

그림 4-1 게임 기록을 기억했다가 잘 활용해야 이길 수 있는 보드 게임

3장의 동적 프로그래밍은 상태 전이 확률을 사용하여 최적 정책을 찾는 모델 기반 알고리즘이다. 하지만 전이 확률을 명시적으로 표현하는 일은 과업에 따라 불가능하거나 비용이 많이 든다. 강화 학습은 모델 기반 방법론에서 에피소드 데이터를 수집하여 정책을 개선하는 모델 자유 방법론model-free methodology으로 대전환한다. 과학과 공학 분야에서는 난수를 활용하여 중요한 의사결정을 하는 방법을 통틀어 몬테카를로 방법Monte Carlo method이라 부른다. 데이터를 활용하는 학습 기반 방법론은 학습 도중에 난수를 많이 활용한다. 따라서 초창기 개발된 학습 기반 알고리즘을 몬테카를로 방법이라고 부른다.

1
에피소드 발생기

학습 기반 방법론에서는 데이터를 사용하여 정책을 개선해 나간다. [알고리즘 2-3]에서 볼 수 있듯이, 강화 학습은 현재 정책으로 에피소드를 생성하고 이 에피소드를 이용하여 자신을 개선하는 사이클을 반복한다. 따라서 양질의 에피소드 데이터를 확보하는 일이 무엇보다 중요하다.

1. 에피소드 데이터 수집 방법

에피소드 데이터를 수집하는 네 가지 구체적인 방법을 소개한다.

첫째, Gymnasium 같은 공개 라이브러리를 활용하는 가장 쉽고 널리 쓰이는 방법이다. 라이브러리는 어떤 상태에서 에이전트가 행동을 취하면 다음 상태와 보상 정보를 제공한다. 라이브러리는 주어진 과업을 충실히 시뮬레이션하는 MDP 역학을 제공한다. 앞으로 이 책에서 수행할 거의 모든 프로그래밍 실습은 이 경우에 해당한다.

둘째, 주어진 과업을 충실히 흉내 내는 시뮬레이터를 자체 제작하여 사용한다. 기존 라이브러리에 해당 과업이 없다면 이 방법을 써야 한다. 예를 들어, 비탈길을 오르는 이족 보행 로봇을 제작하는 과업이 주어졌을 때, 상태와 행동, 보상을 잘 설정하고 실제 로봇을 모방하는 시뮬레이터 프로그램을 작성해야 한다. 이때 실제 로봇이 운행하는 환경과 시뮬레이션 환경의 차이를 최소화하는 일이 매우 중요하다. 이를 시뮬레이션과 실제의 차이sim2real gap라 부른다. 로봇 분야에서 이 차이를 줄이기 위한 연구가 활발히 진행되고 있다[Peng2017, Tobin2017, Zhao2020].

셋째, 자기 대전self-play을 활용한다. 다자 게임의 경우 프로그램 복사본 여러 개를 생성하여 이들이 서로 대결하게 함으로써 에피소드를 자동으로 수집한다. 바둑을 두는 알파고는 자기 대전을 사용하여 고도의 지능을 달성한 대표적인 성공 사례다. 스타크래프트 게임을 플레이하는 알파스타, 여섯 명이 참가하는 포커 게임을 플레이하는 Pluribus 등이 모두 자기 대전을 사용한다. 최근에는 언어 모델을 사람의 취향에 맞추는 데 자기 대전을 활용하는 연구도 진행되고 있다[Wu2024].

넷째, 이전 기록이 있는 과업에서는 기록을 에피소드로 활용한다. 예를 들어 체스나 바둑의 경우 프로 기사의 경기를 문서로 남긴다. 바둑의 경우 한국기원 사이트(https://m.baduk.or.kr)에 아주 많은 기보가 쌓여 있는데 기보 각각이 에피소드 하나에 해당한다. 알파고는 여러 단계를 거쳐 정책을 학습하였는데, 첫 단계에서는 기보를 활용하여 학습하고 이후 자기 대전을 통해 학습하였다.

2. 프로그래밍 실습: 에피소드 데이터 발생

[프로그램 4-1]은 FrozenLake 과업을 위한 에피소드 발생기다. 이 프로그램은 [알고리즘 2-1]의 MDP 사이클을 실행하는 [프로그램 2-1]을 약간 수정한 버전이다. 단지 생성된 에피소드를 epi 리스트 변수에 저장하는 기능만 추가되었다.

메인에 해당하는 17~23행을 먼저 살펴보자. 19행은 모든 행동을 같은 확률로 선택하는 랜덤 정책을 pi1에 저장한다. 21행은 에피소드 하나를 생성하는 generate_episode 함수를 호출하고 22행은 생성된 에피소드를 출력한다.

4~15행의 generate_episode 함수는 매개변수로 받은 정책 policy에 따라 에피소드를 생성하여 반환한다. 5행은 에피소드를 저장할 변수 epi를 만든다. 6행은 reset 함수를 통해 환경을 초기화한다. 이 함수는 초기 상태와 여분의 정보를 반환하는데, 이들을 각각 s와 info 변수에 저장한다. 7~14행은 [그림 2-2]의 MDP 사이클을 실행한다. 8행은 정책 policy의 확률 분포에 따라 행동을 선택하고 그 결과를 a 변수에 저장한다. 9행의 step 함수는 행동 a를 수행한 결과로서 다음 상태 s1, 보상 r, 종료 상태에 도달했는지 여부를 알려주는 terminated와 truncated를 반환한다. 10행은 에피소드에 현재 순간에 발생한 (s,a,r) 정보를 추가한다. 11행은 s1을 s에 대입하여 다음 순간으로 넘어간다. 12~14행은 terminated 또는 truncated가 참이 되면 종료 상태 정보를 에피소드에 추가하고 루프를 탈출한다.

프로그램 4-1 FrozenLake 과업에서 에피소드 생성

```
1   import gymnasium as gym
2   import numpy as np
3
4   def generate_episode(env,policy):
5       epi=[]
6       s,info=env.reset()
7       while True:
8           a=np.random.choice([0,1,2,3],1,p=policy[s])[0]
9           s1,r,terminated,truncated,info=env.step(a)
10          epi.append([s,a,r])  # [상태,행동,보상] 추가
11          s=s1
12          if terminated or truncated:
13              epi.append([s1,None,None])
14              break
15      return epi
16
```

```
env=gym.make('FrozenLake-v1',is_slippery=False,render_mode='ansi')

pi1=np.ones((env.observation_space.n,env.action_space.n))/env.action_space.n  #랜덤 정책

episode=generate_episode(env,pi1)
print('랜덤 정책으로 생성한 에피소드:\n',np.array(episode))
env.close()
```

```
랜덤 정책으로 생성한 에피소드:
[[0, 0, 0.0], [0, 3, 0.0], [0, 2, 0.0], [1, 2, 0.0], [2, 3, 0.0], [2, 0, 0.0], [1, 1, 0.0],
[5, None, None]]
```

프로그램 실행 결과를 살펴보면, 길이가 8인 에피소드가 생성되었다. 이 에피소드를 식 (2.1) 형식으로 다시 쓰면 [그림 4-2]와 같다. 그 아래는 알아보기 쉽게 그림으로 표시한 것이다.

$e=[-,0]L[0.0,0]U[0.0,0]R[0.0,1]R[0.0,2]U[0.0,2]L[0.0,1]D[0.0,5]$

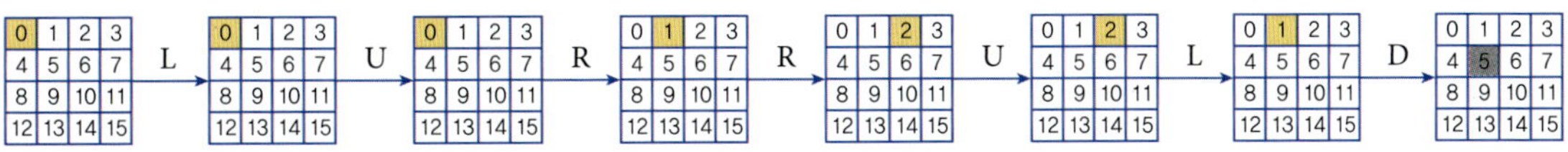

그림 4-2 FrozenLake 과업에서 발생한 에피소드

[프로그램 4-2]는 CartPole 과업을 위한 에피소드 발생기이다. CartPole의 상태는 예를 들어 (0.035, −0.018, −0.008, −0.007)처럼 실수로 표현되기 때문에 정책을 표로 표현할 수 없다. 따라서 15행은 편의상 항상 행동 0(왼쪽)을 선택하는 정책을 가지고 에피소드를 발생시킨다.

메인에 해당하는 30행은 render_mode='rgb_array'로 설정하여, 상태를 렌더링하는 render 함수가 RGB 컬러 영상을 표현하는 numpy ndarray 배열을 반환하도록 설정한다. 5~28행의 generate_episode 함수의 기본 틀은 [프로그램 4-1]과 같다. 단지 막대의 움직임을 시각화하기 위해 9~12행과 20~23행에 애니메이션 코드가 추가되었다. 9행은 env의 render 함수를 호출하여 현재 상태를 표현하는 영상을 반환받아 image 변수에 저장한다. 이 image 변수는 numpy ndarray 배열이다. 10~11행은 matplotlib 라이브러리의 imshow와 show 함수를 사용하여 화면에 영상을 디스플레이한다. 12행은 사용자가 영상을 확인할 수 있도록 0.1초 동안 지연시킨다.

프로그램 4-2 CartPole 과업에서 에피소드 생성과 렌더링

```
1  import gymnasium as gym
2  import matplotlib.pyplot as plt
3  import time
```

```python

def generate_episode(env):
    epi=[]
    s,info=env.reset()

    image=env.render()
    plt.imshow(image)
    plt.show()
    time.sleep(0.1)

    while True:
        a=0  # 항상 0(왼쪽)을 선택하는 정책
        s1,r,terminated,truncated,info=env.step(a)
        epi.append([s,a,r])  # [상태,행동,보상] 추가
        s=s1

        image=env.render()
        plt.imshow(image)
        plt.show()
        time.sleep(0.1)

        if terminated or truncated:
            epi.append([s1,None,None])
            break
    return epi

env=gym.make('CartPole-v1',render_mode='rgb_array')

episode=generate_episode(env)
print('항상 left를 선택하는 정책으로 생성한 에피소드:')
for v in episode:
   print(v)

env.close()
```

```
항상 left를 선택하는 정책으로 생성한 에피소드:
[array([-0.010297  , -0.03190237, -0.02231506,  0.00024803], dtype=float32), 0, 1.0]
[array([-0.01093505, -0.2266973 , -0.0223101 ,  0.2858076 ], dtype=float32), 0, 1.0]
[array([-0.015469  , -0.42149407, -0.01659394,  0.57137144], dtype=float32), 0, 1.0]
[array([-0.02389888, -0.61637944, -0.00516652,  0.85878086], dtype=float32), 0, 1.0]
[array([-0.03622647, -0.81143063,  0.0120091 ,  1.1498348 ], dtype=float32), 0, 1.0]
[array([-0.05245508, -1.0067073 ,  0.0350058 ,  1.4462591 ], dtype=float32), 0, 1.0]
[array([-0.07258923, -1.2022419 ,  0.06393098,  1.749671  ], dtype=float32), 0, 1.0]
[array([-0.09663406, -1.398029  ,  0.0989244 ,  2.0615346 ], dtype=float32), 0, 1.0]
[array([-0.12459464, -1.594011  ,  0.14015509,  2.3831067 ], dtype=float32), 0, 1.0]
```

```
[array([-0.15647486, -1.7900628 ,  0.18781723,  2.7153716 ], dtype=float32), 0, 1.0]
[array([-0.19227612, -1.9859725 ,  0.24212466,  3.0589626 ], dtype=float32), None, None]
```

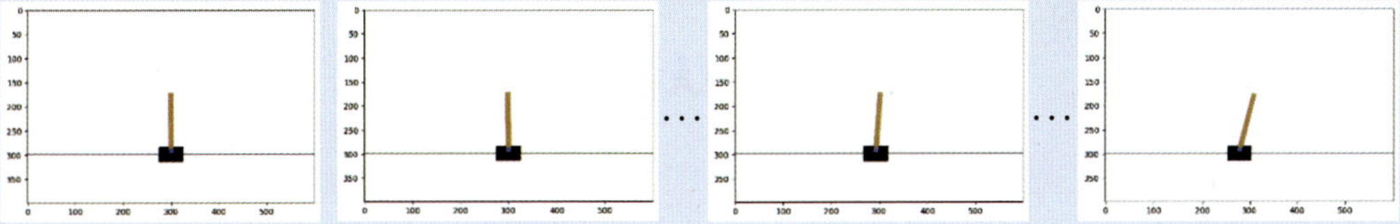

프로그램 실행 결과를 살펴보면, 7행을 통해 s_0=(위치,속도,각,각속도)=(−0.010297,−0.03190237,−0.02231506,0.00024803)에서 출발한다. 16행에서 행동 a_0=0을 취하면, 보상 r_0은 1.0, 다음 상태 s_1=(−0.01093505,−0.2266973,−0.0223101,0.2858076)이 된다. 이런 과정을 반복하다가 T=10에서 종료 상태에 도달하여 에피소드를 완성한다.

[프로그램 4-2]에 대해 생각해볼 점이 있다. CartPole 과업에서는 상태를 실수로 표현하기 때문에 정책이나 가치 함수를 배열 형태의 참조표로 표현할 수 없다. 다시 말해 3장에서 개발한 동적 프로그래밍이나 이 장의 주제인 몬테카를로 방법을 바로 적용할 수 없다. CartPole을 해결하기 위해서는 실수를 일정한 구간으로 잘게 나누어 이산화한 표를 사용한다. 이러한 이산화 기법은 5장에서 실습하며, 6장 이후에는 참조표 대신 신경망을 사용하여 정책과 가치 함수를 근사하는 새로운 접근방법으로 대전환한다.

2

탐험과 탐사의 균형

앞 절에서는 몬테카를로 방법을 구현할 때 미리 알아야 할 지식으로 에피소드 발생기를 공부하였다. 또 다른 사전 지식으로 탐험과 탐사의 균형balance between exploration and exploitation이 있다. 이 두 가지 지식은 이 장의 몬테카를로 방법뿐 아니라 앞으로 등장할 거의 모든 강화 학습 알고리즘을 이해하는 데 꼭 필요한 핵심 개념이다. 이 주제를 정리한 서베이 논문으로 [Amin2021, Ladosz2022]를 추천한다.

1. 원리: ε-탐욕과 ε-소프트, UCB

일상생활에서도 우리는 어떤 보상을 기대하며 귀한 무언가를 찾는 탐색search 작업을 자주 경험한다. 예를 들어 어느 지점에서 작은 다이아몬드를 발견했을 때, 그 곳에 더 큰 다이아몬드가 있을 것이라는 기대를 가지고 모든 장비를 투입하여 집중적으로 파는 전략을 사용할 수 있다. 이는 가능성이 보이는 곳을 계속해서 탐색한다는 의미로 탐사exploitation라고 부른다. 하지만 더 큰 다이아몬드가 다른 곳에 묻혀 있을 가능성도 배제할 수 없다. 따라서 이미 보상을 얻은 곳에만 집중하지 않고, 이곳저곳을 고루 파보는 탐험exploration 전략이 추가로 필요하다. 그러나 탐험에만 치우치면 많은 자원을 들이고도 아무런 보상을 얻지 못하는 위험이 따른다.

탐험과 탐사의 두 전략은 하나를 강조하면 다른 것이 소홀해져 문제가 생기는 트레이드오프trade-off 관계에 있다. 이러한 문제를 탐험-탐사 딜레마exploration-exploitation dilemma라고 부른다. 강화 학습 알고리즘은 이러한 딜레마 속에서 탐험과 탐사의 균형을 잘 유지해야 좋은 정책을 얻을 수 있다.

탐험과 탐사의 균형이라는 관점에서 [알고리즘 3-3]의 가치 반복 알고리즘을 다시 생각해볼 가치가 있다. 이 알고리즘은 6행에 max, 9행에서 argmax 연산을 취한다. 이 두 연산은 이전 이력과 향후 벌어질 일에 대한 고려 없이 현재 상황에서 가장 유리한 선택을 하기 때문에 탐욕 알고리즘이다. 이는 마치 우연히 작은 다이아몬드를 발견한 위치에 더 큰 보상이 있을 것이라 기대하고, 그 자리만을 계속해서 파는 전략과 유사하다. 즉, 탐험 없이 탐사만을 반복하는 방식이다. 하지만 [알고리즘 3-3]은 최적 정책을 보장한다고 증명되어 있으며 [프로그램 3-3]의 실습을 통해 최적 정책을 확인하였다. 탐사 위주 알고리즘이 어떻게 최적 해를 보장할까?

그 이유는 [알고리즘 3-3]의 5행과 8행의 for $s \in \mathcal{S}$ 때문이다. 동적 프로그래밍은 상태 공간의 모든 상태를 빠짐없이 탐색하기 때문에, 결과적으로 극단적인 탐험을 병행하는 셈이다. 이처럼 동적 프로그래밍은 for $s \in \mathcal{S}$ 루프를 통해 탐험을 유도하고 max 연산자를 통해 탐사를 실행함으로써 탐험과 탐사의 균형을 이룬다. 하지만 현실에서의 과업은 대부분 상태 공간이 매우 크거나 무한에 가깝다. 바둑의 상태 공간 크기는 3^{361}으로서 무한에 가깝고 CartPole은 연속 상태 공간을 가지므로 사실상 무한하다. 상태 공간 전체를 일일이 탐색하는 방법은 현실성이 없다.

몬테카를로 방법은 에이전트와 환경이 상호작용할 때 발생하는 에피소드를 바탕으로 정책을 개선한다. 알고리즘 초반에 우연히 상태 공간의 특정한 곳에서 에피소드가 많이 생성되면 이후 탐사가 그쪽으로 편향될 위험이 있다. 따라서 학습 알고리즘을 설계할 때 탐험과 탐사가 균형을 이루도록 주의를 기울여야 한다. 강화 학습은 주로 ε-탐욕 또는 UCB 기법을 사용하여 균형을 조절한다. 관련 내용을 보다 깊이 있게 이해하려면 [Amin2021, Ladosz2022]를 참조하길 바란다.

[그림 4-3]의 ε-탐욕[ε-greedy]과 ε-소프트[ε-soft]는 기본적으로 탐욕 알고리즘인데, ε 비율만큼 탐험을 적용하여 탐험과 탐사의 균형을 추구하는 기법이다. [그림 4-3(a)]는 ε-탐욕으로 순간 t에서 행동 a_t를 결정하는 과정을 보여준다. r과 s'는 행동 a를 취했을 때 보상과 다음 상태다. 위쪽은 argmax 연산으로 이득이 가장 큰 행동을 선택하기 때문에 탐욕 선택이다. 탐욕 선택은 탐사 위주에 해당한다. 아래쪽은 ε-탐욕을 설명한다. 첫 행은 [0,1] 사이의 난수를 생성한다. 난수가 ε보다 작으면 둘째 행에서 랜덤하게 행동을 선택하고 그렇지 않으면 셋째 행에서 탐욕 선택을 한다. 가령 ε을 0.1로 설정하면 10번에 9번 꼴로 탐사를 하고 한 번 꼴로 탐험을 적용하는 셈이다. [그림 4-3(b)]는 ε-소프트를 설명한다. 첫 행에서 탐욕 선택으로 $\tilde{a}$를 결정한다. 둘째 행에서 ε만큼의 확률을 모든 행동에 균등하게 나눠준 다음 남은 확률을 $\tilde{a}$에 추가한다. 셋째 행에서는 이렇게 구한 확률 분포에 따라 행동을 선택한다.

$$a_t = \underset{a}{\text{argmax}}\left(r + \gamma v_\pi(s')\right)$$

$$\Downarrow$$

$u = [0,1]$ 사이의 난수

if $u < \varepsilon, a_t =$ 랜덤하게 행동을 선택 // 탐험

else $a_t = \underset{a}{\text{argmax}}\left(r + \gamma v_\pi(s')\right)$ // 탐사

(a) ε-탐욕

$$a_t = \underset{a}{\text{argmax}}\left(r + \gamma v_\pi(s')\right)$$

$$\Downarrow$$

$$\tilde{a} = \underset{a}{\text{argmax}}\left(r + \gamma v_\pi(s')\right)$$

$$\pi(s_t, a) = \begin{cases} \varepsilon / |\mathcal{A}(s_t)|, & a \neq \tilde{a} \\ 1 - \varepsilon + \varepsilon / |\mathcal{A}(s_t)|, & a = \tilde{a} \end{cases}$$

$\pi(s_t, .)$ 확률 분포에 따라 a_t 선택

(b) ε-소프트

그림 4-3 탐험과 탐사 균형을 이루는 기법

ε-탐욕과 ε-소프트는 탐험과 탐사의 균형을 이루는 데 도움이 되지만 이전에 많이 선택된 행동과 적게 선택된 행동을 동일하게 취급한다는 한계가 있다. 이 점을 보완하기 위해 UCB[upper confidence bound] 기법이 사용되며, UCB는 식 (4.1)을 이용하여 행동을 선택한다.

이 식은 행동 a를 취했을 때 이득 $(r+\gamma v_\pi(s'))$와 $\sqrt{\frac{\log(t)}{N(a)}}$로 구성된다. 이득이 클수록 값이 커지고 결과적

으로 선택될 가능성이 높아지기 때문에 이득 항은 탐사 효과를 제공한다. 두 번째 항에서 $N(a)$는 행동 a가 지금까지 선택된 횟수다. $N(a)$가 분모에 있기 때문에 아직 많이 시도되지 않은 행동일수록 해당 항의 값이 커지고 결과적으로 UCB 전체 값이 커져서 선택될 가능성이 높아진다. 따라서 둘째 항은 탐험 효과를 제공한다. 분자에 있는 $\log(t)$는 시간이 지남에 따라 탐험 효과를 누그러뜨리는 작용을 한다. 하이퍼 매개변수 c는 탐사와 탐험의 비중을 조절하는 역할을 한다. c가 클수록 탐험이 강해진다.

$$a_t = \underset{a}{\operatorname{argmax}}\left(\left(r + \gamma v_\pi\left(s'\right)\right) + c\sqrt{\frac{\log(t)}{N(a)}}\right) \tag{4.1}$$

ε-탐욕과 UCB는 많은 학습 알고리즘이 사용하기 때문에 잘 기억해야 한다. 특히 UCB는 13.3.1절에서 공부할 몬테카를로 트리 탐색[Monte Carlo Tree Search(MCTS)]이 사용하는 중요한 식이다.

2. 프로그래밍 실습: 순수 탐험과 ε-탐욕

[그림 4-4]는 다중 손잡이 밴딧[multi-armed bandit] 과업이다. 플레이어가 밴딧 기계에 1달러를 넣고 손잡이를 당기면 확률 $1-p$로 1달러를 잃고, 확률 p로 2달러를 얻게 된다. $p=0.5$라면 가진 돈을 유지하지만, $p<0.5$면 손해를 보고, $p>0.5$면 이득을 보게 된다. 다중 손잡이 밴딧은 이와 같은 밴딧이 여러 대 있을 때 확률이 더 높은 밴딧을 선택하여 수익을 얻는 것이 목표인 게임이다. 물론 각 밴딧의 확률은 알려져 있지 않다. 과업에 ε-탐욕과 UCB를 적용하여 실험해보면 이들 기법의 특성과 효과를 보다 잘 이해할 수 있게 된다.

다중 손잡이 밴딧에서는 당긴 손잡이의 번호가 행동에 해당한다. 그렇다면 상태는 무엇일까? 손잡이를 아무리 여러 번 당겨도 각 밴딧의 승률은 변함이 없다. 따라서 다중 손잡이 밴딧은 상태가 없는 원시적인 과업이다. 이처럼 구조가 단순한 과업은 특정 알고리즘의 성능이나 특성을 분석하는 데 효과적이다. 이 절에서는 탐험과 탐사의 균형을 꾀하는 기법의 성능을 다중 손잡이 밴딧 과업을 통해 분석한다.

그림 4-4 다중 손잡이 밴딧

[프로그램 4-3]은 순수하게 탐험하는 사람과 ε-탐욕을 적용하는 사람의 수익이 어떻게 다른지 시뮬레이션을 통해 비교한다. 3~5행의 simulate_pull_bandit 함수는 handle번째 밴딧을 시뮬레이션하는 함수다. 4행은 방문 횟수를 1만큼 증가시킨다. 5행은 승률에 따라 1달러를 따거나 1달러를 잃는다.

메인에 해당하는 27~41행을 먼저 설명한다. 27행은 밴딧 기계의 수를, 28행은 각 밴딧의 승리 확률 p를 설정한다. 29행은 손잡이를 당기는 횟수를 10000으로 설정한다. 31~35행은 exploration 함수를 호출하여 순수 탐험 기법의 통계를 구해 출력하고, 37~41행은 $\varepsilon=0.1$로 설정한 epsilon_greedy 함수를 호출하여 ε-탐욕의 통계를 구해 출력한다.

7~13행의 exploration 함수는 순수 탐험을 시뮬레이션한다. 8~9행은 방문 횟수 visit과 승리 횟수 win을 1로 초기화한다. 이들 횟수를 1로 초기화함으로써 0으로 나누는 위험을 배제한다. 10~12행은 n_trial만큼 반복하면서 visit과 win을 센다. 11행에서 손잡이 h를 선택하는데, 모든 손잡이에 같은 선택 확률을 주기 때문에 exploration 함수는 순수 탐험에 해당한다. 12행은 simulate_pull_bandit 함수로 visit과 win을 갱신한다. 15~25행의 epsilon_greedy 함수는 ε-탐욕을 시뮬레이션한다. 16~17행은 방문 횟수 visit과 승리 횟수 win을 1로 초기화한다. 18~24행은 n_trial만큼 반복하면서 visit과 win을 센다. 19~20행은 난수가 ε보다 작으면 손잡이를 랜덤 선택한다. 그렇지 않으면 22~23행에서 그동안 수집한 승률을 기반으로 최고 승률을 가진 손잡이를 선택한다. 최고 승률을 가진 손잡이가 여럿일 때는 임의로 선택한다. 24행은 simulate_pull_bandit 함수로 visit과 win을 갱신한다.

프로그램 4-3 다중 손잡이 밴딧에서 순수 탐험과 ε-탐욕의 기대 이득 분석

```
1   import numpy as np
2
3   def simulate_pull_bandit(handle,visit,win):
4       visit[handle]+=1
5       win[handle]+=1 if np.random.random()<arm_prob[handle] else 0
6
7   def exploration():  # 탐험 방식
8       visit=np.ones(n_arms)  # 당긴 횟수
9       win=np.ones(n_arms)  # 승리 횟수
10      for t in range(n_trial):
11          h=np.random.randint(0,n_arms)
12          simulate_pull_bandit(h,visit,win)
13      return visit,win
14
15  def epsilon_greedy(eps):
16      visit=np.ones(n_arms)  # 당긴 횟수
17      win=np.ones(n_arms)  # 승리 횟수
18      for t in range(n_trial):
19          if(np.random.random()<eps):  # 확률 eps로 임의 선택
20              h=np.random.randint(0,n_arms)
21          else:
22              p=np.array([win[i]/visit[i] for i in range(n_arms)])
23              h=np.random.choice(np.where(p==np.max(p))[0])
24          simulate_pull_bandit(h,visit,win)
25      return visit,win
```

```
26
27  n_arms=6  # 손잡이 개수(밴딧 기계의 수)
28  arm_prob=[0.4,0.2,0.1,0.5,0.3,0.6]  # 승률
29  n_trial=10000  # 손잡이를 당기는 횟수
30
31  visit,win=exploration()
32  print('순수 탐험에 의한 통계:')
33  print(' 승률:', ['%6.4f'% (win[i]/visit[i]) for i in range(n_arms)])
34  print(' 수익($):',['%d'% (2*win[i]-visit[i]) for i in range(n_arms)])
35  print(' 순수익($):',sum([2*win[i]-visit[i] for i in range(n_arms)]))
36
37  visit,win=epsilon_greedy(0.1)
38  print('epsilon-탐욕에 의한 통계:')
39  print(' 승률:', ['%6.4f'% (win[i]/visit[i]) for i in range(n_arms)])
40  print(' 수익($):',['%d'% (2*win[i]-visit[i]) for i in range(n_arms)])
41  print(' 순수익($):',sum([2*win[i]-visit[i] for i in range(n_arms)]))
```

```
순수 탐험에 의한 통계:
 승리 확률: ['0.4020', '0.2050', '0.0900', '0.4829', '0.3138', '0.6016']
 수익($): ['-321', '-987', '-1394', '-57', '-622', '337']
 순수익($): -3044.0
epsilon-탐욕에 의한 통계:
 승리 확률: ['0.4062', '0.1897', '0.1419', '0.5311', '0.3625', '0.6021']
 수익($): ['-36', '-108', '-111', '13', '-44', '1862']
 순수익($): 1576.0
```

실험 결과를 살펴보면, 순수 탐험이 추정한 승률은 28행에서 설정한 값과 유사하다. 승률이 0.6인 여섯 번째 밴딧에서 337달러 수익이 났지만, 승률이 0.1인 세 번째 밴딧에서 1394달러 손해가 났다. 순수익, 즉 기대 이득이 −3044달러로서 1만 달러를 쥐고 시작했는데 불과 6956달러 남았다. 37행에서 ε=0.1로 설정하고 실험한 ε−탐욕에서는 여섯 번째 밴딧에서 1862달러 수익이 나고 세 번째 밴딧에서 111달러 손해가 났다. 순수익이 1576달러로서 1만 달러로 시작했는데 11576달러가 되었다.

3. 프로그래밍 실습: 큰 탐색 공간에서 ε−탐욕과 UCB의 성능 분석

다중 손잡이 밴딧 과업에서 탐색 공간의 크기는 밴딧의 개수에 해당한다. [프로그램 4−3]의 27행은 탐색 공간의 크기를 불과 6으로 설정했는데, 이런 상황에서는 초기에 탐험하고 후기에 탐사하는 전략이 효과적이다. 다시 말해 초기에 밴딧마다 충분히 많이 시도하여 승률을 알아낸 다음, 후기에는 남은 돈을 최고 승률로 추정된 밴딧에 집중 투자하는 방식이다. 그러나 밴딧 개수가 많아지면 각 밴딧을 충분히 탐험하는 데 드는 초기 비용이 커져서 이런 전략이 현실적으로 어려워진다.

[프로그램 4−4]는 밴딧이 훨씬 많은 큰 탐색 공간에서 초기 탐험−후기 탐사, ε−탐욕, UCB 기법의 성능

을 비교 분석한다. 이 실험의 목적은 탐험과 탐사 간 균형의 중요성을 강조하고, 더 나아가 하이퍼 매개변수 설정이 성능에 얼마나 큰 영향을 미치는지를 보여주는 데 있다.

[프로그램 4-4]의 58행은 손잡이 개수를 200으로 설정하여 탐색 공간의 크기를 늘린다. 이는 승률을 알 수 없는 밴딧 기계가 200대 설치된 방에서 최선의 선택을 하는 상황을 상상하면 된다. 59행은 이들 밴딧에 승률을 무작위로 설정한다. 기준 승률 0.4에 [−0.25,0.25] 사이의 난수를 더하기 때문에 최소 0.15부터 최대 0.65 승률이 발생한다. 60행은 손잡이 당기는 일을 1만 번 시도하도록 설정한다. 61행은 독립적인 실험을 n_run번 실행하고 박스 플롯을 그려 통계 신뢰도를 높이도록 한다. 63~65행은 각각 초기 탐험-후기 탐사 기법, ε-탐욕 기법, UCB 기법을 실행하여 박스 플롯을 그린다.

4~6행의 simulate_pull_bandit 함수는 [프로그램 4-3]의 함수와 같다. 8~18행의 exploration_and_exploitation 함수는 초기 탐험-후기 탐사 기법을 시뮬레이션한다. 11~13행은 rate 비율만큼 초기 투자하여 승률 정보를 추정한다. 예를 들어 rate=0.1이면 손잡이 개수의 10%인 20번을 시도하여 승률을 추정한다. 14~15행은 추정한 승률을 기반으로 최대 승률의 손잡이를 선택한다. 최대가 여럿일 때는 임의로 선택한다. 16~17행은 남은 돈을 가지고 최대 승률 손잡이에 집중 투자한다. 20~30행의 epsilon_greedy 함수는 [프로그램 4-3]의 함수와 같다. 32~39행의 UCB 함수는 UCB 기법을 시뮬레이션한다. 36행은 식 (4.1)을 계산한다. 37행은 최대치를 갖는 손잡이를 선택하고, 최대 승률을 가진 손잡이가 여럿일 때는 임의로 선택한다. 38행은 simulate_pull_bandit 함수로 visit과 win을 갱신한다.

41~56행은 매개변수 algorithm에 해당하는 함수를 호출하여 성능을 측정하는 box_plot_analysis 함수다. 매개변수 hyper_param은 하이퍼 매개변수를 변경하며 성능을 측정할 수 있게 하고, 매개변수 alg_name은 알고리즘 이름을 제공한다. 43~48행은 하이퍼 매개변수 값에 따라 순이익을 계산하여 net_profit에 저장한다. 45행은 하나의 하이퍼 매개변수 값에 대해 algorithm을 독립적으로 n_run번 실행함으로써 박스 플롯을 그릴 수 있는 통계 정보를 수집한다. 46행은 해당 알고리즘을 호출하여 visit과 win 추정치를 얻고 47행은 순이익을 계산한다. 49행은 이렇게 얻은 50번의 순이익을 평균하여 출력한다. 50~56행은 순이익을 박스 플롯으로 그린다.

프로그램 4-4 **큰 탐색 공간에서 탐사 위주와 ε-탐욕, UCB의 성능 분석**

```
1   import numpy as np
2   import matplotlib.pyplot as plt
3
4   def simulate_pull_bandit(handle,visit,win):
5       visit[handle]+=1
6       win[handle]+=1 if np.random.random()<arm_prob[handle] else 0
7
8   def exploration_and_exploitation(rate):
9       visit=np.ones(n_arms)  # 당긴 횟수
10      win=np.ones(n_arms)  # 승리 횟수
11      for t in range(int(n_trial*rate)):  # rate 비율만큼 최적 arm을 알아내는 데 사용
```

```
        h=np.random.randint(0,n_arms)
        simulate_pull_bandit(h,visit,win)
    p=np.array([win[i]/visit[i] for i in range(n_arms)])
    h=np.random.choice(np.where(p==np.max(p))[0])
    for t in range(n_trial-int(n_trial*rate)):
        simulate_pull_bandit(h,visit,win)
    return visit,win

def epsilon_greedy(eps):
    visit=np.ones(n_arms)  # 당긴 횟수
    win=np.zeros(n_arms)  # 승리 횟수
    for t in range(n_trial):
        if(np.random.random()<eps):  # 확률 eps로 임의 선택
            h=np.random.randint(0,n_arms)
        else:
            p=np.array([win[i]/visit[i] for i in range(n_arms)])
            h=np.random.choice(np.where(p==np.max(p))[0])
        simulate_pull_bandit(h,visit,win)
    return visit,win

def UCB(c):
    visit=np.ones(n_arms)  # 당긴 횟수
    win=np.ones(n_arms)  # 승리 횟수
    for t in range(n_trial):
        p=np.array([win[i]/visit[i]+c*np.sqrt(np.log(t+1)/visit[i])
        for i in range(n_arms)])  # 식 (4.1)
        h=np.random.choice(np.where(p==np.max(p))[0])
        simulate_pull_bandit(h,visit,win)
    return visit,win

def box_plot_analysis(algorithm,hyper_param,alg_name):
    net_profit=[]
    for param in hyper_param:
        net=[]
        for k in range(n_run):  # 박스 플롯 그리기 위해 n_run번 실행
            visit,win=algorithm(param)
            net.append(sum([2*win[i]-visit[i] for i in range(n_arms)]))
        net_profit.append((net))
    print(alg_name+'의 성능:',np.mean(net_profit,axis=1))
    plt.boxplot(net_profit)
    plt.title(alg_name+' performance')
    plt.xlabel('hyper-parameters')
    plt.ylabel('net profits')
    plt.grid()
    plt.xticks(np.arange(1,len(hyper_param)+1),hyper_param)
    plt.show()

```

```
58  n_arms=200  # 손잡이 개수
59  arm_prob=[0.4+(np.random.random()-0.5)/2 for i in range(n_arms)]  # 밴딧 승률 설정
60  n_trial=10000  # 손잡이를 당기는 횟수
61  n_run=50  # 통계 신뢰도를 위해 독립적으로 n_run번 실행
62
63  box_plot_analysis(exploration_and_exploitation,[0.0,0.1,0.25,0.5,0.75,0.99,1.0],
    'exploration_and_exploitation')
64  box_plot_analysis(epsilon_greedy,[0.0,0.1,0.2,0.3,0.4,0.5,0.6,0.7,0.8,0.9,1.0],
    'eps-greedy')
65  box_plot_analysis(UCB,[0.0,0.00001,0.0001,0.001,0.01,0.1,1.0,10.0],'UCB')
```

```
exploration_and_exploitation의 성능: [-1271.64  689.52  471.36  166.12  -782.44  -1774.24
-1815.44]
eps-greedy의 성능: [-1043.64  2098.12  1638.68  1188.08  680.04  203.72  -273.84  -693.28
-1181.28 -1609.68 -2013.36]
UCB의 성능: [-1075.2  -40.64  2541.28  2587.44  2623.  2549.32  -244.64  -1840.72]
```

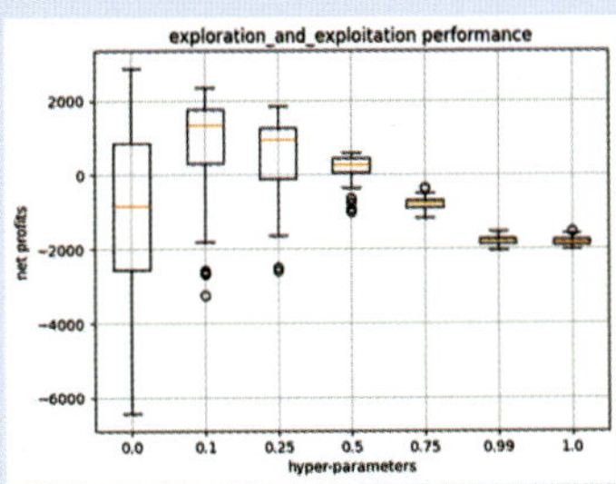

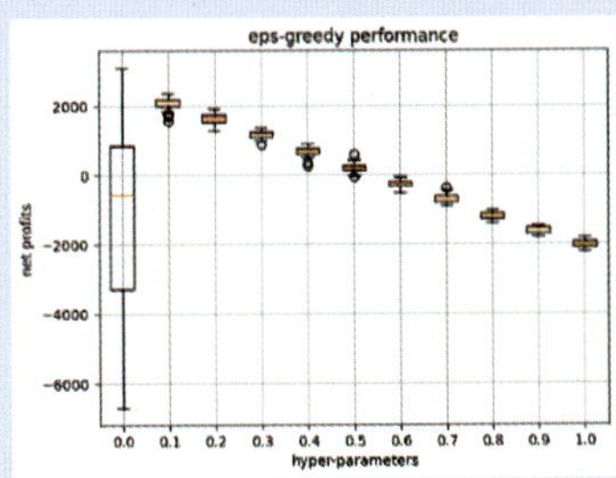

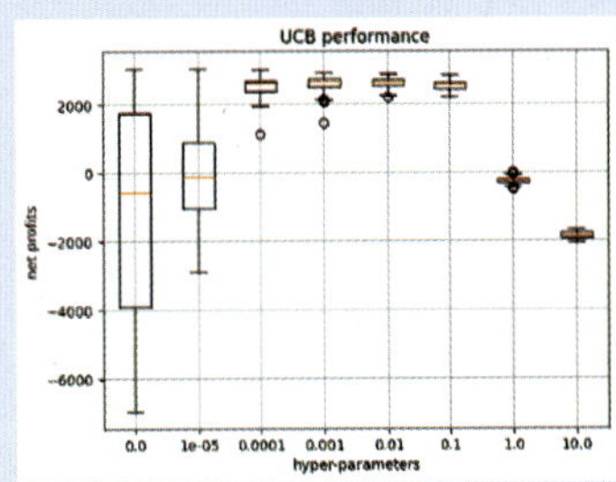

프로그램 실행 결과를 살펴보자. exploration_and_exploitation 함수에서는 rate=0.1일 때 최고 순이익 689.52를 달성했다. 10000번 당길 때, 초기 1000번은 승률을 알아내는 데 쓰고, 나머지에서는 최고 승률인 손잡이만 당길 때 수익이 가장 높다. ε-탐욕에 해당하는 epsilon_greedy 함수에서는 ε=0.1로 설정했을 때 최고 순이익 2098.12를 얻었다. ε=0.1이면 항상 25행의 랜덤 선택을 하기 때문에 순수 탐험에 해당하는데, 이때는 2013.36달러의 손해를 봤다. UCB에서는 c를 0.0001, 0.001, 0.01, 0.1에서 모두 2000달러가 넘는 순이익을 얻었다.

3
몬테카를로 방법으로 정책 평가

몬테카를로 방법은 동적 프로그래밍과 마찬가지로 [그림 3-6]의 GPI 전략에 따라 작동한다. GPI를 적용하려면 정책 평가를 수행하는 모듈을 먼저 준비해야 한다. 이 절은 정책 평가 알고리즘을 설명하고 4.4절은 정책 평가를 이용하여 정책을 학습하는 알고리즘을 제시한다.

1. 정책 평가 알고리즘

대부분 과업에서 에피소드는 특정 상태에서 출발한다. [그림 2-3(a)]의 FrozenLake는 상태 0에서 출발한다. [그림 2-3(c)]의 CartPole은 $x=0$인 위치에 약간의 잡음을 추가한 [−0.05,0.05] 사이에서 출발한다. 틱택토와 바둑은 빈 보드에서 출발한다. 따라서 에피소드로 가치 함수를 계산하면 고정된 초기 상태에 대해서만 가치를 추정하는 셈이 된다. 이런 문제를 벗어나기 위해 몬테카를로 방법은 순간 0,1,2,⋯, $T-1$에서 출발하는 부분 에피소드, 즉 궤적을 수집하는 방법으로 여러 상태의 가치를 추정한다.

i번째 에피소드 e_i가 다음과 같다고 가정한다. 상태를 알아보기 쉽게 파란색으로 표시한다.

$$e_i=[-,\mathbf{0}]\mathrm{R}[0,\mathbf{1}]\mathrm{R}[0,\mathbf{2}]\mathrm{R}[0,\mathbf{3}]\mathrm{R}[0,\mathbf{3}]\mathrm{L}[0,\mathbf{2}]\mathrm{D}[0,\mathbf{6}]\mathrm{R}[0,7]$$

e_i에는 상태 0, 1, 2, 3, 6에서 출발하는 궤적이 각각 1, 1, 2, 2, 1개 있다. 궤적을 시작 상태에 따라 상태 목록에 추가하면 아래와 같다. 궤적 z의 괄호 속 숫자는 이득 $R(z)$이다. 이득은 궤적의 시작부터 종료까지 누적 보상으로서 식 (2.14)로 계산한다.

$$Z(0)=\{[-,0]\mathrm{R}[0,1]\mathrm{R}[0,2]\mathrm{R}[0,3]\mathrm{R}[0,3]\mathrm{L}[0,2]\mathrm{D}[0,6]\mathrm{R}[0,7](0)\}$$
$$Z(1)=\{[0,1]\mathrm{R}[0,2]\mathrm{R}[0,3]\mathrm{R}[0,3]\mathrm{L}[0,2]\mathrm{D}[0,6]\mathrm{R}[0,7](0)\}$$
$$Z(2)=\{[0,2]\mathrm{R}[0,3]\mathrm{R}[0,3]\mathrm{L}[0,2]\mathrm{D}[0,6]\mathrm{R}[0,7](0),[0,2]\mathrm{D}[0,6]\mathrm{R}[0,7](0)\}$$
$$Z(3)=\{[0,3]\mathrm{R}[0,3]\mathrm{L}[0,2]\mathrm{D}[0,6]\mathrm{R}[0,7](0),[0,3]\mathrm{L}[0,2]\mathrm{D}[0,6]\mathrm{R}[0,7](0)\}$$
$$Z(6)=\{[0,6]\mathrm{R}[0,7](0)\}$$

에피소드가 여럿 있을 때 이들에서 발생하는 모든 궤적을 목록 Z에 저장하여 $Z(s), \forall s \in \mathcal{S}$를 얻는다. 이 예제에서는 같은 상태에서 시작하는 궤적이 둘 이상 발생하면 모두 취한다. 이런 방식을 모든 방문$^{\text{every-visit}}$이라 부른다. 둘 이상 발생했을 때 가장 긴 궤적만 취하는 방식을 사용할 수도 있는데, 이 방식을 첫 방문$^{\text{first-visit}}$이라 부른다. 첫 방문을 사용한다면 앞의 예제에서 $Z(2)$와 $Z(3)$에서 두 번째 궤적을 제거하면 된다. 두 방식의 차이에 대한 자세한 설명은 [Sutton2018, 5장]을 참조한다.

몬테카를로 방법은 식 (4.2)를 이용하여 가치 함수를 계산한다. 등호 = 대신 ≈을 사용한 이유는 정확한 값이 아니라 시뮬레이션 데이터로 구한 추정값이기 때문이다. 데이터의 크기가 커질수록 추정값은 참값에 가까워진다.

$$v_\pi(s) \approx \frac{1}{|Z(s)|} \sum_{z \in Z(s)} R(z),\ \forall s \in \mathcal{S} \tag{4.2}$$

[알고리즘 4-1]은 식 (4.2)를 이용하여 정책 π를 위한 상태 가치 함수를 추정하는 알고리즘이다. 6행은 순간 0에서 시작하여 $1,2,\cdots$로 진행해도 되는데, 이득을 계산할 때 중복 계산을 피할 목적으로 $T-1$에서 시작하여 $T-2, T-3, \cdots, 2, 1, 0$ 순으로 진행한다. 이득 R은 식 (2.14)로 계산한다.

알고리즘 4-1 몬테카를로 방법으로 상태 가치 함수 추정

입력: 정책 π
출력: 상태 가치 함수 v

1 모든 상태 s에 대해 $v(s)$를 0으로 초기화한다.
2 모든 상태 s에 대해 $Z(s)$를 공집합으로 초기화한다.
3 while (not 수렴 조건)
4 　π에 따라 에피소드 $[-,s_0]a_0[r_0,s_1]a_1\cdots[r_{T-1},s_T]$를 생성한다.
5 　$R=0$
6 　for $t=T-1,T-2,\cdots,2,1,0$
7 　　$R=\gamma R+r_t$
8 　　R을 $Z(s_t)$에 삽입한다.
9 　　$v(s_t)=\text{average}(Z(s_t))$

[알고리즘 4-1]은 상태 가치 함수 $v_\pi(s)$를 추정한다. 이제 행동 가치 함수 $q_\pi(s,a)$를 추정하는 알고리즘에 대해 생각해보자. 전체적인 처리 과정은 [알고리즘 4-1]과 비슷하다. 단지 [알고리즘 4-1]의 1~2행에서 v 대신 q를 초기화하고 8~9행에서 q를 갱신한다. v는 1차원 표이고, q는 2차원 표다. [알고리즘 4-2]는 몬테카를로 방법으로 행동 가치 함수를 추정하는 알고리즘이다. 이 알고리즘은 식 (4.3)을 이용한다.

$$q_\pi(s,a) \cong \frac{1}{|Z(s,a)|} \sum_{z \in Z(s,a)} R(z),\quad \forall s \in \mathcal{S},\quad \forall a \in \mathcal{A} \tag{4.3}$$

알고리즘 4-2 몬테카를로 방법으로 행동 가치 함수 추정

입력: 정책 π

출력: 행동 가치 함수 q

```
1  모든 상태 s와 모든 행동 a에 대해 q(s,a)를 0으로 초기화한다.
2  모든 상태 s와 모든 행동 a에 대해 Z(s,a)를 공집합으로 초기화한다.
3  while (not 수렴 조건)
4     π에 따라 에피소드 [-,s_0]a_0[r_0,s_1]a_1···[r_{T-1},s_T]를 생성한다.
5     R=0
6     for t=T-1,T-2,···,2,1,0
7        R=γR+r_t
8        R을 Z(s_t,a_t)에 삽입한다.
9        q(s_t,a_t)=average(Z(s_t,a_t))
```

[알고리즘 4-1]과 [알고리즘 4-2]의 9행은 이들 알고리즘 입장에서만 보면 for 루프 밖으로 옮겨도 된다. 하지만 이들 알고리즘의 임무는 4.4절에서 공부할 학습 알고리즘을 보조하는 것이다. 따라서 매 순간마다 가치 함수를 갱신하는 학습 알고리즘과 일관성을 위해 루프 속에 둔다.

2. 프로그래밍 실습: 정책 평가

[프로그램 4-5]는 FrozenLake 과업을 위해 [알고리즘 4-1]을 구현한 프로그램이다. 이 프로그램은 네 방향 중 하나를 무작위로 선택하는 멍청한 랜덤 정책과 목표 지점이 맨 아래 맨 오른쪽에 있다는 정보를 바탕으로 반반 확률로 아래와 오른쪽 방향으로 이동하는 조금 나은 정책을 평가한다.

4~15행의 generate_episode 함수는 에피소드를 하나 생성해준다. [프로그램 4-1]의 함수와 같다. 17~28행의 policy_evaluation_by_state_value 함수는 [알고리즘 4-1]을 구현한다. 함수의 매개변수에서 할인율 γ의 기본값을 0.99로 설정한다. 20~27행은 가치 함수가 충분히 수렴할 수 있도록 에피소드 생성과 가치 함수 갱신을 1만 번 반복한다.

32행과 33행은 각각 무작위로 행동을 선택하는 랜덤 정책 pi1과, 1(D)과 2(R)를 같은 확률로 선택하는 정책 pi2를 정의한다. 35행은 출력을 소수점 아래 다섯 자리까지 표시하라고 지시한다. 36행과 37행은 각각 pi1과 p2를 평가한 상태 가치 함수를 보드 모양으로 변환하여 출력한다.

프로그램 4-5 몬테카를로 방법으로 정책 평가(상태 가치 함수 계산)

```
1  import gymnasium as gym
2  import numpy as np
3
4  def generate_episode(env,policy):
5      epi=[]
6      s,info=env.reset()
```

```
    while True:
        a=np.random.choice([0,1,2,3],1,p=policy[s])[0]
        s1,r,terminated,truncated,info=env.step(a)
        epi.append([s,a,r])  # [상태,행동,보상] 추가
        s=s1
        if terminated or truncated:
            epi.append([s1,None,None])
            break
    return epi

def policy_evaluation_by_state_value(env,policy,gamma=0.99):
    V=np.zeros(env.observation_space.n)
    returns=[[] for i in range(env.observation_space.n)]
    for i in range(10000):
        epi=generate_episode(env,policy)
        R=0
        for t in range(len(epi)-2,-1,-1):
            s,r=epi[t][0],epi[t][2]  # 상태와 보상 추출
            R=gamma*R+r
            returns[s].append(R)
            V[s]=np.mean(returns[s])
    return V

env=gym.make('FrozenLake-v1',is_slippery=False,render_mode='ansi')

pi1=[[0.25,0.25,0.25,0.25] for i in range(env.observation_space.n)]  # 랜덤 정책
pi2=[[0,0.5,0.5,0] for i in range(env.observation_space.n)]  # 1(D)과 2(R)를 반반씩 선택하는 정책

np.set_printoptions(precision=5)
print('pi1의 상태 가치 함수:\n',policy_evaluation_by_state_value(env,pi1).reshape([4,4]))
print('pi2의 상태 가치 함수:\n',policy_evaluation_by_state_value(env,pi2).reshape([4,4]))
env.close()
```

```
pi1의 상태 가치 함수:
 [[0.01116 0.00852 0.01913 0.00648]
 [0.01558 0.      0.03697 0.     ]
 [0.03085 0.07026 0.11046 0.     ]
 [0.      0.1784  0.38624 0.     ]]
pi2의 상태 가치 함수:
 [[0.11687 0.05807 0.11469 0.     ]
 [0.17848 0.      0.2309  0.     ]
 [0.36122 0.73447 0.49658 0.     ]
 [0.      0.96991 0.99056 0.     ]]
```

프로그램 실행 결과를 살펴보면, 상태 3을 제외한 모든 상태에서 정책 pi2가 pi1보다 우수함을 알 수 있다. pi2에서는 상태 3에서 갈 수 있는 곳이 상태 7 하나뿐이므로 가치 함수 값은 0이다. 반면 pi1에서는 행동 0(왼쪽)을 선택하여 상태 2로 돌아올 수 있으므로 가치 함수 값이 0.00648이 되었다.

[프로그램 4-6]은 [알고리즘 4-2]를 구현한 프로그램이다. [프로그램 4-5]에서 바뀐 부분을 음영으로 표시한다. 18행은 행동 가치 함수를 저장할 배열 Q를 2차원 배열로 생성한다. 19행은 궤적의 이득을 저장하는 배열 returns를 2차원 배열로 생성한다.

프로그램 4-6 몬테카를로 방법으로 정책 평가(행동 가치 함수 계산)

```
1   import gymnasium as gym
2   import numpy as np
3
4   def generate_episode(env,policy):
5       epi=[]
6       s,info=env.reset()
7       while True:
8           a=np.random.choice([0,1,2,3],1,p=policy[s])[0]
9           s1,r,terminated,truncated,info=env.step(a)
10          epi.append([s,a,r])  # [상태,행동,보상] 추가
11          s=s1
12          if terminated or truncated:
13              epi.append([s1,None,None])
14              break
15      return epi
16
17  def policy_evaluation_by_action_value(env,policy,gamma=0.99):
18      Q=np.zeros((env.observation_space.n,env.action_space.n))
19      returns=[[[] for j in range(env.action_space.n)] for i in range(env.observation_
        space.n)]
20      for i in range(10000):
21          epi=generate_episode(env,policy)
22          R=0
23          for t in range(len(epi)-2,-1,-1):
24              s,a,r=epi[t][0],epi[t][1],epi[t][2] # 상태,행동,보상 추출
25              R=gamma*R+r
26              returns[s][a].append(R)
27              Q[s][a]=np.mean(returns[s][a])
28      return Q
29
30  env=gym.make('FrozenLake-v1',is_slippery=False,render_mode='ansi')
31
32  pi1=[[0.25,0.25,0.25,0.25] for i in range(env.observation_space.n)] # 랜덤 정책
33  pi2=[[0,0.5,0.5,0] for i in range(env.observation_space.n)] # 1(D)과 2(R)를 반반씩 선택하는 정책
34
```

```
np.set_printoptions(precision=3)
print('pi1의 행동 가치 함수:\n',policy_evaluation_by_action_value(env,pi1))
print('pi2의 행동 가치 함수:\n',policy_evaluation_by_action_value(env,pi2))
env.close()
```

```
pi1의 행동 가치 함수:
 [[0.013 0.016 0.012 0.015] [0.014 0.    0.021 0.012] [0.012 0.038 0.008 0.016] [0.017 0.    0.015 0.011]
 [0.011 0.031 0.    0.015] [0.    0.    0.    0.   ] [0.    0.165 0.    0.01 ] [0.    0.    0.    0.   ]
 [0.032 0.    0.083 0.01 ] [0.034 0.171 0.142 0.   ] [0.09  0.447 0.    0.059] [0.    0.    0.    0.   ]
 [0.    0.    0.    0.   ] [0.    0.135 0.423 0.086] [0.186 0.473 1.    0.153] [0.    0.    0.    0.   ]]
pi2의 행동 가치 함수:
 [[0.    0.177 0.06  0.   ] [0.    0.    0.123 0.   ] [0.    0.247 0.    0.   ] [0.    0.    0.    0.   ]
 [0.    0.351 0.    0.   ] [0.    0.    0.    0.   ] [0.    0.505 0.    0.   ] [0.    0.    0.    0.   ]
 [0.    0.    0.719 0.   ] [0.    0.96  0.502 0.   ] [0.    0.98  0.    0.   ] [0.    0.    0.    0.   ]
 [0.    0.    0.    0.   ] [0.    0.959 0.98  0.   ] [0.    0.98  1.    0.   ] [0.    0.    0.    0.   ]]
```

프로그램 실행 결과를 살펴보자. [프로그램 4-5]가 출력한 상태 가치 함수는 상태의 가치를 하나의 실수로 표현하지만 [프로그램 4-6]이 출력한 행동 가치 함수는 상태의 가치를 4개 행동에 해당하는 4개 실수로 표현한다는 사실을 확인할 수 있다. 예를 들어 정책 pi2의 행동 가치 함수에서 상태 14는 [0.0 0.98 1.0 0.0]의 가치(기대 이득)를 가진다. 행동 0(L)과 3(U)으로 가면 가치가 0이다. 1(D)로 가면 0.98의 가치가 있는데 아래로 갈 경우 제자리로 돌아오기 때문이다. 2(R)로 가면 가치 1을 얻는다.

4
몬테카를로 방법으로 정책 학습

앞 절의 [알고리즘 4-1]과 [알고리즘 4-2]는 정책을 평가하는 알고리즘이다. [그림 4-5]의 GPI 전략에서 E라고 표시된 정책 평가 단계에 해당한다. 여기에 정책 개선을 해주는 I 단계를 추가하면 학습 알고리즘이 완성된다.

1. 학습 알고리즘

3장에서 [알고리즘 3-1]의 정책 평가 알고리즘을 [그림 3-6]의 GPI 전략에 따라 확장하여 [알고리즘 3-2]의 정책 학습 알고리즘을 만든 것처럼, 여기서는 [알고리즘 4-2]의 정책 평가 알고리즘을 정책 학습 알고리즘으로 확장한다. [그림 4-5]는 몬테카를로 방법이 사용하는 GPI 전략을 보여준다. [그림 3-6]의 동적 프로그래밍에서는 학습 전반에 걸쳐 동일한 MDP 전이 확률 분포를 사용했지만, [그림 4-5]의 몬테카를로 방법에서는 개선을 통해 계속 변화하는 정책이 생성한 에피소드 데이터를 사용한다.

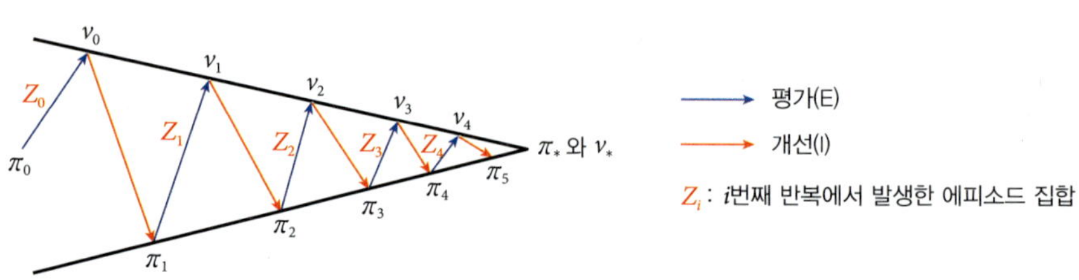

그림 4-5 몬테카를로 방법의 GPI 전략

[알고리즘 4-3]은 [그림 4-5]의 GPI 전략으로 정책을 학습하는 알고리즘으로, [알고리즘 4-2]에 3행과 11행, 12행을 추가한 형태다. 5행에서 현재 정책 π로 에피소드를 생성하고, 10행에서는 해당 에피소드를 바탕으로 행동 가치 함수를 갱신한다. 11~12행은 개선된 행동 가치 함수로 정책 π를 개선한다. $\mathcal{A}(s_t)$는 상태 s_t에서 취할 수 있는 행동의 집합이다. 이런 평가(E)와 개선(I) 과정을 반복함으로써 최적 정책으로 수렴한다.

알고리즘 4-3 몬테카를로 방법으로 정책 학습(탐욕 선택)

입력: 과업

출력: 최적 정책 π_*와 최적 행동 가치 함수 q_*

1 모든 상태 s와 모든 행동 a에 대해 $q(s,a)$를 0으로 초기화한다.
2 모든 상태 s와 모든 행동 a에 대해 $Z(s,a)$를 공집합으로 초기화한다.
3 정책 π를 난수로 초기화한다.
4 while (not 수렴 조건)
5   π에 따라 에피소드 $[-,s_0]a_0[r_0,s_1]a_1\cdots[r_{T-1},s_T]$를 생성한다.
6     $R=0$
7   for $t=T-1,T-2,\cdots,2,1,0$
8         $R=\gamma R+r_t$
9   R을 $Z(s_t,a_t)$에 삽입한다.
10         $q(s_t,a_t)=\text{average}(Z(s_t,a_t))$
11         $\tilde{a}=\text{argmax}_{a\in\mathcal{A}(s_t)}q(s_t,a)$
12         $\pi(s_t,\tilde{a})=1$로 설정하고 나머지 행동 a의 $\pi(s_t,a)=0$으로 설정한다.

[알고리즘 4-3]의 11~12행은 과거나 미래를 고려하지 않은 채 현재 상황에서 가장 좋은 행동 $\tilde{a}$에 확률 1을 몰아준다. 한 행동에 확률 1을 몰아주면, 5행의 에피소드 생성 과정에서 그 행동을 취할 가능성이 높아진다. 따라서 [알고리즘 4-3]은 탐사에 치중하여 탐험과 탐사 균형이 깨진 채 동작한다. 결과적으로 더 좋은 상태로 전이할 기회를 잃게 되어 최적 정책으로 수렴하는 데 실패할 가능성을 가지게 된다. 탐험과 탐사 균형에 대해서는 4.2절을 참조한다.

[알고리즘 4-4]는 [그림 4-3(a)]의 ε-탐욕을 적용하여 [알고리즘 4-3]을 개선한 버전이다. 에피소드 생성 과정에서 ε-탐욕을 적용해야 하기 때문에 [알고리즘 4-3]의 5행을 4~11행으로 바꿔 쓴다. 4~11행은 행동 가치 함수 q를 이용하여 에피소드를 생성한다. 이때 6~7행은 ε-탐욕으로 행동 $\tilde{a}$을 정한다. 12~16행은 에피소드를 이용하여 q를 개선한다. 3~16행을 통해 최적 행동 가치 함수 q_*로 수렴한 후에 17~18행은 q_*에 탐욕 선택을 적용하여 최적 정책 π_*를 구한다.

알고리즘 4-4 몬테카를로 방법으로 정책 학습(ε-탐욕 적용)

입력: 과업 env

출력: 최적 정책 π_*와 최적 행동 가치 함수 q_*

1 모든 상태 s와 모든 행동 a에 대해 $q(s,a)$를 0으로 초기화한다.
2 모든 상태 s와 모든 행동 a에 대해 $Z(s,a)$를 공집합으로 초기화한다.
3 while (not 수렴 조건)
4   s=env.reset()
5   while True
6   if random(0,1)<ε, $\mathcal{A}(s)$에서 임의로 행동 $\tilde{a}$를 선택한다.
7   else $\tilde{a}=\text{argmax}_{a\in\mathcal{A}(s_t)}q(s_t,a)$
8         $s1,r,done$=env.step($\tilde{a}$)
9         $(s,\tilde{a},r)$을 에피소드에 추가한다.

```
10            s=s1
11            if done, break
12        R=0
13        for t=T-1,T-2,⋯,2,1,0
14            R=γR+r_{t+1}
15            R을 Z(s_t,a_t)에 삽입한다.
16            q(s_t,a_t)=average(Z(s_t,a_t))
17    for s∈S  // 최적 행동 가치 함수로부터 최적 정책 구하기
18        π(s)=argmax_a q(s,a)
```

ε-탐욕을 적용한 [알고리즘 4-4]는 최적 행동 가치 함수를 알아낸 다음에 이것을 바탕으로 17~18행에서 최적 정책을 계산한다. 학습하는 도중에 17~18행을 적용하여 정책을 개선하고, 4~11행에서 개선된 정책으로 에피소드를 생성하면 탐사로 치우칠 가능성이 높기 때문이다. [그림 4-3(a)]의 ε-탐욕 대신 [그림 4-3(b)]의 ε-소프트를 적용하면 정책을 이용하여 에피소드를 생성할 수 있다. ε-소프트에서는 한 행동에 확률을 몰아주지 않고 일정 양만큼을 모든 행동에 배분함으로써 학습 도중에 소프트한 정책을 유지하기 때문이다.

[알고리즘 4-5]는 ε-소프트를 적용한 정책 학습 알고리즘이다. 5행은 정책 π를 이용하여 에피소드를 생성한다. 6~10행은 에피소드를 이용하여 행동 가치 함수 q를 개선한다. 11행은 q에 따라 가장 좋은 행동 $\tilde{a}$를 정한다. 12행은 $\tilde{a}$가 아닌 모든 행동에 $\varepsilon/|\mathcal{A}(s)|$만큼 확률을 나누어주고 남은 확률을 $\tilde{a}$에 더해준다. 이렇게 소프트한 정책을 유지함으로써 탐험과 탐색 균형을 이룬다.

알고리즘 4-5 몬테카를로 방법으로 정책 학습(ε-소프트 적용)

입력: 과업

출력: 최적 정책 π_*와 최적 행동 가치 함수 q_*

```
1     모든 상태 s와 모든 행동 a에 대해 q(s,a)를 0으로 초기화한다.
2     모든 상태 s와 모든 행동 a에 대해 Z(s,a)를 공집합으로 초기화한다.
3     정책 π를 난수로 초기화한다.
4     while (not 수렴 조건)
5         π에 따라 에피소드 [-,s_0]a_0[r_0,s_1]a_1⋯[r_{T-1},s_T]를 생성한다.
6         R=0
7         for t=T-1,T-2,⋯,2,1,0
8             R=γR+r_t
9             R을 Z(s_t,a_t)에 삽입한다.
10            q(s_t,a_t)=average(Z(s_t,a_t))
11            ã = argmax_{a∈A(s_t)} q(s_t,a)
12            π(s_t,a) = { 1-ε+ε/|A(s_t)|, a=ã
                          { ε/|A(s_t)|,      a≠ã
```

탐험과 탐색 균형을 이루는 또 다른 방법으로 탐험 시작exploring starts이 있다. 이 기법은 [알고리즘 4-3]의

5행에서 에피소드의 시작점을 랜덤하게 설정하는 아이디어를 사용한다. 다시 말해 상태와 행동 쌍 (s,a)를 랜덤하게 정한 다음 거기에서 출발하는 에피소드를 생성한다.

2. 프로그래밍 실습: ε–소프트로 정책 학습

[프로그램 4–7]은 FrozenLake 과업에 대해 ε–소프트를 적용한 [알고리즘 4–5]를 구현한 프로그램이다. ε–탐욕을 적용한 [알고리즘 4–4]를 구현하는 일은 연습문제로 남겨둔다.

4~15행의 generate_episode 함수는 에피소드를 하나 생성해준다. [프로그램 4–1]의 함수와 같다. 19~37행의 optimal_policy 함수는 [알고리즘 4–5]를 구현한다. 20행은 랜덤 정책으로 초기화하고, 21행은 행동 가치 함수 Q를 0으로 초기화한다. 22행은 궤적의 이득을 저장하는 집합을 빈 리스트로 초기화한다. 23~36행은 행동 가치 함수와 정책을 개선하는 과정을 1만 번 반복한다. 24행은 에피소드를 생성한다. 25~29행은 새로 발생한 이득을 리스트에 저장하고, 30행은 Q를 개선한다. 31행은 greedy_select 람다 함수를 사용하여 [알고리즘 4–5]의 11행을 구현한다. greedy_select 함수는 탐욕 선택을 해주는데, 예를 들어 x=[5,1,5,2]라면 최댓값 5가 인덱스 0과 2에 있기 때문에 0과 2 중에 랜덤으로 선택해준다. 32~36행은 [알고리즘 4–5] 12행의 ε–소프트를 구현한다.

프로그램 4–7 **몬테카를로 방법으로 정책 학습(ε–소프트 적용)**

```
1   import gymnasium as gym
2   import numpy as np
3
4   def generate_episode(env,policy):
5       epi=[]
6       s,info=env.reset()
7       while True:
8           a=np.random.choice([0,1,2,3],1,p=policy[s])[0]
9           s1,r,terminated,truncated,info=env.step(a)
10          epi.append([s,a,r]) # [상태,행동,보상] 추가
11          s=s1
12          if terminated or truncated:
13              epi.append([s1,None,None])
14              break
15      return epi
16
17  greedy_select=lambda x:np.random.choice(np.argwhere(x==np.max(x)).flatten())
18
19  def optimal_policy(env,gamma=0.99,eps=0.1):
20      policy=[[0.25,0.25,0.25,0.25] for i in range(env.observation_space.n)]
                                                                  # 랜덤 정책으로 초기화
21      Q=np.zeros((env.observation_space.n,env.action_space.n))
22      returns=[[[] for j in range(env.action_space.n)] for i in range(env.observation_
        space.n)]
```

```
23      for i in range(10000):
24          epi=generate_episode(env,policy)
25          R=0
26          for t in range(len(epi)-2,-1,-1):
27              s,a,r=epi[t][0],epi[t][1],epi[t][2] # 상태,행동,보상 추출
28              R=gamma*R+r
29              returns[s][a].append(R)
30              Q[s][a]=np.mean(returns[s][a])
31              amax=greedy_select(Q[s])
32              for a1 in range(env.action_space.n):
33                  if a1==amax:
34                      policy[s][a1]=1-eps+eps/env.action_space.n
35                  else:
36                      policy[s][a1]=eps/env.action_space.n
37      return policy,Q
38
39  env=gym.make('FrozenLake-v1',is_slippery=False,render_mode='ansi')
40
41  pi,Q=optimal_policy(env)
42  np.set_printoptions(precision=3)
43  print('최적 정책:\n',pi,'\nQ 함수:\n',Q)
44  env.close()
```

```
최적 정책:
[[0.025, 0.025, 0.925, 0.025], [0.025, 0.025, 0.925, 0.025], [0.025, 0.925, 0.025, 0.025], [0.925, 0.025, 0.025, 0.025],
[0.025, 0.925, 0.025, 0.025], [0.25, 0.25, 0.25, 0.25], [0.025, 0.925, 0.025, 0.025], [0.25, 0.25, 0.25, 0.25],
[0.025, 0.025, 0.925, 0.025], [0.025, 0.025, 0.925, 0.025], [0.025, 0.925, 0.025, 0.025], [0.25, 0.25, 0.25, 0.25],
[0.25, 0.25, 0.25, 0.25], [0.025, 0.025, 0.925, 0.025], [0.025, 0.025, 0.925, 0.025], [0.25, 0.25, 0.25, 0.25]]
Q 함수:
[[0.65  0.841 0.843 0.822] [0.83  0.    0.875 0.854] [0.848 0.886 0.812 0.829] [0.855 0.    0.473 0.44 ]
[0.541 0.873 0.    0.839] [0.    0.    0.    0.   ] [0.    0.948 0.    0.875] [0.    0.    0.    0.   ]
[0.135 0.    0.908 0.736] [0.78  0.864 0.949 0.   ] [0.92  0.987 0.    0.903] [0.    0.    0.    0.   ]
[0.    0.    0.    0.   ] [0.    0.98  0.984 0.894] [0.947 0.988 1.    0.937] [0.    0.    0.    0.   ]]
```

프로그램 실행 결과를 살펴보면, 최적 정책에서 상태 14의 확률 분포는 [0.025,0.025,0.925,0.025]이다. ε-소프트를 적용한 결과 모든 행동에 0보다 큰 확률을 부여했기 때문이다. 최종적으로는 확률이 최대인 행동에 확률 1을 몰아준다. 이를 위해서는 최적 가치 함수와 최적 정책을 반환하는 37행 직전에 해당 코드를 추가하면 된다. 이 일은 연습문제로 남겨둔다.

5

성능 향상 기법

몬테카를로 방법의 성능을 향상할 수 있는 다양한 기법이 개발되어 있다. 여기서는 속도를 향상할 수 있는 점증 계산법과 수렴을 향상하는 데 도움이 되는 오프 정책을 소개한다.

1. 점증 계산법

[알고리즘 4-1]과 [알고리즘 4-2]의 8행은 새로 수집한 궤적의 이득을 Z에 추가하고 9행은 Z의 평균을 새로 계산한다. 이처럼 데이터를 하나 추가할 때마다 전체를 더해 평균을 새로 계산하는 방식은 중복 계산이 많아 비효율적이며, 이전에 발생한 모든 궤적을 저장해야 하므로 메모리 부담도 크다. 이러한 비효율성 문제를 해결하는 기법이 점증 계산법incremental computation이다.

이득이 발생한 순서에 따라 번호를 매겨 $R_1, R_2, \cdots, R_t$가 있다고 할 때, 식 (4.4)는 평균을 구한다. [알고리즘 4-1]과 [알고리즘 4-2] 9행의 average 함수가 사용한 계산법이다.

$$A_t = \frac{R_1 + R_2 + \cdots + R_t}{t} \tag{4.4}$$

새로 R_{t+1}이 들어오면 기존 계산법은 평균을 다음과 같이 새로 계산해야 한다.

$$A_{t+1} = \frac{R_1 + R_2 + \cdots + R_t + R_{t+1}}{t+1}$$

점증 계산법은 아래 유도식을 사용한다.

$$\begin{aligned} A_{t+1} &= \frac{R_1 + R_2 + \cdots + R_t + R_{t+1}}{t+1} \\ &= \frac{1}{t+1}\left(R_{t+1} + tA_t\right) \\ &= \frac{1}{t+1}\left(R_{t+1} + \left(t+1\right)A_t - A_t\right) \\ &= A_t + \frac{1}{t+1}\left(R_{t+1} - A_t\right) \end{aligned}$$

유도식을 따라 식 (4.4)를 다시 쓰면 식 (4.5)가 된다. 식 (4.4)를 사용하는 경우 A_{t+1}을 계산하기 위해 t번의 덧셈과 나눗셈 한 번을 수행해야 하고 t+1 크기의 배열이 필요하다. 식 (4.5)를 사용하는 점증 계산법에서는 t와 무관하게 덧셈 두 번과 나눗셈 한 번이면 된다. 이전 평균 A_t를 저장할 변수와 새로 발생한 이득 R_{t+1}을 저장할 변수만 있으면 된다. 알고리즘과 프로그래밍 실습에 식 (4.5)를 적용하는 일은 연습문제로 남겨둔다.

$$A_{t+1} = A_t + \frac{1}{t+1}\left(R_{t+1} - A_t\right) \tag{4.5}$$

2. 온 정책과 오프 정책

[알고리즘 4-5]가 최적 정책을 찾는 원리에 대해 생각해보자. 초기 정책 π를 가지고 시작하여 행동 가치 함수를 추정하고, 추정한 가치 함수로 정책을 개선한다. 이렇게 추정과 개선 사이클을 수렴할 때까지 반복한다. 가치 함수를 계산할 때는 항상 최신 정책이 생성한 에피소드 데이터에 의존한다. 이런 방식을 온 정책on-policy이라고 부른다. 온 정책은 현재 정책에 의존하기 때문에 탐사에 치우칠 위험이 있다. [알고리즘 4-5]는 위험을 피하기 위해 ε-소프트 기법을 적용하였다.

탐험과 탐사 균형을 이루는 또 다른 방법으로 오프 정책off-policy이 있다. 오프 정책 방법은 두 개의 정책을 사용한다. 첫 번째 정책은 초깃값으로 시작하여 개선을 거듭함으로써 최적 정책에 도달하는 [알고리즘 4-5]의 π에 해당한다. 이 정책을 목표 정책target policy이라 부른다. 두 번째는 에피소드를 생성할 때 사용하는 별도의 정책 $\hat{\pi}$이며 이를 행위 정책behavior policy이라 한다.

오프 정책이 온 정책과 다른 점은 [알고리즘 4-5]에서 5행의 동작에서 드러난다. 온 정책은 에피소드를 생성할 때 π를 사용하지만 오프 정책에서는 별도의 정책 $\hat{\pi}$을 이용한다. $\hat{\pi}$은 목표 정책 π와 다르지만 π의 특성을 반영해야 한다. 확률 분포를 추정할 때 별도의 확률 분포를 이용하여 샘플링하는 기법을 통칭하여 Importance 샘플링이라 부른다. 따라서 오프 정책은 Importance 샘플링을 활용한다고 말한다.

오프 정책을 구현하려면 별도의 정책 $\hat{\pi}$을 초기화하고 갱신하는 규칙이 필요하다. 구체적인 기법은 [Sutton2018, 5.5~5.7절]을 참조한다. 7.2.4절은 행위 정책을 근사하는 행위 신경망을 사용하는 DQN 학습 알고리즘을 소개한다.

연습문제

1 원주율 π=3.14159265…를 구하는 몬테카를로 프로그램을 작성하시오. 샘플 개수를 10^1, 10^2, 10^3, 10^4, … 순으로 점점 늘려가며 몬테카를로 프로그램이 추정한 값과 실제 π 값의 차이를 그래프로 시각화하는 기능을 포함하시오.

2 [프로그램 4-2]는 항상 0(left)을 선택하는 정책을 사용한다.

(1) 이 프로그램을 수정하여, 막대가 왼쪽으로 기울면 0(left), 오른쪽으로 기울면 1(right)을 선택하는 정책을 사용하도록 하시오. 두 정책이 생성하는 에피소드 길이를 통계적으로 비교하고, 박스 플롯으로 시각화하는 기능을 포함하시오.

(2) 비교 결과를 해석하시오.

3 카지노 주인이 술에 취해 [프로그램 4-4]에서 기준 확률을 0.4가 아니라 0.6으로 잘못 설정했다.

(1) 수정된 프로그램의 실행 결과를 제시하시오.

(2) 실행 결과를 해석하시오.

4 [알고리즘 4-1]은 모든 방문 버전이다. 이를 첫 방문 버전으로 수정하시오.

5 [프로그램 4-5]를 CartPole 과업에 적용하려면 어려움에 처한다.

(1) 어떤 어려움이 있는지 설명하시오.

(2) 이 어려움을 극복할 수 있는 방안을 제시하시오.

6 [프로그램 4-7]은 모든 행동이 0보다 높은 확률을 갖는 policy를 반환한다. 확률이 최대인 행동에 확률 1을 몰아주는 policy를 반환하도록 프로그램을 수정하시오.

7 [프로그램 4-7]은 ε-소프트를 적용한 버전이다. ε-탐욕 버전으로 수정하시오.

8 [Sutton2018][1]의 Example 3.5는 Gridworld라는 과업을 소개한다. 이 과업은 아래 그림에서 볼 수 있듯이, A 칸에 도달하면 보상 10을 받고 A′로 이동하며, B 칸에 도달하면 보상 5를 받고 B′로 이동한다. 가능한 행동은 FrozenLake처럼 네 가지이며, 결정론적 MDP이다. 에이전트가 밖으로 나갈 경우에는 제자리에 머무르며 이때는 보상으로 −1을 받는다. 그 외의 이동은 보상 0을 받는다.

(1) Gymnasium 인터페이스와 최대한 유사한 Gridworld 클래스를 작성하시오. 이 클래스는 reset(), step(), close() 함수를 제공해야 하며, 200 순간이 지나면 truncated를 True로 설정하여 에피소드를 종료해야 한다. 에피소드를 하나 생성하는 메인 프로그램을 작성하고 실행 결과를 제시하시오.

(2) [프로그램 4−5]를 참고하여, 주어진 정책에 대한 가치 함수를 계산하는 프로그램을 작성하시오. 네 가지 행동을 동일한 확률로 선택하는 랜덤 정책에 대해 작성한 프로그램을 실행한 결과를 제시하시오.

(3) (2)의 결과에서 상태 A와 상태 B의 가치 함수 값의 의미를 해석하시오.

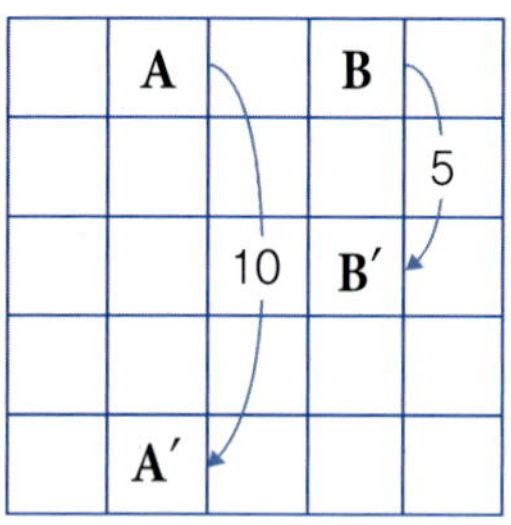

9 몬테카를로 방법의 역사에 대해 기술한 [Summerscales2023][2]을 읽고 에세이를 작성하시오.

10 식 (4.5)의 점증 계산법을 이용하여 효율을 높이시오.

(1) [알고리즘 4−5]를 식 (4.5)를 사용하는 버전으로 바꿔 쓰시오.

(2) [프로그램 4−7]을 식 (4.5)를 사용하는 버전으로 바꿔 쓰고 원래 프로그램과 실행 시간을 비교하시오.

---

1 [Sutton2018] Richard S. Sutton and Andrew G. Barto, Reinforcement Learning: An Introduction, 2nd Edition, The MIT Press.

2 [Summerscales2023] Owen Summerscales, “Hitting the jackpot: the birth of the Monte Carlo method,” https://www.lanl.gov/media/publications/actinide-research-quarterly/1123-hitting-the-jackpot-the-birth-of-the-monte-carlo-method.

CHAPTER 05
시간차 학습

CHAPTER 05 시간차 학습

Preview

사람은 짧은 시간의 순간도 유용하게 활용한다. [그림 5-1]은 배구의 시간차 공격time lag attack장면으로, 짧은 시간 지연을 통해 상대를 속여 점수를 따내는 전략이다. 강화 학습 연구자들도 이와 유사하게 한순간에 발생하는 적은 양의 정보를 활용하여 최적 정책으로 조금씩 다가가는 시간차 학습temporal-difference learning 방법을 개발하였다. 비록 한 번에 얻는 정보는 매우 제한적이지만 충분히 많이 반복하면 최적 정책이라는 학습 목표에 도달할 수 있다.

그림 5-1 배구의 시간차 공격

[표 1-1]의 간략 역사에서 언급했듯이, 시간차 개념은 사무엘Arthur Samuel의 Checkers 프로그램에 최초 도입되었다. 서튼은 시간차 아이디어를 현대적인 학습 알고리즘으로 정립한다[Sutton1988]. 시간차 학습 알고리즘은 비록 참조표 기반으로 출발하였지만, 이후 신경망과 결합함으로써 1.3절에서 소개한 성공 스토리인 TD-Gammon과 아타리 게임 프로그램의 산파 역할을 한다.

1
원리

몬테카를로 방법은 에피소드가 끝난 후에야 학습이 이루어지는 반면, 시간차 방법은 에피소드가 진행되는 도중에도 매 순간 학습이 이루어진다. 이러한 시간차 개념은 현대 강화 학습 알고리즘의 토대로 작용한다. 이 장에서 학습할 Sarsa와 Q-러닝은 물론, 신경망과 결합하여 혁신을 이끌어낸 6장과 7장의 DQN, 그리고 8~11장에서 다루는 정책 기반 학습 알고리즘 또한 가치 함수나 이익 함수를 추정할 때 시간차 공식을 활용한다. 이 절은 시간차 방법이 사용할 공식을 유도하고 그 특성을 설명한다.

1. 발상과 전개

시간차 학습temporal-difference learning(TD learning)을 제대로 이해하려면 3장의 동적 프로그래밍과 4장의 몬테카를로 방법의 원리와 장단점을 먼저 이해해야 한다. 동적 프로그래밍은 MDP 역학, 즉 상태 전이 확률이 있어야만 동작하는 단점이 있지만, 이웃 상태가 정보를 주고받는 부트스트랩 방식으로 작동하는 장점이 있다. 반면 몬테카를로 방법은 샘플링한 에피소드 데이터를 이용하기 때문에 MDP 모델 없이 동작하는 장점이 있지만, 종료 상태까지 가야 에피소드가 완성되고 가치 함수를 계산할 수 있다.

그렇다면 동적 프로그래밍의 부트스트랩 방식과 몬테카를로 방법의 에피소드 샘플링 방식의 장점만을 결합할 수는 없을까? 시간차 학습은 이러한 발상에서 출발한다.

부트스트랩을 활용하려면 현재 상태 s에서 행동 a를 취했을 때 다음 상태 s'와 보상 r에 접근하여 가치 함수 값을 개선할 수 있어야 한다. 가능성을 열기 위해 44쪽의 에피소드를 표현하는 식 (2.1)을 식 (5.1)로 바꾸어 쓴다. 식 (5.1)은 순간 t에서 다음 순간 $t+1$로 넘어가는 상황을 강조해 보여주며 간결한 표기를 위해 아래첨자를 제거한다.

$$\begin{aligned} e &= [-,s_0]a_0[r_0,s_1]a_1[r_1,s_2]a_2\cdots\cdots[r_{t-1},s_t]a_t[r_t,s_{t+1}]a_{t+1}\cdots\cdots a_{T-1}[r_{T-1},s_T] \\ &= [-,s_0]a_0[r_0,s_1]a_1[r_1,s_2]a_2\cdots\cdots[r_{t-1},\boldsymbol{s}]\boldsymbol{a}[\boldsymbol{r},\boldsymbol{s'}]\boldsymbol{a'}\cdots\cdots a_{T-1}[r_{T-1},s_T] \end{aligned} \quad (5.1)$$

4장의 몬테카를로 방법에서는 상태 s에서 시작하는 궤적 $[-,\boldsymbol{s}]a[r,s']a'\cdots\cdots a_{T-1}[r_{T-1},s_T]$를 $Z(s)$에 추가하고, 식 (4.2)를 사용하여 상태 가치 함수 값 $v_\pi(s)$를 갱신한다. 반면, 시간차 학습에서는 $[-,\boldsymbol{s}]$

$a[r,s']a'$에 있는 정보만 사용해 가치 함수를 갱신한다. 새로운 수식을 유도할 목적으로 식 (4.2)를 식 (5.2)로 바꾸어 쓴다. 내용은 같고 표기만 다르다. n은 $n=|Z(s)|$로서 집합 $Z(s)$에 들어있는 궤적의 개수다. 식 (5.2)는 s에서 시작하는 n번째 궤적이 발생하여 $Z(s)$에 추가되고 이에 따라 가치 함수 값을 갱신하는 상황을 나타낸다. 이 상황을 강조하기 위해 $v^{(n)}(s)$로 표기한다. 간결함을 위해 π는 생략한다. 식 (5.2)는 여전히 에피소드 끝까지 진행하여 $R(z)$를 알아내야 하는 몬테카를로 방법이다. 이득 $R(z)$ 계산에 대해서는 식 (2.14)를 참조한다.

$$v^{(n)}(s) \cong \frac{1}{n}\sum_{z\in Z(s)} R(z),\ \forall s \in \mathcal{S} \tag{5.2}$$

이제 식 (5.2)를 수정하여 순간 t에서 $t+1$로 진행하는 짧은 순간의 정보만 가지고 가치 함수를 갱신하는 부트스트랩 방식을 유도해야 한다. 이를 위해서 4.5.1절의 점증 계산법을 활용한다. 상태 s에서 시작하는 $n+1$번째 궤적 z_{n+1}이 새로 발생했다고 가정한다. z_i는 $Z(s)$에 i번째로 들어간 부분 에피소드다. 점증 계산법은 다음 식을 유도한다.

$$\begin{aligned}
v^{(n+1)}(s) &= \frac{R(z_1)+R(z_2)+\cdots+R(z_n)+R(z_{n+1})}{n+1} \\
&= \frac{1}{n+1}\Big(R(z_{n+1})+nv^{(n)}(s)\Big) \\
&= \frac{1}{n+1}\Big(R(z_{n+1})+(n+1)v^{(n)}(s)-v^{(n)}(s)\Big) \\
&= v^{(n)}(s)+\frac{1}{n+1}\Big(R(z_{n+1})-v^{(n)}(s)\Big)
\end{aligned}$$

유도한 식을 식 (5.3)으로 쓴다. $v^{(n+1)}$과 $v^{(n)}$을 각각 v^{new}와 v^{old}로 z_{n+1}을 z로 표기한다.

$$v^{new}(s) = v^{old}(s) + \frac{1}{n+1}\Big(R(z)-v^{old}(s)\Big) \tag{5.3}$$

첨자 old와 new를 제거하고 $\frac{1}{n+1}$을 ρ로 대치하면 식 (5.4)가 된다. 지금까지 유도한 식은 4.5.1절의 유도식에서 이득 R_i 대신 궤적의 이득 $R(z_i)$을 넣고 그대로 따라한 것에 불과하다. 그렇다면 이 식은 과연 몬테카를로 방법의 한계를 벗어났을까? 식 (5.4)는 종료 상태까지 가야 알 수 있는 궤적의 이득 $R(z)$를 포함하고 있어 여전히 몬테카를로 방법의 범주에 머물러 있다.

$$v(s)=v(s)+\rho(R(z)-v(s)) \tag{5.4}$$

이 식이 식 (5.1)의 파란 부분, 즉 이웃 상태의 정보만 이용하는 부트스트랩 방식이 되려면 $R(z)$ 대신 다음 상태 s'와 보상 r이 등장해야 한다. 시간차 학습에서는 식 (3.1)의 벨만 방정식에 들어있는 항인 $r+\gamma v(s')$로 $R(z)$를 대치하여 식 (5.5)를 유도한다. 식 (5.5)는 시간차 학습의 핵심인 중요한 식이다. 앞으로 계속 사용하기 때문에 잘 기억해야 한다.

$$v(s)=v(s)+\rho((r+\gamma v(s'))-v(s)) \tag{5.5}$$

식 (5.5)는 에피소드를 사용하므로 학습 기반이며, s와 s'가 같이 등장하므로 부트스트랩 방식이다. 시간차 학습은 데이터 기반 학습의 장점과 부트스트랩 방식의 장점을 모두 갖춘 혁신적인 알고리즘이다. 식 (5.5)는 바로 다음 순간만 고려하기 때문에 TD(0) 또는 1-단계 TD라고 부른다. 일반화하면 현재 순간에서 n만큼 이후 순간까지 고려하는 n-단계 TD로 확장할 수 있다. n-단계 TD에 대해서는 5.7.1절에서 설명한다.

[그림 5-2]는 몬테카를로 방법과 시간차 학습이 에피소드를 활용하는 방식의 차이를 설명한다. 몬테카를로에서는 순간 t 이후에 발생한 모든 보상을 더한 이득 R을 사용한다. 반면 시간차 학습은 순간 t와 다음 순간 t+1에서 발생한 정보만 사용한다.

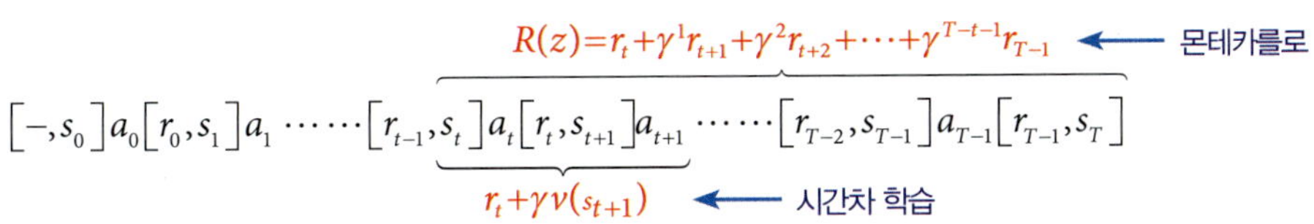

그림 5-2 몬테카를로 방법과 시간차 학습이 에피소드를 활용하는 방식의 차이

2. 학습 과정으로 해석

식 (5.5)의 두 번째 항 $(r+\gamma v(s'))-v(s)$의 의미에 대해 생각해볼 가치가 있다. 이 항은 일종의 오차 역할을 한다. $r+\gamma v(s')$는 새로 발생한 정보이고, $v(s)$는 지금까지의 추정치다. 전자를 학습 알고리즘이 맞혀야 하는 정답으로 간주하고 후자를 학습 알고리즘의 출력, 즉 예측 값이라고 간주하면 오차가 된다. 이 오차를 시간차 오차[TD error]라고 부른다. 따라서 식 (5.5)는 새로 발생한 정보를 가지고 오차를 줄이는 방향으로 가치 함수를 개선하는 역할을 한다고 볼 수 있다. 여기서 ρ는 학습률[learning rate]로서 갱신하는 양을 조절하는 하이퍼 매개변수다.

식 (5.5)를 학습 과정으로 개념화하여 다시 쓰면 식 (5.6)이 된다. 이 식은 [그림 1-5(a)]의 지도 학습에 적용되는 일반적인 학습 공식이다. 지도 학습에서 $Target$은 레이블이고 $Estimate^{old}$는 학습 모델의 예측 값이다. 지도 학습이 샘플 하나하나에 붙어있는 레이블 정보를 이용해 모델의 가중치를 개선하듯이, 강화 학습의 시간차 학습 알고리즘은 에피소드를 생성하며 발생하는 순간 정보를 가지고 가치 함수 또는 정책을 개선한다. 강화 학습에서 식 (5.6) 형태의 수식이 자주 등장하므로 잘 기억해두자.

$$Estimate^{new}=Estimate^{old}+\rho(Target-Estimate^{old}) \tag{5.6}$$

[그림 5-2]가 보여주는 바와 같이 몬테카를로 방법은 에피소드가 끝나야 가치 함수를 개선할 수 있다. 많은 과업에서 종료 상태가 되어야 의미 있는 보상이 주어지므로 학습이 이루어지려면 에피소드가 끝나기를 기다려야 한다. 따라서 로봇처럼 장시간 운행하는, 즉 영구 과업에 가까운 경우에는 수렴이 더딘 문

제가 발생한다. 반면 시간차 방법에서는 매 순간 학습이 이루어지는 장점이 있다. 그런데 학습 공식에 해당하는 식 (5.5)와 식 (5.6)을 살펴보면 $r+\gamma v(s')$를 목표치, 즉 정답으로 간주한다. 처음에 가치 함수 v를 알 수 없기 때문에 난수로 초기화하고 출발하면서 점점 정확한 추정치로 개선해 나간다. 학습 도중에는 $r+\gamma v(s')$에 있는 $v(s')$가 추정치에 불과하기 때문에 추정치를 가지고 새로운 값을 추정하는 셈이다. 반면 몬테카를로 방법은 에피소드가 제공하는 보상 정보만 사용하여 이득을 계산하고 이득을 목표치로 사용하기 때문에 추정치를 바탕으로 추정한다는 비난에서 자유로울 수 있다.

이런 사실에 기반하여 시간차 학습에 대해 두 가지 질문을 던질 수 있다.

첫째, 시간차 방법은 이론적으로 옳은가? 다시 말해 최적 가치 함수 또는 최적 정책으로 제대로 수렴할까? 다행히 이론적으로 옳다고 증명되어 있기 때문에 믿고 쓰면 된다.

둘째, 몬테카를로 방법과 비교했을 때 누가 더 빨리 수렴할까? 즉, 두 방법 중 어느 것이 데이터를 더 효율적으로 쓰는 셈일까? 이 질문에 대한 이론적으로 분명한 답은 없다. 다만, 시간차 방법이 몬테카를로 방법보다 더 빨리 수렴한다는 실험 결과는 많이 존재한다.

2
정책 평가

이 장에서 소개할 시간차 방법은 3장의 동적 프로그래밍, 4장의 몬테카를로 방법과 마찬가지로 GPI 틀 속에서 학습이 이루어진다. 단지 이전에 사용하던 식을 식 (5.5)로 대치하는 차이가 있을 뿐이다. [그림 5-3]은 시간차 학습이 사용하는 GPI 전략이다. 몬테카를로 방법은 정책 평가 단계에서 궤적의 집합 Z를 사용하는 반면([그림 4-5]), 시간차 학습은 순간 데이터인 s-a-r-s'-a'를 사용한다. 시간차 학습에는 s-a-r-s'-a' 데이터를 사용하는 Sarsa 학습 알고리즘([그림 5-3(a)])과 s-a-r-s' 데이터를 사용하는 Q-러닝([그림 5-3(b)])이 있다. 이들은 각각 5.3절과 5.4절에서 설명한다.

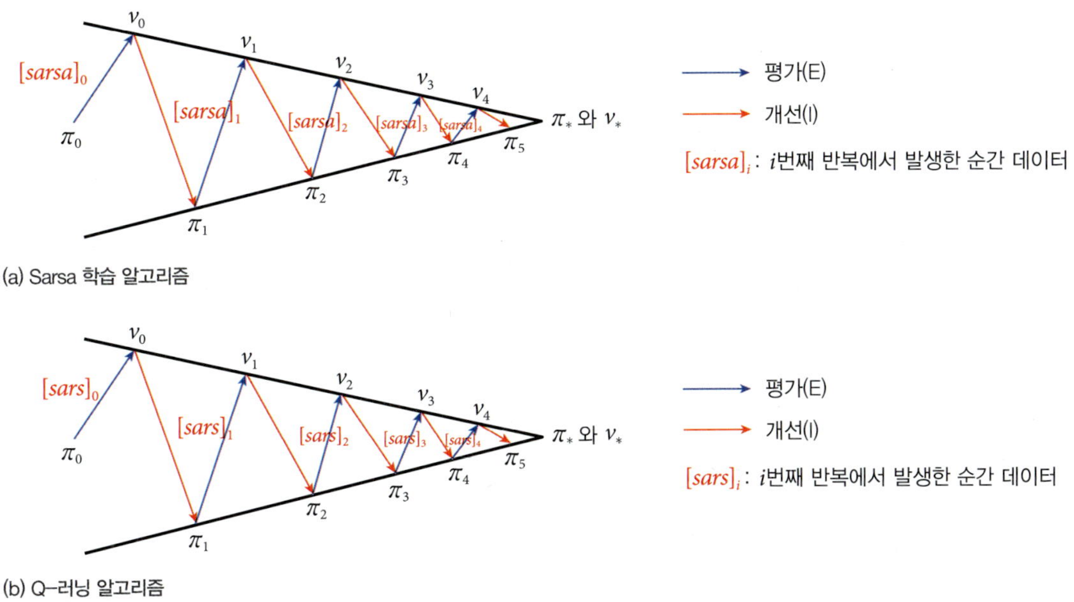

그림 5-3 시간차 학습의 GPI 전략

동적 프로그래밍과 몬테카를로 방법에서처럼 시간차 방법에서도 정책을 평가하는 알고리즘을 먼저 구상해야 한다. 이 절은 정책 평가를 다룬다. [알고리즘 5-1]은 시간차 방법을 이용하여 정책을 평가하는 알고리즘이다. 입력은 정책 π고 출력은 정책을 평가한 상태 가치 함수 v다. 1행은 상태 가치 함수를 0으로 초기화한다. 2~8행은 수렴할 때까지 에피소드 생성과 가치 함수 개선을 반복한다. 3행은 새로운 에피소드를 시작한다. 4~8행은 에피소드를 진행하며 가치 함수를 개선한다. 5~6행은 다음 순간의 정보를 생성하며, 7행은 식 (5.5)를 적용하여 가치 함수를 갱신한다. 8행은 다음 순간을 현재 순간으로 대치하여 다음 순간으로 넘어간다.

알고리즘 5-1 시간차를 이용한 정책 평가(상태 가치 함수)

입력: 정책 π

출력: 상태 가치 함수 v

```
1  모든 상태 s에 대해 v(s)를 0으로 초기화한다.
2  while (not 수렴 조건)
3     s를 초기 상태로 설정한다.
4     while (s가 종료 상태가 아니면)
5         π에 따라 상태 s에서 행동 a를 선택한다.
6         a를 실행하여 다음 상태 s′와 보상 r을 얻는다.
7         v(s)=v(s)+ρ((r+γv(s′))−v(s))  // 식 (5.5) 적용
8         s=s′
```

정책을 평가하는 알고리즘을 마련하였으니 최적 정책을 찾는 학습 알고리즘으로 진행할 수 있다. 학습 알고리즘으로 Sarsa와 Q-러닝이 있는데 먼저 Sarsa를 설명한다.

3

Sarsa

이 절에서는 Sarsa 학습 알고리즘을 설명한다. 온 정책과 오프 정책의 차이를 소개하고 Sarsa가 왜 온 정책에 해당하는지도 함께 살펴본다.

1. 학습 알고리즘

정책을 평가해주는 [알고리즘 5-1]을 정책을 학습하는 알고리즘으로 확장하려면 상태 가치 함수를 추정하는 식 (5.5)를 행동 가치 함수 버전으로 바꾸어야 한다. 식 (5.5)의 v를 단지 행동 가치 함수 q로 바꾸면 된다. 식 (5.7)은 행동 가치 함수를 개선하는 학습 공식이다.

$$q(s,a)=q(s,a)+\rho((r+\gamma q(s',a'))-q(s,a)) \tag{5.7}$$

이 식은 현재 상태 s에서 행동 a를 취했을 때 보상 r을 받고 상태 s'로 전이한 상황을 나타낸다. 이에 더해 다음 행동 a' 정보까지 포함한다. $s-a-r-s'$는 식 (5.5)에 있으니 그대로 활용하면 된다. 하지만 $q(s',a')$에 있는 a'를 어떻게 알아낼지에 대한 구상이 필요하다. 식 (5.1)에서 $s-a-r-s'-a'$ 고리가 형성되는데, Sarsa 알고리즘은 고리가 끝나는 지점에 가치 함수를 개선하는 I 단계를 두어 a'를 확보한다. 이런 이유로 Sarsa라는 이름이 붙었다. [그림 5-3(a)]는 이런 절차를 그림으로 설명한다.

[알고리즘 5-2]는 식 (5.7)을 기반으로 최적 정책을 찾아주는 Sarsa 학습 알고리즘이다. 1행은 $|\mathcal{S}|\times|\mathcal{A}|$ 크기의 2차원 배열 q를 생성하고 0으로 초기화한다. 2~11행은 수렴할 때까지 에피소드 생성과 행동 가치 함수 개선을 반복한다. 3행은 새로운 에피소드를 시작하고, 4행은 첫 순간의 행동을 선택한다. 5~11행은 에피소드를 진행하며 행동 가치 함수 q를 개선하는 일을 반복한다. 6행은 행동을 실행하여 보상과 다음 상태를 얻는다. 7행은 다음 상태 s'가 종료 상태일 경우를 처리하고, 8~10행은 s'가 종료 상태가 아닐 경우를 처리한다. 10행은 $s-a-r-s'-a'$ 정보를 식 (5.7)에 대입하여 행동 가치 함수를 갱신하는 I 단계를 실행한다. 11행은 다음 순간을 현재 순간으로 대치하여 다음 순간으로 넘어간다. 알고리즘이 수렴하여 2~11행의 루프를 탈출할 때 q는 최적 행동 가치 함수 q_*에 해당한다. 12~13행은 q_*로부터 최적 정책 π_*를 알아낸다. 14행은 π_*와 q_*를 반환한다.

[알고리즘 5-2]에서 행동을 선택하는 4행과 9행에 주목할 필요가 있다. 이 알고리즘은 학습 도중에는 정책을 명시적으로 관리하지 않기 때문에 행동 가치 함수 q를 이용하여 행동을 선택한다. 행동 가치 함수가 정책을 대리하는 셈이다. 이때 q는 다음 상태 s'에서 발생할 수 있는 모든 행동을 조사하여 가장 큰 값을 가진 a'를 선택한다. 이 방식은 탐욕 선택이기 때문에 탐사에 치우칠 위험이 있다. 따라서 ε-탐욕을 적용하여 탐험과 탐사 균형을 이룬다. Sarsa를 구현하는 일은 연습문제로 남긴다.

알고리즘 5-2 Sarsa를 이용한 정책 학습

입력: 과업

출력: 최적 정책 π_*와 최적 행동 가치 함수 q_*

```
1   모든 상태 s와 모든 행동 a에 대해 q(s,a)를 0으로 초기화한다.
2   while (not 수렴 조건)
3      s를 초기 상태로 설정한다. // 새로운 에피소드 시작
4      상태 s에서 q가 최대인 행동 a를 결정한다(필요에 따라 ε-탐욕 적용).
5      while (s가 종료 상태가 아니면)
6          a를 실행하여 다음 상태 s′와 보상 r을 얻는다.
7          if s′가 종료 상태, q(s,a)=q(s,a)+ρ(r−q(s,a))
8          else
9              상태 s′에서 q가 최대인 행동 a′를 결정한다(필요에 따라 ε-탐욕 적용).
10             q(s,a)=q(s,a)+ρ((r+γq(s′,a′))−q(s,a))  // 식 (5.7) 적용
11         s=s′; a=a′  // 다음 순간으로 넘어감
12  for s∈S  // 최적 행동 가치 함수로부터 최적 정책 구하기
13     π(s)=argmax_a q(s,a)
14  return π,q
```

2. 온 정책과 오프 정책

[그림 5-4(a)]는 Sarsa의 동작을 순간마다 표시함으로써 상세히 설명한다. [알고리즘 5-2]의 3~4행은 순간 $t=0$에서 s_0과 a_0을 결정한다. 6행은 a_0을 가지고 다음 순간 $t=1$의 s_1과 r_0을 결정한다. 9행은 현재 행동 가치 함수로 순간 $t=1$의 행동 a_1을 결정한다. 행동 가치 함수가 정책의 역할을 대행하는 셈이다. 10행은 이렇게 수집한 두 순간의 정보 s_0-a_0-r_0-s_1-a_1, 즉 s-a-r-s'-a'를 식 (5.7)에 대입하여 행동 가치 함수를 개선한다. [그림 5-4]에서는 개선을 I로 표시한다. 11행은 s'와 a'를 각각 s와 a로 대치하여 다음 순간으로 넘어간다. 다음 순간은 [그림 5-4(a)]의 두 번째 행, 즉 순간 $t=1$에 해당한다. 이제 s_1과 a_1이 현재 상태와 행동이 되고, 6행은 a_1을 가지고 다음 순간 $t=2$의 s_2와 r_1을 결정한다. 9행은 현재 행동 가치 함수로 순간 $t=2$의 행동 a_2를 결정한다. 10행은 이렇게 수집한 두 순간의 정보 s_1-a_1-r_1-s_2-a_2, 즉 s-a-r-s'-a'를 가지고 행동 가치 함수를 개선한다. 이런 사이클을 종료 상태가 될 때까지 반복한다.

이제 Sarsa가 왜 온 정책인지 설명할 수 있다. 온 정책과 오프 정책에 대한 설명은 4.5.2절을 참조한다. 개선 단계 I를 수행하는 데 필요한 정보, 즉 s-a-r-s'-a'를 수집하는 과정에서 현재 행동 가치 함수가

모든 역할을 하기 때문이다. 다시 말해 정책이 자신이 생성한 데이터로 자신을 개선하고 있다. 반면 [그림 5-4(b)]가 보여주는 Q-러닝에서는 다른 곳에 있는 정보를 가져다 정책을 학습하기 때문에 오프 정책에 해당한다. 구체적인 내용은 5.4절에서 설명한다.

t=0: s_0–a_0–r_0–s_1–a_1–I

t=1: s_1–a_1–r_1 –s_2–a_2–I

t=2: s_2–a_2–r_2–s_3–a_3–I

....

(a) Sarsa의 온 정책

t=0: s_0–a_0–r_0–s_1–I

t=1: s_1–a_1–r_1 –s_2–I

t=2: s_2–a_2–r_2–s_3–I

....

(b) Q-러닝의 오프 정책

그림 5-4 Sarsa와 Q-러닝의 학습 방식 비교(I는 행동 가치 함수를 개선하는 단계)

4
Q-러닝

Q-러닝은 Sarsa를 개선한 학습 알고리즘이다[Watkins1989, Watkins1992]. 이 절은 FrozenLake 과업의 프로그래밍을 통해 Q-러닝을 소개하고 왜 오프 정책에 해당하는지 설명한다. Q-러닝은 딥러닝과 결합한 DQN(7장)이나 더블 Q-러닝double Q-learning, 듀얼링 Q-러닝dueling Q-learning 등으로 발전한다. 또한 정책 그레이디언트 방법과 결합하여 11장의 DDPG와 TD3, SAC로 발전한다. 이들 알고리즘은 현재 널리 쓰이고 있으니 토대를 이루는 Q-러닝을 잘 이해하고 넘어가야 한다.

1. 학습 알고리즘

Q-러닝은 Sarsa가 사용하는 $s\text{-}a\text{-}r\text{-}s'\text{-}a'$ 고리에서 a'를 제거한 $s\text{-}a\text{-}r\text{-}s'$ 고리를 반복하는 전략을 사용한다. Sarsa가 a'를 필요로 하는 이유는 식 (5.7)에 $q(s',a')$ 항이 있기 때문이다. $q(s',a')$ 항을 적절한 항으로 대치하여 a'를 없앤다면 $s\text{-}a\text{-}r\text{-}s'$ 고리만으로도 학습이 가능해진다. 식 (5.8)은 $q(s',a')$를 $\max_{\hat{a}} q(s',\hat{a})$으로 대치하여 a'를 없앤 형태다. $\max_{\hat{a}} q(s',\hat{a})$은 현재 q 함수에서 $\hat{a}\in\mathcal{A}(s')$인 모든 $\hat{a}$을 조사하여 최댓값을 취하면 되기 때문에 a'를 생성하지 않고 계산할 수 있다. Q-러닝은 식 (5.7) 대신 a'가 필요 없는 식 (5.8)을 사용하는 학습 알고리즘이다.

$$q(s,a)=q(s,a)+\rho\left(\left(r+\gamma\max_{\hat{a}} q(s',\hat{a})\right)-q(s,a)\right) \tag{5.8}$$

[알고리즘 5-3]은 Q-러닝 학습 알고리즘이다. [알고리즘 5-2]의 Sarsa와 거의 동일하며, a'를 생성하고 행을 제거한 것 외에 달라지는 부분은 8행과 9행뿐이다. 따라서 이 두 줄만 간단히 설명한다. 8행은 식 (5.8)을 적용하여 행동 가치 함수 q를 개선한다. 이때 $\max_{\hat{a}} q(s',\hat{a})$을 사용하기 때문에 준비해야 하는 정보는 $s\text{-}a\text{-}r\text{-}s'$뿐이다. 9행은 다음 순간의 상태 s'를 현재 순간의 상태 s로 대치하여 다음 순간으로 넘어간다. [알고리즘 5-2]의 Sarsa에서는 다음 순간의 상태 s'와 행동 a'를 현재 순간의 s와 a로 대치한 점과 대비된다.

알고리즘 5-3 Q-러닝을 이용한 정책 학습

입력: 과업

출력: 최적 행동 가치 함수 q_*와 최적 정책 π_*

```
1   모든 상태 s와 모든 행동 a에 대해 q(s,a)를 0으로 초기화한다.
2   while (not 수렴 조건)
3      s를 초기 상태로 설정한다.  // 새로운 에피소드 시작
4      while (s가 종료 상태가 아니면)
5          상태 s에서 q가 최대인 행동 a를 결정한다(필요에 따라 ε-탐욕 적용).
6          a를 실행하여 다음 상태 s′와 보상 r을 얻는다.
7          if s′가 종료 상태, q(s,a)=q(s,a)+ρ(r−ρ(s,a))
8          else q(s,a)=q(s,a)+ρ((r+γmax_â q(s′,â))−q(s,a))   // 식 (5.8) 적용
9          s=s′
10  for s∈S  // 최적 행동 가치 함수로부터 최적 정책 구하기
11     π(s)=argmax_a q(s,a)
12  return q, π
```

[그림 5-4(b)]는 Q-러닝의 동작을 상세히 설명한다. [알고리즘 5-3]의 3행은 순간 $t=0$에서 s_0을 결정한다. 5행은 현재 정책(행동 가치 함수가 대행)으로 순간 $t=0$의 행동 a_0을 결정한다. 6행은 a_0을 실행하여 다음 순간 $t=1$의 s_1과 r_0을 결정한다. 8행은 이렇게 수집한 두 순간의 정보 s_0-a_0-r_0-s_1, 즉 s-a-r-s'를 식 (5.8)에 대입하여 행동 가치 함수를 개선한다. [그림 5-4(b)]에서는 개선을 I로 표시한다. 9행은 s'를 s로 대치하여 다음 반복을 준비한다. 다음 반복은 [그림 5-4(b)]의 두 번째 행, 즉 순간 $t=1$에 해당한다. 이제 s_1이 현재 상태가 되고, 5행은 s_1에서 행동 a_1을 결정한다. 6행은 a_1을 실행하여 다음 순간 $t=2$의 s_2와 r_1을 결정한다. 8행은 이렇게 수집한 두 순간의 정보 s_1-a_1-r_1-s_2, 즉 s-a-r-s'를 식 (5.8)에 대입하여 행동 가치 함수를 개선한다. 이런 사이클을 종료 상태가 될 때까지 반복한다.

이제 Q-러닝이 왜 오프 정책인지 설명할 수 있다. Q-러닝이 사용하는 식 (5.8)에서 레이블(정답)에 해당하는 $r+\gamma\max_{\hat{a}}q(s',\hat{a})$ 항의 $\max_{\hat{a}}q(s',\hat{a})$ 정보는 현재의 정책이 생성하지 않았다. 다시 말해 현재 정책에서 벗어난 곳에 있는 정보를 가져다 쓴다. 따라서 Q-러닝은 오프 정책에 해당한다. 오프 정책에서는 다른 곳에 있는 정보를 가져다 쓰기 때문에 같은 정책이 생성한 정보를 쓰는 온 정책에 비해 샘플 간의 상관관계가 약해진다. 약한 상관 관계는 수렴에 도움이 된다.

2. ε 스케줄링

[알고리즘 5-3]의 5행은 행동을 선택할 때 ε-탐욕을 적용한다. ε-탐욕은 [0,1] 사이의 난수 u를 생성한 다음 'if $u<\varepsilon$, 랜덤 선택, else π로 선택'이라는 명령어를 적용한다. 이때 1에 가까운 큰 ε 값을 가지고 출발하여 랜덤 선택에 의한 탐험 위주를 적용하다가 서서히 ε 값을 줄임으로써 탐사를 강화하는 전략을 주로 사용한다. 시간이 지남에 따라 정책 π가 정확한 값으로 수렴하기 때문에 이 전략은 합리적이다. 이 전략을 ε 스케줄링이라고 부른다.

ε 스케줄링은 앞으로 등장할 많은 학습 알고리즘에서 반복적으로 사용되므로 여기서 자세히 설명한다. [프로그램 5-1] 6행에 있는 Q_learning 함수의 매개변수 eps와 eps_decay, eps_min에 주목한다. eps는 ε의 초깃값, eps_decay는 ε을 점점 줄이는 데 쓸 값, eps_min은 ε의 최솟값인데, 각각 기본값으로 1.0과 0.999, 0.05가 설정되어 있다.

식 (5.9)는 곱 붕괴multiplicative decay와 합 붕괴additive decay라는 두 종류의 ε 스케줄링 기법을 정의한다. 곱 붕괴는 한 단계를 지날 때마다 ε_{decay}를 곱해서 ε을 줄이며, ε_{min} 이상을 유지한다. 합 붕괴는 한 단계를 지날 때마다 ε_{decay}를 빼서 ε을 줄이며, 역시 ε_{min} 이상을 유지한다. ε_{decay}와 ε_{min}은 각각 eps_decay와 eps_min에 해당한다.

$$\varepsilon = \begin{cases} \max\left(\varepsilon_{min}, \varepsilon \times \varepsilon_{decay}\right), & \text{곱 붕괴 스케줄링} \\ \max\left(\varepsilon_{min}, \varepsilon - \varepsilon_{decay}\right), & \text{합 붕괴 스케줄링} \end{cases} \tag{5.9}$$

[그림 5-5]는 곱 붕괴와 합 붕괴에서 ε의 감소 경향을 시각적으로 보여준다. [그림 5-5(a)]는 ε 초깃값을 1.0, ε_{min}을 0.05로 설정하고 ε_{decay}를 0.99, 0.999, 0.9999, 0.99999로 바꾸어 가며 곱 붕괴 그래프를 그린 결과다. 예를 들어 주홍 그래프는 ε_{decay}가 0.999일 때 붕괴 그래프로서 [프로그램 5-1] 6행의 Q_learning 함수의 기본값에 해당한다. 이 경우 3천 근처에서 ε_{min}에 도달한다. 정확히 계산해보면 2995 단계에서 ε_{min}에 도달한다.

이 경우의 ε-탐욕의 동작을 해석해보자. 초반에는 ε이 1.0에 가깝기 때문에 거의 매번 랜덤하게 행동을 선택한다. 탐험 위주로 출발하는 셈이다. 10단계를 지나면 ε이 $0.999^{10}=0.99$가 되어 100번에 한 번꼴로 정책 π를 이용한 탐욕 선택을 시도한다. 50단계를 지나면 ε이 $0.999^{50}=0.9512$가 되어 100번에 5번꼴로 탐욕 선택을 시도하고, 1000단계를 지나면 ε이 $0.999^{1000}=0.3677$이 되어 100번에 63번 꼴로 탐욕 선택을 시도한다. 2995단계 이후에는 줄곧 ε이 0.05가 되어 100번에 95번 꼴로 탐욕 선택을 한다.

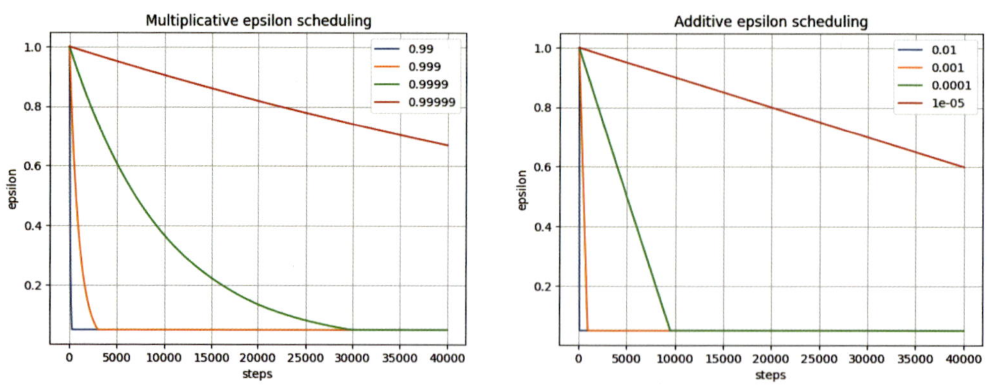

(a) 곱 붕괴 (b) 합 붕괴

그림 5-5 ε **스케줄링 기법**

3. 프로그래밍 실습: Q-러닝으로 FrozenLake 학습

[프로그램 5-1]은 FrozenLake 과업에 대해 [알고리즘 5-3]의 Q-러닝을 구현한다. 4행의 greedy_select 람다 함수는 탐욕 선택을 해주는데 구체적인 설명은 [프로그램 4-7]을 참조한다. 6행의 Q_learning 함수는 할인율 γ와 학습률 ρ의 기본값을 각각 0.99와 0.01로 받는다. ε-탐욕을 적용하기 위해 eps와 eps_decay, eps_min의 기본값으로 각각 1.0과 0.999, 0.05를 설정한다. 21행은 곱 붕괴를 적용한다. 7행은 행동 가치 함수 q에 해당하는 배열 Q를 0으로 초기화한다. 8~23행은 1만 개 에피소드를 반복하여 수렴에 도달한다. 9행은 에피소드를 시작한다. 10~23행은 에피소드 생성과 행동 가치 함수 개선을 반복하는데 22행에서 종료 상태에 도달하면 루프를 탈출한다. 11~14행은 ε-탐욕으로 행동 a를 선택한다. 15행은 step 함수를 수행한다. 16~19행은 식 (5.8)로 행동 가치 함수를 개선한다. 이때 종료 상태에서는 $\max_{\hat{a}} q(s', \hat{a})$을 0으로 간주한다. 20행은 다음 순간을 현재 순간에 대치하여 다음 순간으로 넘어간다. 25~27행은 [알고리즘 5-3]의 10~11행에 해당한다. 메인 코드에 해당하는 31~35행은 Q_learning 함수를 실행하고 결과를 출력한다.

프로그램 5-1 Q-러닝으로 정책 학습(ε-탐욕 적용)

```
1   import gymnasium as gym
2   import numpy as np
3
4   greedy_select=lambda x:np.random.choice(np.argwhere(x==np.max(x)).flatten())
5
6   def Q_learning(env,gamma=0.99,rho=0.01,eps=1.0,eps_decay=0.999,eps_min=0.05):
7       Q=np.zeros((env.observation_space.n,env.action_space.n)) # q 함수 초기화
8       for i in range(10000): # 1만 개 에피소드 반복
9           s,info=env.reset()
10          while True:
11              if np.random.random()<eps:
12                  a=np.random.randint(0,env.action_space.n)
13              else:
14                  a=greedy_select(Q[s,:])
15              s1,r,terminated,truncated,info=env.step(a)
16              if terminated:
17                  Q[s,a]=Q[s,a]+rho*(r-Q[s,a])
18              else:
19                  Q[s,a]=Q[s,a]+rho*((r+gamma*np.max(Q[s1,:])-Q[s,a]))
20              s=s1
21              eps=max(eps_min,eps*eps_decay)
22              if terminated or truncated:
23                  break
24
25      pi=env.observation_space.n*[None] # 최적 행동 가치 함수로부터 최적 정책 구하기
26      for s in range(env.observation_space.n):
```

```
        pi[s]=np.argmax(Q[s])

    return pi,Q

env=gym.make('FrozenLake-v1',is_slippery=False,render_mode='ansi')

pi,Q=Q_learning(env)
print('최적 정책:\n',np.array(pi),'\nQ 함수:\n',np.round(Q,3))
env.close()
```

```
최적 정책:
 [2, 2, 1, 0,
 1, 0, 1, 0,
 2, 2, 1, 0,
 0, 2, 2, 0]
Q 함수:
 [[0.658 0.052 0.951 0.669] [0.628 0.    0.961 0.669] [0.684 0.97  0.312 0.708] [0.66  0.    0.01  0.012]
 [0.    0.18  0.    0.009] [0.    0.    0.    0.   ] [0.    0.98  0.    0.678] [0.    0.    0.    0.   ]
 [0.006 0.    0.484 0.   ] [0.008 0.015 0.897 0.   ] [0.507 0.99  0.    0.683] [0.    0.    0.    0.   ]
 [0.    0.    0.    0.   ] [0.    0.011 0.719 0.01 ] [0.362 0.704 1.    0.7  ] [0.    0.    0.    0.   ]]
```

프로그램 실행 결과를 살펴보면, 상태 0에서 시작하여 R → R → D → D → D → R을 거쳐 보상 1을 받는 상태 15에 도달하는 경로를 찾았다. 이 프로그램은 난수를 사용하기 때문에 여러 번 실행하다 보면 또 다른 최적 정책 [1, 0, 0, 0, 1, 0, 0, 0, 2, 2, 1, 0, 0, 0, 2, 0], 즉 D → D → R → R → D → R 경로를 찾는다.

4. 프로그래밍 실습: Q-러닝의 학습 곡선

[프로그램 5-1]은 에피소드 1만 개를 생성하면서 학습을 진행한다. 이 프로그램은 학습을 마친 뒤 최종 결과만 출력하기 때문에 학습 도중에 무슨 일이 일어나는지 알 길이 없다. [프로그램 5-2]는 이런 한계를 극복하려고 학습 곡선을 출력한다. Q_leaning 함수에 9행과 26행을 추가하여 에피소드마다 당시의 행동 가치 함수 값을 저장한다. Q 배열이 계속 바뀌기 때문에 26행에서는 Q.copy( )로 복사본을 저장한다. 34~44행의 learning_curve 함수는 상태 s를 위한 학습 곡선을 그려준다. 36행은 y축 범위를 [0,1.1]로 설정하여 모든 상태를 같은 스케일로 그리게 한다. 40행은 행동을 색으로 구분하는데, 0(L)은 r(빨강), 1(D)은 g(녹색), 2(R)는 b(파랑), 3(U)은 m(보라)으로 표시한다. 41~42행은 상태 s에서 행동 a의 학습 곡선을 그린다. 50~51행은 모든 상태에 대해 learning_curve 함수를 호출하여 학습 곡선을 그린다.

프로그램 5-2 Q-러닝의 학습 곡선

```
import gymnasium as gym
import numpy as np
import matplotlib.pyplot as plt

greedy_select=lambda x:np.random.choice(np.argwhere(x==np.max(x)).flatten())

def Q_learning(env,gamma=0.99,rho=0.01,eps=1.0,eps_decay=0.999,eps_min=0.05):
    Q=np.zeros((env.observation_space.n,env.action_space.n)) # q 함수 초기화
    Qs=[]
    for i in range(10000): # 1만 개 에피소드에 대해
        s,info=env.reset()
        while True:
            if np.random.random()<eps:
                a=np.random.randint(0,env.action_space.n)
            else:
                a=greedy_select(Q[s,:])
            s1,r,terminated,truncated,info=env.step(a)
            if terminated:
                Q[s,a]=Q[s,a]+rho*(r-Q[s,a])
            else:
                Q[s,a]=Q[s,a]+rho*((r+gamma*np.max(Q[s1,:])-Q[s,a]))
            s=s1
            eps=max(eps_min,eps*eps_decay) # 곱 붕괴 epsilon 스케줄링
            if terminated or truncated:
                break
        Qs.append(Q.copy())

    pi=env.observation_space.n*[None] # 최적 행동 가치 함수로부터 최적 정책 구하기
    for s in range(env.observation_space.n):
        pi[s]=np.argmax(Q[s])

    return pi,Qs

def learning_curve(Qs,s):
    plt.grid()
    plt.ylim(0,1.1)
    plt.title('state '+str(s),fontdict={'fontsize':24})
    plt.ylabel('q value')
    plt.xlabel('episodes')
    colors=['r','g','b','m']
    for a in range(env.action_space.n):
        plt.plot(np.array(Qs)[:,s,a],colors[a])
    plt.legend([0,1,2,3])
    plt.show()

```

```
env=gym.make('FrozenLake-v1',is_slippery=False,render_mode='ansi')
pi,Qs=Q_learning(env)
env.close()

for s in range(env.observation_space.n):
    learning_curve(Qs,s)
```

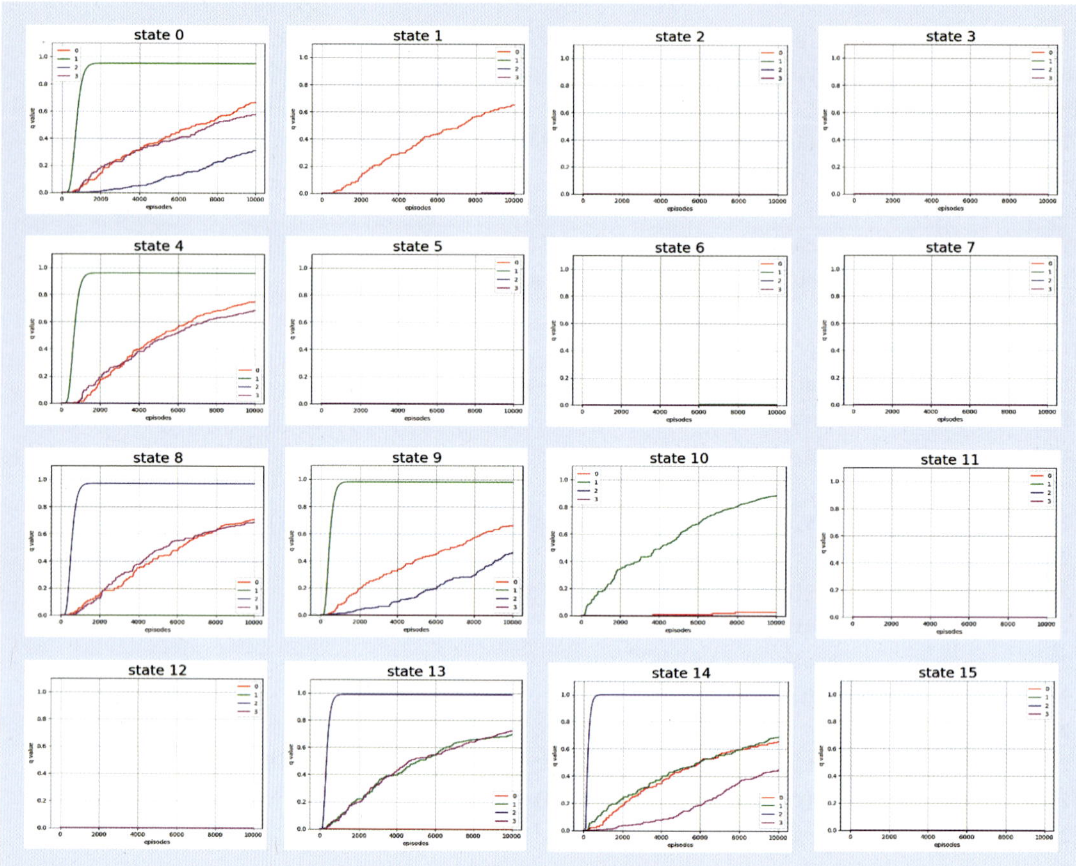

프로그램 실행 결과에서는 한 행에 4개 상태의 학습 곡선을 배치하였다. 예를 들어 상태 14에서는 대략 250번째 에피소드에서 행동 2에 해당하는 행동 가치 함수 값이 0을 벗어나기 시작한다. 대략 500번째부터는 개선이 둔화되어 수렴에 도달했음을 확인할 수 있다. 상태 14에서 멀리 떨어진 상태일수록 수렴 속도가 느려지는 현상을 확인할 수 있다. 상태 13은 700번째, 상태 9는 900번째, 상태 8은 1000번째 에피소드에서 개선이 둔화된다.

[그림 5-6]은 수렴 특성을 자세히 관찰하기 위해 특정 상태와 행동에 대한 학습 곡선을 500번째 에피소드로 제한해 확대해서 그린 것이다. [그림 5-6(a)]는 상태 14의 행동 2를 확대한 결과다. [프로그램 5-1]을 실행한 다음 그래프 위에 있는 코드를 추가로 실행하여 얻은 결과다. 300번째 에피소드 근처에서 0을 서서히 벗어나다가 320번째에서 급속히 커지는 현상을 볼 수 있다. [그림 5-6(b)]는 상태 13에

서 행동 2를, [그림 5-6(c)]는 상태 9에서 행동 1을 확대한 그래프다. 상태 9는 상태 14뿐 아니라 상태 13에 비해서도 수렴 속도가 느린 모습을 보인다. 목표 상태 15에서 먼 상태일수록 수렴이 느려지는 경향을 확인할 수 있다.

```
plt.grid()
plt.ylim(0,1.1)
plt.plot(np.array(Qs)
    [:500,14,2],'b')
plt.show()
```

```
plt.grid()
plt.ylim(0,1.1)
plt.plot(np.array(Qs)
    [:500,13,2],'b')
plt.show()
```

```
plt.grid()
plt.ylim(0,1.1)
plt.plot(np.array(Qs)
    [:500,9,1],'g')
plt.show()
```

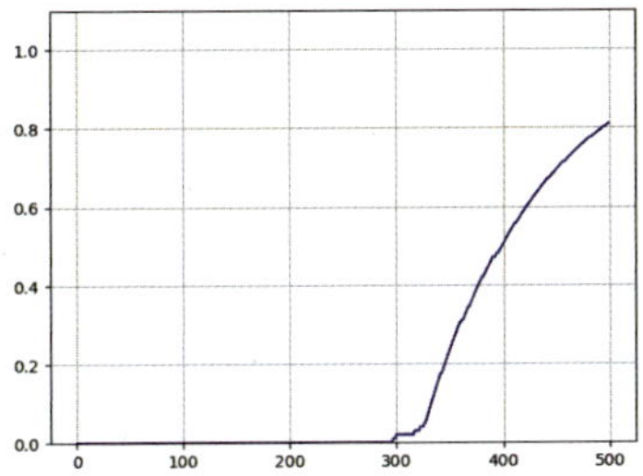

(a) 상태 14에서 행동 2

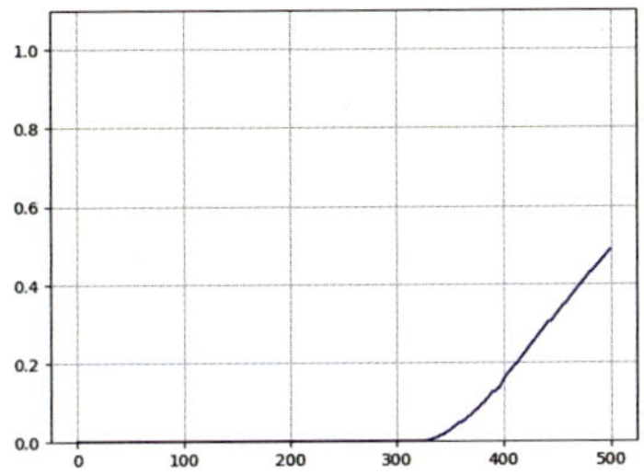

(b) 상태 13에서 행동 2

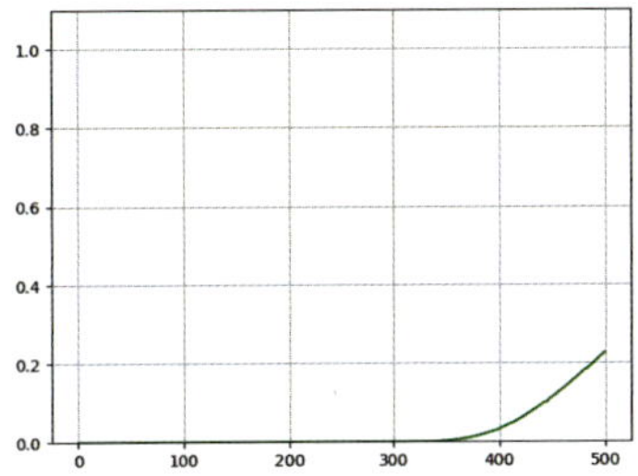

(c) 상태 9에서 행동 1

그림 5-6 학습 곡선을 세밀하게 관찰

5

Q-러닝으로 블랙잭 게임 학습

지금까지 아주 단순한 FrozenLake 과업에 대해 실습을 수행했다. 이제 좀 더 흥미로운 과업으로 실습을 확장할 때다. 블랙잭은 카지노에서 가장 인기 있는 게임으로, 좋은 전략을 구사해야 돈을 딸 수 있다. 좋은 전략을 구사하는 정책을 강화 학습으로 알아낼 수 있을까?

1. 과업의 이해

블랙잭 게임에서는 자신이 가진 카드의 합이 딜러의 카드 합보다 21에 가까우면 이기고, 같으면 비기며, 멀면 진다. [그림 5-7]은 게임의 시작부터 종료까지의 흐름을 세 단계로 나누어 보여준다. 네 명의 플레이어가 동시에 참여하고 있어 블랙잭의 다양한 상황을 한눈에 파악할 수 있다.

[그림 5-7(a)]는 초기 카드 배정이 끝난 상황이다. 딜러는 자신과 각 플레이어에게 랜덤하게 카드를 두 장씩 나눠준다. 딜러는 한 장만 보이도록 하고, 플레이어는 자신의 카드를 모두 공개한다. 플레이어와 딜러는 카드 한 장을 더 요청하는 히트hit와 거기서 멈추는 스틱stick 중 하나를 선택한다. 같은 번호를 받은 플레이어는 스플릿split을 요구할 수 있는데 이때 두 장의 카드를 추가로 받아 동시에 두 게임을 진행할 수 있다. 플레이어 1은 같은 숫자(8, 8)를 받았기 때문에 스플릿을 요청할 수 있는 상태다. 에이스(A)는 1 또는 11로 간주할 수 있어 자신에게 유리한 값을 취하면 된다. 에이스를 11로 간주하는 경우 '유효 에이스usable ace'라고 부른다. J, Q, K는 모두 10으로 간주한다.

[그림 5-7(b)]는 게임 중간에 플레이어가 히트를 요청해 카드를 추가한 상태다. 플레이어 2는 J+2=12였는데 히트를 통해 카드 10을 받아 J+2+10=22가 되었다. 이처럼 21을 넘으면 버스트bust되었다고 말한다. 버스트되면 게임에서 즉시 패배하고 걸었던 돈을 잃는다. 플레이어 3은 2+6=8이었는데 히트를 통해 카드 5를 받아 2+6+5=13이 되었고, 히트를 한 번 더 요청하여 카드 4를 받아 2+6+5+4=17이 되었다. 플레이어 4는 Q+4=14였는데 히트를 통해 카드 9를 받아 Q+4+9=23이 되어 버스트된다.

[그림 5-7(c)]는 플레이어 1과 플레이어 3이 모두 스틱을 요청한 상황이다. 이때 딜러는 감췄던 한 장의 카드를 보여준다. 딜러는 A+8=19를 가졌다. 이때 딜러가 추가로 할 수 있는 행동은 카지노 규칙에 따라 다르다. Gymnasium의 Blackjack 과업에서는 합이 17 이상이 될 때까지 히트를 해야 한다. 그림에서

는 이미 17을 넘었기 때문에 스틱을 선택하여 멈춘다. 이제 딜러의 19를 기준으로 승패를 결정한다. 플레이어 1의 첫 번째 패는 비겼으므로 건 돈을 도로 가져온다. 두 번째 패는 졌기 때문에 돈을 잃는다. 플레이어 3도 졌기 때문에 돈을 잃는다. 이렇게 한 게임이 끝난다.

이 사례를 통해 게임하는 요령을 알아챘을 것이다. 현재 패의 합이 10 이하라면 무조건 히트를 요청해야 한다. 어떤 카드를 받더라도 합이 21이 넘어 버스트될 가능성이 없기 때문이다. 운이 좋아 A를 받으면 21이 되어 어떤 경우라도 이기거나 비기게 된다. 반면 21에 가까운 패를 가졌다면 신중해야 한다. 예를 들어 합이 18이라면 4 이상에 해당하는 카드를 받는 순간 버스트되기 때문이다. 이때 A, 2, 3을 받으면 좋지만 그 이외 4~10, J~K를 받으면 버스트된다. 13가지 카드 중 10가지가 버스트를 유발하므로 버스트될 확률은 10/13에 달한다. 따라서 이 경우 히트는 매우 위험한 선택이 될 수 있다.

(a) 초기 카드 배정 후　(b) 히트 요청 후　(c) 스틱 요청 후

그림 5-7 블랙잭 게임 플레이 사례

[프로그램 5-3]은 Gymnasium 라이브러리가 제공하는 Blackjack 과업을 랜덤 정책으로 시뮬레이션한다. 랜덤 정책이란 히트와 스틱을 무작위로 선택한다는 뜻이다. 5행은 Blackjack 과업을 위한 환경을 만들어 env에 저장한다. 6행은 상태 공간과 행동 공간의 모양을 출력한다. 8행은 reset 함수로 플레이를 시작한다. 9~11행은 상태를 출력하고 렌더링한다. 12~21행은 종료 상태까지 에피소드를 진행한다. 13행은 0(스틱)과 1(히트) 행동 중 하나를 같은 확률로 선택한다. 14행은 행동을 실행하여 다음 상태로 넘어간다. 16~18행은 행동과 상태, 보상을 출력하고 상태를 렌더링한다. 20~21행은 종료 상태면 루프를 탈출한다.

프로그램 5-3 블랙잭 게임 시뮬레이션

```
1    import gymnasium as gym
2    import numpy as np
3    import matplotlib.pyplot as plt
4
5    env=gym.make('Blackjack-v1', render_mode='rgb_array')
6    print(env.observation_space,env.action_space)
7
8    s,info=env.reset()
```

```
9    print('상태=',s)
10   plt.imshow(env.render())
11   plt.show()
12   while True:
13       a=np.random.choice([0,1],p=(0.5,0.5))
14       s1,r,terminated,truncated,info=env.step(a)
15
16       print('행동=',a,'상태=',s1,'보상=',r,'종료?=',terminated)
17       plt.imshow(env.render())
18       plt.show()
19
20       if terminated or truncated:
21           break
22
23   env.close()
```

```
Tuple(Discrete(32), Discrete(11), Discrete(2)) Discrete(2)
상태= (20, 8, 0)
행동= 1 상태= (30, 8, 0) 보상= -1.0 종료?= True
```

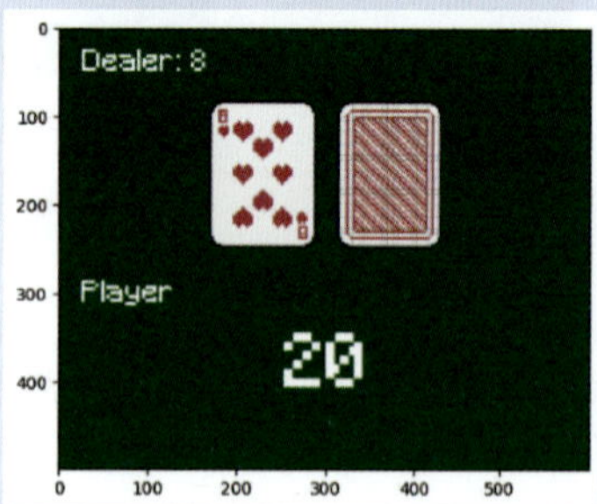

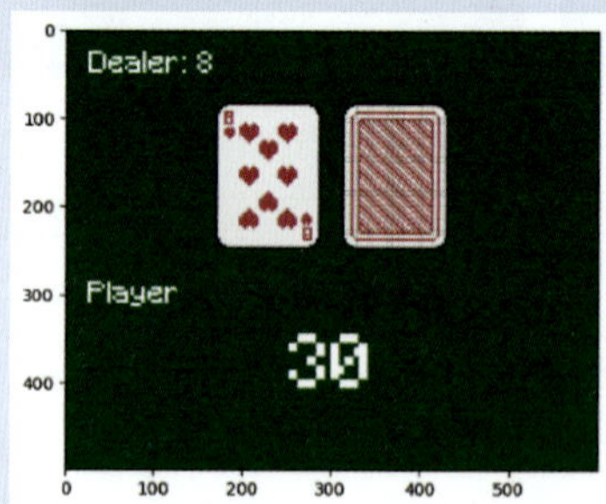

프로그램 실행 결과를 살펴보자. 상태 공간은 세 개의 변수로 표현되는데 각각 32, 11, 2개의 서로 다른 값을 가진다. 또한 행동 공간은 서로 다른 값이 두 개인 변수로 표현된다는 사실을 알 수 있다. 상태 공간의 첫 번째 변수는 에이전트(플레이어)가 가진 패의 합이고, 두 번째 변수는 딜러의 보이는 카드의 숫자다. 세 번째 변수는 플레이어가 에이스(A) 카드를 가졌는지 여부를 표시한다. 0이면 없고 1이면 있다. 행동은 0(스틱)과 1(히트)의 두 개 값이다.

8~11행의 reset 함수에 의한 결과를 살펴보자. 상태가 (20, 8, 0)인 것으로 보아 플레이어의 패는 20이고, 딜러의 보이는 카드는 8이며, 플레이어는 A를 가지고 있지 않다. 렌더링된 그림도 이 상태와 일치한다. 13행은 행동 1(스틱)을 선택하였다. 14행에 의해 다음 상태로 전이한 결과는 (30, 8, 0)으로서 플레이어가 10에 해당하는 카드를 받은 셈이다. 결과적으로 버스트가 되어 보상 −1을 받았다. 현재 패가 20이면 스틱을 선택하는 것이 현명할 텐데 13행의 랜덤 정책은 그런 지능이 전혀 없다.

[그림 5-7]의 카지노 상황에서는 플레이어가 4명이다. 강화 학습 용어로 말하면, 에이전트가 4개로서

다중 에이전트 과업multi-agent task에 해당한다. 다중 에이전트 과업에서는 여러 에이전트의 상태를 동시에 고려해야 하므로 단일 에이전트 과업보다 학습이 어렵다[Gronauer2022, Huh2023]. 이 책은 단일 에이전트 과업으로 한정한다. 사실 Blackjack 과업은 각 플레이어가 독립적으로 딜러와 상대하기 때문에 단일 에이전트 문제로 봐야 한다. 카지노 측에서 고객을 더 끌기 위해 패한 사람 중에 합이 가장 큰 사람은 비긴 것으로 해주는 방식을 사용한다면 다른 플레이어와 의존성이 생기므로 진짜 다중 에이전트 문제가 된다. 포커 게임은 대표적인 다중 에이전트 과업이다.

2. 프로그래밍 실습: Q-러닝으로 Blackjack 학습

[프로그램 5-4]는 [알고리즘 5-3]의 Q-러닝을 Blackjack 과업에 적용하는 프로그램이다. 3행은 defaultdict를 불러오는데 행동 가치 함수를 위한 참조표를 딕셔너리에 저장하기 위해서다. 4행은 반복문이 얼마나 진행됐는지 확인하려고 tqdm을 불러온다. 5행의 pickle은 학습을 마친 참조표를 파일에 저장할 목적으로 불러온다.

10~28행의 Q_learning 함수는 [프로그램 5-1] 함수와 절차가 비슷하다. 단지 과업이 좀 더 커서, 즉 상태 공간이 좀 더 커서 행동 가치 함수 q를 ndarray 대신 딕셔너리에 저장한다는 점만 다르다. 11행은 행동 가치 함수의 참조표를 저장하기 위한 딕셔너리를 defaultdict로 생성하여 변수 Q에 대입한다. 이때 8행의 init_q를 매개변수로 주는데, 딕셔너리에 없는 키가 들어왔을 때 init_q가 지정하는 값을 반환하라고 지시한다. 8행의 init_q 함수는 행동 공간 크기의 zero 배열, 즉 (0,0)을 지정한다. 12~27행은 게임(에피소드)을 200만 번 반복하면서 학습한다. 이때 range( )를 tqdm으로 감싸면 진행 바progress bar를 화면에서 확인할 수 있다. 실행 시간이 긴 경우 프로그램이 언제 끝날지 예상하는 데 효과적이다. 13~27행은 [프로그램 5-1]과 거의 같다. 단지 참조표를 위해 여기서는 딕셔너리를 사용하고 [프로그램 5-1]은 ndarray를 사용하기 때문에 표기만 달라졌다. 28행은 학습을 마친 참조표 Q를 반환한다.

30~33행은 메인 코드다. 30행에서 Blackjack-v1 환경을 생성하고, 31행은 Q_learning 함수로 학습을 수행한다. 32행은 pickle을 이용하여 참조표를 파일에 저장한다.

프로그램 5-4 Q-러닝으로 Blackjack 과업 학습

```
1   import gymnasium as gym
2   import numpy as np
3   from collections import defaultdict
4   from tqdm import tqdm
5   import pickle
6
7   greedy_select=lambda x:np.random.choice(np.argwhere(x==np.max(x)).flatten())
8   def init_q(): return np.zeros(env.action_space.n)
9
10  def Q_learning(env,gamma=0.99,rho=0.01,eps=1.0,eps_decay=0.999,eps_min=0.05):
```

```
11      Q=defaultdict(init_q) # q 함수 초기화
12      for i in tqdm(range(2000000)): # 200만 개 에피소드를 반복
13          s,info=env.reset()
14          while True:
15              if np.random.random()<eps:
16                  a=np.random.randint(0,env.action_space.n)
17              else:
18                  a=greedy_select(Q[s])
19              s1,r,terminated,truncated,info=env.step(a)
20              if terminated:
21                  Q[s][a]=Q[s][a]+rho*(r-Q[s][a])
22              else:
23                  Q[s][a]=Q[s][a]+rho*((r+gamma*np.max(Q[s1]))-Q[s][a])
24              s=s1
25              eps=max(eps_min,eps*eps_decay)
26              if terminated or truncated:
27                  break
28      return Q
29
30  env=gym.make('Blackjack-v1', render_mode='rgb_array')
31  Q=Q_learning(env)
32  pickle.dump(Q,open('f5-4.pkl','wb'))
33  env.close()
```

```
100%|██████████| 1000000/1000000 [04:41<00:00, 3551.02it/s]
```

프로그램 실행 결과를 살펴보자. 맨 앞의 퍼센트와 막대는 진행된 비율을 나타내고, 세 번째 항목 a/b는 총 b회 반복 중 현재 a회가 진행되었음을 뜻한다. 맨 뒤 [c<d,e]는 현재까지 c만큼 시간이 지났는데 d만큼 남은 것으로 추정되고 초당 평균 e번 반복했다는 뜻이다. 학습을 통해 얻은 참조표는 5.5.3절에서 시험 과정에 활용할 목적으로 파일에 저장했다. 참조표 내용을 확인함으로써 행동 가치 함수의 행동을 분석하는 일은 5.5.4절에서 수행한다.

[프로그램 5-4]의 Q_learning 함수는 [알고리즘 5-3]의 Q-러닝을 구현한다. 그런데 11~28행은 최적 행동 가치 함수에 해당하는 Q를 반환하고 함수를 끝낸다. [알고리즘 5-3]의 10~11행, 즉 최적 행동 가치 함수에 탐욕 선택을 적용해 정책을 찾는 과정을 생략한 셈이다. 따라서 다음 절에서 제시하는 시험 프로그램에서는 탐욕 선택을 직접 적용해야 한다. [알고리즘 5-3]의 8~9행을 추가하여 정책을 반환하는 프로그램으로 확장하는 일은 연습문제로 남긴다.

3. 프로그래밍 실습: 블랙잭 플레이와 수익 분석

[프로그램 5-5]는 [프로그램 5-4]로 학습한 행동 가치 함수 q를 가지고 블랙잭 게임을 플레이한다. 10행은 [프로그램 5-4]가 저장해 두었던 q 함수 파일을 읽는다. 12행은 reset 함수로 게임을 시작하고 16~26행은 종료 상태까지 게임을 진행한다. 13~15행은 초기 상태를 출력하고, 20~22행은 진행 상태를 출력한다.

프로그램 5-5 블랙잭 게임 플레이

```
1   import gymnasium as gym
2   import numpy as np
3   import pickle
4   import matplotlib.pyplot as plt
5
6   greedy_select=lambda x:np.random.choice(np.argwhere(x==np.max(x)).flatten())
7   def init_q(): return np.zeros(env.action_space.n)
8
9   env=gym.make('Blackjack-v1', render_mode='rgb_array')
10  Q=pickle.load(open('f5-4.pkl','rb'))
11
12  s,info=env.reset()
13  print('초기 상태=',s)
14  plt.imshow(env.render())
15  plt.show()
16  while True:
17      a=greedy_select(Q[s])
18      s1,r,terminated,truncated,info=env.step(a)
19
20      print('행동=',a,'상태=',s1,'보상=',r,'종료?=',terminated)
21      plt.imshow(env.render())
22      plt.show()
23
24      s=s1
25      if terminated or truncated:
26          break
27
28  env.close()
```

```
초기 상태= (17, 9, 1)
행동= 1 상태= (21, 9, 1) 보상= 0.0 종료?= False
행동= 0 상태= (21, 9, 1) 보상= 1.0 종료?= True
```

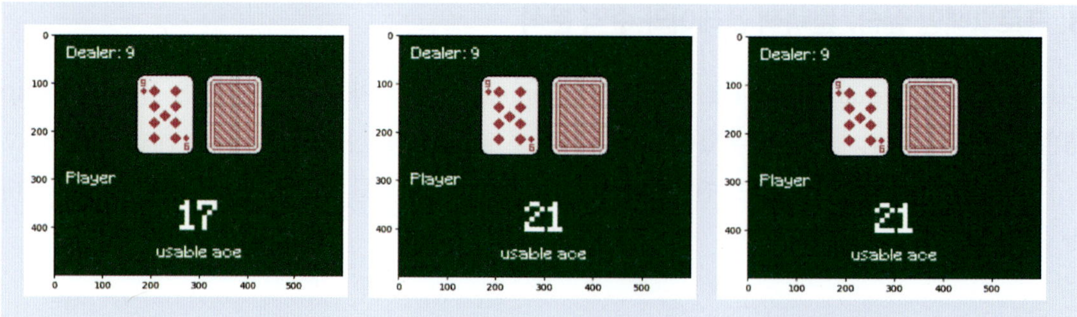

프로그램 실행 결과를 살펴보면, (17, 9, 1) 상태로 게임이 시작된다. 플레이어는 유효 에이스와 6번 카드를 들고 있고 딜러는 9번 카드를 들고 있다. 렌더링된 첫 번째 그림과 일치한다. 이 상태에서 플레이어는 행동 1(히트)을 선택했다. 현재 패가 17이어서 5 이상인 카드를 받으면 버스트가 될 위험이 있지만, 이때는 유효 에이스를 1로 간주하면 되기 때문에 히트를 선택한 플레이어는 현명하다고 평가할 수 있다. 다행히 새로 받은 카드로 인해 패가 21이 되었다. Gymnasium 라이브러리는 명시적으로 카드 번호를 알려주지는 않지만, 이때 받은 카드가 4라는 사실을 추론할 수 있다. 이제 플레이어는 행동 0(스틱)을 선택하여 게임이 종료된다. 플레이어가 이겨 보상 1을 받고 게임이 종료된다.

[프로그램 5-5]는 블랙잭 게임을 한 판 시뮬레이션한다. 이제 이를 확장하여 충분히 많은 판을 시뮬레이션하고 수익률을 분석하는 프로그램을 작성해보자. [프로그램 5-6]은 랜덤 정책과 Q-러닝으로 학습한 q 함수를 각각 사용하여 충분히 많은 게임을 반복함으로써 둘의 수익률을 비교 분석한다. 5행은 게임 횟수를 1만으로 설정한다. 12~24행은 랜덤 정책을 썼을 때 승과 패, 비김의 횟수를 세어 출력한다. 26~39행은 q 함수를 사용했을 때 승과 패, 비김의 횟수를 세어 출력한다.

프로그램 5-6　랜덤 정책과 Q-러닝으로 학습한 q 함수의 수익 비교 분석

```
1   import gymnasium as gym
2   import numpy as np
3   import pickle
4
5   n_game=10000 # 게임 횟수
6
7   greedy_select=lambda x:np.random.choice(np.argwhere(x==np.max(x)).flatten())
8   def init_q(): return np.zeros(env.action_space.n)
9
10  env=gym.make('Blackjack-v1', render_mode='rgb_array')
11
12  n_win,n_lose,n_draw=0,0,0 # 랜덤 정책의 수익 분석
13  for i in range(n_game):
14      s,info=env.reset()
15      while True:
16          a=np.random.choice([0,1],p=(0.5,0.5))
```

```
        s1,r,terminated,truncated,info=env.step(a)
        s=s1
        if terminated or truncated:
            if r==1: n_win+=1
            elif r==-1: n_lose+=1
            elif r==0: n_draw+=1
            break
print('랜덤 정책: 승=',n_win,'패=',n_lose,'비김=',n_draw)

Q=pickle.load(open('f5-4.pkl','rb')) # Q-러닝으로 학습한 q 함수의 수익 분석
n_win,n_lose,n_draw=0,0,0
for i in range(n_game):
    s,info=env.reset()
    while True:
        a=greedy_select(Q[s])
        s1,r,terminated,truncated,info=env.step(a)
        s=s1
        if terminated or truncated:
            if r==1: n_win+=1
            elif r==-1: n_lose+=1
            elif r==0: n_draw+=1
            break
print('Q-러닝으로 학습한 에이전트: 승=',n_win,'패=',n_lose,'비김=',n_draw)

env.close()
```

```
랜덤 정책: 승= 2804 패= 6781 비김= 415
Q-러닝으로 학습한 에이전트: 승= 4303 패= 4805 비김= 892
```

프로그램 실행 결과를 살펴보자. 랜덤 정책을 사용할 경우 패한 횟수가 승리에 비해 두 배 이상 많다. 만약 1만 달러를 들고 시작하여 게임 당 1달러를 걸었다고 가정하면, 게임 종료 후 남은 금액은 10000+2804−6781=6023달러이다. Q−러닝을 사용한 경우는 훨씬 낫다. 이때 주머니에 남은 돈은 10000+4303−4805=9498달러다. 즉 Q−러닝을 사용하면 돈을 훨씬 덜 잃는다.

강화 학습이 200만 번이나 반복해서 알아낸 q 함수를 사용했음에도 불구하고 돈을 잃었다. q 함수는 수렴을 덜 했나? 블랙잭은 원래 딜러에게 유리한 특성이 숨어있나? 이에 대한 설명은 연습문제로 남긴다.

4. 프로그래밍 실습: 행동 가치 함수의 똑똑함 분석

[프로그램 5−6]을 통해 Q−러닝으로 학습한 q 함수가 똑똑함을 확인했다. 이제 왜 똑똑한지 알기 위해 [프로그램 5−7]을 통해 q 함수 내부를 분석해보자. 8행은 [프로그램 5−4]가 저장해 두었던 q 함수 파일을 읽어온다. 10행은 딕셔너리 크기를 출력한다. 딕셔너리 크기는 [프로그램 5−4]의 학습 과정에서 한

번 이상 방문된 상태의 개수에 해당한다. 12~22행은 딕셔너리의 일부분을 표 형태로 출력한다. 12행은 표의 머리를 출력한다. 13행은 딜러의 보이는 카드를 8로 설정한다. 14~22행은 플레이어의 패를 1부터 21까지 변화시키며 유효 에이스일 때와 아닐 때에 대해 q 함수 값을 출력한다.

프로그램 5-7 Q 함수 해석

```
1  import gymnasium as gym
2  import numpy as np
3  import pickle
4
5  env=gym.make('Blackjack-v1', render_mode='rgb_array')
6
7  def init_q(): return np.zeros(env.action_space.n)
8  Q=pickle.load(open('f5-4.pkl','rb')) # Q-러닝으로 학습한 정책의 수익 분석
9
10 print('딕셔너리 크기는',len(Q))
11
12 print(3*' '+'상태'+5*' '+'스틱'+4*' '+'히트'+8*' '+'상태'+5*' '+'스틱'+4*' '+'히트')
13 dealer_card=8
14 for player in range(1,22):
15     not_usable_ace=(player,dealer_card,0)
16     usable_ace=(player,dealer_card,1)
17     q0_stick=Q[not_usable_ace][0]
18     q0_hit=Q[not_usable_ace][1]
19     q1_stick=Q[usable_ace][0]
20     q1_hit=Q[usable_ace][1]
21     print(not_usable_ace,'%7.4f %7.4f'%(q0_stick,q0_hit),'   ',end='')
22     print(usable_ace,'%7.4f %7.4f'%(q1_stick,q1_hit))
```

```
딕셔너리 크기는 283
   상태     스틱    히트        상태     스틱    히트
(1, 8, 0)  0.0000  0.0000   (1, 8, 1)  0.0000  0.0000
(2, 8, 0)  0.0000  0.0000   (2, 8, 1)  0.0000  0.0000
(3, 8, 0)  0.0000  0.0000   (3, 8, 1)  0.0000  0.0000
(4, 8, 0) -0.1811 -0.1502   (4, 8, 1)  0.0000  0.0000
(5, 8, 0) -0.2560 -0.2061   (5, 8, 1)  0.0000  0.0000
(6, 8, 0) -0.3440 -0.2122   (6, 8, 1)  0.0000  0.0000
(7, 8, 0) -0.4365 -0.2177   (7, 8, 1)  0.0000  0.0000
(8, 8, 0) -0.3745 -0.0908   (8, 8, 1)  0.0000  0.0000
(9, 8, 0) -0.3396  0.0583   (9, 8, 1)  0.0000  0.0000
(10, 8, 0) -0.4152  0.1766   (10, 8, 1)  0.0000  0.0000
(11, 8, 0) -0.4214  0.2004   (11, 8, 1)  0.0000  0.0000
(12, 8, 0) -0.4813 -0.3761   (12, 8, 1) -0.1013  0.1232
(13, 8, 0) -0.5361 -0.3206   (13, 8, 1) -0.2173  0.0799
```

```
(14, 8, 0) -0.4708 -0.3938   (14, 8, 1) -0.1753  0.0339
(15, 8, 0) -0.6005 -0.4724   (15, 8, 1) -0.2766 -0.0609
(16, 8, 0) -0.4501 -0.5338   (16, 8, 1) -0.2864 -0.0857
(17, 8, 0) -0.3662 -0.5390   (17, 8, 1) -0.2712 -0.0710
(18, 8, 0)  0.0865 -0.4967   (18, 8, 1)  0.0368 -0.0027
(19, 8, 0)  0.5521 -0.6989   (19, 8, 1)  0.5906  0.0819
(20, 8, 0)  0.7886 -0.8361   (20, 8, 1)  0.8080  0.1391
(21, 8, 0)  0.9390 -0.9173   (21, 8, 1)  0.9879  0.1338
```

프로그램 실행 결과를 살펴보면, 10행을 통해 딕셔너리 크기가 283이란 사실을 확인할 수 있다. Blackjack 과업의 상태 공간은 32×11×2=704인데 이 중 283개만 발생하고 나머지 상태는 한 번도 발생하지 않은 셈이다. 출력된 참조표의 내용을 보면 한 번도 발생하지 않은 상태에 대한 이유를 알 수 있다. 참조표의 첫 행은 (1, 8, 0)과 (1, 8, 1) 상태의 q 함수 값에 해당하는데, 둘 다 defaultdict의 기본값 (0, 0)이 반환되었다. 상태 (1, 8, 0)은 플레이어 패는 1, 딜러의 보이는 카드는 8, 유효 에이스가 아니라는 뜻이다. 플레이어는 2장 이상의 카드를 가졌는데 카드의 합이 1일 수 없기 때문에 발생할 수 없다. (1, 8, 1)도 마찬가지다. 네 번째 행의 (4, 8, 0) 상태에 대해 생각해본다. 이 상태에서 플레이어 패는 4이기 때문에 히트를 선택하면 무조건 이득이다. 이 상태의 q 함수 값은 [−0.1811 −0.1502]다. 이때 플레이어는 탐욕 선택을 통해 max에 해당하는 행동 1(히트)을 선택하게 되어 기대에 부응한다.

참조표를 잘 살펴보면 15행, 즉 플레이어가 15를 쥐고 있을 때까지는 유효 에이스와 상관없이 히트를 선택한다는 사실을 알 수 있다. 16행부터 선택이 달라진다. 유효 에이스가 아닌 (16, 8, 0) 상태에서는 스틱을 선택하는데, 유효 에이스인 (16, 8, 1) 상태에서는 히트를 선택한다. 유효 에이스가 아닌 경우는 한 장을 더 받으면 버스트될 확률이 더 높기 때문에 스틱을 선택했다고 해석할 수 있다. 유효 에이스인 경우에는 21을 넘으면 11로 간주하던 에이스 카드를 1로 간주하면 되기 때문에 버스트 위험이 없어 히트를 선택한다. 딜러의 보이는 카드를 8에서 다른 값(예: 7, 6, 9, 10 등)으로 바꿨을 때 q 함수가 어떤 선택을 하는지 해석하는 일은 연습문제로 남긴다.

6
Q-러닝으로 CartPole 학습

이 절은 Q-러닝으로 CartPole 과업을 학습한다. CartPole 과업은 [예제 2-3]에서 [그림 2-3(c)]로 소개한 적이 있고, [프로그램 4-2]를 통해 에피소드를 생성하고 렌더링하는 실습을 진행했다. CartPole은 기계를 제어하는 과업의 일종으로, 관절이 하나뿐이라 비교적 단순한 편에 속한다. CartPole의 상태는 [0.035, −0.018, −0.01, −0.04]처럼 연속 공간에 표현되므로 지금까지 실습한 FrozenLake나 Blackjack과 구현 방식이 다르다.

1. 연속 공간의 이산화

[예제 2-3]과 [그림 2-3(c)]를 참조하여 과업의 특성을 파악한다. CartPole 과업의 목표는 막대를 가능한 오래 세우는 것이다. 상태 공간은 4차원 실수 공간이고, 행동은 L(왼쪽)과 R(오른쪽) 두 가지다. Q-러닝은 행동 가치 함수 q를 $|\mathcal{S}|\times|\mathcal{A}|$ 크기의 배열에 저장해야 한다. 그런데 상태 변수가 정수인 FrozenLake와 달리 CartPole의 상태 변수 4개는 모두 실수다. 상태 $s=[0.035, -0.018, -0.01, -0.04]$일 때 Q[0.035, −0.018, −0.01, −0.04]처럼 배열에 접근할 수 없다. 가장 먼저 할 일은 연속 공간을 이산화하여 이산 공간으로 변환하는 것이다. 예를 들어 범위가 [−1,1]인 상태 변수를 10개 구간으로 이산화한다면 [−1, −0.80)은 인덱스 0, [−0.8, −0.6)은 인덱스 1, ⋯, [0.8,1.0]은 인덱스 9로 변환한다. 이 아이디어를 CartPole에 적용하려면 4개 상태 변수의 범위를 알아야 한다. Gymnasium 사이트는 이들 변수가 수레의 위치와 속도, 막대의 각도와 각속도라는 사실과 함께 값의 범위를 제시한다. 그러나 제시한 범위와 막대가 넘어지지 않기 위해 실제로 지켜야 하는 범위가 다르고, 속도의 경우 무한한 값을 가질 수 있다. 따라서 이 절에서는 이러한 CartPole에 대한 기본 지식과 함께 [프로그램 5-8]의 시뮬레이션 결과를 통해 상태 변수의 실질적인 범위를 최종 결정한다.

[프로그램 5-8]의 6행은 minv와 maxv를 아주 큰 값과 아주 작은 값으로 초기화한다. 7~15행은 충분히 많은 수인 100만 개의 에피소드에 대해 값을 수집한다. 8~9행은 초기 상태를 생성하고 최소와 최대를 갱신한다. 10~15행은 에피소드를 진행하면서 최소와 최대를 갱신한다. 11행에서 행동을 정할 때는 L과 R 중에 랜덤하게 선택한다.

프로그램 5-8 CartPole 과업의 상태 변수 범위 알아내기

```
import gymnasium as gym
import numpy as np

env=gym.make('CartPole-v1',render_mode='rgb_array')

minv,maxv=[1e10,1e10,1e10,1e10],[-1e10,-1e10,-1e10,-1e10]
for i in range(1000000): # 100만 개 에피소드에 대해
    s,info=env.reset()
    minv,maxv=np.minimum(minv,s),np.maximum(maxv,s)
    while True:
        a=np.random.randint(0,env.action_space.n)
        s,r,terminated,truncated,info=env.step(a)
        minv,maxv=np.minimum(minv,s),np.maximum(maxv,s)
        if terminated or truncated:
            break

for i in range(4):
    print('상태변수',i,'의 범위=(',minv[i],',',maxv[i],')')
```

```
상태변수 0 의 범위=( -2.433114767074585 , 2.443479299545288 )
상태변수 1 의 범위=( -3.7657790184020996 , 3.9250328540802 )
상태변수 2 의 범위=( -0.2775616943836212 , 0.2746059000492096 )
상태변수 3 의 범위=( -3.793743848800659 , 3.803959369659424 )
```

프로그램의 실행 결과를 살펴보면, 4개 상태 변수의 범위를 추정할 수 있다. 예를 들어 수레 위치를 나타내는 첫 번째 상태 변수의 경우 Gymnasium 사이트에서는 [−2.4,2.4] 범위를 제시했는데 실제로는 [-2.433,-2.443] 범위를 얻었다. 약간의 여유를 주어 4개 변수의 범위를 아래와 같이 결정한다.

- 상태 변수 0의 범위=[−2.5,2.5]
- 상태 변수 1의 범위=[−4.0,4.0]
- 상태 변수 2의 범위=[−0.28,0.28]
- 상태 변수 3의 범위=[−3.9,3.9]

이제 이들 범위를 몇 개 구간으로 나눌지 구상해야 한다. 모든 변수를 같은 수의 구간으로 나눈다면 범위가 작은 변수는 촘촘하게 이산화되고 범위가 큰 변수는 듬성듬성 이산화된다. 구간의 개수는 응용 목적에 따라 정해야 한다. 예를 들어 과일을 따는 로봇 손의 경우 상대적으로 둔하게 이산화해도 괜찮지만, 바느질하는 로봇 손의 경우에는 매우 정밀하게 이산화해야 한다. 또 다른 고려 사항은 참조표의 크기다. 변수가 n개고 각 변수를 d개 구간으로 나눈다면 총 d^n 크기의 배열이 필요하다. n이 크면 부담스러운 크기가 되므로 과업 달성에 해가 되지 않는 범위에서 d를 작게 하는 것이 좋다.

2. 프로그래밍 실습: Q-러닝으로 CartPole 학습

[프로그램 5-9]는 CartPole 과업에 [알고리즘 5-3]의 Q-러닝을 적용한 프로그램이다. 6행의 greedy_select는 탐욕 선택을 하는 람다 함수로, 이에 대한 설명은 [프로그램 4-7]을 참조한다.

8~12행은 4개 상태 변수를 이산화한다. 8행에서 n_bin을 21로 설정하여 4개 변수 모두 20개 구간으로 나눈다. 이때 사용한 np.linspace(a,b,n)은 [a,b] 범위를 n개 점으로 등분한 배열을 생성하며, 결과적으로 n-1개 구간을 만든다. 예를 들어 np.linspace(-2.5,2.5,21)은 [-2.5,-2.25,-2.0,⋯,2.25,2.5] 배열을 만들어 20개 구간으로 나눈다. 14~18행의 state_discretization 함수는 실수로 표현된 상태 state에 해당하는 구간의 인덱스를 반환한다. 17행이 사용한 np.digitize(x,bin)은 x가 구간 배열 bin의 몇 번째 구간에 속하는지 알려준다. 예를 들어, np.digitize(-2.1,[-2.5,-2.25,-2.0,⋯,2.25,2.5])은 -2.1이 두 번째 구간에 속하므로 2를 반환한다. 이런 원리에 따라 state_discretization 함수는 상태 state에 있는 4개 변수 각각에 대해 0부터 20까지의 인덱스를 반환한다. 인덱스 20은 맨 오른쪽 값 2.5보다 크거나 같을 때 발생한다.

20행의 Q_learning 함수는 매개변수의 기본값으로 할인율 γ는 0.99, 학습률 ρ는 0.1을 받는다. ε 스케줄링과 관련한 eps와 eps_decay, eps_min에 대해서는 5.4.2절을 참조한다. 21행은 행동 가치 함수를 저장할 5차원 배열 Q[21,21,21,21,2]를 0으로 초기화한다. 앞의 4개 차원은 상태 변수에 해당하고 마지막 차원은 행동 변수에 해당한다. 22행은 에피소드 길이를 저장할 변수 epi_length를 생성하여 학습 중간 상황을 모니터링하고 수렴 여부를 확인하는 데 쓴다. 23~48행은 에피소드 생성과 q 함수 학습 과정을 10만 번 반복한다. 46~47행에서 최근 에피소드가 연속 5번 최대 길이 500을 넘으면 수렴으로 간주하고 루프를 조기에 탈출한다. CartPole은 500개 순간을 버티면 승리로 간주하고 truncated가 True가 된다. 48행은 프로그램 실행을 모니터링할 목적으로 매 1000 순간마다 최근 1000개 에피소드의 평균 길이를 출력한다. 24행은 reset 함수로 초기 상태 s를 생성하고 25행은 s를 참조표의 인덱스인 s_로 변환한다. 27~44행은 에피소드가 종료될 때까지 순간을 반복한다. 28~31행은 ε-탐욕을 적용하여 행동을 선택한다. 32~33행은 행동을 실행하여 다음 순간으로 넘긴다. 34~37행은 식 (5.8)을 적용하여 q 함수를 개선한다. 38행은 다음 순간을 현재 순간에 대치하여 다음 순간으로 넘어간다. 40행은 ε 스케줄링을 적용한다.

52~66행은 메인 코드다. 53행은 Q_learning 함수로 알아낸 q 함수를 Q 변수에 저장한다. 54행은 몇 번째 에피소드에서 수렴했는지 출력하고, 55행은 시험 단계에서 활용할 목적으로 참조표 Q를 파일에 저장한다. 58~66행은 epi_length를 가지고 학습 곡선을 그린다. 60행은 convolve 함수로 스무딩 연산을 적용하여 학습 곡선의 변동폭을 누그러뜨린다.

프로그램 5-9 **Q-러닝을 이용한 CartPole 과업 학습**

```
import gymnasium as gym
import numpy as np
import matplotlib.pyplot as plt
import pickle

greedy_select=lambda x:np.random.choice(np.argwhere(x==np.max(x)).flatten())

n_bin=21 # 참조표의 칸 수
state_bin=[np.linspace(-2.5,2.5,n_bin),
           np.linspace(-4.0,4.0,n_bin),
           np.linspace(-0.28,0.28,n_bin),
           np.linspace(-3.9,3.9,n_bin)]

def state_discretization(state): # 실수 상태 state를 정수 인덱스 bin_index로 변환
    bin_index=[]
    for i in range(len(state)):
        bin_index.append(np.digitize(state[i],state_bin[i])-1)
    return tuple(bin_index)

def Q_learning(env,gamma=0.99,rho=0.1,eps=1.0,eps_decay=0.9999,eps_min=0.05):
    Q=np.zeros(([n_bin]*env.observation_space.shape[0]+[env.action_space.n])) # q 초기화
    epi_length=[] # 에피소드 길이 저장
    for i in range(100000): # 10만 개 에피소드에 대해
        s,info=env.reset()
        s_=state_discretization(s)
        length=0
        while True:
            if np.random.random()<eps:
                a=np.random.randint(0,env.action_space.n)
            else:
                a=greedy_select(Q[s_])
            s1,r,terminated,truncated,info=env.step(a)
            s1_=state_discretization(s1)
            if terminated:
                Q[s_+(a,)]=Q[s_+(a,)]+rho*(r-Q[s_+(a,)])
            else:
                Q[s_+(a,)]=Q[s_+(a,)]+rho*(r+gamma*np.max(Q[s1_]-Q[s_+(a,)]))
            s_=s1_
            length+=1
            eps=max(eps_min,eps*eps*eps_decay)

            if terminated or truncated:
                epi_length.append(length)
                break

```

```
            if np.min(epi_length[-5:])>=env.spec.max_episode_steps: #연속 5번 최대 길이 넘으면 수렴
                break
            if i>0 and i%1000==0: print(i,np.mean(epi_length[-1000:]))

    return Q,epi_length,i

env=gym.make('CartPole-v1',render_mode='rgb_array')
Q,epi_length,converge_speed=Q_learning(env)
print(converge_speed,'번째 에피소드에서 수렴했습니다.')
pickle.dump(Q,open('f5-9.pkl','wb'))
env.close()

plt.figure(figsize(16,5))
plt.plot(range(1,len(epi_length)+1),epi_length)
smooth=np.convolve(epi_length,10*[0.1],mode='valid')
plt.plot(range(1,len(smooth)+1),smooth)
plt.title('Q-learning scores for CartPole')
plt.ylabel('Score')
plt.xlabel('Match')
plt.grid()
plt.show()
```

```
1000 42.416
2000 42.138
3000 63.944
…
16000 272.145
16578 번째 에피소드에서 수렴했습니다.
```

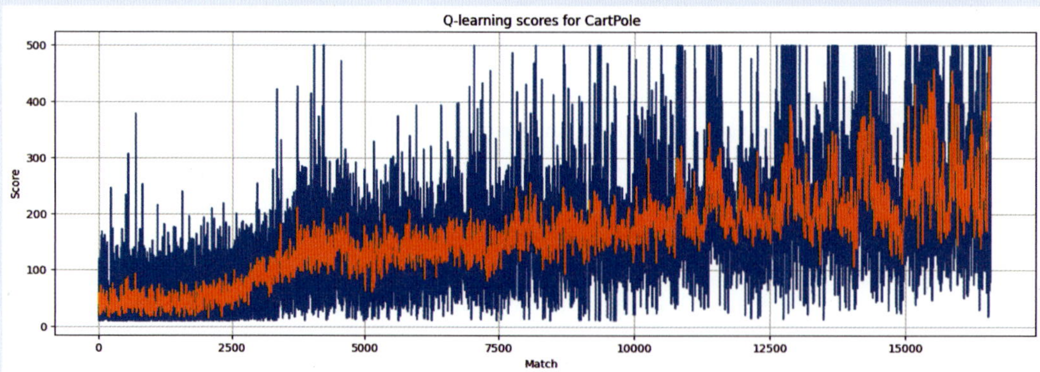

프로그램 실행 결과를 살펴보면, 학습이 진행되면서 에피소드 길이가 점점 길어지는 것을 확인할 수 있다. 16578번째 에피소드 직전에 최대 길이 500인 에피소드가 연속 5번 발생하여 학습을 종료하였다.

3. 프로그래밍 실습: CartPole 시험

학습을 마친 행동 가치 함수 *q*를 현장에 투입해 사용할 수 있다. 기계 학습에서는 학습한 모델을 이용하여 새로 입력된, 즉 학습 과정에서 한 번도 본 적 없는 샘플에 대해 정답을 알아내는 과정을 시험[test], 예측[predict] 또는 추론[inference]한다고 말한다. 산업 측면에서는 이 과정을 디플로이[deploy]라고 부른다. 시험 단계의 주요 목적 중 하나는 학습된 모델의 성능을 검증하는 것이다.

[프로그램 5-10]은 CartPole 과업에 대해 시험을 수행한다. 이 프로그램을 실행하려면 아래와 같이 OpenCV 라이브러리를 설치해야 한다.

```
pip install opencv-python
```

6~18행은 [프로그램 5-9]와 같다. 21행은 load 함수로 [프로그램 5-9]가 저장해놓은 *q* 함수 파일을 읽어온다. 24행은 시뮬레이션을 시작하고 26~37행은 종료 상태가 될 때까지 시뮬레이션을 반복한다. 33~34행은 OpenCV를 이용하여 시뮬레이션 과정을 애니메이션한다. 33행은 env.render 함수로부터 ndarray 데이터 형의 영상을 받는다. OpenCV는 컬러 영상을 BGR 형식으로 표현하므로 cvtColor 함수를 이용하여 RGB 형식으로 변환한다. imshow 함수는 'CartPole animation'이라는 이름의 윈도우에 영상을 디스플레이한다. 34행의 waitKey(100)은 100밀리초 동안 지연을 발생시켜 화면이 계속 유지되도록 한다. 39행은 시뮬레이션에서 생성된 에피소드의 길이를 출력한다. 42~43행은 사용자가 q 키를 입력하면 화면에 있는 윈도우를 모두 닫는다.

프로그램 5-10 Q-러닝 학습 결과를 이용한 CartPole 시험

```
1   import gymnasium as gym
2   import numpy as np
3   import pickle
4   import cv2 as cv
5
6   greedy_select=lambda x:np.random.choice(np.argwhere(x==np.max(x)).flatten())
7
8   n_bin=21 # 참조표의 칸 수
9   state_bin=[np.linspace(-2.5,2.5,n_bin),
10             np.linspace(-4.0,4.0,n_bin),
11             np.linspace(-0.28,0.28,n_bin),
12             np.linspace(-3.9,3.9,n_bin)]
13
14  def state_discretization(state): # 실수 상태 state를 정수 인덱스 bin_index로 변환
15      bin_index=[]
16      for i in range(len(state)):
17          bin_index.append(np.digitize(state[i],state_bin[i])-1)
18      return tuple(bin_index)
19
```

```
env=gym.make('CartPole-v1',render_mode='rgb_array')
Q=pickle.load(open('f5-9.pkl','rb'))

length=0
s,info=env.reset()
s_=state_discretization(s)
while True:
    a=greedy_select(Q[s_])
    s1,r,terminated,truncated,info=env.step(a)
    s1_=state_discretization(s1)
    s_=s1_
    length+=1

    cv.imshow('CartPole animation',cv.cvtColor(env.render(),cv.COLOR_BGR2RGB))
    key=cv.waitKey(100)

    if terminated or truncated:
        break

print("에피소드의 점수:",length)
env.close()

if cv.waitKey()==ord('q'):
    cv.destroyAllWindows()
```

```
에피소드의 점수: 500
```

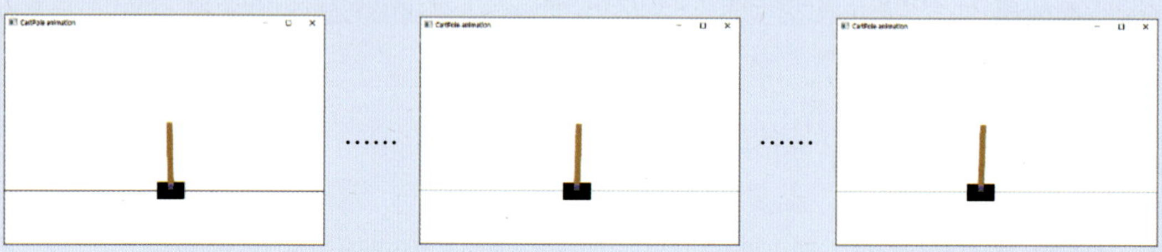

프로그램을 실행하면 실행 윈도우에서 애니메이션을 볼 수 있다. 이때 CartPole-v1 과업이 설정해놓은 최대 순간 500까지 버텼음을 확인할 수 있다.

7
성능 향상 기법

시간차 학습의 성능을 향상할 수 있는 다양한 기법이 개발되었다. 여기서는 한 순간의 정보만 사용하던 알고리즘을 여러 순간으로 확장하는 n-단계 아이디어를 소개한다. 또한 학습 알고리즘을 구현할 때 세심하게 주의를 기울여야 하는 하이퍼 매개변수 최적화에 대해 설명한다.

1. n-단계 시간차 학습

4장의 몬테카를로 방법은 에피소드가 끝난 다음 학습을 시작하기 때문에 가장 긴 시간을 기다리는 방식이다. 반면 Sarsa와 Q-러닝은 매 순간 학습을 수행하기 때문에 가장 짧은 순간을 기다리는 방식이다. 이들은 시간 지연 관점에서 보면 양극단에 위치한다고 말할 수 있다. 그렇다면 연속된 n개 순간이 제공하는 정보를 사용하는 중간 방식을 고려하면 어떨까? 이 방식을 n-단계 시간차 학습n-step temporal difference learning이라고 부른다[Sutton2018(7장)]. Sarsa와 Q-러닝은 1-단계 시간차 학습에 해당한다.

141쪽의 [그림 5-2]에 따르면 1-단계 시간차는 순간 t의 이득을 $R_t=r_t+\gamma v(s_{t+1})$로 계산한다. 즉, 한 순간의 정보만 사용한다. 1-단계를 2-단계로 확장하면 연속적으로 발생하는 두 순간의 정보를 활용할 수 있다. 이때 이득은 $R_t=r_{t-1}+\gamma r_t+\gamma^2 v(s_{t+1})$로 계산한다. 일반화하여 n-단계 시간차로 확장하면 식 (5.10)이 된다.

$$R_t=r_{t-n+1}+\gamma r_{t-n+2}+\cdots+\gamma^{n-2}r_{t-1}+\gamma^{n-1}r_t+\gamma^n v(s_{t+1}) \tag{5.10}$$

식 (5.10)의 n-단계 시간차를 위한 이득 R_t로 상태 가치 함수를 개선하는 식을 쓰면 식 (5.11)이 된다.

$$v(s_{t-n+1})=v(s_{t-n+1})+\rho(R_t-v(s_{t-n+1})) \tag{5.11}$$

이 식을 구현하려면 에피소드의 시작과 끝 부분을 주의 깊게 코딩해야 한다. $t<n-1$일 때는 n개 순간이 형성되지 않았기 때문에 이들 식을 적용할 수 없다. 구체적인 내용은 [Sutton2018(7.1절)]을 참조한다.

2. 하이퍼 매개변수 최적화

하이퍼 매개변수hyper parameter는 학습 알고리즘을 구현할 때 사용자가 설정해야 하는 매개변수다. Q-러닝의 경우 할인율 γ, 학습률 ρ, ε-탐욕 관련한 ε, 붕괴율, 최솟값 등이 하이퍼 매개변수에 해당한다. [프로그램 5-9]는 이들 값을 각각 0.99와 0.1, 1.0, 0.9999, 0.05로 설정했다. 그런데 이러한 값들은 어디에서 온 것일까? 가령 ε 붕괴율을 0.9999대신 0.99로 설정하면 어떻게 될까? 학습률을 0.1에서 0.01로 줄이면 어떻게 될까? 하이퍼 매개변수의 설정은 학습 알고리즘의 수렴에 직접적인 영향을 미치기 때문에 적절한 값으로 설정하는 일은 매우 중요하다. 하이퍼 매개변수의 최적값을 알아내는 일을 하이퍼 매개변수 최적화라 한다.

하이퍼 매개변수는 과업에 따라 적절한 값이 다르기 때문에 성능 실험을 통해 알아낸다. 하지만 하이퍼 매개변수의 수가 많아지면 이들의 모든 조합에 대해 성능을 측정해야 하기 때문에 아주 많은 시간이 걸린다. 예를 들어 학습률을 30개, 할인율을 30개, ε 붕괴율을 10개 구간으로 나누어 모든 조합에 대해 성능 실험을 수행한다면 학습 알고리즘을 9천 번 실행해야 한다. 한 번 실행에 10분이 걸린다면 모든 실험을 마치는 데 두 달가량 걸린다. 게다가 학습 알고리즘은 난수를 사용하기 때문에 운 좋게 좋은 성능을 만나거나 운 나쁘게 나쁜 성능을 만날 수도 있다. 따라서 같은 조합에 대해 여러 번 실험하고 통곗값을 구하는 방식을 쓰는 등 보다 현명한 방법이 요구된다.

하이퍼 매개변수 설정에 만능은 없다. 하지만 일반적으로 다음과 같은 요령을 따른다.

- 신뢰할 수 있는 논문, 문서, 웹사이트가 제공하는 권고 사항을 따른다. 좋은 논문은 실험 결과와 함께 실험할 때 사용한 하이퍼 매개변수를 꼼꼼히 제시한다. Github, OpenAI Spinning Up, 텐서플로 예제 코드 등도 유용한 참고 자료가 된다.
- 중요한 하이퍼 매개변수 1~3개를 골라 직접 성능 실험을 통해 최적값을 설정한다. 이들을 몇 개 구간으로 나누고, 모든 조합에 대해 성능을 측정한 뒤 최적 조합을 선택한다. 구간을 나눌 때 0.1, 0.2, 0.3, …처럼 선형적으로 나누거나 0.01, 0.001, 0.0001, …처럼 지수적으로 나눈다. 첫 단계에서 듬성듬성 구간을 나누어 대체적인 값을 알아내고 두 번째 단계에서 좁은 구간을 세밀하게 나누는 계층적 탐색을 사용한다.
- 전문적인 탐색 알고리즘을 사용한다. 예를 들어 유전 알고리즘을 이용하여 최적값을 찾는 방법이 있다 [Kiran2022b]. 또는 AutoML과 같은 도구를 활용하여 적은 시간에 좋은 효과를 얻은 사례도 보고되었다[Eimer2023].

8
관점 확장

지금까지 공부한 강화 학습 알고리즘을 되돌아보고, 앞으로 나아갈 길을 모색해보자. 5.8.1절은 다양한 학습 알고리즘을 하나의 일반 공식으로 해석하는 관점을 제시한다. 이 관점은 지금까지 배운 알고리즘은 물론 앞으로 배울 알고리즘의 토대를 제공한다. 5.8.2절은 참조표 방식에서 벗어나 신경망을 활용한 함수 근사로 나아가는 방법을 소개한다. 5.8.3절은 가치 함수가 주인공인 관점에서 정책이 주인공인 관점으로 전환하는 방향을 안내한다.

1. 일반 학습 전략

식 (5.6)을 다시 살펴보자. 그리고 Sarsa를 위한 식 (5.7)과 Q-러닝을 위한 식 (5.8)을 이 식의 관점으로 해석한다. 학습이란 무엇일까?

[그림 5-8]은 식 (5.6)이 학습을 수행하는 과정을 직관적으로 설명한다. 이 식은 현재 추정 값 $Estimate^{old}$를 목표 값 $Target$에 가까워지도록 $Estimate^{new}$로 갱신한다. Sarsa가 사용하는 식 (5.7)에서 할당 연산자의 오른쪽에 있는 $q(s,a)$는 $Estimate^{old}$, $(r+\gamma\ q\ (s',a'))$은 $Target$에 해당하고 왼쪽에 있는 $q(s,a)$는 $Estimate^{new}$에 해당한다. Q-러닝이 사용하는 식 (5.8)도 비슷하게 해석할 수 있다. 이 그림에서 $Target$과 $Estimate^{old}$, $Estimate^{new}$를 시각적으로 쉽게 구별하도록 서로 다른 색으로 표현하였다.

$$Estimate^{new} = Estimate^{old} + \rho\left(Target - Estimate^{old}\right) \quad (5.6)$$

$$q(s,a) = q(s,a) + \rho\left(\left(r + \gamma q(s',a')\right) - q(s,a)\right) \quad (5.7)$$

$$q(s,a) = q(s,a) + \rho\left(\left(r + \gamma \max_{\hat{a}} q(s',\hat{a})\ \right) - q(s,a)\right) \quad (5.8)$$

그림 5-8 학습이란?

[그림 5-8]에서 *Target*은 믿을 만한 값인가? 그렇지 않다. *Target*에 포함된 q 값은 이웃의 현재 값으로서 추정치에 불과하다. 식 (5.7)과 식 (5.8)은 추정치를 가지고 추정하는 셈이다. [그림 5-8]은 한 순간에 해당하는데, [그림 5-9]는 학습 과정 전체로 확장한다. 맨 왼쪽의 순간 t에서 [그림 5-8]과 같이 학습을 수행하여 추정치를 개선한다. 이때 *Target*을 간결하게 $T^{(t)}$로 표기한다. $T^{(t)}$는 그 순간을 위한 목표에 불과하고, T_*로 표시한 진짜 목표는 다른 곳에 있다. T_*는 학습 알고리즘이 찾아야 하는 최적 가치 함수 값에 해당한다. T_*는 고정되어 있다. 가운데와 오른쪽 그림은 학습 과정에서 이동하는 *Target*을 설명한다. 모든 강화 학습 알고리즘은 *Target*이 점점 진짜 목표 T_*에 가까워지도록 설계되어 있다. 식 (5.6)과 [그림 5-9]는 지금까지 공부한 학습 알고리즘뿐만 아니라, 6장 이후에 공부할 학습 알고리즘 모두에게 적용되는 일반 학습 전략이다.

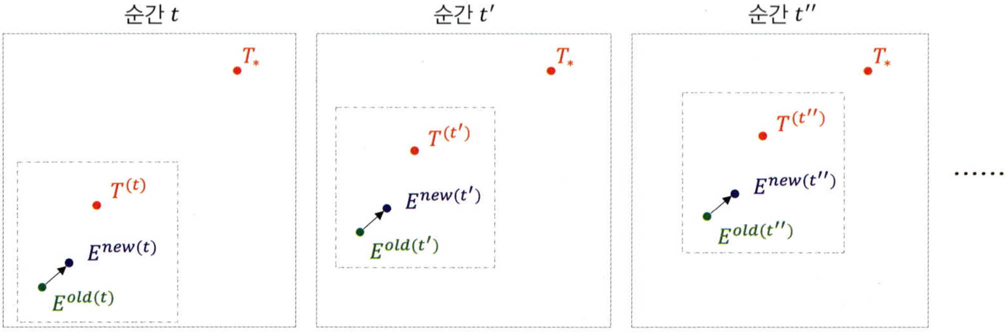

그림 5-9 강화 학습의 움직이는 목표

[그림 5-10]은 지도 학습의 학습 전략을 설명한다. 지도 학습에서는 학습을 시작하기 전에 사람이 샘플마다 정답에 해당하는 레이블을 붙여준다. 레이블이 학습 알고리즘이 도달해야 할 최종 목표 지점 T_*에 해당한다. 추정치는 매순간 조금씩 이동하여 T_*로 다가간다.

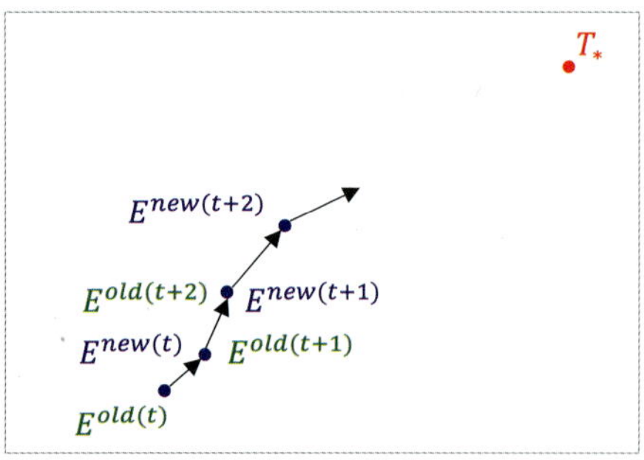

그림 5-10 지도 학습의 고정된 목표

2. 참조표에서 함수 근사로 확장

지금까지 공부한 동적 프로그래밍(3장)과 몬테카를로 방법(4장), Sarsa(5.3절), Q-학습(5.4절)은 혁신을 거듭하며 발전해 왔다. 그런데 이들이 극복하지 못한 근본적인 한계가 남아있다.

동적 프로그래밍을 위한 [알고리즘 3-2]와 [알고리즘 3-3], 몬테카를로 방법을 위한 [알고리즘 4-3]과 [알고리즘 4-4], [알고리즘 4-5], Sarsa를 위한 [알고리즘 5-2], Q-러닝을 위한 [알고리즘 5-3]은 상태 가치 함수 v 또는 행동 가치 함수 q를 학습한다. v는 $|\mathcal{S}|$ 크기의 1차원 배열이며 q는 $|\mathcal{S}|\times|\mathcal{A}|$ 크기의 2차원 배열이다. $|\mathcal{S}|$는 상태의 개수, $|\mathcal{A}|$는 행동의 개수를 의미한다. 이 배열은 하나의 표로 간주할 수 있으므로 이들 알고리즘을 참조표[lookup table] 방식 또는 표 방식이라 부른다.

참조표 방식은 $|\mathcal{S}|$와 $|\mathcal{A}|$가 적은 경우에는 효율적이다. 앞서 예제로 사용한 FrozenLake 과업은 $|\mathcal{S}|=16$이고 $|\mathcal{A}|=4$이므로 $v[16]$ 또는 $q[16][4]$ 크기의 배열로 쉽게 구현할 수 있다. Blackjack 과업도 무리 없이 참조표로 표현할 수 있다. 그런데 바둑과 같이 상태의 개수가 무한대에 가까운 경우, 참조표 방식은 무용지물이 된다. 예를 들어 바둑은 19×19 보드를 사용하며, 돌을 놓을 수 있는 점이 361개다. 점마다 비어 있거나 흰 돌이 있거나 검은 돌이 있을 수 있기 때문에 한 점은 세 가지 상태를 가진다. 따라서 가능한 전체 상태 수는 $3^{361}\approx1.74\times10^{172}$이다. 이 수는 우주의 원자 수($\approx4.0\times10^{79}$) 보다 많다.

CartPole 과업은 상태 공간이 연속이기 때문에 [프로그램 5-9]처럼 일정한 구간으로 이산화하여 구현할 수밖에 없다. 퐁 아타리와 같은 비디오 게임은 상태 자체가 화면으로 표현되기 때문에 상태를 참조표로 표현하는 일은 사실상 불가능하다.

[그림 5-11]은 [프로그램 5-9]로 학습한 참조표의 통계를 보여준다. 첫 행은 칸의 수다. 프로그램에서 Q[21,21,21,21,2] 배열을 사용했기 때문에 전체 칸 수는 388962개다. 총 hit 수는 151만 회로, 이는 35행 또는 37행이 실행된 횟수와 같다. 최저 hit 수가 0이라는 사실은 한 번도 접근되지 않은, 즉 학습이 한 번도 일어나지 않은 칸이 있다는 뜻이다. 가장 많이 hit된 칸은 약 4만 5천 번 학습되었다. 한 번도 접근되지 않은 칸은 379533개로 전체의 97.6%나 된다. 대부분 칸이 한 번도 학습되지 못했다는 뜻이다. 한 번만 접근된 칸은 2723개, 두 번 접근된 칸은 1258개다. 100보다 많이 접근된 칸은 924개다. 이 통계는 참조표 방식의 한계를 보여준다.

그렇다면 학습이 이루어진 칸이 2.4%에 불과한 상황에서, [프로그램 5-10]의 시험 단계는 어떻게 제대로 작동할 수 있었을까? 이에 대한 설명과 [그림 5-11]을 얻는 프로그램 작성, 그리고 [프로그램 5-9]에서 n_bin을 10으로 설정하여 더욱 듬성듬성 이산화했을 때의 학습과 시험은 연습문제로 남겨둔다.

```
Q 배열의 칸의 수= 388962
총 hit수= 1509406.0
최저 hit수= 0.0
최대 hit수= 44918.0
0~100번 hit된 칸의 수:
 [379533.   2723.   1258.    689.    529.    380.    265.    208.    173.
    159.    146.    101.     97.     89.     85.     80.     53.     80.
     68.     57.     50.     45.     50.     35.     45.     45.     33.
     30.     36.     26.     27.     25.     22.     33.     19.     23.
     26.     23.     23.     17.     18.     21.     19.     15.     22.
     20.     18.     10.     14.     17.     13.     12.     15.     15.
     14.     16.     11.      7.     11.      8.      9.     11.     19.
      7.      8.      7.     15.      4.     13.     10.      5.      7.
     10.      8.      7.      7.      7.     11.     15.      1.     11.
     11.      8.     12.      4.      7.      7.      8.      4.      7.
      4.      9.      6.      9.      3.     10.      9.      5.     10.
      4.      7.]
100번보다 많이 hit된 칸의 수: 924.0
```

그림 5-11 [프로그램 5-9]로 얻은 참조표의 접근 통계

강화 학습은 함수 근사function approximation를 도입하여 참조표 방식의 한계를 극복한다. 참조표에서는 상태 각각을 명시적으로 표의 한 칸에 배정하여 가치 함수 값을 저장한다. 반면 함수 근사에서는 함수 $f_{\boldsymbol{\theta}}:s \rightarrow v$가 상태 s를 가치 함수 값 v로 매핑한다. f는 매개변수 집합 $\boldsymbol{\theta}$로 표현된다. f는 모든 상태에 대한 값을 기억하는 대신 매개변수 $\boldsymbol{\theta}$를 통해 입력 s를 출력 v로 매핑한다. 학습을 시작할 때는 좋은 $\boldsymbol{\theta}$를 알 수 없기 때문에 난수로 초기화한다. 참조표 방식에서 난수로 표를 채우고 시작하는 것과 비슷하다. 학습을 진행하면서 참조표를 개선하듯이 함수 근사 방식에서는 $\boldsymbol{\theta}$를 개선한다.

상태 공간이 방대한 과업에서는 참조표를 저장하는 배열이 메모리 한계를 넘어서는 현실적인 문제가 발생할 수 있다. 설령 배열을 메모리에 표현했다 하더라도 에피소드 데이터를 통해 모든 칸을 유의미한 값으로 채우는 일은 불가능할 수 있다. 한 번도 값을 받지 못하는 칸이 허다할 수 있다. 참조표 방식에서는 에피소드 데이터에 있는 상태에 대해서만 해당 칸의 값을 개선하기 때문이다. 시험 과정에서 값이 없거나 빈약한 값을 가진 상태가 발생했을 때 프로그램이 오작동할 수 있다.

함수 근사는 일반화generalization 능력을 통해 이런 문제를 해결한다. 적당한 양의 데이터로 함수 f를 학습하면 f는 처음 본 상태에 대한 근삿값을 안정적으로 계산해준다. 함수 근사 방식은 일반화 능력을 통해 바둑처럼 상태 공간이 무한에 가까운 과업을 효과적으로 학습한다. 함수 근사 방법은 매우 다양하지만, 강화 학습은 여러 가지 장점 때문에 주로 신경망을 활용한다. 6장 이후부터 다루는 모든 알고리즘은 신경망에 기반한 함수 근사 방법을 사용한다.

3. 가치 함수 학습에서 정책 학습으로 확장

지금까지 학습 알고리즘은 [그림 4-5] 또는 [그림 5-3]의 GPI 전략에 따라 가치 함수 계산(평가 E 단계)과 정책 개선(개선 I 단계)을 번갈아 가며 실행한다. 또한 [알고리즘 5-2]의 Sarsa와 [알고리즘 5-3]의 Q-러닝은 최적 행동 가치 함수 q_*를 추정한 다음 이를 바탕으로 q_*로 최적 정책 π_*를 구한다. 요약하면 이들 알고리즘에서는 가치 함수가 주연을 맡고 정책이 조연 역할을 수행하는 구조였다.

그러나 강화 학습의 최종 목표는 최적 정책을 확보하는 것이다. 그렇다면 정책이 주연을 맡고 가치 함수가 조연을 맡는 학습 방식으로 전환이 가능할까? 8장에서 소개하는 정책 그레이디언트 정리는 이러한 발상을 현실화한다. 8장부터 11장까지는 정책이 중심이 되는 정책 기반 방법을 소개한다.

연습문제

1 FrozenLake 과업을 위한 [알고리즘 5-1]의 Sarsa를 구현하시오.

2 프로그램을 수정하시오.

(1) [프로그램 5-4]는 학습한 행동 가치 신경망을 파일에 저장한다. 행동 가치 신경망에서 정책을 찾고, 해당 정책을 파일에 저장하는 버전으로 확장하시오.

(2) [프로그램 5-5]를 (1)에서 저장한 파일에서 정책을 읽어오고, 해당 정책에 따라 플레이하는 버전으로 수정하시오.

3 [프로그램 5-6]의 분석에 따르면 Q-러닝으로 학습한 정책을 사용했음에도 게임에서 손해를 보았다. 이것이 우연인지 필연인지에 대해, 이유와 함께 설명하시오.

4 [프로그램 5-7]은 딜러의 보이는 카드가 8일 때를 중심으로 분석하였다. 8 이외의 숫자 하나를 선택하고, 해당 경우에 대해 프로그램을 실행한 뒤, 그 결과를 해석하시오.

5 [그림 5-11]의 통계와 관련하여 다음을 수행하시오.

(1) 해당 통계를 구하는 프로그램을 작성하시오.

(2) [그림 5-11]은 [프로그램 5-9]에서 n_bin=21로 설정한 경우다. n_bin을 11로 수정하여 구한 통계와 비교 분석하시오.

(3) n_bin을 41로 수정하여 구한 통계와 비교 분석하시오.

6 [그림 5-11]의 분석에 따르면 학습이 일어난 칸이 2.4%에 불과한데, 어떻게 시험 과정이 정상적으로 작동하는지 설명하시오.

7 [프로그램 5-9]가 사용한 Q 배열에 대해 답하시오.

(1) Q 배열이 사용하는 메모리 양을 바이트 단위로 계산하시오.

(2) [프로그램 5-9]를 MuJoCo의 Hopper 과업에 적용했을 때, 메모리 양을 바이트 단위로 추정하고 실행 가능 여부를 판단하시오.

8 강화 학습에서 하이퍼 매개변수를 설정하는 요령을 다룬 [Eimer2023]을 읽고,[1] 이 논문의 6절이 제시하는 네 가지 권고 사항을 요약하시오.

1 [Eimer2023] Theresa Eimer, Marius Lindauer, and Roberta Raileanu, "Hyperparameters in reinforcement learning and how to tune them," arXiv:2306.01324.

CHAPTER 06

신경망을 이용한 근사 방법

CHAPTER 06 신경망을 이용한 근사 방법

Preview

인간은 몇 개의 연습문제를 풀고 나면, 이후에는 처음 보는 문제도 곧잘 푼다. [그림 6-1]은 곱셈을 연습하는 장면이다. 학생들은 이 과정을 통해 처음 보는 더욱 긴 자리 곱셈도 거뜬히 해낼 것이다. 이처럼 특정한 예제 집합으로 학습한 후, 새로운 예제에 대해 높은 성능을 발휘하는 능력을 일반화[generalization]라고 부른다. 인간은 일반화 능력이 매우 뛰어난 존재다.

그림 6-1 인간의 일반화 능력

앞 장에서 배운 동적 프로그래밍, 몬테카를로 방법, Sarsa, Q-러닝 학습 알고리즘은 일반화 능력이 매우 낮다. 발생 가능한 모든 상태에 대해 가치 함수 값을 표에 기록해 놓고 필요할 때 이를 참조하는 참조표 방식을 사용하기 때문이다. 경우의 수가 적어 일일이 기억하고 있다가 필요할 때 꺼내 쓰는 구구단에 비유할 수 있다. 일반화 능력을 확보하려면 일부 상태로부터 정책을 학습한 뒤 처음 보는 상태에 대해 정답에 가까운 값을 추론할 수 있는 함수 근사[function approximation] 방법이 필요하다. 인류가 개발한 함수 근사 방법 중에 일반화 능력이 가장 뛰어난 방법은 바로 신경망[neural network]이다. 이 장에서는 신경망을 강화 학습에 적용하는 새로운 세계로 쑥 들어가 본다.

1
신경망 기초

강화 학습에서 혁신이 여러 번 일어났는데 그중에서도 신경망을 도입한 사건은 가장 큰 혁신으로 여겨진다. 신경망을 사용하면 로봇 제어와 같은 과업의 연속 상태 공간, 바둑과 같은 방대한 상태 공간, 퐁 아타리 게임처럼 영상으로 표현되는 상태 공간을 자연스럽고 효과적으로 처리할 수 있게 된다. 6.1.1절은 신경망을 강화 학습에 도입한 발상을 소개한다. 6.1.2절은 신경망의 일반화 능력을 지도 학습이 사용하는 데이터를 통해 확인한다. 또한 텐서플로 라이브러리 세계로 들어간다. 6.1.3절에서는 신경망을 강화 학습에 어떻게 적용할지 살펴본다.

1. 발상

5.8.2절에서는 참조표 방식의 한계를 설명하고 함수 근사 방법의 필요성을 설명했다. [알고리즘 5-3]을 다시 살펴보면, 7~8행에서 상태 s와 행동 a에 해당하는 칸의 값을 갱신한다. 이때 더 좋은 값으로 개선이 일어나며 학습 알고리즘은 이러한 개선을 통해 최적 가치 함수로 점점 다가간다.

[그림 6-2(a)]는 학습을 마친 참조표를 개념적으로 보여준다. 편의상 행동은 생략하고 상태 변수가 2개인 경우를 가정하여 2차원 참조표를 사용하였다. [그림 5-11]의 실험 통계에 따르면 비교적 단순한 과업에 속하는 CartPole조차 전체 칸의 2.4%에서만 학습이 일어났고 나머지 칸은 초깃값을 그대로 유지하고 있다. 학습 과정에서는 부트스트래핑을 통해 이웃 칸과 정보를 주고받지만, 시험 과정에서는 이웃의 도움을 받을 여지가 없다. 시험 과정에서 새로운 상태가 발생했는데 학습되지 않은 칸에 해당한다면 초깃값을 그냥 사용하는 수밖에 없다.

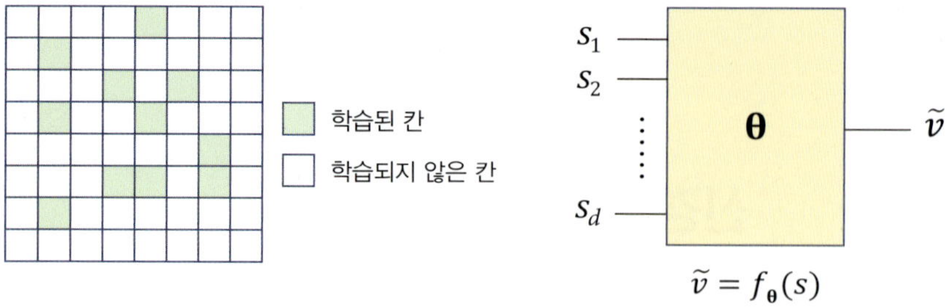

(a) 참조표

(b) 함수 근사

그림 6-2 학습과 시험 측면에서 참조표 방식과 함수 근사 방식을 비교

강화 학습은 이런 한계를 극복하기 위해 함수 근사function approximation를 도입한다. 함수 근사에서는 함수 $f_{\boldsymbol{\theta}}: s \rightarrow v$가 상태 s를 가치 함수 값 v로 매핑하는 역할을 한다. $f_{\boldsymbol{\theta}}$는 f가 $\boldsymbol{\theta}$로 매개변수화되어 있다는 뜻이다. [그림 6-2(b)]에 있는 수식 $\tilde{v}=f_{\boldsymbol{\theta}}(s)$는 이런 관계를 표현한다. 여기서 $\tilde{v}$는 정답에 가까운 근삿값을 의미한다. 이러한 함수 근사에서는 모든 상태에 대한 값을 기억하는 대신 입력 s와 매개변수 $\boldsymbol{\theta}$로 구성된 수식을 계산하여 입력 s를 출력 v로 매핑한다. 참조표 방식이 난수로 표를 초기화하고 학습을 시작하는 것과 비슷하게 함수 근사는 $\boldsymbol{\theta}$를 난수로 초기화하고 학습을 시작한다. 학습을 진행하면서 에피소드 데이터를 가지고 $\boldsymbol{\theta}$를 점점 개선한다. 이때 하나의 칸의 값을 직접 갱신하는 참조표 방식과 근본적인 차이가 드러난다. 참조표에서는 어떤 상태의 값을 바꾸더라도 다른 상태의 값은 그대로 유지된다. 다시 말해 다른 상태에 영향을 전혀 미치지 않는다. 반면 함수 근사에서는 매개변수 $\boldsymbol{\theta}$를 갱신한다. $\boldsymbol{\theta}$가 $\boldsymbol{\theta}'$로 갱신되었다면 전에는 $v=f_{\boldsymbol{\theta}}(s)$로 작동했는데 이제는 $v'=f_{\boldsymbol{\theta}'}(s)$로 작동한다. 이제 모든 상태 s의 출력 값이 달라진다. 다시 말해 함수 근사에서는 하나의 상태에 대한 학습이 다른 모든 상태에 영향을 미친다.

이런 특성은 시험 과정에 고스란히 나타난다. 참조표 방식에서는 학습이 일어나지 않은 칸에 해당하는 상태가 발생하면 초깃값을 사용할 수밖에 없다. 반면 함수 근사 방식에서는 학습된 상태와 학습이 안 된 상태에 대한 구별이 없다. 어떤 상태 s가 입력되든 s와 매개변수 $\boldsymbol{\theta}$로 구성된 수식을 통해 근삿값 $\tilde{v}$를 출력할 수 있다.

함수 근사 방법으로는 가장 오래된 선형 회귀linear regression나 비선형 회귀non-linear regression를 포함하여 기계 학습에서 개발된 결정 트리decision tree와 랜덤 포리스트random forest, SVMsupport vector machine, 신경망 등이 있다. 이론적으로는 어떤 방법이든 활용할 수 있지만, 현실적으로는 강화 학습의 특성에 가장 잘 맞는 방법을 사용하는 것이 현명하다. 강화 학습이 지도 학습과 가장 다른 점은 [그림 5-9]에서 보인 것처럼 목표가 움직인다는 점이다. 최종 목표는 과업에 따라 정해지지만 정답이 주어지는 지도 학습과 달리 강화 학습은 자율 학습을 하기 때문에 학습 과정에서는 임시 목표를 정하고 임시 목표를 향해 개선이 이루어진다. 이런 특성에 가장 잘 대처할 수 있는 방법은 신경망이다. 사실 뛰어난 일반화 능력으로 인해 지도 학습도 신경망을 주로 사용한다.

2. 프로그래밍 실습: 신경망의 일반화 능력

신경망의 원리를 설명하기 전에 신경망의 일반화 능력을 평가하는 실험을 먼저 수행한다. 6장은 1980~1990년대에 널리 사용된 초창기 신경망 모델인 다층 퍼셉트론multi-layer perceptron(MLP)으로 실험한다. 실험은 지도 학습 방식으로 수행하는데, 지도 학습을 처음 공부할 때 주로 활용하는 MNIST 필기 숫자 데이터를 사용한다. 다층 퍼셉트론은 딥러닝 라이브러리인 텐서플로TensorFlow를 사용해 구현한다. 이 실험의 목적은 신경망이 처음 보는 데이터에 대해 얼마나 잘 일반화할 수 있는지를 확인함으로써 강화 학습에 신경망을 도입하는 정당성을 확인하는 것이다.

[그림 6-3]은 다층 퍼셉트론의 구조로, 입력층과 출력층, 은닉층으로 구성된다. 입력층과 은닉층 사이에 $(d+1)p$개의 매개변수 $\boldsymbol{\theta}^{(1)}$, 은닉층과 출력층 사이에 $(p+1)c$개의 매개변수 $\boldsymbol{\theta}^{(2)}$가 있다. 이들 두 층은 모든 노드 쌍이 에지edge로 연결되기 때문에 완전연결층fully connected(FC) layer이라고 부른다. 신경망은 완전연결층을 기준으로 층을 센다. 따라서 [그림 6-3]의 신경망은 두 개의 층을 가졌다고 말한다. 에지는 가중치weight를 가지는데 이 가중치가 매개변수에 해당한다. 신경망은 매개변수 $\boldsymbol{\theta}$를 이용하여 입력 벡터 $\mathbf{x}$를 출력 벡터 $\mathbf{y}$로 매핑하기 때문에 $\mathbf{y}=f_{\boldsymbol{\theta}}(\mathbf{x})$로 표기한다.

지도 학습이 사용하는 데이터는 샘플 $\mathbf{x}$와 레이블 $\mathbf{y}$의 쌍으로 구성된다. [그림 6-3]의 오른쪽 그림은 한 샘플의 예를 보여준다. MNIST에서 $\mathbf{x}$는 화소가 [0,255] 사이의 정수 값을 가지는 28×28 맵으로 표현된다. $\mathbf{y}$는 사람이 레이블링한 정답으로서 0부터 9까지 총 10개의 정수 중 하나다. 신경망에서는 이를 원핫 코드one-hot code로 표현하는데, 해당 부류에는 1을, 나머지 부류에는 0을 부여한다. [그림 6-3(b)]의 사례에서는 부류 3이기 때문에 원핫 코드는 (0,0,0,1,0,0,0,0,0,0)이다.

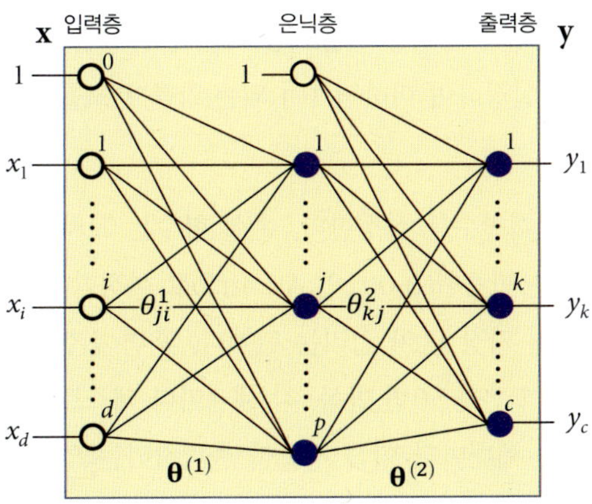

(a) 상세 버전

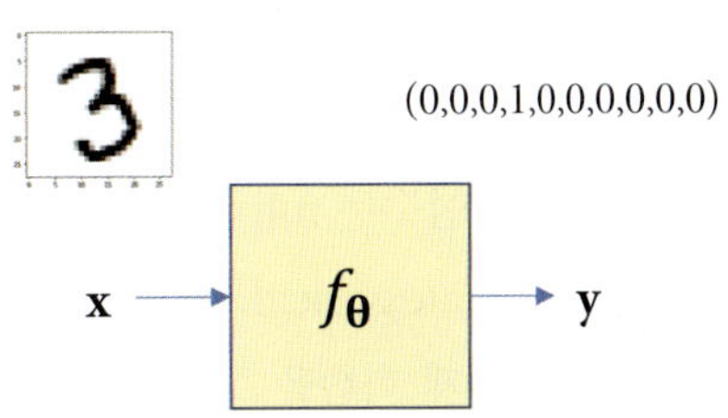

(b) 축약 버전

그림 6-3 다층 퍼셉트론

MNIST 데이터는 총 7만 개 샘플로 구성되며, 보통 6만 개를 훈련 집합train set으로, 나머지 1만 개를 시험 집합test set으로 사용한다. 시험은 학습된 신경망의 성능을 측정하는 역할을 한다. 모든 샘플은 [그림 6-3]

에서처럼 (0,0,0,1,0⋯) 형태의 레이블이 주어지지만 신경망은 근삿값을 출력한다. 예를 들어 신경망이 어떤 샘플에 대해 $\mathbf{y}$=(0.01,0.0,0.003,0.89,0.02,⋯)를 출력했다면 부류 3에 해당하는 값이 최대이므로 숫자 3이라고 최종 출력한다. 이는 강화 학습에서 최대에 해당하는 행동을 탐욕적으로 선택하는 방식과 비슷하다. 입력 샘플의 정답이 숫자 3이면 맞힌 것이고 그렇지 않으면 틀린 것이다. 1만 개 샘플을 가지고 시험을 수행한 뒤 맞힌 샘플 수를 전체 샘플 수로 나누면 정확률[accuracy]이 된다.

[프로그램 6-1]은 MNIST 데이터를 학습하고 시험을 통해 성능을 측정하는 프로그램이다. 신경망의 설계, 학습, 시험은 텐서플로 라이브러리를 사용한다. 사용 전에는 다음과 같은 명령어로 텐서플로 라이브러리를 설치해야 한다.

```
pip install tensorflow
```

3행은 텐서플로를 tf 이름으로 불러온다. 4행은 MNIST 데이터를 읽어오는 데 쓸 datasets을 ds라는 이름으로 불러온다. 5~7행은 신경망 모델을 만들기 위해 Sequential을, 완전연결층을 쌓기 위해 Dense를, 옵티마이저로 활용하기 위해 Adam을 불러온다. 9~15행은 MNIST를 불러와 신경망에 입력할 형태로 변환한다. 9행은 데이터를 불러온다. 텐서플로는 이미 7만 개의 샘플을 6만 개 학습용, 1만 개 테스트용 샘플로 나누어 저장하고 있다. load_data 함수는 이들을 읽어 훈련 집합과 테스트 집합을 각각 (샘플,레이블) 형태로 넘겨준다. 10~11행은 28×28의 2차원 모양의 샘플을 784의 1차원 모양으로 펼쳐 신경망에 입력할 준비를 한다. 즉 [그림 6-3(a)]에서 d=784인 셈이다. 12~13행은 [0,255] 범위의 정수를 [0,1] 범위의 실수로 변환한다. 14~15행은 정수로 표현된 부류 정보를 원핫 코드로 변환한다.

17~19행은 다층 퍼셉트론 신경망을 만든다. 17행은 Sequential 함수로 신경망 모델을 생성하여 mlp 변수에 저장한다. 18행은 [그림 6-3(a)]에서 입력층과 은닉층 사이에 해당하는 완전연결층을 쌓는다. 은닉층의 노드 개수 p=512, 활성 함수는 relu로 설정한다. 19행은 은닉층과 출력층 사이에 완전연결층을 쌓는다. 출력층의 노드 개수는 10, 활성 함수를 softmax로 설정하여 더하면 1이 되는 확률 분포를 출력한다.

21행의 compile 함수는 mlp를 학습하는 데 쓸 하이퍼 매개변수를 설정한다. 손실 함수는 교차 엔트로피에 해당하는 categorical_crossentropy, 옵티마이저는 학습률 0.001인 Adam으로 설정한다. 22행의 fit 함수는 실제 학습을 수행한다. 전체 과정 중 시간이 가장 많이 걸리는 단계다. 훈련 집합 xx_train과 yy_train을 주고, 미니배치[minibatch] 크기를 128, 세대[epoch]를 50번 반복, 각 세대마다 테스트 집합으로 성능을 측정하여 출력하라고 지시한다. verbose=2는 세대마다 학습 정보를 출력하라는 의미다. fit 함수는 세대마다 학습 정보를 저장한 리스트를 반환하는데 22행에서 이 값을 hist 변수에 저장한다. 24~31행은 hist에 있는 정보를 기반으로 학습 곡선을 그린다.

33행은 evaluate 함수로 테스트 집합에 대해 정확률을 측정하여 res에 저장하고 34행은 이를 퍼센트로 환산하여 출력한다. 36~37행은 predict 함수로 맨 앞에 있는 테스트 샘플의 신경망 출력을 구해 출력한다. 39~46행은 맨 앞에 있는 40개 샘플의 영상과 레이블, 신경망 예측을 그린다.

프로그램 6-1 MNIST 데이터로 신경망의 일반화 능력 측정

```
import numpy as np
import matplotlib.pyplot as plt
import tensorflow as tf
import tensorflow.keras.datasets as ds
from tensorflow.keras.models import Sequential
from tensorflow.keras.layers import Dense
from tensorflow.keras.optimizers import Adam

(x_train,y_train),(x_test,y_test)=ds.mnist.load_data() # MNIST 데이터 준비
xx_train=x_train.reshape(60000,784)
xx_test=x_test.reshape(10000,784)
xx_train=xx_train.astype(np.float32)/255.0
xx_test=xx_test.astype(np.float32)/255.0
yy_train=tf.keras.utils.to_categorical(y_train,10)
yy_test=tf.keras.utils.to_categorical(y_test,10)

mlp=Sequential()  # MLP 구현
mlp.add(Dense(units=512,activation='relu',input_shape=(784,)))
mlp.add(Dense(units=10,activation='softmax'))

mlp.compile(loss='categorical_crossentropy',optimizer=Adam(learning_rate=0.001),
metrics=['accuracy'])
hist=mlp.fit(xx_train,yy_train,batch_size=128,epochs=50,validation_data=(xx_test,yy_
test),verbose=2)

plt.plot(hist.history['accuracy'])
plt.plot(hist.history['val_accuracy'])
plt.title('Accuracy graph')
plt.ylabel('Accuracy')
plt.xlabel('Epoch')
plt.legend(['Train','Validation'])
plt.grid()
plt.show()

res=mlp.evaluate(xx_test,yy_test,verbose=0) # 테스트 집합에 대한 정확률 평가
print('테스트 집합에 대한 정확률=',res[1]*100)

y=mlp.predict(xx_test[0].reshape(1,784),verbose=0) # 첫 번째 테스트 샘플에 대한 출력 확인
print('y=',y)

plt.figure(figsize=(18,8)) # 테스트 집합에서 앞쪽 40개 샘플을 예측하고 디스플레이
for i in range(40):
    plt.subplot(4,10,i+1)
    plt.imshow(x_test[i],cmap='gray')
    plt.xticks([]); plt.yticks([])
```

```
        y=mlp.predict(xx_test[i].reshape(1,784),verbose=0)
        plt.title(str(y_test[i])+'->'+str(np.argmax(y)),fontdict={'fontsize':24})
    plt.show()
```

```
Epoch 1/50
469/469 - 2s - 4ms/step - accuracy: 0.9239 - loss: 0.2680 - val_accuracy: 0.9587 - val_loss: 0.1372
Epoch 2/50
469/469 - 1s - 3ms/step - accuracy: 0.9690 - loss: 0.1086 - val_accuracy: 0.9708 - val_loss: 0.0980
Epoch 3/50
469/469 - 1s - 2ms/step - accuracy: 0.9788 - loss: 0.0703 - val_accuracy: 0.9765 - val_loss: 0.0753
…
Epoch 49/50
469/469 - 1s - 3ms/step - accuracy: 1.0000 - loss: 2.1893e-05 - val_accuracy: 0.9839 - val_loss:
0.0890
Epoch 50/50
469/469 - 1s - 3ms/step - accuracy: 1.0000 - loss: 1.9147e-05 - val_accuracy: 0.9844 - val_loss:
0.0899
```

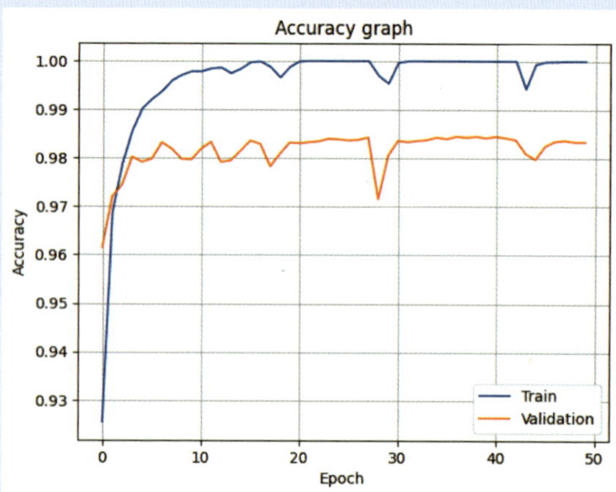


```
테스트 집합에 대한 정확률= 98.43999743461609
y= [[6.8648718e-17 6.7749485e-21 1.7092525e-16 3.7182676e-10 3.2638060e-26
     1.3956992e-18 9.6761407e-26 1.0000000e+00 1.3713453e-15 2.4808601e-12]]
```

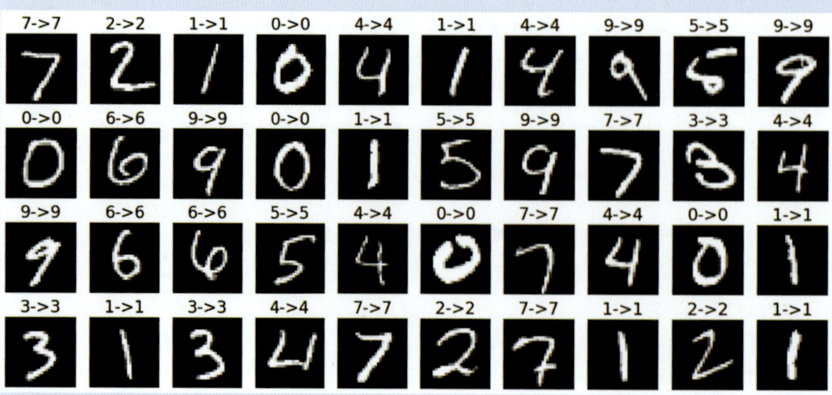

프로그램 실행 결과를 살펴보자. 22행의 fit 함수가 매 세대마다 중간 상황을 보고한 결과를 볼 수 있다. 예를 들면 세대 1을 마치면 테스트 집합의 정확률은 95.87%, 세대 2를 마치면 97.08%로 성큼성큼 향상한다. 학습 곡선을 보면 훈련 집합은 정확률이 100%, 테스트 집합은 98% 이상으로 원만하게 수렴함을 보여준다. 33행이 평가한 정확률은 98.44%로 처음 본 1만 개 샘플에 대해 불과 156개만 틀린 셈이다. 테스트 집합에서 맨 앞에 있는 샘플에 대한 신경망 출력, 즉 36행의 출력을 살펴보자. 이 샘플은 부류 7에 속하기 때문에 정답은 [0,0,0,0,0,0,0,1,0,0]인데 신경망은 이에 가까운 [6.86487e−17,…]을 출력하여 정답을 근사한다는 사실을 확인할 수 있다. 또한 테스트 집합의 앞쪽에 배치된 40개 샘플의 예측 결과는 모두 정답을 맞힌 것으로 확인된다.

3. 신경망의 이해

[프로그램 6-1]의 실험을 통해 신경망의 일반화 능력을 확인했다. 신경망은 전 세계에서 발생하는 무수히 많은 필기 숫자 중 단지 6만 개만을 학습했음에도 불구하고 처음 보는 새로운 샘플에 대해 높은 정확률을 보였다. [그림 6-4(a)]는 필기 숫자가 생성되는 세계가 얼마나 넓은지를 개념적으로 보여준다. 지금도 은행, 정부 기관, 학교, 가정 등 어디에선가 필기 숫자가 생성되고 있다. [그림 6-4(b)]는 강화 학습에서 발생 가능한 방대한 상태 공간과 학습에서 실제 사용하는 적은 데이터를 개념적으로 보여준다.

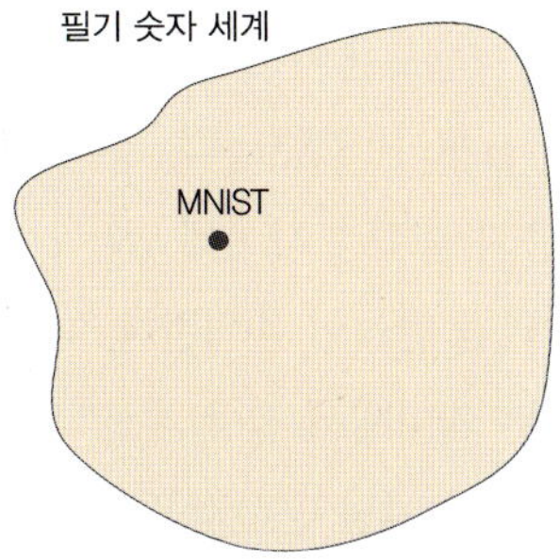

(a) 필기 숫자 세계에서 수집한 MNIST

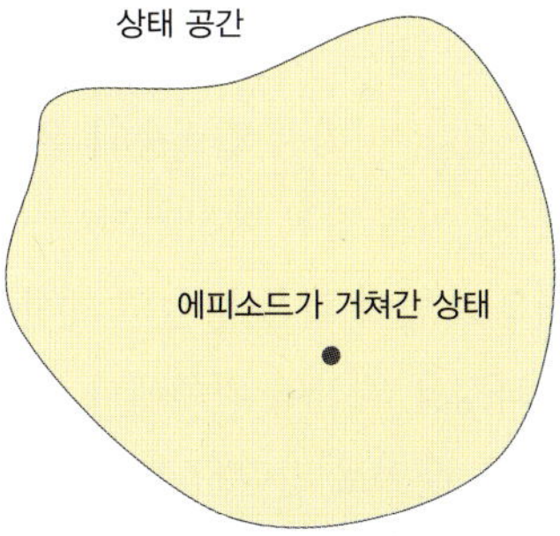

(b) 상태 공간에서 수집한 에피소드

그림 6-4 데이터가 발생하는 무한히 큰 세상

신경망은 일정한 크기의 매개변수 집합 $\boldsymbol{\theta}$로 표현된다. [그림 6-3]의 다층 퍼셉트론은 $\boldsymbol{\theta}=\{\boldsymbol{\theta}^{(1)},\boldsymbol{\theta}^{(2)}\}$를 가진다. $\boldsymbol{\theta}$는 p가 512라면 $785\times512+513\times10=407050$개의 매개변수를 갖는다. 단지 약 40만 개의 매개변수만으로도 실제 세계에서 생성되는 다양하고 복잡한 필기 숫자를 높은 정확률로 인식할 수 있다.

신경망의 동작을 자세히 살펴보면 일반화 능력에 대한 통찰을 얻을 수 있다. [그림 6-3(a)]의 다층 퍼셉트론에서 은닉층의 j번째 노드에 주목한다. [그림 6-5]는 이 부분만 따로 떼어 보여주는데 이 부품을 퍼셉트론Perceptron이라 부른다.

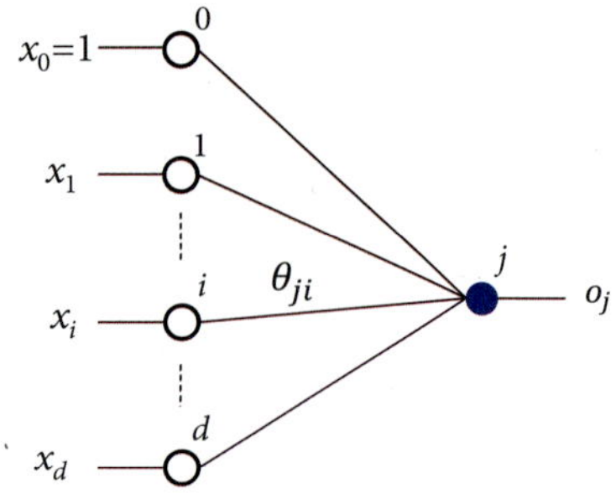

그림 6-5 퍼셉트론

퍼셉트론은 식 (6.1)에 따라 동작한다. 다시 말해 i번째 입력 값 x_i와 해당 가중치, 즉 매개변수 θ_{ji}와 곱을 구한다. x_0은 바이어스 값으로서 항상 1이다. 이렇게 구한 d개의 곱을 합한 결과에 활성 함수 τ를 적용하여 다음 층으로 전달한다. 활성 함수는 6.2.1절에서 설명한다. 식 (6.1)의 두 번째 행은 행렬 곱으로 표현한다. 이때 $\mathbf{x}$와 $\boldsymbol{\theta}_j$는 $1\times(d+1)$ 행렬, 즉 $d+1$ 크기의 행 벡터고 $\boldsymbol{\theta}_j^{\mathrm{T}}$는 $\boldsymbol{\theta}_j$의 전치 행렬transpose of matrix이다.

$$
\begin{aligned}
o_j &= \tau\left(\sum_{i=0,d} x_i\theta_{ji}\right) \\
&= \tau\left(\mathbf{x}\boldsymbol{\theta}_j^{\mathrm{T}}\right)
\end{aligned}
\quad (6.1)
$$

[그림 6-3(a)]의 다층 퍼셉트론은 은닉층에 p개의 퍼셉트론, 출력층에 c개의 퍼셉트론이 병렬로 배치되고 이들 두 층이 직렬로 연결된 구조다. 따라서 입력층과 은닉층 사이에 있는 p개의 퍼셉트론은 중간 계산 결과로 p개의 값을 발생시키는데 이를 잠복 벡터latent vector라 부른다. 은닉층과 출력층 사이에 있는 c개의 퍼셉트론은 잠복 벡터를 입력으로 받아 같은 방식의 계산을 통해 출력 벡터를 만들어 출력한다. 다층 퍼셉트론이 수행하는 전체 계산 과정을 계산이 왼쪽에서 오른쪽으로 흐른다는 의미에서 전방 계산forward computation이라 부른다. 이 과정을 식 (6.2)로 간략히 표현한다. 신경망은 정답값이 아닌 근삿값을 출력하므로 $\mathbf{y}$ 대신 $\tilde{\mathbf{y}}$로 표기한다.

$$
\tilde{\mathbf{y}} = f_{\boldsymbol{\theta}}(\mathbf{x}) \quad (6.2)
$$

식 (6.2)가 출력한 근삿값 $\tilde{\mathbf{y}}$는 참값 $\mathbf{y}$와 차이가 있는데 이 차이는 오류에 해당한다. 신경망이 사용하는 오류 역전파 학습 알고리즘error-backpropagation learning algorithm은 미분을 통해 오류를 줄이는 방향을 알아낸 다음 $\boldsymbol{\theta}$를 개선한다. 훈련 집합에 있는 모든 샘플로 $\boldsymbol{\theta}$를 개선하는 과정을 한 세대epoch라 부르는데 신경망 학습 알고리즘은 여러 세대에 걸쳐 학습을 반복한다. [프로그램 6-1] 22행의 fit 함수가 이 일을 담당한다. 학습 알고리즘이 $\mathbf{x}$라는 샘플 하나를 입력하고 $\tilde{\mathbf{y}}$를 구한 다음 오류 역전파를 통해 $\boldsymbol{\theta}$를 $\boldsymbol{\theta}'$로 개선하면 $f_{\boldsymbol{\theta}}(\mathbf{x})$의 오류보다 $\boldsymbol{\theta}'$를 통한 $f_{\boldsymbol{\theta}'}(\mathbf{x})$의 오류가 줄어들 것이다. 이때 생각해볼 점이 있다. 방금 전 학습에 사용한 샘플 $\mathbf{x}$에 대한 오류는 줄었지만 다른 샘플에 대한 오류는 어떻게 될까? 그대로일까 아니면 줄어들까?

매개변수 $\boldsymbol{\theta}$는 신경망의 부품인 퍼셉트론의 가중치이고 퍼셉트론의 결과는 식 (6.1)에서처럼 가중치에 따르기 때문에 어떠한 샘플이라도 출력 값이 달라진다. 이때 $\mathbf{x}$가 아닌 다른 샘플에 대한 오류는 줄어들 수도 있고 늘어날 수도 있다. 그런데 많은 수의 샘플이 집단적으로 여러 세대에 걸쳐 $\boldsymbol{\theta}$를 최적 지점으로 이동시키고 나면, 신경망은 새로운 샘플에 대해서도 높은 성능을 보장하게 된다. 즉 일반화 능력을 갖추게 되는 것이다. Hornik은 다층 퍼셉트론이 어떤 함수라도 근사할 수 있다는 보편 근사자 정리universal approximator theorem를 증명했다[Hornik1989].

2
신경망 구현

신경망을 구현할 때 이해해야 할 사항이 많다. 이 절은 가장 중요한 요소로 활성 함수와 손실 함수, 옵티마이저를 간략히 소개한다. 또한 신경망이 가진 하이퍼 매개변수를 최적화하는 일에 대해 설명한다.

1. 활성 함수와 손실 함수, 옵티마이저

신경망에는 아주 다양한 활성 함수, 손실 함수, 옵티마이저가 존재한다. 여기서는 이 책의 실습에 사용하는 것을 중심으로 간략히 소개한다.

활성 함수

[그림 6-6]은 신경망이 사용하는 대표적인 활성 함수를 보여준다. −1 또는 1을 출력하는 step 함수는 1950년대에 개발된 퍼셉트론에서 사용되었다. [0,1] 범위를 출력하는 로지스틱 시그모이드logistic sigmoid 함수와 [−1,1] 범위를 출력하는 하이퍼볼릭 탄젠트hyperbolic tangent 함수는 1980년대의 다층 퍼셉트론에서 주로 사용되었다. 현대 딥러닝에서는 음수일 경우 0으로 출력하고 양수일 경우 입력 값을 그대로 출력하는 relu 함수와, 음수에 작은 값을 부여하는 leaky relu 함수가 주로 사용된다.

식 (6.1)에서 활성 함수를 적용하기 전의 값 $\Sigma_{i=0,d} x_i \theta_{ji}$를 로짓logit이라 부른다. 이 로짓 값을 그대로 다음 층에 전달하면 신경망이 선형 연산을 수행하는 꼴이 되어 좋은 성능을 얻을 수 없다. 따라서 [그림 6-6]과 같은 비선형 활성 함수를 사용하며, 이 함수들은 신경망이 뛰어난 일반화 능력을 발휘하는 데 중요한 역할을 한다.

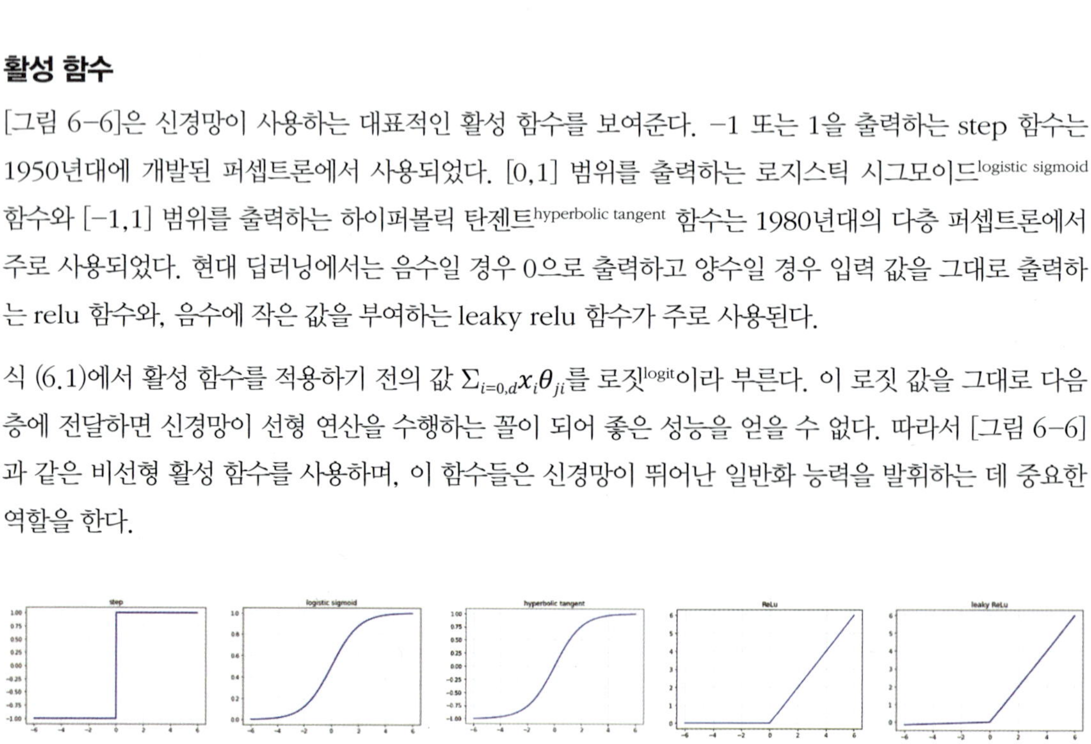

(a) step (b) logistic sigmoid (c) hyperbolic tangent (d) relu (e) leaky relu

그림 6-6 신경망이 사용하는 활성 함수

[그림 6-3(a)]에 있는 다층 퍼셉트론의 출력층은 출력값을 모두 더하면 1이 되는 확률 분포 $\mathbf{y}$를 출력해야 하는 상황이 자주 있다. 이때 사용하는 활성 함수는 식 (6.3)의 softmax다. e^{l_k} 에서 e는 자연 로그의 밑에 해당하는 상수 2.71828이고 l_k는 식 (6.1)에서 τ 안에 있는 로짓 값이다.

$$y_k = \frac{e^{l_k}}{\sum_{i=1,c} e^{l_i}} \tag{6.3}$$

[프로그램 6-1]을 다시 살펴보자. 18행에서 은닉층은 relu 활성 함수를 사용하고 19행에서 출력층은 softmax 활성 함수를 사용하였다.

손실 함수

신경망의 학습은 현재 매개변수 $\boldsymbol{\theta}$가 범하는 오류를 줄이는 방향으로 진행된다. 이 아이디어를 실현하려면 $\boldsymbol{\theta}$가 얼마나 오류를 범했는지를 측정할 수 있어야 하고, 이 오류를 미분하여 개선 방향을 찾아야 한다. 이 중 오류를 측정하는 역할은 손실 함수loss function가, 개선 방향을 찾는 역할은 옵티마이저optimizer가 담당한다.

가장 일반적인 손실 함수는 평균 제곱 오차mean squared error(MSE)다. 참값 벡터를 $\mathbf{y}=(y_1,y_2,\cdots,y_c)$라 하고 신경망의 예측 벡터를 $\tilde{\mathbf{y}}=(\tilde{y}_1,\tilde{y}_2,\cdots,\tilde{y}_c)$라 하면 MSE 손실 함수는 식 (6.4)와 같이 표현된다. 이는 벡터의 각 요소의 차이를 제곱하여 평균한 값이며, 두 벡터의 차이가 클수록 손실 값도 커지기 때문에 직관적으로 이해하기 쉽다.

$$J_{\text{MSE}}(\boldsymbol{\theta}) = \frac{1}{c}\sum_{k=1,c}\left(y_k - \tilde{y}_k\right)^2 \tag{6.4}$$

식 (6.5)는 정보 이론information theory을 이용한 손실 함수인 교차 엔트로피cross entropy이다. 교차 엔트로피는 $\mathbf{y}$와 $\tilde{\mathbf{y}}$를 확률 분포로 간주하고 두 확률 분포가 얼마나 다른지 측정한다. 따라서 둘의 차이가 클수록 큰 값이 된다.

$$J_{\text{CE}}(\boldsymbol{\theta}) = -\sum_{k=1,c} y_k \log(\tilde{y}_k) \tag{6.5}$$

[프로그램 6-1]을 보면, 21행에서 compile 함수는 손실 함수로 categorical_crossentropy를 설정하여 교차 엔트로피를 사용한다. 분류 문제에서는 보통 MSE보다 교차 엔트로피 손실 함수가 우수한 성능을 발휘하는 것으로 알려져 있다.

옵티마이저

신경망 학습 알고리즘은 손실 함수를 줄이는 방향으로 매개변수 $\boldsymbol{\theta}$를 개선하는 과정을 여러 세대에 걸쳐 반복한다. 오류 역전파라는 미분 알고리즘은 손실 함수의 미분값, 즉 그레이디언트gradient를 계산하는데,

그레이디언트의 반대 방향이 손실 함수가 가장 급격히 줄어드는 방향이다. 이런 원리를 이용하여 손실 함수가 최소가 되는 지점을 찾아가는 방법을 경사 하강법gradient descent method이라 부른다. 손실 함수는 오류에 해당하므로 최소 지점을 찾아가는 경사 하강법을 사용하는 것이 일반적이다. 반면, 강화 학습처럼 이득을 최대화하려는 경우에는 최대 지점을 찾아가는 경사 상승법gradient ascent method을 사용한다.

경사 하강법을 기반으로 신경망 학습에 적합하도록 개조된 알고리즘을 옵티마이저optimizer라 부른다. 옵티마이저는 매개변수 **θ**를 난수로 초기화하는 과정, 훈련 집합의 샘플을 미니배치 단위로 나누어 학습하는 과정 등을 포함하는데 이들 과정에서 난수를 사용하기 때문에 스토캐스틱하다. 순수 경사 하강법에 이런 스토캐스틱한 과정을 적용한 옵티마이저를 SGDstochastic gradient descent라 부른다. SGD는 가장 기본적인 옵티마이저로 이후 개발된 다른 옵티마이저에 비해 성능이 낮은 편이다. 이후에는 그레이디언트 이력을 반영하는 모멘텀momentum과 학습률을 상황에 따라 자동으로 조절하는 적응적 학습률adaptive learning rate을 적용한 다양한 옵티마이저들이 개발되었다. [프로그램 6-1]의 21행은 학습률을 0.001로 설정한 Adam 옵티마이저를 사용하였다. 딥러닝이 주로 사용하는 옵티마이저에 대한 서베이 논문으로 [Kashyap2022], 옵티마이저의 성능을 벤치마킹한 논문으로 [Schmidt2021]을 추천한다.

2. 하이퍼 매개변수 최적화

5.7.2절에서는 강화 학습에서 하이퍼 매개변수의 중요성과 설정 요령을 설명했다. 여기서는 신경망을 강화 학습과 결합할 때 고려해야 할 하이퍼 매개변수 설정 방법을 다룬다.

6.2.1절에서 소개한 활성 함수, 손실 함수, 옵티마이저로 무엇을 쓸지 결정하는 일도 하이퍼 매개변수 설정에 해당한다. 이들에 대해 어떤 것을 쓰기로 결정하면 그에 관련한 하이퍼 매개변수들이 여럿 따라온다. 이런 상황에서 최적의 하이퍼 매개변수를 설정하는 일은 매우 어렵다. 일반적으로 다음 요령에 따라 설정한다. 5.7.2절의 요령과 비슷하다.

- 텐서플로가 제공하는 기본값을 사용한다. 예를 들어 Adam 옵티마이저의 APIapplication programming interface는 텐서플로 사이트의 공식 문서에 다음과 같이 정의되어 있다. 코드에서 보듯이 학습률을 뜻하는 learning_rate를 포함하여 무려 14개의 하이퍼 매개변수가 있는데 다행히 모두 기본값이 설정되어 있다. 텐서플로는 수많은 실험을 통해 좋은 성능이 입증된 값을 기본값으로 제공하므로 관행적으로 이를 신뢰하고 사용한다. [프로그램 6-1] 21행에서 learning_rate를 0.001로 설정했는데 이는 기본값과 같기 때문에 생략해도 된다.

```
keras.optimizers.Adam(learning_rate=0.001, beta_1=0.9, beta_2=0.999, epsilon=1e-07,
amsgrad=False, weight_decay=None, clipnorm=None, clipvalue=None, global_clipnorm=None,
use_ema=False, ema_momentum=0.99, ema_overwrite_frequency=None, loss_scale_factor=None,
radient_accumulation_steps=None, name="adam", **kwargs)
```

- 관행을 습득하고 따른다. 예를 들어 Adam, Adagrad, RMSprop은 전통적인 SGD보다 우수하다고 알려져 있다. 이중에서도 특히 Adam이 우수하다는 실험 결과가 많이 발표되었기 때문에, Adam을 먼저 적용하여 기준 성능을 확보한 다음 다른 옵티마이저와 비교를 통해 최선을 선택한다.
- 신뢰할 수 있는 논문이나 문서, 웹 사이트에서 제공하는 값을 사용한다. 텐서플로와 케라스 사이트는 많은 예제 프로그램을 제공한다. 이들 예제 프로그램은 충분한 실험을 거쳐 최적에 가까운 하이퍼 매개변수를 설정해 두었으니 참고하면 된다.
- 중요한 하이퍼 매개변수의 경우 직접 실험을 통해 설정한다. 이 경우 같은 실행을 여러 번 수행하여 통계 분석을 통해 선택한 값의 신뢰도를 높여야 한다.

3
신경망을 이용한 Q-러닝

신경망은 앞서 공부한 몬테카를로 방법, Sarsa, Q-러닝에 모두 적용할 수 있다. 방법은 간단하다. 가치 함수나 정책을 표현하는 참조표를 신경망으로 대체하면 된다. 여기서는 이들 학습 알고리즘 중 가장 진보한 Q-러닝에 신경망을 적용한다.

1. 신경망 설계

신경망을 강화 학습에 어떻게 적용할지 CartPole 과업을 예로 들어 생각해본다. [예제 2-3]의 CartPole 과업에 [그림 6-3]의 신경망을 적용할 경우, 입력과 출력은 각각 무엇이 되어야 할까? 이에 대해 답하려면 강화 학습이 다루는 함수에 대해 생각해보아야 한다. 강화 학습에서 주로 다루는 함수는 세 가지다. 상태를 행동 확률로 매핑하는 정책 $\pi(a|s)$, 상태를 가치로 매핑하는 상태 가치 함수 $v(s)$, 상태와 행동 쌍을 가치로 매핑하는 행동 가치 함수 $q(s,a)$이다.

[그림 6-7]은 정책과 상태 가치 함수, 행동 가치 함수 각각에 대해 CartPole 과업을 위한 신경망의 입력과 출력을 설명한다. 모든 함수에서 입력은 상태를 나타내는 벡터다. [예제 2-3]에 따르면 CartPole 과업의 상태는 $(x,\vec{x},d,\vec{d})$=(수레 위치, 수레 속도, 막대 각도, 막대 각속도)로 표현된다.

[그림 6-7(a)]의 정책에서 출력은 행동의 확률이다. 행동은 left와 right 두 가지이므로 출력층에 두 개 노드를 배치한다. 정책의 출력은 확률 분포이기 때문에 합은 1이 되어야 한다. 따라서 출력층의 활성 함수로 softmax를 사용한다. [그림 6-7(b)]의 상태 가치 함수를 위한 신경망의 출력은 가치를 나타내는 값 하나다. [그림 6-7(c)]의 행동 가치 함수를 위한 출력은 left와 right 두 가지다. 가치 함수에서는 가치가 출력이기 때문에 출력층 노드 값의 합이 1일 필요가 없다. 따라서 가치 함수는 출력층의 활성 함수로 보통 linear를 사용한다.

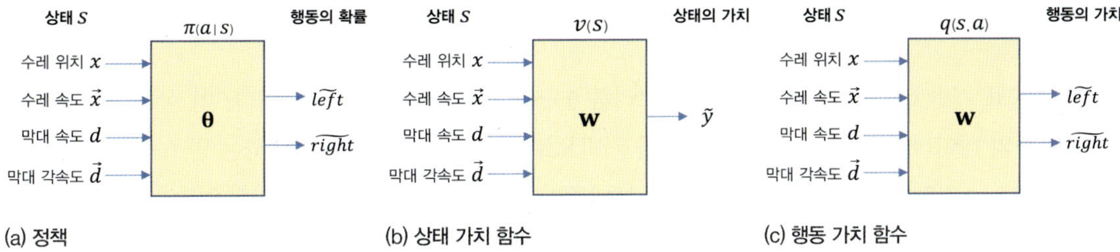

그림 6-7 CartPole 과업에서 함수를 근사하는 신경망 구조

행동 가치 함수 $q(s,a)$는 부연 설명이 필요하다. q 함수의 입력은 상태 s와 행동 a가 결합한 벡터고, 출력은 (s,a)의 가치를 나타내는 스칼라 값이다. 따라서 [그림 6-7(c)]에서는 입력층에 s와 a를 입력하기 위해 6개 노드를 배치하고 출력층에는 노드 하나를 배치하면 된다. 하지만 실제로는 입력층에는 상태에 해당하는 4개 노드를, 출력층에는 행동에 해당하는 2개 노드를 배치한다. 이에 대한 이유는 다음 절의 [그림 6-8]에서 설명한다.

참조표를 버리고 신경망을 채택했을 때 장점에 대해 다시 한번 생각해 볼 때다. 첫째, 신경망의 매개변수 개수는 상태 공간의 크기보다 훨씬 적다. 즉 $|\boldsymbol{\theta}| \ll |S|$다. [그림 6-7(a)]의 신경망에서 은닉 노드를 32개로 설정한다면 $5\times32+33\times2=226$개의 매개변수로 상태 공간과 행동 공간을 모두 표현할 수 있다. 바둑의 경우 19×19 보드를 구성하는 361개의 점이 입력에 해당하기 때문에 입력층은 361개 노드를 가진다. 또한 이들 점 각각이 행동에 해당하기 때문에 출력층도 361개 노드를 가진다. 은닉층에 1024개의 노드를 배치한다면 $362\times1024+1025\times361=740713$개의 매개변수로 모든 상태와 행동을 표현할 수 있다. 서로 다른 상태가 3^{361}개인 무한히 큰 상태 공간을 불과 74만여 개의 매개변수로 표현할 수 있는 것이다. 둘째, 상태 공간이 실수인 과업을 자연스럽게 처리한다. CartPole 과업은 상태를 구성하는 네 변수가 모두 실수인데 신경망은 실수를 자연스럽게 처리하기 때문에 참조표 기반 Q-러닝과 달리 상태 공간을 이산화할 필요가 없다. 셋째, 다양한 신경망 모델을 활용할 수 있다. CartPole과 같이 단순한 과업의 경우 [그림 6-3(a)]의 다층 퍼셉트론을 사용하면 되고, 퐁 아타리 게임이나 바둑과 같이 복잡한 과업의 경우 층을 깊이 쌓은 딥러닝 모델을 이용하면 된다. 딥러닝은 7장에서 소개한다. 또한 신경망 모델의 설계와 학습을 지원하는 텐서플로 같은 무료 라이브러리가 있어 손쉽게 구현할 수 있다.

신경망을 강화 학습에 적용하는 데 가장 중요하고 어려운 일은 신경망을 학습하는 데 사용할 훈련 데이터를 확보하는 것이다. 사람이 정답 레이블을 달아주는 지도 학습과 달리 자신이 생성한 데이터로 스스로 학습하는 강화 학습에서는 신경망 학습에 사용할 훈련 데이터를 어떻게 설계할지에 대해 세심한 주의를 기울여야 한다. 다음 절은 한 순간의 데이터에서 훈련 샘플을 추출하고 이 샘플로 신경망을 학습하는 과정을 상세히 설명한다.

2. 한 순간의 학습 과정

식 (5.8)은 표 기반 Q-러닝 알고리즘인 [알고리즘 5-3]이 사용하는 핵심 공식이다. 이 식은 에피소드에서 한 순간의 데이터에 해당하는 $s-a-r-s'$를 기반으로 상태 s와 행동 a에 해당하는 참조표의 칸 $q(s,a)$를 개선한다. 식 (5.1)은 이 순간의 데이터를 보여준다. 신경망도 이 데이터를 바탕으로 학습해야 한다. 식 (6.6)은 Q-러닝의 핵심 공식인 식 (5.8)을 신경망 학습 관점에서 다시 표현한 것이다. 행동 가치 함수 q가 매개변수 집합 $\mathbf{w}$로 표현된다는 사실을 강조하기 위해 $q_{\mathbf{w}}$로 표기한다.

$$q_{\mathrm{w}}(s,a) = q_{\mathrm{w}}(s,a) + \rho\left(\underbrace{\left(r + \gamma \max_{\hat{a}} q_{\mathrm{w}}(s',\hat{a})\right)}_{\text{목푯값}} - \underbrace{q_{\mathrm{w}}(s,a)}_{\text{신경망 예측}}\right) \tag{6.6}$$

식 (6.6)에서 신경망 학습에 사용되는 정보는 무엇일까? 식 (6.6)의 오른쪽 변에서 $q_{\mathbf{w}}(s,a)$는 현재 신경망 $\mathbf{w}$가 출력한 값으로, 식 (6.2)를 적용하여 얻은 전방 계산 결과인 $\tilde{\mathbf{y}}$에 해당한다. 반면 $r+\gamma\max_{\hat{a}}q_{\mathbf{w}}(s',\hat{a})$항은 학습 알고리즘이 도달해야 할 목표에 해당한다. [그림 5-9]는 이런 관계를 설명한다. 이런 사실에 근거하여 $r+\gamma\max_{\hat{a}}q_{\mathbf{w}}(s',\hat{a})$을 참값, $q_{\mathbf{w}}(s,a)$를 신경망의 예측 값으로 간주한다. 식 (6.4)의 MSE 손실 함수에서 $r+\gamma\max_{\hat{a}}q_{\mathbf{w}}(s',\hat{a})$은 $\mathbf{y}$, $q_{\mathbf{w}}(s,a)$는 $\tilde{\mathbf{y}}$에 해당한다. s'가 종료 상태면 행동을 취하지 않고 끝나기 때문에 $\max_{\hat{a}}q_{\mathbf{w}}(s',\hat{a})=0$이다.

이제 행동 가치 함수 $q(s,a)$를 구현하는 신경망을 설계한다. 함수 q는 $q:(s,a)\rightarrow y$로 표현할 수 있는데 y는 상태 s에서 행동 a를 취했을 때 얻을 수 있는 가치, 즉 이득을 뜻하는 스칼라 값이다. [그림 6-8(a)]는 이런 입출력 구조를 반영한 신경망을 보여준다. 상태와 행동을 나타내는 변수는 각각 j개와 k개라고 가정한다. CartPole 과업에서는 $j=4$, $k=2$고, Blackjack 과업에서는 $j=3$, $k=2$다. 강화 학습에 신경망을 도입한 초기에는 주로 [그림 6-8(a)]의 구조를 사용하였다[Riedmiller2005]. 그런데 이 구조는 계산량이 많은 문제를 안고 있다. $\max_{\hat{a}}q_{\mathbf{w}}(s',\hat{a})$을 계산할 때 행동 각각에 대해 전방 계산을 수행해야 하므로 k번 전방 계산을 하기 때문이다. 이런 단점을 보완하려고 [Mnih2013]을 포함하여 이후에 나온 논문은 입력층에 j개 노드, 출력층에 k개 노드를 배치한 [그림 6-8(b)]의 구조를 사용한다. 이 구조에서는 한 번의 전방 계산으로 $\max_{\hat{a}}q_{\mathbf{w}}(s',\hat{a})$을 계산할 수 있다.

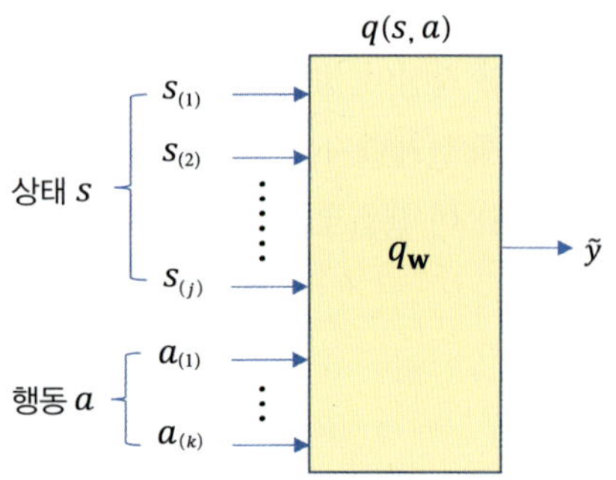

(a) 비효율적인 구조

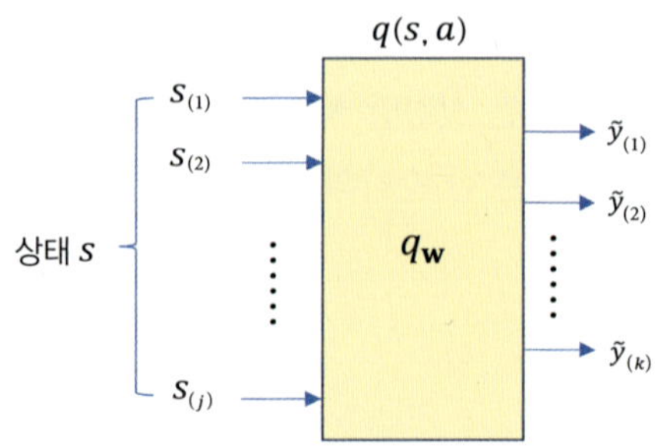

(b) 효율적인 구조

그림 6-8 행동 가치 함수를 구현하는 신경망 구조

지금까지 식 (6.6)이 사용할 학습 샘플을 추출하는 방법과, 이 샘플을 가지고 학습할 신경망 구조를 설계했다. 이제 샘플을 가지고 [그림 6-8(b)]의 신경망을 어떻게 학습할지 살펴본다. 식 (6.6)에서 목푯값(참값)에 해당하는 $r+\gamma\max_{\hat{a}} q_{\mathbf{w}}(s',\hat{a})$는 스칼라 값인데 [그림 6-8(b)]의 신경망은 벡터를 출력한다. 이 값을 출력 벡터에 어떻게 반영할까?

식 (6.6)은 순간 t와 다음 순간 $t+1$에서 이루어지는 학습 과정을 나타낸다. [그림 6-9]는 이 순간의 학습 과정을 신경망과 연관 지어 상세하게 설명한다. 현재 신경망 매개변수를 $\mathbf{w}$라고 한다.

① 신경망 $q_{\mathbf{w}}$에 현재 순간 t의 상태 s를 입력하여 가치(이득) 추정치 $\tilde{\mathbf{y}}$을 구한다. $\tilde{\mathbf{y}}$은 k개 행동 각각의 가치를 나타내는 벡터다.

② $\tilde{\mathbf{y}}$에서 최대인 행동 a를 정한다. 탐욕 선택을 사용하는 셈이다.

③ a를 실행하여 다음 순간의 상태 s'와 보상 r을 구한다.

④ s를 $\mathbf{x}$, $\tilde{\mathbf{y}}$을 $\mathbf{y}$에 저장하여 훈련 샘플 $(\mathbf{x},\mathbf{y})$를 수집한다.

⑤ 신경망 $q_{\mathbf{w}}$에 다음 순간 $t+1$의 상태 s'를 입력하여 $\tilde{\mathbf{y}}'$를 구한다.

⑥ ④행에서 수집한 훈련 데이터 $(\mathbf{x},\mathbf{y})$를 수정하는데, 이때 벡터 $\mathbf{y}$에서 행동 a에 해당하는 요소를 참값으로 바꾼다. 참값으로 식 (6.6)에 따라 s'가 종료 상태면 r, 그렇지 않으면 $r+\gamma\max(\tilde{\mathbf{y}}')$를 취한다.

⑦ $(\mathbf{x},\mathbf{y})$를 훈련 샘플로 써서 $q_{\mathbf{w}}$를 학습한다.

⑧ s를 s'로 대체하여 다음 순간을 준비한다.

① $\tilde{\mathbf{y}} = q_{\mathbf{w}}(s)$

② $a = \text{argmax}(\tilde{\mathbf{y}})$

③ $s', r = \text{env.step}(a)$

④ $\mathbf{x} = s,\ \mathbf{y} = \tilde{\mathbf{y}}$

⑤ $\tilde{\mathbf{y}}' = q_{\mathbf{w}}(s')$

⑥ $\mathbf{y}[a] = \begin{cases} r, & s'\text{가 종료 상태} \\ r + \gamma\max(\tilde{\mathbf{y}}'), & \text{그렇지 않으면} \end{cases}$

⑦ $(\mathbf{x},\mathbf{y})$를 훈련 데이터로 써서 $q_{\mathbf{w}}$ 학습

⑧ $s = s'$

그림 6-9 식 (6.6)에 기반한 한 순간의 학습 과정

3. Q-러닝 학습 알고리즘

[알고리즘 6-1]은 앞 절에서 설명한 모든 요소를 통합한 신경망 기반 Q-러닝 알고리즘이다. 이해를 돕기 위해 [그림 6-9]의 ①~⑧의 과정을 알고리즘의 주석문에 표시한다.

1행은 행동 가치 함수를 위한 신경망 q의 매개변수 $\mathbf{w}$를 초기화한다. 2~13행을 반복하면서 훈련 샘플을 생성하고 $\mathbf{w}$를 개선한다. 3행은 에피소드를 시작하고 초기 상태를 s에 저장한다. 5행은 신경망 $q_{\mathbf{w}}$에 상태 s를 입력하고 전방 계산을 수행하고, 결과를 $\tilde{\mathbf{y}}$에 저장한다. $\tilde{\mathbf{y}}$은 k개 행동 각각에 대한 가치를 가진 벡터다. 6~7행은 탐험과 탐사 균형을 위해 ε-탐욕을 적용하여 행동 a를 결정한다. 8행은 a를 실행하여 다음 상태 s'와 보상 r을 결정한다. 9행은 훈련 샘플을 초기화하고, 10~11행은 참값에 따라 훈련 샘플을 수정한다. 12행은 옵티마이저를 이용하여 신경망 학습을 수행한다. 13행은 다음 순간으로 넘긴다. 14~15행은 q_*로부터 π_*를 결정하는 단계다.

알고리즘 6-1 신경망을 사용한 Q-러닝

입력: 과업

출력: 최적 행동 가치 신경망 q_*와 최적 정책 π_*

1 행동 가치 함수를 위한 신경망 q의 가중치 $\mathbf{w}$를 초기화한다.
2 while (not 수렴 조건)
3 　s를 초기 상태로 설정한다. // 새로운 에피소드 시작
4 　while (s가 종료 상태가 아니면)
5 　　$\tilde{\mathbf{y}}=q_{\mathbf{w}}(s)$ // ① 신경망의 전방 계산($\tilde{\mathbf{y}}$은 k개 값을 가진 벡터)
6 　　if random([0,1])<ε, 랜덤하게 행동 a 선택 // ε-탐욕 적용
7 　　else $a=\text{argmax}(\tilde{\mathbf{y}})$ // ② 탐욕 선택
8 　　a를 실행하여 다음 상태 s'와 보상 r을 얻는다. // ③ env.step(a)
9 　　$\mathbf{x}=s$; $\mathbf{y}=\tilde{\mathbf{y}}$ // ④ 훈련 샘플 초기화
10 　　$\tilde{\mathbf{y}}'=q_{\mathbf{w}}(s')$ // ⑤ 다음 순간 예측
11 　　$\mathbf{y}_{[a]}=\begin{cases} r, & s'\text{가 종료 상태} \\ r+\gamma\max(\tilde{\mathbf{y}}'), & \text{그렇지 않으면} \end{cases}$ // ⑥ $\mathbf{y}$의 a번째 요소를 갱신하여 샘플 확정
12 　　$(\mathbf{x},\mathbf{y})$를 훈련 데이터로 사용하여 $\mathbf{w}$를 개선한다. // ⑦ 신경망 q를 학습
13 　　$s=s'$ // ⑧ 다음 순간으로 넘어감
14 for $s\in\mathcal{S}$ // 최적 행동 가치 함수로부터 최적 정책 구하기(선택적)
15 　$\pi(s)=\text{argmax}_a q_{\mathbf{w}}(s,a)$
16 return $q_{\mathbf{w}}$, π // q_*와 π_*를 반환

14~15행에 대한 추가 설명이 필요하다. CartPole처럼 상태 공간이 연속인 과업은 14행에서 상태 s를 나열할 수 없기 때문에 이 과정을 실행하는 것이 불가능하다. 이러한 경우에는 시험 단계에서 $\text{argmax}_a q_{\mathbf{w}}(s,a)$를 직접 계산하여 행동을 결정하면 된다. 반면 Blackjack처럼 상태 공간이 이산인 경우에는 14~15행을 적용할 수 있다. 이 경우 π를 결정하고 시험 단계에서 π를 사용해도 되고 π를 결정하지 않고 시험 단계에서 $\text{argmax}_a q_{\mathbf{w}}(s,a)$를 직접 계산해도 된다.

4
신경망 기반 Q-러닝 구현: CartPole 과업

이 절에서는 [알고리즘 6-1]을 CartPole 과업에 적용하는 프로그래밍 실습을 수행한다. 이 실습은 이 책에서 신경망을 강화 학습에 도입한 첫 실습이다.

1. 프로그래밍 실습: CartPole 학습

[프로그램 6-2]는 CartPole 과업에 대해 [알고리즘 6-1]을 구현한다. 8~12행은 하이퍼 매개변수를 설정한다. 9~11행은 ε 스케줄링에 관련된 하이퍼 매개변수다. 16~22행의 build_network 함수는 다층 퍼셉트론 신경망을 만들어 반환한다. 17행은 Sequential 함수로 신경망 모델을 생성하고, 18행은 입력층의 노드 개수를 상태 공간의 차원 $|\mathcal{S}|$, 은닉층의 노드 개수를 32로 설정한 완전연결층을 쌓는다. 활성 함수로 relu를 사용한다. 19행은 노드가 32개인 은닉층을 하나 더 쌓는다. 20행은 활성 함수가 linear인 출력층을 쌓는다. 노드 개수는 행동의 가지 수, 즉 [그림 6-8(b)]에서 k로서 CartPole에서는 2다. 21행은 손실 함수로 MSE를 사용하고, 옵티마이저로 Adam을 사용하라고 지시한다.

24행부터 메인 부분이다. 24행은 CartPole-v1 과업을 환경 env로 설정한다. 25행은 상태 공간 차원을 s_dim, 26행은 행동 공간 차원을 a_dim에 저장한다. 28행은 build_network를 호출하여 다층 퍼셉트론을 만들고 model 변수에 저장한다. 30~61행은 참조표를 사용하는 [프로그램 5-9]와 처리 절차가 비슷하다. 단지 참조표를 통해 학습하던 방식이 신경망 기반으로 바뀐 것뿐이다. 바뀐 부분을 음영 표시하고 그 부분만 설명한다. 35행은 predict 함수로 신경망의 예측값을 구해 y_ 변수에 저장한다. [그림 6-9]의 단계 ①에 해당한다. 상태 s를 신경망 입력에 맞추기 위해 s.reshape([1,4])로 변환한다. 신경망은 [샘플 개수,샘플 차원] 형태의 배열을 입력받는데, 여기서는 샘플이 한 개이므로 [1,4] 모양으로 변환한다. 매개변수 verbose=0 설정은 predict 함수에게 예측 과정에서 발생하는 정보를 출력하지 말라고 지시한다. predict 함수는 실행 결과로 [샘플 개수,샘플 차원] 형태의 배열을 반환하기 때문에 맨 뒤에 [0]을 붙였다. 41행은 [그림 6-9]의 단계 ④에 해당하고 42행은 ⑤에 해당한다. 44~47행은 ⑥, 49행은 ⑦에 해당한다. 63행은 학습을 마친 신경망을 나중에 쓰기 위해 파일에 저장한다.

프로그램 6-2 신경망 기반 Q-러닝(CartPole 과업의 학습)

```
import numpy as np
import gymnasium as gym
from tensorflow.keras.models import Sequential
from tensorflow.keras.layers import Dense
from tensorflow.keras.optimizers import Adam
import matplotlib.pyplot as plt

gamma=0.99 # 할인율
eps=1.0
eps_decay=0.9999
eps_min=0.05
n_episode=2000

greedy_select=lambda x:np.random.choice(np.argwhere(x==np.max(x)).flatten())

def build_network(): # 신경망 만들기(MLP)
    mlp=Sequential()
    mlp.add(Dense(32,input_dim=s_dim,activation='relu'))
    mlp.add(Dense(32,activation='relu'))
    mlp.add(Dense(a_dim,activation='linear'))
    mlp.compile(loss='MSE',optimizer=Adam(learning_rate=0.01))
    return mlp

env=gym.make('CartPole-v1')
s_dim=env.observation_space.shape[0] # 상태 공간 차원
a_dim=env.action_space.n # 행동 공간 차원

model=build_network() # 신경망 생성

epi_length=[] # 에피소드의 길이
for i in range(n_episode): # 신경망 학습
    s,info=env.reset()
    length=0
    while True:
        y_=model.predict(s.reshape([1,s_dim]),verbose=0)[0]
        if np.random.random()<eps:
            a=np.random.randint(0,a_dim)
        else:
            a=greedy_select(y_)
        s1,r,terminated,truncated,info=env.step(a)
        x=s; y=y_
        y1_=model.predict(s1.reshape([1,s_dim]),verbose=0)[0]

        if terminated:
            y[a]=r
```

```
        else:
            y[a]=r+gamma*np.max(y1_)

        model.fit(x.reshape([1,s_dim]),y.reshape([1,a_dim]),batch_size=1,epochs=1,verbose=0)

        s=s1
        length+=1
        eps=max(eps_min,eps*eps_decay) # 엡실론 스케줄링

        if terminated or truncated:
            epi_length.append(length)
            break

    if np.min(epi_length[-5:])>=env.spec.max_episode_steps: # 연속 5번 최대 길이 넘으면 수렴
        break
    if (i+1)%10==0: print(i+1,'번째 에피소드 길이:',np.mean(epi_length[-10:]))

model.save('./f6-2.keras') # 신경망 저장
env.close()

plt.plot(range(1,len(epi_length)+1),epi_length) # 수렴 곡선 그리기
smooth=np.convolve(epi_length,10*[0.1],mode='valid')
plt.plot(range(1,len(smooth)+1),smooth)
plt.title('Convergence of Q-network for CartPole-v1')
plt.ylabel('Score')
plt.xlabel('Episode')
plt.grid()
plt.show()
```

```
10 번째 에피소드 길이: 14.2
20 번째 에피소드 길이: 16.8
30 번째 에피소드 길이: 26.3
…
380 번째 에피소드 길이: 34.4
390 번째 에피소드 길이: 226.1
400 번째 에피소드 길이: 172.4
…
410 번째 에피소드 길이: 182.0
```

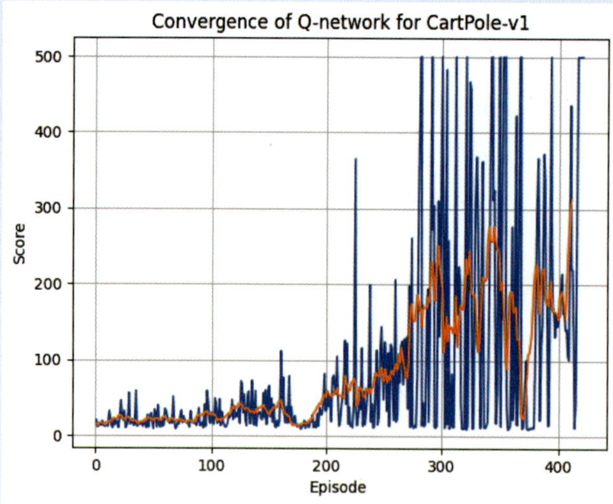

프로그램 실행 결과를 살펴보자. 수렴에 도달할 때까지 변동이 매우 심함을 확인할 수 있다. 특히 일정 수준까지 성능이 향상되다가 다시 급격히 떨어지는 현상이 자주 나타난다. 이런 현상은 주로 치명적 망각catastrophic forgetting이라 불리는 현상으로, 학습 중 기존에 익힌 지식이 새로운 지식에 의해 덮여서 발생한다. 이러한 현상의 원인과 해결 방법에 대해서는 6.6절에서 자세히 설명하며, 관련 논문도 함께 소개한다.

2. 프로그래밍 실습: CartPole 시험

[프로그램 6-3]은 학습을 마친 신경망으로 CartPole 과업에 대해 시험을 수행한다. 6행은 [프로그램 6-2]가 저장해놓은 신경망을 불러온다. 11~24행은 초기 상태에서 시작하여 에피소드 하나를 시뮬레이션한다. 19~20행은 OpenCV를 이용하여 렌더링을 수행한다.

프로그램 6-3 **CartPole 과업 시험**

```
1   import gymnasium as gym
2   import numpy as np
3   from tensorflow.keras.models import load_model
4   import cv2 as cv
5
6   model=load_model('./f6-2.keras') # 신경망 불러옴
7
8   env=gym.make("CartPole-v1",render_mode='rgb_array')
9   s_dim=env.observation_space.shape[0] # 상태 공간 차원
10
11  length=0
```

```
s,info=env.reset()
while True:
    q=model.predict(np.reshape(s,[1,s_dim]),verbose=0) # 신경망이 예측한 행동
    a=np.argmax(q[0])
    s,r,terminated,truncated,info=env.step(a)
    length+=1

    cv.imshow('CartPole animation',cv.cvtColor(env.render(),cv.COLOR_BGR2RGB))
    key=cv.waitKey(100)

    if terminated or truncated:
        print("에피소드의 점수:",length)
        break

env.close()

if cv.waitKey()==ord('q'):
    cv.destroyAllWindows()
```

```
에피소드의 점수: 500
```

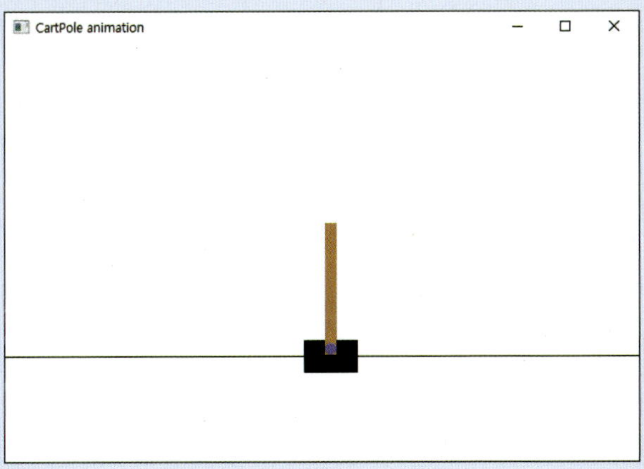

프로그램 실행 결과를 살펴보면, 목표 상태인 500 순간까지 성공적으로 진행했음을 알 수 있다.

5

신경망 기반 Q-러닝 구현: Blackjack 과업

[알고리즘 6-1]을 Blackjack 과업에 적용하는 프로그래밍 실습을 수행해보자. Blackjack 과업에 대해서는 5.5절을 참조한다. Blackjack의 상태 공간은 이산적이다. 당연히 신경망은 이산적 상태 공간을 다룰 수 있다.

1. 프로그래밍 실습: Blackjack 학습

[프로그램 6-4]는 Blackjack 과업에 [알고리즘 6-1]을 적용한다. 이 프로그램은 CartPole을 위한 [프로그램 6-2]와 매우 흡사하기 때문에 설명을 생략한다.

프로그램 6-4 Blackjack 학습

```
import numpy as np
import gymnasium as gym
from tensorflow.keras.models import Sequential
from tensorflow.keras.layers import Dense
from tensorflow.keras.optimizers import Adam
import tqdm

gamma=0.99 # 할인율
eps=1.0
eps_decay=0.9999
eps_min=0.05
n_episode=10000

greedy_select=lambda x:np.random.choice(np.argwhere(x==np.max(x)).flatten())

def build_network(): # 신경망 만들기(MLP)
    mlp=Sequential()
    mlp.add(Dense(32,input_dim=s_dim,activation='relu'))
    mlp.add(Dense(32,activation='relu'))
```

```python
    mlp.add(Dense(a_dim,activation='linear'))
    mlp.compile(loss='MSE',optimizer=Adam(learning_rate=0.01))
    return mlp

env=gym.make('Blackjack-v1', render_mode='rgb_array')
s_dim=len(env.observation_space) # 상태 공간 차원
a_dim=env.action_space.n # 행동 공간 차원

model=build_network() # 신경망 생성

for i in tqdm.tqdm(range(n_episode)): # 신경망 학습
    s,info=env.reset()
    while True:
        y_=model.predict(np.array(s).reshape([1,s_dim]),verbose=0)[0]
        if np.random.random()<eps:
            a=np.random.randint(0,env.action_space.n)
        else:
            a=greedy_select(y_)
        s1,r,terminated,truncated,info=env.step(a)
        x=s; y=y_
        y1_=model.predict(np.array(s1).reshape([1,s_dim]),verbose=0)[0]

        if terminated:
            y[a]=r
        else:
            y[a]=r+gamma*np.max(y1_)

        model.fit(np.array(x).reshape([1,s_dim]),y.reshape([1,a_dim]),batch_size=1, epochs=1,verbose=0)

        s=s1
        eps=max(eps_min,eps*eps_decay) # 엡실론을 조금씩 줄임

        if terminated or truncated:
            break

model.save('./f6-4.keras') # 신경망 저장
env.close()
```

```
100%|██████████| 10000/10000 [29:15<00:00,  5.70it/s]
```

프로그램 실행 결과 또한 [프로그램 5-4]의 결과와 비슷하기 때문에 설명을 생략한다.

2. 프로그래밍 실습: Blackjack 수익 추정

[프로그램 6-5]는 신경망 기반 Q-러닝으로 학습한 q 함수에 대해 충분히 많은 게임을 반복함으로써 수익률을 추정한다. [프로그램 5-6]과 매우 비슷하기 때문에 달라진 곳을 음영 표시하고 설명은 생략한다.

프로그램 6-5 Blackjack 수익 추정

```
import gymnasium as gym
import numpy as np
from tensorflow.keras.models import load_model
import tqdm

n_game=10000 # 게임 횟수

greedy_select=lambda x:np.random.choice(np.argwhere(x==np.max(x)).flatten())

env=gym.make('Blackjack-v1', render_mode='rgb_array')
s_dim=len(env.observation_space)

q=load_model('f6-4.keras') # 신경망 기반 Q-러닝으로 학습한 q 함수의 수익 분석
n_win,n_lose,n_draw=0,0,0
for i in tqdm.tqdm(range(n_game)):
    s,info=env.reset()
    while True:
        y_=q.predict(np.array(s).reshape([1,s_dim]),verbose=0)[0]
        a=greedy_select(y_)
        s,r,terminated,truncated,info=env.step(a)
        if terminated or truncated:
            if r==1: n_win+=1
            elif r==-1: n_lose+=1
            elif r==0: n_draw+=1
            break
print('\n신경망 기반 Q-러닝으로 학습한 에이전트: 승=',n_win,'패=',n_lose,'비김=',n_draw)

env.close()
```

```
100%|██████████| 10000/10000 [10:38<00:00, 15.66it/s]
신경망 기반 Q-러닝으로 학습한 에이전트: 승= 4098 패= 4994 비김= 908
```

프로그램 실행 결과를 살펴보자. 1만 번의 게임을 수행하여 4098번 이기고 4994번 졌으며 908번 비겼다. 결과적으로 1만 달러를 가지고 시작하여 주머니에 남은 돈은 10000+4098−4994=9104달러다. 참조표 기반 Q-러닝을 사용하는 [프로그램 5-6]은 9498 달러가 남았기 때문에, 이 실험 결과만 가지고 판단했을 때 신경망은 참조표보다 불리하다. [프로그램 6-4]의 12행에서 n_episode를 늘려 더 오래 학

습했을 때 성능 향상이 있는지를 분석하는 일은 연습문제로 남긴다.

3. 프로그래밍 실습: 신경망 기반 행동 가치 함수의 똑똑함 분석

[프로그램 6-6]은 행동 가치 함수를 표현한 신경망의 동작을 확인한다. 이 프로그램은 표 기반으로 구현했던 [프로그램 5-7]과 동일한 실험을 수행한다. 단지 참조표 분석이 신경망 분석으로 바뀐 것뿐이다.

프로그램 6-6 Q 함수 해석

```
import gymnasium as gym
import numpy as np
from tensorflow.keras.models import load_model

env=gym.make('Blackjack-v1', render_mode='rgb_array')
s_dim=len(env.observation_space) # 상태 공간 차원

q=load_model('f6-4.keras') # 신경망 불러오기

print(3*' '+'상태'+5*' '+'스틱'+4*' '+'히트'+8*' '+'상태'+5*' '+'스틱'+4*' '+'히트')
dealer_card=8
for player in range(1,22):
    not_usable_ace=(player,dealer_card,0)
    usable_ace=(player,dealer_card,1)
    Q=q.predict(np.array(not_usable_ace).reshape([1,s_dim]),verbose=0)[0]
    q0_stick=Q[0]
    q0_hit=Q[1]
    Q=q.predict(np.array(usable_ace).reshape([1,s_dim]),verbose=0)[0]
    q1_stick=Q[0]
    q1_hit=Q[1]
    print(not_usable_ace,'%7.4f %7.4f'%(q0_stick,q0_hit),'  ',end='')
    print(usable_ace,'%7.4f %7.4f'%(q1_stick,q1_hit))
```

```
상태        스틱     히트      상태        스틱     히트
(1, 8, 0) -0.9100 -0.1648   (1, 8, 1) -0.8329 -0.1991
(2, 8, 0) -0.7395 -0.1573   (2, 8, 1) -0.7013 -0.1839
(3, 8, 0) -0.6670 -0.1564   (3, 8, 1) -0.6674 -0.1591
(4, 8, 0) -0.6670 -0.1564   (4, 8, 1) -0.6670 -0.1564
(5, 8, 0) -0.6670 -0.1564   (5, 8, 1) -0.6670 -0.1564
(6, 8, 0) -0.6670 -0.1564   (6, 8, 1) -0.6670 -0.1564
(7, 8, 0) -0.6670 -0.1564   (7, 8, 1) -0.6670 -0.1564
(8, 8, 0) -0.6670 -0.1564   (8, 8, 1) -0.6670 -0.1564
(9, 8, 0) -0.6670 -0.1564   (9, 8, 1) -0.6670 -0.1564
(10, 8, 0) -0.6670 -0.1564   (10, 8, 1) -0.6670 -0.1564
```

```
(11, 8, 0) -0.6670 -0.1564   (11, 8, 1) -0.6670 -0.1564
(12, 8, 0) -0.6670 -0.1564   (12, 8, 1) -0.6670 -0.1564
(13, 8, 0) -0.5519 -0.1673   (13, 8, 1) -0.5172 -0.1706
(14, 8, 0) -0.3898 -0.1826   (14, 8, 1) -0.3550 -0.1859
(15, 8, 0) -0.2276 -0.1979   (15, 8, 1) -0.1929 -0.2012
(16, 8, 0) -0.0655 -0.2133   (16, 8, 1) -0.0307 -0.2165
(17, 8, 0)  0.0967 -0.2286   (17, 8, 1)  0.1314 -0.2319
(18, 8, 0)  0.2588 -0.2439   (18, 8, 1)  0.2936 -0.2472
(19, 8, 0)  0.4210 -0.2592   (19, 8, 1)  0.4557 -0.2625
(20, 8, 0)  0.5831 -0.2746   (20, 8, 1)  0.6179 -0.2779
(21, 8, 0)  0.7453 -0.2899   (21, 8, 1)  0.7800 -0.2932
```

프로그램 실행 결과를 살펴보면, 발생할 수 없는 (1,8,0)과 (2,8,0), (1,8,1) 등의 상태에서도 신경망은 추정값을 출력한다. 이를 통해 신경망에서는 어떤 상태에 대한 학습이 다른 모든 상태에 영향을 준다는 사실을 확인할 수 있다. [프로그램 5-7]의 결과에서는 발생 불가능한 상태의 값이 (0,0)으로 남아 있는 것과 대조적이다. 에이스 카드가 없는 경우에는 (1,8,0)~(15,8,0)까지는 히트를 선택하고 (16,8,0)~(21,8,0)은 스틱을 선택한다. 이 선택은 [프로그램 5-7]의 정책과 동일하다. 에이스가 있는 경우에는 (1,8,1)~(14,8,1)까지는 히트를 선택하고 (15,8,1)~(21,8,1)은 스틱을 선택한다. [프로그램 5-7]의 정책에서는 (12,8,1)~(17,8,1)까지는 히트를 선택하고 (18,8,1)~(21,8,1)은 스틱을 선택한다. 신경망을 사용한 [프로그램 6-6]과 참조표를 사용하는 [프로그램 5-7]은 (15,8,1)~(17,8,1)의 세 상태에서 다른 선택을 한다. 어느 것이 더 유리한지 분석하는 일은 연습문제로 남긴다.

6

신경망에 대한 논쟁과 새로운 길

신경망을 강화 학습에 도입한다는 생각은 혁신적이다. 1.3.1절에서 소개한 백개먼과 퐁 아타리 게임, 바둑에서 강화 학습이 인간을 이길 수 있는 힘은 모두 신경망에서 나왔다. 하지만 신경망이 강화 학습에 처음 도입되던 1990년대에는 신경망의 긍정적 측면과 부정적 측면을 둘러싼 논쟁이 활발하였다.

지도 학습에서는 신경망이 도달해야 할 목표 지점이 명확하다. 훈련 집합에 있는 샘플 (x,y)에서 참값에 해당하는 y가 목표 지점을 알려준다. 지도 학습 알고리즘은 그 목표를 향해 계속 접근하면 된다. 반면 강화 학습에서는 학습 대상인 정책이 자신이 직접 생성한 데이터로 자신을 학습한다. 이로 인해 [그림 5-9]가 보여주는 것처럼 학습 도중 수시로 변하는 순간 목표가 주어진다. 이런 특성을 갖는 강화 학습에서 신경망은 원활하게 수렴할까? 1990년대에는 과업의 종류나 연구자가 설정한 하이퍼 매개변수에 따라 수렴 여부가 들쭉날쭉한 현상이 지배적이었다.

Tsitsiklis의 연구 결과는 혼란스러운 상황을 정리하는 계기가 된다[Tsitsiklis1997]. 이 연구에서는 단순한 과업에 선형 근사 방법을 적용하는 경우 수렴을 보장할 수 있지만, 비선형 근사 방법은 수렴 대신 발산할 수 있다는 정리를 제시한다. 신경망은 비선형 활성 함수를 사용하기 때문에 비선형 근사 방법에 속한다. 따라서 신경망을 강화 학습에 활용할 때는 신경망 구조와 하이퍼 매개변수 설정에 주의를 기울여야 한다는 결론을 끌어낸다.

학습 과정에 나타나는 가장 두드러진 현상은 성능이 갑자기 붕괴되는 것이다. [프로그램 6-2]의 실행 결과는 이러한 현상을 잘 보여준다. 지도 학습을 수행하는 [프로그램 6-1]의 학습 곡선과 비교하면 성능 붕괴 현상은 극적이다. 성능 붕괴는 주로 치명적 망각catastrophic forgetting때문에 발생하는 것으로 알려져 있다[McCloskey1989]. 어떤 상태에 대해 참조표를 갱신하면 해당 상태에서만 변화가 일어나기 때문에 참조표 방식은 지역적이다. 반면 신경망에서는 어떤 상태에 대해 학습을 수행하면 다른 모든 상태에 영향을 미친다. 따라서 신경망의 학습은 전역적이다. 에피소드에 특정 영역의 상태들이 집중적으로 발생하면 신경망 학습 알고리즘은 그 영역에 유리하게 가중치를 갱신할 수 있다. 결과적으로 해당 영역의 상태에 대한 추정값은 정확해지는 반면 다른 영역의 값은 오히려 부정확해질 수 있다. 다시 말해 다른 영역에 대해 이전에 학습한 내용을 망각할 가능성이 있다. 망각의 정도가 심하면 갑자기 성능이 떨어지는데 이때 치명적 망각이 발생했다고 말한다. Atkinson은 치명적 망각을 누그러뜨리는 방법을 제안하고 퐁 아타리 게임에 적용하여 효과를 입증하였다[Atkinson2021].

강화 학습의 발전은 두 가지 주요 흐름으로 나눌 수 있다. 첫 번째 흐름은 학습 알고리즘 자체의 개선이다. 가장 두드러진 혁신은 가치 함수가 주연인 Sarsa와 Q-러닝 계열의 방법론에서 정책이 주연인 정책 기반 방법론으로 전환하면서 일어난다. 정책 기반 학습 알고리즘은 8~11장에서 소개한다.

두 번째 흐름은 데이터를 보다 효율적으로 활용하는 방법에 대한 연구다. [알고리즘 6-1]과 그것을 구현한 [프로그램 6-2]는 다층 퍼셉트론과 Q-러닝을 단순 결합한 바닐라 버전이다.[1] [알고리즘 6-1]은 12행에서 그 순간에 발생한 한 단위의 데이터를 가지고 신경망을 학습한다. 그리고 사용한 데이터를 즉시 버리므로 데이터 효율data efficiency이 매우 낮다. 낮은 데이터 효율은 신경망의 수렴에 부정적인 영향을 미친다. 데이터 효율을 증대하는 가장 쉬운 방법은 데이터가 발생하면 메모리에 저장해두었다가 필요할 때 적절한 크기만큼 꺼내 쓰는 것이다. 7장은 이 아이디어를 구현하는 리플레이 메모리 기법을 사용한다.

1 보통 단순한 초기 형태를 바닐라 버전이라 부른다.

연습문제

1 강화 학습의 학습 곡선(예를 들어, [프로그램 6-2]의 실행 결과)은 지도 학습의 학습 곡선(예를 들어, [프로그램 6-1]의 학습 곡선)에 비해 훨씬 불안정하다. 그 이유를 설명하시오.

2 [프로그램 6-2]의 18행에 있는 Dense 함수의 API를 쓰고, 각 매개변수가 의미하는 바를 설명하시오.

3 [프로그램 6-4]에서 n_episode를 늘려 더 오래 학습했을 때 성능 향상이 있는지 분석하시오.

4 Blackjack 과업에 대해, 신경망으로 학습한 정책의 실행 결과([프로그램 6-6]의 실행 결과)를 잘 살펴보면 참조표를 사용하여 학습한 정책의 실행 결과([프로그램 5-7]의 실행 결과)와 (15,8,1)~(17,8,1)의 세 상태에서 다른 선택을 한다. 어느 것이 더 유리한지 평가하시오.

5 1990년대에는 강화 학습에 신경망을 사용하는 접근방법에 대한 긍정적인 측면과 부정적인 측면에 대한 논쟁이 뜨거웠다.

(1) 신경망의 부정적인 측면을 체계적으로 분석한 대표적인 논문으로 [Thrun1993]과 [Boyan1994]가 있다.[2] 두 논문의 주장과 기여한 바를 요약하시오.

(2) 이런 논쟁 속에서 탄생한 TD-Gammon[Tesauro1995][3]가 강화 학습의 역사에서 어떤 의미를 가지는지 설명하시오.

6 TD-Gammon[Tesauro1995][4]와 그 이전에 발표된 Neurogammon은 어떻게 다른지 설명하시오.

---

2 [Thrun1993] Sebastian Thrun and Anton Schwartz, "Issues in using functional approximation for reinforcement learning," Proceedings of the Fourth Connectionist Models Summer School.
[Boyan1994] Justin A. Boyan and Andrew W. Moore, "Generalization in reinforcement learning: safely approximating the value function," NIPS.

3 [Tesauro1995] Gerald Tesauro, "Temporal difference learning and TD-Gammon," CACM.

4 [Tesauro1995] Gerald Tesauro, "Temporal difference learning and TD-Gammon," CACM.

7 [프로그램 6-2]와 [프로그램 6-3]은 [그림 6-8(b)]의 신경망 구조를 사용한다. 만일 [그림 6-8(a)]의 구조를 사용하는 경우, [프로그램 6-2]의 35~39행과 [프로그램 6-3]의 14~15행이 어떻게 바뀌어야 하는지 쓰시오.

8 Blackjack 과업에서 상태는 정수만 유효하다. 그런데 신경망은 실수가 입력되어도 출력을 한다. [프로그램 6-6]을 확장하여, 상태 (15, 8, 0)과 (16, 8, 0) 사이를 10등분하여 (15, 8, 0), (15.1, 8, 0), (15.2, 8, 0), ⋯, (15.9, 8, 0), (16, 8, 0)에 대한 출력을 구하고 출력 결과가 가지는 의미를 해석하시오.

CHAPTER 07

딥러닝 방법

Preview

인간은 게임을 학습하는 데 능숙하다. 처음에는 낮은 점수를 받지만, 기량이 점점 늘어 결국 프로의 경지에 올라선다. [그림 7-1]은 1980년대 폭발적 인기를 끈 퐁 아타리 게임이다. 이 게임은 탁구를 모방한 형태로, 공이 자신의 진영으로 넘어오면 배트로 쳐내야 한다. 처음에는 배트 조작이 서툴러 점수를 잃기 쉽지만, 반복할수록 점점 능숙해진다. 그렇다면 강화 학습을 이용해 사람의 이런 학습 능력을 구현할 수 있을까?

그림 7-1 퐁 아타리 게임을 즐기는 사람들

신경망은 일반화 능력이 뛰어나므로 퐁 아타리 게임을 학습할 수 있을 것이라고 기대되지만, 몇 가지 분명한 한계가 존재한다. 예를 들어 [프로그램 6-2] 실습에서 신경망이 치명적 망각 현상을 보였는데, 이 한계를 어떻게 극복할 수 있을까? [그림 7-1]의 퐁 아타리 게임에서 상태는 화면 영상으로 주어지는데, 영상을 어떻게 신경망에 입력할 수 있을까? 이 장이 설명하는 딥러닝 방법은 이러한 문제를 해결하는 길을 제시한다.

1

딥러닝으로 대전환

이 장은 딥러닝이 지도 학습과 강화 학습에 큰 영향을 미친 혁신 사례를 중심으로 간략 역사를 소개한다. 또한 딥러닝을 강화 학습에 적용할 때 고려해야 할 중요한 이슈 두 가지를 제시한다.

강화 학습에 딥러닝을 적용한 연구를 서베이한 논문으로 [Arulkumaran2017, Francois-Lavet2018, Li2018, Wang2024a, Tang2024]를 추천한다. OpenAI Spinning Up 사이트는 딥러닝을 이용하여 강화 학습을 개선하는 데 공헌한 주요 논문을 잘 정리해 소개하고 있다[Achiam2018].

1. 딥러닝 혁신의 간략 역사

[그림 6-3]의 다층 퍼셉트론은 강화 학습에 새로운 길을 열어주었다. 상태 공간이 연속인 과업을 자연스럽게 다룰 수 있게 되었고, 에피소드 데이터로 학습을 마치면 처음 본 상태를 높은 정확도로 예측하는 일반화 능력을 확보하였다. 하지만 CartPole과 같이 상태를 고정 크기의 벡터로 표현하는 과업은 다층 퍼셉트론이 적합하지만, 영상이 상태인 비디오 게임이나 시간성temporal property을 가진 문장이 상태인 과업의 경우 다층 퍼셉트론은 더 이상 적합한 구조가 아니다. 왜냐하면 영상을 다층 퍼셉트론에 입력하려면 2차원 구조의 영상을 1차원으로 펼쳐야 하는데 이때 화소 연관성이라는 매우 중요한 정보를 잃기 때문이다. 문장을 입력할 때도 단어가 나타나는 순서, 즉 시간성 정보를 무시함으로써 많은 정보를 잃는다. [프로그램 6-1]의 10~11행은 28×28 숫자 영상을 784 요소를 가진 1차원 벡터로 변환한다. 반면 7.4.2절의 [프로그램 7-3]에서는 2차원 영상 그대로를 컨볼루션 신경망에 입력함으로써 딥러닝에 의한 성능 향상을 입증한다.

1956년에 발표된 퍼셉트론은 신경망 시대의 출발점이었다[Rosenblatt1958]. [그림 6-5]는 퍼셉트론을 보여주는데, 보통 완전연결층의 개수를 층 수로 세기 때문에 퍼셉트론은 층이 하나인 매우 얕은 신경망이다. 퍼셉트론은 선형 분류만 가능했지만, 1986년에 발표된 다층 퍼셉트론은 은닉층을 추가하고 활성 함수로 로지스틱 시그모이드 또는 하이퍼볼릭 탄젠트를 사용함으로써 비선형 분류까지 확장되었다[Rumelhart1986]. 당시에는 은닉층을 1~2개 둔 얕은 구조를 사용하였다. 1998년에 얀 르쿤Yann LeCun은 컨볼루션층과 풀링층, 완전연결층을 교대로 7개 쌓은 LeNet-5라는 컨볼루션 신경망convolutional neural network을 제안한다[LeCun1998]. LeNet-5는 은행에서 발행하는 수표에 적힌 필기 숫자를 자동 인식하는 실용적인 시스템 개발에 사용되었고, 이는 딥러닝 초기의 대표적인 성공 스토리로 평가된다. 일반적으로 딥러닝은 층을 많이 쌓은 깊은 신경망을 학습하는 기술을 총칭한다.

LeNet-5의 성공 스토리에도 불구하고 딥러닝에 대한 관심은 한동안 잠잠했다. 2009년에는 인터넷에서 수집한 대용량 영상에 대해 사람이 부류를 레이블링한 ImageNet 데이터셋이 발표되었고[Deng2009], 이듬해부터 ImageNet을 가지고 성능을 겨루는 ILSVRC 대회가 매년 열리기 시작했다. 1회와 2회 대회에서는 고전적인 방법이 우승을 차지했으나, 2012년 3회 대회에서는 AlexNet이라는 컨볼루션 신경망이 획기적인 성능 향상으로 우승을 차지하며 전 세계 연구자들의 주목을 받게 된다[Krizhevsky2012]. 이 사건은 딥러닝 시대를 활짝 연 역사적 전환점으로 평가된다.

문장을 다루는 자연어 처리 분야에서도 딥러닝은 발전을 거듭했다. 시간성을 처리할 수 있는 순환 신경망recurrent neural network이 개발되고, 2017년에는 자기 주목self-attention을 주요 연산으로 채택한 트랜스포머가 발표된다[Vaswani2017]. 이후 GPT는 트랜스포머를 기반으로 개발되었다.

이러한 딥러닝에 의한 혁신은 주로 지도 학습에서 일어난다. 컴퓨터 비전에서는 자연 영상의 분류, 물체 검출, 물체 분할 등의 분야에서, 자연어 처리에서는 언어 번역, 문서 요약 등에서 혁신적인 사례가 이어졌다[LeCun2015]. 지도 학습의 발전 양상은 강화 학습에도 고스란히 스며들었다. 강화 학습에 신경망을 도입한 역사는 1990년대 초로 거슬러 올라간다. Williams는 1992년에 REINFORCE라는 정책 기반 학습 알고리즘을 제시하는데, 다층 퍼셉트론을 이용하여 정책을 표현하였다[Williams1992]. REINFORCE 알고리즘은 8장에서 설명한다. 당시에는 다층 퍼셉트론을 이용한 연구가 주류를 이루었다. Tesauro는 1992년에 백개먼 게임을 사람 수준으로 플레이하는 TD-Gammon이라는 프로그램을 다층 퍼셉트론으로 개발하였다[Tesauro1992, Tesauro1995]. 이때까지는 얕은 구조의 다층 퍼셉트론을 주로 사용하였으며, 이후 2013년, Mnih는 컨볼루션 신경망을 이용하여 퐁 아타리 게임을 사람 이상의 수준으로 플레이하는 획기적인 프로그램을 발표하였다[Mnih2013]. 이 프로그램은 강화 학습에 딥러닝 기술을 활용하는 시대를 활짝 열었으며, 이후 연구 방향에 큰 영향을 미쳤다. 그 뒤를 이어 인간 바둑 챔피언을 이긴 알파고AlphaGo, 스타크래프트 게임에서 인간을 넘어선 알파스타AlphaStar, 도타Dota 게임에서 인간을 능가한 프로그램 등은 딥러닝 기반의 강화 학습이 거둔 대표적인 성공 사례로 꼽힌다[Silver2016].

2. 딥러닝을 강화 학습에 적용할 때 주요 이슈

딥러닝을 강화 학습에 성공적으로 적용하려면 몇 가지 측면에서 주의를 기울여야 한다. Mnih의 논문은 딥러닝을 강화 학습에 적용한 초창기 연구로서 이후 연구들의 길잡이 역할을 하였으며, 상세히 읽어볼 가치가 충분하다[Mnih2013]. Mnih가 제안한 방식을 중심으로 딥러닝을 강화 학습에 적용할 때 주의해야 할 요소는 다음과 같다.

첫째, 에피소드 데이터를 효율적으로 활용하여 데이터 효율data efficiency을 높이는 것이 중요하다. [프로그램 6-2]의 실험 결과에 따르면 비교적 단순한 과업인 CartPole조차도 학습이 불안정하게 나타나는 현상이 뚜렷하다. 이 프로그램은 에피소드 데이터가 발생하면 한 번 사용하고 즉시 버린다. 반면 Mnih는 에피소드에서 획득한 샘플을 곧바로 학습에 투입하는 대신 리플레이 메모리replay memory에 저장한다. 그리고 필요할 때 미니배치 단위로 랜덤하게 꺼내 사용한다. 이러한 방식은 데이터의 재사용성을 높여 데이터 효율을 크게 증대시킨다.

둘째, 신경망 구조를 과업의 특성에 맞게 잘 설계해야 한다. [프로그램 6-2]는 CartPole 과업을 위해 은닉층이 두 개인 다층 퍼셉트론을 사용하였다. 이 과업은 4개 실수로 상태를 표현하므로 다층 퍼셉트론이 적합하다. 그러나 퐁 아타리 게임의 경우는 상태가 210×160 크기의 컬러 영상이기 때문에 다층 퍼셉트론을 사용하면 2차원 구조의 맵을 1차원 구조로 펼쳐야 한다. 또한 공과 배트 같은 물체에서 유용한 특징을 추출해야 하는데, 다층 퍼셉트론은 한계가 있다. 이러한 경우에는 2차원 맵을 그대로 입력받아 컨볼루션 커널을 통해 탁월한 특징을 추출하는 컨볼루션 신경망convolutional neural network을 사용해야 한다. 컨볼루션층은 커널을 통해 영상에서 두드러진 특징을 알아내는 특징 학습feature learning 능력을 가진다.

이 장은 두 가지 아이디어를 활용하여 Q-러닝을 개선한다. Mnih 논문은 개선된 학습 알고리즘을 DQNdeep Q-network이라고 부른다. 먼저 리플레이 메모리를 활용하여 데이터 효율을 높이는 아이디어를 소개한다. 7.2절은 리플레이 메모리를 이용한 DQN 학습 알고리즘을 제시하고, 7.3절은 리플레이 메모리를 CartPole 과업에 적용하는 프로그래밍 실습을 수행한다. 7.4절은 딥러닝을 구현할 때 필요한 핵심 요소를 간략히 소개한다. 7.5절은 아타리 게임 환경을 설명하고, 7.6절은 DQN을 퐁 아타리 게임 과업에 적용하는 프로그래밍 실습을 수행한다.

2
DQN

이 절은 강화 학습에서 발생하는 데이터의 특성을 체계적으로 설명한다. 이후 데이터 특성을 긍정적으로 활용하여 데이터 효율을 높이는 리플레이 메모리 기법을 상세히 설명한다. 마지막으로 리플레이 메모리 기법을 Q-러닝에 적용한 DQN 학습 알고리즘을 제시한다.

1. 강화 학습 데이터의 특성

강화 학습 데이터의 특성을 이해하는 것은 여러모로 중요하다. 강화 학습 프로그램의 성능을 향상하거나 수렴에 실패했을 때, 하이퍼 매개변수를 조정하는 데 크게 도움이 되기 때문이다. 이런 이유로 2.5.1절에서는 강화 학습이 어려운 이유를 설명하면서 데이터의 특성을 설명한 적이 있고, 3장부터 7장에 이르기까지 여러 절에서 관련 특성을 제시한 적이 있다. 여기서는 이들을 체계적으로 정리함으로써 리플레이 메모리 아이디어를 구현하는 데 초석으로 활용한다.

첫째, 딥러닝 모델은 층이 깊어질수록 학습할 가중치, 즉 매개변수가 많아지기 때문에 더 많은 데이터가 필요하다. 지도 학습에서 많은 비용을 들여 ImageNet 같은 방대한 데이터셋을 구축하는 이유다. 강화 학습은 어떨까? 강화 학습은 자신이 생성한 데이터로 자신을 학습하는 자율 학습을 한다. 따라서 사람이 레이블을 달아주는 비용이 발생하지 않는다. 데이터를 늘리고 싶으면 수렴 조건을 강화하면 된다. 예를 들어 [알고리즘 6-1]의 2행 수렴 조건에 해당하는 곳은 [프로그램 6-2]의 31행 for i in range(n_episodes):인데 단지 n_episodes를 수만~수백만의 큰 값으로 설정하면 된다. 이처럼 강화 학습에서 데이터를 늘리는 일은 아주 쉬운데, 쉬움은 여기까지고 두 번째 특성부터는 어려움을 야기한다.

둘째, 에피소드 데이터가 제공하는 정보는 희소sparse하다. 대부분 과업은 지연 보상을 사용하기 때문에 에피소드가 진행되는 동안에는 의미 없는 보상 값이 주어지다가 종료 상태에 도달해서야 비로소 한 번의 의미 있는 보상이 주어진다. 예를 들어 바둑의 경우 게임 중에는 계속 보상 0이 주어지다가 게임이 끝나서 승패가 결정되었을 때 이기면 1, 지면 −1이라는 단 한 번의 보상이 주어진다. 따라서 바둑에서는 에피소드에 등장한 모든 상태가 승패에 따라 주어지는 하나의 보상 값을 공유한다고 볼 수 있다. CartPole의 경우는 상황이 다르지만, 본질은 비슷하다. CartPole에서는 막대를 유지하는 매 순간 보상 1이 주어진다. 따라서 CartPole에서는 모든 상태가 에피소드의 길이 값 하나를 공유하는 셈이다.

셋째, 발생 확률이 매우 낮은 상태가 존재한다. 필기 숫자는 보통 펜을 들고 연속으로 움직이며 쓰기 때문에 ㅋ 샘플이 발생할 확률은 매우 낮지만 0은 아니다. 로봇 제어 과업에서도 어색한 자세에 해당하는 상태는 발생 가능성이 낮지만 그렇다고 확률이 0은 아니다. 이들 상태에 해당하는 데이터는 학습 과정에서 매우 드물게 발생한다.

넷째, 같은 에피소드에서 추출한 샘플 간의 상관관계가 매우 높다. 현재 순간의 상태 s는 다음 순간의 상태 s'로 전이하는데 s와 s'는 이웃으로서 아주 가깝다. CartPole의 경우 수레 위치와 속도가 약간 바뀔 뿐이고 바둑에서는 한 수가 더해질 뿐이다. 다시 말해 에피소드에서 발생한 샘플은 서로 밀접하게 연결되어 독립적이지 않다. 반면 지도 학습에서는 모든 샘플이 독립적으로 수집되었고 훈련 집합과 테스트 집합이 동일한 분포를 형성한다는 독립항등분포 조건을 가정한다.

다섯째, 강화 학습의 데이터는 비정상성non-stationary을 가진다. 지도 학습은 완벽히 레이블링된 훈련 데이터를 준비한 후 학습을 시작하며 학습 과정에서는 줄곧 같은 데이터를 활용한다. 다시 말해 지도 학습에서는 데이터 준비와 신경망 학습 과정이 철저히 분리되어 있다. 따라서 학습 알고리즘이 사용하는 데이터는 정적이다. 반면 강화 학습에서는 현재 신경망이 생성한 데이터를 학습에 사용하고 그 결과로 개선된 신경망이 새로운 데이터를 생성하는 과정을 반복한다. 다시 말해 데이터 발생과 신경망 학습이 밀접하게 결합되어 진행되기 때문에 훈련 데이터가 동적이다. 따라서 [그림 5-9]에서처럼 움직이는 목표를 맞혀야 하는 어려움이 생긴다.

여섯째, 데이터의 유효 기간이 짧다. 이 특성은 다섯 번째 특성에서 파생된다. 정책이 개선되면 이에 따라 데이터 분포가 즉시 변한다. [그림 5-9]에서 목표가 이동한 셈이다. 오래된 데이터를 활용한다는 말은 이미 무효화된 목표를 여전히 향한다는 뜻이다. 이를 방지하려면 오래된 데이터를 리플레이 메모리에서 제거하고 새로운 데이터로 채우는 방안이 필요하다.

강화 학습 데이터의 이러한 특성은 [프로그램 6-2]의 학습 곡선이 매우 불안정하게 나타나는 이유를 잘 설명한다. 다음 절에서는 이러한 데이터 특성을 고려하여 설계된 리플레이 메모리 기법을 소개한다.

2. 리플레이 메모리를 이용한 데이터 효율 향상

데이터 효율을 증대하는 가장 쉬운 방법은 데이터가 발생하면 메모리에 저장해두었다가 필요할 때 여러 번 재사용하는 것이다. Long-Ji Lin은 1993년에 자신의 박사 논문에서 경험 리플레이experience replay라는 아이디어를 제시한다[Lin1992, Lin1993]. 이 방법에서는 데이터를 메모리에 저장해두었다가 여러 번 재사용함으로써 앞 절에서 제시한 문제들을 누그러뜨리는데, 데이터 생성과 학습이라는 사이클을 그대로 유지함으로써 온라인 방식의 학습을 수행한다. 또한 일정 시간이 지난 데이터를 버림으로써 7.2.1절에서 언급한 데이터의 비정상성과 유효 기간 문제(다섯 번째와 여섯 번째 특성)에 대처한다. 반면 Martin Riedmiller는 대용량 데이터를 수집한 다음, 신경망을 배치 방식으로 충분히 학습하는 아이디어를 사용한다[Riedmiller2005]. 이 배치 방식은 Lin의 온라인 방식과 대조된다.

Mnih는 이전 연구를 채택하여 아타리 비디오 게임을 위한 프로그램을 제작하였고 이 과정에서 경험 리플레이라는 용어 대신에 리플레이 메모리라는 용어를 사용하였다[Mnih2013]. 또한 리플레이 메모리를 우선순위 큐로 구현하여 오래된 데이터가 자동으로 폐기되도록 한다. 또한 훈련 데이터를 구성할 때 리플레이 메모리에서 일정 크기의 미니배치를 랜덤 선택함으로써 기존 방식보다 데이터 효율을 크게 향상시켰다.

[그림 7-2]는 [그림 6-9]의 학습 과정을 리플레이 메모리를 활용하는 방식으로 확장한 것이다.

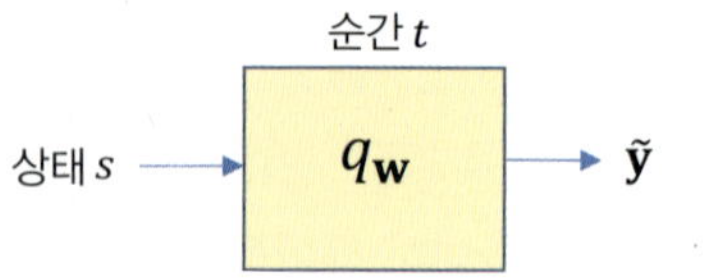

① $\tilde{\mathbf{y}} = q_{\mathbf{w}}(s)$

② $a = \text{argmax}(\tilde{\mathbf{y}})$

③ $s', r = \text{env.step}(a)$

④ (s, a, r, s')를 리플레이 메모리 R에 삽입

미니배치로 학습

⑤ R에서 랜덤하게 미니배치 M 선택

⑥ $(X, Y) = \emptyset$

⑦ for ($s\_, a, r, s\_'$) in M

⑧ $\mathbf{x} = s\_,\ \mathbf{y} = q_{\mathbf{w}}(s\_)$

⑨ $\tilde{\mathbf{y}}' = q_{\mathbf{w}}(s\_')$

⑩ $\mathbf{y}_{[a]} = \begin{cases} r, & s\_'\text{가 종료 상태} \\ r + \gamma \max(\tilde{\mathbf{y}}'), & \text{그렇지 않으면} \end{cases}$

⑪ $(\mathbf{x}, \mathbf{y})$를 훈련 데이터 (X, Y)에 삽입

⑫ (X, Y)로 $q_{\mathbf{w}}$ 학습

⑬ $s = s'$

그림 7-2 리플레이 메모리를 이용한 한 순간의 학습 과정

①~③ 샘플 s–a–r–s'를 발생시키는 단계로 [그림 6-9]와 같다.

④ (s,a,r,s')를 바로 학습에 사용하는 [그림 6-9]와 달리 리플레이 메모리 R에 삽입한다.

⑤~⑬ 리플레이 메모리에서 미니배치를 선택하고 학습에 활용하는 단계다.

⑤ R에서 미니배치 M을 랜덤하게 선택한다.

⑥ 훈련 집합을 공집합으로 두고 출발한다.

⑦~⑪ M에 있는 샘플 $(s\_,a,r,s\_')$ 각각을 처리한다.

⑧ 학습 샘플 하나를 생성한다.

⑨ $s_'$에 대해 전방 계산을 수행하여 예측값 $\tilde{\mathbf{y}}'$를 구한다.

⑩ ⑧에서 생성한 $\mathbf{y}$가 참값이 되도록 수정한다. 이때 벡터 $\mathbf{y}$에서 행동 a에 해당하는 요소를 참값으로 설정하는데, 참값은 식 (6.6)에 따라 $s_'$가 종료 상태면 r, 그렇지 않으면 $r+\gamma\max(\tilde{\mathbf{y}}')$를 취한다.

⑪ $(\mathbf{x},\mathbf{y})$를 훈련 집합 (X,Y)에 추가한다.

⑫ (X,Y)를 훈련 집합으로 사용하여 신경망 $q_{\mathbf{w}}$를 학습한다.

⑬ s를 s'로 대치하여 다음 순간을 준비한다.

[그림 7-3]은 리플레이 메모리를 어떻게 구현할지에 대해 설명한다. 메모리 크기가 4인 경우인데, 실제로는 수백~수만 크기를 사용한다. 빈 메모리로 시작하며 샘플(4)까지 삽입하면 메모리가 꽉 찬 상태가 된다. 이때 샘플(5)를 삽입하면 가장 왼쪽, 즉 가장 오래된 샘플(1)이 삭제되고 샘플(5)가 추가된다. 프로그래밍 실습에서는 파이썬의 deque를 사용하여 이 과정을 구현한다.

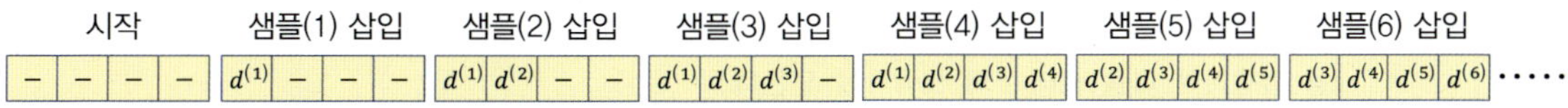

그림 7-3 파이썬의 deque를 사용한 리플레이 메모리 구현

리플레이 메모리는 여러 가지 긍정적인 효과를 제공한다. 개별 샘플은 잡음을 포함하는데, 랜덤 선택한 미니배치 단위로 학습하면 잡음을 스무딩smoothing하는 효과를 얻는다. 미니배치에는 랜덤하게 뽑힌 여러 샘플이 담겨있기 때문에 서로 다른 에피소드에서 발생한 샘플, 즉 상관관계가 약한 샘플로 학습하는 효과를 얻는다. 또한 같은 샘플이 여러 번 뽑힐 수 있기 때문에 희귀하게 발생하는 샘플을 여러 번 학습에 투입하는 효과를 얻는다. 이런 여러 효과의 상승작용을 통해 학습 알고리즘의 수렴 특성이 향상된다.

3. DQN 학습 알고리즘

[알고리즘 7-1]은 [그림 7-2]의 학습 과정을 반영한 DQN 학습 알고리즘이다. 전체 과정이 [알고리즘 6-1]과 비슷하기 때문에 리플레이 메모리 때문에 바뀌거나 추가된 곳만 음영으로 표시하고 그곳만 설명한다.

2행은 리플레이 메모리를 공집합으로 초기화한다. 파이썬으로 구현할 때는 [그림 7-3]의 deque 자료구조를 사용하면 된다. 10행은 현재 순간에서 얻은 s-a-r-s' 샘플을 리플레이 메모리에 삽입한다. 11행은 미니배치를 랜덤하게 뽑는다. 12행은 훈련 집합을 초기화한다. 13~17행은 미니배치에 들어있는 샘플 각각에 대해 레이블 정보를 추가한 다음 훈련 집합에 추가한다. 18행은 이렇게 만든 훈련 집합으로 신경망을 학습한다. [알고리즘 6-1]의 14~15행이 수행하는 최적 행동 가치 함수를 최적 정책으로 변환하는 코드는 생략한다. 시험 단계에서 최적 가치 함수가 최적 정책을 대리할 수 있기 때문이다.

알고리즘 7-1 리플레이 메모리를 이용한 DQN 학습 알고리즘

입력: 과업

출력: 최적 행동 가치 신경망 $q_{\mathbf{w}}$.

1 행동 가치 함수를 위한 신경망 q의 가중치 $\mathbf{w}$를 초기화한다.
2 리플레이 메모리 $R=\emptyset$
3 while (not 수렴 조건)
4   s를 초기 상태로 설정한다. // 새로운 에피소드 시작
5   while (s가 종료 상태가 아니면)
6       $\tilde{\mathbf{y}}=q_{\mathbf{w}}(s)$
7   if random([0,1])<ε, 랜덤하게 행동 a 선택 // ε-탐욕 적용
8   else $a=\text{argmax}(\tilde{\mathbf{y}})$
9   a를 실행하여 다음 상태 s'와 보상 r을 얻는다.
10   (s,a,r,s')를 R에 삽입한다.
11   R에서 랜덤하게 미니배치 M을 선택한다.
12       $(X,Y)=\emptyset$
13   for $(s\_,a,r,s\_')$ in M
14       $\mathbf{x}=s\_$; $\mathbf{y}=q_{\mathbf{w}}(s\_)$ // 훈련 샘플 초기화
15       $\tilde{\mathbf{y}}'=q_{\mathbf{w}}(s\_')$
16       $\mathbf{y}_{[a]}=\begin{cases} r, & s\_'\text{가 종료 상태} \\ r+\gamma\max(\tilde{\mathbf{y}}'), & \text{그렇지 않으면} \end{cases}$ // 벡터 y의 a번째 요소를 갱신
17       $(\mathbf{x},\mathbf{y})$를 (X,Y)에 삽입한다.
18   (X,Y)를 훈련 데이터로 사용하여 $\mathbf{w}$를 개선한다.
19       $s=s'$
20 return $q_{\mathbf{w}}$

학습 초기에는 리플레이 메모리에 미니배치를 구성할 만큼 충분한 샘플이 없을 것이다. 이 경우 11~18행의 실행을 생략하고, 리플레이 메모리가 일정 크기 이상 채워지면 그때부터 실행하는 방법을 쓴다.

4. 행위 신경망을 가진 DQN 학습 알고리즘

4.5.2절에서 탐험과 탐사 균형을 이루기 위한 방안으로 두 개의 정책, 즉 목표 정책target policy과 행위 정책behavior policy을 사용하는 기법을 소개하였다. 목표 정책은 지금까지 공부한 학습 알고리즘들이 최적화한 정책 π이고, 행위 정책 $\hat{\pi}$은 에피소드 데이터 생성을 담당하는 별도의 정책이다. 데이터를 생성하는 정책과 학습하는 정책이 구분되는 방식을 오프 정책이라고 한다.

[알고리즘 7-2]는 행위 신경망을 가진 DQN 학습 알고리즘이다. [알고리즘 7-1]에서 달라진 곳을 음영 표시하고 그곳만 설명한다. 1행은 목표 정책을 대리하는 행동 가치 함수를 위한 목표 신경망 $q_{\mathbf{w}_{target}}$과 행위 정책을 대리하는 행동 가치 함수를 위한 행위 신경망 $q_{\mathbf{w}_{behavior}}$를 초기화한다. 6행은 행위 신경망으로 예측한 값을 $\tilde{\mathbf{y}}$에 저장한다. 14행은 상태 $s_$에 대해 행위 신경망으로 예측한 값을 $\mathbf{y}$에 저장하고, 15행은 상태 $s_'$에 대해 목표 신경망으로 예측한 값을 $\tilde{\mathbf{y}}'$에 저장한다. 18행은 훈련 데이터를 가지고 행위 신경망

을 학습한다. 19행은 일정한 주기로 행위 신경망의 가중치를 목표 신경망에 복사하여 목표 신경망을 최신 것으로 갱신한다. 예를 들어 매 50번째, 즉 50, 100, 150, …번째 에피소드에서 복사를 실행한다. 수렴을 마치면 21행은 $q_{\mathbf{w}_{target}}$을 반환한다.

알고리즘 7-2 행위 신경망을 가진 DQN 학습 알고리즘

입력: 과업

출력: 최적 행동 가치 신경망 $q_{\mathbf{w}}$.

```
1   행동 가치 함수를 위한 신경망 q_target과 q_bebavior의 가중치 w_target과 w_behavior를 초기화한다.
2   리플레이 메모리 R=∅
3   while (not 수렴 조건)
4      s를 초기 상태로 설정한다. // 새로운 에피소드 시작
5      while (s가 종료 상태가 아니면)
6         ỹ = q_w_behavior(s)
7         if random([0,1])<ε, 랜덤하게 행동 a 선택  // ε-탐욕 적용
8         else  a = argmax(ỹ)
9         a를 실행하여 다음 상태 s'와 보상 r을 얻는다.
10        (s,a,r,s')를 R에 삽입한다.
11        R에서 랜덤하게 미니배치 M을 선택한다.
12        (X,Y)=∅
13        for (s_,a,r,s_') in M
14        x = s_; y = q_w_behavior(s_)  // 훈련 샘플 초기화
15        ỹ' = q_w_target(s_')
16        y[a] = { r,              s_'가 종료 상태
                 { r + γ max(ỹ'),  그렇지 않으면      // 벡터 y의 a번째 요소를 갱신
17        (x,y)를 (X,Y)에 삽입한다.
18        (X,Y)를 훈련 데이터로 사용하여 w_behavior를 개선한다.
19        주기에 따라 w_behavior를 w_target으로 복사한다. // 가령 매 50번 에피소드마다 복사
20        s=s'
21  return q_w_target
```

3

리플레이 메모리

이 절에서는 CartPole 과업에 [알고리즘 7-1]을 적용하는 프로그래밍 실습을 수행한다. 7.3.1절에서는 [알고리즘 7-1]을 그대로 구현하고, 7.3.2절에서는 행위 신경망 개념이 추가된 [알고리즘 7-2]를 구현한다. CartPole 과업은 단순하므로 깊은 신경망 대신 이전처럼 은닉층이 두 개인 다층 퍼셉트론을 사용한다.

1. 프로그래밍 실습: CartPole 학습

[프로그램 7-1]은 리플레이 메모리를 가진 Q-러닝을 CartPole 과업에 적용하는 프로그램이다. 14행은 리플레이 메모리 크기를 2000으로 설정한다. 이는 길이가 20인 에피소드를 100개, 또는 100인 에피소드를 20개를 저장할 수 있는 용량이다. 15행은 미니배치 크기를 64로 설정한다.

먼저 메인에 해당하는 48~91행을 살펴보자. 기본 틀은 [프로그램 6-2]와 같으므로 달라진 부분만 설명한다. 52행은 build_network 함수로 다층 퍼셉트론을 만들어 model 변수에 저장한다. 53행은 리플레이 메모리를 생성하여 R에 저장한다. 이때 deque 자료구조를 사용함으로써 [그림 7-3]에서처럼 넘치는 경우 오래된 것부터 삭제한다. 66행은 $s-a-r-s'$ 샘플을 R에 추가한다. 68~69행은 model_learning 함수를 호출하여 신경망을 학습한다. 단, R에 미니배치 크기의 3배 이상이 찼을 때부터 학습을 시작한다. 83행은 나중에 쓸 수 있게 학습된 신경망 모델을 파일에 저장한다. 86~91행은 학습 곡선을 시각화한다.

28~46행의 model_learning 함수는 리플레이 메모리에서 랜덤하게 미니배치를 뽑아 신경망을 학습하는 역할을 수행한다. 29행은 리플레이 메모리 R에서 batch_siz 크기의 미니배치를 랜덤하게 추출하여 mini_batch 변수에 저장한다. 30~34행은 미니배치에 있는 정보를 상태, 행동, 보상, 다음 상태, 종료 여부로 구분하여 해당 변수에 저장한다. 36~46행은 미니배치에서 추출한 훈련 데이터를 가지고 신경망을 학습한다.

프로그램 7-1 DQN을 이용한 CartPole 학습

```
import gymnasium as gym
import numpy as np
import random
from tensorflow.keras.models import Sequential
from tensorflow.keras.layers import Dense
from tensorflow.keras.optimizers import Adam
from collections import deque
import matplotlib.pyplot as plt

gamma=0.99 # 할인율
eps=1.0
eps_decay=0.999
eps_min=0.05
replay_memory_siz=2000
batch_siz=64
n_episode=500

greedy_select=lambda x:np.random.choice(np.argwhere(x==np.max(x)).flatten())

def build_network(): # 신경망 만들기
    mlp=Sequential()
    mlp.add(Dense(32,input_dim=s_dim,activation='relu'))
    mlp.add(Dense(32,activation='relu'))
    mlp.add(Dense(a_dim,activation='linear'))
    mlp.compile(loss='MSE',optimizer=Adam(learning_rate=0.001))
    return mlp

def model_learning(): # DQN 학습
    mini_batch=random.sample(R,batch_siz)
    s=np.asarray([sample[0] for sample in mini_batch])
    a=[sample[1] for sample in mini_batch]
    r=[sample[2] for sample in mini_batch]
    s1=np.asarray([sample[3] for sample in mini_batch])
    terminated=[sample[4] for sample in mini_batch]

    X=s
    Y=model.predict(s,verbose=0)
    y1_=model.predict(s1,verbose=0)

    for i in range(batch_siz):
        if terminated[i]:
            Y[i,a[i]]=r[i]
        else:
            Y[i,a[i]]=r[i]+gamma*np.max(y1_[i])

```

```
    model.fit(X,Y,batch_size=batch_siz,epochs=1,verbose=0)

env=gym.make('CartPole-v1')
s_dim=env.observation_space.shape[0] # 상태 공간 차원
a_dim=env.action_space.n # 행동 공간 차원

model=build_network() # 신경망 생성
R=deque(maxlen=replay_memory_siz) # 리플레이 메모리 초기화
epi_length=[] # 에피소드 길이

for i in range(n_episode): # 신경망 학습
    s,info=env.reset()
    length=0
    while True:
        y_=model.predict(s.reshape([1,s_dim]),verbose=0)[0]
        if(np.random.random()<eps):
            a=np.random.randint(0,a_dim) # 랜덤 정책
        else:
            a=greedy_select(y_)
        s1,r,terminated,truncated,info=env.step(a)
        R.append((s,a,r,s1,terminated))

        if len(R)>batch_siz*3:
            model_learning()

        s=s1
        length+=1
        eps=max(eps_min,eps*eps_decay) # 엡실론을 조금씩 줄임

        if terminated or truncated:
            epi_length.append(length)
            break

    print(i+1,'번째 에피소드의 길이:',epi_length[i])
    if np.min(epi_length[-5:])>=env.spec.max_episode_steps: # 연속 5번 최대 길이 넘으면 수렴
        break

model.save('./f7-1.keras') # 신경망 저장
env.close()

plt.plot(range(1,len(epi_length)+1),epi_length)
plt.title('DQN scores for CartPole-v1')
plt.ylabel('Score')
plt.xlabel('Episode')
plt.grid()
plt.show()
```

```
1 번째 에피소드의 길이: 18
2 번째 에피소드의 길이: 19
3 번째 에피소드의 길이: 30
…
88 번째 에피소드의 길이: 500
89 번째 에피소드의 길이: 500
```

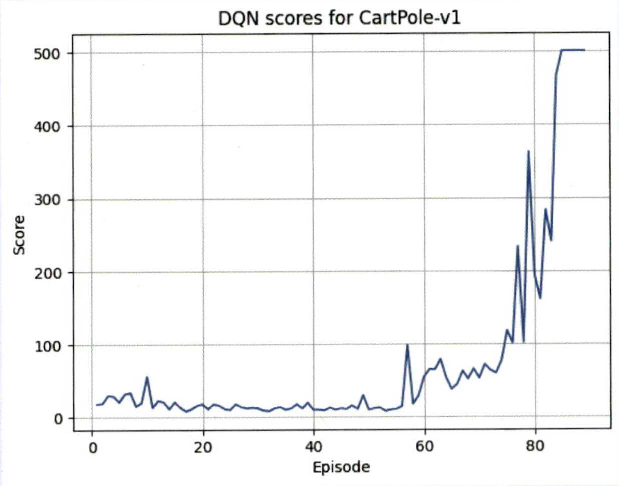

프로그램 실행 결과를 살펴보자. 이 실험에서는 89개 에피소드를 통해 수렴에 도달하였다. 다만 이 실험은 단 한 번의 실행을 보여준다. 강화 학습 알고리즘은 스토캐스틱한 특성을 가지므로, 한 번의 실행 결과는 우연히 성능이 좋게 나오거나, 반대로 나쁘게 나올 수 있다. 여기서는 비교적 빨리 수렴한 실행 결과를 선택하여 제시하였다. 반복 실행 결과에 대한 보다 자세한 분석은 7.3.2절과 [그림 7-4]에서 다룬다.

2. 프로그래밍 실습: 행위 신경망

[프로그램 7-2]는 행위 신경망을 가진 Q-러닝, 즉 [알고리즘 7-2]를 CartPole 과업에 적용하는 프로그램이다. [프로그램 7-1]과 구조가 거의 동일하므로 변경된 부분만 음영으로 표시하고 이 부분을 중심으로 설명한다. 53~54행은 목표 신경망과 행위 신경망을 각각 생성하여 model_target과 model_behavior 변수에 저장한다.

[프로그램 7-1]과 가장 큰 차이점은 신경망을 통해 예측을 수행하는 63행과 38~39행이다. 63행은 행동을 선택하는 데 쓸 y_를 결정하는데, 이때 행위 신경망이 예측한 값을 취한다. 38행은 학습에 쓸 레이블 Y를 결정하는데, 이때 행위 신경망이 예측한 값을 취한다. 39행은 레이블을 수정하는 데 쓸 y1_을 결정하는데, 이때 목표 신경망이 예측한 값을 취한다. 47행은 (X,Y)를 훈련 집합으로 사용하여 행위 신경망을 학습한다. 90행은 수렴을 마친 목표 신경망을 파일에 저장하여 이후 사용에 대비한다.

행위 신경망을 목표 신경망에 주기적으로 복사하는 기능은 다음과 같이 구현된다. 16행은 50개 순간마다 복사하기 위해 copy_interval=50으로 설정한다. 58행에서 업데이트 횟수를 나타내는 n_update를 0으로 초기화하고, 74행에서 순간을 지날 때마다 1만큼 증가시킨다. 75~76행은 매 50번째 순간마다 행위 신경망의 가중치를 목표 신경망에 복사한다.

프로그램 7-2 행위 신경망을 가진 DQN을 이용한 CartPole 학습

```
1   import gymnasium as gym
2   import numpy as np
3   import random
4   from tensorflow.keras.models import Sequential
5   from tensorflow.keras.layers import Dense
6   from tensorflow.keras.optimizers import Adam
7   from collections import deque
8   import matplotlib.pyplot as plt
9
10  gamma=0.99 # 할인율
11  eps=1.0
12  eps_decay=0.999
13  eps_min=0.05
14  replay_memory_siz=2000
15  batch_siz=64
16  copy_interval=50 # 행위 신경망을 목표 신경망에 복사하는 주기
17  n_episode=500
18
19  greedy_select=lambda x:np.random.choice(np.argwhere(x==np.max(x)).flatten())
20
21  def build_network(): # 신경망 만들기
22      mlp=Sequential()
23      mlp.add(Dense(32,input_dim=s_dim,activation='relu'))
24      mlp.add(Dense(32,activation='relu'))
25      mlp.add(Dense(a_dim,activation='linear'))
26      mlp.compile(loss='MSE',optimizer=Adam(learning_rate=0.001))
27      return mlp
28
29  def model_learning(): # DQN 학습
30      mini_batch=random.sample(R,batch_siz)
31      s=np.asarray([sample[0] for sample in mini_batch])
32      a=[sample[1] for sample in mini_batch]
33      r=[sample[2] for sample in mini_batch]
34      s1=np.asarray([sample[3] for sample in mini_batch])
35      terminated=[sample[4] for sample in mini_batch]
36
37      X=s
38      Y=model_behavior.predict(s,verbose=0)
39      y1_=model_target.predict(s1,verbose=0)
40
```

```
    for i in range(batch_siz):
        if terminated[i]:
            Y[i,a[i]]=r[i]
        else:
            Y[i,a[i]]=r[i]+gamma*np.max(y1_[i])

    model_behavior.fit(X,Y,batch_size=batch_siz,epochs=1,verbose=0)

env=gym.make('CartPole-v1')
s_dim=env.observation_space.shape[0] # 상태 공간 차원
a_dim=env.action_space.n # 행동 공간 차원

model_target=build_network() # 목표 신경망 생성
model_behavior=build_network() # 행위 신경망 생성(데이터 생성용)
R=deque(maxlen=replay_memory_siz) # 리플레이 메모리 초기화
epi_length=[] # 에피소드 길이

n_update=0
for i in range(n_episode): # 신경망 학습
    s,info=env.reset()
    length=0
    while True:
        y_=model_behavior.predict(s.reshape([1,s_dim]),verbose=0)[0]
        if(np.random.random()<eps):
            a=np.random.randint(0,a_dim) # 랜덤 정책
        else:
            a=greedy_select(y_)
        s1,r,terminated,truncated,info=env.step(a)
        R.append((s,a,r,s1,terminated))

        if len(R)>batch_siz*3:
            model_learning()

        n_update+=1
        if n_update%copy_interval==0:
            model_target.set_weights(model_behavior.get_weights())

        s=s1
        length+=1
        eps=max(eps_min,eps*eps_decay) # 엡실론을 조금씩 줄임

        if terminated or truncated:
            epi_length.append(length)
            break

    print(i+1,'번째 에피소드의 길이:',epi_length[i])
    if np.min(epi_length[-5:])>=env.spec.max_episode_steps: # 연속 5번 최대 길이 넘으면 수렴
```

```
        break

model_target.save('./f7-2.keras') # 신경망 저장
env.close()

plt.plot(range(1,len(epi_length)+1),epi_length)
plt.title('DQN scores for CartPole-v1 with behavior network')
plt.ylabel('Score')
plt.xlabel('Episode')
plt.grid()
plt.show()
```

```
1 번째 에피소드의 길이: 13
2 번째 에피소드의 길이: 12
3 번째 에피소드의 길이: 10
…
91 번째 에피소드의 길이: 500
92 번째 에피소드의 길이: 500
```

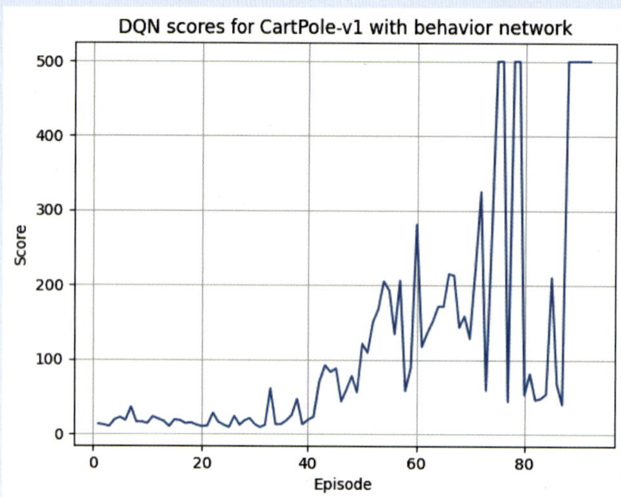

프로그램 실행 결과를 살펴보자. 이 실험에서는 92개 에피소드를 사용하여 수렴에 도달하였다. 여기서는 비교적 빨리 수렴한 실행 결과를 선택하여 배치하였다.

[그림 7-4]는 동일한 프로그램을 독립적으로 여러 번 실행한 결과를 나열한다. [그림 7-4(a)]는 [프로그램 7-1]의 실행 결과이고, [그림 7-4(b)]는 [프로그램 7-2]의 결과다. 수렴하는 데 걸린 시간에는 큰 변동이 있었다. 대체로 두 프로그램 모두 에피소드 300번 이내에서 수렴했다. 치명적 망각으로 인해 성능이 급격히 저하되는 현상이 자주 발생한다는 점도 확인할 수 있다. 치명적 망각이 일어나는 원인에 대해서는 6.6절을 참조한다.

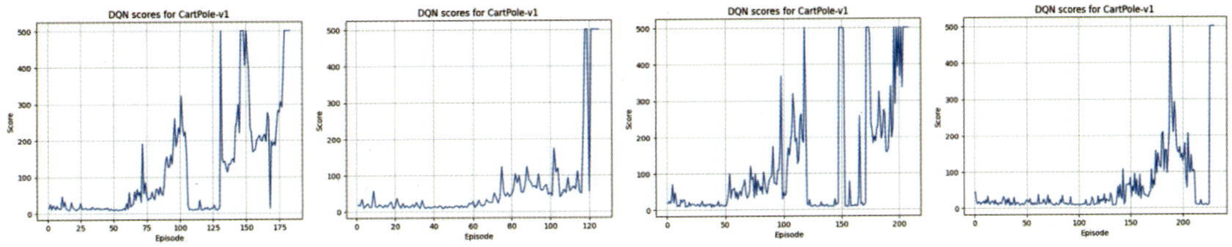

(a) [프로그램 7-1]의 학습 곡선

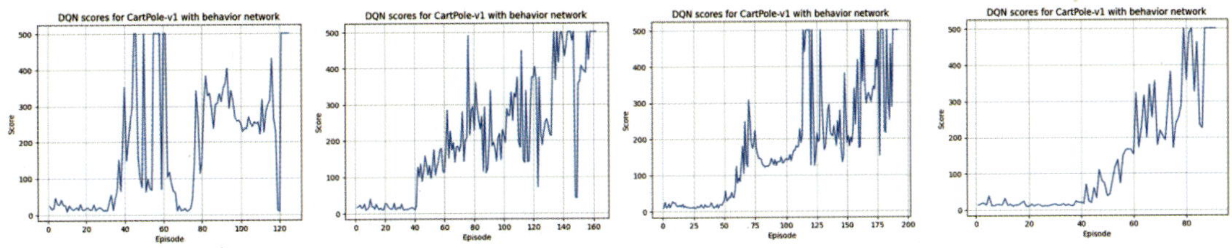

(b) [프로그램 7-2]의 학습 곡선

그림 7-4 Q-러닝의 반복 실행을 통한 수렴 특성 분석

4
딥러닝 기초

지금까지는 단순한 CartPole 과업을 가지고 프로그래밍 실습을 수행했기 때문에 은닉층이 2개인 다층 퍼셉트론을 사용하였다. 이는 Mnih가 제안한 DQN을 그대로 사용한 것이 아니라 리플레이 메모리를 도입한 Q-러닝을 사용한 셈이다. 이 절은 딥러닝과 프로그래밍 방법을 소개하고, 7.5절에서는 딥러닝 없이 해결이 불가능한 아타리 게임을 다룬다.

1. 딥러닝 모델

딥러닝 모델이란 층을 많이 쌓은, 즉 깊은 신경망을 말한다. 깊은 신경망을 구축하고 학습하며 성능을 분석하는 기술을 총칭하여 딥러닝 기술이라고 부른다[Goodfellow2016, Zhang2024b]. 현재 인공지능 제품은 거의 모두 딥러닝 기술로 구현된다. 딥러닝의 간략 역사에 대해서는 7.1.1절을 참조한다.

[그림 7-5(a)]는 깊은 다층 퍼셉트론deep multi-layer perceptron(DMLP)이다. 이는 은닉층이 하나인 [그림 6-3]의 다층 퍼셉트론에 단지 은닉층을 더 많이 추가하여 깊게 만든 구조로, 가장 쉽게 고안할 수 있는 딥러닝 모델이다.

[그림 7-5(b)]는 컨볼루션 연산을 통해 특징을 학습하는 컨볼루션 신경망convolutional neural network(CNN)이다. 보통 컨볼루션층과 풀링층을 번갈아 쌓은 구조의 앞부분에 완전연결층으로 구성된 뒷부분을 이어 붙여 전체 모델을 구성한다. 앞부분은 입력 데이터로부터 유용한 특징을 추출하는 역할을 하고, 뒷부분은 추출된 특징을 바탕으로 원하는 출력 형태로 변환하는 역할을 한다. 컨볼루션층의 커널은 입력 데이터에서 특징을 추출하는데 이 커널을 구성하는 가중치는 학습을 통해 알아낸다. 따라서 컨볼루션 신경망은 학습이 진행됨에 따라 점점 좋은 특징을 추출할 수 있게 되며 이를 특징 학습feature learning이라고 한다. 특징 학습은 컨볼루션 신경망이 뛰어난 성능을 발휘하는 핵심 요인이다.

[그림 7-5(c)]는 시간성 데이터를 처리하기에 적합한 순환 신경망recurrent neural network(RNN)이다. 이는 다층 퍼셉트론에서 은닉 노드 사이에 에지를 추가한 구조로, 추가된 에지는 시간에 따라 순환적으로 작용함으로써 시간성 정보를 처리한다. 순환 신경망은 주로 언어 번역이나 문서 요약 등의 자연어처리 응용에 사용된다. 그러나 긴 문장의 경우 앞쪽에서 발생한 단어의 정보는 처리 단계가 거듭됨에 따라 점점 희미해

지는 문제가 있다. 이런 한계를 극복하기 위해 탄생한 모델이 [그림 7-5(d)]의 트랜스포머transformer다. 트랜스포머는 문장을 구성하는 모든 요소 쌍 사이의 상호작용, 즉 주목attention을 계산하는 자기 주목층을 사용한다. 자기 주목self-attention은 query-key-value 연산을 통해 구현된다. 현재 GPT 같은 최고 성능의 인공지능 제품은 트랜스포머로 구현되며, 그 응용 범위는 자연어 처리뿐 아니라 컴퓨터 비전 등 다양한 분야로 확대되고 있다.

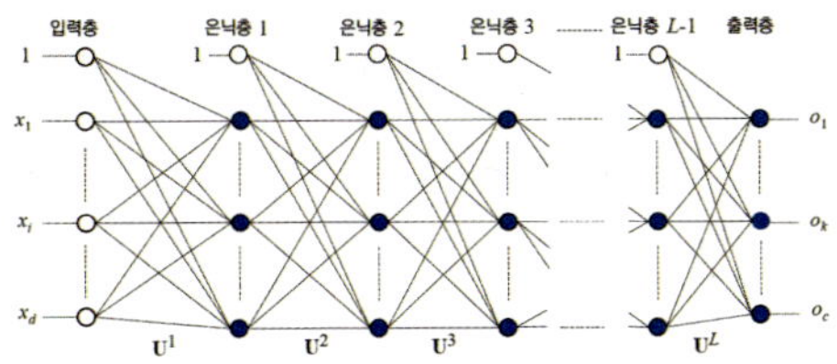

(a) 깊은 다층 퍼셉트론

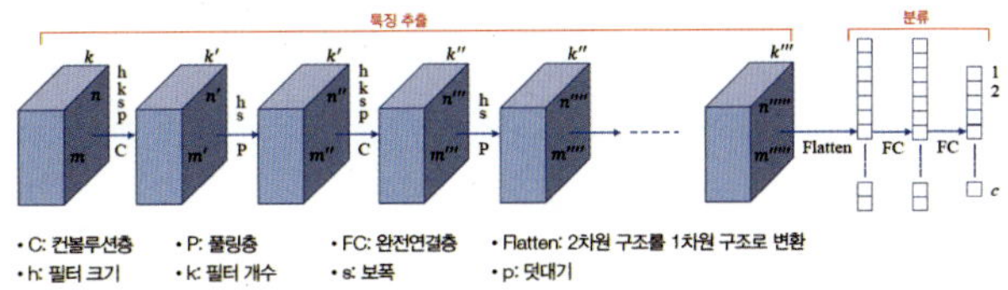

(b) 컨볼루션 신경망

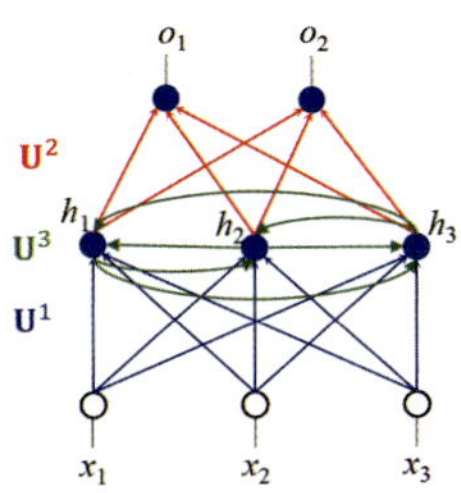

(c) 순환 신경망

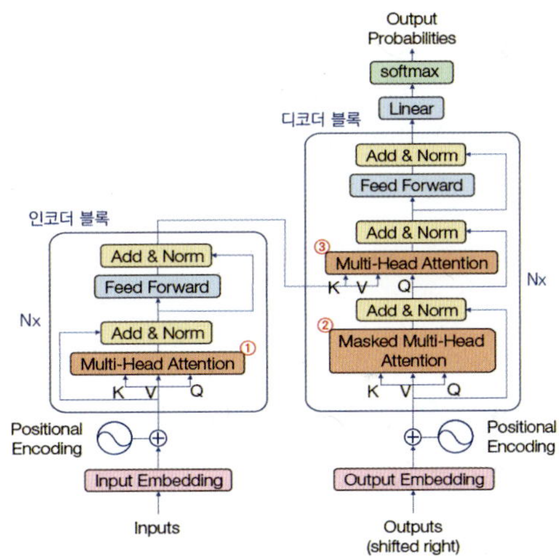

(d) 트랜스포머

그림 7-5 다양한 딥러닝 모델

강화 학습에서는 은닉층이 1~2개인 다층 퍼셉트론이나 컨볼루션 신경망이 주로 사용된다. 예를 들어 CartPole이나 로봇 제어와 관련된 MuJoCo 과업은 상태가 1차원 실수 벡터이기 때문에 다층 퍼셉트론을 사용한다. 퐁 아타리 게임이나 바둑처럼 상태가 2차원 구조의 영상 또는 보드 형태로 주어지는 경우에는 컨볼루션 신경망을 사용한다. 최근에는 트랜스포머를 강화 학습에 활용하는 연구가 발표되고 있는데 이에 대한 서베이 논문으로 [Agarwal2023, Li2023b]를 추천한다.

2. 프로그래밍 실습: 딥러닝 모델의 일반화 능력

[프로그램 7-3]은 MNIST에 컨볼루션 신경망을 적용한다. 다층 퍼셉트론을 사용한 [프로그램 6-1]과 구조가 유사하고, 데이터를 준비하는 9~15행과 학습을 진행하고 성능을 평가하고 학습 곡선을 그리는

28~41행은 [프로그램 6-1]과 동일하므로 설명을 생략한다. 새롭게 설명할 부분은 컨볼루션 신경망을 구축하는 17~26행이다.

17행은 신경망 모델을 생성하여 cnn 변수에 저장한다. 18행은 3×3 커널 32개를 가지며 활성 함수로 relu를 사용하는 컨볼루션층을 쌓는다. 이때 필기 숫자가 입력되는 형태를 지시하는 input_shape=(28,28,1)을 주의 깊게 살필 필요가 있다. MNIST 데이터는 흑백 숫자 이미지이므로 채널 수가 1인 28×28 맵이며, 따라서 입력 텐서의 형태는 28×28×1이다. 만약 RGB 세 채널로 구성되는 컬러 영상이라면 28×28×3 형태가 되었을 것이다. 이처럼 컨볼루션 신경망은 영상의 원래 모양을 유지한 채 입력을 받는다. 이는 [프로그램 6-1]의 10~11행에서 784 크기의 벡터로 변환하여 입력하는 다층 퍼셉트론과 근본적으로 차별화되는 점이다.

19행은 같은 모양의 컨볼루션층을 하나 더 쌓고, 20행은 2×2 커널로 max 풀링층을 쌓는다. 21~23행은 컨볼루션층 두 개와 풀링층을 다시 쌓는다. 24행은 이렇게 얻은 3차원 구조의 텐서를 완전연결층에 입력하기 위해 1차원으로 펼친다. 25행은 은닉 노드가 512개인 완전연결층을 쌓고, 26행은 10부류에 해당하는 10개의 출력 노드를 가진 완전연결층을 쌓는다. 출력층은 softmax 함수를 사용하여 클래스별 확률을 출력한다. C-C-P-C-C-P-FC-FC의 여덟 개 층을 가진 깊은 신경망이 만들어진다.

프로그램 7-3 딥러닝 모델의 일반화 능력

```
1   import numpy as np
2   import tensorflow as tf
3   import tensorflow.keras.datasets as ds
4   from tensorflow.keras.models import Sequential
5   from tensorflow.keras.layers import Conv2D,MaxPooling2D,Flatten,Dense
6   from tensorflow.keras.optimizers import Adam
7   import matplotlib.pyplot as plt
8
9   (x_train,y_train),(x_test,y_test)=ds.mnist.load_data()  # 데이터 준비
10  xx_train=x_train.reshape(60000,28,28,1)
11  xx_test=x_test.reshape(10000,28,28,1)
12  xx_train=xx_train.astype(np.float32)/255.0
13  xx_test=xx_test.astype(np.float32)/255.0
14  yy_train=tf.keras.utils.to_categorical(y_train,10)
15  yy_test=tf.keras.utils.to_categorical(y_test,10)
16
17  cnn=Sequential()
18  cnn.add(Conv2D(32,(3,3),activation='relu',input_shape=(28,28,1)))
19  cnn.add(Conv2D(32,(3,3),activation='relu'))
20  cnn.add(MaxPooling2D(pool_size=(2,2)))
21  cnn.add(Conv2D(64,(3,3),activation='relu'))
22  cnn.add(Conv2D(64,(3,3),activation='relu'))
23  cnn.add(MaxPooling2D(pool_size=(2,2)))
24  cnn.add(Flatten())
```

```
cnn.add(Dense(units=512,activation='relu'))
cnn.add(Dense(units=10,activation='softmax'))

cnn.compile(loss='categorical_crossentropy',optimizer=Adam(learning_rate=0.001), metrics=['accuracy'])
hist=cnn.fit(xx_train,yy_train,batch_size=128,epochs=50,validation_data=(xx_test,yy_test), verbose=2)

res=cnn.evaluate(xx_test,yy_test,verbose=0)  # 테스트 집합 전체에 대한 정확률 평가
print('정확률=',res[1]*100)

plt.plot(hist.history['accuracy'])
plt.plot(hist.history['val_accuracy'])
plt.title('Accuracy graph')
plt.ylabel('Accuracy')
plt.xlabel('Epoch')
plt.legend(['Train','Validation'])
plt.grid()
plt.show()
```

```
Epoch 1/50
469/469 - 13s - loss: 0.1581 - accuracy: 0.9522 - val_loss: 0.0451 - val_accuracy: 0.9851 - 13s/epoch - 28ms/step
Epoch 2/50
469/469 - 3s - loss: 0.0417 - accuracy: 0.9868 - val_loss: 0.0255 - val_accuracy: 0.9915 - 3s/epoch - 7ms/step
…
Epoch 50/50
469/469 - 3s - loss: 2.1658e-06 - accuracy: 1.0000 - val_loss: 0.0343 - val_accuracy: 0.9946 - 3s/epoch - 7ms/step

정확률= 99.4599997997284
```

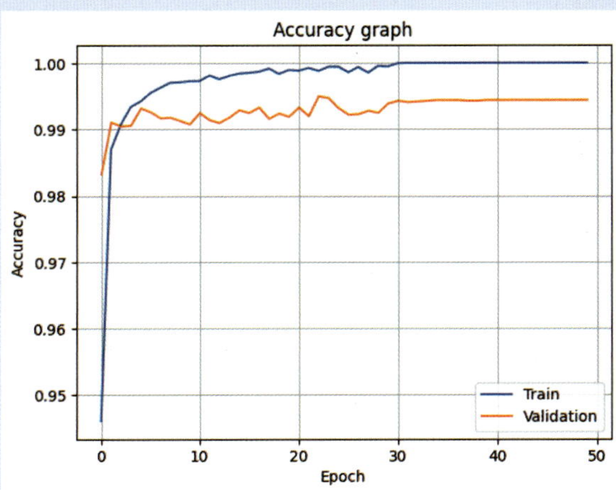

프로그램 실행 결과를 살펴보면, 정확률은 99.46%로 다층 퍼셉트론을 사용한 [프로그램 6-1]보다 약 1% 가량 향상되었다. 이는 입력을 2차원 맵 형태로 유지하고, 컨볼루션층을 통해 효과적으로 특징 학습을 수행했으며, 층을 깊게 구성함으로써 성능이 뚜렷하게 향상된 결과이다.

5

아타리 게임 환경

퐁 아타리 게임은 1972년 11월에 출시되었다. 당시에는 동전을 넣고 플레이할 수 있는 [그림 7-6]과 같은 퐁 게임기가 길거리 곳곳에 설치되어 사람들의 선풍적인 인기를 끌었다. 퐁의 출시는 비디오 게임 시장을 활짝 연 역사적 사건이 된다. 이후 수백 종의 게임이 개발되고 가정용 게임기로 발전함에 따라 [그림 7-1]과 같이 가족과 게임을 즐기는 장면을 쉽게 볼 수 있게 된다. 컴퓨터 그래픽이 정교해지고 닌텐도와 같은 발전된 형태의 게임기가 등장하면서 아타리 게임의 공식 버전업은 1992년에 종료되었다. 그러나 아타리 게임에 매료된 사람들이 에뮬레이터를 만들어 오픈소스로 공개하면서, 지금도 여전히 아타리 게임은 생명을 이어가고 있다.

그림 7-6 퐁 게임 기계

1. ALE 플랫폼과 Gymnasium 라이브러리

Stella는 아타리 게임을 비슷하게 흉내 내는 무료 에뮬레이션 프로그램이다. 멀티플랫폼으로 개발되어 다양한 종류의 컴퓨터에서 실행할 수 있으며, 오픈소스로 배포되기 때문에 개량도 가능하다. ALE[arcade learning environment]는 Stella를 강화 학습에 활용할 수 있도록 확장한 플랫폼이다. Gymnasium은 ALE에 있는 게임 환경을 자신의 API에 맞게 클래스로 감싸서 제공한다. 따라서 FrozenLake나 CartPole 같은 과업과 마찬가지로 reset과 step 함수로 게임을 제어할 수 있다. Gymnasium이 제공하는 ALE 환경은 단일 에이전트 게임 104종과 다중 에이전트 게임 24종으로 구성된다. 여기서 다중 에이전트란 환경과 상호작용하면서 행동을 결정하는 에이전트가 여러 개인 경우를 말한다. 이 책의 실습은 모두 단일 에이전트 환경을 기반으로 한다.

[그림 7-7]은 이 책에서 실습할 퐁 아타리 게임을 포함하여 12종의 아타리 게임 화면을 보여준다. [그림 7-7(a)]는 Mnih 연구팀이 개발한 강화 학습 프로그램이 인간을 능가한 게임이고, [그림 7-7(b)]는 프로그램이 인간에게 패배한 게임이다[Mnih2015].

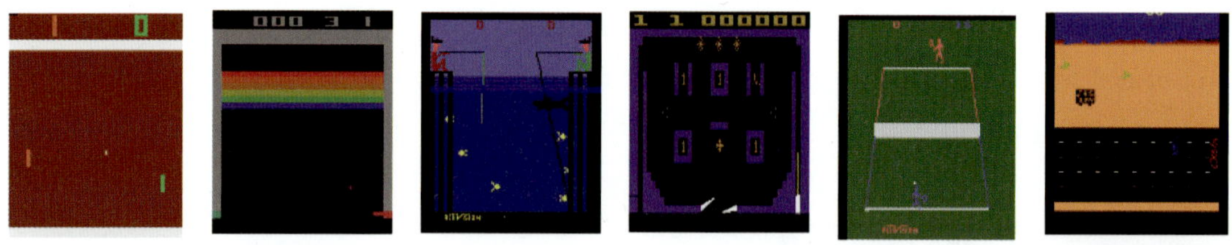

Pong Breakout FishingDerby Video Pinball Tennis RoadRunner

(a) 인간 이상의 성능을 달성한 아타리 게임의 예

Frostbite Gravitar Seaquest MsPacman PrivateEye DoubleDunk

(b) 인간보다 낮은 성능을 보인 아타리 게임의 예

그림 7-7 Gymnasium이 제공하는 아타리 게임

Gymnasium이 제공하는 ALE 환경 공식 사이트는 https://ale.farama.org이며, 관련 소프트웨어는 https://github.com/Farama-Foundation/Arcade-Learning-Environment에서 확인할 수 있다. ALE 환경을 소개하는 논문으로 [Bellemare2013, Machado2018]이 있다.

2. 프로그래밍 실습: 퐁 아타리 게임 애니메이션

[프로그램 7-4]는 퐁 아타리 게임을 애니메이션으로 실행하는 프로그램이다. 프로그램 실행을 위해 아래 라이브러리를 사전에 설치해야 한다.

```
pip install ale-py
pip install gymnasium[atari, accept-rom-license]
```

메인에 해당하는 18~24행을 살펴보자. 18행은 Pong 환경을 생성하고 env 변수에 저장한다. 이때 render_mode='rgb_array'로 설정하여 render 함수가 numpy ndarray 형식의 영상을 반환하게 한다. 19행은 상태 공간과 행동 공간의 구조를 확인한다. 실행 결과를 살펴보면, 상태 공간은 Box 형으로, 화소는 [0,255] 범위의 uint8(unsigned 8비트) 정수이며 210×160 크기의 채널(RGB) 3개로 구성되어 있음을 알 수 있다. 행동 공간은 이산형으로, 총 6개 변수로 표현된다는 사실을 알 수 있다. 20행은 play_Pong 함수를 호출하여 애니메이션을 시도한다.

6~16행은 랜덤 정책으로 퐁 아타리 게임을 플레이하는 play_Pong 함수다. 7행은 reset 함수로 초기 상태를 얻는다. 8~16행은 종료 상태가 될 때까지 반복한다. 9행은 세 가지 행동 0(정지, noop), 2(위, right), 3(아래, left) 중 하나를 같은 확률로 랜덤 선택한다. 10행은 step 함수로 행동을 실행하고 다음 순간으로 전이한다. 12~13행은 현재 상태를 렌더링한다. 13행은 20밀리초 동안 지연하여 영상이 화면에 보이게 한다. 퐁 아타리 게임에서는 왼쪽 선수는 컴퓨터고 오른쪽 선수는 에이전트인데 둘 중 하나가 먼저 20점을 획득하면 게임이 종료된다. 15~16행은 종료 상태에서 루프를 탈출한다. 23~24행은 사용자가 q 키를 누르면 OpenCV 윈도우를 모두 닫고 프로그램을 종료한다.

프로그램 7-4 퐁 아타리 게임 애니메이션

```
1   import gymnasium as gym
2   import numpy as np
3   import ale_py
4   import cv2 as cv
5
6   def play_Pong(env):
7       s,info=env.reset()
8       while True:
9           a=np.random.choice([0,2,3],1,p=[1/3,1/3,1/3])[0] # 0(정지), 2(상), 3(하)
10          s,r,terminated,truncated,info=env.step(a)
11
12          cv.imshow('Pong animation',cv.cvtColor(env.render(),cv.COLOR_BGR2RGB))
13          cv.waitKey(20)
14
15          if terminated or truncated:
16              break
17
```

```
18  env=gym.make('ALE/Pong-v5',render_mode='rgb_array')
19  print(env.observation_space,env.action_space)
20  play_Pong(env)
21  env.close()
22
23  if cv.waitKey()==ord('q'):
24      cv.destroyAllWindows()
```

```
Box(0, 255, (210, 160, 3), uint8) Discrete(6)
```

프로그램을 실행하면, 상태와 행동 정보가 출력되고 애니메이션이 시작된다. 에이전트는 9행에서 랜덤하게 행동을 선택한다. 이는 눈을 감고 배트를 휘두르는 선수와 같아서 컴퓨터를 이길 수 없다. 그렇다면 DQN 알고리즘으로 에이전트를 학습시켜 컴퓨터를 이기게 할 수 있을까? 이것이 바로 7.6절의 목표다.

3. 과업 이해하기

강화 학습을 통해 [프로그램 7-4]의 멍청한 에이전트를 똑똑한 선수로 만들기 위해서는 과업을 잘 이해해야 한다. 먼저 프로그램 실행 결과를 통해 몇 가지 사실을 확인해보자. Gymnasium 사이트를 참조하면 행동은 총 여섯 가지로 0(noop), 1(fire), 2(right), 3(left), 4(rightfire), 5(leftfire)이다. [프로그램 7-4]의 출력에서 행동 공간이 Discrete(6)인 이유다. Pong 과업에서는 총을 쏠 필요가 없기 때문에 행동 1, 4, 5는 필요 없다. [프로그램 7-4]의 9행을 a=np.random.choice([0,1,2,3,4,5],1, p=[1/6,1/6,1/6,1/6,1/6,1/6])[0]으로 바꾸고 실행해도 결과는 동일하다. 행동 1, 4, 5에 같은 확률을 주어 선택했음에도 화면에 아무 변화가 없다. 다른 게임과 호환성을 위해 6개 행동을 두었지만, 실제 효과를 발휘하는 행동은 0, 2, 3뿐이다.

Pong 환경에서는 한 경기가 여러 게임으로 구성된다. 먼저 20개 게임을 먼저 이기는 편이 승리한다. [프로그램 7-4]의 11행 뒤에 print(r)을 두어 보상을 출력해보면, 0, 0, …, 0, −1, 0, 0, …, 0, −1, …이 출력된다. 게임 도중에는 보상 0이 주어지다가 게임이 끝났을 때 승리하면 1, 패배하면 −1이 주어지는 지연 보상이란 사실을 알 수 있다. 경기를 구성하는 각 게임은 서로 독립적이기 때문에 하나의 게임을 하나의 에피소드로 간주하면 된다.

[프로그램 7-4]에서 에피소드를 저장한 다음 분석해보면 에피소드 길이, 즉 한 게임을 구성하는 순간의 개수는 대략 35~95임을 알 수 있다. 공이 왼쪽 진영에서 출발하여 오른쪽 진영에 도달하는 데 약 35개 순간이 소요되며, 에이전트가 공을 한 번도 받아내지 못하면 에피소드 길이가 35가 된다. 반대로 공을 우연히 받아내면 95까지 지속된다. 강화 학습을 통해 에이전트가 실력이 향상되면 컴퓨터와 에이전트가 치고받기를 거듭하게 되고, 이로 인해 에피소드 길이는 더욱 길어진다. 이처럼 에피소드 길이에 대한 지식은 ε 스케줄링, 즉 ε을 줄이는 속도를 조정하는 데 유용하다.

이제 상태가 어떻게 표현되는지 알아보자. 10행 뒤에서 print(type(s),s.shape)을 추가하면 상태 s는 210×160×3 형태의 numpy.ndarray임을 알 수 있다. 그렇다면 상태 s는 식 (2.4)의 마르코프 성질을 만족할까? 다시 말해 상태 s만 보고 행동을 결정해도 괜찮을까? [프로그램 7-4]의 실행 결과 화면을 보면, 그렇지 않다는 사실을 금방 알 수 있다. 예를 들어 에이전트의 녹색 배트가 방금 전 공을 쳐 낸 상황이라면 행동 0(정지)을 선택하면 되지만, 공이 에이전트 쪽으로 오는 상황이라면 배트를 이동하여 공을 막아야 한다. 이때 공의 방향이 매우 중요하다. 아래쪽을 향한다면 행동 0을 선택하여 그냥 있어도 되지만 위쪽을 향한다면 2(위)를 선택하여 공을 막아야 한다. 이처럼 현재 순간의 화면만으로 상태를 표현하면 Pong 과업은 부분 관찰 MDP[partially observable MDP(POMDP)]가 된다. 바둑에 비유하면 바둑판을 가린 채 최근에 둔 몇 수만 알려주고 다음 수를 결정하라고 강요하는 셈이고, CartPole에 비유하면 (위치,속도,각도,각속도)로 표현되는 상태에서 속도와 각속도를 배제한 셈이다.

Pong 환경이 POMDP를 벗어나는 방법은 여러 가지가 있다. 하나는 Pong 에뮬레이터 프로그램을 해킹하여 내부에 있는 공의 방향 정보에 접근하여 상태를 (화면 영상,공의 방향)으로 표현하는 방법이다. 이 방법은 Gymnasium의 표준 인터페이스인 reset과 step 함수를 벗어나므로 바람직하지 않다. Mnih는 210×160×3의 컬러 영상을 84×84×1의 명암 영상으로 변환한 뒤, 최근 4 프레임을 쌓은 84×84×4 텐서를 신경망에 입력한다. 작은 명암 영상으로 변환하는 이유는 데이터 양을 줄이기 위해서이며, 컬러 대신 명암만 사용해도 배트의 방향, 즉 행동 결정에 필요한 정보는 충분하기 때문이다. 연속된 4 프레임을 쌓는 이유는 POMDP 문제를 완화하기 위해서이다. 최근 4 프레임이 공의 움직임 정보를 암시적으로 제공한다. 이 방법을 쓰면 에뮬레이터를 해킹할 필요가 없고 단지 step 함수로 얻은 최근 영상 프레임 4장을 저장해두면 된다.

6

DQN을 이용한 퐁 아타리 게임

이 절에서는 퐁 아타리 게임 과업을 위한 똑똑한 에이전트, 즉 최적 정책을 학습하는 과정을 다룬다. [프로그램 7-2]와 마찬가지로 행위 신경망과 리플레이 메모리를 사용하지만, CartPole 과업과는 다른 점도 존재한다. CartPole은 네 개의 실수 변수로 상태를 표현하는 반면, 퐁 아타리 게임은 컬러 영상으로 상태를 표현하기 때문에 컨볼루션 신경망을 사용한다. [프로그램 7-2]가 리플레이 메모리를 사용하는 Q-러닝 알고리즘을 사용한다면, 이 절의 [프로그램 7-5]는 DQN 학습 알고리즘을 사용한다고 할 수 있다. 네트워크 구조와 하이퍼 매개변수는 가급적 Mnih 논문을 따랐다[Mnih2013].

1. 프로그래밍 실습: 퐁 아타리 게임 학습

[프로그램 7-5]는 DQN으로 퐁 아타리 게임을 학습하는 프로그램이다.

17행은 리플레이 메모리 크기를 20000으로 설정하고, 18행은 미니배치 크기를 32로 설정한다. 19행은 행위 신경망을 목표 신경망에 복사하는 주기를 1000 순간으로 설정한다. 20행은 학습을 500경기만큼 반복하도록 설정한다. 21행은 신경망에 입력할 최근 영상 프레임 수를 4로 설정한다. 이에 대한 설명은 7.5.3절을 참조한다. 22~23행은 신경망에 입력한 영상 프레임의 크기를 84×84로 설정한다. 24행은 에이전트의 행동 목록을 설정한다.

28~37행은 컨볼루션 신경망을 생성하는 함수다. 30~32행은 세 개의 컨볼루션층을 쌓는다. 30행에서 신경망 입력이 84×84×4임을 확인할 수 있다. 컨볼루션층을 통과한 텐서는 33행에서 1차원으로 펼쳐져 34행의 완전연결층에 입력된다. 35행의 출력층에는 행동의 가지 수에 해당하는 세 개의 노드가 배치된다. linear 활성 함수를 통해 행동 가치 함수의 가치 값이 출력된다. 36행에서 옵티마이저로 Adam을 사용하며, 학습률을 0.00005로 설정하여 학습이 천천히 진행되도록 한다.

39~41행의 preprocess 함수는 화면 영상 상하좌우에서 불필요한 부분을 제거하고, 컬러를 명암으로 변환한 뒤, 크기를 84×84로 변환하고, 84×84×1 모양의 텐서로 만들어 반환한다. 43~61행의 model_learning은 DQN 학습을 수행하는 핵심 함수다. 44~49행은 리플레이 메모리 R에서 랜덤하게 미니배치를 추출하고, 상태, 행동, 보상, 다음 상태, 종료 여부를 각각의 변수에 저장한다. 51~52행은 훈련 집합을 구성한다. 52행은 현재 상태 s에 대해 행위 신경망인 model_behavior로 예측한 값을 Y에 저장한다. 53행은 다음 상태 s1에 대해 목표 신경망인 model_target으로 예측한 결과를 y1_에 저장한다. 55~59행은 Y를 참값으로 설정한다. 61행은 (X,Y)를 훈련 집합으로 사용하여 행위 신경망을 학습한다.

63~121행은 메인에 해당한다. 63행은 퐁 아타리 게임을 위한 환경을 만들어 env에 저장한다. 65~66행은 각각 목표 신경망 model_target과 행위 신경망 model_behavior를 만든다. 이들은 행위 가치 함수를 근사하는 신경망으로, 목표 신경망은 최적 정책을 대리하고 행위 신경망은 데이터를 생성하는 역할을 담당한다. 68행은 리플레이 메모리를 만든다. 69행의 n_update는 지나간 순간의 수를 나타내고 70행의 scores는 경기의 점수를 기록한다. 71행은 전체 학습 시간을 측정하기 위해 현재 시간을 기록한다.

73~108행은 경기를 반복한다. 74행은 한 경기에 걸린 시간을 측정하기 위해 시작 시간을 기록한다. 75행은 reset 함수로 초기 상태를 얻는다. 이때 관찰된 영상과 실제 신경망에 입력되는 상태의 표현이 다르므로 변수 이름을 obs로 정한다. 76행은 최근 4 프레임을 저장할 imem 변수를 만든다. 77행은 초기 영상을 imem에 네 장 중복하여 추가한다. 78행은 imem에 있는 4 프레임을 접합하고 신경망에 입력할 84×84×4 모양의 텐서로 변환한다.

81~106행을 경기가 끝날 때까지 반복한다. 82~86행은 ε-탐욕으로 행동을 선택한다. ε 확률로 83행에서 랜덤 선택을 하고, 그 외에는 85~86행에서 탐욕 선택을 한다. 87행은 step 함수로 다음 순간으로 넘어간다. 88~89행은 새로 얻은 프레임 obs1로 imem을 갱신하고 신경망에 입력할 텐서로 변환한다. 90행은 현재 순간의 s-a-r-s' 데이터를 리플레이 메모리에 추가한다. 이때 deque의 성질에 따라 가장 오래된 데이터가 자동으로 삭제된다. 91행은 ε 스케줄링을 적용한다. 93~94행은 네 순간마다 model_learning 함수를 호출하여 행위 신경망을 학습한다. 96행은 순간을 세는 n_update를 하나 증가시키고, 97~98행은 1000 순간마다 행위 신경망을 목표 신경망에 복사하여 목표 신경망을 행위 신경망에 가깝게 유지한다. 100행은 다음 순간으로 넘어간다. 102~103행은 보상이 0이 아니면, 즉 한 게임이 종료되면 승패에 따라 score를 갱신한다. 104~106행은 경기가 끝나면 루프를 탈출하여 다음 경기를 준비한다. 108행은 경기가 끝났을 때 점수와 소요 시간, eps 값을 출력한다. 110행은 학습에 걸린 총 시간을 출력한다. 111행은 학습을 마친 신경망을 파일로 저장한다. 114~121행은 학습 곡선을 시각화한다.

프로그램 7-5 DQN을 이용한 퐁 아타리 게임 학습

```
import gymnasium as gym
import numpy as np
import random
from tensorflow.keras.models import Sequential
from tensorflow.keras.layers import Dense,Conv2D,Flatten
from tensorflow.keras.optimizers import Adam
import matplotlib.pyplot as plt
import ale_py
from collections import deque
import cv2 as cv
import time

gamma=0.99 #할인율
eps=1.0
eps_decay=0.99999
eps_min=0.01
replay_memory_siz=20000
batch_siz=32
copy_interval=1000 #행위 신경망을 목표 신경망에 복사하는 주기
n_match=500
consecutive=4 #연속 4장 영상으로 상태 표현
rows=84 #신경망 입력 영상 크기
cols=84
actions=[0,2,3] #행동: 0(위치 유지), 2(위로 이동), 3(아래로 이동)

greedy_select=lambda x:np.random.choice(np.argwhere(x==np.max(x)).flatten())

def deep_network(): #신경망 만들기
    cnn=Sequential()
    cnn.add(Conv2D(32,(5,5),activation='relu',strides=2,input_shape=(rows,cols,consecutive)))
    cnn.add(Conv2D(64,(3,3),activation='relu',strides=2))
    cnn.add(Conv2D(64,(3,3),activation='relu',strides=1))
    cnn.add(Flatten())
    cnn.add(Dense(512,activation='relu'))
    cnn.add(Dense(len(actions),activation='linear'))
    cnn.compile(loss='MSE',optimizer=Adam(learning_rate=0.00005))
    return cnn

def preprocess(img): #화면 영상 전처리(260×180×3 컬러 → 84×84×1 명암)
    crop=cv.cvtColor(img[30:-12,5:-4,:],cv.COLOR_BGR2GRAY) #경계 제거
    return cv.resize(crop,dsize=(rows,cols)).reshape(rows,cols,1)

def model_learning(): #DQN 학습
    mini_batch=random.sample(range(len(R)),batch_siz)
    s=np.asarray([R[mini_batch[i]][0] for i in range(batch_siz)])
```

```
        a=np.asarray([R[mini_batch[i]][1] for i in range(batch_siz)])
        r=np.asarray([R[mini_batch[i]][2] for i in range(batch_siz)])
        s1=np.asarray([R[mini_batch[i]][3] for i in range(batch_siz)])
        terminated=np.asarray([R[mini_batch[i]][4] for i in range(batch_siz)])

        X=s
        Y=np.array(model_behavior(s))
        y1_=np.array(model_target(s1))

        for i in range(batch_siz):
            if terminated[i]:
                Y[i,a[i]]=r[i]
            else:
                Y[i,a[i]]=r[i]+gamma*np.max(y1_[i])

        model_behavior.fit(X,Y,batch_size=batch_siz,epochs=1,verbose=0)

env=gym.make('ALE/Pong-v5',render_mode='rgb_array')

model_target=deep_network() # 목표 신경망 생성
model_behavior=deep_network() # 행위 신경망 생성(데이터 생성용)

R=deque(maxlen=replay_memory_siz) # 리플레이 메모리 초기화
n_update=0 # 누적 프레임 수
scores=[] # 경기(match) 점수 기록
start_time_total=time.time()

for i in range(n_match): # 경기 반복
    start=time.time()
    obs,info=env.reset()
    imem=deque(maxlen=consecutive) # 4장의 연속 영상으로 상태 표현
    for j in range(consecutive): imem.append(preprocess(obs))
    s=np.transpose(np.squeeze(np.asarray(imem)),(1,2,0))

    score=0
    while True:
        if(np.random.random()<eps):
            a=np.random.choice(len(actions)) # 랜덤 선택
        else:
            y_=model_behavior(s.reshape(1,rows,cols,consecutive))[0]
            a=greedy_select(y_) # 탐욕 선택
        obs1,r,terminated,truncated,info=env.step(actions[a])
        imem.append(preprocess(obs1))
        s1=np.transpose(np.squeeze(np.asarray(imem)),(1,2,0))
        R.append((s,a,r,s1,terminated))
        eps=max(eps_min,eps*eps_decay) # 엡실론을 조금씩 줄임
```

```
        if len(R)>batch_siz*3 and n_update%4==0:
            model_learning()

        n_update+=1
        if n_update%copy_interval==0:
            model_target.set_weights(model_behavior.get_weights())

        s=s1

        if r!=0: # 게임 종료
            score+=r
        if terminated or truncated: # 경기 종료
            scores.append(score)
            break

    print(i+1,"번째 경기 점수=",scores[-1],'(',int(time.time()-start),'초) eps=', np.round(eps,8))

print('학습에 걸린 총 시간=',int(time.time()-start_time_total),'초')
model_target.save("f7-5.keras") # 신경망 저장
env.close()

plt.plot(range(1,len(scores)+1),scores)
smooth=np.convolve(scores,10*[0.1],mode='valid')
plt.plot(range(1,len(smooth)+1),smooth)
plt.title('DQN scores for Pong-v5')
plt.ylabel('Score')
plt.xlabel('Match')
plt.grid()
plt.show()
```

```
1 번째 경기 점수= -21.0 ( 41 초) eps=0.98938667
2 번째 경기 점수= -20.0 ( 43 초) eps=0.97855322
3 번째 경기 점수= -21.0 ( 31 초) eps=0.97052303
…
288 번째 경기 점수= -13.0 ( 229 초) eps=0.01033941
289 번째 경기 점수= -10.0 ( 230 초) eps=0.01
290 번째 경기 점수= -13.0 ( 223 초) eps=0.01
…
498 번째 경기 점수= 11.0 ( 249 초) eps=0.01
499 번째 경기 점수= 15.0 ( 182 초) eps=0.01
500 번째 경기 점수= 20.0 ( 151 초) eps=0.01

학습에 걸린 총 시간= 73949 초
```

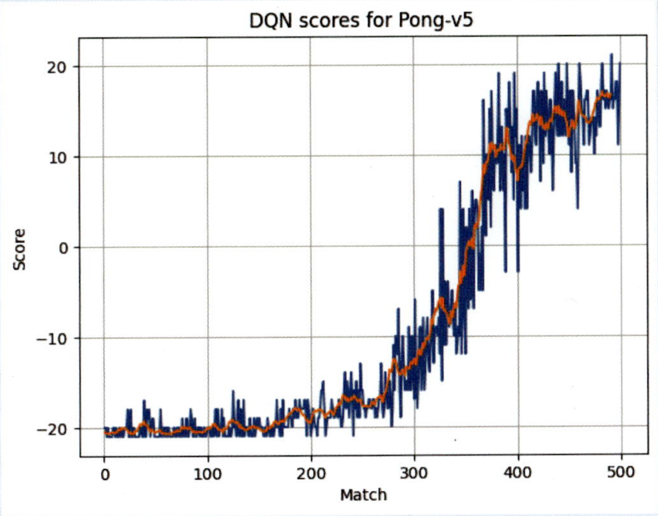

프로그램 실행 결과를 살펴보자. 초반에는 20:0으로 패배하고 한 경기를 학습하는 데 40초가량 걸린다. ε이 점점 줄어드는 현상도 확인할 수 있다. 289번째 게임에서 ε이 최저치 0.01에 도달하였다. 이쯤에는 20:10을 기록할 정도의 기량을 갖추어 점수가 −10가량된다. 500번째 게임 근처에서는 10:20 이상의 기량을 갖추게 된다. 학습 곡선을 보면 학습이 진행됨에 따라 꾸준히 기량이 향상되는 현상을 확인할 수 있다. 학습을 마치는데 73949초, 대략 20.5시간이 걸렸다.

2. 프로그래밍 실습: 퐁 아타리 게임 플레이

[프로그램 7-6]은 학습된 신경망을 이용해서 퐁 아타리 게임을 플레이하는 프로그램이다. 35행은 [프로그램 7-5]에서 학습하고 저장한 신경망을 불러온다. 37행은 play_match 함수를 호출하여 경기를 플레이한다. 39~40행은 경기가 끝난 뒤 사용자가 q 키를 입력하면 OpenCV 윈도우를 닫고 프로그램을 종료한다. 16~33행의 play_match 함수는 에피소드 루프를 실행하는 함수로, 주요 기능만 간략히 설명한다. 22행은 상태 s에 대한 예측값을 구한다. 23행은 예측값 중 최댓값을 선택하여 탐욕적으로 행동을 선택한다. 28~30행은 OpenCV를 이용하여 게임 화면을 애니메이션한다. 28행의 env.render는 현재 화면을 ndarray 데이터로 반환한다. OpenCV는 컬러 영상을 BGR 형식으로 표현하기 때문에 cvtColor 함수를 이용하여 RGB로 변환한다. imshow 함수는 'animation'이라는 이름의 윈도우에 영상을 디스플레이한다. 29행은 10밀리초 동안 지연을 발생시켜 영상이 유지되도록 한다. 30행은 사용자가 q 키를 입력하면 경기를 도중에 종료한다.

프로그램 7-6 퐁 아타리 게임 플레이

```python
import gymnasium as gym
import numpy as np
from tensorflow.keras.models import load_model
from collections import deque
import cv2 as cv
import ale_py

consecutive=4 # 4장의 연속 영상으로 상태 표현
rows=84
cols=84
actions=[0,2,3] # 0(위치 유지), 2(위로 이동), 3(아래로 이동)

def preprocess(img):
    return cv.resize(cv.cvtColor(img[30:-12,5:-4,:],cv.COLOR_BGR2GRAY),dsize=(rows,cols)).reshape(rows,cols,1)

def play_match(env):
    obs,info=env.reset()
    imem=deque(maxlen=consecutive) # 4장의 연속 영상으로 상태 표현
    for j in range(consecutive): imem.append(preprocess(obs))
    s=np.transpose(np.squeeze(np.asarray(imem)),(1,2,0))
    while True:
        y_hat=model(s.reshape(1,rows,cols,consecutive))[0]
        a=np.argmax(y_hat)
        obs,reward,terminated,truncated,info=env.step(actions[a])
        imem.append(preprocess(obs))
        s=np.transpose(np.squeeze(np.asarray(imem)),(1,2,0))

        cv.imshow('animation',cv.cvtColor(env.render(),cv.COLOR_BGR2RGB))
        key=cv.waitKey(10)
        if key==ord('q'): break

        if terminated or truncated:
            break

model=load_model('f7-5.keras')
env=gym.make('ALE/Pong-v5',render_mode='rgb_array')
play_match(env)
env.close()
if cv.waitKey()==ord('q'):
    cv.destroyAllWindows()
```

프로그램을 실행해보면 이 경기에서는 에이전트가 20:6으로 승리한다. 게임이 상당히 빨리 진행되는데, 이는 29행에서 순간 지연을 10밀리초, 즉 1/100초로 설정했기 때문이다. 30으로 늘리면 적절한 속도로 경기를 즐길 수 있다.

7

덧붙이는 말

[Mnih2015]의 연구는 혁신적이다. 아타리 비디오 게임에 대한 규칙이나 요령을 전혀 알려주지 않은 채 화면 영상만 입력했는데 강화 학습 알고리즘은 스스로 상대를 이기는 전략을 터득하였다. 게다가 게임마다 규칙이 다르고 입력과 출력의 형태가 다른데도 불구하고, 동일한 구조의 신경망을 동일한 하이퍼 매개변수 설정으로 학습하여 여러 게임에서 인간을 능가하는 성능을 보였다. 이후 연구에서는 아타리 비디오 게임뿐만 아니라 바둑과 같은 보드 게임을 학습할 수 있는 뮤제로로 발전한다[Schrittwieser2020]. 뮤제로는 잠복 공간을 사용함으로써 상태 공간과 행동 공간이 크게 다른, 즉 모달리티가 상이한 두 과업도 동일한 알고리즘으로 학습한다. 뮤제로는 13.3.4절에서 소개한다.

DQN이 성공을 거둔 이후, 다양한 방식으로 성능을 향상시킨 여러 변형된 알고리즘이 등장하였다. DDQN[double DQN], prioritized DDQN, dueling DDQN, distributional DQN, noisy DQN, A3C 등이 대표적이다. 이러한 학습 알고리즘들은 강화 학습의 여러 측면 중 한 가지 또는 두 가지를 개선함으로써 성능을 향상시킨다. 예를 들어, prioritized DDQN은 리플레이 메모리에서 미니배치를 샘플링할 때 단순 랜덤 샘플링 대신 각 샘플에 가중치를 부여한 후 가중치 샘플링을 수행하여 데이터 효율을 높인다. Matteo Hessel은 이와 같은 개선 기법들을 모두 통합한 Rainbow 학습 알고리즘을 제안하였다[Hessel2018]. 벤치마킹 결과 Rainbow는 기존 알고리즘들보다 훨씬 뛰어난 성능을 보였다.

[그림 7-8]은 Rainbow와 기존 일곱 가지 알고리즘 간의 성능을 비교한 그래프다. DQN이 가장 낮은 성능을 보였고, 그 뒤를 A3C와 noisy DQN이 뒤따르고 있다. 기존 알고리즘 중에서는 prioritized DDQN, dueling DDQN, distributional DQN이 높은 성능을 보였으며, Rainbow는 이 모든 알고리즘을 앞서는 결과를 나타냈다.

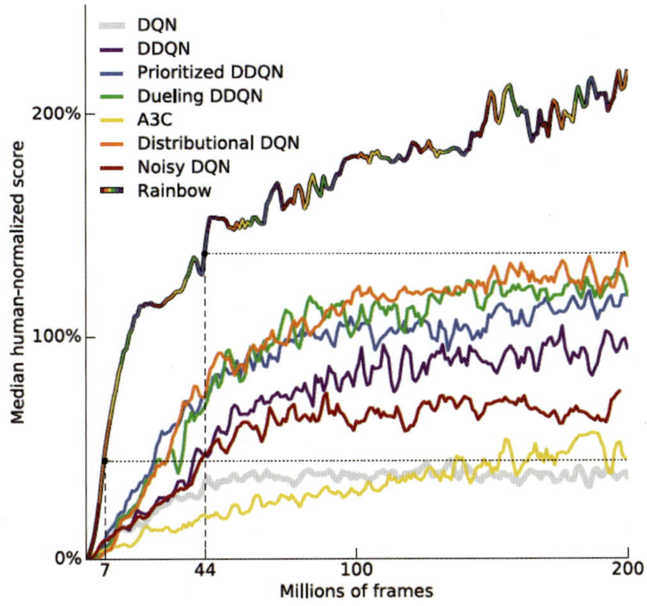

그림 7-8 Rainbow 학습 알고리즘의 벤치마킹[Hessel2018]

연습문제

1 Yann LeCun 교수가 제안한 LeNet−5[LeCun1998][1]의 신경망 구조를 제시하고 간략히 설명하시오.

2 파이썬이 제공하는 deque 자료구조에 대해 다음 코드를 실행했을 때 출력 결과를 쓰시오.

```
d=deque(maxlen=5)
d.append(3); d.append(4);d.append(-7); d.append(12); d.append(-7); d.append(5)
print(d)
print(d.count(-7))
d.reverse()
print(d)
```

3 [그림 7−4]는 [프로그램 7−1]과 [프로그램 7−2]를 여러 번 실행한 결과를 단순히 나열한 것이다. 이들 프로그램을 여러 번 실행한 다음, [그림 11−3]처럼 평균은 짙은 색 곡선으로, 최소와 최대가 형성하는 범위는 옅은 색 영역으로 표시하는 밴드 다이어그램을 하나의 그림에 그리도록 프로그램을 확장하시오. 가로축은 에피소드 개수를 나타낸다.

4 MNIST 데이터셋을 학습한 [프로그램 7−3]의 정확률은 [프로그램 6−1]에 비해 약 1% 향상되었다.

(1) 그 이유를 설명하시오.

(2) 컨볼루션 신경망의 이러한 능력을 강화 학습에 어떻게 활용할 수 있을지 설명하시오.

5 퐁 아타리 게임을 학습하는 [프로그램 7−5]의 21행은 consecutive를 4로 설정하여 최근 네 장의 영상을 신경망에 입력한다. consecutive 값을 줄이거나 늘리면 각각 어떤 효과가 발생할지 설명하시오.

6 DQN은 오프 정책 알고리즘이기 때문에 두 가지 기법, 즉 리플레이 메모리와 행위 신경망을 사용한다.

(1) [프로그램 7−5]의 17행에 있는 replay_memory_siz를 증가시키면 어떤 효과가 발생할지 설명하시오.

(2) [프로그램 7−5]의 19행에 있는 copy_interval을 증가시키면 어떤 효과가 발생할지 설명하시오.

---

1 [LeCun1998] Yann LeCun, Leon Bottou, Yoshua Bengio, Patrick Haffner, "Gradient−based learning applied to document recognition," Proceedings of IEEE.

7 [그림 7-7]에 있는 Breakout 아타리 게임에 대해 답하시오.

(1) [프로그램 7-5]를 참고하여 Breakout 아타리 게임을 학습하는 프로그램을 작성하시오.

(2) 학습을 마친 프로그램의 성능을 분석한 보고서를 작성하시오.

8 Rainbow는 기존 일곱 알고리즘의 아이디어를 통합한 알고리즘이다. DQN을 제외한 여섯 알고리즘은 DQN을 개량한 변형 알고리즘이다. 여섯 알고리즘 각각의 핵심 아이디어를 한두 문장으로 간략히 요약하시오.

CHAPTER 08

정책 그레이디언트 방법

1 정책이 중심인 학습

2 REINFORCE 알고리즘

3 REINFORCE 프로그래밍: 이산 과업

4 연속 과업을 위한 정책 그레이디언트

5 REINFORCE 프로그래밍: 연속 과업

6 파이썬의 배열 연산을 이용한 속도 향상

연습문제

CHAPTER 08 정책 그레이디언트 방법

Preview

강화 학습 알고리즘의 최종 목표는 최적 정책을 갖는 것이다. [그림 8-1]은 골대 안으로 들어간 공을 최적 정책에 비유한다. 지금까지 살펴본 알고리즘은 모두 최적 정책 π_*를 직접 찾는 대신 최적 가치 함수인 q_* 또는 v_*를 찾은 다음 그것을 π_*로 변환하는 가치 기반 방법value-based method, 즉 간접 방식을 사용하였다. [그림 8-1]에 비유하면 다른 선수의 헤딩을 통해 골을 넣는 방식에 해당한다. 그렇다면, 가치 함수를 거치지 않고 바로 최적 정책을 찾을 수는 없을까? 8장에서는 이 질문에 긍정적인 답을 제시한다. 이 책의 8장부터 11장까지는 최적 정책을 직접 찾아가는 정책 기반 방법policy-based method을 소개한다.

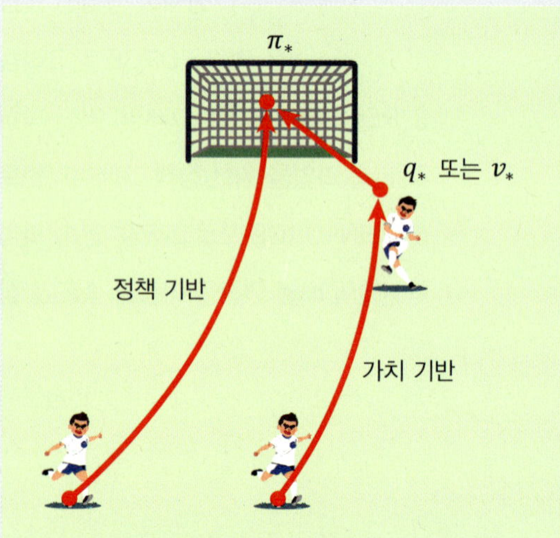

그림 8-1 정책 기반 방법과 가치 기반 방법

축구 선수가 직접 슛을 할지, 아니면 동료 선수의 헤딩을 통해 골을 넣을지를 골문 앞 상황에 따라 판단하듯, 과업의 성격에 따라 정책 기반 방법과 가치 기반 방법 중 적절한 방식을 선택할 수 있다. 두 방법론은 각각 장단점을 가지고 있기 때문이다. 하지만 현대에는 복잡한 과업을 해결할 때 정책 기반 방법을 사용하는 뚜렷한 경향이 있다. 이는 가치 기반 방법이 가지지 못한 여러 장점을 정책 기반 방법이 가지고 있기 때문이다. 특히 로봇을 제어하는 과업처럼 행동을 실수로 표현해야 하는 경우에는 정책 기반 방법이 필수적이다.

1
정책이 중심인 학습

이 절은 가치 함수가 주연이고 정책이 조연인 가치 기반 방법을, 정책이 주연이고 가치 함수가 조연인 정책 기반 방법으로 전환한다. 정책 기반 방법에서 가치 함수는 정책을 개선하는 공식 속에 포함되어 조연 역할을 충실히 수행한다. 이 전환의 핵심 요소는 8.1.2절에서 소개하는 정책 그레이디언트 정리다.

1. 발상과 전개

가치 기반 방법에 속하는 [알고리즘 6-1] Q-러닝의 동작 원리를 다시 살펴보자. 1~13행은 최적의 행동 가치 함수 q_*를 찾는 과정으로 [그림 8-1]에서 동료 선수의 머리를 향해 공을 패스하는 행위에 해당한다. 14~15행은 q_*를 최적 정책 π_*로 변환하는 과정으로, 헤딩으로 골을 넣는 행위에 해당한다.

이러한 가치 기반 학습 알고리즘은 절대 극복할 수 없는 한계가 있다. 앞에서 살펴본 가치 기반 알고리즘으로 학습한 과업, 즉 FrozenLake와 Blackjack, CartPole, Pong은 모두 행동 공간이 이산적이다. 예를 들어 CartPole의 행동 공간은 0(왼쪽)과 1(오른쪽)로 구성된다. 2.1.2절은 이들 과업을 이산 과업으로 분류하였다. 가치 기반은 이산 과업만 학습할 수 있다. 반면 Pendulum, BipedalWalker, MuJoCo와 같은 과업은 행동 공간이 연속적이기 때문에 연속 과업이다. 예를 들어 Pendulum의 행동 공간은 모터에 가하는 모멘텀을 행동으로 표현하는데 이 모멘텀은 실수다. 가치 기반 학습 알고리즘은 모두 연속 과업에서는 무용지물이다. 정책 기반 알고리즘은 8.4.2절에서 설명할 가우시안 분포를 이용하여 연속 과업을 학습할 수 있다. 가치 기반이 연속 과업을 학습할 수 없는 근본적인 이유는 연습문제로 남겨둔다.

지금부터 정책 기반 세계로 들어간다. 먼저 정책이 무엇인지, 정책을 구현하는 정책 신경망이 어떤 형태를 가져야 하는지를 다시 생각해볼 필요가 있다. 식 (2.6)과 [예제 2-8]은 정책이 확률 분포라는 사실을 알려준다. 정책은 상태 s에서 행동 a를 취할 확률을 알려주는 함수다. 6장에서 [그림 6-7]을 통해 정책과 가치 함수를 구현하는 두 신경망, 즉 정책 신경망policy network과 가치 신경망value network을 제시한 바 있다. [그림 6-7(a)]는 정책 신경망의 구조를 보여준다. 정책 신경망의 입력은 상태이며, 출력은 행동을 위한 확률 분포다. [그림 6-7(c)]는 행동 가치 함수를 추정하는 가치 신경망이다. 6장에서는 가치 신경망이 중심적인 역할을 수행했지만, 이제는 정책 신경망이 핵심이다.

[그림 8-2]는 정책 기반의 원리를 설명하기 위해 두 신경망을 다시 그린 그림이다. [그림 8-2(a)]는 정책 신경망이고, [그림 8-2(b)]는 행동 가치 신경망이다. 정책 신경망의 매개변수를 $\boldsymbol{\theta}$, 가치 신경망의 매개변수를 $\mathbf{w}$로 구분한다.

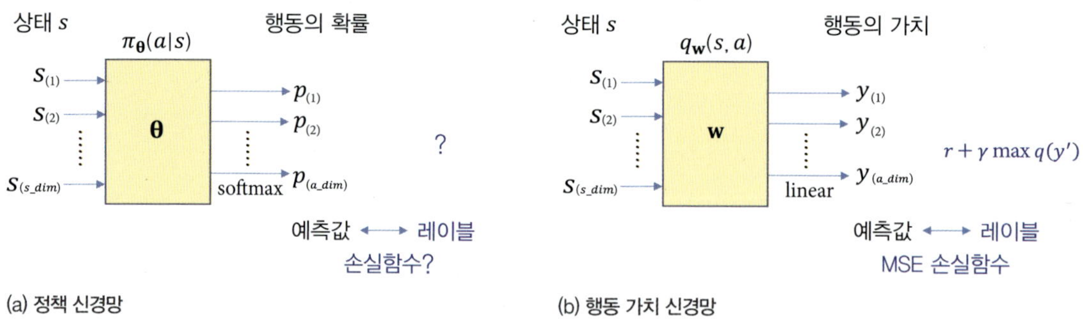

그림 8-2 정책 신경망과 행동 가치 신경망

[그림 8-2]의 두 신경망은 입력층과 출력층의 구조가 같으므로 닮았다고 할 수 있다. 다른 점은 [그림 8-2(a)]의 정책 신경망은 행동의 확률 분포를 출력하는 반면, [그림 8-2(b)]의 가치 신경망은 행동의 가치, 즉 행동의 좋은 정도를 나타내는 값을 출력한다. 따라서 [프로그램 6-2]에서 행동 가치 신경망에 해당하는 20행을 아래와 같이 바꿔야 한다.

```
mlp.add(Dense(a_dim,activation='linear'))
                    ↓
mlp.add(Dense(a_dim,activation='softmax'))
```

이렇게 수정하면 정책 기반이 완성될 것이라고 생각할 수 있다. 하지만 정책 기반으로 전환하는 일은 그렇게 단순하지 않다. [그림 8-2(b)]의 가치 신경망은 가치를 나타내는 값을 출력하기 때문에 신경망이 개선되면서 출력 노드의 값이 점점 커진다. 또한 참값인 $r+\gamma\max(y')$와 오차를 계산하여 MSE 손실 함수를 정의할 수 있고 옵티마이저를 사용하여 신경망을 학습할 수 있다. [알고리즘 6-1]과 이를 구현한 [프로그램 6-2]의 정당성을 떠받치는 핵심 원리다.

반면에 [그림 8-2(a)]의 정책 신경망은 확률 분포를 출력하기 때문에 학습을 통해 개선되더라도 a_dim개 노드의 값을 더하면 항상 1이다. 따라서 에피소드가 생성하는 보상 r을 이용하여 손실 함수를 정의하는 방법이 당장에는 없다. 정책 기반을 구현하기 위해서는 정책 신경망이 추정하는 확률 분포와 에피소드가 생성하는 보상 정보를 연결해주는 고리가 필요하다. 다음 절에서 설명하는 정책 그레이디언트 정리가 그 고리 역할을 한다.

2. 정책 그레이디언트 정리

[그림 8-2(a)]의 정책 신경망은 확률 분포를 출력하기 때문에 손실 함수를 정의할 마땅한 실마리가 아직 없다. 정책 기반 방법은 손실 함수를 정의하려 애쓰는 대신, 기대 이득을 최대화한다는 강화 학습의 본래

목적에 주목한다. 식 (8.1)은 매개변수 $\boldsymbol{\theta}$로 표현되는 정책 신경망 $\pi_{\boldsymbol{\theta}}$가 가져다줄 기대 이득을 나타낸다. 이 식의 의미를 살펴보자. $p_{\pi_{\boldsymbol{\theta}}}(s)$는 정책 $\pi_{\boldsymbol{\theta}}$에서 상태 s가 발생할 확률이고, $v_{\pi_{\boldsymbol{\theta}}}(s)$는 s의 이득, 즉 좋은 정도다. 따라서 모든 상태에 대한 $v_{\pi_{\boldsymbol{\theta}}}(s)$의 가중 합인 $J(\boldsymbol{\theta})$는 정책 $\pi_{\boldsymbol{\theta}}$의 기대 이득이 된다. 정책 기반 방법은 식 (8.1)의 $J(\boldsymbol{\theta})$를 목적 함수objective function로 사용한다.

$$J(\boldsymbol{\theta}) = \sum_{s \in \mathcal{S}} p_{\pi_{\boldsymbol{\theta}}}(s) v_{\pi_{\boldsymbol{\theta}}}(s) \tag{8.1}$$

식 (8.2)는 $J(\boldsymbol{\theta})$를 최대로 하는 매개변수 $\boldsymbol{\theta}$가 최적 정책이라는 사실을 수식으로 표현한다. 정책 신경망의 학습은 목적 함수를 최대화하는 것이므로 이는 최대화 문제다. 사실 이 두 식은 여기서 새로 등장한 것이 아니라, 강화 학습의 근본적인 목표를 나타낸 식 (2.8)을 다른 형태로 쓴 것에 불과하다.

$$\boldsymbol{\theta}_* = \underset{\boldsymbol{\theta}}{\operatorname{argmax}}\, J(\boldsymbol{\theta}) \tag{8.2}$$

이제 목적 함수 $J(\boldsymbol{\theta})$를 $\boldsymbol{\theta}$로 미분한 그레이디언트 $\nabla_{\boldsymbol{\theta}} J(\boldsymbol{\theta})$를 구할 수 있다면, 식 (8.3)의 경사 상승법gradient ascent을 사용하여 정책을 개선할 수 있다. 강화 학습에서는 식 (8.3)에 따라 학습하는 알고리즘을 통틀어 정책 그레이디언트 방법policy gradient method이라고 부른다.

$$\boldsymbol{\theta} = \boldsymbol{\theta} + \rho \nabla_{\boldsymbol{\theta}} J(\boldsymbol{\theta}) \tag{8.3}$$

이제 그레이디언트 $\nabla_{\boldsymbol{\theta}} J(\boldsymbol{\theta})$를 계산하는 식을 유도해보자. 식 (8.1)에 식 (2.10)을 대입하면 식 (8.4)를 얻는다.

$$J(\boldsymbol{\theta}) = \sum_{s \in \mathcal{S}} p_{\pi}(s) \sum_{a \in \mathcal{A}} \pi(a \mid s) q_{\pi}(s,a) \tag{8.4}$$

식 (8.5)는 $J(\boldsymbol{\theta})$의 그레이디언트를 나타낸다. 그러나 식 (8.5)를 직접 계산하기는 어렵다. 그 이유는 미분 연산 안에 $p_{\pi}(s)$라는 확률 분포가 포함되어 있기 때문이다.

$$\nabla_{\boldsymbol{\theta}} J(\boldsymbol{\theta}) = \nabla_{\boldsymbol{\theta}} \left(\sum_{s \in \mathcal{S}} p_{\pi}(s) \sum_{a \in \mathcal{A}} \pi(a \mid s) q_{\pi}(s,a) \right) \tag{8.5}$$

다행히 서튼은 $\nabla_{\boldsymbol{\theta}} J(\boldsymbol{\theta})$를 쉽게 구할 수 있는 정책 그레이디언트 정리policy gradient theorem를 제시하였다 [Sutton1999]. 식 (8.6)은 그 정리를 수식으로 표현한 것이다. $\propto$는 비례한다는 뜻으로, 식 (8.3)의 학습률 ρ가 비례 상수를 흡수할 수 있기 때문에 $\propto$를 등호로 간주하고 구현해도 문제가 되지 않는다. 식 (8.6)의 유도 과정은 [Sutton2018, 13.2절]을 참조한다.

$$\nabla_{\boldsymbol{\theta}} J(\boldsymbol{\theta}) \propto \sum_{s \in \mathcal{S}} p_{\pi}(s) \sum_{a \in \mathcal{A}} q_{\pi}(s,a) \nabla_{\boldsymbol{\theta}} \pi(a \mid s) \tag{8.6}$$

식 (8.6)에서는 확률 분포 $p_{\pi}(s)$와 행동 가치 함수 $q_{\pi}(s,a)$가 미분 연산을 벗어나 있으므로 정책 π의 미분 $\nabla_{\boldsymbol{\theta}} \pi(a \mid s)$만 계산하면 된다. 정책 그레이디언트 정리는 정책 기반 방법이라는 새로운 세상의 문을 여는 핵심 이론이다. 모든 정책 기반 방법이 식 (8.6)을 바탕으로 구현되므로 잘 이해하고 기억해야 한다.

강화 학습 알고리즘은 식 (3.1)의 벨만 방정식을 토대로 동작하는 부류와 식 (8.6)의 정책 그레이디언트를 토대로 동작하는 부류로 나뉜다. 전자는 가치 기반 방법이고 후자는 정책 기반 방법이다. [그림 8-3]은 두 방법론을 비교해 보여준다.

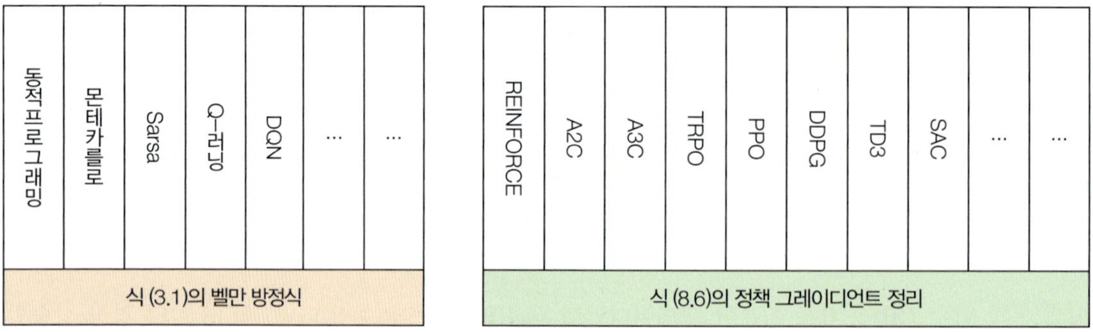

(a) 가치 기반 (b) 정책 기반

그림 8-3 강화 학습 알고리즘의 토대

3. 정책 기반 학습 알고리즘의 특성

정책 기반 학습 알고리즘은 다음과 같은 몇 가지 특성을 갖는다.

첫째, 연속 과업을 학습할 수 있다. 예를 들어 로봇 제어와 관련된 과업에서는 모터에 가하는 힘을 학습해야 하는데, 이 힘은 실수로 표현되므로 행동 공간이 연속이다. 2.1.2절은 Pendulum, BipedalWalker, MuJoCo를 연속 과업의 예시로 소개하였다. 가치 기반 방법은 이들 연속 과업을 학습할 능력이 없다. 반면 정책 기반 방법은 가우시안 분포를 추정함으로써 연속 과업을 학습한다. 8.4절과 8.5절은 연속 과업을 학습하는 기법을 제시하고, 관련 프로그래밍 실습을 수행한다.

둘째, ε-탐욕 또는 UCB를 적용할 필요가 없다. 정책 기반 방법에서는 확률 분포인 정책을 사용해 행동을 선택하기 때문에 자연스럽게 탐험이 이루어진다. 반면 가치 기반 방법에서는 행동 가치 함수가 정책을 대행하여 행동을 탐욕 선택하기 때문에 탐사에 치우칠 가능성이 있으며, 이를 보완하기 위해 ε-탐욕 또는 UCB를 적용해야 한다.

셋째, 스토캐스틱한 전략이 필요한 과업에 적합하다. 예를 들어 포커 게임의 경우 같은 상황에서 항상 같은 행동을 구사하면 상대에게 내 전략이 노출되어 손해를 보기 쉽다. 보통은 80% 정도는 예상 가능한 행동을 하되, 나머지는 랜덤하게 속임수를 쓰는 전략이 필요하다. 이러한 전략은 포커뿐만 아니라 숨바꼭질 게임, 경매 등에도 꼭 필요한 전략이다. 정책 기반 방법은 확률 분포에 따라 행동을 선택하기 때문에 자연스럽게 스토캐스틱한 전략을 구사할 수 있다.

넷째, 정책 기반 알고리즘이 생성한 에피소드 데이터의 분산은 가치 기반 알고리즘보다 크다. 분산이 큰 근본적인 이유는 정책이 제공하는 확률 분포에 따라 행동을 선택하기 때문이다. 행동에 임의성이 크면 덩달아 보상의 임의성도 커지고 결국 학습 과정에서 핵심 정보인 그레이디언트의 분산이 커지게 된다. 따라서 정책 기반 방법에서는 9.2절에서 소개하는 편향–분산 딜레마를 어떻게 해결하느냐가 중요한 과제가 된다. 결국 이런 단점을 최소화하면서 정책 기반의 장점을 극대화하는 것이 핵심 연구 주제다.

2

REINFORCE 알고리즘

정책 기반에 속하는 최초의 학습 알고리즘은 1992년에 발표된 REINFORCE이다[Williams1992]. 식 (8.6)의 정책 그레이디언트 정리는 그보다 7년 뒤인 1999년에 발표된다[Sutton1999]. 서튼은 정책 기반 학습에서 사용할 수식을 잘 정립하고, 그것이 널리 퍼질 수 있는 토대를 마련한 후 정책 그레이디언트 정리라는 이름으로 발표하였다. 현재 정책 기반 방법이 학계와 산업계 모두에서 널리 사용된다는 점을 감안하면 두 논문이 강화 학습에 기여한 바는 아무리 강조해도 지나치지 않다.

가치 기반과 마찬가지로 정책 기반에서도 학습 알고리즘이 기댈 수 있는 정보는 오직 에피소드 데이터뿐이다. 따라서 식 (8.6)을 실제 학습 알고리즘으로 발전시키려면 에피소드 데이터를 활용할 수 있게 해주는 추가적인 수식 유도가 필요하다. 식 (8.7)의 첫 행은 식 (8.4)를 그대로 반복한 것이다. 둘째 행은 확률 분포 $p_\pi(s)$를 기댓값으로 바꾼 형태이다. 기댓값 $\mathbb{E}_{s_t \sim \pi}$는 현재 정책 π로 충분히 많은 상태 s_t를 샘플링한 다음 평균을 계산한다. 샘플링 과정에서 발생 확률이 높은 상태는 더 자주 샘플링되기 때문에 두 식은 같은 값을 가진다. 샘플링은 학습 알고리즘이 에피소드를 생성하는 순간 t에서 일어나기 때문에 s 대신 s_t로 표기한다.

$$
\begin{aligned}
J(\boldsymbol{\theta}) &= \sum_{s \in \mathcal{S}} p_\pi(s) \sum_{a \in \mathcal{A}} \pi(a \mid s) q_\pi(s,a) \\
&= \mathbb{E}_{s_t \sim \pi}\left(\sum_{a \in \mathcal{A}} \pi(a \mid s_t) q_\pi(s_t,a) \right)
\end{aligned} \tag{8.7}
$$

식 (8.7)에 따라 정책 그레이디언트 정리를 다시 쓰면 식 (8.8)의 첫 행이 된다. 둘째 행은 단순히 $\frac{\pi(a \mid s_t)}{\pi(a \mid s_t)}$ 항을 곱해 식을 변형한 것이다. 둘째 행에 나타난 $\Sigma_{a \in \mathcal{A}} \pi(a \mid s_t) q_\pi(s_t,a)$에서 $\pi(a \mid s_t)$는 행동 a가 발생할 확률이고 $q_\pi(s_t,a)$는 이득이다. 따라서 $\Sigma_{a \in \mathcal{A}} \pi(a \mid s_t) q_\pi(s_t,a)$는 발생 확률을 가중치로 사용한 가중합이다. 이 사실을 바탕으로 둘째 행을 샘플링한 데이터 a_t로 표현한 셋째 행으로 바꿔 쓸 수 있다. 이 변환은 식 (8.7)에서 첫 행을 둘째 행으로 바꾼 것과 같은 원리이다. 마지막 행은 $\log(f(x))$의 미분은 $\frac{f'(x)}{f(x)}$라는 미분 공식에 따라 $\frac{\nabla_{\boldsymbol{\theta}} \pi(a_t \mid s_t)}{\pi(a_t \mid s_t)}$를 $\nabla_{\boldsymbol{\theta}} \log(\pi(a_t \mid s_t))$로 바꾼 것이다.

$$\begin{aligned}\nabla_{\boldsymbol{\theta}} J(\boldsymbol{\theta}) &\propto \mathbb{E}_{s_t \sim \pi}\left(\sum_{a \in \mathcal{A}} q_\pi(s_t, a) \nabla_{\boldsymbol{\theta}} \pi(a \mid s_t)\right) \\ &= \mathbb{E}_{s_t \sim \pi}\left(\sum_{a \in \mathcal{A}} \pi(a \mid s_t) q_\pi(s_t, a) \frac{\nabla_{\boldsymbol{\theta}} \pi(a|s_t)}{\pi(a|s_t)}\right) \\ &= \mathbb{E}_{s_t, a_t \sim \pi}\left(q_\pi(s_t, a_t) \frac{\nabla_{\boldsymbol{\theta}} \pi(a_t \mid s_t)}{\pi(a_t \mid s_t)}\right) \\ &= \mathbb{E}_{s_t, a_t \sim \pi}\left(q_\pi(s_t, a_t) \nabla_{\boldsymbol{\theta}} \log\left(\pi(a_t \mid s_t)\right)\right)\end{aligned} \tag{8.8}$$

식 (8.8)에서 $q_\pi(s_t,a_t)$를 R_t로 바꾸면 식 (8.9)가 된다. 이는 $q_\pi(s_t,a_t)$가 순간 t에서 얻을 이득 R_t를 추정한다는 사실에 기반한다.

$$\nabla_{\boldsymbol{\theta}} J(\boldsymbol{\theta}) = \mathbb{E}_{s_t, a_t \sim \pi}\left(R_t \nabla_{\boldsymbol{\theta}} \log\left(\pi(a_t \mid s_t)\right)\right) \tag{8.9}$$

식 (8.9)에 따라 정책 신경망의 매개변수 $\boldsymbol{\theta}$를 갱신하는 식을 쓰면 식 (8.10)이 된다. 식 (8.10)은 충분히 많은 수의 샘플을 수집하여 추정한 그레이디언트를 사용한다.

$$\boldsymbol{\theta} = \boldsymbol{\theta} + \rho \mathbb{E}_{s_t, a_t \sim \pi}\left(R_t \nabla_{\boldsymbol{\theta}} \log\left(\pi(a_t \mid s_t)\right)\right) \tag{8.10}$$

학습 알고리즘은 에피소드를 수집하며 학습을 진행하므로, 한 개의 샘플을 가지고 그레이디언트를 추정하는 식이 필요하다. 식 (8.11)은 하나의 샘플로 추정값을 구하는 식인데, 이 식을 이용해서 신경망 개선을 충분히 반복하면 참값으로 수렴할 수 있다.

$$\boldsymbol{\theta} = \boldsymbol{\theta} + \rho R_t \nabla_{\boldsymbol{\theta}} \log(\pi(a_t \mid s_t)) \tag{8.11}$$

[알고리즘 8-1]은 식 (8.11)을 이용한 REINFORCE 알고리즘이다. 1행은 정책 신경망 π의 가중치 $\boldsymbol{\theta}$를 난수로 초기화한다. 2~7행은 n_episode 횟수만큼 에피소드 생성과 정책 개선을 반복한다. 3행은 현재 정책 $\pi_{\boldsymbol{\theta}}$로 에피소드 데이터를 생성한다. 4~7행은 순간 t의 데이터를 처리한다. 5행은 이득 R_t를 계산한다. 6~7행은 식 (8.11)에 따라 그레이디언트 $\nabla_{\boldsymbol{\theta}} J(\boldsymbol{\theta})$를 계산하고 매개변수 $\boldsymbol{\theta}$를 갱신한다.

알고리즘 8-1 REINFORCE (순간 모드)

입력: 과업

출력: 최적 정책 신경망 π_*

1 정책 신경망 π의 가중치 $\boldsymbol{\theta}$를 초기화한다.
2 for i=1,2,$\cdots$,n_episode
3 　$\pi_{\boldsymbol{\theta}}$로 에피소드 $e=[-,s_0]a_0[r_0,s_1]a_1[r_1,s_2]\cdots a_{T-1}[r_{T-1},s_T]$를 생성한다.
4 　for t=0,1,$\cdots$,$T-1$
5 　　$R_t=\Sigma_{k=t,T-1}\gamma^{k-t}r_k$ // 식 (2.14)를 이용한 이득(누적 보상) 계산
6 　　$\nabla_{\boldsymbol{\theta}} J(\boldsymbol{\theta})=R_t\nabla_{\boldsymbol{\theta}}\log(\pi_{\boldsymbol{\theta}}(a_t|s_t))$
7 　　$\boldsymbol{\theta}=\boldsymbol{\theta}+\rho\nabla_{\boldsymbol{\theta}} J(\boldsymbol{\theta})$ // 식 (8.11)
8 return $\pi_{\boldsymbol{\theta}}$

[알고리즘 8-1]은 매 순간마다 그레이디언트를 계산하고 매개변수를 즉시 갱신하기 때문에 '순간 모드'라는 이름을 붙였다. 반면, 에피소드 전체의 평균 그레이디언트를 계산한 뒤 한 번 갱신하는 방식도 있다. [알고리즘 8-2]는 그러한 방식의 REINFORCE 알고리즘이다. [알고리즘 8-2]는 에피소드 모드의 REINFORCE 알고리즘이다.

알고리즘 8-2 REINFORCE (에피소드 모드)

입력: 과업

출력: 최적 정책 신경망 π_*

정책 신경망 π의 가중치 $\boldsymbol{\theta}$를 초기화한다.
for i=1,2,⋯,n_episode
    $\pi_{\boldsymbol{\theta}}$로 에피소드 $e=[-,s_0]a_0[r_0,s_1]a_1[r_1,s_2]\cdots a_{T-1}[r_{T-1},s_T]$를 생성한다.
    $\nabla=0$
    for t=0,1,⋯,$T-1$
        $R_t=\Sigma_{k=t,T-1}\gamma^{k-t}r_k$
        $\nabla=\nabla+R_t\nabla_{\boldsymbol{\theta}}\log(\pi_{\boldsymbol{\theta}}(a_t|s_t))$
    $\boldsymbol{\theta}=\boldsymbol{\theta}+\rho\frac{\nabla}{T}$
return $\pi_{\boldsymbol{\theta}}$

REINFORCE 알고리즘은 R_t를 필요로 하기 때문에 에피소드 전체를 생성한 다음 그레이디언트 계산을 시작한다. 따라서 REINFORCE는 4장의 몬테카를로 방법에 속한다고 말한다. REINFORCE는 오로지 에피소드 데이터만으로 이득을 계산하기 때문에 편향은 0에 가깝지만 분산은 큰 특성을 갖는다. 편향-분산에 대해서는 9.2절에서 자세히 설명한다. 식 (8.11)의 R_t는 현재 정책으로 수집한 데이터로 계산하기 때문에 REINFORCE는 온 정책 학습 알고리즘이다.

3

REINFORCE 프로그래밍: 이산 과업

이 절에서는 이산 과업인 CartPole에 REINFORCE 알고리즘을 적용하는 프로그래밍 실습을 한다. 연속 과업은 8.4와 8.5절에서 다룬다. 정책 기반 학습 알고리즘을 구현하려면 그레이디언트를 계산하고 가중치를 갱신하는 일을 직접 수행해야 한다. 8.3.1절에서는 예제 프로그램을 통해 텐서플로로 그레이디언트를 직접 계산하는 연습을 한다. 8.3.2절은 REINFORCE로 CartPole을 학습하는 프로그램을 작성하며, 8.3.3절은 학습을 마친 정책 신경망을 사용하여 시험하는 과정을 프로그래밍한다.

1. 텐서플로를 이용한 그레이디언트 계산

[알고리즘 8-1]의 REINFORCE 알고리즘의 구현은 6장의 [알고리즘 6-1]이나 7장의 [알고리즘 7-2]와 다른 점이 있다. 6~7장의 학습 알고리즘은 손실 함수가 있고, 샘플마다 레이블에 해당하는 정보가 있어 텐서플로가 제공하는 compile과 fit 함수를 사용하여 학습을 수행한다. 하지만 정책 기반 학습 알고리즘에서는 손실 함수를 최소화하는 대신 목적 함수를 최대화해야 하고 [그림 8-2(a)]에서 보듯이 레이블에 해당하는 정보가 따로 없기 때문에 미분과 매개변수 갱신을 직접 수행해야 한다. 이 일은 텐서플로가 제공하는 GradientTape, gradient, apply_gradients 함수를 사용하여 구현한다.

[프로그램 8-1]은 이 함수들을 사용하여 그레이디언트를 계산하는 예제와 그레이디언트를 사용해 모델을 학습하는 간단한 예제를 제시한다. 이 예제를 통해 REINFORCE 구현에 필요한 기초 지식을 쌓는다. 4~8행은 다음 함수 $f(x_1,x_2)$를 미분하여 그레이디언트 $\nabla f = \left(\frac{\partial f}{\partial x_1}, \frac{\partial f}{\partial x_2}\right)$를 계산하는 코드다. 5~6행은 함수 계산 과정을 GradientTape로 계산 그래프computation graph에 기록하고, 7행은 gradient로 그레이디언트를 계산한다.[1]

$$y = f(x_1, x_2) = 1.5x_1^2 - 2x_2^2 + 3.5x_1x_2 - 2x_2 - 15$$

1 계산 그래프는 옵티마이저가 자동 미분(automatic differentiation)을 수행할 때 사용한다. 계산 그래프와 관련된 GradientTape와 gradient, apply_gradients 함수에 대해서는 아래 사이트를 참조한다.

- https://www.tensorflow.org/api_docs/python/tf/GradientTape
- https://www.tensorflow.org/guide/keras/writing_a_training_loop_from_scratch

11~27행은 그레이디언트를 계산하고 모델의 매개변수(가중치)를 학습하는 코드다. 아래 함수 $f(x_1,x_2)$가 있을 때 매개변수 (a,b,c)를 학습하려고 한다.

$$y=f(x_1,x_2)=ax_1+bx_2+c$$

함수 f는 $f(0,0)=-4, f(1,1)=1, f(1,0)=-2$를 만족한다고 가정한다. 11행은 (a,b,c)를 $(0,0,0)$으로 초기화하고, 12행은 (a,b,c)가 학습으로 알아내야 하는 매개변수라는 사실을 명시한다. 13행은 함수 f를 학습하는 데 쓸 훈련 데이터 X와 Y를 설정한다. 14행은 옵티마이저로 Adam을 설정하고 학습률을 0.01로 설정한다. 17~25행은 총 2000번 반복하여 학습을 수행한다. 18~20행은 손실 함수 계산 과정을 계산 그래프에 기록하며 손실 함수로는 MSE를 사용한다. 21행은 손실 함수를 (a,b,c)로 미분한 그레이디언트를 계산한다. 이때 텐서플로의 gradient 함수를 이용한다. 22행은 옵티마이저를 이용하여 매개변수 (a,b,c)를 갱신한다. 이때 텐서플로의 apply_gradients 함수를 사용한다.

프로그램 8-1 텐서플로를 이용한 그레이디언트 계산과 모델 학습

```
1   import tensorflow as tf
2
3   # 함수 y=f(x1,x2)의 그레이디언트 (dy/dx1,dy/dx2)를 계산하는 예제
4   x1,x2=tf.Variable(4.0),tf.Variable(-2.0)
5   with tf.GradientTape() as tape:
6       y=1.5*x1*x1-2.0*x2*x2+3.5*x1*x2-2.0*x2-15.0
7   (dy_dx1,dy_dx2)=tape.gradient(y,[x1,x2])
8   print('\n미분값',f'(dy/dx1,dy/dx2)=({dy_dx1.numpy():.3f},{dy_dx2.numpy():.3f})\n')
9
10  # 데이터 (X,Y)로 함수 y=f(x1,x2)=ax1+ax2+c의 가중치(weights) a,b,c를 학습하는 예제
11  a,b,c=tf.Variable(0.0),tf.Variable(0.0),tf.Variable(0.0)
12  weights=[a,b,c]
13  X,Y=tf.constant([(0.0,0.0),(1.0,1.0),(1.0,0.0)]),tf.constant([-4.0,1.0,-2.0])
14  optimizer=tf.optimizers.Adam(learning_rate=0.01)
15
16  n_epoch=2000
17  for e in range(n_epoch):
18      with tf.GradientTape() as tape:
19          y_=a*X[:,0]+b*X[:,1]+c
20          loss=tf.reduce_mean(tf.square(y_-Y))
21      grad=tape.gradient(loss,weights)
22      optimizer.apply_gradients(zip(grad,weights))
23
24      if e%100==0:
25          print(f'E {e}, Loss={loss.numpy():.4f}, weights=({a.numpy():.3f},{b.numpy():.3f},
            {c.numpy():.3f}')
26
27  print('수렴한 가중치',f'(a,b,c)=({a.numpy():.3f},{b.numpy():.3f},{c.numpy():.3f})')
```

```
미분값 (dy/dx1,dy/dx2)=(5.000,20.000)

Epoch 0, Loss=7.0000, weights=(-0.010,0.010,-0.010)
Epoch 100, Loss=3.8648, weights=(-0.179,1.031,-0.905)
Epoch 200, Loss=2.0343, weights=(0.225,1.818,-1.685)
…
Epoch 1800, Loss=0.0000, weights=(2.000,3.000,-4.000)
Epoch 1900, Loss=0.0000, weights=(2.000,3.000,-4.000)
수렴한 가중치 (a,b,c)=(2.000,3.000,-4.000)
```

프로그램 실행 결과를 살펴보자. 4~8행의 코드를 실행한 결과 그레이디언트 (5.0,20.0)을 얻었다. 함수 f를 미분하면 $\nabla f=(3x_1+3.5x_2, -4x_2+3.5x_1-2)$인데 여기에 (4,−2)를 대입하면 (5.0,20.0)을 얻는다. 이는 프로그램 실행 결과와 일치함을 확인할 수 있다. 또한 11~26행의 코드를 실행한 결과 매개변수 $(a,b,c)=(2.0,3.0,-4.0)$을 얻었다. 학습 알고리즘은 초깃값 $(a,b,c)=(0,0,0)$에서 시작하여 세대를 거듭하면서 점점 훈련 데이터를 만족하는 매개변수 값으로 개선되어감을 알 수 있다.

11~25행의 코드는 [그림 6−3]의 신경망을 학습하는 과정과 유사하다. [그림 6−3]의 신경망은 수백~수만 개의 매개변수를 가진 복잡한 모델이고, [프로그램 8−1]은 매개변수가 (a,b,c) 세 개뿐인 단순한 1차 방정식 모델이라는 차이만 있을 뿐이다. 이제 그레이디언트를 계산하고 모델을 학습하는 데 필요한 기초 지식을 충분히 쌓았으니 REINFORCE 알고리즘 구현을 시작한다.

2. 프로그래밍 실습: REINFORCE를 이용한 CartPole 학습

REINFORCE 알고리즘은 다양한 형태로 구현할 수 있다. 여기서는 세 가지 형태의 프로그래밍 실습을 수행하고 실험 결과를 살핀다.

순간 모드

[프로그램 8−2]는 CartPole 과업에 대해 REINFORCE의 순간 모드인 [알고리즘 8−1]을 구현한다. 8~9행은 할인율과 최대 에피소드 개수를 설정한다. 11~15행은 다층 퍼셉트론 신경망을 만든다. 14행은 출력층에 softmax 활성 함수를 적용함으로써 확률 분포를 출력하는 정책 신경망이 되게 한다. 17~30행의 learn 함수는 정책 신경망을 학습하는 함수이다. 18~22행은 에피소드에 있는 보상 데이터를 가지고 모든 순간의 이득 R을 미리 계산해두며, 이는 [알고리즘 8−1]의 5행에 해당한다. 중복 계산을 피하기 위해 순간의 역순, 즉 T−1, …, 2,1,0 순으로 반복한다.

24~30행은 0,1,2,…,T−1 순서로 반복한다. 25행의 GradientTape 함수는 손실 함수 loss를 계산하는 26~28행의 블록에서 일어나는 모든 연산을 계산 그래프에 기록한다. 26~27행은 [알고리즘 8−1] 6행의 $\log(\pi_{\boldsymbol{\theta}}(a_t|s_t))$를 계산한다. 26행의 model 함수는 정책 신경망 $\pi_{\boldsymbol{\theta}}$에 상태 s_t를 입력하여 전방 계

산을 수행한다.[2] 이때 state_mem[t]는 상태 s_t에 해당한다. 27행의 y_[action_mem[t]]는 신경망 출력 y_에서 행동 a_t에 해당하는 값을 취하고 그 값에 log를 적용하여 결과를 logprob 변수에 저장한다. 이때 action_mem[t]는 행동 a_t에 해당한다. [그림 8-4]는 $a_t=k$일 때를 가정한 그림인데, 이때 계산 그래프에 기록되는 가중치는 빨간 에지로 국한된다.

28행은 [알고리즘 8-1] 6행의 $\nabla_{\boldsymbol{\theta}} J(\boldsymbol{\theta})$를 계산한 결과에 음수를 취하여 loss 변수에 저장한다. [알고리즘 8-1]의 7행은 목적 함수를 최대화해야 하기 때문에 경사 상승법을 사용한다. 그런데 [프로그램 8-2]에서 실제 갱신은 경사 하강법에 해당하는 Adam 옵티마이저를 사용하기 때문에 음수를 취해 최대화 문제를 최소화 문제로 변환한다. 29행의 gradient 함수는 GradientTape 함수가 기록해 놓은 계산 그래프를 이용하여 자동 미분automatic differentiation을 수행하여 그레이디언트, 즉 $R_t \nabla_{\boldsymbol{\theta}} \log(\pi_{\boldsymbol{\theta}}(a_t|s_t))$를 구하여 grad 변수에 저장한다. 30행은 37행에서 정의한 optimizer의 apply_gradients 함수를 이용하여 매개변수를 갱신한다. 매개변수 갱신이란 신경망을 학습한다는 뜻이다.

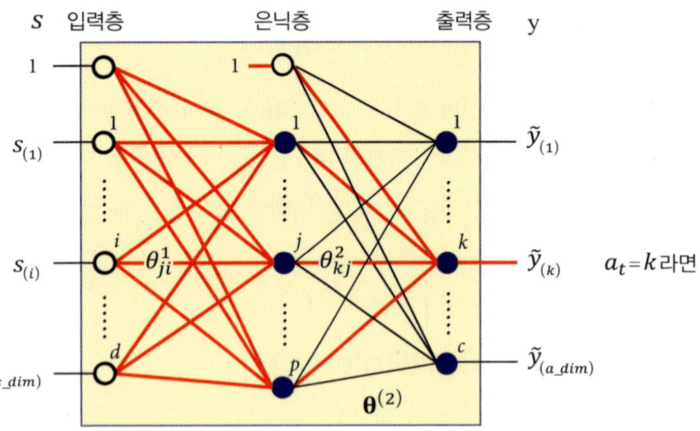

그림 8-4 순간 t에서 $\log(\pi_{\boldsymbol{\theta}}(a_t|s_t))$ 계산 과정(빨간 에지는 [프로그램 8-2] 29행에서 그레이디언트 계산이 일어나는 매개변수)

32행에서 시작하는 메인을 살펴보자. 32행은 CartPole 환경을 설정하고, 33~34행은 상태 공간과 행동 공간의 차원을 설정한다. CartPole의 상태 공간의 차원 s_dim은 4, 행동 공간의 차원 a_dim은 1이다. 36행은 정책 신경망을 만들어 model 변수에 저장한다. 37행은 Adam 옵티마이저를 설정한다. 옵티마이저는 신경망 매개변수를 갱신하는 30행에서 사용된다. 39~41행은 에피소드 데이터를 저장할 메모리를 확보한다. 43행은 에피소드 길이를 기록할 변수를 설정한다. 44~64행은 에피소드를 반복한다. 45~56행은 에피소드를 생성하여 저장하며, 이는 [알고리즘 8-1]의 3행에 해당한다. 이때 정책 신경망을 통해 행동을 선택하는 47~48행에 주목할 필요가 있다. 47행의 model 함수는 정책 신경망의 전방 계산을 통해 행동의 확률 분포 y_를 구한다. 48행은 확률 분포에 따라 랜덤하게 행동을 선택한다. y_가

2 이전 프로그램에서는 model 함수 대신 model.predict 함수를 사용하여 예측값을 구했다. 예를 들어 [프로그램 7-1]의 60행은 y_=model.predict(s.reshape([1,s_dim]),verbose=0)[0]로 전방 계산을 한다. 텐서플로에서는 [프로그램 8-1]에서와 같이 GradientTape 함수로 계산 그래프를 만들어 미분을 할 때 predict 함수를 쓰면 미분이 되지 않는다.

확률 분포이기 때문에 ε-탐욕을 적용하지 않았다는 사실을 이해해야 한다. 58행은 learn 함수를 이용하여 정책 신경망 π_{θ}를 학습한다. 60행은 다음 에피소드를 처리하기 위해 메모리를 비운다. 63~64행은 연속 5번 최대 길이를 달성하면 수렴했다고 간주하여 루프를 탈출한다. 66행은 학습을 마친 신경망을 저장한다. 69~76행은 학습 곡선을 출력한다.

프로그램 8-2 **REINFORCE를 이용한 CartPole 학습([알고리즘 8-1] 순간 모드)**

```
1   import gymnasium as gym
2   import numpy as np
3   import tensorflow as tf
4   from tensorflow.keras.models import Sequential
5   from tensorflow.keras.layers import Dense
6   import matplotlib.pyplot as plt
7
8   gamma=0.99  # 할인율
9   n_episode=1000  # 최대 에피소드 개수
10
11  def neural_network():  # 다층 퍼셉트론 신경망 생성
12      mlp=Sequential()
13      mlp.add(Dense(32,input_dim=s_dim,activation='relu'))
14      mlp.add(Dense(a_dim,activation='softmax'))
15      return mlp
16
17  def learn():
18      return_mem=[]
19      ret=0
20      for t in reversed(range(len(action_mem))):  # 각 순간의 이득 계산
21          ret=gamma*ret+reward_mem[t]
22          return_mem.insert(0,ret)
23
24      for t in range(len(action_mem)):
25          with tf.GradientTape() as tape:
26              y_=model(state_mem[t].reshape([1,s_dim]))[0]
27              logprob=tf.math.log(y_[action_mem[t]])
28              loss=-logprob*return_mem[t]  # 음수를 취해 최대화 문제를 최소화 문제로 변환
29          grad=tape.gradient(loss,model.trainable_weights)
30          optimizer.apply_gradients(zip(grad,model.trainable_weights))
31
32  env=gym.make('CartPole-v1')
33  s_dim=env.observation_space.shape[0]
34  a_dim=env.action_space.n
35
36  model=neural_network()  # 정책 신경망 생성
37  optimizer=tf.optimizers.Adam(learning_rate=0.001)
38
```

```
state_mem=[]  # 에피소드 데이터 저장소
action_mem=[]
reward_mem=[]

epi_length=[]  # 에피소드 길이
for e in range(n_episode):  # 신경망 학습
    s,info=env.reset()
    while True:  # 에피소드 생성
        y_=model(s.reshape([1,s_dim]))[0]
        a=np.random.choice(a_dim,p=np.array(y_))
        s1,r,terminated,truncated,info=env.step(a)
        state_mem.append(s)
        action_mem.append(a)
        reward_mem.append(r)
        s=s1
        if terminated or truncated:
            epi_length.append(len(action_mem))
            break

    learn()

    state_mem,action_mem,reward_mem=[],[],[]  # 데이터 비우기

    print(e,'번째 에피소드의 길이:',epi_length[-1])
    if np.min(epi_length[-5:])>=env.spec.max_episode_steps: # 연속 5번 최대 길이 넘으면 조기종료
        break

model.save('f8-2.keras') # 신경망 저장
env.close()

plt.plot(range(1,len(epi_length)+1),epi_length)
smooth=np.convolve(epi_length,10*[0.1],mode='valid')
plt.plot(range(1,len(smooth)+1),smooth)
plt.title('REINFORCE scores for CartPole-v1')
plt.ylabel('Score')
plt.xlabel('Episode')
plt.grid()
plt.show()
```

```
0 번째 에피소드의 길이: 21
1 번째 에피소드의 길이: 21
2 번째 에피소드의 길이: 15
…
277 번째 에피소드의 길이: 500
278 번째 에피소드의 길이: 500
```

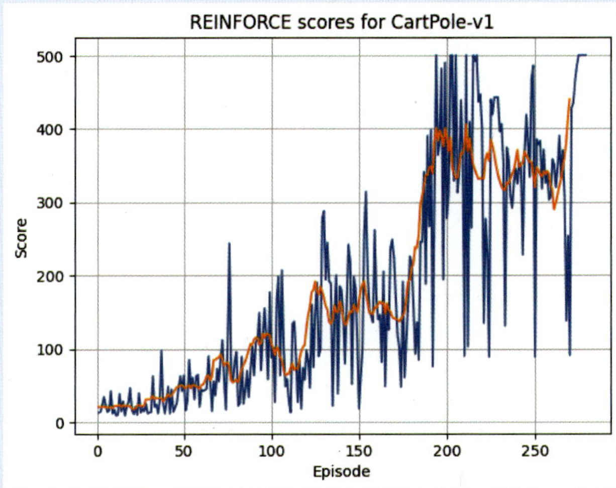

프로그램 실행 결과를 살펴보면, 278번째 에피소드에서 수렴하였다. [프로그램 8-2]의 의미를 [그림 8-1] 관점에서 다시 생각해볼 필요가 있다. [프로그램 8-2]에서는 가치 함수가 전혀 등장하지 않고 오직 정책 신경망만을 학습한다. 그럼에도 불구하고 REINFORCE 학습 알고리즘은 원만하게 수렴했다. 이는 마치 축구 선수가 동료의 도움 없이 직접 슛을 멋지게 성공시킨 상황에 빗댈 수 있다.

에피소드 모드

[프로그램 8-3]은 에피소드 모드로 동작하는 [알고리즘 8-2]를 구현한다. 이 프로그램은 [프로그램 8-2]와 구조는 동일하며, 차이는 learn 함수에서 음영 표시한 곳뿐이다. 25행은 손실 함수를 저장하는 loss 변수를 0으로 초기화한다. 26~29행은 식 (8.11)의 $R_t \nabla_{\boldsymbol{\theta}} \log(\pi_{\boldsymbol{\theta}}(a_t|s_t))$의 음수를 loss 변수에 누적한다. 30행은 그레이디언트를 구해 grad 변수에 저장하고, 31행은 이 그레이디언트를 활용해 매개변수를 갱신한다.

프로그램 8-3 REINFORCE를 이용한 CartPole 학습([알고리즘 8-2] 에피소드 모드)

learn( ) 함수의 음영 표시한 곳 이외에는 [프로그램 8-1]과 같음

```
…
17  def learn():
18      return_mem=[]
19      ret=0
20      for t in reversed(range(len(action_mem))):  # 각 순간의 이득 계산
21          ret=gamma*ret+reward_mem[t]
22          return_mem.insert(0,ret)
23
24      with tf.GradientTape() as tape:
25          loss=0
```

```
        for t in range(len(action_mem)):
            y_=model(state_mem[t].reshape([1,s_dim]))[0]
            logprob=tf.math.log(y_[action_mem[t]])
            loss-=logprob*return_mem[t] # 음수를 취해 최대화 문제를 최소화 문제로 변환
    grad=tape.gradient(loss,model.trainable_weights)
    optimizer.apply_gradients(zip(grad,model.trainable_weights))
…
```

```
0 번째 에피소드의 길이: 33
1 번째 에피소드의 길이: 41
2 번째 에피소드의 길이: 11
…
722 번째 에피소드의 길이: 500
723 번째 에피소드의 길이: 500
```

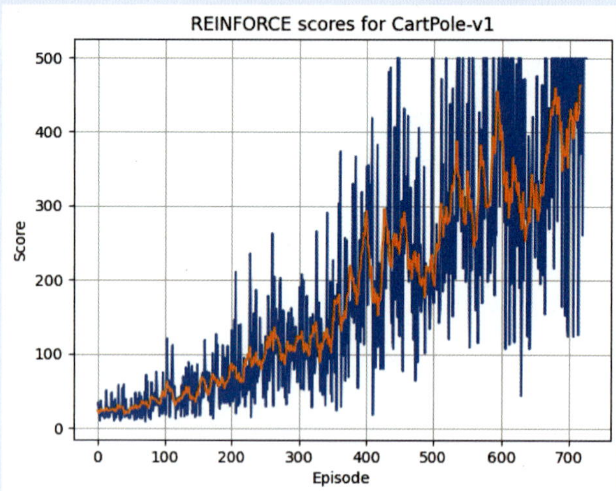

프로그램 실행 결과를 살펴보면, 723번째 에피소드에서 수렴하였다.

하나의 에피소드로 신경망을 여러 번 학습

[프로그램 8-4]는 [프로그램 8-3]의 59행을 수정하여 방금 수집한 하나의 에피소드 데이터에 대해 learn 함수를 여러 번 수행한다. 다시 말해 하나의 에피소드를 가지고 신경망 매개변수를 여러 번 개선하는 방식이다. 정책 기반에 속하는 학습 알고리즘은 이런 기법을 종종 사용한다. 에피소드 데이터를 한 번 쓰고 버리는 [프로그램 8-2]와 [프로그램 8-3]에 비해 [프로그램 8-4]는 동일한 데이터를 여러 번 활용하므로 데이터 효율(data efficiency) 측면에서 뛰어나다.

REINFORCE 알고리즘은 온 정책 학습 방식이지만 learn 함수를 반복하면 정책이 개선되기 때문에 에피소드 데이터의 신선도가 점점 떨어진다. REINFORCE에 오프 정책 특성이 가미되는 셈이다. 이러한 관점에 대한 자세한 설명은 10.3.3절을 참조한다.

에피소드 데이터의 신선도는 낮아질 수 있으나 데이터 효율이라는 강점을 발휘하여 오히려 수렴에 도움이 될 가능성이 있다. 따라서 이 기법은 성능 향상에 실질적인 도움이 된다면 적용하지 않을 이유가 없다.

프로그램 8-4 **REINFORCE를 이용한 CartPole 학습(하나의 에피소드로 신경망을 여러 번 학습)**

learn( ) 함수의 음영 표시한 곳 이외에는 [프로그램 8-3]과 동일함

```
…
        for _ in range(10): learn()
…
```

```
0 번째 에피소드의 길이: 14
1 번째 에피소드의 길이: 12
…
100 번째 에피소드의 길이: 500
101 번째 에피소드의 길이: 500
```

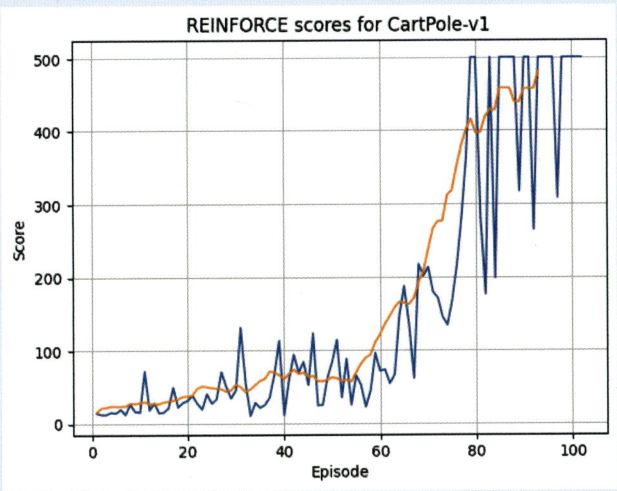

프로그램 실행 결과를 살펴보면, 대략 101번째 에피소드에서 수렴하였다. 이 실험 결과만 놓고 보면 [프로그램 8-2]나 [프로그램 8-3]보다 수렴 속도가 상당히 빠르다. 다만 이들 프로그램은 3~7장에서 실행한 프로그램들과 마찬가지로 스토캐스틱하게 동작하기 때문에 실행할 때마다 다른 결과를 얻는다. 세 프로그램 간의 수렴 속도를 보다 정밀하게 비교하려면, 통계적으로 유의미할 정도로 여러 번 실행한 실험 결과가 필요하다. 이 비교 분석하는 일은 연습문제로 남겨둔다.

3. 프로그래밍 실습: CartPole 시험

[프로그램 8-5]는 [프로그램 8-2]가 저장해둔 정책 신경망을 불러와 CartPole을 플레이하는 프로그램이다. 주목할 부분은 행동을 선택하는 14~15행이다. 14행은 신경망의 전방 계산을 통해 행동의 확률 분포를 계산하여 action_prob에 저장하고, 15행은 argmax를 통해 최대 확률을 갖는 행동을 탐욕 선택한다. 이 부분을 정책 신경망을 학습하는 [프로그램 8-2]와 비교해볼 가치가 있다. [프로그램 8-2]는 47행에서 확률 분포를 구한 뒤 48행에서 랜덤하게 행동을 선택하여 탐험과 탐사의 균형을 맞춘다. 반면 [프로그램 8-5]는 학습을 마친 뒤 현장에서 시험하는 단계이기 때문에 정책 신경망이 출력한 확률 분포인 action_prob에서 확률이 최대인 행동을 탐욕 선택한다.

프로그램 8-5 REINFORCE를 이용한 CartPole 시험

```
1   import gymnasium as gym
2   import numpy as np
3   from tensorflow.keras.models import load_model
4   import cv2 as cv
5
6   model=load_model("f8-2.keras")
7
8   env=gym.make('CartPole-v1',render_mode='rgb_array')
9   s_dim=env.observation_space.shape[0]   # 상태 공간 차원
10
11  length=0
12  s,info=env.reset()
13  while True:
14      action_prob=model(s.reshape([1,s_dim]))
15      a=np.argmax(action_prob)   # 최대 확률 행동을 탐욕 선택
16      s,r,terminated,truncated,info=env.step(a)
17      length+=r
18
19      cv.imshow('CartPole animation',cv.cvtColor(env.render(),cv.COLOR_BGR2RGB))
20      key=cv.waitKey(100)
21
22      if terminated or truncated:
23          print("에피소드의 길이:",length)
24          break
25
26  env.close()
27  if cv.waitKey()==ord('q'):
28      cv.destroyAllWindows()
```

```
에피소드의 길이: 500.0
```

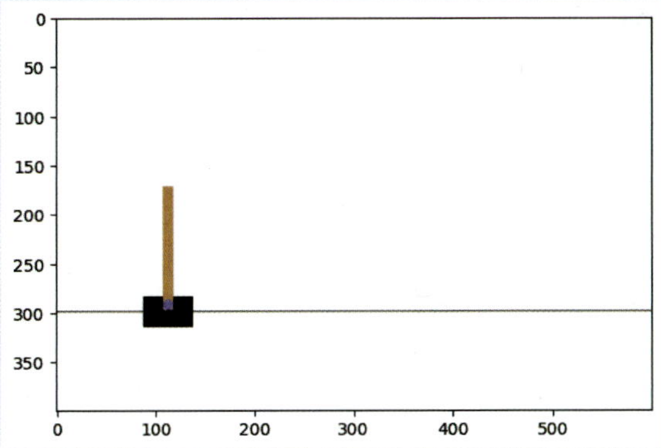

프로그램 실행 결과를 살펴보면, 최대 길이 500까지 안정적으로 플레이했음을 알 수 있다.

4

연속 과업을 위한 정책 그레이디언트

앞 절은 REINFORCE 알고리즘을 이산 과업에 적용했다. [프로그램 8-2]는 47행에서 정책 신경망으로 확률 분포 y_를 결정한 다음 48행에서 y_를 통해 행동 a를 랜덤하게 샘플링한다. 예를 들어 y_=(0.1,0.6,0.3)이라면 확률이 가장 높은 두 번째 행동을 취할 가능성이 제일 크지만 확률이 가장 낮은 첫 번째 행동을 취할 가능성도 있다. [프로그램 8-2]는 이런 방식으로 탐험과 탐사의 균형을 이룬다. 그렇다면 로봇 과업에서 모터에 가하는 힘을 뜻하는 (2.13,0.87,−1.62)와 같은 행동을 어떻게 샘플링할까? 정책 기반 학습 알고리즘을 연속 과업에 적용하려면 이 문제에 대한 해법이 필요하다. 정책 기반 학습 알고리즘은 가우시안 함수를 사용하여 이 문제를 해결한다.

1. 연속 과업 이해하기

[그림 8-5(a)]의 왼쪽 그림은 지금까지 프로그래밍 실습에 사용한 CartPole 과업이다. 이 과업은 수레를 왼쪽 또는 오른쪽으로 움직여 막대를 곧게 세운 채 오래 버티는 것을 목표로 한다. 수레를 어느 쪽으로 밀지만 결정하면 되므로 행동은 왼쪽 또는 오른쪽 두 가지다. 따라서 [예제 2-3]에서 행동 공간 $\mathcal{A}$와 Gymnasium이 제시하는 행동 공간의 형식은 다음과 같다.

$$\mathcal{A} = \{0(\text{왼쪽}), 1(\text{오른쪽})\}$$

Action Space: Discrete(2)

행동은 왼쪽을 선택하면 0, 오른쪽을 선택하면 1로서 1차원이다. 실제 구현에서는 Discrete(2)에 해당하는 2차원 원핫 벡터one-hot vector, 즉 왼쪽은 [1,0], 오른쪽은 [0,1]로 표현한다. CartPole을 이산 과업discrete task이라고 부르는 이유다.

CartPole은 실제 세계를 지나치게 단순화한다. [그림 8-5(b)]의 왼쪽 그림은 InvertedPendulum 과업으로, 왼쪽 또는 오른쪽으로 적절한 힘을 가함으로써 실제 수레를 시뮬레이션한다. 막대가 한쪽 편으로 넘어질 지경에 있으면 큰 힘을 가하고, 약간 기울었으면 작은 힘을 가하여 중심을 잡는다. 따라서 행동 공간 $\mathcal{A}$와 Gymnasium이 제시하는 형식은 다음과 같다.

$$\mathcal{A} = \{(\tau) \mid \tau\text{는 실수}\}$$

Action Space: Box(−3.0,3.0,(1,),float32)

행동을 [−3,3] 범위의 실수로 표현한다는 사실을 알 수 있다. 예를 들어 −2.5면 왼쪽으로 2.5만큼 힘을 가하고 0.3이면 오른쪽으로 0.3만큼 힘을 가한다. InvertedPendulum을 연속 과업continuous task이라고 부르는 이유다.

[그림 8−5]는 MountainCar 과업을 추가로 소개한다. 이 과업에서는 자동차가 오른쪽 언덕 위에 있는 깃발에 도달해야 성공한다. 엔진의 성능에 한계가 있어 자동차는 좌우로 충분한 진자 운동을 해야 언덕을 오를 수 있다. 이 과업은 이산 버전과 연속 버전이 있다. 이산 버전의 행동 공간은 다음과 같다.

$$\mathcal{A} = \{0(\text{왼쪽으로 가속}), 1(\text{가속 안함}), 2(\text{오른쪽으로 가속})\}$$

Action Space: Discrete(3)

연속 버전의 행동 공간은 다음과 같다. 이처럼 같은 과업을 이산으로 정의할 수도 있고 연속으로 정의할 수도 있다.

$$\mathcal{A} = \{(\tau) \mid \tau\text{는 실수}\}$$

Action Space: Box(−1.0,1.0,(1,),float32)

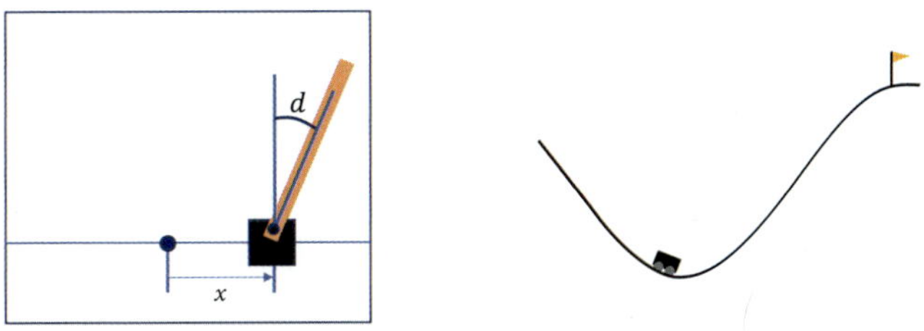

(a) CartPole과 MountainCar(이산 과업)

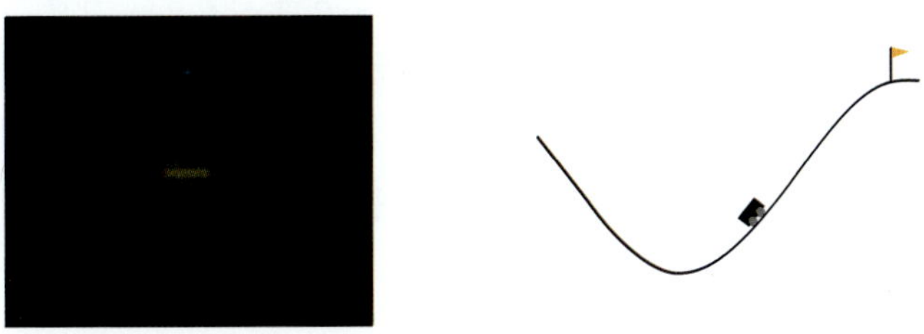

(b) InvertedPendulum과 MountainCarContinuous(연속 과업)

그림 8−5 이산 과업과 연속 과업

2.1.2절은 몇 가지 예제 과업을 이산 과업과 연속 과업으로 구분하여 제시하였다. 대체로 게임에 속하는 과업은 이산인 경우가 많고 로봇 제어에 속하는 과업은 모터에 가하는 힘을 결정해야 하므로, 대부분 연속이다. Gymnasium은 로봇 제어에 관련된 과업을 MuJoCo 그룹으로 구분하여 제공하는데, 이 그룹

에 있는 모든 과업은 연속 과업이다. MuJoCo 과업 중 가장 단순한 InvertedPendulum은 8.5절에서 실습한다. 나머지 과업은 10장에서 다룬다.

2. 가우시안을 이용한 연속 과업 학습

가치 기반 학습 알고리즘은 먼저 최적 가치 함수를 추정한 다음, 이를 최적 정책으로 변환한 뒤 정책을 통해 시험을 수행하거나 최적 가치 함수 자체를 사용하여 시험을 수행한다. [알고리즘 6-1]의 1~13행은 최적 행동 가치 함수를 추정하는 단계고, 14~15행은 최적 행동 가치 함수를 최적 정책으로 변환하는 단계다. 아래는 최적 정책으로 변환하는 코드를 다시 쓴 것이다.

```
14  for s∈S  // 최적 행동 가치 함수로부터 최적 정책 구하기(선택적)
15      π(s)=argmax_a q_w(s, a)
```

이 코드는 모든 상태에 대해 argmax로 최적 행동을 알아내어 참조표에 기록한다. 이때 행동 가치 함수 $q_{\mathbf{w}}(s,a)$는 상태 s에서 행동 a를 취했을 때 가치, 즉 이득을 추정해주고, $\text{argmax}_a q_{\mathbf{w}}(s,a)$는 이득이 가장 큰 행동을 선택한다.

여기서 두 가지를 생각해보자. 첫째, 행동 가치 함수를 통해 연속 과업을 처리할 수 있는가? 8.1.1절에서 불가능하다고 언급했는데 그 이유를 생각해본다. 행동 가치 함수 $q_{\mathbf{w}}$는 CartPole의 예에서 왼쪽과 오른쪽 행동 중에 어느 것의 기대 이득이 더 큰지를 알려주지만, 왼쪽 또는 오른쪽으로 얼마만큼 힘을 주어야 하는지에 대한 정보는 제공할 능력이 없다. 이 점이 가치 기반 학습 알고리즘이 연속 과업에 적용되지 못하는 근본적인 이유다. 둘째, 행동 가치 신경망 $q_{\mathbf{w}}$를 정책 신경망 $\pi_{\boldsymbol{\theta}}$로 변환할 수 있는가? 이 또한 불가능하다. 특정 기능을 수행하는 신경망을 전혀 다른 기능을 수행하도록 바꾸려면 다시 학습하는 수밖에 없다.

정책 기반 아이디어는 이런 한계를 극복하기 위해 고안되었다. 정책 기반에서는 정책 신경망을 직접 학습한다. 이를 위해서 먼저 정책 신경망을 설계해야 한다. [그림 8-6(a)]는 [그림 8-2(a)]를 그대로 가져온 것이다. 다만, 원래는 행동의 확률 분포를 출력하던 신경망이었지만 이제는 행동의 실수 값을 출력해야 하므로 출력층의 softmax 활성 함수를 linear 활성 함수로 변경하였다. 예를 들어 CartPole 과업에 이 신경망을 적용한다면, 신경망은 −2.5나 1.9같은 값을 출력하여 수레를 미는 힘을 알려줄 수 있다.

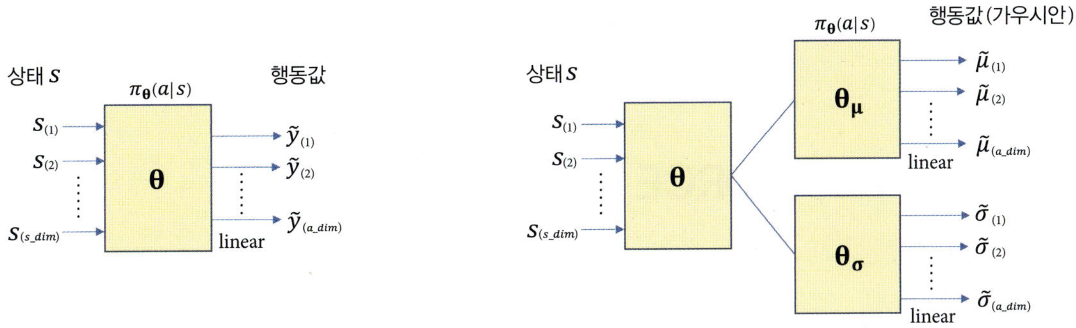

(a) 행동 값을 출력하는 신경망(현대 강화 학습에서 미사용)

(b) 가우시안을 출력하는 신경망(현대 강화 학습에서 사용)

그림 8-6 연속 과업을 위한 정책 신경망

자칫 [그림 8-6(a)]의 정책 신경망을 설계한 뒤 무심코 그대로 코딩을 시작할 수 있다. 그러나 이 신경망은 정책 역할을 수행하기에는 치명적인 결함이 있다. 이 결함은 행동 값 자체를 출력하면 탐사에 치우친다는 점에서 비롯된다. 신경망에 어떤 상태 s를 입력하면 신경망은 고정된 행동 값을 출력하며, 이 값을 가지고 env.step을 수행하면 언제나 동일한 상태로 전이된다. 따라서 불확실성이 없고 탐험이 전혀 이루어지지 않게 된다. 가치 함수에서는 불확실성을 만들기 위해 ε-탐욕 또는 UCB를 적용했는데 [그림 8-6(a)]의 신경망에는 이러한 기법을 적용할 수 없다. 난수를 더해 잡음을 주는 방식도 생각해볼 수 있지만, 난수의 범위와 형태를 어떻게 설정할지에 대한 뚜렷한 해법이 존재하지 않는다.

현대 강화 학습은 이러한 문제를 해결하기 위해 [그림 8-6(b)]와 같은 정책 신경망 구조를 사용하여 연속 과업을 학습한다. 이 정책 신경망은 식 (8.12)로 정의되는 가우시안 함수의 평균 μ와 표준편차 σ를 출력한다. π는 원주율 3.141592다.

$$p(\mathbf{x}|\boldsymbol{\mu},\boldsymbol{\sigma}) = \frac{1}{\boldsymbol{\sigma}\sqrt{2\pi}} \exp\left(-\frac{(\mathbf{x}-\boldsymbol{\mu})^2}{2\boldsymbol{\sigma}^2}\right) \tag{8.12}$$

이처럼 [그림 8-6(b)]의 정책 신경망이 현대 강화 학습에서 표준으로 자리 잡은 데에는 몇 가지 이유가 있다. 첫째, 가우시안은 매끄러운 그레이디언트를 제공하기 때문에 학습 알고리즘이 안정적으로 수렴하는 데 유리하다. 둘째, 표준편차 $\boldsymbol{\sigma}$가 작을수록 평균에 가까운 값을 샘플링한다. 다시 말해 표준편차가 작으면 탐사에 가깝고 표준편차가 크면 탐험에 가까워진다. 즉 표준편차 $\boldsymbol{\sigma}$를 학습을 통해 자동으로 조정함으로써 탐험과 탐사의 균형을 스스로 조절할 수 있게 된다. 신경망은 학습 초반에는 비교적 큰 표준편차를 출력하여 탐험을 수행하고, 학습이 진행될수록 표준편차를 점차 줄이면서 탐사로 전환한다. 셋째, 학습을 마친 후 시험 과정에서는 신경망이 출력한 $\boldsymbol{\mu}$와 $\boldsymbol{\sigma}$에서 $\boldsymbol{\sigma}$를 버리고 $\boldsymbol{\mu}$를 취함으로써 탐욕 선택을 할 수 있다. 반면 포커와 같이 시험 과정에서도 스토캐스틱하게 행동을 선택해야 하는 과업은 시험 과정에서 $\boldsymbol{\mu}$와 $\boldsymbol{\sigma}$를 모두 사용하면 된다.

5

REINFORCE 프로그래밍: 연속 과업

Gymnasium은 MuJoCo에서 다양한 모양의 로봇을 제어하는 과업을 제공한다. 이 절에서는 가장 단순한 [그림 8-5(b)]의 InvertedPendulum 과업에 REINFORCE를 적용하는 프로그래밍 실습을 수행한다.

1. 프로그래밍 실습: InvertedPendulum 학습

InvertedPendulum 과업에서 상태는 네 개의 변수(수레 위치, 속도, 각도, 각속도)로 표현되고, 행동은 [−3.0,3.0] 범위의 실수 변수 하나로 표현된다. [그림 8-7]은 InvertedPendulum 과업을 위한 정책 신경망이다. 입력층에는 네 개의 노드가 배치되고, 출력층에는 하나의 변수를 위한 평균 μ와 표준편차 σ가 배치된다.

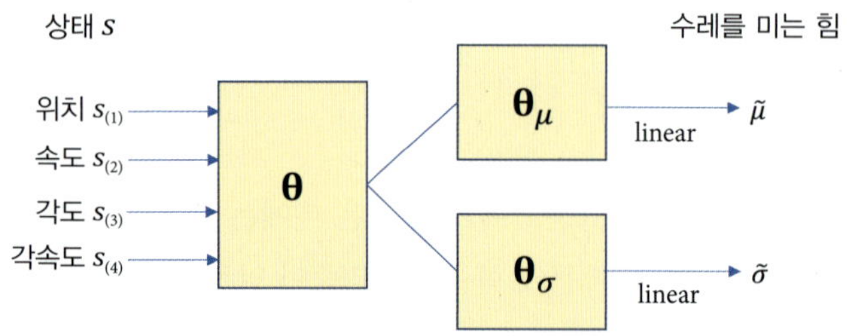

그림 8-7 InvertedPendulum 과업을 위한 정책 신경망

[프로그램 8-6]은 InvertedPendulum 과업에 REINFORCE 학습 알고리즘을 적용한 프로그램이다. 이 프로그램은 [그림 8-7]의 정책 신경망을 사용한다. InvertedPendulum 과업은 MuJoCo에 속하기 때문에 아래와 같이 라이브러리 설치를 먼저 해야 한다.

```
pip install gymnasium[mujoco]
```

[프로그램 8-6]의 8~9행은 식 (8.12)의 가우시안 함수를 구현한다. 13~21행은 [그림 8-7]의 정책 신경망을 구현하는 부분으로, 14행은 입력층을 쌓고 15~16행은 완전연결층 두 개를 쌓는다.[3] 활성 함수로는 tanh를 사용한다. 이들 층은 특징을 추출하는 역할을 담당한다. 이후 층은 두 줄기로 나뉘는데, [그림 8-7(b)]에서 $\boldsymbol{\theta}_\mu$로 표시한 한 줄기는 평균 μ를 추정하고 $\boldsymbol{\theta}_\sigma$로 표시한 다른 줄기는 표준편차 σ를 추정한다. 17행은 μ를 추정하는 층을 쌓는다. 이 층은 출력을 mean 변수에 저장한다. 18~19행은 σ를 추정하는 층을 쌓는다. 18행에서 추정한 값 std1에 대해 19행은 log_1 함수를 통해 tf.math.log(1+tf.math.exp(std1)))을 적용하고 결과를 std 변수에 저장한다. 신경망의 출력을 곧바로 표준편차 std로 취하지 않고 exp를 적용한 다음 log를 취하는 이유는 표준편차는 항상 양수여야 하기 때문이다. 20행은 Model 함수를 사용하여 입력은 input_x이고 출력은 mean과 std인 신경망을 만든다.

39~89행의 메인을 살펴본다. 39~40행은 하이퍼 매개변수를 설정한다. 42행은 InvertedPendulum-v4 과업을 생성하여 env 변수에 저장한다. 43~44행은 상태 공간과 행동 공간의 차원 수를 각각 s_dim과 a_dim에 저장한다. s_dim과 a_dim은 각각 4와 1이다. 45행은 행동 값의 범위를 지정한다. a_low와 a_high는 각각 −3과 3이다. 47행은 정책 신경망을 만들어 model 변수에 저장한다. 48행은 옵티마이저로 Adam을 지정한다. 50~52행은 에피소드 데이터를 저장할 메모리를 확보한다.

55~76행은 n_episode번 루프를 반복하며 학습을 수행한다. 56~68행은 에피소드 데이터를 생성한다. 이전 프로그램과 비슷한데 눈여겨볼 부분은 58~59행이다. 58행은 정책 신경망인 model로 전방 계산을 수행한 결과를 mean과 std 변수에 저장한다. 59행은 mean과 std로 정의되는 가우시안 분포에서 행동을 샘플링하여 변수 a에 저장한다. 샘플링한 값이 유효 범위 [a_low,a_high]를 벗어나는 경우 클리핑을 수행한다. 예를 들어 3.9가 발생하면 clip 함수는 3.0으로 바꾼다. 70행은 learn 함수를 호출하여 신경망을 학습한다. 72행은 다음 에피소드로 넘어가기 전에 데이터 저장소를 비운다. 74행은 10번째 에피소드마다 에피소드 길이의 평균을 출력하여 학습 과정을 확인한다. 75~76행은 연속 5개 에피소드가 최대 길이에 도달하면 수렴으로 간주하고 루프를 조기 탈출한다. 78행은 신경망을 저장한다. 81~89행은 학습 곡선을 그린다.

23~37행의 learn 함수는 [프로그램 8-2]의 learn 함수와 비슷한데 다른 곳은 33~34행이다. 33행은 정책 신경망인 model로 전방 계산을 수행한 결과를 mean과 std 변수에 저장한다. 34행의 gaussian(action_mem[t],mean,std)는 mean과 std로 정의되는 가우시안 함수에서 action_mem[t]의 값을 계산한다. 이 계산은 식 (8.11)의 $\pi(a_t | s_t)$에 해당한다.

3 텐서플로는 층을 쌓는 방식에 Sequential과 Functional API 두 종류가 있다. [프로그램 8-2]의 12~14행이 사용한 add(Dense(…))는 Sequential 방식이다. Sequential 방식은 데이터가 입력층에서 출력층까지 한 줄기로 흐르는 경우에 사용한다. [그림 8-7]은 중간에 두 줄기로 나뉘기 때문에 Functional API 방식을 써야 한다. Functional API 방식에서는 x1을 입력받아 x2를 출력하는 층을 x2=Dense(…)(x1) 식으로 코딩한다. https://keras.io/guides/functional_api를 참조한다.

프로그램 8-6　REINFORCE를 이용한 InvertedPendulum 학습

```
import gymnasium as gym
import numpy as np
import tensorflow as tf
from tensorflow.keras.layers import Dense,Lambda
import matplotlib.pyplot as plt
import tqdm

def gaussian(x,m,s): # m=mean, s=standard deviation
    return (1.0/(s*tf.math.sqrt(2.0*np.pi)))*tf.math.exp(-((x-m)**2)/(2*s**2))

def log_1(x): return tf.math.log(1+tf.math.exp(x))

def neural_network(): # 신경망 만들기
    input_x=tf.keras.Input(shape=(s_dim,))
    hidden_x=Dense(32,activation='tanh')(input_x)
    hidden_x=Dense(32,activation='tanh')(hidden_x)
    mean=Dense(a_dim,activation='linear')(hidden_x)
    std1=Dense(a_dim,activation='linear')(hidden_x)
    std=Lambda(log_1,output_shape=(a_dim,))(std1)
    mlp=tf.keras.Model(inputs=input_x,outputs=[mean,std])
    return mlp

def learn(): # 에피소드 e를 가지고 신경망 학습
    return_mem=[]
    ret=0
    for t in reversed(range(len(action_mem))):  # 각 순간의 이득 계산
        ret=reward_mem[t]+gamma*ret
        return_mem.insert(0,ret)

    with tf.GradientTape() as tape:
        loss=0
        for t in range(len(action_mem)):
            mean,std=model(state_mem[t].reshape([1,s_dim]))
            logprob=tf.math.log(gaussian(action_mem[t],mean,std))
            loss-=logprob*return_mem[t]
    gradient=tape.gradient(loss,model.trainable_weights)
    optimizer.apply_gradients(zip(gradient,model.trainable_weights))

gamma=0.99  # 할인율
n_episode=1000

env=gym.make('InvertedPendulum-v4',render_mode='rgb_array')
s_dim=env.observation_space.shape[0]  # 상태 공간
a_dim=env.action_space.shape[0]  # 행동 공간
a_low,a_high=env.action_space.low,env.action_space.high
```

```
model=neural_network()  # 신경망 생성
optimizer=tf.optimizers.Adam(learning_rate=0.001)

state_mem=[]  # 에피소드 데이터 저장소
action_mem=[]
reward_mem=[]

epi_length=[]  # 에피소드 길이
for e in tqdm.tqdm(range(n_episode)):  # 신경망 학습
    s,info=env.reset()
    while True:  # 에피소드 생성
        mean,std=model(s.reshape([1,s_dim]))
        a=np.clip(np.random.normal(mean[0],std[0],1),a_low[0],a_high[0])
        s1,r,terminated,truncated,info=env.step(a)
        state_mem.append(s)
        action_mem.append(a)
        reward_mem.append(r)
        s=s1

        if terminated or truncated:
            epi_length.append(len(action_mem))
            break

    learn()

    state_mem,action_mem,reward_mem=[],[],[]  # 데이터 비우기

    if (e+1)%10==0: print(e+1,'번째 에피소드 평균 길이:',np.mean(epi_length[-10:]))
    if np.min(epi_length[-5:])>=env.spec.max_episode_steps:  # 연속 5번 최대 길이 넘으면 수렴
        break

model.save("f8-6.keras")  # 신경망 저장
env.close()

plt.figure(figsize=(16,5))
plt.plot(range(1,len(epi_length)+1),epi_length)
smooth=np.convolve(epi_length,10*[0.1],mode='valid')
plt.plot(range(1,len(smooth)+1),smooth)
plt.title('REINFORCE scores for InvertedPendulum-v4')
plt.ylabel('Score')
plt.xlabel('Episode')
plt.grid()
plt.show()
```

```
1%|          | 10/1000 [00:02<04:33,  3.62it/s] 10 번째 에피소드 평균 길이: 15.1
2%|▏         | 20/1000 [00:05<04:38,  3.52it/s] 20 번째 에피소드 평균 길이: 19.0
3%|▎         | 30/1000 [00:09<08:48,  1.83it/s] 30 번째 에피소드 평균 길이: 31.4
…
46%|████      | 460/1000 [14:08<1:19:12,  8.80s/it] 460 번째 에피소드 평균 길이: 602.7
47%|████      | 470/1000 [15:17<56:40,  6.42s/it] 470 번째 에피소드 평균 길이: 522.7
48%|████      | 480/1000 [16:49<1:34:59, 10.96s/it] 480 번째 에피소드 평균 길이: 702.5
48%|████      | 481/1000 [17:15<18:37,  2.15s/it]
```

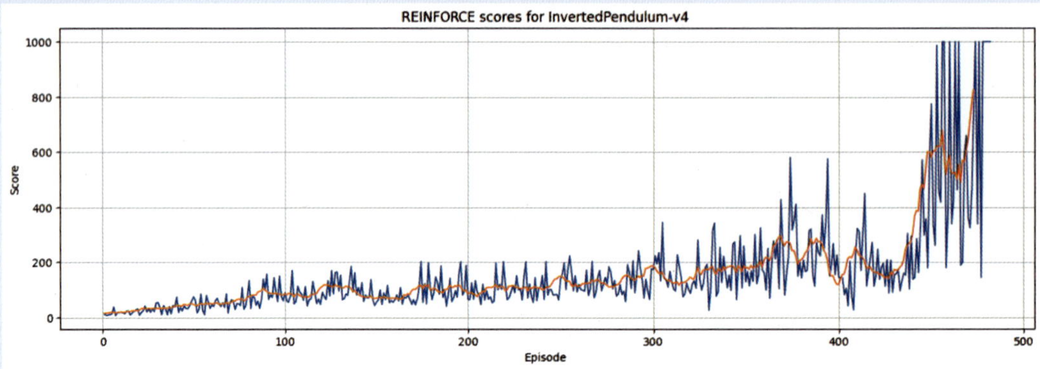

프로그램 실행 결과를 보면, 481번째 에피소드에서 수렴하였다. 학습에 걸린 시간을 추적하기 위해 6행에서 tqdm 라이브러리를 불러오고 55행의 for 문에 tqdm을 적용하였다. 실행 결과 첫 번째 행은 3.62it/s을 출력했다. 1초에 3.62번 루프를 반복한 셈이다. 46%를 출력한 행에서는 8.80s/it를 출력했는데, 루프를 한 번 수행하는 데 8.80초 걸렸다는 뜻이다. 이처럼 tqdm은 초당 여러 번 반복하면 it/s를 출력하고 초당 한 번 미만 반복하면 s/it를 출력한다. 48%에 해당하는 행을 통해 수렴에 걸린 총 시간이 약 17분 15초임을 알 수 있다.

2. 프로그래밍 실습: InvertedPendulum 시험

[프로그램 8-7]은 InvertedPendulum 과업을 시험하는 프로그램이다. 9행은 [프로그램 8-6]이 학습하고 저장해둔 신경망을 불러온다. 15~27행은 에피소드를 생성하는 과정인데, 주목할 부분은 정책 신경망으로 행동을 결정하는 17~18행이다. 17행은 정책 신경망인 model로 전방 계산을 수행한 결과를 mean과 std 변수에 저장한다. 18행은 표준편차에 해당하는 std를 무시하고 평균 mean을 행동으로 취하여 a 변수에 저장한다. 가우시안에서 평균 지점의 확률이 가장 크기 때문에 mean을 행동으로 취한다는 말은 탐욕 선택을 한다는 뜻이다. 이는 [프로그램 8-5]의 15행에서 argmax로 행동을 탐욕 선택하는 전략과 같다. 19행은 a를 실행하여 다음 순간으로 넘어간다.

프로그램 8-7 InvertedPendulum 추론

```
import gymnasium as gym
from tensorflow.keras.models import load_model
import cv2 as cv
import tensorflow as tf
@tf.keras.utils.register_keras_serializable()

def log_1(x): return tf.math.log(1+tf.math.exp(x))[0]

model=load_model('f8-6.keras')

env=gym.make('InvertedPendulum-v4',render_mode='rgb_array')
s_dim=env.observation_space.shape[0]  # 상태 공간

length=0
s,info=env.reset()
while True:
    mean,std=model(s.reshape([1,s_dim]))
    a=mean[0]  # 평균을 행동으로 취함(탐욕 선택)
    s,r,terminated,truncated,info=env.step(a)
    length+=r

    cv.imshow('InvertedPendulum animation',cv.cvtColor(env.render(),cv.COLOR_BGR2RGB))
    key=cv.waitKey(100)

    if terminated or truncated:
        print("에피소드의 길이:",length)
        break

env.close()
if cv.waitKey()==ord('q'):
    cv.destroyAllWindows()
```

```
에피소드의 길이: 1000.0
```

프로그램 실행 결과를 보면, 최대 길이인 1000까지 안정적으로 버틴 것을 확인할 수 있다. 유심히 살펴보면 수레가 왼쪽 오른쪽으로 이동하는 속도가 시시각각 달라지는 것을 알 수 있다. 막대가 안정을 찾으면 움직이는 속도가 0에 가까운 현상도 확인할 수 있다. 이때 18행에서 변수 a는 0에 가까운 값을 가진다.

6

파이썬의 배열 연산을 이용한 속도 향상

[프로그램 8-6]은 InvertedPendulum 과업을 학습하는 데 481개 에피소드를 사용했고 학습에 걸린 총 시간은 17분 15초다. InvertedPendulum은 상태 공간과 행동 공간의 크기가 각각 4와 1인 아주 단순한 과업이기 때문에 짧은 시간 내에 학습을 마칠 수 있었다. 하지만 실제에 가까운 로봇의 경우 관절이 많아 학습이 어렵고 시간이 오래 걸린다. 예를 들어 MuJoCo의 Humanoid 로봇은 17개 관절이 있고 상태 공간과 행동 공간의 크기는 각각 348과 17이다. 이처럼 복잡한 과업은 학습에 많은 시간이 소요되기 때문에 프로그램 실행 속도를 높이는 일은 매우 중요하다.

프로그램의 실행 속도를 높이는 방법은 다양하지만, 여기서는 for 문으로 반복하던 코드를 파이썬의 배열 연산으로 대치하여 속도를 향상하는 기법을 소개한다. [프로그램 8-6]에서 시간이 가장 많이 걸리는 부분은 55~76행의 for 반복문이다. 이 부분은 에피소드 데이터를 생성하는 56~64행과 신경망 학습을 수행하는 70행으로 구분할 수 있다. 데이터를 생성하는 일은 순간을 순차적으로 반복해야 하기 때문에 속도를 개선할 여지가 거의 없다. 반면 신경망 학습을 수행하는 learn 함수는 파이썬이 제공하는 배열 연산을 사용하여 속도 향상이 가능하다. [프로그램 8-8]은 배열 연산을 활용해 이 성능 향상을 이룬 프로그램이다.

먼저 기존 프로그램인 [프로그램 8-6]에서 23~37행의 learn 함수에 주목한다. 이곳은 보상 정보 reward_mem으로 이득 return_mem을 계산하는 24~28행과 신경망 전방 계산 및 로그 확률 계산을 통해 손실 함수 loss를 계산하는 30~35행으로 나눌 수 있다. 이 두 부분은 for 문 기반의 반복문으로 코딩되어 있어 배열 연산으로 전환하여 속도 개선을 꾀할 수 있다. 반면 그레이디언트를 계산하는 36행과 매개변수 갱신을 수행하는 37행은 텐서플로가 이미 최대한 빠르게 처리해주기 때문에 더 이상 개선할 여지가 없다.

[프로그램 8-6]에서 reward_mem으로 return_mem을 계산하는 24~28행을 살펴보자. [그림 8-8]은 길이 T=4인 에피소드에서 이득을 계산하는 간단한 예제다. [프로그램 8-6]의 24행은 이득을 저장할 메모리 return_mem을 생성한다. 26행에서 이득을 계산할 때 t=0,1,2,⋯,T−2,T−1 순으로 계산하면 [그림 8-8]의 녹색 수식처럼 중복 계산이 많아 시간이 오래 걸린다. 26행처럼 t=T−1,T−2,⋯,1,0의 역순으로 계산하면 직전에 계산한 결과를 사용하여 매 순간 곱셈 한 번과 덧셈 한 번으로 결과를 얻을 수 있

다. 파란 수식이 이런 계산 방식을 설명한다.

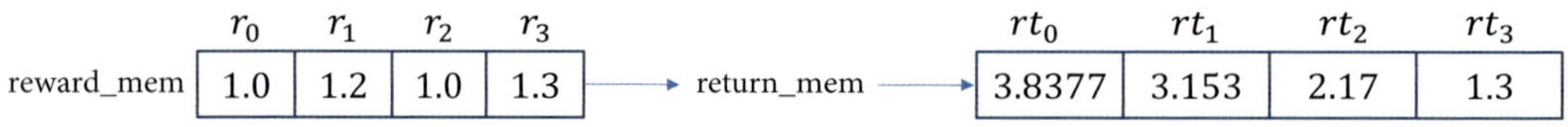

$$rt_3 = 0.9^0 r_3 = 1.3$$
$$rt_2 = 0.9^0 r_2 + 0.9^1 r_3 = r_2 + 0.9(rt_3) = 1.0 + 0.9 \times 1.3 = 2.17$$
$$rt_1 = 0.9^0 r_1 + 0.9^1 r_2 + 0.9^2 r_3 = r_1 + 0.9(rt_2) = 1.2 + 0.9 \times 2.17 = 3.153$$
$$rt_0 = 0.9^0 r_0 + 0.9^1 r_1 + 0.9^2 r_2 + 0.9^3 r_3 = r_0 + 0.9(rt_1) = 1.0 + 0.9 \times 3.153 = 3.8377$$

그림 8-8 보상 데이터에서 이득을 계산하는 과정([프로그램 8-6]의 24~28행)

[프로그램 8-6]은 역순 계산을 통해 속도를 향상하였지만, 여전히 for 문을 사용한 반복 계산 틀을 벗어나지 못했다. [프로그램 8-8]의 29행은 discount_cumulation 함수를 사용함으로써 속도를 크게 향상한다. discount_cumulation 함수는 scipy 라이브러리가 제공하는 lfilter 함수를 사용하여 속도 향상을 꾀한다. scipy 라이브러리는 모든 함수를 최적 속도를 발휘하도록 구현해 두었기 때문에 가져다 쓰는 것이 현명하다.

이제 [프로그램 8-6]에서 계산 그래프를 만드는 30~35행을 살펴보자. 32행은 t=0,1,2,⋯ 순으로 반복하면서 33행에서 순간 t의 상태 정보 state_mem[t]를 가지고 신경망 모델의 전방 계산을 통해 mean과 std를 구한다. 34행은 순간 t의 행동 정보를 가지고 가우시안 함수를 계산하고, 35행은 순간 t를 위한 손실 함수 값을 계산하여 loss 변수에 누적한다. [프로그램 8-8]의 33행은 순간별로 for 문을 반복하는 대신 모든 순간의 데이터가 들어있는 배열을 통째로 model 함수에 전달한다. model 함수는 배열 연산을 통해 한꺼번에 모든 순간의 값을 계산하여 mean과 std에 저장한다. 이때 mean과 std는 스칼라가 아니라 모든 순간의 값을 가진 배열이다. [프로그램 8-8]의 34행에서 gaussian 함수는 배열을 받아 가우시안 함수를 계산하고 결과 배열을 넘겨준다. 35행은 모든 순간의 손실 함수 값을 가진 배열에 연산을 적용하고, tf_reduce_sum 함수를 통해 결과 배열을 모두 더해 loss 변수에 저장한다.

프로그램 8-8 REINFORCE를 이용한 InvertedPendulum 학습(배열 연산 버전)

3행과 24~37행을 제외하고 [프로그램 8-6]과 같음

```
...
3    import scipy
...
24   def discount_cumulation(x,discount):
25       return scipy.signal.lfilter([1],[1,float(-discount)],x[::-1],axis=0)[::-1]
26
27   def learn():  # 에피소드 e를 가지고 신경망 학습
28       return_mem=[]
29       return_mem=discount_cumulation(reward_mem,gamma)  # 이득
```

```
        return_mem=tf.convert_to_tensor(return_mem,dtype=tf.float32)

        with tf.GradientTape() as tape:
            mean,std=model(tf.convert_to_tensor(state_mem))
            logprob=tf.math.log(gaussian(action_mem,mean,std))
            loss=-tf.reduce_sum(tf.squeeze(logprob)*return_mem)
        gradient=tape.gradient(loss,model.trainable_weights)
        optimizer.apply_gradients(zip(gradient,model.trainable_weights))
…
```

```
1%||          | 13/1000 [00:00<00:58, 16.78it/s] 10 번째 에피소드 평균 길이(최근 10개): 7.4
2%||          | 23/1000 [00:01<01:01, 15.94it/s] 20 번째 에피소드 평균 길이(최근 10개): 10.5
3%||          | 32/1000 [00:01<00:53, 17.95it/s] 30 번째 에피소드 평균 길이(최근 10개): 10.4
…
63%|██████    | 630/1000 [03:54<13:35, 2.20s/it] 630 번째 에피소드 평균 길이(최근 10개): 447.6
64%|██████    | 640/1000 [04:21<16:13, 2.70s/it] 640 번째 에피소드 평균 길이(최근 10개): 873.2
64%|██████    | 643/1000 [04:33<02:31, 2.35it/s]
```

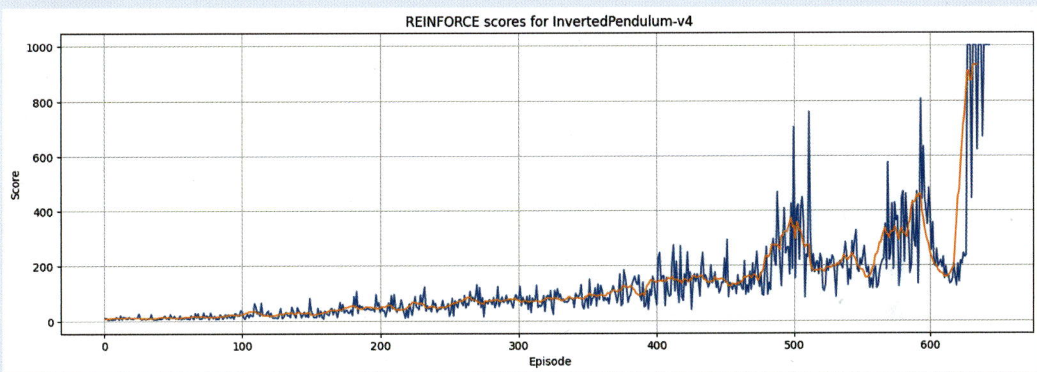

프로그램 실행 결과를 살펴보자. 1%에 해당하는 첫 행을 보면 16.78it/s를 출력했다. 1초에 16.78번 루프를 수행했다는 뜻으로, [프로그램 8-6]의 3.62it/s에 비하면 네 배 이상 빠르게 동작한다는 사실을 확인할 수 있다. 643번째 에피소드에서 수렴하는데, 걸린 총 시간은 4분 33초로서 [프로그램 8-6]의 17분 15초에 비해 네 배가량 빠르게 수렴했음을 알 수 있다.

연습문제

1 다음 물음에 답하시오.

(1) 연속 과업과 이산 과업은 행동 공간을 기준으로 구분한다. 상태 공간이 아니라 행동 공간을 기준으로 삼는 이유를 설명하시오.

(2) 가치 기반 학습 알고리즘은 왜 연속 과업을 학습할 수 없는지 설명하시오.

2 정책 기반 학습 알고리즘 중 최초의 알고리즘인 REINFORCE는 1992년에 발표되었으나, 정책 그레이디언트 정리는 1999년에 등장하고, A2C, TRPO, PPO 같은 실용적인 알고리즘은 2010년대 중반에야 등장하였다. 이처럼 정책 기반 알고리즘의 발전이 지연된 이유를 설명하시오.

3 [프로그램 8-1]은 변수가 두 개인 선형 함수를 모델로 사용하는 예제 프로그램인데, 이를 변수가 세 개인 2차 함수를 모델로 사용하도록 확장한다.

(1) 모델의 매개변수가 몇 개인지 쓰시오.

(2) 확장된 프로그램을 작성하고, 예제 모델과 예제 훈련 데이터를 만들어 테스트한 결과를 제시하시오.

4 CartPole은 디플로이(시험) 단계에서는 결정론적 결정을 하면 되기 때문에 [프로그램 8-5]의 15행은 탐욕 선택을 한다.

(1) CartPole이 포커 게임처럼 디플로이 단계에서 스토캐스틱하게 동작해야 한다고 가정하고, [프로그램 8-5]가 스토캐스틱한 선택을 하도록 수정하시오.

(2) 수정된 프로그램의 성능이 원래 프로그램에 비해 어떻게 달라질 것으로 예상되는지, 그 이유와 함께 설명하시오.

(3) 수정한 프로그램을 실제로 실행한 뒤, (2)에서 예상한 바와 비교하여 결과를 분석하시오.

5 [프로그램 8-2], [프로그램 8-3], [프로그램 8-4]를 여러 번 수행하여 수렴 특성을 박스 플롯으로 분석하는 프로그램을 작성하고 실험 결과를 분석하시오.

6 아래 파이썬 프로그램은 배열 덧셈 연산을 수행한다.

```
import numpy as np
import time

siz=100000000
a=np.random.rand(siz)
b=np.random.rand(siz)
c=np.zeros(siz)

start=time.time()
for i in range(siz):
    c[i]=a[i]+b[i]
print('for 문 반복 소요 시간=',time.time()-start)

start=time.time()
c=a+b
print('배열 연산 소요 시간=',time.time()-start)
```

(1) 프로그램을 실행하여 for 반복문을 사용할 때와 배열 연산을 사용할 때 소요되는 시간을 비교하시오.

(2) 두 방식 간 성능 차이가 발생하는 이유를 설명하시오.

7 Gymnasium이 제공하는 Inverted Double Pendulum 과업에 대해 답하시오.

(1) [예제 2-1]처럼 과업을 설명하시오.

(2) 이 과업을 학습하고 시험하는 프로그램을 작성하시오. 학습은 [프로그램 8-8], 시험은 [프로그램 8-7]을 참고하여 작성하고, 프로그램의 실행 결과를 분석하시오.

8 Gymnasium이 제공하는 Reacher 과업에 대해 답하시오.

(1) [예제 2-1]처럼 과업을 설명하시오.

(2) 이 과업을 학습하고 시험하는 프로그램을 작성하시오. 학습은 [프로그램 8-8], 시험은 [프로그램 8-7]을 참고하여 작성하고, 프로그램의 실행 결과를 분석하시오.

CHAPTER 09

행동가 – 비평가 방법

CHAPTER 09 행동가-비평가 방법

Preview

조직의 현재 상황을 분석하고 앞으로 나아갈 방향을 결정할 때 컨설턴트의 역할은 중요하다. 작가는 향후 작품 활동에 평론가의 비평을 반영한다. [그림 9-1]이 보여주듯이, 와인 생산가는 소믈리에saumalier의 비평을 귀담아듣고 생산 과정에 반영한다. 강화 학습도 이처럼 행동가와 비평가 관계를 설정하고 이를 통해 학습 효율을 높일 수 있을까? 이 장의 핵심 주제다.

그림 9-1 와인 생산가(행동가)와 소믈리에(비평가)

7장에서 살펴본 DQN 학습 알고리즘은 행동 가치 함수를 위한 신경망을 학습한다. 8장의 REINFORCE 알고리즘은 정책을 위한 신경망을 학습한다. 이처럼 지금까지 공부한 모든 학습 알고리즘은 가치 신경망을 학습하거나 정책 신경망을 학습한다. 이 장에서 살펴볼 행동가-비평가 방법actor-critic method에서는 두 개의 신경망, 즉 정책 신경망과 가치 신경망을 학습한다. 정책 신경망은 행동가 역할을, 가치 신경망은 비평가 역할을 맡는다. 비평가는 행동가가 나아갈 방향을 제시하는 보다 적극적인 역할을 수행한다 [Grondman2012]. 이제 행동가와 비평가가 긴밀하게 협력하는 새로운 학습 세계로 들어간다.

1

행동가와 비평가의 협력

행동가-비평가 개념은 1983년 논문 [Barto1983]에서 제안되었으며, 1990년대 말에 이르러 현대적인 형태를 갖추기 시작한다[Konda1999a, Konda1999b]. 이 방법은 9장에서 소개할 AC와 A2C 등을 거쳐 10장에서 살펴볼 TRPO와 PPO, 11장에서 다룰 DDPG와 TD3, SAC 등으로 발전한다. 이들은 현재 가장 널리 활용되는 가장 앞선 학습 알고리즘이다.

1. 발상과 전개

[알고리즘 8-1]의 REINFORCE를 다시 살펴보자. 6행은 보상 정보를 활용하여 정책 그레이디언트를 계산하고 7행은 정책 신경망의 가중치를 더 나은 방향으로 개선한다. 이 학습 과정에는 가치 함수가 등장하지 않는다. 반면, 행동가-비평가 방법에서는 가치 함수가 그레이디언트 계산에 참여하여 정책이 최적점을 향해 나아가도록 적극적으로 돕는다. 새로운 접근방법을 적용한다고 해서 새로운 수식을 유도하는 것은 아니다. [그림 9-2]는 식 (8.8)을 다시 쓴 것으로, 정책 π와 행동 가치 함수 $q_\pi(s_t,a_t)$가 포함된다. [알고리즘 8-1]의 REINFORCE는 행동 가치 함수 $q_\pi(s_t,a_t)$를 이득 R_t로 대체하여 행동 가치 함수를 위한 신경망의 필요성을 없앴다.

식 (8.8): $\nabla_{\boldsymbol{\theta}} J(\boldsymbol{\theta}) \propto \mathbb{E}_{s_t,a_t\sim\pi}(q_\pi(s_t,a_t)\nabla_{\boldsymbol{\theta}}\log(\pi_{\boldsymbol{\theta}}(a_t|s_t)))$ AC: 정책 신경망 π와 행동 가치 신경망 q를 사용

↓ $q_\pi(s_t,a_t)$를 R_t로 대체

식 (8.9): $\nabla_{\boldsymbol{\theta}} J(\boldsymbol{\theta}) \propto \mathbb{E}_{s_t,a_t\sim\pi}(R_t\nabla_{\boldsymbol{\theta}}\log(\pi_{\boldsymbol{\theta}}(a_t|s_t)))$ REINFORCE: 정책 신경망 π를 사용

그림 9-2 AC(행동가-비평가)와 REINFORCE

행동 가치 신경망의 필요성을 없애 단순화한 REINFORCE와 달리, 행동가-비평가 방법은 원래 수식 (8.8)을 충실히 따른다. 식 (9.1)의 첫 행은 식 (8.8)을 그대로 다시 쓴 것이며, 실제 구현에서는 에피소

드 데이터를 기반으로 값을 추정하기 때문에 둘째 행처럼 근삿값을 사용한다. 이때 ≈는 추정값을 의미한다.

$$\begin{aligned}\nabla_{\boldsymbol{\theta}} J(\boldsymbol{\theta}) &= \mathbb{E}_{s,a\sim\pi}[q_{\mathbf{w}}(s,a)\nabla_{\boldsymbol{\theta}}\log(\pi_{\boldsymbol{\theta}}(a\,|\,s))] \\ &\approx q_{\mathbf{w}}(s,a)\nabla_{\boldsymbol{\theta}}\log(\pi_{\boldsymbol{\theta}}(a\,|\,s))\end{aligned} \tag{9.1}$$

식 (9.1)을 구현하려면 두 개의 신경망, 즉 정책 신경망과 가치 신경망이 필요하다. 정책 신경망은 행동가actor, 가치 신경망은 비평가critic 역할을 담당한다. 가치 함수로는 행동 가치 함수 q 또는 상태 가치 함수 v를 사용할 수 있다. 정책 신경망의 매개변수는 $\boldsymbol{\theta}$, 가치 신경망의 매개변수는 $\mathbf{w}$로 표기하며, 이를 명확히 하기 위해 정책 신경망과 가치 신경망을 각각 $\pi_{\boldsymbol{\theta}}$와 $q_{\mathbf{w}}$로 표기한다. 간결함을 위해 순간을 나타내는 t는 생략한다.

정책은 목적 함수를 최대화해야 하므로, 학습 알고리즘은 식 (9.2)의 경사 상승법을 통해 최적점을 찾아간다. 여기서 ρ_1은 정책 신경망을 위한 학습률이다. 식 (9.2)는 행동가–비평가 방법이 정책 신경망을 학습하는 데 쓰는 핵심 공식이다.

$$\begin{aligned}\boldsymbol{\theta} &= \boldsymbol{\theta} + \rho_1 \nabla_{\boldsymbol{\theta}} J(\boldsymbol{\theta}) \\ &\approx \boldsymbol{\theta} + \rho_1 q_{\mathbf{w}}(s,a)\nabla_{\boldsymbol{\theta}}\log(\pi_{\boldsymbol{\theta}}(a\,|\,s))\end{aligned} \tag{9.2}$$

행동가–비평가 방법에서는 비평가에 해당하는 가치 신경망 q를 추가로 학습해야 한다. q를 학습하기 위해서는 5.3절에서 소개한 Sarsa 방법을 도입한다. 식 (9.3)의 J는 손실 함수다. [그림 9–3]이 보여주듯이, 이 식에서 $r+\gamma q_{\mathbf{w}}(s',a')$는 레이블, 즉 참값에 해당하고 $q_{\mathbf{w}}(s,a)$는 신경망의 예측값이다. 식에 등장하는 값은 순간 t의 데이터, 즉 $s_t\text{–}a_t\text{–}r_t\text{–}s_{t+1}\text{–}a_{t+1} = s\text{–}a\text{–}r\text{–}s'\text{–}a'$에서 얻는다. 손실 함수 J의 의미는 식 (6.4)의 MSE와 동일하다.

$$\begin{aligned}J(\mathbf{w}) &= \mathbb{E}_{s,a\sim\pi}((r+\gamma q_{\mathbf{w}}(s',a')) - q_{\mathbf{w}}(s,a))^2 \\ &\approx ((r+\gamma q_{\mathbf{w}}(s',a')) - q_{\mathbf{w}}(s,a))^2\end{aligned} \tag{9.3}$$

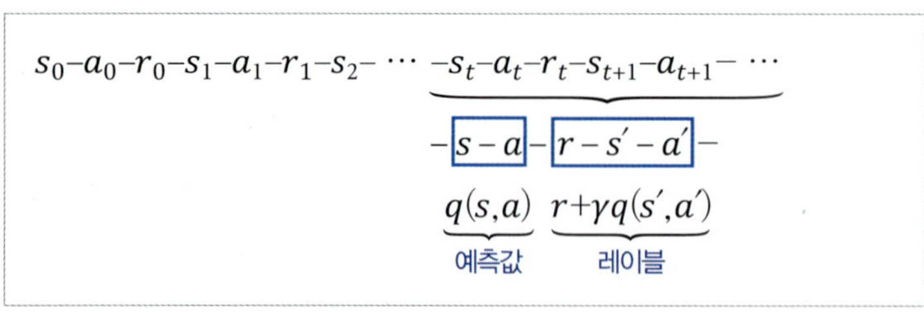

그림 9–3 순간 데이터에서 레이블과 예측값 수집

가치 신경망은 식 (9.3)의 손실 함수를 최소화해야 하기 때문에 다음 페이지의 식이 성립한다. 첫째 행은 일반적인 경사 하강법이다. 둘째 행은 J를 $\mathbf{w}$로 미분한 식을 대입한 것이다. $\delta = (r+\gamma q_{\mathbf{w}}(s',a')) - q_{\mathbf{w}}(s,a)$

이다. 셋째 행에서는 $q_{\mathbf{w}}(s',a')$를 상수로 간주하고 $\nabla_{\mathbf{w}}q_{\mathbf{w}}(s',a')$를 제거한다. $q_{\mathbf{w}}(s',a')$는 $\mathbf{w}$에 영향을 받긴 하지만 상수로 취급해도 될 정도로 그 영향이 미미하다는 사실이 실험적으로 확인되었기 때문이다. 넷째 행은 2ρ를 학습률 ρ_2로 치환하여 식을 정리한다.

$$\begin{aligned}\mathbf{w}=&\mathbf{w}-\rho\nabla_{\mathbf{w}}J(\mathbf{w})\\ &\approx\mathbf{w}-\rho(2\delta(\gamma\nabla_{\mathbf{w}}q_{\mathbf{w}}(s',a')-\nabla_{\mathbf{w}}q_{\mathbf{w}}(s,a)))\\ &\approx\mathbf{w}-\rho(2\delta(-\nabla_{\mathbf{w}}q_{\mathbf{w}}(s,a)))\\ &\approx\mathbf{w}+\rho_2\delta\nabla_{\mathbf{w}}q_{\mathbf{w}}(s,a)\end{aligned}$$

식 (9.4)는 가치 신경망이 $\mathbf{w}$를 학습하는 데 사용하는 중요한 식이다.

$$\begin{gathered}\mathbf{w}\approx\mathbf{w}+\rho_2\delta\nabla_{\mathbf{w}}q_{\mathbf{w}}(s,a)\\ \text{여기서 }\delta=(r+\gamma q_{\mathbf{w}}(s',a'))-q_{\mathbf{w}}(s,a)\end{gathered} \tag{9.4}$$

행동가–비평가 방법을 구현할 때 충분한 샘플링이 이루어진다면 기댓값이 되지만, 현실에서는 한정된 에피소드 데이터를 사용해 추정해야 한다. 정책 신경망을 학습하는 식 (9.2)와 가치 신경망을 학습하는 식 (9.4)에 등장하는 $\approx$는 한정된 에피소드 데이터로 추정한 값을 사용하겠다는 뜻이다. 학습 알고리즘은 충분히 많은 에피소드에 대해 식 (9.2)와 식 (9.4)를 반복적으로 적용함으로써 점차 참값에 다가가는 전략을 사용한다.

2. AC 알고리즘

여기서는 앞 절에서 유도한 식 (9.2)와 식 (9.4)를 사용하는 가장 단순한 형태의 행동가–비평가 알고리즘을 소개한다. 보통 단순한 초기 형태를 바닐라 버전이라 부르는 관행에 따라 바닐라 AC 알고리즘[vanilla actor-critic algorithm]에 해당한다. 바닐라 AC는 9.4절의 A2C와 A3C, 10장의 TRPO와 PPO, 11장의 DDPG와 TD3, SAC 등으로 발전한다.

[알고리즘 9-1]은 바닐라 AC 알고리즘이다. 1행은 정책 신경망과 행동 가치 신경망의 매개변수를 초기화한다. 2~13행은 미리 설정한 횟수만큼 에피소드를 생성하고 신경망을 학습하는 과정을 반복한다. 3행에서는 환경을 초기화하고, 시작 상태를 변수 s에 저장한다. 4행은 정책 신경망 π를 통해 현재 상태 s에서 행동 a를 선택한다. 이렇게 에피소드를 초기화한 다음, 5~13행을 통해 s-a-r-s'-a' 데이터를 생성하고 이를 이용하여 두 신경망 $\pi_{\boldsymbol{\theta}}$와 $q_{\mathbf{w}}$를 개선하는 일을 에피소드의 끝을 만날 때까지 반복한다.

8~10행은 신경망 $q_{\mathbf{w}}$를 학습한다. 8행은 s'가 종료 상태가 아니면 $\delta=(r+\gamma q(s',a'))-q(s,a)$를 계산한다. 9행은 종료 상태인 경우인데 이때는 $q(s',a')$를 0으로 간주하여 $\delta=r-q(s,a)$를 계산한다. 10행은 식 (9.4)를 적용하여 가치 신경망의 매개변수 $\mathbf{w}$를 갱신한다. 11행은 식 (9.2)를 이용하여 정책 신경망의 매개변수 $\boldsymbol{\theta}$를 갱신한다. 12행은 s'가 종료 상태면 루프를 탈출한다. 13행은 s'를 s로, a'를 a로 대치하여 다음 순간으로 넘어간다. 14행은 행동가에 해당하는 정책 신경망의 매개변수를 반환한다. 이때 매개변수는 최적 정책 π_*에 해당한다.

알고리즘 9-1 바닐라 AC 알고리즘

입력: 과업

출력: 최적 정책 신경망 π_*

1 정책 신경망 π의 가중치 $\boldsymbol{\theta}$와 행동 가치 신경망 q의 가중치 $\mathbf{w}$를 초기화한다.
2 for i=1,2,⋯,n_episode
3 　s를 초기 상태로 설정한다.
4 　π에 따라 상태 s에서 행동 a를 생성한다.
5 　while TRUE
6 　　a를 실행하여 다음 상태 s'와 보상 r을 얻는다.
7 　　π에 따라 상태 s'에서 행동 a'를 생성한다.
8 　　if $s' \neq$종료 상태, $\delta = r + \gamma q(s', a') - q(s, a)$
9 　　else $\delta = r - q(s, a)$
10 　　$\mathbf{w} = \mathbf{w} + \rho_2 \delta \nabla q(s, a)$ // 식 (9.4) 적용
11 　　$\boldsymbol{\theta} = \boldsymbol{\theta} + \rho_1 q(s, a) \nabla \log(\pi(a|s))$ // 식 (9.2) 적용
12 　　if $s' =$종료 상태, break
13 　　$s = s'$; $a = a'$
14 return $\boldsymbol{\theta}$

3. 다양한 구현 상세

8장에서 REINFORCE 학습 알고리즘을 다양한 형태로 구현할 수 있었듯이 행동가-비평가 방법도 여러 방식으로 구현할 수 있다. 실제로 행동가-비평가는 두 개의 신경망을 사용하기 때문에 REINFORCE에 비해 구현 상세가 더욱 다채롭다. 몇 가지를 제시한다.

첫째, [알고리즘 9-1]을 Q-러닝 버전으로 수정할 수 있다. [알고리즘 9-1]은 Sarsa 절차를 따르기 때문에 8행에서 다음 순간의 상태와 행동 정보가 필요하다. 따라서 반복할 때마다 현재 행동 a와 다음 행동 a'를 유지해야 하는 불편함이 있다. Q-러닝은 $q(s', a')$을 $\max_{\hat{a}} q(s', \hat{a})$로 대체함으로써 이 문제를 해결한다. [알고리즘 9-1]을 Q-러닝 버전으로 고쳐 쓰는 일은 연습문제로 남긴다.

둘째, REINFORCE를 순간 모드([프로그램 8-1])과 에피소드 모드([프로그램 8-2])로 구현했듯이 행동가-비평가도 이 두 가지 방식으로 구현할 수 있다. 행동가-비평가 방법은 로봇 제어와 같은 복잡한 과업에 자주 활용되며, 이때 그레이디언트의 분산을 줄이기 위해 주로 에피소드 방식을 사용한다. 더 나아가 여러 에피소드를 생성하여 버퍼에 저장해둔 다음, 버퍼 전체를 이용해 그레이디언트를 계산하는 배치 방식도 있다. 배치 방식은 10장에서 다룬다.

셋째, 행동가-비평가 방식에서는 그레이디언트의 분산이 큰 현상이 중요한 문제로 나타난다. 편향-분산 트레이드오프 현상은 9.2절에서 체계적으로 설명한다. 분산을 줄이는 데 효과적인 n-step 이득이나 GAE 같은 이익 함수가 개발되어 있는데 이에 대해서는 9.3절에서 자세히 설명한다.

넷째, 두 개의 신경망을 하나로 묶은 공유 신경망을 사용할 수도 있고, 각각을 별도로 구현하는 개별 신

경망 구조도 사용할 수 있다. 각 방식은 장단점이 있으며, 복잡한 과업일수록 두 신경망을 독립적으로 제어할 수 있도록 개별 신경망으로 구현하는 경향이 뚜렷하다.

이런 다양한 구현 상세를 체계적으로 벤치마킹한 연구 결과 [Andrychowicz2021]을 10.4.2절에서 소개한다.

2
편향-분산 트레이드오프

모든 기계 학습 알고리즘은 오류를 안고 있다. 지금까지 공부한 그리고 앞으로 공부할 모든 강화 학습 알고리즘도 예외가 아니다. 그렇다면 이러한 오류는 어디에서 비롯되는 것일까? 오류의 원인을 파악하면 알고리즘을 개선하는 데 중요한 실마리를 얻을 수 있다. 편향-분산 트레이드오프bias-variance tradeoff는 오류의 원인을 이해하는 길을 밝혀준다.

1. 지도 학습의 편향-분산

편향-분산 트레이드오프는 모든 기계 학습 알고리즘이 태생적으로 지니고 있는 대표적인 특성 중 하나다[Geman2012]. 1.2절과 2.5절에서 지도 학습과 강화 학습의 본질적인 차이를 여러 관점에서 비교한 적이 있다. 가장 큰 차이는 절대자의 유무다. 지도 학습은 절대자가 정답을 달아둔 훈련 데이터를 기반으로 학습하는 반면, 강화 학습은 무작위로 초기화한 정책에서 출발하여, 그 정책이 생성한 불완전한 데이터를 바탕으로 스스로를 반복 학습해 나간다.

우선, 절대자를 가지고 있는 지도 학습에서의 편향-분산 특성을 먼저 살펴보자. [그림 9-4]는 지도 학습의 편향과 분산을 설명할 때 널리 쓰이는 그림이다. 파란 곡선은 참 함수로서 절대자에 해당한다. 파란 점은 참 함수에서 잡음이 섞인 형태로 샘플링한 데이터다. [그림 9-4(a)]의 가장 왼쪽 그림은 1차 곡선을 모델로 선택하고 학습한 결과로서 과소 적합under-fitting이 발생했다. 데이터의 복잡성에 비해 용량이 너무 작은 모델을 선택한 경우로, 데이터를 잘못 이해했다는 점에서 편향이 심하다고 말할 수 있다. 반면, 가장 오른쪽은 12차 곡선을 모델로 선택하고 학습한 결과로서 과잉 적합over-fitting이 발생했다. 데이터의 복잡성에 비해 용량이 너무 큰 모델을 선택한 경우로, 학습된 모델이 생성한 데이터는 변동이 커서 분산이 심하다고 말할 수 있다. 용량이 큰 모델은 훈련 데이터를 잘 모델링하지만 일반화 능력이 떨어져 참 함수에서 벗어난 값을 예측할 가능성이 높다.

지도 학습에서는 용량이 큰 모델을 선택하되 다양한 규제regularization 기법을 적용하여 과잉 적합을 방지하는 전략을 주로 사용한다. 특히 딥러닝은 층을 깊게 쌓은 방대한 용량의 모델을 사용하기 때문에 규제 기법의 중요성이 더 커진다. [그림 9-4(b)]는 훈련 데이터를 증강하여 과잉 적합을 해결하는 규제 기법을 보여준다. 가장 왼쪽은 20개 샘플을 사용하지만 오른쪽으로 가면서 샘플을 30, 50, 80개로 증가하면서 학습된 모델이 참 함수에 점점 근접함을 확인할 수 있다. [그림 9-4(b)]의 데이터 증강data augmentation을 포함하여 L2 규제, 조기종료, 드롭아웃 등 아주 많은 규제 기법이 있다. 실제로는 이들을 조합한 강력한 규제 기법을 사용한다[Tian2022].

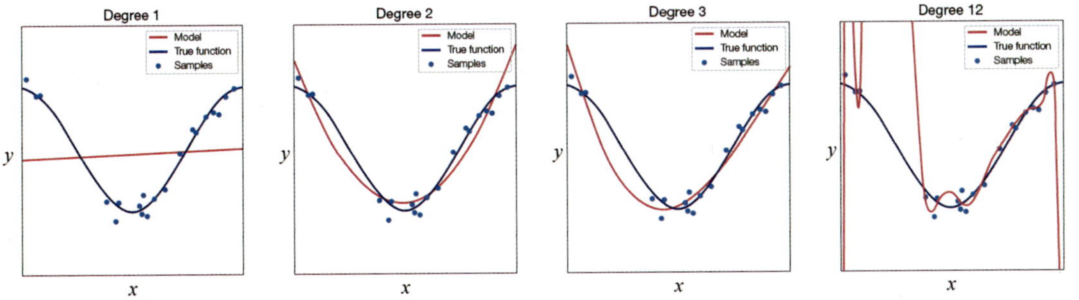

(a) 편향과 분산 트레이드오프

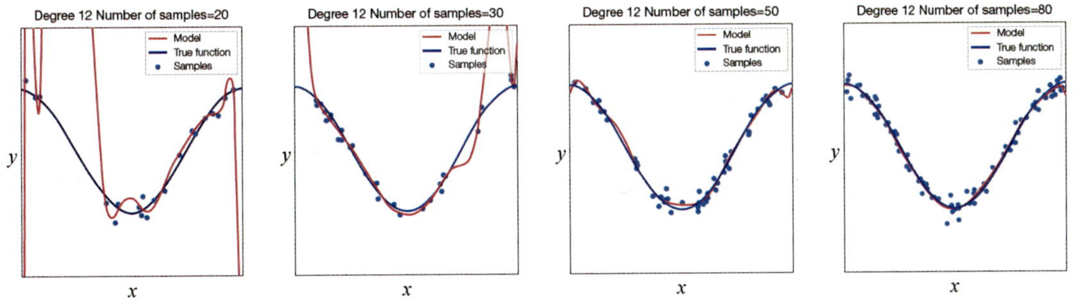

(b) 데이터 증강 규제 기법의 효과

그림 9-4 지도 학습에 나타나는 편향-분산 트레이드오프와 규제를 통한 해결

[그림 9-5]는 편향-분산 트레이드오프를 다른 관점으로 설명한다. 그림에서 과녁의 중심은 모델이 맞혀야 하는 참값이다. [그림 9-5(a)]는 편향도 낮고 분산도 낮은 이상적인 경우로서 기계 학습이 궁극적으로 추구하는 모델이다. [그림 9-5(d)]는 편향과 분산이 모두 높은 최악의 모델이다. [그림 9-5(b)]는 분산이 큰 경우로, [그림 9-4(a)]의 12차 곡선에 해당한다. [그림 9-5(c)]는 편향이 높은 경우로 [그림 9-4(a)]의 1차 곡선에 해당한다.

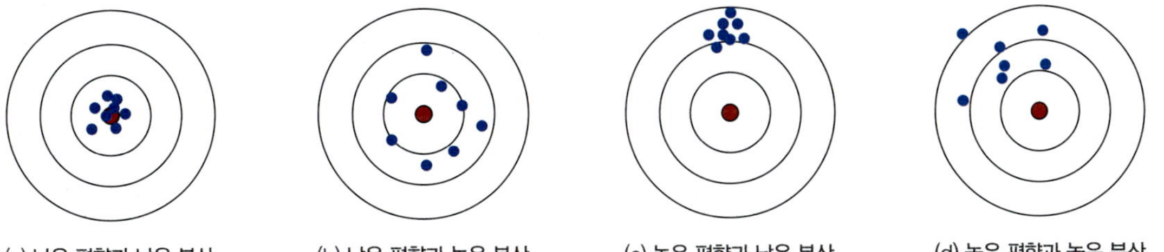

(a) 낮은 편향과 낮은 분산 (b) 낮은 편향과 높은 분산 (c) 높은 편향과 낮은 분산 (d) 높은 편향과 높은 분산

그림 9-5 지도 학습의 편향-분산 트레이드오프

2. 강화 학습의 편향-분산

이제 강화 학습의 편향-분산 특성으로 관심을 옮겨보자. 강화 학습이 초점을 맞추는 지점은 지도 학습과 다소 다르다. 지도 학습은 학습을 마친 모델이 범하는 예측 오류의 원인을 편향과 분산으로 설명하는 반면, 강화 학습은 학습 알고리즘이 사용하는 데이터의 편향과 분산을 분석한다. 좀 더 정확히 말하면, 데이터를 통해 계산한 그레이디언트 추정값의 편향과 분산을 분석한다.

강화 학습 알고리즘이 사용하는 데이터는 에피소드가 제공하는 정보와 가치 신경망이 제공하는 정보로 구성된다. 식 (5.6)을 다시 살펴보자. 이 식은 강화 학습의 모든 학습 알고리즘이 사용하는 일반적인 학습 공식이다. 정책 신경망의 매개변수를 개선하는 9장의 식 (9.2)와 가치 신경망의 매개변수를 개선하는 식 (9.4)도 이 식의 특수한 형태다. 식 (9.5)는 식 (5.6)에서 *Estimate*를 행동 가치 함수 q로 대치한 것이다. Sarsa 알고리즘을 위한 식 (5.7)과 Q-러닝을 위한 식 (5.8)은 식 (9.5)와 동일하다. 여기서는 식 (9.5)를 편향-분산 관점에서 설명하는 데 사용한다.

$$q(s,a)=q(s,a)+\rho(Target-q(s,a)) \tag{9.5}$$

식 (9.5)에서 $(Target-q(s,a))$는 그레이디언트의 음수에 해당한다. 모든 학습 알고리즘은 그레이디언트를 통해 학습을 수행하므로, 편향과 분산에 대한 분석은 이 그레이디언트에 맞춰진다. [그림 9-6]은 그레이디언트의 편향-분산 트레이드오프 현상을 개념적으로 설명한다. 그레이디언트가 2차원인 경우, 즉 신경망의 매개변수 개수가 2인 아주 단순한 경우를 예시한다.

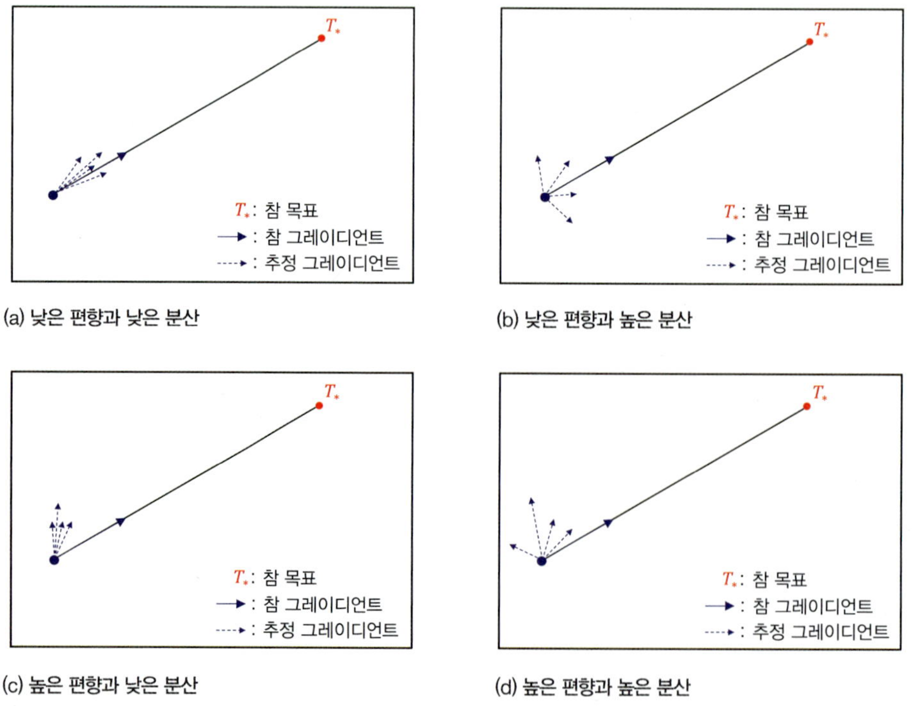

그림 9-6 강화 학습의 편향-분산 트레이드오프

몬테카를로 방식의 [알고리즘 8-1]의 REINFORCE는 보상 R_t 자체를 *Target*으로 쓴다. 반면에 시간차 방식의 [알고리즘 9-1]인 AC는 *Target*으로 $r_t+\gamma q(s_{t+1},a_{t+1})$을 사용한다. REINFORCE가 사용하는 R_t는 샘플링을 통해 수집한 에피소드로부터 계산한다. 에피소드 $s_t-a_t-r_t-s_{t+1}-a_{t+1}-r_{t+1}-\cdots-s_{T-1}-a_{T-1}-r_{T-1}$은 많은 랜덤 변수를 포함하기 때문에 잡음이 심할 수밖에 없다. 더욱이 상태 s, 행동 a, 보상 r 모두 스토캐스틱 프로세스에서 발생하기 때문에 에피소드는 서로 상당히 다를 것이고 결국 높은 분산이 발생한다. 분산은 크지만, R_t를 충분히 많이 수집하여 계산한 평균, 즉 기댓값 $\mathbb{E}[R_t]$는 참값과 같다. 따라서 R_t를 *Target*으로 사용하는 경우에는 그레이디언트의 편향은 0에 가깝고 분산은 크다. [그림 9-6(b)]에 해당한다.

반면 시간차가 사용하는 $Target=r_t+\gamma q(s_{t+1},a_{t+1})$은 에피소드 $s_t-a_t-r_t-s_{t+1}-a_{t+1}-r_{t+1}-\cdots-s_{T-1}-a_{T-1}-r_{T-1}$에서 오직 r_t만 사용한다. 대신 함수 근삿값, 즉 신경망의 출력 $q(s_{t+1},a_{t+1})$을 더해준다. 신경망 함수는 매끄러운 모양을 갖기 때문에 분산이 낮지만, 지금까지 발생한 에피소드 데이터로 학습하였기 때문에 편향이 크다. [그림 9-6(c)]에 해당한다.

이 내용을 요약한 것이 [표 9-1]이다. [알고리즘 9-1]은 Sarsa 기반이므로 시간차에 속한다.

표 9-1 몬테카를로와 시간차의 편향과 분산 특성

	편향	분산
몬테카를로	낮음	높음
시간차	높음	낮음

할인율 γ의 효과를 편향-분산 측면에서 생각해보자. 순간 t에서 시작하는 궤적 $s_t-a_t-r_t-s_{t+1}-a_{t+1}-r_{t+1}-\cdots-s_{T-1}-a_{T-1}-r_{T-1}$의 이득은 다음과 같다.

$$R_t=r_t+\gamma^1 r_{t+1}+\gamma^2 r_{t+2}+\cdots+\gamma^{T-t-1}r_{T-1}$$

게임 과업 대부분은 게임 도중에는 보상 0을 주다가 게임 종료 시점에 이기면 1, 지면 −1의 보상을 제공한다. 이길 경우, 행동 $a_t, a_{t+1}, \cdots, a_{T-1}$은 모두 승리에 기여했을 것이다. 반대로 중간에 한 번의 실수만으로도 패배할 수 있기 때문에 모든 행동은 일정 부분 책임이 있다고 볼 수 있다. 할인율 $\gamma=1$로 설정하면 모든 행동이 이득 $R_t=1$을 받게 되므로 동등한 기여를 인정받는다. 반면, $\gamma=0$으로 설정하면 종료 직전의 행동만 $R_t=1$이어서 기여를 인정받고 나머지 행동은 $R_t=0$이 되어 기여를 인정받지 못한다. 축구 선수가 극적인 골을 넣었을 때, 직전의 슛 행동이 가장 큰 기여를 했겠지만, 그보다 이전에 있었던 패스나 상대 선수를 제친 움직임도 기여했다고 보아야 한다. 다만, 오래된 행동일수록 기여도를 점차 줄이는 것이 합리적이다.

이러한 이유로 할인율은 0 또는 1의 극단적인 값보다는 일반적으로 0.99와 같은 값을 사용한다. 예를 들어 종료 시점으로부터 20단계 이전의 행동은 $R_t=0.99^{20}=0.8179$만큼의 기여도를 인정받는다. 이처럼 시간에 따라 행동의 기여도를 차등 부여하는 개념을 신용 할당credit assignment이라고 부른다.

표 기반 알고리즘은 표에 이 기여도를 기록하고, 신경망을 사용하는 알고리즘은 신경망 매개변수 학습을 통해 그 기여도를 신경망 내부에 기록한다. 할인율 γ가 1에 가까울수록 더 많은 변수를 고려하는 셈이므로 분산이 커지고, 0에 가까울수록 분산은 작은 반면 편향이 커진다.

3

이익 함수

행동가-비평가 방법은 다양한 기법을 동원하여 편향과 분산을 줄인다. 이 절은 이익 함수advantage function를 사용하여 분산을 줄이는 기법을 소개한다. 이익 함수는 편향을 그대로 유지한 채 분산을 줄여주기 때문에 매우 효과적이다. 현대적인 강화 학습 알고리즘은 대부분 이 절에서 소개하는 이익 함수 중 적절한 것을 선택하여 활용한다.

1. 발상과 전개

정책 기반 학습 알고리즘은 식 (8.7)의 목적 함수 $J(\boldsymbol{\theta})$를 최대화한다. $J(\boldsymbol{\theta})$를 구성하는 $q_{\mathbf{w}}(s,a)$에 주목해 보자. $q_{\mathbf{w}}(s,a)$는 정책 신경망을 학습하는 식 (9.2)에서 중요한 역할을 수행한다. 만일 $q_{\mathbf{w}}(s,a)$가 음수라면 행동 a는 목적 함수를 낮추기 때문에 a가 선택될 확률 $\pi(a|s)$를 낮추는 방향으로 학습이 이루어진다. 그런데 상태 s에서 다른 행동도 모두 음수라면 어떻게 될까? 다행히 더 큰 음수는 선택 확률이 더 많이 낮아지기 때문에 장시간 학습하면 정상을 찾아갈 수 있다. 하지만 학습에 걸리는 시간은 가늠할 수 없을 정도로 길어질 수 있다.

강화 학습 연구자들은 그레이디언트 추정값의 분산을 줄이는 기법에 대해 오래 연구했다[Sutton2018]. 최근에는 현대적인 학습 알고리즘과 결합한 다양한 방법이 개발되었다[Greensmith2004, Schulman2016, Chung2021]. 이들 기법은 식 (9.1)의 $q_{\mathbf{w}}(s,a)$에 주목한다. 현대적인 행동가-비평가 방법은 $q_{\mathbf{w}}(s,a)$를 그대로 사용하지 않고 베이스라인 b을 뺀 $q_{\mathbf{w}}(s,a)-b$를 사용함으로써 분산을 줄인다. 초창기에는 상태를 고려하지 않은 채 $q_{\mathbf{w}}$의 평균을 베이스라인으로 사용하는 기법을 사용했다. 그런데 이런 단순한 기법은 실제 과업을 학습하는 상황에서 성능 향상에 한계를 보인다.

현대적인 행동가-비평가 방법은 식 (9.6)의 이익 함수advantage function를 사용한다[Schulman2016]. 이 식에서 이익 함수 A, 행동 가치 함수 q, 상태 가치 함수 v 모두 현재 정책 π를 따르기 때문에 A_π, q_π, v_π로 표기해야 하는데 간결성을 위해 π를 생략한다. 이익 함수는 상태 가치 함수 $v(s_t)$를 베이스라인으로 사용한다. 이익 함수 $q-v$는 기댓값 $\mathbb{E}(q-v)=0$을 만족하므로 편향이 증가하지는 않으면서 분산은 크게 감소하는 효과가 있다[Schulman2016].

$$A(s_t,a_t)=q(s_t,a_t)-v(s_t) \tag{9.6}$$

이익 함수 A의 의미를 생각해보자. $q(s_t,a_t)$는 상태 s_t에서 행동 a_t를 취했을 때 기대할 수 있는 이득이고, $v(s_t)$는 상태 s_t에서 발생 가능한 모든 행동 a의 평균 이득이다. 식 (9.7)은 $v(s_t)$와 $q(s_t,a)$의 관계를 표현한다.

$$v(s_t)=\sum_{a\in A} p(a\,|\,s_t)q(s_t\,|\,a) \tag{9.7}$$

식 (9.6)의 이익 함수 $A(s_t,a_t)$는 특정 행동 a_t의 이득이 모든 행동의 이득을 평균한 값에 비해 얼마나 좋은지를 측정한다. $A(s_t,a_t)$가 양수라면 a_t는 평균 이상으로 좋은 행동이고, 음수라면 평균 이하로 나쁜 행동이다. 학습 알고리즘은 이익 함수가 양수인 행동은 강화하고 음수인 행동은 약화시킨다. 직관적으로 이해할 수 있는 간단한 [예제 9-1]을 제시한다.

예제 9-1 이익 함수의 분산 감소 효과

현재 상태 s_t에서 가능한 행동이 {오른쪽, 왼쪽, 아래쪽, 위쪽}의 네 가지이고, $q(s_t,a=\text{오른쪽})$, $q(s_t,a=\text{왼쪽})$, $q(s_t,a=\text{아래쪽})$, $q(s_t,a=\text{위쪽})$이 각각 −1, −4, −3, −2이라고 하자. 발생 확률은 모두 동일하다고 가정한다. 이때 상태 가치 함수는 다음과 같다.

$$v(s_t)=\frac{-1-4-3-2}{4}=-2.5$$

각 행동의 이익 함수는 다음과 같다.

$$A(s_t,a_t=\text{오른쪽})=-1-(-2.5)=1.5$$
$$A(s_t,a_t=\text{왼쪽})=-4-(-2.5)=-1.5$$
$$A(s_t,a_t=\text{아래쪽})=-3-(-2.5)=-0.5$$
$$A(s_t,a_t=\text{위쪽})=-2-(-2.5)=0.5$$

오른쪽과 위쪽은 양수, 즉 평균 이상이므로 좋은 행동인 셈이다. 따라서 학습 알고리즘은 오른쪽과 위쪽 행동을 강화하여 이후에 선택될 가능성을 높인다. 오른쪽이 더 크기 때문에 오른쪽을 더 많이 강화한다. 반대로 왼쪽과 아래쪽은 음수로서 평균 이하이므로 나쁜 행동인 셈이다. 학습 알고리즘은 이들 행동을 약화시켜 이후에 선택될 가능성을 낮춘다.

이제 베이스라인을 사용하지 않는 식 (9.1)로 분산을 계산해보자. $q_{\mathbf{w}}(s,a)=[-1.0,-4.0,-3.0,-2.0]$에 대한 $\nabla_{\boldsymbol{\theta}}\log(\pi_{\boldsymbol{\theta}}(a\,|\,s))$가 [0.5,1.0,0.1,0.2]라고 가정한다. 둘을 요소별로 곱하면 [−0.5,−4.0, −0.3,−0.4]가 되고 여기에서 분산을 계산하면 2.435다. 이제 $q_{\mathbf{w}}(s,a)$에서 계산한 이익 함수를 사용한 경우의 분산을 계산한다. A와 $\nabla_{\boldsymbol{\theta}}\log(\pi_{\boldsymbol{\theta}}(a\,|\,s))$를 요소별로 곱하면 [0.75,−1.5,−0.05,0.1]이 되고 여기에서 분

산을 계산하면 0.6756이다. 이익 함수를 사용할 때, 식 (9.1)의 그레이디언트 추정값 $\nabla_{\boldsymbol{\theta}} J(\boldsymbol{\theta})$의 분산이 크게 줄었음을 확인할 수 있다.

식 (9.8)은 정책 그레이디언트 정리인 식 (8.8)을 일반화한 것이다. 강화 신호reinforcing signal에 해당하는 $q_\pi(s,a)$를 $\Psi(s,a)$로 대치하여 일반화한다. 간결성을 위해 Ψ_π에서 π와 t는 생략한다.

$$\nabla_{\boldsymbol{\theta}} J(\boldsymbol{\theta}) = \mathbb{E}_{s,a\sim\pi}(\Psi(s,a)\nabla\log(\pi(a\,|\,s))) \tag{9.8}$$

[그림 9-7]은 식 (9.8)의 강화 신호 $\Psi(s,a)$가 REINFORCE의 R에서 바닐라 AC의 $q(s,a)$를 거쳐 곧이어 설명할 A2C의 $A(s,a)$로 발전되어 온 과정을 보여준다[Schulman2016].

REINFORCE: $R\nabla\log(\pi(a\,|\,s))$

↓

AC: $q(s,a)\nabla\log(\pi(a\,|\,s))$

↓

A2C: $A(s,a)\nabla\log(\pi(a\,|\,s))$

그림 9-7 식 (9.8)의 강화 신호 Ψ의 진화

식 (9.8)과 [그림 9-7]은 행동가-비평가 방법의 원리를 통합적으로 이해하는 데 도움을 준다. 행동가인 정책 신경망은 자신의 로그를 미분한 그레이디언트 $\nabla\log(\pi(a\,|\,s))$를 통해 매개변수를 갱신한다. 이때 비평가인 가치 신경망이 제공하는 강화 신호 $\Psi(s,a)$를 통해 매개변수의 이동 방향을 정한다. $\Psi(s,a)$가 양수면 그레이디언트 $\nabla\log(\pi(a\,|\,s))$ 방향으로 이동하고, 음수면 반대 방향으로 이동한다. 값이 크면 더 많이 이동하고, 작을수록 적게 이동한다. 즉 정책을 학습하는 데 가치 함수가 적극적으로 개입하여 비평가 역할을 충실히 수행하는 것이다.

이익 함수 $A(s,a)$를 강화 신호로 사용하는 A2C와 달리 바닐라 AC는 $q(s,a)$를 강화 신호로 사용한다. 이 경우는 행동 a가 얼마나 좋은지를 나타내는 값 자체를 강화 신호로 사용하는 셈이다. 예를 들어 CartPole 과업의 경우 모든 순간의 보상이 1이기 때문에 강화 신호는 항상 양수가 된다. 이렇더라도 값이 큰 행동이 더욱 강화되기 때문에 알고리즘은 제대로 작동한다. 다만 수렴이 더디거나 학습 과정이 불안정한 문제가 있다. 반면 강화 신호로 이득 R을 사용하는 REINFORCE에서는 가치 함수가 아무 역할을 하지 않는다.

이제 식 (9.6)의 이익 함수 A를 계산할 수 있다면 REINFORCE나 바닐라 AC보다 더 나은 행동가-비평가 알고리즘을 설계할 수 있다는 믿음이 생겼다. 그런데 식 (9.6)은 행동 가치 함수 q뿐만 아니라 상태 가치 함수 v까지 추정해야 하는 부담이 있다. q 신경망과 v 신경망을 각각 따로 구현할 수도 있는데, 이렇게 하면 정책 신경망까지 총 세 개의 신경망을 학습해야 하는 부담이 있다. 실제로는 9.3.2~9.3.4절에서 소개하는 이익 함수를 사용함으로써 v를 위한 가치 신경망만 학습한다.

2. 몬테카를로 이익 함수

이익 함수로 사용할 수 있는 가장 단순한 형태는 누적 보상, 즉 이득 R_t에서 가치 함수를 뺀 식 (9.9)다. R_t는 식 (2.14)와 같다.

$$
\begin{aligned}
A_{\mathrm{MC}}(s_t,a_t) &= R_t - v(s_t) \\
&= \sum_{i=t,T-1} \gamma^{i-t} r_i - v(s_t)
\end{aligned}
\tag{9.9}
$$

A_{MC}를 사용하기 위해서는 종료 순간 T까지 진행한 완전한 에피소드가 필요하다. 그래야만 R_t를 계산할 수 있기 때문이다. 식 (9.9)를 몬테카를로 이익이라고 부르는 이유다.

3. n-step 이익 함수

식 (9.6)의 이익 함수를 상태 가치 신경망 v만 가지고 구현하려면 v에서 q를 알아내는 방법이 필요하다. 식 (9.10)의 n-step 이득이 이 일을 한다. 현재 순간 t로부터 n만큼 진행한 $t+n$ 순간까지 누적 보상에 $t+n+1$ 순간의 상태 가치 함수 값을 더한 값을 $q(s_t,a_t)$로 취한다. 충분히 많은 샘플로 기댓값을 계산하면 첫 행처럼 등호가 성립하는데, 실제 구현에서는 하나의 에피소드를 가지고 추정하기 때문에 두 번째 행의 추정값을 사용한다.

$$
\begin{aligned}
q(s_t,a_t) &= \mathbb{E}_{\tau\sim\pi}\left(r_t + \gamma^1 r_{t+1} + \gamma^2 r_{t+2} + \cdots + \gamma^n r_{t+n}\right) + \gamma^{n+1} v(s_{t+n+1}) \\
&\approx r_t + \gamma^1 r_{t+1} + \gamma^2 r_{t+2} + \cdots + \gamma^n r_{t+n} + \gamma^{n+1} v(s_{t+n+1})
\end{aligned}
\tag{9.10}
$$

식 (9.10)을 식 (9.6)에 대입하면 식 (9.11)의 n-step 이익 함수가 된다. $A^{(n)}$에서 위 첨자 (n)은 n-step을 뜻한다.

$$
A^{(n)}_{n\text{-step}}(s_t,a_t) = \left(r_t + \gamma^1 r_{t+1} + \gamma^2 r_{t+2} + \cdots + \gamma^n r_{t+n} + \gamma^{n+1} v(s_{t+n+1})\right) - v(s_t)
\tag{9.11}
$$

n-step 이익 함수를 구현할 때 n은 중요한 하이퍼 매개변수다. n을 종료 상태의 순간 T까지 허용하면 식 (9.9)의 A_{MC}가 된다. n을 최소 길이 0으로 설정하면 $A(s_t,a_t)=r_t+\gamma^1 v(s_{t+1})-v(s_t)$가 된다.

n에 따른 편향-분산 효과에 대해 생각해본다. n이 크면 편향은 0에 가깝게 되고 분산은 커진다. n이 클수록 더 많은 랜덤 변수가 개입하는 셈이 되어 분산이 커지지만 가치 함수 v에 곱해지는 γ^{n+1}이 작아져 가치 함수의 영향력이 약해지기 때문이다. 반대로 n이 작으면 편향은 커지고 분산은 작아진다. n이 작을수록 적은 수의 랜덤 변수가 개입하여 분산이 작아지지만 가치 함수에 곱해지는 γ^{n+1}이 커서 가치 함수의 영향력이 강해지기 때문이다.

4. GAE 이익 함수

n-step 이익 함수를 이용하려면 하이퍼 매개변수 n을 적절히 설정해야 하는 부담이 있다. John Schulman은 n을 0,1,2,⋯로 변화시키며 추정한 값을 혼합하는 방식의 GAE^generalized advantage estimation^라는 이익 함수를 제안한다[Schulman2016]. 여러 값을 혼합하는 목적은 편향을 최대한 낮게 유지하면서 분산을 최소화하는 것이다. 식 (9.11)을 n=0,1,2,⋯에 대해 쓰면 다음과 같다. $A^{(n)}_{n\text{-step}}$을 $A^{(n)}$으로 표기한다.

$$A^{(0)}(s_t,a_t)=r_t+\gamma^1 v(s_{t+1})-v(s_t)$$

$$A^{(1)}(s_t,a_t)=r_t+\gamma^1 r_{t+1}+\gamma^2 v(s_{t+2})-v(s_t)$$

$$A^{(2)}(s_t,a_t)=r_t+\gamma^1 r_{t+1}+\gamma^2 r_{t+2}+\gamma^3 v(s_{t+3})-v(s_t)$$

식 (9.12)는 GAE를 정의한다. λ는 [0,1] 사이의 값을 가지는 하이퍼 매개변수다. GAE는 n을 0,1,2,⋯로 변화시키며 추정한 n-step 이득을 λ를 이용하여 적절히 혼합한다.

$$A_{\text{GAE}}(s_t,a_t)=(1-\lambda)(A^{(0)}(s_t,a_t)+\lambda^1 A^{(1)}(s_t,a_t)+\lambda^2 A^{(2)}(s_t,a_t)+\cdots) \tag{9.12}$$

식 (9.12)를 구현하기 쉬운 형태로 바꾸기 위해 식 (9.13)의 δ_t를 도입한다.

$$\delta_t=r_t+\gamma v(s_{t+1})-v(s_t) \tag{9.13}$$

δ_t를 이용하여 $A^{(i)}$를 다음과 같이 다시 쓸 수 있다.

$$A^{(0)}(s_t,a_t)=\delta t$$

$$A^{(1)}(s_t,a_t)=\delta_t+\gamma\delta_{t+1}$$

$$A^{(2)}(s_t,a_t)=\delta_t+\gamma\delta_{t+1}+\gamma^2\delta_{t+2}$$

$$\vdots$$

이들 식을 식 (9.12)에 대입하고 정리하면 식 (9.14)의 A_{GAE}가 된다. 이 식은 GAE 이익 함수 A_{GAE}를 효율적으로 계산하는 수식인데, [그림 9-8]은 이 계산 방법을 설명한다.

$$A_{\text{GAE}}(s_t,a_t)=\sum_{l=0,T}(\gamma\lambda)^l\delta_{t+l} \tag{9.14}$$

식 (9.14)의 GAE는 하이퍼 매개변수 λ를 통해 편향-분산 트레이드오프를 조절한다. λ가 0에 가까우면 몬테카를로에 가까워져서 분산은 낮지만 편향이 커지고, λ가 1에 가까우면 시간차에 가까워져서 편향은 낮지만 분산이 큰 특성이 나타난다. 앞 절의 n-step에서는 하이퍼 매개변수 n을 통해 편향-분산을 조절하였는데, n을 설정하는 일이 부담이어서 n-step 이득을 대신할 식 (9.14)의 GAE를 유도하였다. 그런데 GAE에는 새로운 하이퍼 매개변수 λ가 새로 등장하였다.

그렇다면 λ를 도입함으로써 무엇을 얻은 것일까? n과 λ 모두 하이퍼 매개변수인데, n-step의 n은 매끄럽지 못한 반면 GAE의 λ는 매끄러운 장점이 있다. 여기서 '매끄럽다'는 말은 값이 조금 바뀌면 그에 따라 성질도 조금 변한다는 뜻이다.

$$r_t \qquad\qquad r_{t+1} \qquad\qquad r_{t+2} \qquad\qquad r_{t+3} \quad \cdots\cdots$$

$$\delta_t = r_t + v(s_{t+1}) - v(s_t)$$

$$\delta_{t+1} = r_{t+1} + v(s_{t+2}) - v(s_{t+1})$$

$$\delta_{t+2} = r_{t+2} + v(s_{t+3}) - v(s_{t+2})$$

$$\delta_{t+3} = r_{t+3} + v(s_{t+4}) - v(s_{t+3})$$

$$\cdots\cdots$$

$$A_{\text{GAE}}(s_t, a_t) = \delta_t + (\gamma\lambda)^1 \delta_{t+1} + (\gamma\lambda)^2 \delta_{t+2} + (\gamma\lambda)^3 \delta_{t+3} + \cdots\cdots$$

그림 9-8 식 (9.14)를 이용한 효율적인 GAE 계산법

식 (9.15)는 하이퍼 매개변수 λ가 0과 1의 극단적인 값으로 설정되었을 때, 각각 시간차와 몬테카를로 경우가 된다는 사실을 보여준다. 따라서 λ가 0에 가까워지면 편향이 커지고 분산이 작아지는 반면, 1에 가까워지면 편향은 작아지고 분산은 커진다.

$$\begin{aligned} &\lambda=0\text{이면, } A_{\text{GAE}}(s_t,a_t) = \delta_t = r_t + \gamma^1 v(s_{t+1}) - v(s_t) \\ &\lambda=1\text{이면, } A_{\text{GAE}}(s_t,a_t) = \sum_{l=0,\tau-1} \gamma^l \delta_{t+l} = \sum_{l=0,\tau-1} \gamma^l r_t - v(s_t) \end{aligned} \tag{9.15}$$

이들 이익 함수 중 어떤 것을 사용할 것인가는 과업의 특성에 따라 결정해야 한다. 일반적으로 CartPole, Blackjack, InvertedPendulum처럼 상태 공간과 행동 공간이 작고 에피소드의 길이가 짧은 과업에는 몬테카를로 이익만으로도 학습이 잘 이루어진다. 반면 관절이 여럿이어서 상태 공간과 행동 공간의 크기가 크고 장시간 제어해야 해서 에피소드의 길이가 길거나 사실상 영구에 가까운 로봇 제어 과업은 GAE 이익 함수를 사용한다. 특히 10장에서 소개하는 TRPO와 PPO는 주로 GAE를 사용한다. [표 9-2]는 [표 9-1]을 확장하여 세 이익 함수의 편향과 분산 특성을 비교한다.

표 9-2 몬테카를로와 n-step, GAE 이익 함수의 편향과 분산 특성

	몬테카를로	n-step	GAE
편향	낮음	중간	조정 가능
분산	높음	중간	조정 가능

5. 프로그래밍 실습: 이익 함수 계산

[프로그램 9-1]은 세 가지 이익 함수를 위한 함수를 제공한다. 3~11행의 advantage_MC 함수는 식 (9.9)의 A_{MC}, 13~24행의 advantage_n_step 함수는 식 (9.11)의 $A_{n\text{-step}}^{(n)}$, 26~38행의 advantage_GAE 함수는 식 (9.14)의 A_{GAE}를 구현한다. 40~41행은 예제 데이터를 설정하고, 43~45행은 세 함수를 차례로 호출하여 이익 함수를 계산한다. 이때 n-step에서는 n=3, GAE에서는 λ=0.95로 설정하였다. 46~48행은 계산 결과를 출력한다.

프로그램 9-1 **이익 함수 구현: 몬테카를로 이익, n-step 이익, GAE 이익(for 반복문)**

```
1   import numpy as np
2
3   def advantage_MC(rewards,values,gamma):  # 몬테카를로 이익 계산
4       T=len(rewards)
5       returns=np.zeros(T)
6       future_return=0
7       for t in reversed(range(T)):
8           future_return=rewards[t]+gamma*future_return
9           returns[t]=future_return
10      advantages=returns-np.array(values)
11      return advantages
12
13  def advantage_n_step(rewards,values,gamma,n):  # n-step 이익 계산
14      T=len(rewards)
15      advantages=np.zeros(T)
16      for t in range(T):
17          n_step_return=0
18          for k in range(n):
19              if t+k<T:
20                  n_step_return+=(gamma**k)*rewards[t+k]
21          if t+n<T:
22              n_step_return+=(gamma**n)*values[t+n]
23          advantages[t]=n_step_return-values[t]
24      return advantages
25
26  def advantage_GAE(rewards,values,gamma,lamda):  # GAE 이익 계산
27      T=len(rewards)
28      deltas=np.zeros(T)
29      for t in range(T-1):
30          deltas[t]=rewards[t]+gamma*values[t+1]-values[t]
31      deltas[-1]=rewards[-1]-values[-1]  # 종료 상태
32
33      advantages=np.zeros(T)
34      advantage=0
35      for t in reversed(range(T)):
36          advantage=deltas[t]+gamma*lamda*advantage
```

```
        advantages[t]=advantage
    return advantages

rewards=[1,1,1,1,1,1,1]
values=[0.4,0.7,1.1,0.9,0.5,1.2,0.8]

adv_MC=advantage_MC(rewards,values,0.99)
adv_n_step=advantage_n_step(rewards,values,0.99,3)
adv_GAE=advantage_GAE(rewards,values,0.99,0.95)
print('몬테카를로 이익',adv_MC)
print('n-step 이익    ',adv_n_step)
print('GAE 이익       ',adv_GAE)
```

```
몬테카를로 이익 [6.39346521 5.15198506 3.80099501 3.040399   2.4701     0.79   0.2 ]
n-step 이익     [3.4433691  2.7552495  3.0344588  2.8463392  2.4701     0.79   0.2 ]
GAE 이익        [5.68876569 4.67386038 3.49267452 2.87259385 2.42168405 0.7801 0.2 ]
```

[프로그램 9-1]의 계산 속도를 파이썬의 배열 연산을 사용하여 개선할 수 있다. 개선 과정은 8.6절의 [프로그램 8-8]과 비슷하다. [프로그램 9-2]는 배열 연산을 적용한 버전이다. 코드도 짧고 속도도 빨라 일석이조다. n-step 이득은 배열 연산으로 전환하기 쉽지 않아 제외한다.

프로그램 9-2 이익 함수 구현: 몬테카를로 이익과 GAE 이익(배열 연산)

```
import numpy as np
import scipy

def discount_cumulation(x,discount):
    return scipy.signal.lfilter([1],[1,-discount],x[::-1],axis=0)[::-1]

def advantage_MC(rewards,values,gamma):  # 몬테카를로 이익 계산
    return discount_cumulation(rewards,gamma)-np.array(values)

def advantage_GAE(rewards,values,gamma,lamda):  # GAE 이익 계산
    rewards,values,deltas=np.array(rewards),np.array(values),np.zeros(len(rewards))
    deltas[:-1]=rewards[:-1]+gamma*values[1:]-values[:-1]
    deltas[-1]=rewards[-1]-values[-1]  # 종료 상태
    return discount_cumulation(deltas,gamma*lamda)

rewards=[1,1,1,1,1,1,1]
values=[0.4,0.7,1.1,0.9,0.5,1.2,0.8]

adv_MC=advantage_MC(rewards,values,0.99)
adv_GAE=advantage_GAE(rewards,values,0.99,0.95)
```

```
print('몬테카를로 이익',adv_MC)
print('GAE 이익       ',adv_GAE)
```

```
몬테카를로 이익    [6.39346521 5.15198506 3.80099501 3.040399   2.4701     0.79   0.2 ]
GAE 이익          [5.68876569 4.67386038 3.49267452 2.87259385 2.42168405 0.7801 0.2 ]
```

4
A2C와 A3C

[알고리즘 9-1]의 바닐라 AC에 9.3절의 이익 함수를 적용하면 A2C나 A3C와 같은 보다 현대적인 학습 알고리즘으로 발전한다. 이들은 10장의 TRPO와 PPO 학습 알고리즘의 토대를 제공한다.

1. A2C 알고리즘

이익 행동가-비평가advantage actor-critic 알고리즘은 이익 함수를 사용하여 정책을 개선하는 알고리즘을 말한다. A가 두 개 연달아 나타나므로 줄여서 A2C라고 부른다. 이익 함수로는 9.3절에서 제시한 몬테카를로 또는 n-step 이득, GAE를 이용할 수 있다.

A2C 알고리즘을 제시하기 전에, 먼저 바닐라 AC인 [알고리즘 9-1]을 다시 살펴본다. 이 알고리즘은 순간 모드로서 매 순간 s-a-r 데이터를 생성한 다음 곧바로 그레이디언트를 계산하고 신경망 매개변수를 갱신한다. 이를 에피소드 모드로 바꿔 쓸 수도 있다. 다시 말해 순간 모드와 에피소드 모드를 선택적으로 골라 사용할 수 있다.

그런데 이익 함수를 사용하는 A2C에서는 이득 R_t가 필요하기 때문에 궤적을 생성해 놓은 다음 그레이디언트 계산과 신경망 매개변수 갱신을 시도하는 방식을 써야 한다. 식 (9.11)에서 n=0일 때, 즉 이익 함수로 $A^{(1)}$을 사용하는 경우 또는 식 (9.14)에서 λ=0을 사용하는 경우에만 순간 방식으로 구현할 수 있다. 사실 두 경우는 이익 함수로 $r_t+\gamma v(s_{t+1})-v(s_t)$을 사용하므로 둘은 같다.

A2C 알고리즘에서는 하나의 에피소드를 사용하는 방식을 넘어 에피소드를 여럿 생성하여 버퍼에 저장해둔 다음 버퍼 전체를 사용해 그레이디언트를 계산하는 배치 방식을 주로 사용한다. 에피소드가 매우 긴 영구 과업에서는 에피소드 전체가 아닌 일부분(하나의 궤적)만 버퍼에 저장되는 경우도 있다.

[알고리즘 9-2]는 A2C 알고리즘이다. 이익 함수의 구체적인 형태를 지정하지 않고 일반적으로 기술하였다. 앞서 설명했듯, 여러 에피소드를 버퍼에 저장한 뒤 학습하는 배치 방식도 가능하지만, 설명의 편의성을 위해 여기서는 에피소드 방식을 사용하였다. 9장은 비교적 단순한 과업을 다루기 때문에 에피소드 방식으로 충분하다. 10장에서는 배치 방식을 사용한다.

1행은 정책 신경망과 상태 가치 신경망의 매개변수를 초기화한다. 2~8행은 n_episode번만큼 학습을 반복한다. n_episode는 충분히 수렴할 만큼의 횟수로 설정해야 한다. 3행은 현재 정책 신경망 $\pi_{\boldsymbol{\theta}}$로 에피소드를 생성한다. 4행은 에피소드로부터 이득 R과 이익 함수 A를 계산한다. 5행은 정책 신경망의 목적 함수를 음수로 변환하여 손실 함수를 계산한다. 6행은 가치 신경망의 손실 함수 MSE를 계산한다. 7행과 8행은 각각 옵티마이저를 이용하여 가치 신경망과 정책 신경망을 개선한다.

알고리즘 9-2 A2C 학습 알고리즘

입력: 과업

출력: 최적 정책 신경망 π_*

1 정책 신경망 π의 가중치 $\boldsymbol{\theta}$와 상태 가치 신경망 v의 가중치 $\mathbf{w}$를 초기화한다.
2 for i=1,2,⋯,n_episode
3     $\pi_{\boldsymbol{\theta}}$로 에피소드 e=[–,s_0]a_0[r_0,s_1]a_1[r_1,s_2]⋯a_{T-1}[r_{T-1},s_T]를 생성한다.
4   e로 이득 R과 이익 함수 A를 계산한다.
5   행동가 손실 함수 $J_{actor}=-\frac{1}{T}\sum_{t=0,T-1}\log\pi_{\boldsymbol{\theta}}(a_t|s_t)A_t$를 계산한다.
6   비평가 손실 함수 $J_{critic}=\frac{1}{T}\sum_{t=0,T-1}(v_{\mathbf{w}}-R_t)^2$를 계산한다.
7     $\mathbf{w}=\mathbf{w}-\rho_2\nabla J_{critic}$
8     $\boldsymbol{\theta}=\boldsymbol{\theta}-\rho_1\nabla J_{actor}$
9 return $\pi_{\boldsymbol{\theta}}$

2. A3C 알고리즘

현대 컴퓨터는 병렬 처리parallel processing에 능숙하다. 모든 PC는 최소 네 개의 코어core를 가진 쿼드코어quad-core CPU를 장착하고 있다. 8~16개를 가진 PC도 시중에 나와 있으며, 워크스테이션의 경우 수십 개의 코어를 장착하기도 한다. 프로그램이 수행하는 작업을 병렬화하여 여러 개의 부분 작업으로 분할할 수 있다면 이들 코어에 부분 작업을 할당하고 동시에 수행함으로써 작업을 빠르게 마칠 수 있다. 병렬 처리에서 부분 작업을 스레드thread라고 부른다.

이런 거시적 병렬 처리뿐 아니라 GPU를 장착한 컴퓨터는 미시적 병렬 처리도 수행할 수 있다. 예를 들어 [알고리즘 9-2]의 7행은 $\mathbf{w}=\mathbf{w}-\rho_2\nabla J_{critic}$을 수행하는데, 오른쪽 항의 $\mathbf{w}$와 $\rho_2\nabla J_{critic}$은 벡터다. 신경망이 10만 개의 매개변수를 가진다면 10만 번의 덧셈을 수행해야 한다. 10만 번의 덧셈에 0.1초가 소요된다면, 한 번에 100개의 덧셈을 동시에 처리할 수 있는 GPU에서는 대략 0.001초만에 수행을 마칠 수 있다.

병렬 처리를 강화 학습에 적용할 수 있을까?[1] GPU가 장착된 컴퓨터에서는 CUDA라는 병렬 처리 소프트웨어가 자동으로 미시적 병렬 처리를 수행해 주기 때문에 이에 대해 신경 쓸 필요가 없다. 그렇다면 스

1 강화 학습에 병렬 처리를 가장 폭넓게 적용한 연구 사례로 SEED RL을 들 수 있다[Espeholt2018, Espeholt2020]. 이 라이브러리는 병렬 처리에 적합한 IMPALA/V-trace와 R2D2 알고리즘을 채택하고 다중 코어 CPU와 GPU 하드웨어를 최대한 효율적으로 활용한다. 아타리 비디오 게임을 학습하는 데 초당 수백만 프레임을 처리하는 고효율을 제공한다고 알려졌다.

레드를 사용한 거시적 병렬 처리를 추가로 적용할 수 있을까?

Mnih는 2016년에 이 주제를 다룬 A3C^asynchronous advantage actor-critic^라는 알고리즘을 발표하였다[Mnih 2016]. 첫 글자 A가 세 개이므로 A3C라는 이름을 얻었다. A3C는 하나의 환경을 생성하여 하나의 에이전트와 상호작용하던 기존 방식을 확장하여, 독립적으로 동작하는 n개의 환경을 생성하고 각 환경-에이전트 쌍을 스레드에 할당하여 병렬 처리하는 방식을 제안한다. A3C는 속도 향상이라는 효과뿐만 아니라 독립적으로 여러 에피소드가 생성되기 때문에 데이터의 상관성이 줄어드는 긍정적인 효과도 있다.

[그림 9-9(a)]는 A3C의 동작 원리를 설명한다. 환경을 n개 생성하는데, i번째 환경에 해당하는 에이전트는 정책 신경망 $\pi_{\boldsymbol{\theta}_i}$와 가치 신경망 $v_{\mathbf{w}_i}$를 가진다. 이 신경망을 작업 신경망^worker network^이라고 부른다. 다수의 작업 신경망을 대표하는 광역 신경망^global network^은 $\pi_{\boldsymbol{\theta}}$와 $v_{\mathbf{w}}$로 표기한다. i번째 환경 env_i는 작업 신경망과 상호작용하면서 에피소드 e_i를 생성한다. e_i로 그레이디언트를 계산한 다음 그레이디언트를 광역 신경망에 전달한다. 광역 신경망은 전달받은 그레이디언트를 사용하여 자신의 매개변수 $\boldsymbol{\theta}$와 $\mathbf{w}$를 갱신한다.

여기서 중요한 점은 n개의 환경이 비동기^asynchronously^ 방식으로 동작한다는 점이다. 다시 말해 각 환경은 자신의 그레이디언트가 준비되면 다른 환경과 무관하게 즉시 광역 신경망에 그레이디언트를 전달한다. 또한 작업 신경망은 광역 신경망으로부터 수시로 최신 매개변수 값을 받아 자신의 것으로 취한다. 충분한 시간이 지나 수렴 조건이 만족되면 광역 신경망을 파일에 저장한다.

[그림 9-9(b)]는 [알고리즘 9-2] A2C의 동작 방식을 설명한다. 광역 신경망과 작업 신경망은 조정자를 통해 그레이디언트와 매개변수 값을 동기 방식으로 주고받는다.

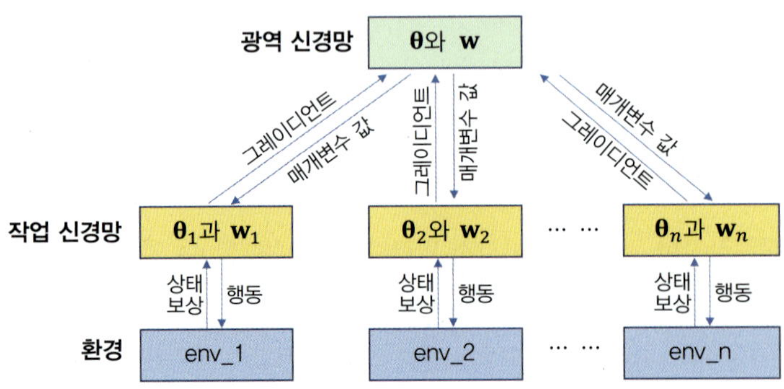

(a) A3C(비동기 방식)

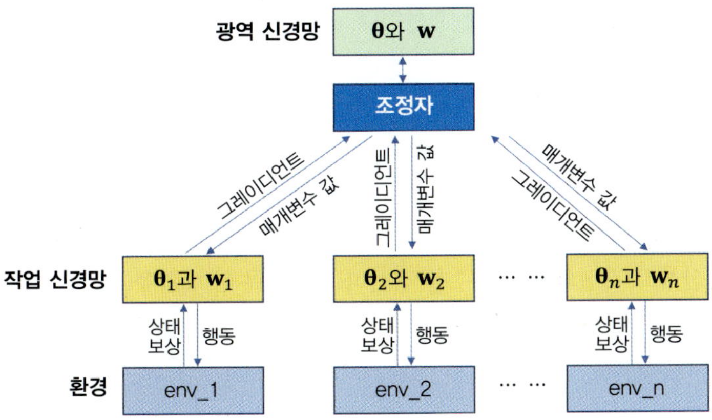

(b) A2C(동기 방식)

그림 9-9 행동가-비평가의 병렬 처리

[알고리즘 9-3]은 A3C 알고리즘이다. 1행은 광역 신경망의 매개변수를 초기화한다. 2행은 환경을 n개 생성한다. i번째 환경에 해당하는 에이전트는 정책 신경망 $\pi_{\boldsymbol{\theta}_i}$와 가치 신경망 $v_{\mathbf{w}_i}$를 만든다. 각각의 환경은 독립적으로, 즉 비동기 방식으로 3~8행을 수행한다. 4행은 광역 신경망을 작업 신경망에 복사한다. 5행은 정책 신경망으로 에피소드를 생성하고, 6행은 이득과 이익 함수를 계산한다. 7행은 그레이디언트를 계산하고, 8행은 이를 광역 신경망에 전달한다. 9~10행은 광역 신경망의 동작이다. 광역 신경망은 작업 신경망으로부터 그레이디언트를 전달받으면 자신의 매개변수를 갱신하고 개선된 매개변수를 다시 작업 신경망에 전달한다.

알고리즘 9-3 A3C 학습 알고리즘

입력: 과업

출력: 최적 정책 신경망 π_*

1 광역 정책 신경망 π의 가중치 $\boldsymbol{\theta}$와 광역 상태 가치 신경망 v의 가중치 $\mathbf{w}$를 초기화한다.
2 n개의 환경을 생성하고 작업 신경망 $\boldsymbol{\theta}_1, \boldsymbol{\theta}_2, \cdots, \boldsymbol{\theta}_n$과 $\mathbf{w}_1, \mathbf{w}_2, \cdots, \mathbf{w}_n$을 생성한다.
3 for 비동기 방식으로 i번째 작업 신경망에 대해 // 비동기 방식으로 동작
4 $\quad \boldsymbol{\theta}_i = \boldsymbol{\theta}$; $\mathbf{w}_i = \mathbf{w}$ // 광역 신경망을 i번째 작업 신경망에 복사
5 $\quad \pi_{\boldsymbol{\theta}_i}$로 에피소드 $e_i = [-, s_0]a_0[r_0, s_1]a_1[r_1, s_2]\cdots a_{T-1}[r_{T-1}, s_T]$를 생성한다.
6 $\quad e_i$로 이득 R과 이익 함수 A를 계산한다.
7 $\quad$ 그레이디언트 $\nabla_{\boldsymbol{\theta}_i}$와 $\nabla_{\mathbf{w}_i}$를 계산한다.
8 $\quad \nabla_{\boldsymbol{\theta}_i}$와 $\nabla_{\mathbf{w}_i}$를 광역 신경망에 전달한다.
9 광역 신경망의 개선 $\mathbf{w} = \mathbf{w} - \rho_2 \nabla_{\mathbf{w}_i}$; $\boldsymbol{\theta} = \boldsymbol{\theta} - \rho_2 \nabla_{\boldsymbol{\theta}_i}$를 수행한다.
10 개선된 매개변수를 작업 신경망에 전달한다.

(3~8행: 작업 신경망 / 9~10행: 광역 신경망)

[알고리즘 9-4]는 [알고리즘 9-3]의 A3C를 동기synchronous 방식으로 바꾼 버전이다. 이제 n개의 환경은 동기화되어 특정 조건이 만족될 때까지 기다렸다가 다음 단계로 넘어간다. 강화 학습 커뮤니티는 동기 방식으로 동작하는 [알고리즘 9-4]를 A2C로 간주한다. 왜냐하면 A3C는 asynchronous advantage actor-critic의 약어인데, 여기서 asynchronous가 빠졌기 때문이다. A2C는 [알고리즘 9-2]의 단일 환경 버전과 [알고리즘 9-4]의 다중 환경 버전이 있다고 생각하면 된다.

[알고리즘 9-4]의 1~2행은 [알고리즘 9-3]과 같다. 각각의 환경은 3~6행을 독립적으로 수행한다. 단지 에피소드를 광역 신경망에 전달한 후에는 광역 신경망이 매개변수 갱신을 마칠 때까지 모두 기다린다. 7~10행은 광역 신경망을 처리하는 부분이다. 광역 신경망은 n개 환경에서 에피소드가 모두 도착하면 n개 에피소드로 그레이디언트를 계산하고 자신의 매개변수를 갱신하고 새로운 매개변수를 모든 작업 신경망에 전달한다. 이때 모든 작업 신경망은 광역 신경망의 매개변수를 복사하여 최신 값으로 갱신하고 다음 세대를 시작한다.

알고리즘 9-4 A2C 학습 알고리즘([알고리즘 9-3]의 동기 버전)

입력: 과업

출력: 최적 정책 신경망 π_*

1 광역 정책 신경망 π의 가중치 $\boldsymbol{\theta}$와 광역 상태 가치 신경망 v의 가중치 $\mathbf{w}$를 초기화한다.
2 n개의 환경을 생성하고 작업 신경망 $\boldsymbol{\theta}_1, \boldsymbol{\theta}_2, \cdots, \boldsymbol{\theta}_n$과 $\mathbf{w}_1, \mathbf{w}_2, \cdots, \mathbf{w}_n$을 생성한다.
3 for 동기 방식으로 i번째 작업 신경망에 대해
4 　　$\boldsymbol{\theta}_i = \boldsymbol{\theta}$; $\mathbf{w}_i = \mathbf{w}$ // 광역 신경망을 i번째 작업 신경망에 복사
5 　　$\pi_{\boldsymbol{\theta}_i}$로 에피소드 $e_i = [-, s_0]a_0[r_0, s_1]a_1[r_1, s_2]\cdots a_{T-1}[r_{T-1}, s_T]$를 생성한다.
6 　　e_i를 광역 신경망에 전달하고 광역 신경망이 매개변수를 갱신할 때까지 기다린다.
(3~6행: 작업 신경망)
7 모든 작업 신경망으로부터 에피소드가 도착할 때까지 기다린다.
8 n개의 에피소드로부터 그레이디언트 $\nabla_{\boldsymbol{\theta}}$와 $\nabla_{\mathbf{w}}$를 계산한다.
9 광역 신경망의 개선 $\mathbf{w} = \mathbf{w} - \rho_2 \nabla_{\mathbf{w}}$; $\boldsymbol{\theta} = \boldsymbol{\theta} - \rho_2 \nabla_{\boldsymbol{\theta}}$를 수행한다.
10 개선된 매개변수를 작업 신경망에 전달한다.
(8~10행: 광역 신경망)

실제 구현에서는 환경마다 스레드를 할당하고, 다중 스레드가 메시지를 주고받으며 동기화를 수행한다. 다중 스레드는 파이썬 라이브러리인 mpi4py를 사용하여 구현한다. 이 책에서는 다중 스레드를 이용한 프로그래밍은 다루지 않는다.

여러 연구진이 [알고리즘 9-3]과 [알고리즘 9-4]를 벤치마킹한 결과, A3C와 A2C의 성능은 비슷하거나 A2C가 더 우수하다는 결론을 내린다[Wu2017]. 이에 따라 실제로는 [알고리즘 9-2]의 단일 환경 기반의 A2C 또는 [알고리즘 9-4]의 다중 환경 기반의 A2C를 사용한다.

5

A2C 프로그래밍: 이산 과업

이 절에서는 단일 환경을 사용하는 [알고리즘 9-2]를 CartPole 과업에 적용한다. 우선 정책 신경망과 가치 신경망을 구현하는 방식에 대해 설명한다.

1. 공유 신경망과 개별 신경망

[알고리즘 9-2]의 A2C는 정책 신경망 $\pi_{\boldsymbol{\theta}}$와 상태 가치 신경망 $v_{\mathbf{w}}$를 학습해야 한다. 두 신경망의 입력은 상태 s로 같고, 출력만 다르기 때문에 두 가지 방식의 구현이 가능하다. [그림 9-10(a)]는 특징을 추출하는 앞쪽 층을 공유하고 뒷부분에 있는 헤드만 다르다. [그림 9-10(b)]는 서로 분리된 개별 신경망을 사용하는 구조다. 9.5.2절의 프로그래밍 실습은 공유 신경망을 사용하고 9.5.3절은 개별 신경망을 사용한다.

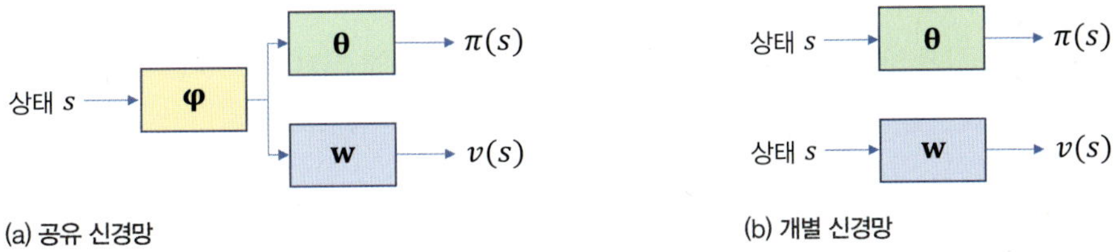

그림 9-10 행동가-비평가 신경망 구현

공유 신경망과 개별 신경망 중 어떤 방식이 좋을까? 대부분 그렇듯 과업에 따라 적절한 형태를 선택해야 한다. 보통 단순한 과업에서는 공유 신경망만으로도 충분히 학습된다. 공유 신경망을 사용하면 상대적으로 메모리 사용량이 적고 실행 속도도 빠르다는 장점이 있다. 반면 MuJoCo의 로봇 제어 과업과 같이 상태와 행동이 모두 연속이고 상태 공간과 행동 공간이 큰 경우에는 개별 신경망을 주로 쓴다. 개별 신경망을 사용하면 신경망 구조, 옵티마이저, 학습률, 매개변수 초기화, 규제 등을 독립적으로 제어하여 정책과 가치 함수의 요구에 보다 최적으로 대응할 수 있다. 대신 설정해야 할 하이퍼 매개변수는 그만큼 많아진다.

2. 프로그래밍 실습: 공유 신경망

[프로그램 9-3]은 [알고리즘 9-2]의 A2C로 CartPole 과업을 학습한다. 신경망은 [그림 9-10(a)]의 공유 신경망을 사용한다. 8~14행은 공유 신경망을 구현한다. 앞쪽에서는 텐서를 공유하다가 뒤쪽에서는 두 갈래의 텐서로 나뉘기 때문에 Functional API 방식으로 코딩한다. 9행은 입력층을 만들고 10행은 완전연결층을 쌓는다. 여기까지가 공유하는 층이다. 11행은 $\pi(s)$ 헤드를 위한 층이다. 확률 분포를 출력해야 하기 때문에 활성 함수로 softmax를 사용한다. 출력 벡터의 크기는 a_dim이다. 12행은 $v(s)$ 헤드를 위한 층으로서 가치 함수 값을 출력해야 하기 때문에 활성 함수로 linear를 사용한다. 출력값은 스칼라이므로 Dense(1,…)로 설정한다. 13행은 입력을 input_x로 하고 출력은 [actor_y,critic_y]인 신경망 모델을 만든다. 16~20행은 9.3.2절에서 설명한 몬테카를로 이익 함수를 계산하는 함수로, [프로그램 9-2]에서 가져왔다. 22~24행은 에피소드 데이터를 저장할 메모리다.

26~52행은 에피소드 하나를 생성하고 이를 이용해 그레이디언트를 계산한 후, 공유 신경망을 학습하는 함수다. 27~40행은 에피소드를 생성하여 메모리에 저장한다. 42~43행은 이득 returns와 몬테카를로 이익 함수 advantage를 계산하고, 44~45행은 텐서플로의 텐서 형으로 변환한다. 47행은 정책 신경망을 위한 손실 함수를 계산하고, 48행은 가치 신경망의 손실 함수를 계산한다. 49행은 두 손실 함수를 더하여 결합 손실 함수 loss에 저장한다. 51행은 loss에 대한 그레이디언트를 계산하고 52행은 신경망을 갱신한다.

54~85행의 메인을 살펴본다. 57~59행은 CartPole 환경을 생성하고 상태 공간과 행동 공간의 차원을 저장한다. 61~62행은 공유 신경망을 생성하고 옵티마이저를 설정한다. 64~72행은 에피소드 생성과 신경망 학습을 수렴할 때까지 반복한다. 66행은 에피소드 생성과 신경망 학습을 담당하는 episode_generate_and_learn 함수를 호출한다. 67행은 에피소드의 길이를 기록하고 68행은 다음 에피소드를 위해 데이터 메모리를 비운다. 71행은 최근 연속 5개 에피소드가 최대 길이에 도달하면 수렴으로 간주하고 루프를 조기 탈출한다. 74행은 신경망을 저장한다. 77~85행은 학습 곡선을 그린다.

프로그램 9-3 A2C를 이용한 CartPole 학습: 공유 신경망

```
1   import gymnasium as gym
2   import numpy as np
3   import scipy
4   import tensorflow as tf
5   from tensorflow.keras.layers import Dense
6   import matplotlib.pyplot as plt
7
8   def neural_network_actor_critic():  # actor-critic 공유 신경망
9       input_x=tf.keras.Input(shape=(s_dim,))
10      hidden_x=Dense(32,activation='tanh')(input_x)
11      actor_y=Dense(a_dim,activation='softmax')(hidden_x)
```

```
    critic_y=Dense(1,activation='linear')(hidden_x)
    mlp=tf.keras.Model(inputs=input_x,outputs=[actor_y,critic_y])
    return mlp

def discount_cumulation(x,discount):
    return scipy.signal.lfilter([1],[1,-discount],x[::-1],axis=0)[::-1]

def advantage_MC(rewards,values,gamma):  # 몬테카를로 이익 계산
    return discount_cumulation(rewards,gamma)-np.array(values)

actionprob_mem=[]  # 데이터 저장소
value_mem=[]
reward_mem=[]

def episode_generate_and_learn():
    s,info=env.reset()
    with tf.GradientTape (persistent=True) as tape:
        while True:
            action_prob,value=ac_model(s.reshape([1,s_dim]))
            a=np.random.choice(a_dim,p=np.array(action_prob[0]))
            s1,r,terminated,truncated,info=env.step(a)

            actionprob_mem.append(action_prob[0,a])
            value_mem.append(value[0][0])
            reward_mem.append(r)
            s=s1

            if terminated or truncated:
                break

        returns=discount_cumulation(reward_mem,gamma)
        advantage=advantage_MC(reward_mem,value_mem,gamma)
        advantage=tf.convert_to_tensor(advantage,dtype=tf.float32)
        returns=tf.convert_to_tensor(returns,dtype=tf.float32)

        loss_actor=-advantage*tf.math.log(actionprob_mem)
        loss_critic=tf.math.square(returns-value_mem)
        loss=loss_actor+loss_critic

        grad=tape.gradient(tf.reduce_mean(loss),ac_model.trainable_weights)
        optimizer.apply_gradients(zip(grad,ac_model.trainable_weights))

gamma=0.99  # 할인율
n_episode=1000

env=gym.make('CartPole-v1')
```

```
s_dim=env.observation_space.shape[0]  # 상태 공간
a_dim=env.action_space.n  # 행동 공간

ac_model=neural_network_actor_critic()  # actor-critic 신경망 생성
optimizer=tf.optimizers.Adam(learning_rate=0.01)

epi_length=[]  # 에피소드 길이
for i in range(n_episode):
    episode_generate_and_learn()
    epi_length.append(len(actionprob_mem))
    actionprob_mem,reward_mem,value_mem=[],[],[]  # 데이터 비우기

    if (i+1)%20==0: print(i+1,'번째 에피소드 평균 길이(최근 20개):',np.mean(epi_length[-20:]))
    if np.min(epi_length[-5:])>=env.spec.max_episode_steps: # 연속 5번 최대 길이 넘으면 조기종료
        break

ac_model.save('f9-3.keras')
env.close()

plt.figure(figsize=(16,5))
plt.plot(range(1,len(epi_length)+1),epi_length)
smooth=np.convolve(epi_length,10*[0.1],mode='valid')
plt.plot(range(1,len(smooth)+1),smooth)
plt.title('A2C scores for CartPole-v1 using shared network')
plt.ylabel('Score')
plt.xlabel('Episode')
plt.grid()
plt.show()
```

```
20 번째 에피소드 평균 길이(최근 20개): 23.75
40 번째 에피소드 평균 길이(최근 20개): 32.9
…
500 번째 에피소드 평균 길이(최근 20개): 248.4
520 번째 에피소드 평균 길이(최근 20개): 203.9
```

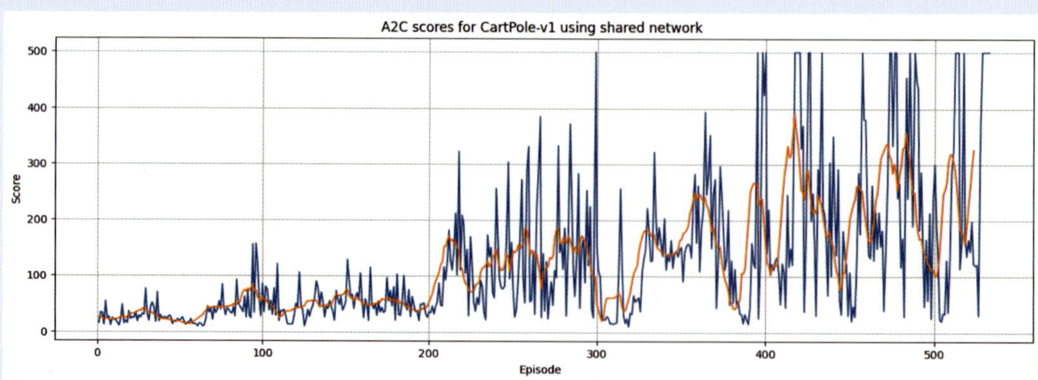

프로그램 실행 결과를 살펴보면, 520번째 근방 에피소드에서 수렴하였다.

3. 프로그래밍 실습: 개별 신경망

[프로그램 9-4]는 [알고리즘 9-2]의 A2C로 CartPole 과업을 학습한다. 신경망은 [그림 9-10(b)]의 개별 신경망을 사용한다. 8~13행은 정책 신경망을 구현한다. 10행은 은닉층을 쌓고 11행은 출력층을 쌓는다. 출력층은 확률 분포를 출력해야 하기 때문에 활성 함수로 softmax를 사용한다. 15~20행은 가치 신경망을 구현한다. 18행은 출력층을 쌓는다. 출력층은 가치 함수 값을 출력해야 하기 때문에 활성 함수로 linear를 사용한다. 32~61행의 episode_generate_and_learn 함수는 [프로그램 9-3]과 흡사하다. 다른 곳은 54~61행이다. [프로그램 9-3]에서는 loss_actor와 loss_critic을 더해 공유 신경망을 학습한 반면, 여기서는 두 신경망을 따로 개선한다. 57~58행은 loss_actor 손실 함수로 정책 신경망을 학습하고, 60~61행은 loss_critic 손실 함수로 가치 신경망을 학습한다. 메인에 해당하는 70~71행은 정책 신경망을 만들어 actor_model, 가치 신경망을 만들어 critic_model에 대입한다. 72~73행은 두 신경망을 위한 옵티마이저를 생성하며 학습률은 0.01로 같게 설정했다.

프로그램 9-4 A2C를 이용한 CartPole 학습: 개별 신경망

나머지 부분은 [프로그램 9-3]과 같음

```
...
8   def neural_network_actor():   # actor 신경망
9       input_x=tf.keras.Input(shape=(s_dim,))
10      hidden_x=Dense(32,activation='tanh')(input_x)
11      actor_y=Dense(a_dim,activation='softmax')(hidden_x)
12      mlp=tf.keras.Model(inputs=input_x,outputs=actor_y)
13      return mlp
14
15  def neural_network_critic():   # critic 신경망
16      input_x=tf.keras.Input(shape=(s_dim,))
17      hidden_x=Dense(32,activation='tanh')(input_x)
18      critic_y=Dense(1,activation='linear')(hidden_x)
19      mlp=tf.keras.Model(inputs=input_x,outputs=critic_y)
20      return mlp
...
32  def episode_generate_and_learn():
33      s,info=env.reset()
34      with tf.GradientTape (persistent=True) as tape:
35          while True:
36              action_prob=actor_model(s.reshape([1,s_dim]))
37              value=critic_model(s.reshape([1,s_dim]))
38              a=np.random.choice(a_dim,p=np.array(action_prob[0]))
39              s1,r,terminated,truncated,info=env.step(a)
```

```
            actionprob_mem.append(action_prob[0,a])
            value_mem.append(value[0,0])
            reward_mem.append(r)
            s=s1

            if terminated or truncated:
                break

        returns=discount_cumulation(reward_mem,gamma)
        advantage=advantage_MC(reward_mem,value_mem,gamma)
        advantage=tf.convert_to_tensor(advantage,dtype=tf.float32)
        returns=tf.convert_to_tensor(returns,dtype=tf.float32)

        loss_actor=tf.reduce_mean(-advantage*tf.math.log(actionprob_mem))
        loss_critic=tf.reduce_mean(tf.math.square(returns-value_mem))

        grad=tape.gradient(loss_actor,actor_model.trainable_weights)  # actor 학습
        actor_optimizer.apply_gradients(zip(grad,actor_model.trainable_weights))

        grad=tape.gradient(loss_critic,critic_model.trainable_weights)  # critic 학습
        critic_optimizer.apply_gradients(zip(grad,critic_model.trainable_weights))
…
actor_model=neural_network_actor()  # actor 신경망 생성
critic_model=neural_network_critic()  # critic 신경망 생성
actor_optimizer=tf.optimizers.Adam(learning_rate=0.01)
critic_optimizer=tf.optimizers.Adam(learning_rate=0.01)
…
```

```
20 번째 에피소드 평균 길이(최근 20개): 43.25
40 번째 에피소드 평균 길이(최근 20개): 63.85
…
140 번째 에피소드 평균 길이(최근 20개): 401.85
140 번째 에피소드 평균 길이(최근 20개): 401.85
```

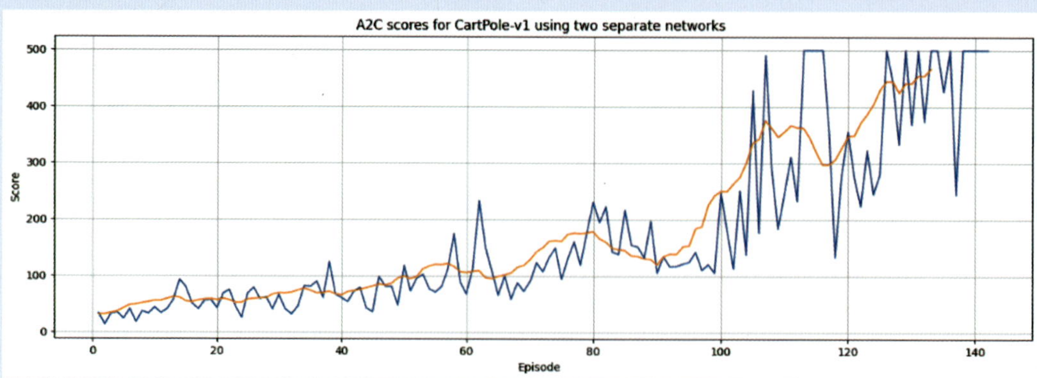

프로그램 실행 결과를 살펴보면, 140번째 근방 에피소드에서 수렴하였다. [프로그램 9-3]의 실행 결과와 비교하면 상당히 빠르게 수렴했음을 알 수 있다. 항상 그렇듯이 강화 학습은 본질적으로 스토캐스틱 프로세스이기 때문에 여러 번 반복 실험하면 매번 다른 결과가 나타날 수 있다. [프로그램 9-3]과 [프로그램 9-4]에 대해 여러 번 학습을 시도하여 수렴 속도를 통계적으로 비교하는 일은 연습문제로 남겨둔다.

6

A2C 프로그래밍: 연속 과업

지금까지 프로그래밍 실습에 사용한 강화 학습 알고리즘과 응용 과업은 비교적 단순하여, 알고리즘을 구현할 때 클래스 대신 함수를 사용했다. 그런데 연속 과업에 행동가–비평가 방법을 적용하려면 정책 신경망과 가치 신경망을 학습해야 하며, 그중 정책 신경망은 가우시안을 위해 평균과 표준편차를 추정해야 한다. 또한 A2C의 변종인 PPO(10장)와 SAC(11장) 등은 더 많은 신경망과 더 복잡한 연산, 더 큰 데이터를 사용한다. 게다가 10장부터는 응용 과업이 MuJoCo의 로봇 과업으로 확장된다. 이 절에서는 이런 점을 감안하여 클래스로 코딩한다. 클래스를 사용하면 프로그램의 추상화 수준이 높아지고, 확장성과 재사용성이 좋아진다.

클래스를 이용하여 잘 구현해 놓은 오픈소스 코드가 많다. OpenAI Spinning Up 사이트는 그중 하나로, MuJoCo 과업에 대한 벤치마킹 결과까지 공개한다[Achiam2018]. 이 사이트의 코드 틀을 활용하여 작성한 오픈소스 코드도 여럿 있다. 케라스 사이트에서 제공하는 PPO 예제 프로그램도 그 사례 중 하나이다.[2] 이 절에서는 OpenAI Spinning Up의 코드 일부를 빌려와 이 책의 프로그래밍 스타일에 맞추는 방식으로 코딩한다.

9.6.1절은 가우시안의 표준편차를 추정하는 몇 가지 방법을 소개한다. 9.6.2절부터 9.6.5절까지는 연속 과업 중 비교적 단순한 InvertedPendulum과 MountainCarContinuous 과업에 A2C를 적용하는 프로그래밍 실습을 수행한다.

1. 정책 신경망의 표준편차를 추정하는 방법

연속 과업에서 정책 신경망은 가우시안 함수를 추정한다. 8.4.2절에서 이 내용을 설명하였고, [그림 8–6(b)]는 가우시안의 평균과 표준편차를 추정하는 신경망 구조를 보여준다. 표준편차는 탐험–탐사 균형을 좌우하는 중요한 하이퍼 매개변수이므로 아주 신중하게 다루어야 한다. 표준편차가 크면 탐험 위주가 되고 작으면 탐사 위주가 된다. 모든 과업에 공통적으로 적용되는 사실은 학습 초반에는 탐험이 강해

2 https://keras.io/examples/rl/ppo_cartpole

야 하고, 학습이 진행될수록 탐사 쪽으로 이동해야 한다는 점이다. 이 사실을 제외하면, 과업에 따라 적절한 스케줄링 기법을 적용해야 좋은 성능을 얻을 수 있다. 왜냐하면 과업마다 상태 공간과 행동 공간의 크기가 다르고, 공간의 모양도 다르기 때문이다.

표준편차를 결정하는 방법을 [그림 9-11]의 세 가지로 구분할 수 있다. [그림 9-11(a)]는 상태 의존[state-dependent] 방식인데 표준편차가 신경망 입력, 즉 상태 s에 따라 결정된다. [그림 8-6(b)]의 신경망을 채택한 [프로그램 8-6]이 사용한 방식이다. [그림 9-11(b)]는 신경망을 통해 결정하지만 입력 s와 무관하게 결정한다. 텐서플로에서는 tf.Variable(initial_value=⋯,trainable=True)와 같이 학습 가능한 변수를 생성하는 방식으로 구현한다. [그림 9-11(c)]는 규칙 기반 방법으로서 신경망과 무관하게 표준편차를 결정한다. 왼쪽은 세대가 진행함에 따라 선형적으로 줄이고 오른쪽은 지수적으로 줄인다. [그림 5-5]의 ε 스케줄링과 비슷하다.

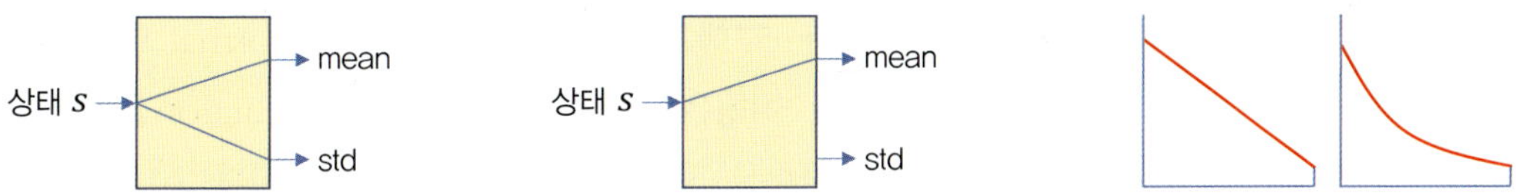

(a) 상태 의존 신경망 방법 (b) 상태 자유 신경망 방법 (c) 규칙 기반 방법

그림 9-11 정책 신경망의 표준편차를 결정하는 방법

2. 프로그래밍 실습: InvertedPendulum 과업 학습

[프로그램 9-5]는 A2C를 이용하여 Hopper 과업을 학습하는 프로그램이다. [그림 9-10(b)]의 개별 신경망을 사용한다. 가우시안의 표준편차는 [그림 9-11(c)] 오른쪽의 지수적 그래프를 사용한다. 9~16행의 discount_cumulation과 advantage_GAE 함수는 [프로그램 9-2]와 동일하다.

18~40행의 Buffer 클래스는 __init__ 함수에서 메모리를 배정받고, store 함수에서 에피소드를 저장하며, finish_trajectory 함수에서 에피소드 데이터로부터 이득과 이익 함수를 계산하고, get 함수에서 데이터를 넘겨준다. Buffer 클래스의 멤버 함수의 이름과 기능은 OpenAI Spinning Up 코드를 따랐다. 여러 에피소드를 저장하는 Spinning Up 코드와 달리 Buffer 클래스는 하나의 에피소드만 저장할 수 있다. 10장에서 PPO 학습 알고리즘을 구현하는 [프로그램 10-1]은 Spinning Up 코드와 마찬가지로 여러 에피소드를 저장할 수 있다. 여기서는 단순한 과업을 다루기 때문에 하나의 에피소드만 사용한다.

19~24행의 __init__ 함수는 상태를 저장하는 state_mem, 행동을 저장하는 action_mem, 보상을 저장하는 reward_mem, 가치 함수를 저장하는 value_mem을 siz 크기의 배열로 생성한다. 상태와 행동은 벡터이기 때문에 각각 (siz, s_dim)와 (siz, a_dim) 크기의 2차원 배열이고, 보상과 가치 함수는 스칼라이기 때문에 siz 크기의 1차원 배열이다. 에피소드 길이가 매번 다르기 때문에 pointer 변수가 끝을 가리킨다. 처음에는 0으로 초기화한다. 26~31행의 store 함수는 한 순간의 데이터를 저장한다. 현재 위

치를 나타내는 pointer를 1만큼 증가시킨다. 33~35행의 finish_trajectory 함수는 에피소드가 끝났을 때 호출되는데, 이때 에피소드 데이터를 가지고 이익 함수와 이득을 계산하여 각각 advantage_mem과 return_mem에 저장한다. 37~40행의 get 함수는 학습에 필요한 상태, 행동, 이익 함수, 이득을 반환하고 새로운 에피소드를 받기 위해 pointer를 0으로 초기화한다.

42~64행의 ActorNetwork 클래스는 __init__ 함수에서 신경망 구조를 만들고, call 함수에서 신경망의 전방 계산을 수행하며, sample_action 함수에서 행동을 샘플링하고, log_prob 함수에서 행동의 확률을 계산한다. 43~49행의 __init__ 함수는 [그림 9-11(c)]를 이용하여 표준편차를 스케줄링하기 때문에 평균만 추정한다. 47~48행은 완전연결층을 두 개 쌓는다. 활성 함수로 103행에서 지정한 tanh를 사용하고 매개변수 초기화 기법으로 104행에서 지정한 Orthogonal을 사용한다. tanh와 Orthogonal을 사용하는 이유는 10.4.2절을 참조한다. 51~53행의 call 함수는 전방 계산을 수행하고 가우시안의 평균에 해당하는 mean을 넘겨준다. 55~59행의 sample_action 함수에서, 56행은 상태 state를 가지고 신경망의 전방 계산을 수행하여 mean을 얻는다. 57행은 탐험을 적용하기 위해 normal 함수로 생성한 난수를 잡음으로 간주하고 noise에 저장한다. 58행은 평균에 잡음을 섞어 행동 action을 결정한다. 이때 noise에 표준편차 std를 곱하여 std가 클수록 잡음 효과가 강하도록 조절한다. 61~64행의 log_prob 함수는 mean과 std로 정의되는 가우시안에서 action 위치의 값을 구한 다음 log를 취해 넘겨준다. [그림 10-5(b)]는 이 과정을 설명한다. 66~76행의 CriticNetwork 클래스는 __init__ 함수에서 신경망 구조를 만들고, call 함수에서 신경망의 전방 계산을 수행한다. 67~73행의 __init__ 함수는 ActorNetwork과 비슷하다. 단지 출력층의 노드를 1로 설정하여 스칼라를 출력하는 점만 다르다. 75~76행의 call 함수에서는 squeeze를 적용하여 크기가 1인 차원을 제거하여 호출하는 곳과 텐서 모양을 맞춘다.

78~89행의 learn_actor 함수는 정책 신경망을 학습한다. 78행은 텐서플로 작동을 eager 모드 대신 graph 모드로 작동하게 하여 실행 시간을 단축한다. graph 모드에서는 함수 내에서 print 출력이 되지 않기 때문에 print를 하려면 78행을 제거해야 한다. 80~87행은 손실 함수 값 loss를 계산한다. 81행은 정책 신경망의 전방 계산을 통해 평균 mean을 구하고, 82행은 로그 확률을 계산하여 logprob에 저장한다. 83행은 logprob와 이익 함수 advantage_를 곱해 손실 함수 loss를 계산한다. 84~87행은 entropy_loss_term이 True로 설정된 경우 엔트로피 손실 함수를 계산하여 loss에 더해준다. 88행은 그레이디언트 grad를 계산하고, 89행은 신경망의 매개변수를 갱신한다. 91~97행의 learn_critic 함수는 가치 신경망을 학습한다. 93~95행은 손실 함수를 계산한다. 94행은 가치 신경망의 전방 계산을 통해 가치 함수를 계산하여 value에 저장한다. 95행은 이득 return_과 value의 MSE를 계산하여 loss에 저장한다. 96행은 그레이디언트를 계산하고 97행은 신경망의 매개변수를 갱신한다.

99~106행은 하이퍼 매개변수를 설정한다. 99행은 할인율 γ와 GAE 계산에 쓰는 λ를 설정한다. 100행의 buffer_siz는 버퍼 메모리가 가질 수 있는 최대 길이다. n_epoch은 세대의 반복 횟수다. 101행은 정책 신경망과 가치 신경망의 학습률이다. 102행은 에피소드 하나당 신경망 학습을 반복하는 횟수다. 103

행은 활성 함수를 tanh로 설정한다. 104행은 신경망 초기화 방식으로 Orthogonal을 지정한다. 105행은 표준편차(std) 스케줄링이 사용하는 시작값과 붕괴를 위한 지수 값이다. 106행은 정책 신경망의 손실 함수에 엔트로피 항을 추가할지 여부를 지정한다. 추가 여부는 84행에서 확인한다.

108~111행은 환경을 생성하고 상태와 행동의 차원을 알아낸다. 113행은 롤아웃 버퍼를 생성한다. 115~118행은 정책 신경망(행동가)과 가치 신경망(비평가)을 생성하고 옵티마이저를 설정한다. 120~152행은 n_epoch 세대 수만큼 반복하면서 데이터 생성과 신경망 학습을 반복한다. 120행은 학습 곡선을 그리는 데 쓸 에피소드의 길이와 점수(에피소드의 누적 보상)를 저장할 리스트를 생성한다. 121행은 n_epoch만큼 반복한다. 이때 tqdm을 이용하여 학습 진행 속도를 출력한다. 123행은 [그림 9-11(c)]의 오른쪽 곡선을 사용하여 표준편차를 스케줄링한다. 124~138행은 에피소드를 생성하여 버퍼에 채운다.

140~152행은 학습을 담당한다. 140행은 get 함수를 통해 버퍼에 저장된 데이터를 받는다. 141~144행은 데이터형을 텐서플로의 텐서형으로 변환한다. 146~148행은 두 신경망의 학습을 102행이 지정하는 learn_iterations만큼 반복한다. 150행은 20세대마다 학습 진행 상황을 모니터링한다. 151~152행은 최근 5개 에피소드의 점수가 과업의 최대 길이를 넘으면 수렴으로 간주하고 조기종료한다. 154행은 학습이 모두 끝난 후 정책 신경망을 파일에 저장한다. 157~165행은 학습 곡선을 그린다.

프로그램 9-5 A2C를 이용한 InvertedPendulum 학습

```
import gymnasium as gym
import numpy as np
import scipy
import tensorflow as tf
from tensorflow.keras.layers import Input,Dense
import matplotlib.pyplot as plt
import tqdm

def discount_cumulation(x,discount):
    return scipy.signal.lfilter([1],[1,float(-discount)],x[::-1],axis=0)[::-1]

def advantage_GAE(rewards,values,gamma,lamda):  # GAE 이익 계산
    rewards,values,deltas=np.array(rewards),np.array(values),np.zeros(len(rewards))
    deltas[:-1]=rewards[:-1]+gamma*values[1:]-values[:-1]
    deltas[-1]=rewards[-1]-values[-1]   # 종료 상태
    return discount_cumulation(deltas,gamma*lamda)

class Buffer:
    def __init__(self,siz):
        self.state_mem=np.zeros((siz,s_dim),dtype=np.float32)
        self.action_mem=np.zeros((siz,a_dim),dtype=np.float32)
        self.reward_mem=np.zeros(siz,dtype=np.float32)
```

```
        self.value_mem=np.zeros(siz,dtype=np.float32)
        self.pointer=0

    def store(self,state,action,reward,value):
        self.state_mem[self.pointer]=state
        self.action_mem[self.pointer]=action
        self.reward_mem[self.pointer]=reward
        self.value_mem[self.pointer]=value
        self.pointer+=1

    def finish_trajectory(self):
        self.advantage_mem=advantage_GAE(self.reward_mem[:self.pointer],
        self.value_mem[:self.pointer],gamma,lamda)
        self.return_mem=discount_cumulation(self.reward_mem[:self.pointer],gamma)

    def get(self):
        siz=self.pointer
        self.pointer=0
        return (self.state_mem[:siz],self.action_mem[:siz],self.advantage_mem[:siz],
        self.return_mem[:siz])

class ActorNetwork(tf.keras.Model):
    def __init__(self,):
        super().__init__()
        self.actor_mean=tf.keras.Sequential(
            [Input(shape=(s_dim,)),
             Dense(64,activation=activation,kernel_initializer=initializer),
             Dense(64,activation=activation,kernel_initializer=initializer),
             Dense(a_dim,kernel_initializer=initializer)])

    def call(self,state):
        mean=self.actor_mean(state)
        return mean

    def sample_action(self,state,std):
        mean=self.call(state)
        noise=tf.random.normal(shape=mean.shape)
        action=mean+noise*std
        return action

    def log_prob(self,action,mean,std):
        log_v1=-0.5*tf.square((action-mean)/std)
        log_v2=0.5*tf.math.log(2.0*np.pi)+tf.math.log(std)
        return tf.reduce_sum(log_v1-log_v2,axis=1)

class CriticNetwork(tf.keras.Model):
```

```
    def __init__(self,):
        super().__init__()
        self.critic=tf.keras.Sequential(
            [Input(shape=(s_dim,)),
             Dense(64,activation=activation,kernel_initializer=initializer),
             Dense(64,activation=activation,kernel_initializer=initializer),
             Dense(1,kernel_initializer=initializer)])

    def call(self,state):
        return tf.keras.ops.squeeze(self.critic(state),axis=1)

@tf.function
def learn_actor(state_,action_,advantage_,std):
    with tf.GradientTape() as tape:
        mean=actor(state_)
        logprob=actor.log_prob(action_,mean,std)
        loss=-tf.reduce_mean(logprob*advantage_)
        if entropy_loss_term:  # 엔트로피 적용
            entropy=tf.reduce_mean(tf.math.log(std)+0.5*tf.math.log(2.0*np.pi*np.e))
            entropy_loss=0.01*entropy
            loss+=entropy_loss
    grad=tape.gradient(loss,actor.trainable_variables)
    optimizer_actor.apply_gradients(zip(grad,actor.trainable_variables))

@tf.function
def learn_critic(state_,return_):
    with tf.GradientTape() as tape:
        value=critic(state_)
        loss=0.5*tf.reduce_mean(tf.square(return_-value))
    grad=tape.gradient(loss,critic.trainable_variables)
    optimizer_critic.apply_gradients(zip(grad,critic.trainable_variables))

gamma,lamda=0.99,0.95  # 할인율
buffer_siz,n_epoch=1000,2000
actor_lr,critic_lr=3e-4,1e-3
learn_iterations=10
activation=tf.keras.activations.tanh  # 활성 함수
initializer=tf.keras.initializers.Orthogonal  # 가중치 초기화
std,std_decay=0.6065,0.999  # std annealing 시작과 붕괴
entropy_loss_term=True  # 엔트로피 항 여부

task_name='InvertedPendulum-v4'
env=gym.make(task_name)
s_dim=env.observation_space.shape[0]
a_dim=env.action_space.shape[0]

```

```
buffer=Buffer(buffer_siz)

actor=ActorNetwork()
critic=CriticNetwork()
optimizer_actor=tf.optimizers.Adam(learning_rate=actor_lr)
optimizer_critic=tf.optimizers.Adam(learning_rate=critic_lr)

epi_length,scores=[],[]
for i in tqdm.tqdm(range(n_epoch)):
    score=0
    std=std*std_decay
    s,info=env.reset()
    while True:
        action=actor.sample_action(s.reshape(1,-1),std)
        value_t=critic(s.reshape(1,-1))
        s_,r,terminated,truncated,_=env.step(action[0].numpy())

        buffer.store(s,action[0],r,value_t)
        score+=r
        s=s_

        if terminated or truncated:
            buffer.finish_trajectory()
            epi_length.append(buffer.pointer)
            scores.append(score)
            break

    state_,action_,advantage_,return_=buffer.get()
    state_=tf.convert_to_tensor(state_,dtype=tf.float32)
    action_=tf.convert_to_tensor(action_,dtype=tf.float32)
    advantage_=tf.convert_to_tensor(advantage_,dtype=tf.float32)
    return_=tf.convert_to_tensor(return_,dtype=tf.float32)

    for k in range(learn_iterations):   # actor 학습
        learn_actor(state_,action_,advantage_,std)
        learn_critic(state_,return_)

    if (i+1)%20==0: print(i+1,'에피소드 평균 점수:',np.mean(scores[-20:]))
    if np.min(scores[-5:])>=env.spec.max_episode_steps:   # 연속 5번 최대 길이 넘으면 조기종료
        break

actor.save_weights('f9-5.weights.h5')
env.close()

plt.figure(figsize=(16,5))
plt.plot(range(1,len(scores)+1),scores)
```

```
smooth=np.convolve(scores,10*[0.1],mode='valid')
plt.plot(range(1,len(smooth)+1),smooth)
plt.title('A2C scores for '+task_name)
plt.ylabel('Score')
plt.xlabel('Episode')
plt.grid()
plt.show()
```

```
1%|           | 20/2000 [00:10<16:35,  1.99it/s]20 에피소드 평균 점수: 17.95
2%||          | 40/2000 [00:24<21:56,  1.49it/s]40 에피소드 평균 점수: 45.25
3%||          | 60/2000 [00:48<59:40,  1.85s/it]60 에피소드 평균 점수: 134.55
4%||          | 80/2000 [02:01<2:41:41,  5.05s/it]80 에피소드 평균 점수: 572.25
4%||          | 90/2000 [02:56<1:02:24,  1.96s/it]
```

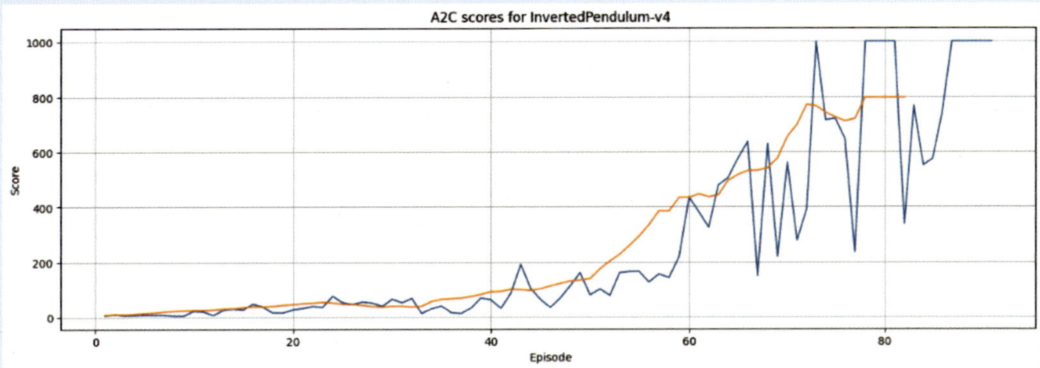

프로그램 실행 결과를 살펴보면, 90번째 에피소드에서 수렴한 것을 확인할 수 있다.

3. 프로그래밍 실습: InvertedPendulum 시험

[프로그램 9-6]은 InvertedPendulum 과업을 시험하는 프로그램이다. 6~17행은 [프로그램 9-5]에서 정책 신경망의 구조를 만들고 전방 계산을 수행하는 부분만 떼어온 코드다. 24행은 정책 신경망 actor를 만들고, 25행은 [프로그램 9-5]가 저장해둔 신경망 매개변수를 읽어온다.

27~40행은 에피소드를 생성하는 과정으로, 눈여겨볼 부분은 정책 신경망으로 행동을 결정하는 30~31행이다. 30행은 정책 신경망인 actor로 전방 계산을 수행한 결과를 mean에 저장한다. 시험 과정에서 표준편차는 필요 없다. 31행은 평균 mean을 행동으로 취하여 action 변수에 저장한다. 가우시안에서는 평균 지점의 확률이 가장 크기 때문에 mean을 행동으로 취한다는 말은 탐욕 선택을 한다는 뜻이다. 32행은 action을 실행하여 다음 순간으로 넘어간다.

프로그램 9-6 **InvertedPendulum 시험**

```
import gymnasium as gym
import tensorflow as tf
from tensorflow.keras.layers import Input,Dense
import cv2 as cv

class ActorNetwork(tf.keras.Model):
    def __init__(self,):
        super().__init__()
        self.actor_mean=tf.keras.Sequential(
            [Input(shape=(s_dim,)),
             Dense(64,activation=activation),
             Dense(64,activation=activation),
             Dense(a_dim)])

    def call(self,state):
        mean=self.actor_mean(state)
        return mean

env=gym.make('InvertedPendulum-v4',render_mode='rgb_array')
s_dim=env.observation_space.shape[0]   # 상태 공간
a_dim=env.action_space.shape[0]   # 행동 공간

activation=tf.keras.activations.tanh   # 활성 함수
actor=ActorNetwork()
actor.load_weights('f9-5.weights.h5')

score=0
s,info=env.reset()
while True:
    mean=actor(s.reshape(1,-1))
    action=mean[0]   # 평균을 행동으로 취함(탐욕 선택)
    s,r,terminated,truncated,info=env.step(action)
    score+=r

    cv.imshow('InvertedPendulum animation',cv.cvtColor(env.render(),cv.COLOR_BGR2RGB))
    key=cv.waitKey(10)

    if terminated or truncated:
        print("에피소드의 점수:",score)
        break

env.close()
if cv.waitKey()==ord('q'):
    cv.destroyAllWindows()
```

```
에피소드의 점수: 1000.0
```

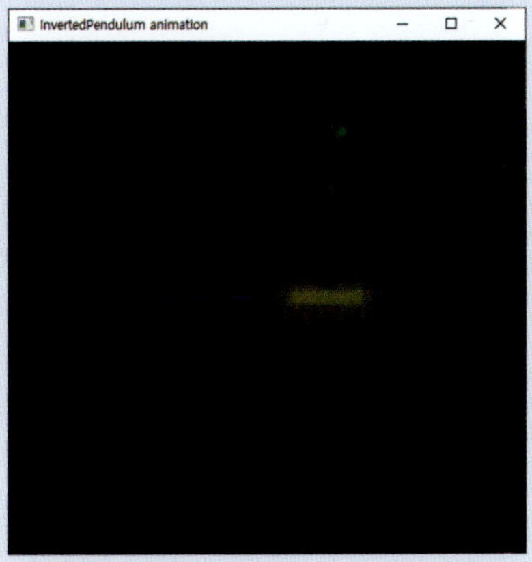

프로그램 실행 결과를 살펴보면, 최대 길이 1000까지 안정적으로 버틴 것을 확인할 수 있다. 유심히 살펴보면 [프로그램 8-7]에서처럼 수레가 왼쪽 오른쪽으로 이동하는 속도가 시시각각 다름을 알 수 있다. 막대가 안정을 찾으면 움직이는 속도가 0에 가까운 현상도 확인할 수 있다. InvertedPendulum은 연속 과업이기 때문에 이런 현상이 나타난다.

4. 프로그래밍 실습: MountainCarContinuous 과업 학습

이 절은 MountainCarContinuous 과업에 A2C를 적용하는 프로그래밍 실습을 수행한다. 이 과업은 Andrew W. Moore가 박사학위 논문에서 처음 제안하였다[Moore1990]. [그림 8-5]에서 이 과업을 간략하게 소개한 바 있으며, 여기서는 그 특성을 좀 더 자세히 살펴본다.

MountainCarContinuous 과업의 이해

[그림 8-5(b)]에서 MountainCarContinuous 과업의 상태는 자동차의 위치와 속도를 나타내는 실수로 표현되는 2차원이고, 행동 공간은 자동차에 가하는 힘을 나타내는 실수로 표현되는 1차원이라는 사실을 알았다. 행동 *action*의 범위는 [−1,1]이며, 음수는 왼쪽으로 양수는 오른쪽으로 힘을 가한다.

매 순간 보상으로 $-0.1 \times action^2$ 값이 주어지기 때문에 강한 힘을 가할수록 벌을 받는 셈이다. 자동차가 오른쪽 깃발 위치에 성공적으로 도달하면 +100의 보상이 주어진다. 자동차의 위치가 0.45 이상이면 깃발에 도달한 것으로 간주되어 terminated=True로 종료되며 이는 성공한 경우다. 반면, 에피소드의 길이가 999면 truncated가 True가 되어 종료되는데, 이는 실패한 경우다.

MountainCarContinuous 과업은 계속 음수 보상을 받다가 깃발에 도달해야만 양수 보상을 받을 수 있기 때문에 전형적인 지연 보상(delayed reward) 과업에 해당한다. 이 과업은 상태와 행동 공간이 매우 작아서 학습이 쉽다고 생각하기 쉽다. 하지만 지연 보상으로 인해 실제로는 상당히 까다롭다. 초반 에피소드 대부분은 Truncated=True가 되어 실패로 종료한다. 간혹 우연히 성공하는 경우가 발생하면, 마지막 순간에 +100의 보상을 받게 된다. 이런 희소한 보상 정보를 가지고 학습해야 하기 때문에 과업의 난이도가 높다.

자동차가 깃발에 도달하려면 앞뒤로 충분히 진자 운동을 해야 하는데 학습 알고리즘은 희소한 보상 정보를 가지고 이런 전략을 스스로 알아내야 한다. 다시 말해 뒤로 충분히 올라가야만 앞에 있는 높은 언덕을 오를 수 있다는 사실을 학습 알고리즘이 깨달아야 성공적으로 학습을 마칠 수 있다. 이런 이유로 충분한 탐험을 보장해야 한다.

MountainCarContinuous 과업의 학습

[프로그램 9-7]은 A2C로 MountainCarContinuous 과업을 학습하는 프로그램이다. [프로그램 9-5]와 달라지는 곳만 설명한다. 106행에서 표준편차의 시작 값을 2.718로 비교적 높게 설정하고 붕괴 인자는 0.999로 설정한다. 앞서 설명한 과업의 특성상, 탐험을 강하게 적용할 필요가 있어 표준편차를 비교적 크게 설정한 것이다. 109행은 MountainCarContinuous-v0 환경을 설정한다. 152행은 최근 5개 에피소드의 점수가 모두 50을 넘으면 수렴으로 간주하고 조기 멈춘한다.

프로그램 9-7 A2C를 이용한 MountainCarContinuous 학습

아래 코드를 제외하고 [프로그램 9-5]와 같음

```
...
106 std,std_decay=2.718,0.999  # std annealing 시작과 붕괴
107 entropy_loss_term=True  # 엔트로피 항 여부
108
109 task_name='MountainCarContinuous-v0'
110 env=gym.make(task_name)
...
152 if np.min(scores[-5:])>=50:  # 연속 5번 최대 길이 넘으면 조기종료
153         break
...
```

```
1%|          | 20/2000 [01:56<3:14:50,  5.90s/it]20 에피소드 평균 점수: -699.0095533742091
2%||         | 40/2000 [03:46<3:02:46,  5.59s/it]40 에피소드 평균 점수: -637.9251159814278
3%||         | 60/2000 [05:38<3:05:00,  5.72s/it]60 에피소드 평균 점수: -607.6802795358974
...
42%|████      | 840/2000 [42:56<27:39,  1.43s/it]840 에피소드 평균 점수: 4.300946276073921
43%|████      | 860/2000 [43:34<30:38,  1.61s/it]860 에피소드 평균 점수: 22.52391523240146
44%|████      | 871/2000 [43:56<56:57,  3.03s/it]
```

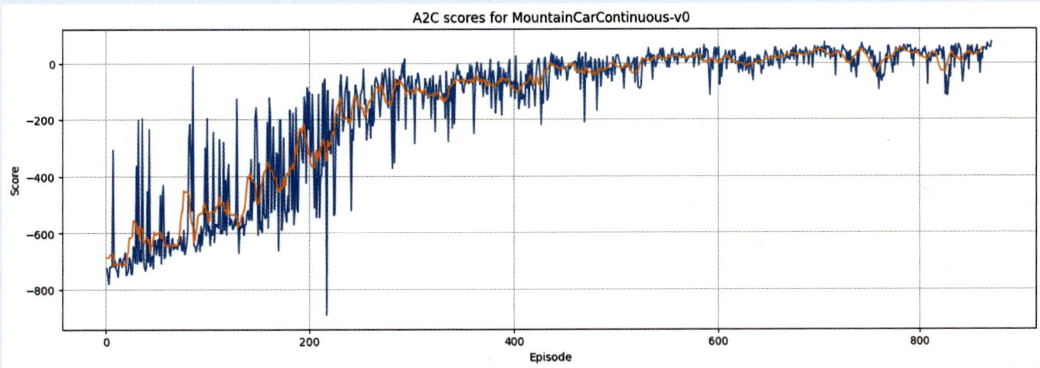

5. 프로그래밍 실습: MountainCarContinuous 시험

[프로그램 9-8]은 MountainCarContinuous 과업을 시험하는 프로그램이다. InvertedPendulum을 시험하는 [프로그램 9-6]과 다른 부분만 설명한다. 19행에서 MountainCarContinuous-v0 환경을 설정한다. 25행은 [프로그램 9-7]이 저장해놓은 신경망을 읽어온다. 35행은 애니메이션 창의 제목을 MountainCarContinuous로 설정한다.

프로그램 9-8 MountainCarContinuous 시험

아래 코드를 제외하고 [프로그램 9-6]과 같음

```
…
19   env=gym.make('MountainCarContinuous-v0',render_mode='rgb_array')
…
25   actor.load_weights('f9-7.weights.h5')
…
35       cv.imshow('MountainCarContinuous animation',cv.cvtColor(env.render(),cv.COLOR_BGR2RGB))
…
```

```
에피소드의 점수: 85.34820724531487
```

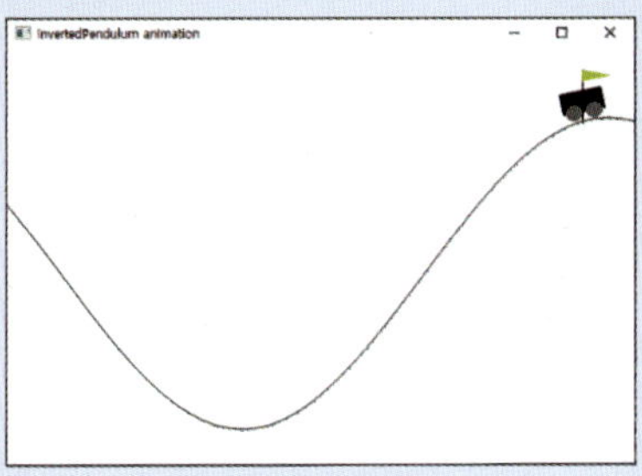

프로그램 실행 결과를 살펴보면, 에피소드 점수는 85.34를 기록하였다. 에이전트는 여러 차례 앞쪽 언덕과 뒤쪽 언덕을 오르내리며 힘을 축적한 뒤, 단숨에 깃발에 도달하였다.

연습문제

1 [Barto1983][3]은 행동가-비평가를 처음 제안한 논문으로 잘 알려져 있다. 이 논문에서는 ASE(associative search element)와 ACE(adaptive critic element)의 협동을 통해 CartPole 과업을 해결하였다. ASE와 ACE 각각의 기능을 기술하시오.

2 정책 기반 최초의 알고리즘인 REINFORCE는 1992년에 발표되었고, 정책 그레이디언트 정리는 1999년에 제시되었다. 이후 실용적인 정책 기반 알고리즘인 A3C와 A2C는 2010년대 중반이 되어서야 등장하였다. 이러한 흐름 속에서 A3C와 A2C가 강화 학습 역사에서 가지는 의미를 설명하시오.

3 [알고리즘 9-1]을 Q-러닝 버전으로 다시 작성하시오.

4 식 (9.6)의 정의에 따르면 이익 함수를 구현하려면 상태 가치 신경망 v와 행동 가치 신경망 q를 학습해야 한다. 그런데 실제로는 v만 학습한다. 이때 v 대신 q를 학습하면 어떤 어려움이 발생하는지 설명하시오.

5 공유 신경망을 사용하는 [프로그램 9-3]과 개별 신경망을 사용하는 [프로그램 9-4]를 여러 번 실행한 후, 수렴 속도를 박스 플롯으로 시각화하는 프로그램으로 확장하시오. 확장된 프로그램의 실행 결과를 해석하시오.

6 [프로그램 9-5]와 [프로그램 9-6]을 Gymnasium에서 제공하는 Inverted Double Pendulum 과업에 적용하시오.

7 [프로그램 9-5]와 [프로그램 9-6]을 Gymnasium이 제공하는 Reacher 과업에 적용하시오.

---

3 [Barto1983] Andrew G. Barto, Richard S. Sutton, and Charles W. Anderson, "Neuronlike adaptive elements that can solve difficult learning control problems," IEEE Transactions on Systems, Man, and Cybernetics.

CHAPTER 10

신뢰 영역 방법

CHAPTER 10 신뢰 영역 방법

Preview

제약 최적화constraint optimization는 우리 생활 어디에나 있다. [그림 10-1]은 제약 조건을 고려하여 최적의 여행 일정을 짜는 장면을 보여준다. 보통은 주어진 시간과 예산을 벗어나지 않는 범위 안에서 최대한 멀리 가는 전략을 사용하곤 한다. 과학과 공학에도 제약 최적화 문제가 많다. 의사는 환자의 건강 상태를 고려하여 최적의 치료 계획을 세운다. 건축가는 집이 들어설 땅의 모양과 주어진 예산을 고려하여 최적의 설계도를 그린다. 그렇다면 강화 학습에서도 제약 조건을 설정하여 학습 능률을 높일 수 있을까? 이 장은 이에 대한 긍정적인 해법을 제시한다.

그림 10-1 시간과 예산이라는 제약 조건에서 여행 동선 최적화

모든 기계 학습 알고리즘은 그레이디언트 방향으로 매개변수를 갱신하는 일을 반복함으로써 성능을 점진적으로 개선한다. 이때는 작은 학습률을 사용하여 이동량을 보수적으로 조절함으로써 지역 최적점에 빠지는 위험을 피하는 전략을 쓴다. 하지만 강화 학습에서는 신경망이 정책을 대리하기 때문에 이 전략이 통하지 않을 수 있다. 이 장에서는 신경망의 매개변수 공간이 아니라 정책 공간에서 이동량을 제어함으로써 성능 붕괴가 일어날 가능성을 줄이는 TRPO와 PPO 학습 알고리즘을 소개한다.

1
단조 정책 개선

8장의 REINFORCE와 9장의 A2C는 최적 정책을 직접 알아내는 정책 기반 방법이지만, 정책을 신경망이 대리하기 때문에 정책을 간접적으로 다루는 특성이 남아있다. 학습 알고리즘은 학습률을 사용하여 매개변수의 변화량을 적절히 제어하는데, 이때 변화량은 정책 공간이 아니라 신경망의 매개변수 공간에서 정해진다. 이 장에서는 정책 공간을 직접 제어하는 방식을 도입함으로써 정책의 단조 개선을 꾀하는 전략을 소개한다. 여기에 정책 공간과 단조 개선과 같은 생소한 용어가 등장하는데 이들 용어가 구성하는 새로운 세계로 들어가 보자.

1. 발상과 전개

6.6절에서는 강화 학습의 불안정성을 설명했다. 불안정성의 근본 원인은 [그림 1-6]이 보여주듯 데이터 생성 과정과 학습 과정이 밀결합되어 있는 구조에 있다. [그림 5-9]는 '움직이는 목표'라는 개념을 통해 이러한 불안정성의 원인을 설명한다. 정책을 직접 학습하는 정책 기반 방법은 3~7장에서 공부한 가치 기반 방법에 비해 불안정성이 더 크다. 그 이유는 8.1.3절에서 설명했듯이 그레이디언트의 분산이 크기 때문이다. 분산을 줄이기 위해 9장에서 이익 함수를 사용하는 기법과 정책과 가치 함수가 협동하는 행동가–비평가 학습 알고리즘을 제시하였지만, 여전히 문제는 남아있다. 그렇다면 어떻게 강화 학습 알고리즘의 불안정성을 줄일 수 있을까?

현대 강화 학습은 [그림 6-7]에서 볼 수 있듯이 정책 π와 가치 함수 v 또는 q를 신경망을 통해 구현한다. 정책 π를 대리하는 신경망의 매개변수 집합을 $\boldsymbol{\theta}$로 표기한다. 신경망의 매개변수가 m개 라면 매개변수 공간은 $\boldsymbol{\theta}\in\mathcal{R}^m$으로서 $\boldsymbol{\theta}$는 m개 축을 가진 실수 공간 $\mathcal{R}^m$의 한 점이다. 이 공간을 매개변수 공간parameter space이라고 부른다.

강화 학습 알고리즘은 난수를 생성하여 초기 정책 $\boldsymbol{\theta}_0$을 설정한 다음 옵티마이저를 이용하여 $\boldsymbol{\theta}_0$을 $\boldsymbol{\theta}_1$로 개선하고 $\boldsymbol{\theta}_1$을 $\boldsymbol{\theta}_2$로 개선하는 방식을 반복함으로써 최적의 정책 신경망 $\boldsymbol{\theta}_*$에 도달한다. 특정한 매개변수 값 $\boldsymbol{\theta}$는 하나의 정책을 표현하는데 $\boldsymbol{\theta}_i$가 π_i에 해당한다고 표기하자.

식 (9.2)는 옵티마이저가 사용하는 식이다. ρ_1은 학습률이다. 학습률이 작으면 한 번의 반복에서 조금 이동하기 때문에 수렴에 많은 시간이 소요된다. 반대로 학습률이 크면 많이 이동하기 때문에 자칫 최적점을 넘어가 발산하는 현상이 발생할 가능성이 있다. 따라서 0.001이나 0.0001처럼 작은 값을 사용함으로써 매끄러운 변화를 유도한다.

하지만 이러한 매끄러운 변화는 신경망의 매개변수 공간에서 이루어지는 것이지 정책 공간에서 이루어지는 것이 아니다. 매개변수 공간은 신경망의 매개변수가 가질 수 있는 모든 값으로 구성되는 공간을 뜻하고 정책 공간^policy space^은 가능한 모든 정책이 구성하는 공간을 뜻한다.

[그림 10-2]는 매개변수 공간과 정책 공간의 차원이 각각 1과 2인 아주 단순한 예를 통해 매개변수 공간에서 이루어지는 갱신이 정책 공간에서 어떻게 나타나는지 보여준다. 이 예에서 매개변수 θ를 가진 신경망이 수행하는 연산은 $\pi_\theta=\left(\frac{1}{\theta-2}, 1-\frac{1}{\theta-2}\right)$이라고 가정하자. [그림 10-2(a)]가 보여주듯이 매개변수 공간에서 $\theta_0=-1$에서 $\theta_1=1$, $\theta_2=3$으로 갱신되었다면 두 순간의 이동량은 각각 2로 같기 때문에 매개변수 공간에서 매끄럽게 학습한다고 볼 수 있다.

하지만 $\theta_0\sim\theta_2$에 해당하는 정책은 $\pi_0=\left(-\frac{1}{3}, \frac{4}{3}\right)$, $\pi_1=(-1, 2), \pi_2=(1, 0)$으로서, 정책 공간에서는 π_0에서 π_1로 이동 거리와 π_1에서 π_2로 이동 거리가 크게 다르다. 정책 공간에서 이동을 보여주는 [그림 10-2(b)]를 보면, 매개변수 공간에서는 2만큼씩 이동했지만 정책 공간에서는 각각 0.9428과 2.8284만큼 이동했다. 또한 매개변수 공간에서는 같은 방향으로 이동했는데 정책 공간에서는 서로 반대 방향으로 이동했음을 알 수 있다.

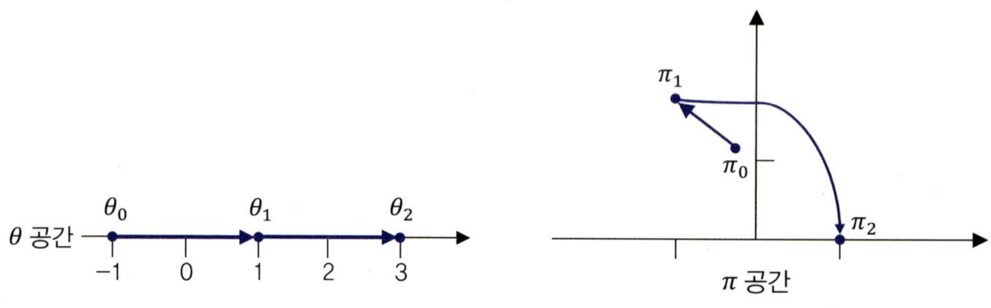

(a) 매개변수 공간 (b) 정책 공간

그림 10-2 매개변수 공간과 정책 공간에서의 학습 양상 차이

[그림 10-2]가 예시하는 바와 같이 매개변수 공간에서 학습률을 잘 제어하더라도 정책 공간에서는 의도하지 않은 부작용이 발생할 수 있다. 이러한 부작용이 나타나는 지점에서는 성능 붕괴가 나타날 가능성이 있다. 강화 학습 연구자들은 이 현상에 주목하며, 새로운 학습 알고리즘의 개발을 시도한다.

어떻게 정책 공간에서 이동량을 매끄럽게 제어할 수 있을까? 한 가지 방법은 신경망으로 정책을 근사하는 방안을 포기하는 것이다. 즉 신경망이 정책의 확률 분포를 대리하는 대신, 확률 분포 자체를 직접 표현하는 방식이다. 하지만 이런 방식을 사용한다는 말은 3~5장에서 다룬 표 기반 방식으로 회귀하자는 말과 같다. 표 기반에서는 표에 확률을 기록하기 때문에 확률 분포를 직접 다루는 셈이다. 하지만 CartPole 과업과 같이 상태 공간이 연속이거나 바둑 과업과 같이 상태 공간이 이산적이지만 사실상 무한대에 가까운 경우를 해결하기 위해서는 함수 근사를 사용하는 수밖에 없다. 신경망은 이 목적에 가장 적합한 모델이다. 따라서 신경망을 그대로 사용하되 신경망 학습을 다른 방식으로 제어함으로써 성능 붕괴와 같은 불안정성을 누그러뜨려야 한다.

옵티마이저는 식 (8.1)의 $J(\boldsymbol{\theta})$를 목적 함수로 사용하여 정책 신경망을 학습한다. 학습은 신경망의 매개변수 공간에서 목적 함수를 증가시키는 방향으로 이루어진다. [그림 10-2(a)]와 같이 학습이 이루어지는 셈이다. 이제 $J(\boldsymbol{\theta})$ 대신 정책 공간에서 정의된 목적 함수 $J(\pi)$를 생각해보자. $J(\pi)$는 정책 π의 확률 분포가 얼마나 좋은지 평가하는 함수다. 현재 정책을 π, 이것을 갱신한 새로운 정책을 π'라고 표기한다. 새로운 정책의 좋은 정도 $J(\pi')$와 현재 정책의 좋은 정도 $J(\pi)$의 차이를 식 (10.1)로 정의할 수 있다.

$$\Delta = J(\pi') - J(\pi) \tag{10.1}$$

만일 학습 알고리즘이 정책을 갱신할 때마다 식 (10.1)의 Δ를 0보다 크거나 같게 유지할 수 있다면, 즉 $\Delta \geq 0$이라면 정책이 항상 좋아진다는 조건이 보장된다. 이 조건을 단조 정책 개선[monotonic policy improvement]이라고 부른다. 단조 정책 개선이 보장된다면 성능 붕괴 없이 최적 정책 π_*에 도달할 수 있다. 단조 정책 개선을 어떻게 보장할 수 있을까?

2. 정책 공간에서 목적 함수 정의

두 정책 간 목적 함수 차이를 표현하는 식 (10.1)을 식 (10.2)와 같이 쓸 수 있다. 이 식 유도 과정은 [Schulman2015]를 참조한다. 우변은 새로운 정책 π'로 샘플링한 에피소드 e로부터 구한 이익 함수의 합에 대한 기댓값이다. 이익 함수는 9.3절에서 소개한 어느 것을 써도 무방하다.

$$J(\pi') - J(\pi) = \mathbb{E}_{e \sim \pi'}\left(\sum_{t=0,T-1} A^{\pi}(s_t, a_t) \right) \tag{10.2}$$

식 (10.2)는 $e \sim \pi'$, 즉 새로운 정책 π'에서 샘플링한 에피소드 e를 사용한다. 그러나 식 (10.2)를 유도한 목적은 현재 정책 π를 새로운 정책 π'로 갱신하기 위해서다. 다시 말해 π'를 가지고 있지 않다는 뜻이다. 따라서 현재 정책 π에서 샘플링한 에피소드를 사용할 수 있게 식 (10.2)를 개량해야 한다. 두 정책 π와 π'가 상당히 가깝다고 가정하면 식 (10.3)이 성립한다. 이 식에서는 $e \sim \pi'$가 $e \sim \pi$로 바뀜으로써 현재 정책에서 에피소드를 샘플링할 수 있게 되었다. 새로운 정책 π'는 비율 $\frac{\pi'(a_t \mid s_t)}{\pi(a_t \mid s_t)}$에 등장하는데, 이 비율은 중요도 샘플링[importance sampling]을 뜻한다. 이 식을 유도하는 과정은 [Schulman2015]를 참조한다.

$$J(\pi') - J(\pi) \approx \mathbb{E}_{e \sim \pi}\left(\sum_{t=0,T-1} \frac{\pi'(a_t \mid s_t)}{\pi(a_t \mid s_t)} A^{\pi}(s_t, a_t) \right) \tag{10.3}$$

식 (10.3)에 대해 생각할 점이 있다. 첫째, π는 현재 정책으로서 이미 확정된 상수에 해당한다. π'는 학습 알고리즘이 새로 찾아야 할 더 좋은 정책이다. 둘째, 식 (10.3)을 사용하는 새로운 학습 알고리즘도 신경망을 통해 정책을 근사해야 한다. π에 해당하는 신경망의 매개변수 값을 $\boldsymbol{\theta}_{curr}$라 표기하고 새로운 정책 π'에 해당하는 매개변수 값을 $\boldsymbol{\theta}$로 표기하면 식 (10.3)을 식 (10.4)로 바꾸어 쓸 수 있다. 식 (10.4)는 TRPO와 PPO 알고리즘이 사용하는 목적 함수다.

$$J\left(\boldsymbol{\theta}_{curr}, \boldsymbol{\theta}\right) = J\left(\pi_{\boldsymbol{\theta}}\right) - J\left(\pi_{\boldsymbol{\theta}_{curr}}\right) \approx \mathbb{E}_{e \sim \pi_{\boldsymbol{\theta}_{curr}}}\left(\sum_{t=0,T-1} \frac{\pi_{\boldsymbol{\theta}}\left(a_t \mid s_t\right)}{\pi_{\boldsymbol{\theta}_{curr}}\left(a_t \mid s_t\right)} A^{\pi_{\boldsymbol{\theta}_{curr}}}\left(s_t, a_t\right)\right) \tag{10.4}$$

식 (10.4)에서 $\pi_{\boldsymbol{\theta}_{curr}}\left(a_t \mid s_t\right)$와 $A^{\pi_{\boldsymbol{\theta}_{curr}}}(s_t, a_t)$는 현재 정책 $\boldsymbol{\theta}_{curr}$로 수집한 에피소드 데이터를 통해 계산한다. 다시 말해 식 (10.4)를 사용하는 TRPO와 PPO 학습 알고리즘은 온 정책에 속한다. 따라서 구현할 때 온 정책을 벗어나지 않게 주의를 기울여야 한다.

2
TRPO 알고리즘

TRPO 알고리즘은 현재 정책 $\pi_{\boldsymbol{\theta}_{curr}}$를 다음 정책 $\pi_{\boldsymbol{\theta}}$로 갱신할 때 두 정책을 충분히 가깝게 유지함으로써 성능 붕괴를 막는 전략을 사용한다[Schulman2015]. 이때 두 정책의 거리는 KL-다이버전스로 측정한다. KL-다이버전스 $D_{\text{KL}}(p_2 \| p_1)$는 두 확률 분포 p_1과 p_2가 얼마나 다른지를 측정해주는 척도다.[1] 식 (10.5)는 TRPO가 학습에 사용하는 식이다. $J(\boldsymbol{\theta}_{curr}, \boldsymbol{\theta})$ 항은 식 (10.4)로 정의한다.

$$\begin{aligned} &\boldsymbol{\theta}_{new} = \underset{\boldsymbol{\theta}}{\operatorname{argmax}}\, J(\boldsymbol{\theta}_{curr}, \boldsymbol{\theta}), \ \text{조건: } D_{\text{KL}}(\pi_{\boldsymbol{\theta}} \| \pi_{\boldsymbol{\theta}_{curr}}) \le \delta \\ &\text{여기서 } D_{\text{KL}}(\pi_{\boldsymbol{\theta}} \| \pi_{\boldsymbol{\theta}_{curr}}) = \mathbb{E}_{s \sim \pi_{\boldsymbol{\theta}_{curr}}}\left(D_{\text{KL}}\left(\pi_{\boldsymbol{\theta}}(.|s) \| \pi_{\boldsymbol{\theta}_{curr}}(.|s)\right)\right) \end{aligned} \tag{10.5}$$

이 식은 현재 정책 $\boldsymbol{\theta}_{curr}$를 기준으로 $D_{\text{KL}}(\pi_{\boldsymbol{\theta}} \| \pi_{\boldsymbol{\theta}_{curr}}) \le \delta$ 조건을 만족하는, 즉 KL-다이버전스가 δ 안에 있는 모든 $\boldsymbol{\theta}$ 중에서 $J(\boldsymbol{\theta}_{curr}, \boldsymbol{\theta})$가 가장 큰 것을 찾아 다음 정책 $\boldsymbol{\theta}_{new}$로 취하라는 뜻이다. 성능 붕괴가 일어나지 않는 범위 안에서 최대로 멀리 나가겠다는 의도가 담긴 식이다. 이 식을 구현할 수 있다면 알고리즘에 바로 사용하면 된다. 하지만 식 (10.5)를 직접 구현하여 $\boldsymbol{\theta}_{new}$를 구하는 것은 매우 어렵다. 이를 해결하기 위해 여러 근사 과정을 거쳐 다음과 같은 구현 가능한 형태의 식 (10.6)으로 변형한다.

$$\boldsymbol{\theta}_{new} = \boldsymbol{\theta}_{curr} + \sqrt{\frac{2\delta}{\mathbf{g}^T \mathbf{H}^{-1} \mathbf{g}}} \mathbf{H}^{-1} \mathbf{g} \tag{10.6}$$

g는 목적 함수 $J(\boldsymbol{\theta}_{curr}, \boldsymbol{\theta})$의 그레이디언트다. **H**는 KL-다이버전스를 매개변수 $\boldsymbol{\theta}$로 2차 미분한 헤시안 Hessian으로서 $|\boldsymbol{\theta}| \times |\boldsymbol{\theta}|$ 크기의 행렬이다. 예를 들어 신경망 매개변수가 5000개라면 5000×5000 크기의 아주 큰 행렬이다. 식 (10.6)은 **H**의 역행렬 $\mathbf{H}^{-1}$을 계산해야 하는 큰 부담을 안고 있다. 실제로는 켤레 그레이디언트 conjugate gradient 알고리즘을 이용하여 $\mathbf{H}^{-1}\mathbf{g}$를 계산함으로써 역행렬 계산을 피한다.

TRPO는 식 (10.5)를 식 (10.6)으로 변환하는 과정과 켤레 그레이디언트 conjugate gradient 알고리즘으로 $\mathbf{H}^{-1}\mathbf{g}$를 계산하는 과정에서 근삿값을 사용한다. 또한 식 (10.6)으로 정책을 갱신할 때 백트래킹 라인 탐색 backtracking line search 알고리즘을 사용한다. 이러한 근사 과정과 복잡한 알고리즘의 도입으로 인해 TRPO의 구현은 매우 어렵다. 다행히 구현은 훨씬 간단하면서 성능은 TRPO 못지않은 PPO가 개발되었다.

1 https://en.wikipedia.org/wiki/Kullback%E2%80%93Leibler_divergence

3
PPO 알고리즘

PPO[proximal policy optimization]는 John Schulman이 TRPO를 제안한 후 2년 뒤인 2017년에 발표한 정책 기반 강화 학습 알고리즘이다. PPO는 TRPO와 마찬가지로 성능 붕괴가 일어나지 않는 범위 안에서 최대로 멀리 나가는 전략을 사용한다[Schulman2017]. 두 알고리즘의 차이점은 TRPO는 2차 도함수로 표현되는 헤시안 행렬을 사용하는 반면, PPO는 1차 도함수로 표현되는 그레이디언트를 사용한다는 점이다. 따라서 PPO 알고리즘은 단순하고 구현도 훨씬 쉽다. 게다가 성능은 TRPO 못지않다고 알려져 있다.

PPO는 TRPO와 마찬가지로 식 (10.5)에서 출발한다. TRPO는 식 (10.5)를 구현하기 위해 헤시안 행렬 **H**로 근삿값을 알아내는 반면, PPO는 훨씬 단순한 방법을 사용한다. PPO는 식 (10.5)를 구현하기 위한 PPO−penalty와 PPO−clip이라는 두 가지 버전이 있다. PPO−penalty는 KL−다이버전스를 계산하지만, PPO−clip은 KL−다이버전스로부터 자유롭기 때문에 실제 현장에서는 PPO−clip을 주로 사용한다.

1. PPO−penalty 학습 알고리즘

PPO−penalty에서는 식 (10.5)의 제약 최적화 문제를 제약이 없는 최적화 문제로 변형한다. 핵심 아이디어는 제약 조건을 목적 함수에 벌칙으로 추가한 식 (10.7)을 사용하는 것이다. 새로 추가된 두 번째 항은 일종의 규제[rization]로 작용한다.

$$\boldsymbol{\theta}_{new} = \underset{\boldsymbol{\theta}}{\operatorname{argmax}}\Big(J(\boldsymbol{\theta}_{curr}, \boldsymbol{\theta}) - \beta_k D_{\mathrm{KL}}(\pi_{\boldsymbol{\theta}} \,\|\, \pi_{\boldsymbol{\theta}_{curr}})\Big) \tag{10.7}$$

이때 다음 정책 $\pi_{\boldsymbol{\theta}}$가 현재 정책 $\pi_{\boldsymbol{\theta}_{curr}}$에서 너무 멀면 $D_{\mathrm{KL}}(\pi_{\boldsymbol{\theta}} \| \pi_{\boldsymbol{\theta}_{curr}})$가 커지고 결국 목적 함수 $J(\boldsymbol{\theta}_{curr}, \boldsymbol{\theta}) - \beta_k D_{\mathrm{KL}}(\pi_{\boldsymbol{\theta}} \| \pi_{\boldsymbol{\theta}_{curr}})$의 값이 작아지기 때문에 두 정책을 가깝게 유지하는 효과를 발휘한다. 식 (10.7)을 구현할 때 중요한 요소 중 하나는 β를 조절하는 일이다. PPO−penalty는 상황에 따라 β를 늘리거나 줄이는 기법을 사용한다.

실제 현장에서는 PPO-penalty보다 다음 절에서 소개하는 PPO-clip을 더 많이 사용하므로 PPO-penalty에 대한 추가 설명은 생략한다.

2. PPO-clip 학습 알고리즘

PPO-clip은 식 (10.8)에서 설명하는 자름 연산 clip을 이용하여 갱신의 범위를 제한한다. $\text{clip}(v,a,b)$는 v가 범위 $[a,b]$를 벗어나지 못하게 제한한다. 예를 들어, clip(1.34,0.8,1.2)는 1.2고, clip(0.78,0.8, 1.2)는 0.8이며, clip(1.13,0.8,1.2)는 1.13이다. 자름 연산은 일종의 규제 방식이다. PPO-penalty는 벌칙 항을 통해 규제하는 반면 PPO-clip은 자름 연산을 통해 규제한다는 점에서 둘은 다르다.

$$\text{clip}(v,a,b)=\begin{cases} v, & a<v<b \\ a, & v\le a \\ b, & v\ge b \end{cases} \tag{10.8}$$

식 (10.9)는 PPO-clip 알고리즘의 핵심 수식이다. $\text{argmax}_{\boldsymbol{\theta}}$는 가능한 모든 정책 중에서 최대가 되는 것을 취한다는 뜻이고, $s,a\sim\pi_{\boldsymbol{\theta}_{curr}}$는 현재 정책 $\pi_{\boldsymbol{\theta}_{curr}}$에서 샘플링한 에피소드를 사용한다는 뜻이다. $\mathbb{E}_{s,a\sim\pi_{\boldsymbol{\theta}_{curr}}}$은 충분히 많은 샘플을 기반으로 기댓값을 구한다는 뜻이며, 목적 함수 $J(s,a)$에 있는 $A^{\pi_{\boldsymbol{\theta}_{curr}}}(s,a)$는 현재 정책 $\pi_{\boldsymbol{\theta}_{curr}}$를 이용하여 이익 함수를 계산한다는 뜻이다.

$$\begin{gathered} \boldsymbol{\theta}_{new}=\underset{\boldsymbol{\theta}}{\text{argmax}}\,\mathbb{E}_{s,a\sim\pi_{\boldsymbol{\theta}_{curr}}}J(s,a) \\ J(s,a)=\min\left(\frac{\pi_{\boldsymbol{\theta}}(a\mid s)}{\pi_{\boldsymbol{\theta}_{curr}}(a\mid s)}A^{\pi_{\boldsymbol{\theta}_{curr}}}(s,a),\text{clip}\left(\frac{\pi_{\boldsymbol{\theta}}(a\mid s)}{\pi_{\boldsymbol{\theta}_{curr}}(a\mid s)},1-\epsilon,1+\varepsilon\right)A^{\pi_{\boldsymbol{\theta}_{curr}}}(s,a)\right) \end{gathered} \tag{10.9}$$

식 (10.9)에 있는 목적 함수 J를 구현하기 쉬운 식 (10.10)으로 바꿔 쓸 수 있다. 이 식은 이익 함수의 값 A의 부호에 따라 A가 양수일 경우 $(1+\epsilon)A$, 음수일 경우 $(1-\epsilon)A$를 적용한 다음, 결과 값을 $\frac{\pi_{\boldsymbol{\theta}}(a\mid s)}{\pi_{\boldsymbol{\theta}_{curr}}(a\mid s)}A^{\pi_{\boldsymbol{\theta}_{curr}}}(s,a)$와 비교하여 더 작은 값을 취하면 되기 때문에 구현이 훨씬 간단하다.

$$\begin{gathered} \boldsymbol{\theta}_{new}=\underset{\boldsymbol{\theta}}{\text{argmax}}\,\mathbb{E}_{s,a\sim\pi_{\boldsymbol{\theta}_{curr}}}J(s,a) \\ J(s,a)=\min\left(\frac{\pi_{\boldsymbol{\theta}}(a\mid s)}{\pi_{\boldsymbol{\theta}_{curr}}(a\mid s)}A^{\pi_{\boldsymbol{\theta}_{curr}}}(s,a),\ g\left(\epsilon,A^{\pi_{\boldsymbol{\theta}_{curr}}}(s,a)\right)\right),\ g(\epsilon,A)=\begin{cases}(1+\epsilon)A, & A\ge 0\\ (1-\epsilon)A, & A<0\end{cases} \end{gathered} \tag{10.10}$$

식 (10.10)의 의미를 깊이 생각해볼 필요가 있다. 먼저 $A\ge 0$인 경우에 $J=\min(\,)$ 항을 다음 페이지의 식과 같이 다시 쓸 수 있다. 이익 함수 A가 양수이기 때문에 $\pi_{\boldsymbol{\theta}}(a\mid s)$가 커질수록, 즉 행동 a의 확률이 높아질수록 목적 함수 값도 커진다. 그런데 $\frac{\pi_{\boldsymbol{\theta}}(a\mid s)}{\pi_{\boldsymbol{\theta}_{curr}}(a\mid s)}$가 $(1+\epsilon)$보다 크면 min 연산자가 $(1+\epsilon)$를 선택하기 때문에 결국 J는 상한인 $(1+\epsilon)A^{\pi_{\boldsymbol{\theta}_{curr}}}(s,a)$가 된다. 다시 말해 현재 정책 $\pi_{\boldsymbol{\theta}_{curr}}$로부터 새로운 정책 $\pi_{\boldsymbol{\theta}}$가 너무 멀리 가지 못하게 제한한다.

$$J(s,a)=\min\left(\frac{\pi_{\boldsymbol{\theta}}(a\,|\,s)}{\pi_{\boldsymbol{\theta}_{curr}}(a\,|\,s)},(1+\epsilon)\right)A^{\pi_{\boldsymbol{\theta}_{curr}}}(s,a)$$

$A<0$인 경우에는 J를 아래와 같이 쓸 수 있다. A가 음수이기 때문에 $\pi_{\boldsymbol{\theta}}(a\,|\,s)$가 작아질수록, 즉 행동 a의 확률이 작아질수록 목적 함수 값은 커진다. 그런데 $\frac{\pi_{\boldsymbol{\theta}}(a|s)}{\pi_{\boldsymbol{\theta}_{curr}}(a|s)}$가 $(1-\epsilon)$보다 작으면 max 연산자가 $(1-\epsilon)$를 선택하기 때문에 결국 J는 하한인 $(1-\epsilon)A^{\pi_{\boldsymbol{\theta}_{curr}}}(s,a)$가 된다. 이 경우에도 현재 정책 $\pi_{\boldsymbol{\theta}_{curr}}$로부터 새로운 정책 $\pi_{\boldsymbol{\theta}}$가 너무 멀리 가지 못하게 제한한다.

$$J(s,a)=\max\left(\frac{\pi_{\boldsymbol{\theta}}(a\,|\,s)}{\pi_{\boldsymbol{\theta}_{curr}}(a\,|\,s)},(1-\epsilon)\right)A^{\pi_{\boldsymbol{\theta}_{curr}}}(s,a)$$

식 (10.10)을 실제 구현하려면 기댓값을 에피소드 데이터를 사용하는 식 (10.11)로 바꿔 써야 한다. 식 (10.11)은 실제 프로그래밍할 때 사용하는 중요한 식이다.

$$\boldsymbol{\theta}_{new}\approx\underset{\boldsymbol{\theta}}{\operatorname{argmax}}\ J(s,a)$$
$$J(s,a)=\frac{1}{T}\sum_{t=0,T-1}\min\left(\frac{\pi_{\boldsymbol{\theta}}(a_t\,|\,s_t)}{\pi_{\boldsymbol{\theta}_{curr}}(a_t\,|\,s_t)}A^{\pi_{\boldsymbol{\theta}_{curr}}}(s_t,a_t),g\left(\epsilon,A^{\pi_{\boldsymbol{\theta}_{curr}}}(s_t,a_t)\right)\right),\ g(\epsilon,A)=\begin{cases}(1+\epsilon)A, & A\geq 0\\(1-\epsilon)A, & A<0\end{cases}$$

(10.11)

식 (10.11)에는 구현 관점에서 다시 생각해 볼 점이 있다. 식 (10.11)에서 $\pi_{\boldsymbol{\theta}}(a_t\,|\,s_t)$ 항을 제외한 나머지 항은 현재 정책 $\pi_{\boldsymbol{\theta}_{curr}}$로 생성한 에피소드 데이터에 해당한다. 식 (10.11)은 이 데이터를 이용하여 목적 함수 J를 최대화하는 $\boldsymbol{\theta}$를 찾아 새로운 정책 $\boldsymbol{\theta}_{new}$로 취하는 공식이다. 실제 구현은 이전과 마찬가지로 텐서플로의 GradientTape와 gradient, apply_gradients 함수를 활용하여 수행한다. 식 (10.11)은 목적 함수를 최대화하는 문제인데, 텐서플로의 옵티마이저는 경사하강법으로 최소화를 달성하기 때문에 $-J$를 손실 함수로 정의하여 옵티마이저를 적용한다. 식 (10.11)은 식 (10.10)의 기댓값 $\mathbb{E}$를 에피소드 데이터로 근사하는데, 이때 보다 정확하게 근사하기 위해 에피소드 한 개를 사용하는 대신 여러 개의 에피소드를 생성하여 롤아웃 버퍼에 저장한 다음 한꺼번에 사용하는 배치 방식을 주로 사용한다. 배치 방식에 대해서는 10.3.3절에서 소개한다.

[알고리즘 10-1]은 PPO-clip 학습 알고리즘이다. 1행은 정책 신경망과 상태 가치 신경망의 매개변수를 초기화한다. 2~9행을 수렴할 때까지 반복한다. 3행은 여러 개의 에피소드를 생성하여 롤아웃 메모리에 저장한다. 이 과정에 대한 자세한 절차는 10.3.3절에서 설명한다. 4행과 5행은 이득과 이익 함수를 계산한다. 6행은 행동가, 즉 정책 신경망의 손실 함수를 계산한다. 이때 식 (10.11)의 목적 함수를 적용하는 데 텐서플로의 옵티마이저를 활용하기 위해 음수를 취해 손실 함수를 계산한다. 7행은 비평가, 즉 상태 가치 신경망의 손실 함수를 계산한다. 8행과 9행은 그레이디언트를 계산하고 매개변수를 갱신한다.

알고리즘 10-1 PPO-clip 학습 알고리즘

입력: 과업

출력: 최적 정책 신경망 $\boldsymbol{\pi}_*$

1 정책 신경망 π의 가중치 $\boldsymbol{\theta}_0$과 상태 가치 신경망 v의 가중치 $\mathbf{w}_0$을 초기화한다.
2 for i=0,1,⋯,n_epoch-1
3     $\pi_{\boldsymbol{\theta}_i}$로 롤아웃 메모리 데이터 D를 생성한다. // D의 길이는 T
4   D로부터 이득 R을 계산한다.
5   D와 $v_{\mathbf{w}_i}$를 이용하여 이익 함수 A를 계산한다.
6     $J_{actor} = -\frac{1}{T}\sum_{t=0,T-1}\min\left(\frac{\pi_{\boldsymbol{\theta}}(a_t \mid s_t)}{\pi_{\boldsymbol{\theta}_i}(a_t \mid s_t)}A(s_t,a_t), g\left(\epsilon, A(s_t,a_t)\right)\right)$ // 행동가 손실 함수(식 (10.11))
7     $J_{critic} = \frac{1}{T}\sum_{t=0,T-1}\left(v_{\mathbf{w}_i} - R_t\right)^2$ // 비평가 손실 함수
8     $\mathbf{w}_{i+1} = \mathbf{w}_i - \rho_2 \nabla J_{critic}$
9     $\boldsymbol{\theta}_{i+1} = \boldsymbol{\theta}_i - \rho_1 \nabla J_{actor}$
10 return $\pi_{\boldsymbol{\theta}_i}$

[알고리즘 10-1]은 짧고 명료하다. 하지만 실제 구현에서는 특히 3행과 6행에서 주의가 필요하다. 3행은 에피소드를 생성하여 롤아웃 버퍼 메모리에 저장하는 과정으로, 여러 개의 에피소드를 하나의 버퍼에 저장하기 때문에 가치 함수 값을 결정할 때 주의할 점이 있다. 6행은 정책 신경망의 손실 함수를 계산하는 과정이다. 이산 과업과 연속 과업의 계산 방식이 다르므로 이 점을 명확히 이해해야 한다. 다음 절은 이들 절차를 상세히 설명한다.

3. PPO의 구현 요령

이 절은 [알고리즘 10-1]의 3행과 6행을 구현하는 절차를 상세히 설명한다. 또한 PPO는 온 정책 알고리즘이지만 오프 정책 특성을 어느 정도 수용할 수 있다는 성질을 활용하여 하나의 롤아웃 메모리 데이터를 여러 번 학습에 활용함으로써 성능을 향상하는 기법도 소개한다.

롤아웃 메모리 데이터의 생성

[알고리즘 10-1]의 3행에 주목한다. 지금까지 소개한 알고리즘은 에피소드를 하나 생성하고 그걸로 학습하는 방식이었다. 그러나 PPO에서는 여러 개의 에피소드를 생성하여 한 곳에 저장한 다음 한꺼번에 학습하는 방식을 사용한다. 이러한 여러 에피소드를 저장하는 버퍼를 롤아웃 메모리rollout memory라고 부른다.[2]

보통 롤아웃 메모리의 크기는 T로 미리 정해져 있다. 예를 들어 [그림 10-3]에서 $T=16$이다. 첫 번째 에피소드 e_1을 생성한 결과 길이가 7이라고 가정하면, 이 에피소드는 롤아웃 메모리의 $d_0 \sim d_6$ 칸을 채운

2 롤아웃(rollout)은 원래 말려 있는 카펫을 펼치는 행위를 뜻하는데, 강화 학습에서는 에이전트가 환경과 상호작용하며 잠재된 데이터를 밖으로 펼쳐낸다는 의미로 롤아웃이란 용어를 사용한다.

다. 그림에서는 순간 2일 때 발생한 데이터 (s_2,a_2,r_2)를 d_2에 저장한 상황을 보여준다. 두 번째 에피소드 e_2는 길이가 5라고 가정한다. 이 에피소드는 버퍼의 $d_7 \sim d_{11}$ 칸에 채운다. 세 번째 에피소드 e_3은 생성되는 도중에 버퍼의 끝을 만났다. 이는 ⇝ 기호로 표시하며, 에피소드가 중간에 잘렸음을 나타낸다.

에이전트와 환경의 상호작용으로 발생한 데이터 (s,a,r)을 저장한 다음에는, 추가 데이터 $(value,$ $logprob,\ advantage,\ return)$을 계산하여 버퍼에 채운다. 이때 경계에서의 $value$ 계산에 주의해야 한다. 첫 번째와 두 번째 에피소드처럼 종료 상태에서 끝난 경우에는 종료 순간의 $value$를 0으로 설정하면 된다. 반면, 세 번째 에피소드처럼 중간에 잘린 경우 그 순간의 $value$를 다음 상태에 대한 가치 함수 값으로 설정해야 한다. [그림 10-3]의 예에서는 첫 번째와 두 번째 에피소드의 종료 순간의 $value$는 0이고 세 번째 에피소드에서 잘린 순간의 $value$는 $v_{\mathbf{w}}(s_4)$다.

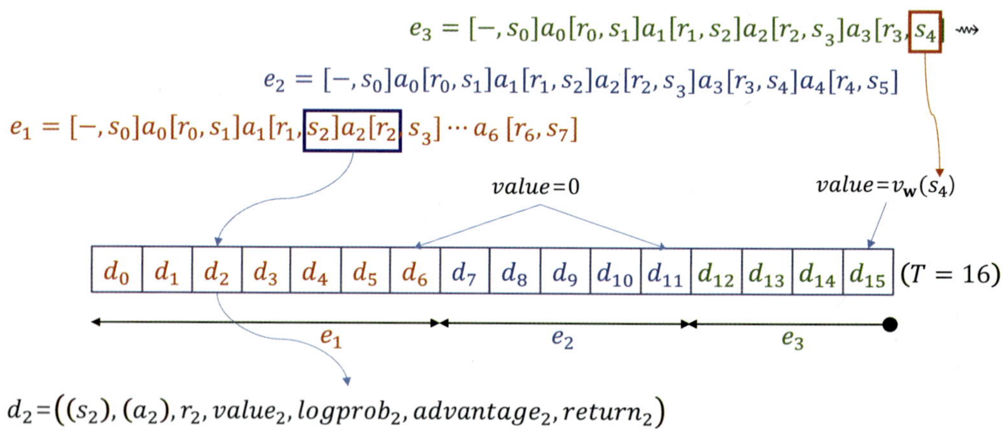

그림 10-3 롤아웃 메모리 데이터의 생성

PPO는 여러 에피소드를 롤아웃 메모리에 저장해놓고 학습에 활용한다. 7장의 DQN과 11장의 DDPG, TD3, SAC는 여러 에피소드를 리플레이 메모리에 저장해놓고 학습에 활용한다. 그런데 롤아웃 메모리와 리플레이 메모리는 동작 방식에서 차이점이 있다. 차이점의 근본 원인은 PPO는 온 정책 알고리즘이고 DQN, DDPG, TD3, SAC는 오프 정책 알고리즘이라는 데에 있다. PPO는 온 정책이기 때문에 롤아웃 메모리를 한 번 사용하고 버린다. 반면 DQN, DDPG, TD3, SAC는 오프 정책이기 때문에 오래전 에피소드까지 리플레이 메모리에 저장하며 이 리플레이 메모리에서 미니배치를 랜덤하게 선택하여 학습에 사용한다.

정책 신경망의 손실 함수 코딩

행동가, 즉 정책 신경망을 학습하는 식 (10.11)은 [알고리즘 10-1]의 6행에서 손실 함수 J_{actor}를 계산하는 데 쓰인다. 9행은 그레이디언트 ∇J_{actor}를 계산한다. 이 식을 구현하려면 먼저 [그림 10-4(a)]에 제시된 롤아웃 메모리의 데이터 구조를 이해해야 한다. 이 그림은 [그림 10-3]에서 데이터 부분만 발췌하여 다시 그린 것이다.

코딩할 때 순간 t의 데이터 d_t가 몇 번째 에피소드에서 왔는지는 중요하지 않다. 식 (10.11)에 사용되는 $\pi_{\boldsymbol{\theta}_{curr}}(a_t|s_t)$와 $A^{\pi_{\boldsymbol{\theta}_{curr}}}(s_t,a_t)$는 각각 d_t의 $logprob_t$와 $advantage_t$에 해당한다. 식 (10.11)은 목적 함수 J를 최대화하는, 다시 말해 [알고리즘 10-1]의 6행에 해당하는 손실 함수 $J_{actor}=-J$를 최소화하는 매개변수 $\boldsymbol{\theta}$를 찾는 문제다. 9행은 $\boldsymbol{\theta}$로 미분한 그레이디언트를 구함으로써 이 문제를 해결한다. 매개변수 $\boldsymbol{\theta}$는 $\pi_{\boldsymbol{\theta}}(a_t|s_t)$ 항에 들어있다. 요약하면, 학습을 수행하려면 손실 함수 J_{actor}를 매개변수 $\boldsymbol{\theta}$로 미분한 그레이디언트를 계산해야 하는데, $\boldsymbol{\theta}$는 $\pi_{\boldsymbol{\theta}}(a_t|s_t)$ 항에 들어 있고 나머지 항은 모두 데이터 d_t가 제공하는 상수에 해당한다.

[그림 10-4(b)]는 이산 과업의 손실 함수를 계산하는 코드다. 1행은 손실 함수 $loss$를 0으로 초기화한다. 2~7행은 롤아웃 메모리의 데이터를 이용하여 손실 함수 값을 누적한다. 3행은 순간 t의 상태 s_t에 대한 정책 신경망을 계산하여 $action_prob$에 저장한다. 4행은 행동 a_t의 확률을 계산하기 위해 확률 분포 $action_prob$에서 행동 a_t번째 값을 꺼낸다. 여기에 log를 취하여 $logprob_new$에 저장한다. log를 취하는 이유는 곧이어 설명한다. 5행은 식 (10.11)의 $\frac{\pi_{\boldsymbol{\theta}}(a_t|s_t)}{\pi_{\boldsymbol{\theta}_{curr}}(a_t|s_t)}$를 계산하여 $ratio$에 저장한다. [알고리즘 10-1]은 $\pi_{\boldsymbol{\theta}_{curr}}(a_t|s_t)$를 $\pi_{\boldsymbol{\theta}_i}(a_t|s_t)$로 표기한다. 6행은 식 (10.11)의 $g(\epsilon,\ A^{\pi_{\boldsymbol{\theta}_{curr}}}(s_t,a_t))$ 항을 계산하여 $min_advantage$에 저장한다. 7행은 식 (10.11)의 min 연산자를 계산하고 $loss$에 누적한다. 루프를 탈출하면 $loss$의 평균을 구하여 손실 함수 값을 확정한다.

[그림 10-4(c)]는 연속 과업의 손실 함수를 계산하는 코드다. 이산 과업과 다른 곳은 3~4행뿐이다. 3행은 상태 s_t에 대한 정책 신경망의 전방 계산을 통해 가우시안 함수의 평균 $mean$과 표준편차 std를 얻는다. 4행은 Gaussian(a_t,$mean$,std)로 행동 a_t의 확률을 계산한다.

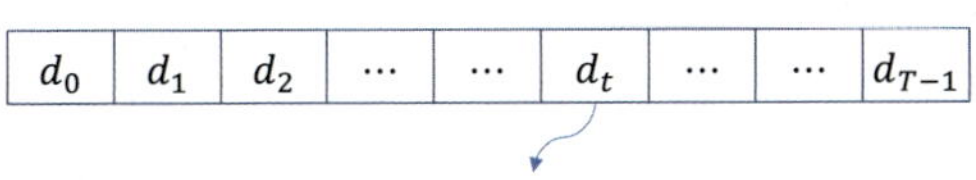

$d_t=((s_t),(a_t),r_t,value_t,logprob_t,advantage_t,return_t)$

(a) 롤아웃 메모리에서 순간 t의 데이터

```
1.  loss=0
2.  for t=0,1,2,⋯,T-1
3.      action_prob=π_θ(s_t)
4.      logprob_new=log(action_prob[a_t])
5.      ratio=exp(logprob_new-logprob_t)
6.      min_advantage= { (1+ϵ)×advantage_t, 만일 advantage_t ≥ 0
                       { (1-ϵ)×advantage_t, 만일 advantage_t < 0
7.      loss=loss+minimum(ratio×advantage_t, min_advantage)
8.  loss=loss/T
```

(b) 이산 과업을 위한 손실 함수 계산

```
1.  loss=0
2.  for t=0,1,2,⋯,T-1
3.      mean,std=π_θ(s_t)
4.      logprob_new=log(Gaussian(a_t,mean,std))
5.      ratio=exp(logprob_new-logprob_t)
6.      min_advantage= { (1+ϵ)×advantage_t,만일 advantage_t ≥ 0
                         { (1-ϵ)×advantage_t,만일 advantage_t < 0
7.      loss=loss+minimum(ratio×advantage_t,min_advantage)
8.  loss=loss/T
```

(c) 연속 과업을 위한 손실 함수 계산

그림 10-4 정책 신경망의 손실 함수를 계산하는 과정

[그림 10-4]의 3~5행은 $\frac{\pi_\theta(a_t|s_t)}{\pi_{\theta_{curr}}(a_t|s_t)}$를 계산하여 *ratio*에 저장한다. 이때 두 확률 값을 계산하여 직접 나누면 될 텐데 왜 로그 확률을 계산하고 둘을 뺀 다음 그 결과에 exp 연산을 적용할까? 그 이유는 수치 안정성을 확보하기 위해서다. 두 확률이 0에 가깝게 작은 경우 직접 나누면 오류가 발생하거나 유효한 범위를 벗어날 위험이 있다. $\log\left(\frac{p_new}{p_curr}\right)=\log(p_new)-\log(p_curr)$이고 $\exp(\log(p_new)-\log(p_curr))=\frac{p_new}{p_curr}$이기 때문에 직접 계산하는 방식과 코드처럼 log에 exp를 적용하는 방식의 계산 결과는 동일하다. 예를 들어 로그를 사용하는 방식에서는 p_new=1e−30처럼 0에 가까운 값일 때 $\log(p_new)=-30$이므로 수치 안정성을 유지할 수 있다.

[그림 10-5]는 [그림 10-4]의 3~4행에 있는 로그 확률 계산 과정을 그림으로 설명한다. [그림 10-5(a)]는 이산 과업에서 a_dim 차원의 확률 분포 $action_prob$를 보여준다. 행동 a_t=3인 경우인데, 이를 원핫 코드로 표현하면 두 벡터의 요소별 곱 ⊗을 계산하여 원하는 값 $p_{(3)}$을 얻는다. 여기에 로그를 취하면 $logprob_new$가 된다. [그림 10-5(b)]는 연속 과업을 위한 그림인데, 3행에서 얻은 $mean$과 std가 가우시안 분포를 형성하고, 4행에서는 이 가우시안 분포에서 a_t 위치의 값을 취한 다음 로그를 취하여 $logprob_new$를 계산한다.

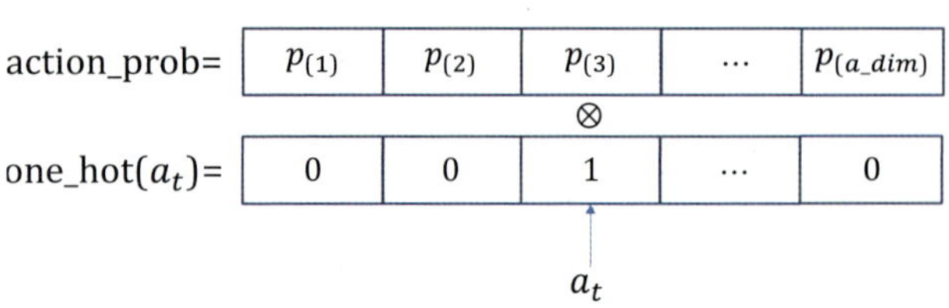

(a) 이산 과업을 위한 *logprob_new* 계산

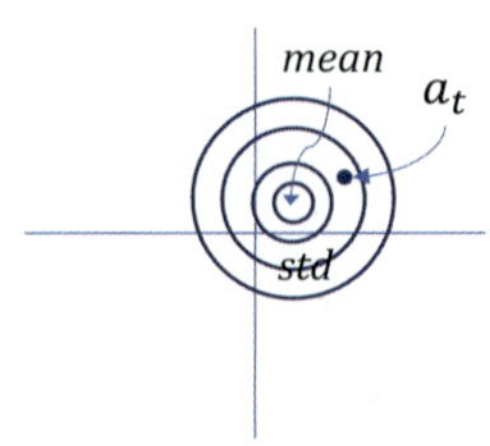

(b) 연속 과업을 위한 *logprob_new* 계산

그림 10-5 로그 확률 계산([그림 10-4]의 코드에서 3~4행)

하나의 데이터로 학습을 반복

PPO는 온 정책 알고리즘이기 때문에 [알고리즘 10-1]은 3~5행에서 현재 정책으로 데이터를 수집하고 6~9행에서는 그 데이터를 가지고 정책을 개선한다. 이렇게 한 번의 반복이 끝나면, 환경을 reset 함수로 초기화한 다음 개선된 정책으로 데이터 수집과 학습을 수행함으로써 항상 신선한 데이터를 유지한다. 하지만 PPO의 실제 구현에서는 데이터를 수집해놓고 같은 데이터로 학습을 여러 번 수행하는 방식을 주로 사용한다. 따라서 PPO는 온 정책과 오프 정책의 중간 지대에 있다고 말할 수 있다.

[그림 10-6(a)]는 PPO를 순수하게 온 정책으로 구현한 방식을 설명한다. 초기 정책 π_0에서 데이터 D_0을 수집하고, D_0으로 정책을 학습하여 π_1로 개선한다. 다음으로 π_1에서 데이터 D_1을 수집하고, D_1로 정책을 학습하여 π_2로 개선한다. 다시 말해 항상 신선한 데이터로 학습을 수행하며, 이런 과정을 반복하여 최적 정책 π_*에 도달한다.

[그림 10-6(b)]는 PPO에 오프 정책을 반영한 방식이다. 초기 정책 π_0에서 데이터 D_0을 수집하고, D_0으로 정책을 학습하여 π_1로 개선한다. 이때 바로 다음 단계로 넘어가지 않고 같은 데이터 D_0으로 학습을 반복하여 π_1을 π_1'로 추가 개선한다. 이때 π_1은 낡은 데이터를 사용하는 셈이다. 왜냐하면 D_0은 이전 정책 π_0에서 수집했기 때문이다. 여러 번 추가 개선하면 점점 더 낡은 데이터를 사용하는 셈이다. [그림 10-6(b)]는 추가 개선을 다섯 번 수행하여 π_1'''''를 얻은 상황을 보여준다. 그런 다음 π_1'''''로 데이터 D_1을 수집한다. 이런 과정을 반복함으로써 최적 정책 π_*에 도달한다.

PPO를 구현할 때는 오프 정책을 반영한 [그림 10-6(b)] 방식을 주로 사용한다. 이 기법은 이미 REINFORCE를 구현한 [프로그램 8-4]와 A2C를 구현한 [프로그램 9-5]에서 사용한 적이 있다. 10절의 프로그래밍에서는 이 기법을 기본으로 적용한다. 10.5절의 프로그래밍 실습에서는 같은 데이터로 학습을 80번 수행한다.

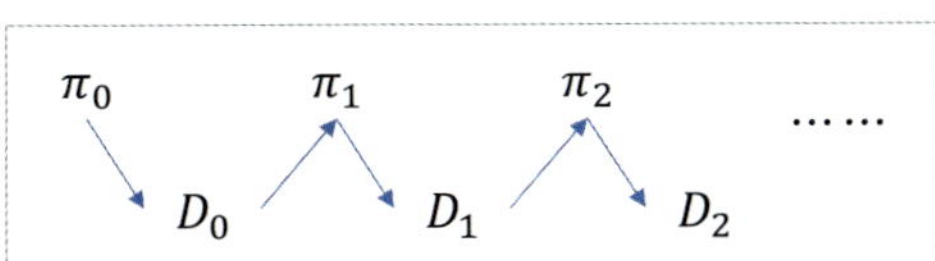

(a) 순수 온 정책의 PPO

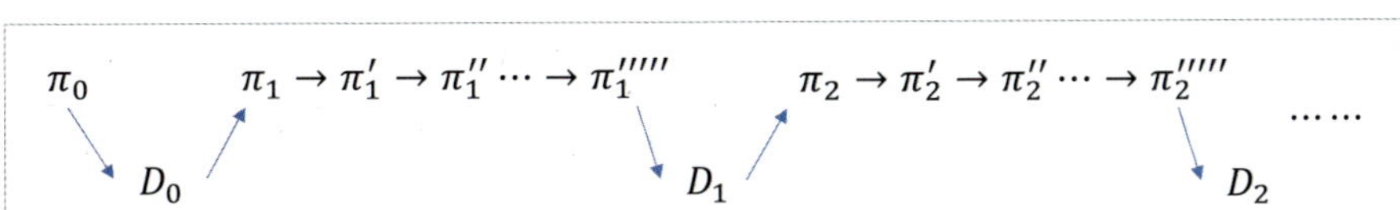

(b) 오프 정책을 반영한 PPO

그림 10-6 PPO에 오프 정책 반영

온 정책 알고리즘인 PPO가 [그림 10-6]의 오프 정책 방식을 수용할 수 있는 이유는 식 (10.11)의 ϵ에서 찾아볼 수 있다. PPO는 ϵ를 작은 값으로 설정함으로써 한 번의 학습에서 정책의 개선량을 작게 유지한다. 따라서 같은 데이터로 학습을 여러 번 반복하더라도 데이터의 신선도가 어느 정도 유지되기 때문이다.

4

PPO의 효율 향상

PPO는 현재 가장 널리 사용되는 학습 알고리즘 중 하나다. 하지만 여러 번 학습을 시도하면 성공할 때도 있지만 실패하는 경우도 있어 여전히 불안정성을 안고 있다. 그렇다면 PPO를 성공으로 이끈 근본 요인은 무엇일까? 또한 안정적인 반복 재현이 어려운 이유는 무엇일까? 이런 질문에 대한 답을 밝히려는 연구가 최근 들어 활발히 진행되고 있다[Andrychowicz2021]. 이런 연구는 PPO를 구현할 때 반드시 고려해야 할 중요한 권고 사항들을 제시한다. 이 절에서는 주요 논문들의 실험 결과와 분석, 그리고 권고 사항을 요약하여 소개한다.

1. PPO의 성능 향상에 대한 통찰

강화 학습 연구자들은 2010년대 중반부터 안정적인 재현을 강화하기 위해서 벤치마킹의 중요성을 인식하기 시작한다. 벤치마킹 연구는 주로 TRPO, PPO, DDPG, TD3, SAC와 같은 현대적인 정책 기반 알고리즘을 이용하여 복잡한 로봇 제어 과업을 학습하는 실험에 집중한다.

초기의 선구적인 연구로 [Duan2016]과 [Islam2017]을 꼽을 수 있다. Yan Duan은 광범위한 벤치마킹을 통해 급속히 발전하는 지도 학습 분야에 비해 강화 학습은 벤치마킹에 대한 인식이 부족하다는 사실을 지적하고, 31개 과업에 대한 벤치마킹 결과를 제시하였다. 또한 실험에 사용한 파이썬 코드를 rllab이라는 이름의 라이브러리로 공개함으로써 다른 연구자들이 벤치마킹 연구에 쉽게 참여할 수 있도록 하였다. 여러 알고리즘의 성능을 비교하는 벤치마킹에 중점을 둔 Duan과 달리, Riashat Islam은 TRPO와 DDPG 알고리즘에 대해 하이퍼 매개변수가 성능에 미치는 영향을 집중적으로 분석하였다. 이들 연구는 벤치마킹과 오픈소스 공개가 강화 학습 미래를 위해 중요하다는 인식을 연구 커뮤니티에 확산시켰다는 데 큰 의미가 있다.

PPO는 2017년에 발표되었기 때문에 앞서 소개한 두 논문에는 포함되어 있지 않다. PPO가 발표된 이후에는 주로 PPO에 대한 벤치마킹에 집중하고 있다. Peter Henderson은 PPO가 사용하는 옵티마이저에 집중한다[Henderson2018]. 6.2.1절에서 설명한 바와 같이, 현대 옵티마이저는 모멘텀momentum과 적응적 학습률adaptive learning rate이라는 두 가지 핵심 기법을 중심으로 발전해 왔다. 이 논문에서는 두 기법을 적용하지 않은 바닐라 옵티마이저인 SGD와, Nesterov 모멘텀만 적용한 SGDNM을 출발점으로 삼아 Adadelta, ASGD, Adagrad, RMSprop, AMSGrad, Adam, AdaMax, YellowFin 등 다양한 옵티마이저에 대해 벤치마킹을 수행하였다. 성능 실험은 10.5.1절에서 소개할 MuJoCo 로봇 과업을 PPO로 학습하여 수행한다. 여러 발견 중 하나를 소개하면 SGDNM은 넓은 범위의 학습률에서 안정적인 반면, Adam은 좁은 범위에서만 안정적이지만 그 안에서는 더 나은 성능을 낸다. 따라서 Adam이 전반적으로 더 우수한 것으로 평가된다.

9.3절이 소개한 이익 함수는 상태 s에 따른 가치 함수 $v(s)$를 베이스라인으로 사용함으로써 성능 향상을 꾀한다. 여러 연구가 상태 s와 행동 a에 따른 베이스라인을 제안하고 성능 향상을 주장한다. George Tucker는 PPO를 이용한 MuJoCO 과업에 대한 벤치마킹을 통해 베이스라인이 행동 a를 추가로 사용할 필요가 없다는 결론을 제시한다[Tucker2018].

PPO의 성능 향상은 어디에서 온 것일까? Engstrom은 이 질문을 던지고 해답을 찾기 위한 실험을 수행한다[Engstrom2019]. 그는 PPO 저자가 제공한 오픈소스 프로그램을 분석하고 자체 실험을 수행한 결과, 자름 연산보다 부차적인 구현 상세가 성능 향상에 더 큰 영향을 미친다는 사실을 발견한다. 이러한 부차적인 구현 요소에는 가치 함수, 보상, 상태, 그레이디언트에 자름 연산을 추가 적용하는 방식, 보상 스케일링, 신경망 가중치 초기화를 Orthogonal 방식으로 하는 것, Adam의 학습률을 시간이 지남에 따라 점차 감소시키는 방식 등이 포함된다. 이러한 기법들을 제거한 PPO의 성능은 TRPO 수준으로 떨어졌고, 반대로 TRPO에 이들 기법을 추가하면 이들 기법을 사용하지 않은 PPO보다 오히려 더 우수한 성능을 보였다는 실험 결과를 제시하였다.

2. 벤치마킹을 통한 구현 상세 권고

앞 절에서는 성능 향상의 원인을 밝히는 벤치마킹 결과를 간략히 소개했다. 이들 연구 결과에 자극받은 구글 연구진은 총 68개(C1~C68)의 하이퍼 매개변수에 대해 광범위한 벤치마킹 실험을 수행하고, 권고 사항을 도출한다[Andrychowicz2021]. 예를 들어, C23은 옵티마이저로서 {Adam, RMSprop}이고 기본값은 Adam이다. C24는 학습률로서 {3e−5, 1e−4, 3e−4, 1e−3, 3e−3}이고 기본값은 3e−4다. 연구진은 68개의 하이퍼 매개변수를 관련 항목끼리 8개의 범주로 묶고, 각 범주에 대해 실험 결과, 해석, 권고 사항을 제시한다. 8가지 묶음은 ① 정책 신경망의 손실 함수, ② 신경망 구조, ③ 정규화와 자름, ④ 이익 함수 추정, ⑤ 학습, ⑥ 순간의 관리, ⑦ 옵티마이저, ⑧ 규제다.

벤치마킹은 8개 묶음 각각에 대해 개별적으로 수행한다. 예를 들어 묶음 ①은 C3, C14, C15, C16, C17, C18, C24를 포함한다. C24에 다섯 가지 값이 있듯이 이들 각각은 여러 개 값을 가진다. 연구진은 이들 하이퍼 매개변수가 가질 수 있는 값의 조합 2000개를 랜덤하게 뽑아 학습한다. 이때 각 하이퍼 매개변수의 개별 값은 여러 조합에 반복적으로 참여한다. 예를 들어 C24의 경우 5개 값이 있기 때문에 특정 값은 대략 400번 참여하게 된다. 학습은 5가지 MuJoCo 과업(Hopper, Walker2d, HalfCheetah, Ant, Humanoid)에 적용한다. 각 조합에 대해 독립적으로 3번 학습을 수행하고 성능을 기록한다. 따라서 묶음 ①에 대해 2000×5×3=3만 개의 에이전트를 학습시키는 셈이다. 실험 결과를 분석할 때는 95퍼센타일[95th percentile]과 상위 5%의 분포를 기준으로 삼는다. [그림 10-7]은 학습률을 나타내는 C24={3e-5,1e-4,3e-4,1e-3,3e-3}에 대한 분석 결과다. [그림 10-7(a)]에서 Hopper 과업을 살펴보면 0.001의 95퍼센타일의 점수가 약 1500으로 가장 높다. 다시 말해 400번 학습했다면 20등에 해당하는 에이전트가 점수 1500을 달성했다는 뜻이다. [그림 10-7(b)]에서 Hopper 과업을 살펴보면 상위 5%, 즉 가장 잘한 20개에서 0.001이 43%가량, 즉 9개가량 차지한다는 뜻이다.

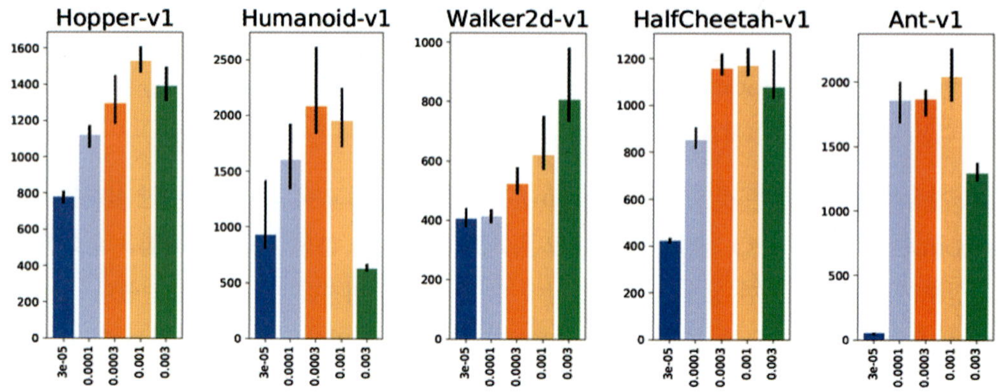

(a) 95퍼센타일

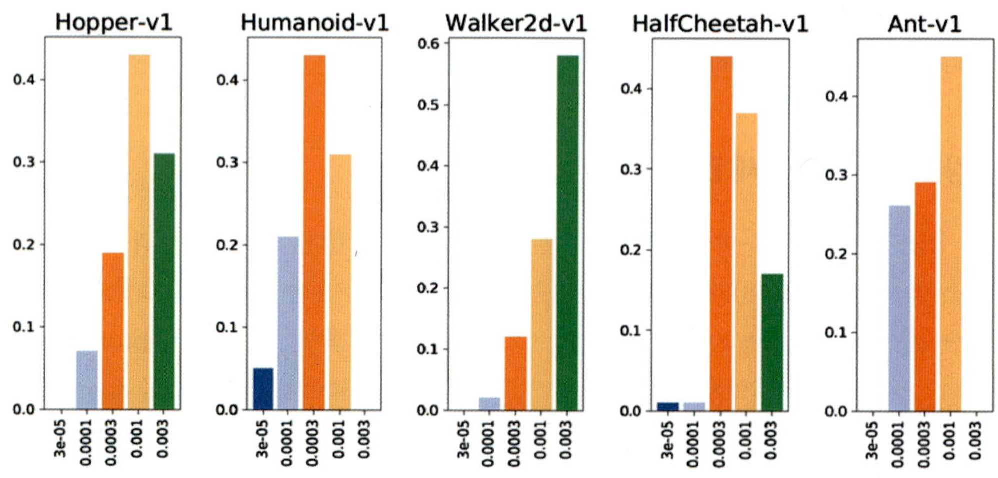

(b) 상위 5% 분포

그림 10-7 하이퍼 매개변수 C24에 대한 벤치마킹 결과[Andrychowicz2021]

이 논문은 본문 10쪽과 부록 39쪽에 달하는 긴 논문인데, 실용화 시스템을 제작하려는 사람이라면 꼭 읽어봐야 할 귀중한 자료다. 특정 논문의 실험 결과를 자세히 소개하는 데에는 이유가 있다.

첫째, 강화 학습 알고리즘을 구현하려면 구현 상세가 아주 많고, 이들을 제대로 설정해야 원하는 성능을 얻을 수 있다는 인식을 심어주기 위함이다. 이러한 인식이 있어야 뜻대로 성능을 얻지 못했을 때 중도에 의지를 잃지 않고 실험을 계속할 수 있다. 둘째, 본격적으로 시스템을 개발하려는 개발자가 따라야 할 벤치마킹 프로토콜로 활용할 수 있기 때문이다. 이러한 혹은 보다 개선된 프로토콜을 따라야만 개발 프로젝트를 성공으로 이끌 수 있다.

논문은 8가지 묶음 각각에 대해 실험 결과와 해석, 권고 사항을 제시한다. 여기서는 핵심 권고 사항 중 일부만 발췌하여 소개한다. 다만, 논문의 권고 사항은 절대적인 것이 아니라는 점에 유의해야 한다. 제시된 내용을 참고하되 자신이 풀고자 하는 과업을 잘 이해하고 충분한 자체 실험을 통해 최적의 설정을 찾아야 한다.

① **정책 신경망의 손실 함수:** PPO-clip의 손실 함수를 사용한다. 식 (10.11)의 자름 임계치 ϵ은 0.25를 기준으로 약간 작게 또는 약간 크게 조정한다.

② **신경망 구조:** 가중치 초기화가 중요하다. 마지막 층의 초깃값은 100배가량 작게 설정한다. 활성 함수로 relu를 피하고 tanh를 사용한다.

③ **정규화와 자름:** 상태에 대해 정규화를 적용한다. 가치 함수 정규화는 도움이 되는지 확인한 다음 적용 여부를 결정한다. 그레이디언트 자름은 약간 도움이 된다.

④ **이익 함수 추정:** $\lambda=0.9$인 GAE를 사용한다.

⑤ **학습:** 롤아웃 버퍼 데이터에 대해 학습을 여러 번 적용한다. 미니배치로 나눌 때는 섞음shuffle을 적용한다.

⑥ **순간의 관리:** 할인율 γ는 매우 중요하다. $\gamma=0.99$를 중심으로 미세 조정한다.

⑦ **옵티마이저:** 모멘텀 $\beta_1=0.9$로 설정한 Adam을 쓴다. 학습률은 0.0003이 무난하다. 학습률을 점점 낮추는 기법은 성능을 약간 개선해주지만 그리 중요하지 않다.

⑧ **규제:** PPO는 자름을 통해 이미 규제를 적용하는 셈이기 때문에 다른 규제는 큰 도움이 되지 않는다.

마지막으로 벤치마킹과 관련한 또 다른 논문을 간략히 소개하며 이 절을 마친다. Patterson은 강화 학습에서 신뢰할 수 있는 벤치마킹 결과를 얻는 일의 어려움과 중요성을 설명하고, 벤치마킹 과정에서 주의해야 할 사항을 폭넓게 제시한다[Patterson2024]. 예를 들어 어떤 성능 척도를 사용할지, 여러 번 실험한 결과를 통계적으로 어떻게 분석할지, 하이퍼 매개변수를 어떻게 다룰지, 비교 대상인 베이스라인 알고리즘을 어떻게 선택할지, 실험할 과업은 어떻게 선정할지 등을 구체적으로 설명한다. 또한 벤치마킹 과정에서 자주 범하는 실수를 정리하고 이를 극복하는 방안을 제시한다. Jordan은 강화 학습에 보다 적합한 성능 척도를 제시한다[Jordan2020].

3. 강화 학습의 연구개발 생태계

이제 벤치마킹은 강화 학습의 생태계에서 빼놓을 수 없는 중요한 구성요소가 되었다. [그림 10-8]은 벤치마킹을 포함하여 여섯 개 구성요소가 상호작용하는 강화 학습의 연구개발 생태계를 설명한다.

무엇보다 중요한 구성요소는 학습 알고리즘이다. 현대 강화 학습에서 주로 사용하는 알고리즘은 DQN(7장), PPO(10장), SAC(11장)이다. 앞으로는 이 생태계를 통해 더욱 개선된 새로운 학습 알고리즘들이 탄생할 것이다. 강화 학습은 데이터 기반의 경사하강법을 바탕으로 학습하기 때문에 딥러닝 라이브러리에 크게 의존한다. 현재 TensorFlow와 PyTorch가 주로 사용되는데 이 책에서는 TensorFlow를 이용한다. 과업task 라이브러리는 다양한 종류의 과업을 시뮬레이션해 주는 도구로, 새로운 알고리즘을 빠르게 실험하는 데 무척 중요하다. 이 책은 Gymnasium 라이브러리를 활용한다.

정성 들여 작성한 파이썬 코드베이스codebase를 오픈소스로 공개하는 사이트는 아주 중요한 구성요소다. 유명한 코드베이스를 소개하는 블로그로 [Huang2022a]를 추천한다.[3] 10.4.2절에서 소개한 바와 같이 최근에는 벤치마킹이 생태계의 중요한 구성요소로 자리 잡았다. 벤치마킹은 공정한 평가 기준을 제공하고 연구자와 개발자에게 지향할 방향을 제시한다. 마지막 구성요소는 확장하는 응용이다. 최근에는 점점 더 도전적인 로봇 과업을 성공시킨 사례가 등장하고 있다. 예전에는 자율주행차의 센싱, 인식, 제어를 각각 따로 학습한 후 결합하는 방식을 사용했는데, 이제는 이들을 하나의 총괄 과업으로 보고 강화 학습을 통해 통째 학습end-to-end learning하는 방식으로 전환되고 있다.

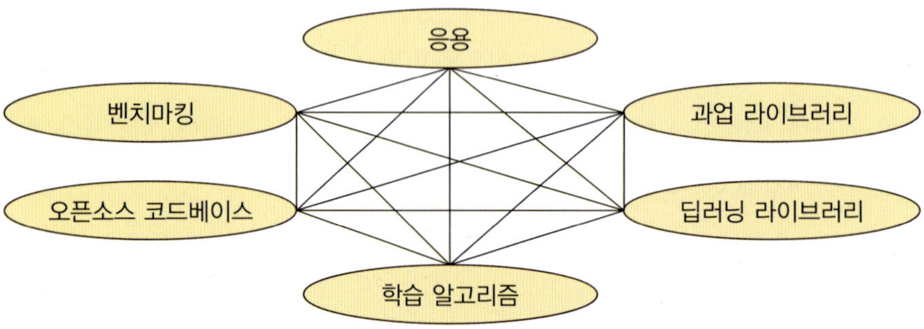

그림 10-8 강화 학습의 생태계

신경망은 스토캐스틱하고 훈련 데이터에 잡음이 섞여 있기 때문에 필연적으로 불안정성을 내포하고 있다. 강화 학습보다 역사가 오래된 지도 학습에서는 이런 불안정성을 줄이기 위해 생태계를 활용했다. 지도 학습의 생태계도 [그림 10-8]의 강화 학습의 생태계와 비슷하다. 많은 대학과 기업 연구소에서는 자신이 발견한 구현 상세를 국제 학술대회 또는 논문지를 통해 공유한다.

1998년에 이런 연구 결과들은 『Neural Networks: Tricks of the Trade(First Edition)』이라는 책으로 집대성되었고, 이후 연구 결과를 보강한 『Neural Networks: Tricks of the Trade(Second Edition)』

3 https://iclr-blog-track.github.io/2022/03/25/ppo-implementation-details

이 2012년에 출간되었다[Montavon2012]. 지도 학습에서 이런 노력들이 생태계를 통해 이루어지고, 그 성과가 다시 생태계를 더욱 건강하게 만드는 선순환 구조를 형성해왔다.

강화 학습은 레이블이라는 참값이 존재하지 않기 때문에 지도 학습에 비해 구현하기 훨씬 까다롭고 불안정하다. 강화 학습에서 이루어진 10.4.1~10.4.2절의 노력은 20여 년 전 지도 학습에서 이루어졌던 것을 연상시킨다. 아직 『Reinforcement Learning: Tricks of the Trade』와 같은 종합적인 책이 출간되지는 않았지만, 이와 유사한 내용을 포함한 책들이 존재한다[Graesser2020(10&12장), Dong2020(18장)].

5

PPO 프로그래밍: 연속 과업

이 절에서는 PPO-clip 학습 알고리즘인 [알고리즘 10-1]을 연속 과업에 적용한다. 앞선 9장에서는 상태 공간은 2~4차원이고, 행동 공간은 1차원인 InvertedPendulum과 MountainCarContinuous 과업을 학습하였다. 이번 절에서는 보다 도전적인 MuJoCo 로봇 과업을 대상으로 프로그래밍 실습을 수행한다. 이들 과업은 상태 공간은 11~348차원이고 행동 공간은 3~17차원이다. 10.5.1절에서 MuJoCo 로봇 과업을 소개하고, 10.5.2~10.5.6절에서는 여러 로봇 과업에 대한 프로그래밍 실습을 수행한다.

1. 로봇 과업

로봇은 어떤 과업을 자동으로 수행하는 기계로, 주로 컴퓨터 프로그램이 행동을 결정해준다. 사람을 닮은 휴머노이드humanoid뿐 아니라 사족 보행 로봇, 팔 하나가 바닥에 고정된 형태의 매니퓰레이터manipulator, 하늘을 나는 드론drone 등 매우 다양하다. 자율주행차 또한 로봇의 범주에 포함된다.

로봇 역학을 직접 프로그래밍하는 일은 물리 법칙과 기계 공학을 깊이 이해해야 하기 때문에 매우 어렵다. 다행히 로봇 역학을 정교하게 시뮬레이션해 주는 물리 시뮬레이터physics simulator들이 개발되어 있다. 대표적인 라이브러리로 MuJoCo와 PyBullet을 들 수 있는데 이 책은 MuJoCo를 활용하여 프로그래밍 실습을 수행한다.

물리 시뮬레이터에 대한 서베이 논문으로 [Collins2021]을 추천한다. 물리 시뮬레이터를 포함하여 단어 게임인 WordCraft, 심리 게임인 DeepMind Psychlab 등을 소개하는 블로그가 있다[Januszewski2024]. 엔비디아는 자율주행차와 로봇을 시뮬레이션할 수 있는 Isaac Sim이라는 플랫폼을 제공한다[Zhou2023]. Gymnasium 라이브러리의 External Environments 메뉴에는 자율주행차를 포함하여 다양한 도전적인 로봇 과업을 제공한다. 로봇 과업을 강화 학습으로 해결한 사례를 다룬 서베이 논문으로 [Zhao2020, Tang2024]를 추천한다.

MuJoCo는 **Mu**lti-**Jo**int dynamics with **Co**ntact의 약자로, 로봇 공학, 생체 역학biomechanics, 컴퓨터 그래픽스 등의 연구 분야에 널리 활용되는 다목적 물리 시뮬레이터 엔진이다. MuJoCo는 Roboti LLC가 개발하였으며, 2012년에 처음 소개되었다[Todorov2012]. 한때 유료로 운영되다가 2021년에 딥마인드에 인수되면서 무료로 전환되었고 2022년에 오픈소스로 공개되었다. MuJoCo는 이족 보행 로봇[biped], 사족 보행 로봇[quadruped], 휴머노이드, 모바일 매니퓰레이터, 고정 매니퓰레이터, 로봇 손, 드론, 생체 로봇 등 다양한 로봇 모델을 제공한다. Gymnasium은 [그림 10-9]가 보여주는 11개 과업에 자신의 표준 인터페이스를 적용하여 제공한다[Towers2024]. 따라서 Gymnasium의 다른 과업과 마찬가지로 env.reset과 env.step 함수를 사용하여 MuJoCo 과업을 프로그래밍할 수 있다.

[그림 10-9]는 대체로 윗줄 왼쪽에서 아랫줄 오른쪽으로 갈수록 관절 수가 많아져 학습이 어려워진다. InvertedPendulum은 좌우로 힘을 가하는 관절(모터)이 하나뿐인 가장 단순한 과업으로, 8장과 9장에서 프로그래밍 실습을 수행한 적이 있다. 여기서는 Hopper(3개 관절), Walker2d(6개 관절), HalfCheetah(6개 관절), Ant(8개 관절), Humanoid(17개 관절) 과업을 학습한다.

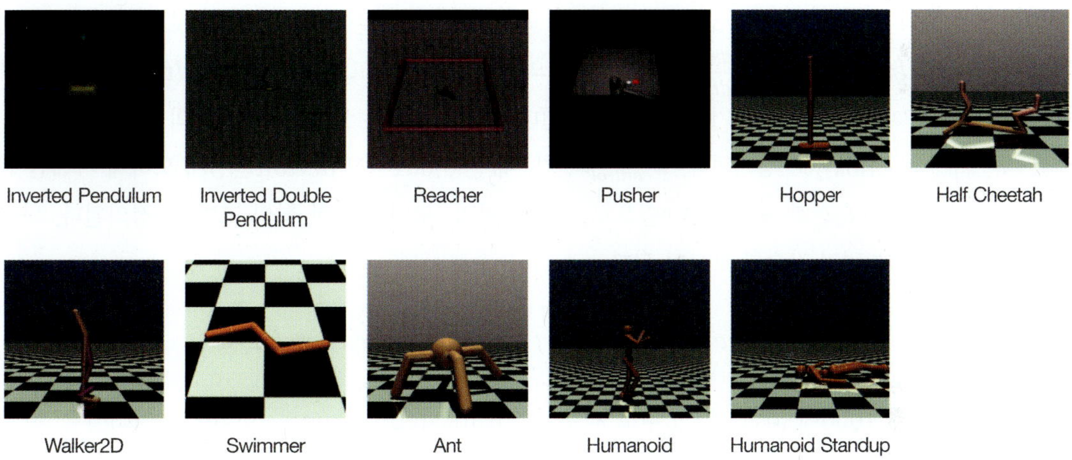

그림 10-9 Gymnasium이 제공하는 MuJoCo 과업

2. 프로그래밍 실습: Hopper 과업

Hopper 과업은 관절이 3개이기 때문에 8장과 9장에서 실습한 좌우로만 이동하는 InvertedPendulum이나 MountainCarContinuous 과업보다 복잡하다. 프로그래밍을 시작하기에 앞서 과업을 먼저 이해해야 한다.

Hopper 과업의 이해

[그림 10-10]은 다리 하나로 폴짝폴짝 뛰는 Hopper 로봇의 구조를 보여준다. 이 로봇은 허벅지와 정강이, 발에 하나씩 총 3개 관절을 가진다. 이 관절들에 연결된 세 개의 모터가 구동하며 이들이 3차원 행동 공간을 구성한다. 3개 관절 각각의 각도와 각속도(6개), 몸통의 높이와 각도, x와 z 방향 속도, 각속도(5개)가 11차원의 상태 공간을 구성한다. 따라서 a_dim과 s_dim은 각각 3과 11이다.

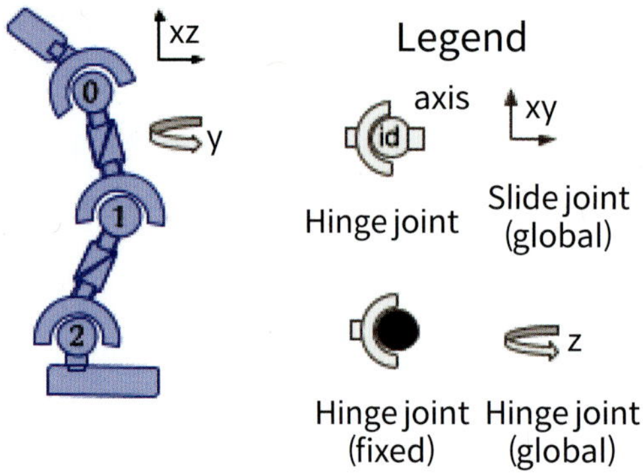

그림 10-10 Hopper 로봇 과업[4]

보상은 아래 식으로 정의한다. 처음 두 항은 상에 해당하기 때문에 더해주고 세 번째 항은 벌에 해당하기 때문에 빼준다. $healthy_reward$는 쓰러지지 않고 버텼기 때문에 주는 보상으로 매 순간 1이다. $forward_reward = w_{forward} \times \frac{dx}{dt}$인데, $w_{forward}$의 기본값은 1이고 $\frac{dx}{dt}$는 한 순간 dt 동안 앞으로 나아간 거리 dx로 계산한다. dt의 기본값은 0.008이다. $ctrl_cost$는 모터에 가한 힘의 합으로서 $ctrl_cost = w_{control} \times \|action\|_2^2$로 정의된다. $w_{control}$의 기본값은 0.001이고 $action$은 3개 모터에 가해진 힘 벡터다. 요약하면 한 순간의 보상은 (1+앞으로 나아간 거리−모터에 가한 힘의 크기)로 정의된다. 다시 말해 적은 힘을 가해 멀리 갈수록 보상이 크다.

$$reward = healthy\_reward + forward\_reward - ctrl\_cost$$

에피소드의 길이가 1000이 되면 성공했다고 간주하고 truncated를 True로 설정하고 종료한다. 그 이전에 몸통의 높이가 기준 이하거나 관절의 각도가 정상 범위를 벗어나면 로봇이 넘어졌다고 간주하고 terminated를 True로 설정하고 종료한다.

Hopper 과업의 학습

[프로그램 10-1]은 PPO-clip을 이용하여 Hopper 과업을 학습하는 프로그램이다. 9~10행에서 사용한 discount_cumulation 함수는 [프로그램 9-2]에서 가져왔다.

127행은 steps_per_epoch를 매개변수로 전달하여 RolloutBuffer 클래스를 호출하고, 롤아웃 버퍼를 만들어 mem 변수에 저장한다. 110행은 steps_per_epoch를 4096으로 설정하여 비교적 큰 버퍼를 만든다. 12~46행은 RolloutBuffer 클래스를 정의하여 [그림 10-3]의 롤아웃 버퍼 자료구조를 구현한다. RolloutBuffer 클래스는 [프로그램 9-5]의 Buffer 클래스와 유사하지만, Buffer 클래스는 에피소드 하나만 담을 수 있게 설계된 반면 RolloutBuffer는 여러 에피소드를 담을 수 있다는 점이 다르다. 13~21행의 __init__ 함수는 롤아웃 버퍼를 생성하고 초기화한다. 14행과 15행은 각각 s_dim 차원의 상태 벡

4 본 절에 사용된 Hopper, Walker2d, HalfCheetah, Ant, Humanoid의 로봇 구조 그림은 Gymnasium 공식 사이트(https://gymnasium.farama.org)에서 확인할 수 있다.

터와 a_dim 차원의 행동 벡터를 저장할 메모리를 확보한다. 16~20행은 스칼라 값을 저장할 메모리를 확보한다. 이들 모두 siz 크기의 numpy ndarray를 배정받는다. 21행은 궤적trajectory의 시작과 끝을 나타내는 t_start와 t_end를 0으로 초기화한다. 중간에 잘린 에피소드가 버퍼에 저장될 가능성이 있기 때문에 궤적이라고 부른다. 23~29행의 store 함수는 한 순간에 발생한 상태, 행동, 보상, 가치 함수, 로그 확률을 t_end가 가리키는 버퍼 위치에 저장한다. 그런 다음 t_end를 1만큼 증가시켜 다음 빈칸을 가리키도록 한다. 31~39행의 finish_trajectory 함수는 에피소드 또는 잘린 에피소드(궤적)의 데이터를 완성한다. 32행은 현재 궤적이 저장된 버퍼 구간을 tslice에 할당한다. 33행은 reward_mem의 해당 구간을 잘라내고 마지막에 last_value 값을 덧붙여 rewards에 저장한다. last_value 값은 151행에서 결정하는데 완전한 에피소드의 경우 0이고 잘린 에피소드의 경우 가치 함수 값이다. 이에 대해서는 [그림 10-3]을 참조한다. 34행은 value_mem에 대해 33행과 같은 작업을 한다. 36~38행에서는 GAE와 이득을 계산하고 해당 값을 버퍼에 저장한다. 39행은 t_end를 t_start로 설정하여 새로운 궤적을 받을 준비를 한다. 41~46행은 버퍼 내용 전체를 반환하는 get 함수다. 42행은 t_start와 t_end를 0으로 초기화하여 새로운 데이터를 받을 준비를 한다. 43~45행은 하이퍼 매개변수 advantage_normalizing이 참으로 설정되어 있으면 이익 함수 값을 정규화한다. 46행은 버퍼 내용을 반환한다.

48~71행의 ActorNetwork 클래스는 [프로그램 9-5]와 비슷하다. 다른 곳은 67~71행의 log_prob 함수다. 이곳이 왜 달라야 하는지 이해하려면 A2C의 [프로그램 9-5]가 사용하는 식 (9.2)와 PPO의 [프로그램 10-1]이 사용하는 식 (10.11)의 차이를 이해해야 한다. 식 (9.2)는 $\log(\pi_{\boldsymbol{\theta}}(a|s))$를 계산하면 된다. 따라서 이미 수집해 둔 에피소드 데이터의 action, mean, std를 받아 로그 확률을 계산하면 된다. 식 (10.11)에서는 $\frac{\pi_{\boldsymbol{\theta}}(a_t|s_t)}{\pi_{\boldsymbol{\theta}_i}(a_t|s_t)}$를 계산해야 하는데, $\pi_{\boldsymbol{\theta}_i}(a_t|s_t)$는 에피소드 데이터에 해당하고 $\pi_{\boldsymbol{\theta}}(a_t|s_t)$의 $\boldsymbol{\theta}$는 미분을 통해 개선해야 하는 대상이다. 따라서 [프로그램 10-1]의 log_prob 함수는 에피소드 데이터의 state와 action, std를 받은 다음 68행에서 정책 신경망의 전방 계산을 통해 mean을 새로 구한다. 그리고 mean과 std로 정의되는 가우시안에서 action 위치의 값을 구한 다음 log를 취해 넘겨준다. 73~83행의 CriticNetwork 클래스는 [프로그램 9-5]와 같다.

86~99행의 learn_actor 함수는 정책 신경망을 학습한다. 85행은 [프로그램 9-5]의 설명을 참조한다. 87~95행은 [그림 10-4(c)]에 따라 손실 함수 값 loss를 계산한다. 96행은 그레이디언트 grad를 계산하고, 97행에서는 신경망의 가중치를 갱신한다. 102~107행의 learn_critic 함수는 가치 신경망을 학습하는데 [프로그램 9-5]와 같다.

109~120행은 하이퍼 매개변수를 설정한다. 109행은 할인율 γ와 GAE 계산에 쓰는 λ를 설정한다. 110행의 steps_per_epoch은 한 세대가 거치는 순간의 개수로, 롤아웃 버퍼 크기와 같다. n_epoch은 세대의 반복 횟수다. 따라서 학습 과정 전체에 걸쳐 steps_per_epoch×n_epoch 순간만큼 지속하는 셈이다. 111행은 행동가와 비평가 신경망의 학습률이다. 112행은 [그림 10-6]에서처럼 같은 롤아웃 버퍼 데이터로 신경망을 반복 학습할 때의 반복 횟수다. 113행은 PPO-clip 알고리즘이 사용하는 식 (10.11)에 있는 ϵ이다. 114행은 165행이 조기 멈춤 조건을 검사할 때 사용하는 임곗값이다. 115행은 활성 함수를 tanh로 설정한다. 116행은 표준편차(std) 스케줄링이 사용하는 시작값과 붕괴율이다. [그림

9-11(c)]의 오른쪽 곡선을 사용한다. 117행은 신경망 초기화 방식으로 Orthogonal을 지정한다. 118행은 43행에서 GAE를 정규화할지 여부를 지정한다. 119행은 행동가 신경망을 학습할 때 165행에서 조기 멈춤을 적용할지 여부를 지정한다. 120행은 행동가 신경망의 손실 함수에 엔트로피 항을 추가할지 여부를 지정한다. 엔트로피 추가 여부는 92행에서 확인한다. 실험에서는 셋 모두 False로 설정하여 적용하지 않았다.

122~125행은 환경을 생성하고 상태와 행동의 차원을 알아낸다. 127~131행은 롤아웃 버퍼를 생성하고, 행동가와 비평가 신경망을 생성하고, 옵티마이저를 설정한다. 133~173행은 n_epoch 세대 수만큼 반복하면서 롤아웃 버퍼 생성과 신경망 학습을 반복한다. 133행은 학습 곡선을 그리는 데 쓸 에피소드의 길이와 점수(누적 보상)를 저장할 리스트를 생성한다. 136행은 n_epoch만큼 반복하며, tqdm을 적용하여 학습 진행 상황을 모니터링한다. 138행은 [그림 9-11(c)]의 오른쪽 곡선을 사용하여 표준편차를 스케줄링한다. 139~160행은 steps_per_epoch 순간만큼 데이터를 생성하여 롤아웃 버퍼를 채운다. 에피소드가 끝나거나 버퍼가 꽉 차서 150행의 조건이 참이 되면 151행에서 last_value를 계산하고 152행에서 finish_trajectory 함수를 호출하여 궤적 데이터를 완성한다. 154~157행은 에피소드 길이와 점수를 기록한다. 159행은 에피소드 길이와 점수를 0으로 초기화하고, 160행은 reset 함수로 새로운 에피소드를 시작한다. 이런 과정을 거쳐 버퍼가 꽉 차면 162행에 도달한다.

162행은 get 함수를 통해 롤아웃 버퍼에 저장된 데이터를 받는다. 163~166행은 행동가(정책 신경망)를 학습한다. 롤아웃 버퍼에 있는 데이터를 가지고 actor_iterations 수만큼 반복 학습한다. 하이퍼 매개변수 actor_early_stopping이 참으로 설정되어 있고 학습 도중 kl-다이버전스가 임계치를 넘으면 조기 멈춤을 한다. 167~168행은 비평가(가치 신경망)를 학습한다. 170~171행은 한 세대 동안 발생한 에피소드의 평균 길이와 점수를 저장하고, 172~173행은 결과를 출력한다.

175행은 학습이 모두 끝난 후 정책 신경망을 파일에 저장한다. 178~188행은 학습 곡선을 그린다. 180행은 에피소드 점수의 변화를, 182행에서는 에피소드 길이의 변화를 그래프로 그린다.

프로그램 10-1 PPO-clip을 이용한 Hopper 과업 학습

```
1   import gymnasium as gym
2   import numpy as np
3   import scipy
4   import tensorflow as tf
5   from tensorflow.keras.layers import Input,Dense
6   import matplotlib.pyplot as plt
7   import tqdm
8
9   def discount_cumulation(x,discount):
10      return scipy.signal.lfilter([1],[1,float(-discount)],x[::-1],axis=0)[::-1]
11
12  class RolloutBuffer:
```

```python
    def __init__(self,siz):
        self.state_mem=np.zeros((siz,s_dim),dtype=np.float32)  # 상태
        self.action_mem=np.zeros((siz,a_dim),dtype=np.float32)  # 행동
        self.advantage_mem=np.zeros(siz,dtype=np.float32)  # 이익 함수
        self.reward_mem=np.zeros(siz,dtype=np.float32)  # 보상
        self.return_mem=np.zeros(siz,dtype=np.float32)  # 이득
        self.value_mem=np.zeros(siz,dtype=np.float32)  # 가치 함수
        self.logprob_mem=np.zeros(siz,dtype=np.float32)  # 행동의 로그 확률
        self.t_start,self.t_end=0,0

    def store(self,state,action,reward,value,logprob):
        self.state_mem[self.t_end]=state
        self.action_mem[self.t_end]=action
        self.reward_mem[self.t_end]=reward
        self.value_mem[self.t_end]=value
        self.logprob_mem[self.t_end]=logprob
        self.t_end+=1

    def finish_trajectory(self,last_value=0):
        tslice=slice(self.t_start,self.t_end)
        rewards=np.append(self.reward_mem[tslice],last_value)
        values=np.append(self.value_mem[tslice],last_value)

        deltas=rewards[:-1]+gamma*values[1:]-values[:-1]
        self.advantage_mem[tslice]=discount_cumulation(deltas,gamma*lamda) # GAE
        self.return_mem[tslice]=discount_cumulation(rewards,gamma)[:-1]  # 이득
        self.t_start=self.t_end

    def get(self):
        self.t_start,self.t_end=0,0
        if advantage_normalizing: # 이익 정규화 적용
            mean,std=np.mean(self.advantage_mem),np.std(self.advantage_mem)
            self.advantage_mem=(self.advantage_mem-mean)/std
        return (self.state_mem,self.action_mem,self.advantage_mem,self.return_mem,self.logprob_mem)

class ActorNetwork(tf.keras.Model):
    def __init__(self):
        super().__init__()
        self.actor_mean=tf.keras.Sequential(
            [Input(shape=(s_dim,)),
             Dense(64,activation=activation,kernel_initializer=initializer),
             Dense(64,activation=activation,kernel_initializer=initializer),
             Dense(a_dim,kernel_initializer=initializer)])

    def call(self,state):
        mean=self.actor_mean(state)
```

```
        return mean

    def sample_action(self,state,std):  # 행동 샘플링
        mean=self.call(state)
        noise=tf.random.normal(shape=mean.shape)
        action=mean+noise*std
        return action

    def log_prob(self,state,action,std):  # 가우시안의 로그
        mean=self.call(state)
        log_v1=-0.5*tf.square((action-mean)/std)
        log_v2=0.5*tf.math.log(2.0*np.pi)+tf.math.log(std)
        return tf.reduce_sum(log_v1-log_v2,axis=1)

class CriticNetwork(tf.keras.Model):
    def __init__(self):
        super().__init__()
        self.critic=tf.keras.Sequential(
            [Input(shape=(s_dim,)),
             Dense(64,activation=activation,kernel_initializer=initializer),
             Dense(64,activation=activation,kernel_initializer=initializer),
             Dense(1,kernel_initializer=initializer)])

    def call(self,state):
        return tf.keras.ops.squeeze(self.critic(state),axis=1)

@tf.function
def learn_actor(states,actions,logprobs,advantages,std):
    with tf.GradientTape() as tape:
        logprobs_new=actor.log_prob(states,actions,std)
        ratio=tf.exp(logprobs_new-logprobs)
        mins=tf.where(advantages>0,(1+clip_epsilon)*advantages,(1-clip_epsilon)*advantages)
        loss=-tf.reduce_mean(tf.minimum(ratio*advantages,mins))
        if entropy_loss_term:  # 엔트로피 적용
            entropy=tf.reduce_mean(tf.math.log(std)+0.5*tf.math.log(2.0*np.pi*np.e))
            entropy_loss=0.01*entropy
            loss+=entropy_loss
    grad=tape.gradient(loss,actor.trainable_variables)
    optimizer_actor.apply_gradients(zip(grad,actor.trainable_variables))
    kl=tf.reduce_mean(logprobs-logprobs_new)  # 조기 멈춤에 사용
    return kl

@tf.function
def learn_critic(states,returns):
    with tf.GradientTape() as tape:
        values=critic(states)
        loss=tf.reduce_mean((returns-values)**2)
```

```
    grad=tape.gradient(loss,critic.trainable_variables)
    optimizer_critic.apply_gradients(zip(grad,critic.trainable_variables))

gamma,lamda=0.99,0.95  # 할인율, GAE 람다
steps_per_epoch,n_epoch=4096,1000  # 세대당 반복수, 세대 반복 횟수
actor_lr,critic_lr=3e-4,1e-3  # 학습률
actor_iterations,critic_iterations=80,80  # 학습 반복 횟수
clip_epsilon=0.2  # PPO clip 비율(epsilon)
target_kl=0.01  # 조기 멈춤 임곗값
activation=tf.keras.activations.tanh  # 활성 함수
std,std_decay,std_min=0.6065,0.999,0.01  # std 스케줄링 시작값과 붕괴율
initializer=tf.keras.initializers.Orthogonal  # 가중치 초기화
advantage_normalizing=False  # 이익 정규화 여부
actor_early_stopping=False  # 조기 멈춤 여부
entropy_loss_term=False  # 엔트로피 항 여부

task_name='Hopper-v4'
env=gym.make(task_name)
s_dim=env.observation_space.shape[0]
a_dim=env.action_space.shape[0]

mem=RolloutBuffer(steps_per_epoch)
actor=ActorNetwork()
critic=CriticNetwork()
optimizer_actor=tf.keras.optimizers.Adam(learning_rate=actor_lr)
optimizer_critic=tf.keras.optimizers.Adam(learning_rate=critic_lr)

epi_lengths,epi_scores=[],[]
length_per_epoch,score_per_epoch=[],[]
state,info=env.reset()
for epoch in tqdm.tqdm(range(n_epoch)):
    n_epi,length,score=0,0,0
    std=max(std_min,std*std_decay)  # std 스케줄링
    for t in range(steps_per_epoch):
        action=actor.sample_action(state.reshape(1,-1),std)
        logprob_t=actor.log_prob(state.reshape(1,-1),action,std)
        value_t=critic(state.reshape(1,-1))
        state_,reward,terminated,truncated,_=env.step(action[0].numpy())
        mem.store(state,action[0],reward,value_t,logprob_t)
        state=state_

        score+=reward
        length+=1

        if (terminated or truncated) or (t==steps_per_epoch-1):
            last_value=0 if (terminated or truncated) else critic(state.reshape(1,-1))
            mem.finish_trajectory(last_value)
```

```python

            if terminated or truncated:
                n_epi+=1
                epi_lengths.append(length)
                epi_scores.append(score)

            length,score=0,0
            state,info=env.reset()

    states,actions,advantages,returns,logprobs=mem.get()
    for k in range(actor_iterations):  # actor 학습
        kl=learn_actor(states,actions,logprobs,advantages,std)
        if actor_early_stopping and kl>1.5*target_kl:  # 조기 멈춤 적용
            break
    for k in range(critic_iterations):  # critic 학습
        learn_critic(states,returns)

    length_per_epoch.append(np.mean(epi_lengths[-n_epi:]))
    score_per_epoch.append(np.mean(epi_scores[-n_epi:]))
    if (epoch+1)%10==0:
        print(f' 에피소드 길이(점수) {np.mean(length_per_epoch[-10:]):.2f},{np.mean(score_per_epoch[-10:]):.2f}')

actor.save_weights('f10-1.weights.h5')
env.close()

plt.figure(figsize=(16,5))
smooth=np.convolve(score_per_epoch,10*[0.1],mode='valid')
plt.plot(range(1,len(smooth)+1),smooth)
smooth=np.convolve(length_per_epoch,10*[0.1],mode='valid')
plt.plot(range(1,len(smooth)+1),smooth)
plt.title('PPO scores for '+task_name)
plt.ylabel('Length and Score)')
plt.xlabel('Epoch')
plt.legend(['Score','Length'])
plt.grid()
plt.show()
```

```
1%|          | 10/1000 [06:53<12:03:04, 43.82s/it] 에피소드 길이(점수) 60.38,77.45
2%|▏         | 20/1000 [13:55<11:14:33, 41.30s/it] 에피소드 길이(점수) 155.01,296.65
3%|▎         | 30/1000 [20:45<10:59:56, 40.82s/it] 에피소드 길이(점수) 142.60,304.77
4%|▍         | 40/1000 [27:14<10:15:25, 38.46s/it] 에피소드 길이(점수) 146.90,343.99
…
98%|█████████▊| 980/1000 [10:46:43<12:17, 36.88s/it] 에피소드 길이(점수) 756.67,2575.12
99%|█████████▉| 990/1000 [10:52:49<06:01, 36.16s/it] 에피소드 길이(점수) 809.63,2778.88
100%|██████████| 1000/1000 [10:58:47<00:00, 39.53s/it] 에피소드 길이(점수) 843.50,2876.15
```

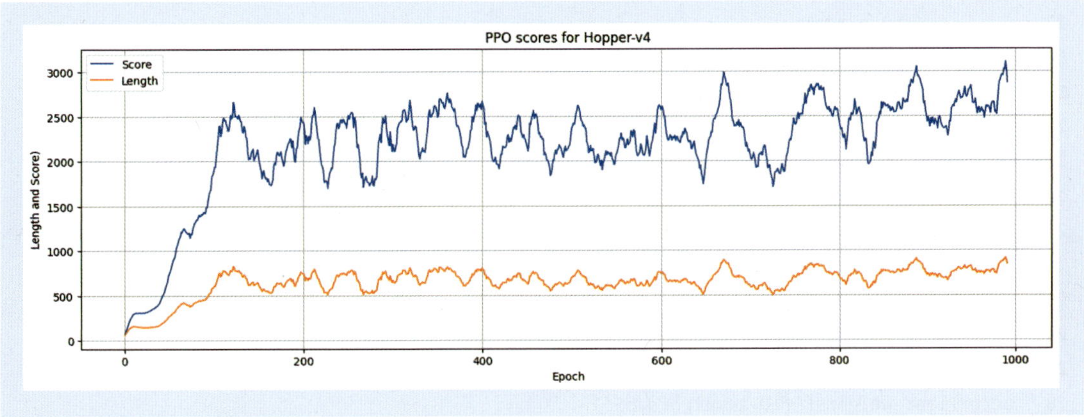

프로그램 실행 결과를 살펴보면, 1000번째 에피소드에서 길이 843.5와 점수 2876.15를 달성하고 학습을 마쳤다.

Hopper 과업의 시험

[프로그램 10-2]는 Hopper 과업을 시험한다. 6~17행은 [프로그램 10-1]의 ActorNetwork 클래스 코드인데, 학습에 필요한 멤버 함수는 제외하고 시험에 필요한 함수만 가져온다. 27행은 정책 신경망을 만들고, 28행은 [프로그램 10-1]이 학습하고 저장해둔 신경망 파일을 읽어온다. 30~42행은 에피소드를 생성하고 애니메이션을 출력한다. 33행은 정책 신경망을 통해 가우시안의 평균을 추정하고 mean에 저장한다. 시험에서는 표준편차는 사용하지 않는다. 34행은 가장 높은 확률을 나타내는 평균 mean을 행동으로 취한다. 이 행동을 가지고 step 함수를 실행하여 다음 상태로 넘어간다.

프로그램 10-2 Hopper 과업 시험

```
1   import gymnasium as gym
2   import cv2 as cv
3   import tensorflow as tf
4   from tensorflow.keras.layers import Input,Dense
5
6   class ActorNetwork(tf.keras.Model):
7       def __init__(self):
8           super().__init__()
9           self.actor_mean=tf.keras.Sequential(
10              [Input(shape=(s_dim,)),
11               Dense(64,activation=activation,kernel_initializer=initializer),
12               Dense(64,activation=activation,kernel_initializer=initializer),
13               Dense(a_dim,kernel_initializer=initializer)])
14
15      def call(self,state):
16          mean=self.actor_mean(state)
```

```
        return mean

activation=tf.keras.activations.tanh
initializer=tf.keras.initializers.Orthogonal  # 가중치 초기화

task_name='Hopper-v4'
env=gym.make(task_name,render_mode='rgb_array')
s_dim=env.observation_space.shape[0]  # 상태 공간
a_dim=env.action_space.shape[0]

actor=ActorNetwork()
actor.load_weights('f10-1.weights.h5')

length=0
s,info=env.reset()
while True:
    mean=actor(s.reshape(1,-1))
    s,r,terminated,truncated,info=env.step(mean[0])  # 평균을 행동으로 취함(탐욕 선택)
    length+=1

    cv.imshow(task_name+' animation',cv.cvtColor(env.render(),cv.COLOR_BGR2RGB))
    key=cv.waitKey(10)

    if terminated or truncated:
        print("에피소드의 길이:",length)
        break

env.close()
if cv.waitKey()==ord('q'):
    cv.destroyAllWindows()
```

```
에피소드의 길이: 1000
```

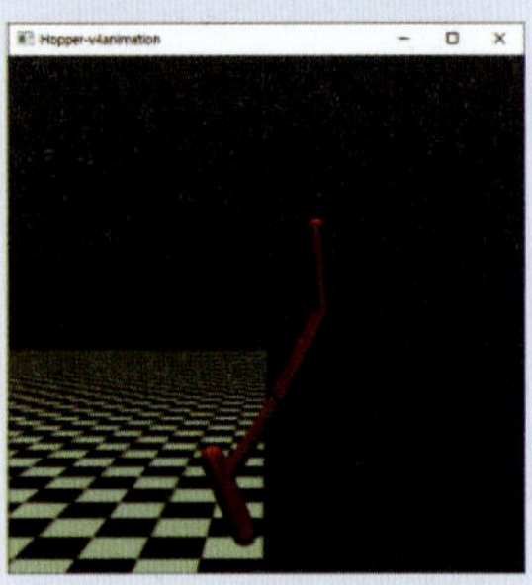

프로그램 실행 결과를 보면 Hopper 로봇이 1000 순간까지 성공적으로 뛰뛰기를 하는 장면을 확인할 수 있다.

3. 프로그래밍 실습: Walker2d 과업

Walker2d 과업은 다리가 한 개인 Hopper 로봇을 다리가 두 개인 로봇으로 확장한다. 이 로봇이 두 다리로 걸어서 앞으로 전진할 수 있게 학습해야 한다. 먼저 과업을 설명한다.

Walker2d 과업의 이해

[그림 10-11]은 두 다리로 걷는 Walker2d 로봇의 구조를 보여준다. 왼쪽 다리와 오른쪽 다리 각각 허벅지와 정강이, 발에 해당하는 3개의 관절을 가지고 있다. 따라서 6개 모터로 구동하는 회전력이 6차원 행동 공간을 구성한다. 6개 관절 각각의 각도와 각속도(12개), 몸통의 높이와 각도, x와 z 방향 속도, 각속도(5개)가 17차원의 상태 공간을 구성한다. 따라서 a_dim과 s_dim은 각각 6과 17이다.

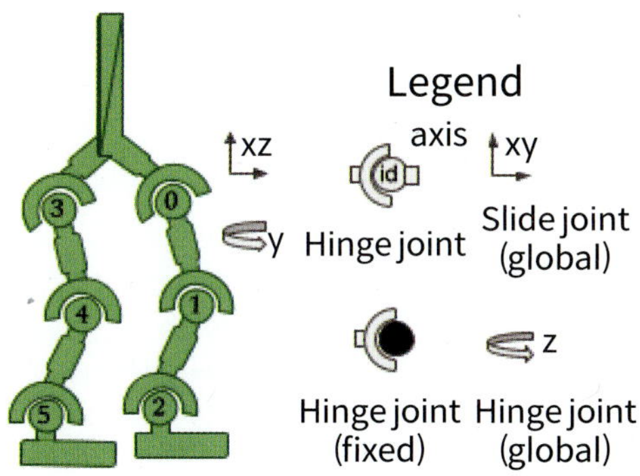

그림 10-11 Walker2d 로봇 과업

보상은 아래 식으로 정의한다. 처음 두 항은 상에 해당하기 때문에 더해주고, 세 번째 항은 벌에 해당하므로 빼준다. $healty_reward$는 쓰러지지 않고 버틴 것에 대해 주는 보상으로 매 순간 1이다. $forward_reward = w_{forward} \times \frac{dx}{dt}$인데, $w_{forward}$의 기본값은 1이고 $\frac{dx}{dt}$는 한 순간 dt 동안 앞으로 나아간 거리 dx로 계산한다. dt의 기본값은 0.008이다. $ctrl_cost$는 모터에 가한 힘의 합으로서 $ctrl_cost = w_{control} \times \|action\|_2^2$로 정의된다. $w_control$의 기본값은 0.001이고 $action$은 6개 모터에 가해진 힘 벡터다. 요약하면 한 순간의 보상은 (1+앞으로 나아간 거리−모터에 가한 힘의 크기)로 정의된다. 다시 말해 적은 힘을 가해 멀리 갈수록 보상이 크다.

$$reward = healthy\_reward + forward\_reward - ctrl\_cost$$

에피소드의 길이가 1000이 되면 성공했다고 보고 truncated를 True로 설정한 뒤 종료한다. 그 이전에 몸통의 높이가 기준 이하거나 관절의 각도가 정상 범위를 벗어나면 로봇이 넘어졌다고 판단하고 terminated를 True로 설정하여 종료한다.

Walker2d 과업의 학습

[프로그램 10-3]은 PPO-clip을 이용하여 Walker2d 과업을 학습하는 프로그램이다. [프로그램 10-1]에서 달라진 곳은 과업 이름을 지정하는 122행과 신경망을 파일에 저장하는 175행이다.

프로그램 10-3 PPO-clip을 이용한 Walker2d 과업 학습

```
아래 코드를 제외하고 [프로그램 10-1]과 같음
…
122  task_name='Walker2d-v4'
…
175  actor.save_weights('f10-3.weights.h5')
…
```

```
1%|          | 10/1000 [06:43<11:12:03, 40.73s/it] 에피소드 길이(점수) 25.93,11.13
2%||         | 20/1000 [13:24<10:48:57, 39.73s/it] 에피소드 길이(점수) 125.21,141.65
3%||         | 30/1000 [20:16<10:59:53, 40.82s/it] 에피소드 길이(점수) 188.65,258.40
4%||         | 40/1000 [26:41<10:09:49, 38.11s/it] 에피소드 길이(점수) 171.59,274.68
…
98%|█████████▊| 980/1000 [10:18:40<12:37, 37.86s/it] 에피소드 길이(점수) 756.33,3079.48
99%|█████████▉| 990/1000 [10:25:01<06:21, 38.16s/it] 에피소드 길이(점수) 704.94,2835.69
100%|██████████| 1000/1000 [10:31:09<00:00, 37.87s/it] 에피소드 길이(점수) 689.86,2778.62
```

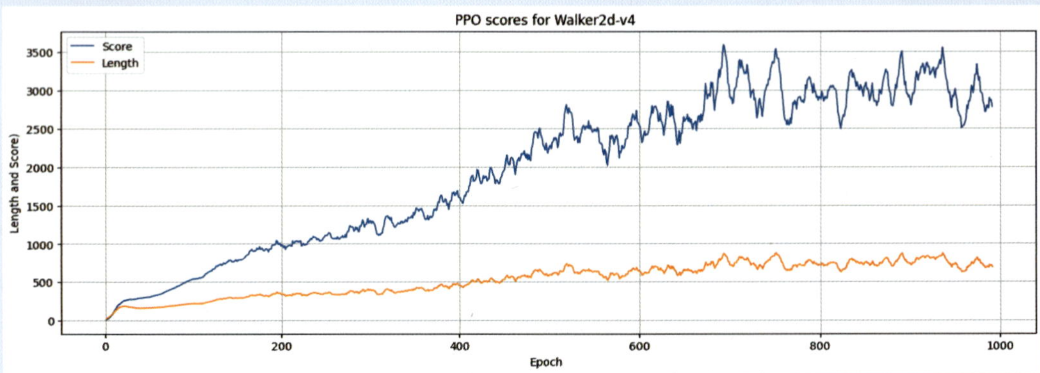

프로그램 실행 결과를 살펴보면, 1000번째 에피소드에서 길이 689.86과 점수 2778.62를 달성하고 학습을 마쳤다.

Walker2d 과업의 시험

[프로그램 10-4]는 학습된 Walker2d 과업을 시험하는 프로그램이다. [프로그램 10-2]에서 달라진 곳은 과업 이름을 지정하는 22행과 신경망 파일을 불러오는 28행이다.

프로그램 10-4 Walker2d 과업 시험

```
아래 코드를 제외하고 [프로그램 10-2]와 같음
…
task_name='Walker2d-v4'
…
actor.load_weights('f10-3.weights.h5')
…
```

```
에피소드의 길이: 1000
```

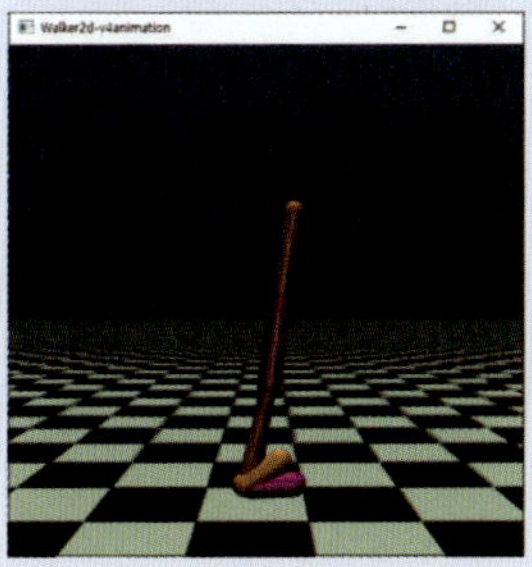

프로그램 실행 결과를 보면 Walker2d 로봇이 1000 순간까지 성공적으로 걷는 장면을 확인할 수 있다.

4. 프로그래밍 실습: HalfCheetah 과업

HalfCheetah는 앞발 하나와 뒷발 하나를 가진 반쪽 치타 형태를 모방한 이족 로봇이다[Wawrzynski 2009]. 먼저 과업을 설명한다.

HalfCheetah 과업의 이해

[그림 10-12]는 HalfCheetah 로봇의 구조를 보여준다. 앞다리와 뒷다리에는 각각 허벅지, 정강이, 발에 해당하는 3개의 관절이 있다. 이 관절들을 구동하는 6개의 모터가 6차원 행동 공간을 구성한다. 각 관절의 각도와 각속도(12개), 몸통 전면의 높이와 각도, x와 z 방향 속도, 각속도(5개)가 17차원의 상태 공간을 구성한다. 따라서 a_dim과 s_dim은 각각 6과 17이다.

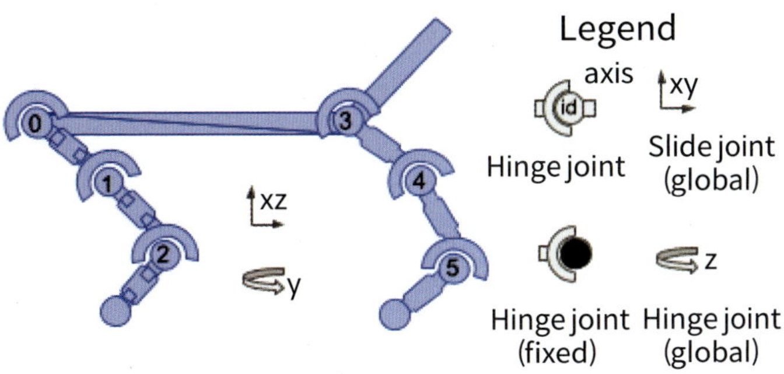

그림 10-12 HalfCheetah 로봇 과업

보상은 아래 식으로 정의된다. Walker2d 과업과 달리 매 순간 주어지는 *healthy_reward* 항이 없다. 상에 해당하는 첫 번째 항은 더해주고, 벌에 해당하는 두 번째 항은 빼준다. *forward_reward*와 *ctrl_cost*는 Walker2d와 같은 공식을 사용하지만, 기본값이 다르다. *dt*의 기본값은 0.05이고, *w_control*의 기본값은 0.1이다.

$$reward = forward\_reward - ctrl\_cost$$

에피소드의 길이가 1000이 되면 성공했다고 간주하고 truncated를 True로 설정하여 종료한다. HalfCheetah는 결코 멈추지 않기 때문에 terminated가 True가 되는 경우는 없다.

HalfCheetah 과업의 학습

[프로그램 10-5]는 PPO-clip을 이용하여 HalfCheetah 과업을 학습하는 프로그램이다. [프로그램 10-1]에서 달라진 곳은 과업 이름을 지정하는 122행과 신경망을 파일에 저장하는 175행이다.

프로그램 10-5 **PPO-clip을 이용한 HalfCheetah 과업 학습**

```
아래 코드를 제외하고 [프로그램 10-1]과 같음
…
122 task_name='HalfCheetah-v4'
…
175 actor.save_weights('f10-5.weights.h5')
…
```

```
1%|          | 10/1000 [06:52<11:59:54, 43.63s/it] 에피소드 길이(점수) 1000.00,-461.98
2%|▏         | 20/1000 [13:48<11:02:43, 40.58s/it] 에피소드 길이(점수) 1000.00,-343.38
3%|▎         | 30/1000 [20:33<10:52:16, 40.35s/it] 에피소드 길이(점수) 1000.00,-246.83
4%|▍         | 40/1000 [26:56<10:05:31, 37.85s/it] 에피소드 길이(점수) 1000.00,-102.56
…
98%|█████████▊| 980/1000 [10:39:29<12:13, 36.68s/it] 에피소드 길이(점수) 1000.00,4342.11
99%|█████████▉| 990/1000 [10:45:32<06:04, 36.47s/it] 에피소드 길이(점수) 1000.00,4415.17
100%|██████████| 1000/1000 [10:51:37<00:00, 39.10s/it] 에피소드 길이(점수) 1000.00,4027.66
```

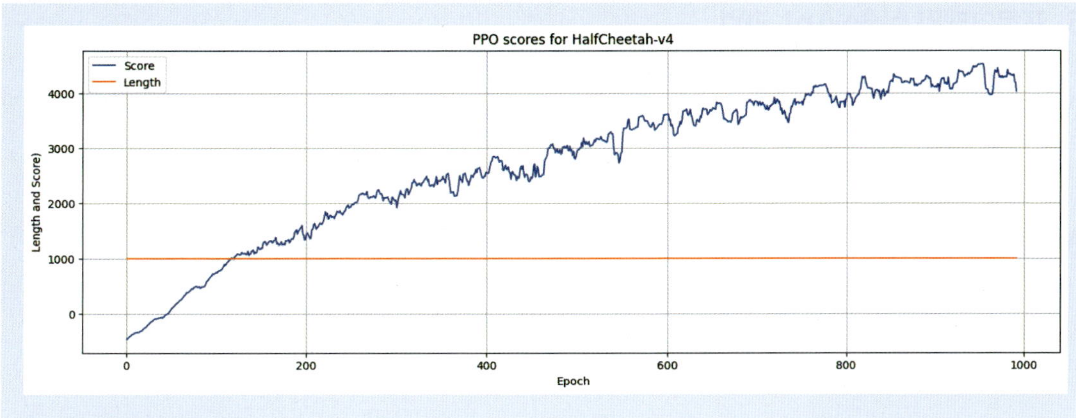

프로그램 실행 결과를 살펴보면 1000번째 에피소드에서 점수 4027.66을 얻고 학습을 마쳤다.

HalfCheetah 과업의 시험

[프로그램 10-6]은 학습된 HalfCheetah 과업을 시험하는 프로그램이다. [프로그램 10-2]에서 달라진 곳은 과업 이름을 지정하는 22행과 신경망 파일을 불러오는 28행이다.

프로그램 10-6 **HalfCheetah 과업 시험**

아래 코드를 제외하고 [프로그램 10-2]와 같음

```
…
22    task_name='HalfCheetah-v4'
…
28    actor.load_weights('f10-5.weights.h5')
…
```

```
에피소드의 길이: 1000
```

프로그램 실행 결과를 보면 HalfCheetah 로봇이 1000 순간까지 성공적으로 뛰어가는 장면을 확인할 수 있다.

5. 프로그래밍 실습: Ant 과업

Ant는 공 모양의 몸체에 네 개의 다리가 붙은 로봇이다. 다리를 잘 제어하여 앞으로 전진하는 것이 과업의 목표다.

Ant 과업의 이해

[그림 10-13]은 Ant 로봇의 구조를 보여준다. 네 개의 다리 각각은 2개 관절을 가지고 있어 총 8개 모터의 회전력이 8차원 행동 공간을 구성한다. 상태 공간은 27차원이다.

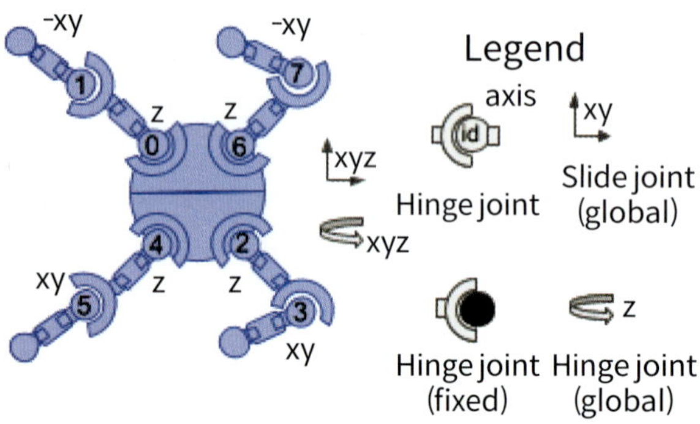

그림 10-13 Ant 로봇 과업

보상은 다음 식으로 정의된다. 처음 두 항은 상에 해당하기 때문에 더해주고 뒤에 있는 두 항은 벌에 해당하기 때문에 빼준다. *healthy_reward*는 건강한 상태를 유지했기 때문에 주는 보상으로 매 순간 1이다. $forward_reward = w_{forward} \times \frac{dx}{dt}$인데, $w_{forward}$의 기본값은 1이고 $\frac{dx}{dt}$는 한 순간 dt 동안 앞으로 나아간 거리 dx로 계산한다. dt의 기본값은 0.05이다. *ctrl_cost*는 모터에 가한 힘의 합으로서 $ctrl_cost = w_{control} \times \|action\|_2^2$로 정의된다. $w_{control}$의 기본값은 0.5이고 *action*은 8개 모터에 가해진 힘 벡터다. *contact_cost*는 부품 간에 충돌이 일어나거나 부품이 땅에 닿은 경우 벌을 주어 로봇이 매끄럽게 움직이도록 유도하는 항이다. 요약하면 한 순간의 보상은 (1+앞으로 나아간 거리−모터에 가한 힘의 크기−부자연스러운 동작)로 정의된다. 다시 말해 적은 힘을 가해 매끄럽게 멀리 갈수록 보상이 크다.

$$reward = healthy\_reward + forward\_reward - ctrl\_cost - contact\_cost$$

에피소드의 길이가 1000이 되면 성공했다고 보고 truncated를 True로 설정하여 종료한다. 그 이전에 상태 변수 값 또는 몸통 위치가 정상 범위를 벗어나면 terminated를 True로 설정하고 종료한다.

Ant 과업의 학습

[프로그램 10-7]은 PPO-clip을 이용하여 Ant 과업을 학습하는 프로그램이다. [프로그램 10-1]에서 달라진 곳은 과업 이름을 지정하는 122행과 신경망을 파일에 저장하는 175행이다.

프로그램 10-7 PPO-clip을 이용한 Ant 과업 학습

```
아래 코드를 제외하고 [프로그램 10-1]과 같음
…
task_name='Ant-v4'
…
actor.save_weights('f10-7.weights.h5')
…
```

```
1%|           | 10/1000 [07:10<12:28:36, 45.37s/it] 에피소드 길이(점수) 61.30,-112.20
2%|▏          | 20/1000 [14:15<11:24:05, 41.88s/it] 에피소드 길이(점수) 80.60,-144.38
3%|▎          | 30/1000 [21:14<11:11:42, 41.55s/it] 에피소드 길이(점수) 70.91,-122.75
4%|▍          | 40/1000 [27:46<10:22:01, 38.88s/it] 에피소드 길이(점수) 71.62,-116.64
…
98%|█████████▊| 980/1000 [10:57:35<11:57, 35.88s/it] 에피소드 길이(점수) 709.77,1243.95
99%|█████████▉| 990/1000 [11:03:25<05:48, 34.81s/it] 에피소드 길이(점수) 628.81,1063.38
100%|██████████| 1000/1000 [11:09:18<00:00, 40.16s/it] 에피소드 길이(점수) 575.23,920.03
```

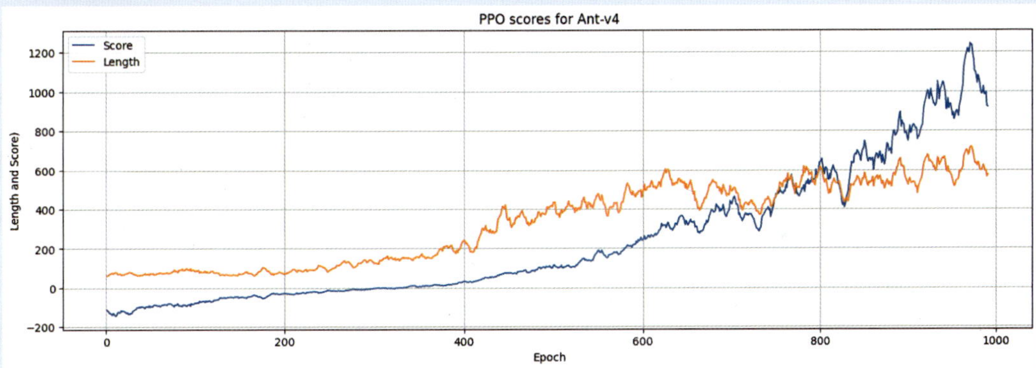

프로그램 실행 결과를 살펴보면, 1000번째 에피소드에서 길이 575.23과 점수 920.03을 얻고 학습을 마쳤다. 실행 결과의 학습 곡선을 보면, 에피소드 개수를 1000으로 한정했기 때문에 수렴에 못 미친 채 학습 중간에 멈춘 것으로 보인다.

Ant 과업의 시험

[프로그램 10-8]은 학습된 Ant 과업을 시험하는 프로그램이다. [프로그램 10-2]에서 달라진 곳은 과업 이름을 지정하는 22행과 신경망 파일을 불러오는 28행이다.

프로그램 10-8 Ant 과업 시험

```
아래 코드를 제외하고 [프로그램 10-2]와 같음
…
22   task_name='Ant-v4'
```

```
…
actor.load_weights('f10-7.weights.h5')
…
```

```
에피소드의 길이: 1000
```

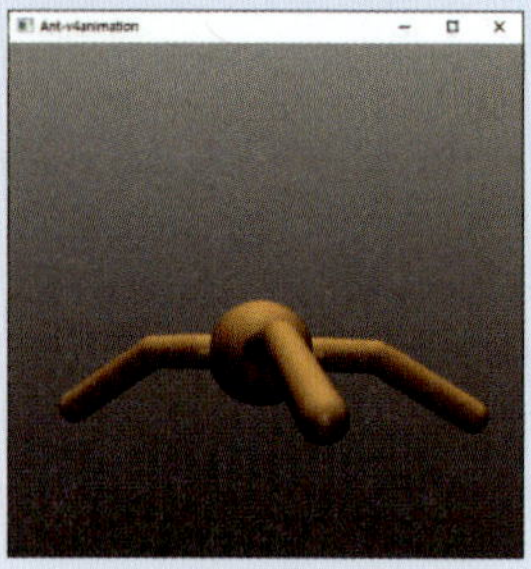

프로그램 실행 결과를 보면 Ant 로봇이 1000 순간까지 성공적으로 기어가는 장면을 확인할 수 있다.

6. 프로그래밍 실습: Humanoid 과업

Humanoid는 사람을 닮은 로봇으로 두 다리와 두 팔을 제어하여 앞으로 전진해야 하는 과업이다.

Humanoid 과업의 이해

[그림 10-14]는 Humanoid 로봇의 구조를 보여준다. 몸통에 3개의 모터가 있고, 두 다리에는 각각 4개의 모터, 두 팔에는 각각 3개의 모터를 가지고 있어, 총 17개 모터의 회전력이 17차원 행동 공간을 구성한다. 상태 공간은 376차원이다.

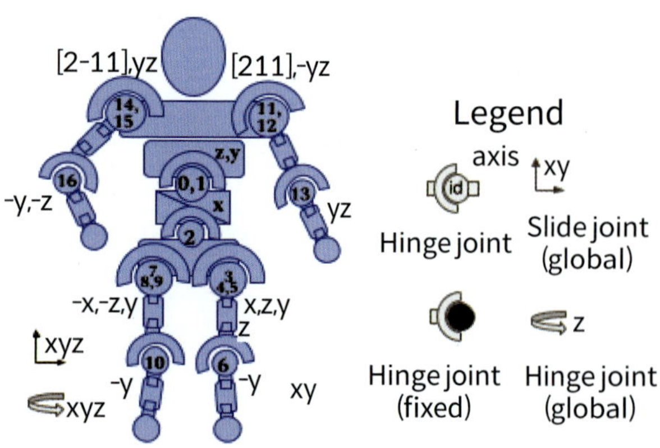

그림 10-14 Humanoid 로봇 과업

보상은 아래 식으로 정의된다. 처음 두 항은 상에 해당하기 때문에 더해주고 뒤에 있는 두 항은 벌에 해당하기 때문에 빼준다. $healthy_reward$는 건강한 상태를 유지했기 때문에 주는 보상으로 매 순간 5다. $forward_reward=w_{forward}\times\frac{dx}{dt}$인데, $w_{forward}$의 기본값은 1.25이고 $\frac{dx}{dt}$는 한 순간 dt 동안 앞으로 나아간 거리 dx로 계산한다. dt의 기본값은 0.15이다. $ctrl_cost$는 모터에 가한 힘의 합으로서 $ctrl_cost=w_{control}\times\|action\|_2^2$로 정의된다. $w_{control}$의 기본값은 0.1이고 $action$은 17개 모터에 가해진 힘 벡터다. $contact_cost$는 부품 간에 충돌이 일어나거나 부품이 땅에 닿은 경우 벌을 주어 로봇이 매끄럽게 움직이도록 유도하는 항이다. 요약하면 한 순간의 보상은 (5+앞으로 나아간 거리−모터에 가한 힘의 크기−부자연스러운 동작)으로 정의된다. 다시 말해 적은 힘을 가해 매끄럽게 멀리 갈수록 보상이 크다.

$$reward=healthy\_reward+forward\_reward-ctrl\_cost-contact\_cost$$

에피소드의 길이가 1000이 되면 성공했다고 보고 truncated를 True로 설정한 뒤 종료한다. 그 이전에 몸통 위치가 정상 범위를 벗어나면 terminated를 True로 설정하고 종료한다.

Humanoid 과업의 학습

[프로그램 10-9]는 PPO-clip을 이용하여 Humanoid 과업을 학습하는 프로그램이다. [프로그램 10-1]에서 달라진 곳은 과업 이름을 지정하는 122행과 신경망을 파일에 저장하는 175행이다.

프로그램 10-9　PPO-clip을 이용한 Humanoid 과업 학습

```
아래 코드를 제외하고 [프로그램 10-1]과 같음
…
122  task_name='Humanoid-v4'
…
175  actor.save_weights('f10-9.weights.h5')
…
```

```
  1%|           | 10/1000 [06:28<10:33:01, 38.36s/it] 에피소드 길이(점수) 22.54,86.54
  2%|▏          | 20/1000 [12:48<10:22:09, 38.09s/it] 에피소드 길이(점수) 27.43,106.73
  3%|▎          | 30/1000 [19:09<10:16:41, 38.15s/it] 에피소드 길이(점수) 35.34,139.01
  4%|▍          | 40/1000 [25:28<10:03:10, 37.70s/it] 에피소드 길이(점수) 41.28,162.21
…
 98%|█████████▊| 980/1000 [10:26:42<14:48, 44.43s/it] 에피소드 길이(점수) 91.96,298.14
 99%|█████████▉| 990/1000 [10:34:18<07:36, 45.69s/it] 에피소드 길이(점수) 93.80,305.78
100%|██████████| 1000/1000 [10:41:06<00:00, 38.47s/it] 에피소드 길이(점수) 95.62,309.85
```

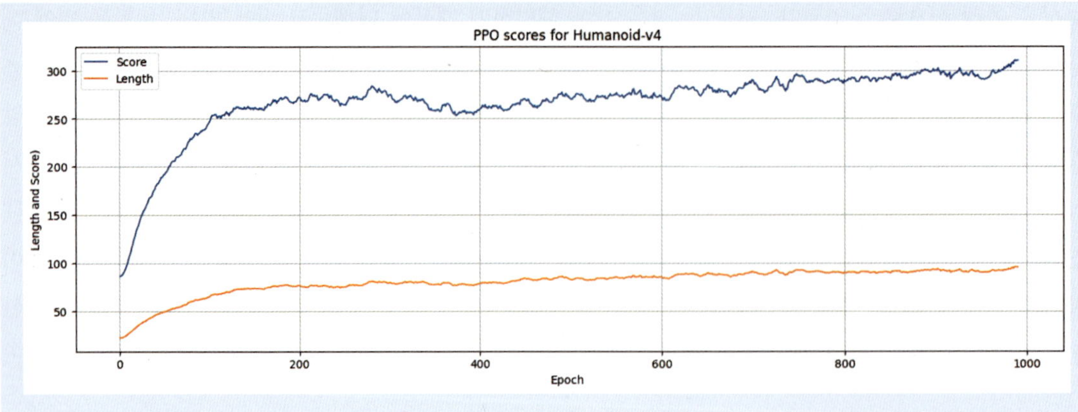

프로그램 실행 결과를 살펴보면, 1000번째 에피소드에서 길이 95.62, 점수는 309.85가량에 불과하다.

Humanoid 과업의 시험

[프로그램 10-10]은 학습된 Humanoid 과업을 시험하는 프로그램이다. [프로그램 10-2]에서 달라진 곳은 과업 이름을 지정하는 22행과 신경망 파일을 불러오는 28행이다.

프로그램 10-10 **Humanoid 과업 시험**

아래 코드를 제외하고 [프로그램 10-2]와 같음

```
...
22  task_name='Humanoid-v4'
...
28  actor.load_weights('f10-9.weights.h5')
...
```

```
에피소드의 길이: 123
```

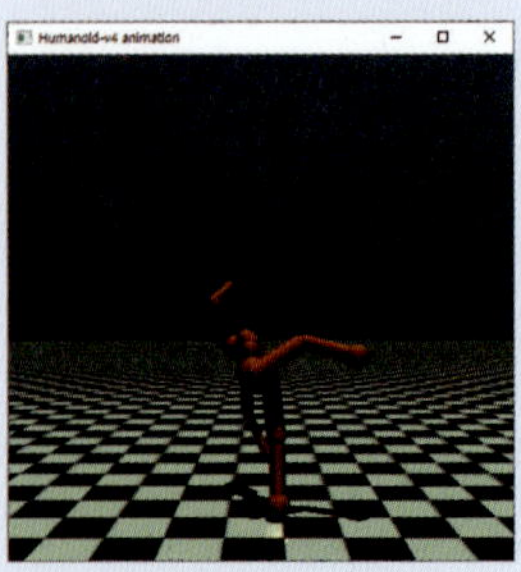

프로그램 실행 결과를 보면 Humanoid 로봇이 불과 123 순간까지 앞으로 나아가고 곧장 쓰러지는 장면을 확인할 수 있다. [프로그램 10-9]에서 수렴하지 못했음을 확인할 수 있다. 여러 논문에서도 비슷한 현상을 제시하고, 수렴이 이르기 위한 추가적인 기법을 제시한다[Hamalainen2018].

연습문제

1 나이는 단조 증가 함수다. 단조 증가 함수의 또 다른 예를 제시하시오.

2 [프로그램 10-1]의 113행에 사용된 하이퍼 매개변수 clip_epsilon에 대한 다음 질문에 답하시오.

(1) clip_epsilon은 PPO-clip 알고리즘을 위한 식 (10.11)에서 무엇에 해당하는지 쓰시오.

(2) clip_epsilon 값을 줄이면 신뢰 영역이 어떻게 달라지는지, 그리고 이로 인해 [프로그램 10-1]의 학습 과정에 어떤 영향을 미치는지 설명하시오.

(3) clip_epsilon을 줄였을 때, 이에 따라 112행의 actor_interations와 critic_iterations를 줄이는 것과 늘리는 것 중 어느 쪽이 더 합리적인지 답하고 그 이유를 설명하시오.

3 [프로그램 10-1]은 매개변수 초기화 방법으로 Orthogonal을 사용한다. 이 초기화 방법의 원리를 설명하시오.

4 [프로그램 10-1]의 116행은 표준편차 스케줄링에 관한 하이퍼 매개변수다.

(1) std 값을 줄이면 탐험이 더 강해지는가? 예/아니오로 답하고 이유를 설명하시오.

(2) std_decay 값을 줄이면 탐험이 더 강해지는가? 예/아니오로 답하고 이유를 설명하시오.

5 [프로그램 10-1]의 120행의 entropy_loss_term을 True로 설정하면 92~95행은 엔트로피 항이 적용된다. 이 엔트로피 항이 탐험에 어떤 영향을 미치는지, 즉 탐험이 강해지는지 여부를 예/아니오로 답하고 이유를 설명하시오.

6 [그림 10-7]과 유사한 방식으로, 하이퍼 매개변수 C24 이외의 항목에 대한 벤치마킹 결과를 해당 논문에서 가져와 본문에서처럼 해석하시오.

7 Gymnasium의 MuJoCo 과업과 Isaac Gym이 제공하는 과업의 공통점과 차이점에 대해 설명하시오.

8 Swimmer 과업을 대해 답하시오.

(1) 10.5.2절의 'Hopper 과업의 이해' 형식을 참고하여 Swimmer 과업을 설명하시오.

(2) PPO의 학습과 시험을 Swimmer에 적용하고, 실험 결과를 [프로그램 10-1]과 [프로그램 10-2]처럼 제시하시오.

9 Pusher 과업을 대해 답하시오.

(1) 10.5.2절의 'Hopper 과업의 이해' 형식을 참고하여 Pusher 과업을 설명하시오.

(2) Hopper와 Pusher의 보상은 누가 더 희소한지 쓰고, 그 이유를 설명하시오.

(3) PPO의 학습과 시험을 Pusher에 적용하고, 실험 결과를 [프로그램 10-1]과 [프로그램 10-2]처럼 제시하시오.

CHAPTER 11
정책 최적화와 DQN의 결합

1 동기와 전개

2 DDPG 학습 알고리즘

3 프로그래밍 실습: DDPG를 이용한 Hopper 과업 학습

4 TD3 학습 알고리즘

5 프로그래밍 실습: TD3을 이용한 Hopper 과업 학습

6 SAC 학습 알고리즘

7 프로그래밍 실습: SAC를 이용한 Hopper 과업 학습

8 벤치마킹 분석

연습문제

Preview

융합은 일상 곳곳에서 찾아볼 수 있다. 화석 에너지와 전기 에너지를 융합한 하이브리드 자동차는 연비가 높아 인기가 좋다. 서로 다른 금속을 융합한 합금은 강하면서도 가벼워 스포츠 용품이나 항공기 동체 등에 널리 사용된다. 동양의 쌀밥과 서양의 햄버거를 융합한 [그림 11-1]의 밥버거도 인기가 높다. 지금까지는 가치 기반 학습 알고리즘(3~7장)과 정책 기반 학습 알고리즘(8~10장)을 구분하여 소개했다. 그렇다면 이 둘을 결합하면 어떤 효과를 얻을 수 있을까? 이 장은 그 질문에 대한 긍정적인 답을 제시한다.

그림 11-1 동양의 쌀밥과 서양의 햄버거를 융합한 밥버거

가치 기반과 정책 기반을 융합하려면 어떤 요소를 어떻게 섞을지에 대한 명확한 구상이 필요하다. 가치 기반 학습 알고리즘 중 무엇을 가져올 수 있을까? 아타리 게임에서 사람 수준을 넘어서는 성능을 보여준 7장의 DQN은 가장 앞선 가치 기반 학습 알고리즘이기 때문에 좋은 선택지다. 하지만 DQN은 연속 과업에 적용할 수 없는 치명적인 한계를 갖고 있다. 지금부터 DQN과 정책 기반을 결합하여 응용 영역을 연속 과업으로 전환하고 성능 향상을 꾀하는 새로운 세계로 들어간다.

1

동기와 전개

7장의 DQN은 5장에서 소개한 Q−러닝에 딥러닝을 적용함으로써 아타리 게임에서 놀라운 성능을 보여주었다. 하지만 Q−러닝은 이산 과업에만 적용할 수 있으며, DQN도 이러한 한계를 고스란히 이어받는다. 이 절에서는 DQN과 8~10장에서 다룬 정책 기반 학습 알고리즘을 결합하여 연속 과업을 처리할 수 있는 방법을 제시한다. 특히 DQN에 정책 최적화를 적용할 때 발생하는 어려움을 설명하고, 이를 극복하기 위한 결정론 정책 그레이디언트 방법을 소개한다.

1. DQN의 강점과 한계

식 (11.1)은 DQN을 상기하기 위해 식 (6.6)을 다시 쓴 것이다. 이 식에서 $r+\gamma\max_{\hat{a}}q_{\mathbf{w}}(s',\hat{a})$은 목푯값에 해당하고 $q_{\mathbf{w}}(s,a)$는 신경망의 예측값이다. 따라서 $(r+\gamma\max_{\hat{a}}q_{\mathbf{w}}(s',\hat{a}))-q_{\mathbf{w}}(s,a)$는 신경망이 범하는 오류로서 손실 함수에 해당한다.

$$q_{\mathrm{w}}(s,a)=q_{\mathrm{w}}(s,a)+\rho\left(\underbrace{\left(r+\gamma\max_{\hat{a}} q_{\mathrm{w}}(s',\hat{a})\right)}_{\text{목푯값}}-\underbrace{q_{\mathrm{w}}(s,a)}_{\text{신경망 예측}}\right) \tag{11.1}$$

DQN의 강점은 Q−러닝이 오프 정책이라는 점에서 비롯된다. Q−러닝의 오프 정책 성질에 대해서는 [그림 5−4]를 참조한다. 이 사실을 기반으로 DQN은 두 가지 아이디어를 활용한다. 첫째, 별도의 목표 신경망을 사용하여 에피소드 데이터를 생성한다. 둘째, 리플레이 메모리에 에피소드 데이터를 저장한 다음 랜덤하게 미니배치를 뽑아 학습에 사용한다. 이 두 가지 기법은 DQN이 성공하는 데 결정적인 요인으로 작용한다[Mnih2013].

이제 DQN의 한계를 살펴보자. 식 (11.1)에서 핵심 연산은 $\max_{\hat{a}}q_{\mathbf{w}}(s',\hat{a})$이다. 행동 $\hat{a}$이 이산이라면 이 연산은 매우 간단하다. 예를 들어 이산 과업인 퐁 아타리 게임에서는 $\hat{a}\in${0(위치 유지), 2(위로 이동), 3(아래로 이동)}인데, $q_{\mathbf{w}}(s',0)=0.3$, $q_{\mathbf{w}}(s',2)=1.2$, $q_{\mathbf{w}}(s',3)=0.1$이라면 $\max_{\hat{a}}q_{\mathbf{w}}(s',\hat{a})=1.2$다. 하지만 연속 과업, 즉 행동이 연속 공간에 표현되는 과업에서는 $\max_{\hat{a}}q_{\mathbf{w}}(s',\hat{a})$을 계산하는 일이 매우 어렵다. 예를 들어 [그림 10−10]의 Hopper 과업의 경우 행동 $\hat{a}$=(모터1의 회전력, 모터2의 회전력, 모터3의 회

전력)이고 회전력은 실수다. 따라서 몇 개 값을 비교해 최대를 찾는 문제가 실수 공간에서 최대를 탐색하는 어려운 문제로 바뀐다. 이런 이유 때문에 DQN을 포함한 모든 가치 기반 학습 알고리즘의 응용은 이산 과업으로 한정된다.

2. 결정론 정책 그레이디언트

DQN을 연속 과업에 적용하려면 실수 공간에서 $\max_{\hat{a}} q_{\mathbf{w}}(s',\hat{a})$을 계산하는 방법이 있어야 한다. 한 가지 방법은 $\hat{a}$을 이산화한 다음 모든 칸에 대해 $q_{\mathbf{w}}$를 계산하고 그중 최댓값을 선택하는 것이다. 하지만 이 방법은 부자연스러울 뿐 아니라 $\hat{a}$의 차원이 클 경우 계산량이 많아 현실적으로 적용 불가능하다.

$q_{\mathbf{w}}(s',\hat{a})$이 최대가 되는 $\hat{a}$을 찾을 실마리가 어디에 있을까? 실마리는 정책 π에 있다. 정책 π는 행동의 확률 분포로서 좋은 행동일수록 높은 확률을, 나쁜 행동일수록 낮은 확률을 부여하는 함수다. 다시 말해 정책은 $\max_{\hat{a}} q_{\mathbf{w}}(s',\hat{a})$을 추정하는 데 필요한 정보를 내포하고 있다. 하지만 [그림 8-6(b)]가 보여주는 바와 같이 연속 과업을 위한 정책은 $\pi : s \rightarrow \mu, \sigma$로서 상태를 입력받아 가우시안 함수의 평균과 표준편차를 출력하는 스토캐스틱한 함수다. 가우시안을 이용하여 스토캐스틱하게 동작시키는 이유는 탐험을 위해서다. 요약하면 정책 π는 $\max_{\hat{a}} q_{\mathbf{w}}(s',\hat{a})$을 추정하는 데 필요한 정보를 내포하고 있지만 출력 형식이 달라 바로 적용하는 것이 불가능하다.

Silver는 "정책은 스토캐스틱해야 한다"는 생각을 벗어나 $\pi : s \rightarrow a$ 형태의 정책을 학습하는 결정론 정책 그레이디언트[deterministic policy gradient(DPG)] 학습 알고리즘을 발표한다[Degris2012, Silver2014]. 이 정책은 상태를 입력받아 하나의 행동을 특정해 주기 때문에 이름에 '결정론'이 붙는다. 이제 정책 π는 연속 공간에서 최대가 되는 위치를 지정하는 실수 벡터를 추정하도록 학습할 수 있다. 따라서 식 (11.2)에서처럼 $\max_{\hat{a}} q_{\mathbf{w}}(s',\hat{a})$을 $q_{\mathbf{w}}(s',\pi(s'))$로 대치할 수 있다.

$$\max_{\hat{a}} q_{\mathrm{w}}(s',\hat{a}) \approx q_{\mathrm{w}}(s',\pi(s')) \tag{11.2}$$

2

DDPG 학습 알고리즘

결정론 정책 아이디어를 제시한 [Silver2014]의 원래 의도는 결정론 정책 $\pi : s \rightarrow a$를 이용하는 DPG 학습 알고리즘을 제안하는 것이다. 하지만 결정론 정책 아이디어는 DPG 학습 알고리즘 자체보다는, DQN과 정책 기반 알고리즘을 결합하는 고리 역할로 더 유명해진다.

1. DQN과 DPG의 결합

Timothy P. Lillicrap은 식 (11.2)를 연결 고리로 활용하여 가치 기반 학습 알고리즘인 DQN과 정책 기반 학습 알고리즘인 DPG를 결합한다. 이 알고리즘을 Deep DPG, 줄여서 DDPG 학습 알고리즘이라고 부른다[Lillicrap2016].

DDPG는 DQN이 사용한 두 가지 핵심 아이디어, 즉 리플레이 메모리와 목표 신경망을 모두 활용한다. 먼저 리플레이 메모리 활용에 대해 살펴보자. DDPG는 상당히 큰 리플레이 메모리를 활용하여 보통 10만~100만 순간을 담을 수 있게 설정한다. Hopper 과업의 경우 에피소드의 최대 길이가 1000이다. 중간 길이인 500을 기준으로 하면 최대 2000개의 에피소드를 담을 수 있는 크기다. 리플레이 메모리 크기를 이렇게 크게 설정하면 아주 오래된, 즉 매우 낡은 데이터까지 학습에 참여한다. 학습이 한참 진행된 상황에서 학습 초반에 랜덤에 가까운 정책으로 생성된 에피소드 데이터까지 활용하게 되어 오히려 해가 되지 않을까? 당연히 품을 수 있는 의문이다.

하지만 데이터의 다양성, 데이터 효율, 학습 안정성 측면에서 생각하면 유리할 수 있다. 실험 결과, 이들 특성이 더 큰 힘을 발휘함으로써 충분히 큰 리플레이 메모리를 사용하는 것이 유리하다는 결론을 얻었다. 리플레이 메모리에 대한 체계적인 분석은 [Fedus2020]을 참고한다.

이제 목표 신경망에 대해 살펴본다. DQN은 행동 가치 함수 $q_{\mathbf{w}}$를 위한 신경망만 학습하므로 목표 신경망도 하나뿐이다. 그런데 DPG는 행동가–비평가에 속하기 때문에 정책 신경망 $\pi_{\boldsymbol{\theta}}$와 행동 가치 신경망 $q_{\mathbf{w}}$를 학습한다. 따라서 $\pi_{\boldsymbol{\theta}}$와 쌍을 이루는 목표 신경망 $\pi_{\boldsymbol{\theta}_{target}}$과 $q_{\mathbf{w}}$와 쌍을 이루는 목표 신경망 $q_{\mathbf{w}_{target}}$을 학습해야 한다. 학습을 시작할 때는 $\pi_{\boldsymbol{\theta}}$를 $\pi_{\boldsymbol{\theta}_{target}}$에 복사하고, $q_{\mathbf{w}}$를 $q_{\mathbf{w}_{target}}$에 복사한 상태에서 출발한다.

이제 학습 알고리즘을 유도한다. 먼저 행동 가치 신경망 $q_{\mathbf{w}}$를 학습하는 식을 유도한다. 식 (11.1)에 식 (11.2)를 적용하여 식 (11.3)을 얻는다. 이 식에서 목푯값이라고 표시된 항은 에피소드 데이터 s–a–r–s'–d와 목표 신경망의 값으로 구성된다. s–a–r–s'–d에서 s는 현재 상태, a는 행동, r은 보상, s'는 다음 상태, d는 종료 상태를 나타낸다. d는 종료 상태면 1, 그렇지 않으면 0을 갖는다. 예측값이라고 표시된 항은 신경망 $q_{\mathbf{w}}$의 출력이다.

$$q_{\mathbf{w}}(s,a) = q_{\mathbf{w}}(s,a) + \rho\Big(\underbrace{\left(r + \gamma q_{\mathbf{w}_{target}}\left(s', \pi_{\boldsymbol{\theta}_{target}}(s')\right)\right)}_{\text{목푯값}} - \underbrace{q_{\mathbf{w}}(s,a)}_{\text{예측값}}\Big) \tag{11.3}$$

식 (11.3)을 알고리즘에 반영하려면 두 가지 측면에서 변환이 필요하다.

첫째, 식 (11.3)을 손실 함수 형태로 바꿔 써야 한다. 왜냐하면 손실 함수를 계산하고 그 값을 바탕으로 그레이디언트를 계산하는 과정을 코딩해야 하기 때문이다. 둘째, 종료 상태 여부를 기록하고 수식에 반영해야 한다. [알고리즘 5-3]의 Q-러닝과 [알고리즘 7-1]의 DQN에서는 종료 상태 정보를 수식에는 표시하지 않고 알고리즘에 반영했다. 이때는 에피소드 하나를 가지고 학습하고 에피소드 끝에만 종료 상태 True가 나타나기 때문에 수식에는 표시하지 않았다. 그런데 DDPG에서는 여러 에피소드를 리플레이 메모리에 저장한 다음 랜덤하게 미니배치를 뽑아 훈련 데이터로 활용한다. 따라서 미니배치 곳곳에 종료 상태 True가 나타날 수 있기 때문에 수식에 명시해야 혼란을 방지할 수 있다. 식 (11.4)는 신경망 $q_{\mathbf{w}}$를 학습하는 데 쓸 손실 함수다. $J_{critic}(\mathbf{w})$의 괄호 속 $\mathbf{w}$는 이 손실 함수를 가치 신경망의 매개변수 $\mathbf{w}$를 학습하는 데 쓴다는 뜻이다. 첫 행은 충분히 많은 샘플로 기댓값을 계산한다는 선언이다. D는 충분히 큰 리플레이 메모리다. 실제로는 두 번째 행을 통해 미니배치 M에 들어 있는 한정된 샘플로 손실 함수 값을 추정한다.

$$\left.\begin{aligned} J_{critic}(\mathbf{w}) &= \mathbb{E}_{(s,a,r,s',d)\sim D}\left(\left(r + \gamma(1-d) q_{\mathbf{w}_{target}}\left(s', \pi_{\boldsymbol{\theta}_{target}}(s')\right)\right) - q_{\mathbf{w}}(s,a)\right)^2 \\ &\approx \frac{1}{|M|}\sum_{(s,a,r,s',d)\in M}\left(\left(r + \gamma(1-d) q_{\mathbf{w}_{target}}\left(s', \pi_{\boldsymbol{\theta}_{target}}(s')\right)\right) - q_{\mathbf{w}}(s,a)\right)^2 \end{aligned}\right\} \tag{11.4}$$

식 (11.5)의 $\mathbb{E}_{s\sim D} q_{\mathbf{w}}(s, \pi_{\boldsymbol{\theta}}(s))$는 정책 신경망을 학습하는 데 쓸 목적 함수다. 목적 함수는 최대화해야 하기 때문에 음수를 취해 손실 함수로 바꾼다. $J_{actor}(\boldsymbol{\theta})$의 괄호 속 $\boldsymbol{\theta}$는 이 손실 함수로 정책 신경망의 매개변수 $\boldsymbol{\theta}$를 학습한다는 뜻이다. 실제 구현에서는 두 번째 행을 통해 미니배치 M에 들어 있는 한정된 샘플로 손실 함수 값을 추정한다.

$$\left.\begin{aligned} J_{actor}(\boldsymbol{\theta}) &= -\mathbb{E}_{s\sim D} q_{\mathbf{w}}(s, \pi_{\boldsymbol{\theta}}(s)) \\ &\approx -\frac{1}{|M|}\sum_{s\in M} q_{\mathbf{w}}(s, \pi_{\boldsymbol{\theta}}(s)) \end{aligned}\right\} \tag{11.5}$$

지금까지 행동 가치 신경망 $q_{\mathbf{w}}$와 정책 신경망 $\pi_{\boldsymbol{\theta}}$를 학습할 때 사용할 손실 함수를 유도하였다. 이제 이들과 쌍을 이루는 목표 신경망은 어떻게 학습하는지 살펴보자.

DDPG는 목표 신경망을 별도로 학습하지 않는다. 대신, 쌍을 이루는 신경망의 매개변수 값을 섞어 최신 상태를 유지하는 기법을 사용한다. 식 (11.6)의 첫 행은 행동 가치 목표 신경망 $q_{\mathbf{w}_{target}}$의 매개변수를 갱신하는 식이다. 이처럼 두 신경망의 매개변수 값을 가중 평균하는 기법을 Polyak 평균[Polyak averaging]이라 부른다. 하이퍼 매개변수 ρ는 보통 0.99 또는 0.995처럼 1에 가까운 수를 사용한다. 두 번째 행은 정책 목표 신경망 $\pi_{\boldsymbol{\theta}_{target}}$의 매개변수를 갱신하는 식이다.

$$\left.\begin{aligned}\mathbf{w}_{target} &= \rho\mathbf{w}_{target} + (1-\rho)\mathbf{w}\\ \boldsymbol{\theta}_{target} &= \rho\boldsymbol{\theta}_{target} + (1-\rho)\boldsymbol{\theta}\end{aligned}\right\} \tag{11.6}$$

마지막으로 고려할 점은 행동을 샘플링하는 방법이다. DDPG가 사용하는 결정론 정책 $\pi(s)$는 특정한 행동 a를 출력한다. 따라서 같은 상태 s에 대해 항상 같은 행동이 출력되며, 탐험이 전혀 발생하지 않는다는 문제가 생긴다. 이 문제를 해결하기 위해 DDPG는 정책이 출력한 행동에 난수 잡음[noise]을 더하는 방식을 이용하여 탐험 효과를 일으킨다. 식 (11.7)은 이를 수식으로 표현한 것이다.

$$a = \pi(s) + noise \tag{11.7}$$

식 (11.7)을 구현하려면 $noise$를 어떻게 생성할 것인지에 대한 구상이 필요하다. 가장 단순한 방법은 가우시안 함수에서 난수를 샘플링하는 것이다. 예를 들어 평균이 0, 표준편차가 0.1인 가우시안 함수, 즉 Gaussian(μ=0.0,σ=0.1)에서 샘플링한 값을 $noise$로 사용한다. 또한 표준편차 σ를 고정하지 않고, 1.0에서 시작하여 매 순간 붕괴율[decay rate]을 곱해 점점 줄이는 기법을 사용할 수도 있다. DDPG를 제안한 논문에서는 Ornstein–Uhlenbeck 잡음 발생 알고리즘을 사용했다[Lillicrap2016]. 이 알고리즘은 이전에 발생한 잡음 이력을 활용하여 현재 $noise$ 값을 결정한다. 한편, OpenAI Spinning Up 사이트에서는 표준편차를 0.1로 고정한 Gaussian(μ=0.0,σ=0.1)만 사용해도 수렴에 도달한다는 실험 결과를 제시한다. 식 (11.7)에서 $noise$의 구현은 탐험과 탐사의 균형에 직결되는 요소이므로, 과업의 특성을 고려하고 다른 하이퍼 매개변수들과의 조화를 이루는 방식으로 신중히 선택해야 한다.

2. 알고리즘

[알고리즘 11-1]은 앞 절에서 설명한 요소를 모두 반영한 DDPG 학습 알고리즘이다. 1행은 정책 신경망 $\pi_{\boldsymbol{\theta}}$와 행동 가치 신경망 $q_{\mathbf{w}}$를 생성하고, 2행은 $\pi_{\boldsymbol{\theta}}$와 $q_{\mathbf{w}}$의 매개변수를 복사하여 목표 신경망 $\pi_{\boldsymbol{\theta}_{target}}$과 $q_{\mathbf{w}_{target}}$을 초기화한다. 3행은 리플레이 메모리 D를 생성한다. 수렴할 때까지 4~19행을 반복한다. 5행은 reset 함수로 초기 상태를 만들어 s에 저장한다. 6~19행은 에피소드 데이터를 생성하고 신경망을 학습하는 일을 반복한다. 7행은 식 (11.7)을 이용하여 상태 s에서 행동 a를 샘플링한다. 8행은 step 함수로 다음 상태 s', 보상 r, 종료 여부 d를 얻고 9행은 (s,a,r,s',d)를 D에 추가한다. 10행은 종료 상태 d가 참이면, 즉 에피소드 끝을 만나면 루프를 탈출한다. 11행은 학습 주기가 되면 신경망 학습을 수행한다. 12행을 통해 학습을 k번 반복할 수 있는데 11.3절에서는 k=1로 설정하여 한 번만 수행한다.

13~19행은 네 개 신경망, $\pi_{\boldsymbol{\theta}}$, $q_{\mathbf{w}}$, $\pi_{\boldsymbol{\theta}_{target}}$, $q_{\mathbf{w}_{target}}$을 학습한다. 13행은 미니배치를 샘플링한다. 미니배치에 있는 모든 샘플에 대해, 14~15행은 식 (11.4)의 손실 함수 J_{critic}, 16행은 식 (11.5)의 손실 함수 J_{actor}를 계산한다. 17행은 옵티마이저로 실제 학습을 수행한다. 18~19행은 식 (11.6)을 이용하여 목표 신경망의 매개변수를 최신 값으로 갱신한다. 수렴을 마치면, 20행은 정책 신경망의 매개변수 $\boldsymbol{\theta}$를 최적 정책으로 간주하여 반환한다.

[알고리즘 11-1]을 구현할 때 행동 가치 신경망 $q_{\mathbf{w}}$를 어떻게 구현할지 구상이 필요하다. [그림 6-8]에서처럼 두 가지 방식이 가능한데 Q-러닝에서는 [그림 6-8(b)]의 구조가 효율적이었다. DDPG에서도 마찬가지인지 따져봐야 한다. [알고리즘 11-1]을 잘 살펴보면, $q_{\mathbf{w}}$가 쓰이는 곳은 14~16행인데 모두 행동이 정해진 상황에서 $q_{\mathbf{w}}$를 계산한다. 따라서 상태와 행동을 모두 입력층에 넣는 [그림 6-8(a)] 구조가 적합하다. 다음 절에서는 이 구조를 코딩한다.

[알고리즘 11-1]의 DDPG 알고리즘은 연속 과업에만 적용이 가능하다. 왜냐하면 11.1.2절에서 설명한 바와 같이 정책 π는 $\pi: s \rightarrow a$인데, a는 실수 벡터이기 때문이다.

알고리즘 11-1 DDPG 학습 알고리즘

입력: 과업

출력: 최적 정책 신경망 π_*

```
1   정책 신경망 π의 가중치 θ와 행동 가치 신경망 q의 가중치 w를 초기화한다.
2   θ_target=θ, w_target=w  // 정책 신경망과 가치 신경망을 목표 신경망에 복사
3   리플레이 메모리 D를 빈 상태로 생성한다.  // deque를 사용하여 꽉 찬 경우 오래된 것을 제거
4   for i=1,2,⋯,n_epoch
5       초기 상태 s를 설정한다.  // reset 함수
6       while True
7           행동 a를 샘플링한다.  // 식 (11.7)
8           행동 a를 실행하여 다음 상태 s', 보상 r, 종료 여부 d를 얻는다.  // step 함수
9           (s,a,r,s',d)를 D에 추가한다.
10          if d=True, break
11          if 학습 주기가 되면
12            for j=1,2,⋯,k
13              D에서 미니배치 M={(s,a,r,s',d)}를 샘플링한다.
14              y = r + γ(1−d) q_{w_target}(s', π_{θ_target}(s')) 를 계산한다.
15              J_critic = 1/|M| Σ_{(s,a,r,s',d)∈M} (y − q_w(s,a))^2  // 가치 신경망(비평가)의 손실 함수
16              J_actor = −1/|M| Σ_{s∈M} q_w(s, π_θ(s))  // 정책 신경망(행동가)의 손실 함수
17              옵티마이저로 정책 신경망 θ와 가치 신경망 w를 학습한다.
18              w_target=ρw_target+(1−ρ)w  // 식 (11.6)으로 가치 목표 신경망 갱신
19              θ_target=ρθ_target+(1−ρ)θ  // 식 (11.6)으로 정책 목표 신경망 갱신
20  return π_θ
```

3

프로그래밍 실습: DDPG를 이용한 Hopper 과업 학습

[프로그램 11-1]은 DDPG 알고리즘을 구현하고 Hopper 과업에 적용한 코드다. 11~24행의 OUNoise 클래스는 Ornstein-Uhlenbeck 잡음을 발생시키는 데 쓸 함수를 제공한다. 12~16행의 __init__ 함수는 초기화를 담당하며, 관행에 따라 mean을 0 벡터로 설정한다. 16행은 잡음 수준을 점점 낮추는 스케줄링에 관련한 하이퍼 매개변수다. 18~19행의 reset 함수는 x를 mean 벡터로 초기화한다. 21~24행의 sample 함수는 잡음을 샘플링한다. 22행은 Ornstein-Uhlenbeck의 식에 따라 x를 갱신한다. 23행은 [그림 5-5]의 곱 붕괴 스케줄링에 따라 잡음 수준을 조정한다. 26~48행의 ReplayBuffer 클래스는 리플레이 메모리를 관리한다. 27~32행의 __init__ 함수는 (s,a,r,s',d) 요소 각각을 위한 deque 메모리를 생성한다. 34~39행의 store 함수는 (s,a,r,s',d)를 저장한다. 41~48행의 get 함수는 siz 크기의 미니배치를 샘플링하여 반환한다. 42행은 샘플링한 인덱스를 idx에 저장하고, 43~47행은 idx에 해당하는 요소를 꺼내 텐서플로의 tensor 형으로 변환하여 리스트에 담는다.

50~61행의 build_actor 함수는 행동가 역할을 하는 정책 신경망 $\pi_{\boldsymbol{\theta}}$를 만든다. 51행은 입력층을 쌓는다. 52~54행은 완전연결층을 쌓는데 LayerNormalization층을 적용하여 안정적인 학습을 도모한다. 55~57행은 완전연결층을 하나 더 쌓는다. 58행은 출력층을 담당하는 완결연결층을 쌓는다. DDPG는 결정론 정책을 사용하기 때문에 softmax 대신 tanh 활성 함수를 적용한다. 59행은 action_bound를 곱해 tanh 활성 함수의 [−1,1] 범위를 [−action_bound,action_bound]로 변환한다. 60행은 입력과 출력을 지정하여 신경망 모델을 만들고, 61행은 모델을 반환한다. 63~75행의 build_critic 함수는 비평가 역할을 하는 행동 가치 신경망 $q_{\mathbf{w}}$를 만든다. 앞 절에서 설명한 바와 같이 [그림 6-8(a)]의 신경망 구조를 사용한다. 64~65행은 입력층을 쌓는데, 64행은 상태 입력을 담당하고 65행은 행동 입력을 담당한다. 66~68행은 상태 입력을 위해 완전연결층을 쌓는다. 69행은 Concatenate를 사용하여 두 줄기에서 들어오는 텐서를 하나로 합친다. 70~72행은 완전연결층을 쌓는다. 73행은 노드가 하나인 출력층을 쌓는다.

78~86행의 learn_critic 함수는 행동 가치 신경망 $q_{\mathbf{w}}$를 학습한다. 80행은 [알고리즘 11-1] 14행의 $\pi_{\boldsymbol{\theta}_{target}}(s')$를 계산하여 next_action에 저장하고, 81행은 $q_{\mathbf{w}_{target}}(s', \pi_{\boldsymbol{\theta}_{target}}(s'))$를 계산하여 q_target에 저장한다. 82행은 목푯값에 해당하는 y를 계산한다. 83행은 [알고리즘 11-1] 15행의 $q_{\mathbf{w}}(s, a)$를 계

산하여 q에 저장한다. 84행은 [알고리즘 11-1] 15행의 손실 함수 J_{critic}을 계산하여 loss에 저장한다. 85~86행은 옵티마이저로 신경망 매개변수를 갱신한다. 89~95행의 learn_actor 함수는 정책 신경망 $\pi_{\boldsymbol{\theta}}$를 학습한다. 91행은 [알고리즘 11-1] 16행의 $\pi_{\boldsymbol{\theta}}(s)$를 계산하고, 92행은 $q_{\mathbf{w}}(s,\pi_{\boldsymbol{\theta}}(s))$를 계산한다. 93행은 손실 함수 J_{actor}를 계산하고, 94~95행은 옵티마이저로 신경망 매개변수를 갱신한다. 97~103행의 update_target_networks 함수는 [알고리즘 11-1] 18~19행을 수행한다. 105~107행의 sample_action 함수는 상태 state에서 행동을 샘플링한다. 106행은 정책 신경망 actor의 출력을 계산하고 거기에 Ornstein-Uhlenbeck 잡음을 더해 탐험을 적용한다. 107행은 행동 값이 허용된 범위 안에 머물도록 자름 연산을 적용한다.

109~176행은 메인에 해당한다. 109~116행은 하이퍼 매개변수를 설정한다. 110행은 리플레이 메모리 크기를 100만으로 설정하고, 111행은 미니배치 크기를 128로 설정한다. 112행은 총 3000개의 에피소드를 반복하도록 설정한다. 113행은 [알고리즘 11-1]의 11~12행을 위한 하이퍼 매개변수다. learn_period는 학습 주기, n_learn은 학습 횟수를 뜻한다. 1과 1로 설정하여 매 순간 한 번씩 학습하도록 한다. 116행은 출력층에 있는 매개변수의 초기화 방식을 지정한다. 118~122행은 Hopper 과업을 설정한다. 124~127행은 [알고리즘 11-1]의 1~2행에 따라 신경망을 생성한다. 129~130행은 옵티마이저를 설정한다. 132행은 리플레이 버퍼를 생성하고, 133행은 Ornstein-Uhlenbeck 잡음을 생성하는 변수 ou_noise를 생성한다.

135~164행은 에피소드 생성과 신경망 학습을 반복한다. 138행은 ou_noise의 reset 함수로 에피소드마다 잡음 생성을 초기화한다. 139행은 에피소드를 시작한다. 140~160행은 에피소드 생성과 신경망 학습을 반복한다. 141행은 행동을 샘플링하고, 142행은 step 함수를 실행하여 다음 순간으로 넘어간다. 149~154행은 신경망 학습을 담당한다. 149행과 150행은 각각 [알고리즘 11-1]의 11행과 12행을 담당한다. 151행은 미니배치를 샘플링한다. 152행은 행동 가치 신경망을 학습하고, 153행은 정책 신경망을 학습한다. 154행은 목표 신경망을 갱신한다. 156~160행은 종료 상태를 만나면 학습 곡선에 쓸 정보를 저장하고 루프를 탈출한다. 162~164행은 에피소드 20개마다 에피소드의 평균 길이와 점수를 출력한다.

166행은 학습을 마친 정책 신경망을 파일에 저장한다. 169~176행은 에피소드의 길이와 점수를 위한 학습 곡선을 그린다.

프로그램 11-1 **DDPG를 이용한 Hopper 과업 학습**

```
1   import gymnasium as gym
2   import numpy as np
3   from collections import deque
4   import tensorflow as tf
5   from tensorflow.keras.layers import Input,Dense,LayerNormalization,Activation,Concatenate
6   from tensorflow.keras.models import Model
7   from tensorflow.keras.initializers import RandomUniform
```

```
import matplotlib.pyplot as plt
import tqdm

class OUNoise: # Ornstein-Uhlenbeck 잡음(epsilon 스케줄링 포함)
    def __init__(self,siz,mean=0.0,sigma=0.3,theta=0.15):
        self.mean=mean*np.ones(siz)
        self.sigma,self.theta=sigma,theta
        self.reset()
        self.eps_scale,self.eps_decay,self.eps_min=1.0,0.995,0.01

    def reset(self):
        self.x=np.copy(self.mean)

    def sample(self):
        self.x+=self.theta*(self.mean-self.x)+self.sigma*np.random.randn(len(self.x))
        self.eps_scale=max(self.eps_min,self.eps_scale*self.eps_decay)
        return self.x*self.eps_scale

class ReplayBuffer:
    def __init__(self,max_siz):
        self.state=deque(maxlen=max_siz)  # 상태
        self.action=deque(maxlen=max_siz)  # 행동
        self.reward=deque(maxlen=max_siz)  # 보상
        self.state1=deque(maxlen=max_siz)  # 다음 상태
        self.done=deque(maxlen=max_siz)  # 에피소드 종료

    def store(self,s,a,r,s1,d):
        self.state.append(s)
        self.action.append(a)
        self.reward.append(r)
        self.state1.append(s1)
        self.done.append(d)

    def get(self,siz):
        idx=np.random.choice(len(self.state),siz)
        s=tf.convert_to_tensor([self.state[i] for i in idx],dtype=tf.float32)
        a=tf.convert_to_tensor([self.action[i] for i in idx],dtype=tf.float32)
        r=tf.convert_to_tensor([self.reward[i] for i in idx],dtype=tf.float32)
        s1=tf.convert_to_tensor([self.state1[i] for i in idx],dtype=tf.float32)
        d=tf.convert_to_tensor([1.0 if self.done[i] else 0.0 for i in idx],dtype=tf.float32)
        return s,a,r,s1,d

def build_actor():
    inputs=Input(shape=(s_dim,))
    x=Dense(256)(inputs)
    x=LayerNormalization()(x)
```

```
    x=Activation('relu')(x)
    x=Dense(256)(x)
    x=LayerNormalization()(x)
    x=Activation('relu')(x)
    outputs=Dense(a_dim,activation='tanh',kernel_initializer=init)(x)
    outputs=outputs*action_bound
    model=Model(inputs,outputs)
    return model

def build_critic():
    state_input=Input(shape=(s_dim,))  # 상태 줄기
    action_input=Input(shape=(a_dim,))  # 행동 줄기
    x=Dense(256)(state_input)
    x=LayerNormalization()(x)
    x=Activation('relu')(x)
    concat=Concatenate()([x,action_input])
    x=Dense(256)(concat)
    x=LayerNormalization()(x)
    x=Activation('relu')(x)
    outputs=Dense(1,kernel_initializer=init)(x)
    model=Model([state_input,action_input],outputs)
    return model

@tf.function
def learn_critic(states,actions,rewards,next_states,dones):
    with tf.GradientTape(persistent=True) as tape:
        next_action=actor_target(next_states)
        q_target=tf.squeeze(critic_target([next_states,next_action]),1)
        y=rewards+gamma*q_target*(1-dones)
        q=tf.squeeze(critic([states,actions]),1)
        loss=tf.reduce_mean(tf.square(y-q))
    grad=tape.gradient(loss,critic.trainable_variables)
    optimizer_critic.apply_gradients(zip(grad,critic.trainable_variables))

@tf.function
def learn_actor(states):
    with tf.GradientTape() as tape:
        actions=actor(states)
        q=critic([states,actions])
        loss=-tf.reduce_mean(q)
    grad=tape.gradient(loss,actor.trainable_variables)
    optimizer_actor.apply_gradients(zip(grad,actor.trainable_variables))

def update_target_networks():
    def update_weights(source,target):
        for i in range(len(source)):
            target[i]=polyak*target[i]+(1-polyak)*source[i]
```

```
        return target
    actor_target.set_weights(update_weights(actor.get_weights(),actor_target.get_weights()))
    critic_target.set_weights(update_weights(critic.get_weights(),critic_target.get_weights()))

def sample_action(state):  # 행동 샘플링
    action=actor(state)+ou_noise.sample()
    return tf.clip_by_value(action,-action_bound,action_bound)

gamma=0.99  # 할인율
buffer_max_siz=1000000  # 리플레이 메모리 크기
batch_siz=128  # 미니배치 크기
n_episode=3000  # 에피소드 반복 횟수
learn_period,n_learn=1,1  # 학습 주기와 반복 횟수
actor_lr,critic_lr=1e-4,1e-3  # 학습률
polyak=0.995  # polyak 계수
init=RandomUniform(minval=-0.003,maxval=0.003)  # 출력층 초기화

task_name='Hopper-v4'
env=gym.make(task_name)
s_dim=env.observation_space.shape[0]
a_dim=env.action_space.shape[0]
action_bound=env.action_space.high[0]

actor,actor_target=build_actor(),build_actor()
critic,critic_target=build_critic(),build_critic()
actor_target.set_weights(actor.get_weights())
critic_target.set_weights(critic.get_weights())

optimizer_actor=tf.keras.optimizers.Adam(learning_rate=actor_lr)
optimizer_critic=tf.keras.optimizers.Adam(learning_rate=critic_lr)

mem=ReplayBuffer(buffer_max_siz)
ou_noise=OUNoise(siz=a_dim)

epi_length,epi_score,n_steps=[],[],[0]
for e in tqdm.tqdm(range(n_episode)):
    steps,score=0,0
    ou_noise.reset()
    state,_=env.reset()
    while True:
        action=sample_action(state.reshape(1,-1))[0]
        state1,reward,terminated,truncated,_=env.step(action)
        mem.store(state,action,reward,state1,terminated)
        state=state1

```

```
        score+=reward
        steps+=1

        if len(mem.state)>batch_siz and steps%learn_period==0:  # 학습
            for j in range(n_learn):
                s_batch,a_batch,r_batch,s1_batch,d_batch=mem.get(batch_siz)
                learn_critic(s_batch,a_batch,r_batch,s1_batch,d_batch)
                learn_actor(s_batch)
                update_target_networks()

        if terminated or truncated:
            n_steps.append(n_steps[-1]+steps)
            epi_length.append(steps)
            epi_score.append(score)
            break

    mlen,mscore=np.mean(epi_length[-20:]),np.mean(epi_score[-20:])
    if (len(epi_length)+1)%20==0:
        print(f' 에피소드 길이,점수(총 순간)) {mlen:.2f},{mscore:.2f}({n_steps[-1]})')

actor.save('f11-1.keras')
env.close()

plt.figure(figsize=(16,5))
smooth=np.convolve(epi_length,10*[0.1],mode='valid')
plt.plot(smooth,label='Length')
smooth=np.convolve(epi_score,10*[0.1],mode='valid')
plt.plot(smooth,label='Score')
plt.legend()
plt.grid()
plt.show()
```

```
1%|          | 19/3000 [00:25<1:01:04,  1.23s/it] 에피소드 길이,점수(총 순간)) 30.16,49.01(573)
1%|▏         | 39/3000 [00:49<1:11:07,  1.44s/it] 에피소드 길이,점수(총 순간)) 26.45,46.13(1102)
2%|▏         | 59/3000 [01:39<2:56:43,  3.61s/it] 에피소드 길이,점수(총 순간)) 53.00,97.93(2162)
3%|▎         | 79/3000 [02:56<3:02:26,  3.75s/it] 에피소드 길이,점수(총 순간)) 82.25,158.21(3807)
…
99%|█████████▊| 2959/3000 [26:16:56<33:00, 48.31s/it] 에피소드 길이,점수(총 순간)) 537.05,
1732.25(1085164)
99%|█████████▉| 2979/3000 [26:33:38<14:54, 42.58s/it] 에피소드 길이,점수(총 순간)) 402.20,
1292.94(1093208)
100%|█████████▉| 2999/3000 [26:59:27<01:15, 75.04s/it] 에피소드 길이,점수(총 순간)) 623.05,
1969.12(1105669)
100%|██████████| 3000/3000 [27:01:31<00:00, 32.43s/it]
```

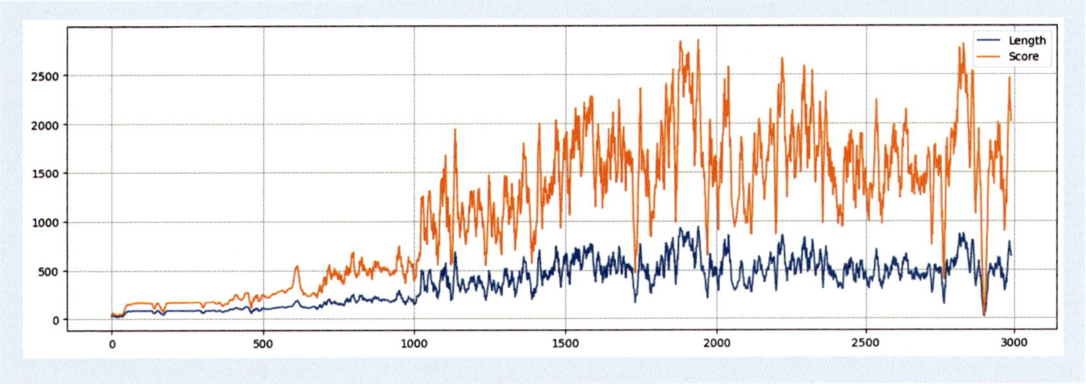

프로그램 실행 결과를 살펴보자. 처음 20개 에피소드는 평균 길이 30.16, 평균 이득 49.01을 얻었다. 괄호 속 숫자는 이 20개 에피소드를 생성하는 데 총 573개의 순간이 소요되었음을 나타낸다. 전체적으로 보면 [프로그램 10-1]의 PPO에 비하면 수렴까지 상당히 많은 시간이 걸린다는 사실을 알 수 있다. 또한 DDPG는 이어서 소개할 TD3이나 SAC에 비해 학습이 불안정하다. 11.8절은 여러 문헌의 실험 결과와 이 책의 실험 결과를 가지고 벤치마킹 분석을 수행한다.

DDPG는 보상의 크기에 민감하다는 실험 결과가 많다[Vecerik2017, Wan2025]. 보상 조형reward shaping을 통해 어느 정도 성능을 향상할 수 있는 여지가 있는데, 가장 단순한 기법은 보상 r에 1보다 작은 값을 곱해 크기를 줄이는 것이다. 예를 들어 [프로그램 11-1]의 142행 다음에 reward=reward*0.1을 추가하여 1/10로 줄어든 보상을 사용한다. 이 기법과 성능을 비교하는 일은 연습문제로 남긴다.

[프로그램 11-2]는 DDPG로 학습한 정책 신경망으로 Hopper 과업을 시험한다. 8행은 [프로그램 11-1]이 저장해둔 정책 신경망의 파일을 읽어오고, 10~22행은 에피소드를 생성하고 애니메이션을 출력한다. DDPG에서 정책 신경망은 행동을 출력한다. 따라서 14행의 step 함수는 13행이 출력한 action을 바로 가져다 사용한다.

프로그램 11-2 **Hopper 과업 시험(DDPG)**

```
1    import gymnasium as gym
2    import cv2 as cv
3    from tensorflow.keras.models import load_model
4
5    task_name='Hopper-v4'
6    env=gym.make(task_name,render_mode='rgb_array')
7
8    actor=load_model('f11-1.keras')
9
10   length=0
11   s,info=env.reset()
12   while True:
```

```python
    action=actor(s.reshape(1,-1))[0]
    s,r,terminated,truncated,info=env.step(action)
    length+=1

    cv.imshow(task_name+' animation',cv.cvtColor(env.render(),cv.COLOR_BGR2RGB))
    key=cv.waitKey(10)

    if terminated or truncated:
        print("에피소드의 길이:",length)
        break

env.close()
if cv.waitKey()==ord('q'):
    cv.destroyAllWindows()
```

```
에피소드의 길이: 1000
```

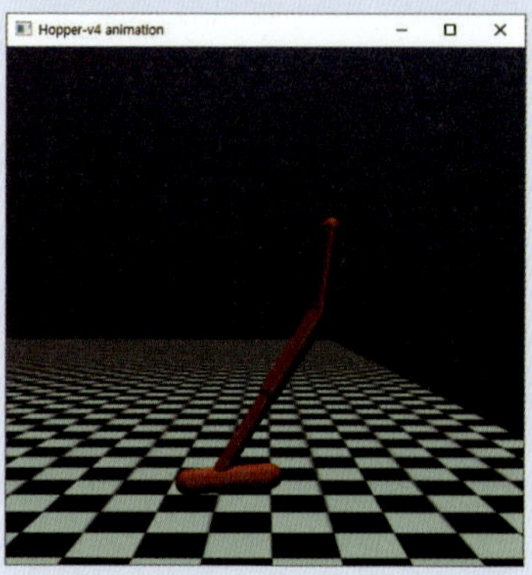

프로그램 실행 결과, Hopper 로봇이 1000 순간까지 성공적으로 뜀뛰기를 하는 장면을 확인할 수 있다.

4
TD3 학습 알고리즘

DDPG는 가치 기반인 DQN과 정책 기반인 DPG를 성공적으로 결합한 알고리즘이다. 하지만 DDPG는 하이퍼 매개변수 설정에 민감하다는 단점이 있다[Henserson2017]. 특히 행동 가치 함수 q의 값을 과다하게 추정하는 경향이 있으며, 이로 인해 해당 값을 기반으로 학습하는 정책이 중간에 망가지는 치명적 망각catastrophic forgetting 현상이 종종 나타난다. TD3은 비평가 역할을 하는 신경망 q를 두 개 사용하는 방식으로 이러한 문제를 완화한다.

1. 이중 비평가와 지연 학습

Q-러닝 학습 알고리즘의 최초 버전은 q 함수 하나로 행동 가치 함수를 추정했다[Watkins1989]. 이는 [알고리즘 5-3]에서 확인할 수 있는데, 5행은 q 함수를 이용하여 행동을 선택하고 8행은 행동 가치 함수를 추정한다. Hasselt는 식 (11.1)이 보여주는 바와 같이 q 함수가 max 연산자를 사용하기 때문에 실제보다 과도하게 큰 값을 추정하는 경우가 발생한다는 사실을 발견했다. 이에 따라 그는 두 개의 q 함수를 사용하는 Double Q-러닝 알고리즘을 제안한다[Hasselt2010]. 이후 DQN에 두 개의 q 함수를 사용하는 아이디어를 적용한 DDQN 학습 알고리즘이 발표되었다[Hasselt2016].

TD3은 두 개의 q 함수를 사용하는 아이디어를 DDPG에 적용하여 DDPG의 단점을 개선한다[Fujimoto2018]. 여기에 TD3은 정책 신경망의 학습을 지연시키는 아이디어와 정책 목표 신경망의 출력을 부드럽게 만드는 스무딩smoothing 기법을 추가로 적용한다. q 함수를 두 개 사용하고 정책 신경망의 학습을 지연시킨다는 뜻에서 알고리즘 이름을 Time Delayed DDPG라고 지었고 줄여서 TD3이라고 부른다.

TD3은 $q_{\mathbf{w}1}$과 $q_{\mathbf{w}2}$의 두 개 신경망을 학습한다. 이들은 각각 목표 신경망 $q_{\mathbf{w}_{target1}}$과 $q_{\mathbf{w}_{target2}}$와 쌍을 이룬다. 가치 신경망을 위한 손실 함수인 식 (11.4)를 살펴본다. 이 식은 목표 신경망 $q_{\mathbf{w}_{target}}$을 이용하여 레이블에 해당하는 값 $r+\gamma(1-d)q_{\mathbf{w}_{target}}(s', \pi_{\boldsymbol{\theta}_{target}}(s'))$를 계산한다. TD3은 정책 목표 신경망 $\pi_{\boldsymbol{\theta}_{target}}(s')$에 스무딩을 적용한다. 다시 말해 $\pi_{\boldsymbol{\theta}_{target}}(s')$ 값을 그대로 사용하는 대신 식 (11.8)로 스무딩한 값 $a'(s')$를 사용한다. ϵ은 Gaussian(μ=0.0,σ)에서 샘플링한 잡음 값이다. 표준편차 σ는 하이퍼 매개변수다. c는

잡음을 얼마만큼 허용할지 결정하는 하이퍼 매개변수다.

$$a'(s') = \text{clip}\left(\pi_{\boldsymbol{\theta}_{target}}(s') + \text{clip}(\epsilon, -c, c), a_{low}, a_{high}\right) \tag{11.8}$$

TD3에서는 레이블을 계산할 때 두 개의 목표 신경망 $q_{\mathbf{w}_{target1}}$과 $q_{\mathbf{w}_{target2}}$의 값 중 더 작은 것을 선택한다. 이렇게 작은 값을 사용하는 이유는 행동 가치 함수가 과도하게 큰 값을 추정하는 증상을 완화하려는 의도가 담겨있다. 식 (11.9)는 두 개의 목표 신경망을 사용하여 레이블 값을 추정한다. $a'(s')$는 식 (11.8)로 계산한 스무딩된 행동 값이다.

$$y(r, s', d) = r + \gamma(1-d)\min_{i=1,2} q_{\mathbf{w}_{target\_i}}(s', a'(s')) \tag{11.9}$$

식 (11.10)은 식 (11.9)가 계산한 $y(r,s',d)$를 이용하여 신경망 $q_{\mathbf{w}1}$과 $q_{\mathbf{w}2}$를 위한 손실 함수를 정의한다.

$$\left.\begin{aligned} J_{critic}(\mathbf{w}1) &= \frac{1}{|M|}\sum_{(s,a,r,s',d)\in M}\left(y(r,s',d) - q_{\mathbf{w}1}(s,a)\right)^2 \\ J_{critic}(\mathbf{w}2) &= \frac{1}{|M|}\sum_{(s,a,r,s',d)\in M}\left(y(r,s',d) - q_{\mathbf{w}2}(s,a)\right)^2 \end{aligned}\right\} \tag{11.10}$$

정책 신경망 $\pi_{\boldsymbol{\theta}}$를 위한 손실 함수는 식 (11.5)를 그대로 사용하되, 단지 두 개의 가치 신경망 중 첫 번째 신경망 $q_{\mathbf{w}1}$을 사용한다. 식 (11.11)은 TD3에서 정책 신경망을 위한 손실 함수다.

$$J_{actor}(\boldsymbol{\theta}) \approx -\frac{1}{|M|}\sum_{s\in M} q_{\mathbf{w}1}\left(s, \pi_{\boldsymbol{\theta}}(s)\right) \tag{11.11}$$

목표 신경망의 매개변수 갱신은 식 (11.6)에서처럼 Polyak 평균을 사용한다. 차이점은 TD3에서는 목표 신경망이 세 개로 늘어났다는 점이다. 식 (11.12)는 TD3에서 목표 신경망을 갱신하는 식이다.

$$\left.\begin{aligned} \mathbf{w}_{target1} &= \rho\mathbf{w}_{target1} + (1-\rho)\mathbf{w}1 \\ \mathbf{w}_{target2} &= \rho\mathbf{w}_{target2} + (1-\rho)\mathbf{w}2 \\ \boldsymbol{\theta}_{target} &= \rho\boldsymbol{\theta}_{target} + (1-\rho)\boldsymbol{\theta} \end{aligned}\right\} \tag{11.12}$$

TD3의 마지막 아이디어는 지연 학습이다. 식 (11.11)의 정책 신경망의 학습과 식 (11.12)의 목표 신경망 갱신을 식 (11.10)의 가치 신경망 학습보다 지연시킨다. 지연시키는 방법은 단순하다. 가치 신경망 학습이 k번 일어날 때 정책 신경망 학습과 목표 신경망 갱신을 한 번만 수행한다.

2. 알고리즘

[알고리즘 11-2]는 TD3 학습 알고리즘으로 [알고리즘 11-1]의 DDPG에 앞 절에서 설명한 세 가지 아이디어(이중 비평가, 스무딩, 지연 학습)를 적용한 것이다. 바뀐 곳을 유심히 살피기를 바란다.

알고리즘 11-2 TD3 학습 알고리즘

입력: 과업

출력: 최적 정책 신경망 π_*

정책 신경망 π의 가중치 $\boldsymbol{\theta}$와 두 행동 가치 신경망의 가중치 $\mathbf{w}1$과 $\mathbf{w}2$를 초기화한다.
$\boldsymbol{\theta}_{target}=\boldsymbol{\theta}$, $\mathbf{w}_{target1}=\mathbf{w}1$, $\mathbf{w}_{target2}=\mathbf{w}2$ // 정책 신경망과 가치 신경망을 목표 신경망에 복사
리플레이 메모리 D를 빈 상태로 생성한다. // deque를 사용하여 꽉 찬 경우 오래된 것을 제거
n_learn=0
for i=1,2,⋯,n_epoch
    초기 상태 s를 설정한다. // reset 함수
    while True
        행동 a를 샘플링한다. // 식 (11.7)
        행동 a를 실행하여 다음 상태 s', 보상 r, 종료 여부 d를 얻는다. // step 함수
        (s,a,r,s',d)를 D에 추가한다.
        if d=True, break
        if 학습 주기가 되면
            for j=1,2,⋯,k
                n_learn+=1
                D에서 미니배치 M을 샘플링한다.
                $a'(s')=\text{clip}(\pi_{\boldsymbol{\theta}_{target}}(s')+\text{clip}(\epsilon,-c,c),a_{low},a_{high})$ // 식 (11.8)
                $y(r,s',d)=r+\gamma(1-d)\min_{i=1,2} q_{\mathbf{w}_{target\_i}}(s',a'(s'))$ // 식 (11.9)
                $J_{critic}(\mathbf{w}1)=\frac{1}{|M|}\sum_{(s,a,r,s',d)\in M}\left(y(r,s',d)-q_{\mathbf{w}1}(s,a)\right)^2$ // 식 (11.10)
                $J_{critic}(\mathbf{w}2)=\frac{1}{|M|}\sum_{(s,a,r,s',d)\in M}\left(y(r,s',d)-q_{\mathbf{w}2}(s,a)\right)^2$ // 식 (11.10)
                $J_{actor}=-\frac{1}{|M|}\sum_{s\in M} q_{\mathbf{w}1}\left(s,\pi_{\boldsymbol{\theta}}(s)\right)$ // 식 (11.11)
                옵티마이저로 가치 신경망 $\mathbf{w}1$과 $\mathbf{w}2$를 학습한다.
                if n_learn%policy_delay==0: // 지연 발생
                    옵티마이저로 정책 신경망 $\boldsymbol{\theta}$를 학습한다.
                    $\mathbf{w}_{target1}=\rho\mathbf{w}_{target1}+(1-\rho)\mathbf{w}1$ // 식 (11.12)
                    $\mathbf{w}_{target2}=\rho\mathbf{w}_{target2}+(1-\rho)\mathbf{w}2$ // 식 (11.12)
                    $\boldsymbol{\theta}_{target}=\rho\boldsymbol{\theta}_{target}+(1-\rho)\boldsymbol{\theta}$ // 식 (11.12)
return $\pi_{\boldsymbol{\theta}}$

5

프로그래밍 실습: TD3을 이용한 Hopper 과업 학습

[프로그램 11-3]은 TD3을 이용하여 Hopper 과업을 학습한다. 11~33행의 ReplayBuffer 클래스는 [프로그램 11-1]과 같다. 또한 35~46행의 build_actor 함수와 48~60행의 build_critic 함수는 [프로그램 11-1]과 같다.

63~77행의 learn_critic 함수는 [알고리즘 11-2]에 따라 [프로그램 11-1]과 두 가지 차이점이 있다. 첫째, 65~66행은 식 (11.8)을 적용한다. 둘째, 두 개의 신경망을 학습하기 위해 67~68행은 q1_target과 q2_target, 70~71행은 q1과 q2, 72~73행은 loss1과 loss2를 계산한다. 74~75행은 두 신경망을 위한 그레이디언트를 계산하고, 76~77행은 두 신경망의 매개변수를 갱신한다. 80~86행의 learn_actor 함수는 83행에서 두 가치 신경망 중 critic1을 사용한다는 점만 제외하면 [프로그램 11-1]과 같다. 88~95행의 update_target_networks 함수는 critic_target1과 critic_target2의 두 가치 신경망을 갱신한다는 점만 다르고 나머지는 [프로그램 11-1]과 같다. 97~99행의 sample_action 함수는 가우시안 샘플링을 통해 탐험을 적용한다. 표준편차는 140행의 스케줄링에 따른다.

101~172행은 메인에 해당한다. 101~109행은 하이퍼 매개변수를 설정한다. 106행은 [알고리즘 11-2]의 12~13행과 22행에 해당한다. learn_period는 학습 주기, n_learn은 학습 횟수에 해당하고, policy_delay는 정책 신경망의 학습을 지연시키는 역할을 한다. 117~122행은 정책 신경망 하나와 가치 신경망 두 개를 생성한다. 130~160행은 에피소드 생성과 신경망 학습을 반복한다. 140행은 잡음 스케줄링을 위해 표준편차를 갱신한다. 148행은 정책 신경망의 학습을 지연시킨다.

프로그램 11-3 TD3을 이용한 Hopper 과업 학습

```
1  import gymnasium as gym
2  import numpy as np
3  from collections import deque
4  import tensorflow as tf
5  from tensorflow.keras.layers import Input,Dense,LayerNormalization,Activation,Concatenate
6  from tensorflow.keras.models import Model
7  from tensorflow.keras.initializers import RandomUniform
```

```
import matplotlib.pyplot as plt
import tqdm

class ReplayBuffer:
    def __init__(self,max_siz):
        self.state=deque(maxlen=max_siz)  # 상태
        self.action=deque(maxlen=max_siz)  # 행동
        self.reward=deque(maxlen=max_siz)  # 보상
        self.state1=deque(maxlen=max_siz)  # 다음 상태
        self.done=deque(maxlen=max_siz)  # 에피소드 종료

    def store(self,s,a,r,s1,d):
        self.state.append(s)
        self.action.append(a)
        self.reward.append(r)
        self.state1.append(s1)
        self.done.append(d)

    def get(self,siz):
        idx=np.random.choice(len(self.state),siz)
        s=tf.convert_to_tensor([self.state[i] for i in idx],dtype=tf.float32)
        a=tf.convert_to_tensor([self.action[i] for i in idx],dtype=tf.float32)
        r=tf.convert_to_tensor([self.reward[i] for i in idx],dtype=tf.float32)
        s1=tf.convert_to_tensor([self.state1[i] for i in idx],dtype=tf.float32)
        d=tf.convert_to_tensor([1.0 if self.done[i] else 0.0 for i in idx],dtype=tf.float32)
        return s,a,r,s1,d

def build_actor():
    inputs=Input(shape=(s_dim,))
    x=Dense(256)(inputs)
    x=LayerNormalization()(x)
    x=Activation('relu')(x)
    x=Dense(256)(x)
    x=LayerNormalization()(x)
    x=Activation('relu')(x)
    outputs=Dense(a_dim,activation='tanh',kernel_initializer=init)(x)
    outputs=outputs*action_bound
    model=Model(inputs,outputs)
    return model

def build_critic():
    state_input=Input(shape=(s_dim,))  # 상태 줄기
    action_input=Input(shape=(a_dim,))  # 행동 줄기
    x=Dense(256)(state_input)
    x=LayerNormalization()(x)
    x=Activation('relu')(x)
```

```
    concat=Concatenate()([x,action_input])
    x=Dense(256)(concat)
    x=LayerNormalization()(x)
    x=Activation('relu')(x)
    outputs=Dense(1,kernel_initializer=init)(x)
    model=Model([state_input,action_input],outputs)
    return model

@tf.function
def learn_critic(states,actions,rewards,next_states,dones):
    with tf.GradientTape(persistent=True) as tape:
        noise=tf.clip_by_value(tf.random.normal(shape=(batch_siz,a_dim),stddev=0.2),-0.5,0.5)
        next_action=tf.clip_by_value(actor_target(next_states)+noise,-action_bound,action_bound)
        q1_target=tf.squeeze(critic_target1([next_states,next_action]),1)
        q2_target=tf.squeeze(critic_target2([next_states,next_action]),1)
        y=rewards+gamma*tf.minimum(q1_target,q2_target)*(1-dones)
        q1=tf.squeeze(critic1([states,actions]),1)
        q2=tf.squeeze(critic2([states,actions]),1)
        loss1=tf.reduce_mean(tf.square(y-q1))
        loss2=tf.reduce_mean(tf.square(y-q2))
    grad1=tape.gradient(loss1,critic1.trainable_variables)
    grad2=tape.gradient(loss2,critic2.trainable_variables)
    optimizer_critic1.apply_gradients(zip(grad1,critic1.trainable_variables))
    optimizer_critic2.apply_gradients(zip(grad2,critic2.trainable_variables))

@tf.function
def learn_actor(states):
    with tf.GradientTape() as tape:
        actions=actor(states)
        q=critic1([states,actions])
        loss=-tf.reduce_mean(q)
    grad=tape.gradient(loss,actor.trainable_variables)
    optimizer_actor.apply_gradients(zip(grad,actor.trainable_variables))

def update_target_networks():
    def update_weights(source,target):
        for i in range(len(source)):
            target[i]=polyak*target[i]+(1-polyak)*source[i]
        return target
    actor_target.set_weights(update_weights(actor.get_weights(),actor_target.get_weights()))
    critic_target1.set_weights(update_weights(critic1.get_weights(),critic_target1.get_weights()))
    critic_target2.set_weights(update_weights(critic2.get_weights(),critic_target2.get_weights()))
```

```
def sample_action(state): # 행동 샘플링
    action=actor(state)+np.random.normal(0,eps_scale,size=a_dim)
    return tf.clip_by_value(action,-action_bound,action_bound)

gamma=0.99 # 할인율
buffer_max_siz=1000000 # 리플레이 메모리 크기
batch_siz=128 # 미니배치 크기
n_episode=3000 # 에피소드 반복 횟수
eps_scale,eps_decay,eps_min=1.0,0.999,0.01 # 잡음 스케줄링
learn_period,n_learn,policy_delay=1,1,1 # 학습 주기와 지연
actor_lr,critic_lr=1e-4,1e-3 # 학습률
polyak=0.995 # polyak 계수
init=RandomUniform(minval=-0.003,maxval=0.003) # 출력층 초기화

task_name='Hopper-v4'
env=gym.make(task_name)
s_dim=env.observation_space.shape[0]
a_dim=env.action_space.shape[0]
action_bound=env.action_space.high[0]

actor,actor_target=build_actor(),build_actor()
critic1,critic_target1=build_critic(),build_critic()
critic2,critic_target2=build_critic(),build_critic()
actor_target.set_weights(actor.get_weights())
critic_target1.set_weights(critic1.get_weights())
critic_target2.set_weights(critic2.get_weights())

optimizer_actor=tf.keras.optimizers.Adam(learning_rate=actor_lr)
optimizer_critic1=tf.keras.optimizers.Adam(learning_rate=critic_lr)
optimizer_critic2=tf.keras.optimizers.Adam(learning_rate=critic_lr)

mem=ReplayBuffer(buffer_max_siz)

epi_length,epi_score,n_steps=[],[],[0]
for e in tqdm.tqdm(range(n_episode)):
    steps,score=0,0
    state,_=env.reset()
    while True:
        action=sample_action(state.reshape(1,-1))[0]
        state1,reward,terminated,truncated,_=env.step(action)
        mem.store(state,action,reward,state1,terminated)
        state=state1

        eps_scale=max(eps_min,eps_scale*eps_decay)
        score+=reward
        steps+=1
```

```
        if len(mem.state)>batch_siz and steps%learn_period==0:  # 학습
            for j in range(n_learn):
                s_batch,a_batch,r_batch,s1_batch,d_batch=mem.get(batch_siz)
                learn_critic(s_batch,a_batch,r_batch,s1_batch,d_batch)
                if j%policy_delay==0:  # 정책 신경망 학습 지연
                    learn_actor(s_batch)
                    update_target_networks()

        if terminated or truncated:
            n_steps.append(n_steps[-1]+steps)
            epi_length.append(steps)
            epi_score.append(score)
            break

    mlen,mscore=np.mean(epi_length[-20:]),np.mean(epi_score[-20:])
    if (len(epi_length)+1)%20==0:
        print(f' 에피소드 길이,점수(총 순간)) {mlen:.2f},{mscore:.2f}({n_steps[-1]})')

actor.save('f11-3.keras')
env.close()

plt.figure(figsize=(16,5))
smooth=np.convolve(epi_length,10*[0.1],mode='valid')
plt.plot(smooth,label='Length')
smooth=np.convolve(epi_score,10*[0.1],mode='valid')
plt.plot(smooth,label='Score')
plt.legend()
plt.grid()
plt.show()
```

```
1%|          | 19/3000 [00:21<1:20:05,  1.61s/it] 에피소드 길이,점수(총 순간)) 20.89,21.61(397)
1%||         | 39/3000 [01:40<4:19:48,  5.26s/it] 에피소드 길이,점수(총 순간)) 62.50,119.77(1647)
2%||         | 59/3000 [03:15<3:47:50,  4.65s/it] 에피소드 길이,점수(총 순간)) 77.30,151.56(3193)
3%||         | 79/3000 [05:01<4:04:15,  5.02s/it] 에피소드 길이,점수(총 순간)) 86.00,164.47(4913)
…
99%|█████████| 2979/3000 [47:00:19<34:47, 99.39s/it] 에피소드 길이,점수(총 순간)) 775.20,
2852.74(1670623)
100%|█████████| 2999/3000 [47:26:50<01:21, 81.82s/it] 에피소드 길이,점수(총 순간)) 616.65,
2298.16(1682956)
100%|█████████| 3000/3000 [47:28:26<00:00, 56.97s/it]
```

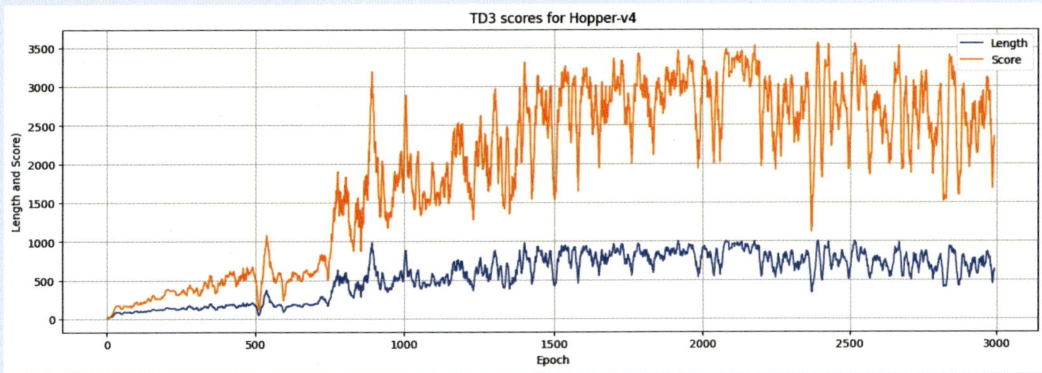

프로그램 실행 결과를 살펴보면, 에피소드 길이는 1000에 가까워지고, 점수는 3000에 육박하는 수준으로 수렴했다. 이 프로그램은 106행의 하이퍼 매개변수를 1,1,1로 설정하여 매 순간마다 한 번씩 학습이 이루어지고, 정책 신경망의 학습 지연이 일어나지 않게 한다. TD3은 이름에 포함된 delayed가 암시하듯 정책 학습의 지연이 성능 향상에 중요한 요소 중 하나인데, [프로그램 11-3]의 경우 오히려 지연이 없을 때 더 빨리 수렴하는 결과를 보였다.

[프로그램 11-4]는 Hopper 과업을 시험한다. 신경망 파일을 읽어오는 8행을 제외하면 [프로그램 11-2]와 동일하다.

프로그램 11-4 **Hopper 과업 시험(TD3)**

8행을 제외하고 [프로그램 11-2]와 동일함

```
...
8    actor=load_model('f11-3.keras')
```

```
에피소드의 길이: 1000
```

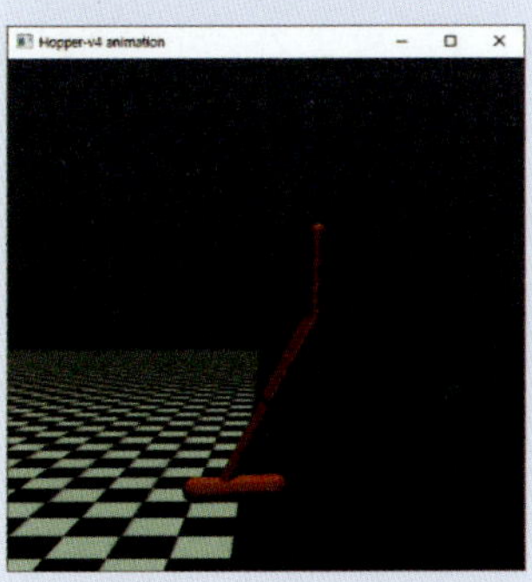

프로그램 실행 결과, Hopper 로봇이 1000 순간까지 성공적으로 뜀뛰기를 하는 장면을 확인할 수 있다.

6

SAC 학습 알고리즘

모든 강화 학습 알고리즘은 불확실성 요소를 잘 제어함으로써 탐험-탐사의 균형을 유지한다. 이 절에서 공부할 SAC 학습 알고리즘은 목적 함수에 엔트로피를 추가함으로써 불확실성을 제어한다. 엔트로피는 일종의 규제로 작용하여 원활한 학습을 유도하기 때문에 Soft라는 용어를 붙여 Soft Actor-Critic, 줄여서 SAC 학습 알고리즘이라고 부른다[Haarnoja2018a].

1. 엔트로피 규제를 통한 소프트한 학습

SAC 학습 알고리즘에서는 TD3과 달리 가치 신경망에만 목표 신경망을 가진다. 따라서 총 여섯 개의 신경망을 학습하는 TD3과 달리 SAC는 $\pi_{\boldsymbol{\theta}}$, $q_{\mathbf{w}1}$, $q_{\mathbf{w}2}$, $q_{\mathbf{w}_{target1}}$, $q_{\mathbf{w}_{target2}}$의 다섯 개 신경망을 학습한다. SAC는 결정론 정책을 사용하는 TD3과 달리 스토캐스틱 정책을 사용한다. 따라서 정책 신경망은 8~10장에서 다룬 방식처럼 가우시안 함수의 평균 μ와 표준편차 σ를 출력한다.

엔트로피는 불확실성을 측정해주는 함수다.[1] 예를 들어, 정상적인 주사위는 각 면이 나올 확률이 동일하여 불확실성이 크다. 반면, 찌그러진 주사위처럼 특정 면이 자주 나오는 경우에는 불확실성이 낮아진다. 예를 들어, 1이 나올 확률을 0.5이고 나머지 다섯 눈의 확률은 각각 0.1인 경우, 불확실성이 크게 줄어들어 엔트로피가 낮아진다. 식 (11.13)은 확률 분포 p의 엔트로피를 정의한다. x는 발생 가능한 사건이다.

$$H(p)=-\sum_{x}p(x)\log p(x)=\mathbb{E}_{x\sim p}[-\log p(x)] \tag{11.13}$$

1 엔트로피는 클로드 섀넌(Claude Shannon)이 제안한 개념이다. 섀넌은 발생 확률이 낮은 메시지일수록 정보량이 많다는 인식하에서 정보량을 정량화하였다[Cover2006]. 예를 들어 '고비 사막에 비가 온다'는 메시지는 '아마존 우림에 비가 온다'라는 메시지보다 훨씬 많은 정보를 제공한다. 섀넌은 메시지의 발생 확률이 낮을수록 정보량이 많아지도록 수식을 정의하고, 이를 엔트로피라고 불렀다. 엔트로피는 확률 분포의 불확실성을 측정하는 지표이며, 엔트로피가 클수록 불확실성이 높고 예측이 어렵다.

예제 11-1 **주사위의 엔트로피 계산**

먼저 정상적인 주사위의 엔트로피는 다음과 같이 계산되며, 값은 1.7918이다.

$$H\left(p_{normal}\right) = -\sum_{x=1,2,3,4,5,6} p(x)\log p(x) = -6 \times \frac{1}{6}\log\frac{1}{6} = 1.7918$$

1이 나올 확률은 1/2, 나머지 다섯 눈의 확률은 각각 1/10인 찌그러진 주사위의 엔트로피는 다음과 같이 1.4979다.

$$H\left(p_{skewed}\right) = -\frac{1}{2}\log\frac{1}{2} - 5 \times \frac{1}{10}\log\frac{1}{10} = 1.4979$$

찌그러진 주사위의 엔트로피가 정상 주사위보다 낮아졌음을 확인할 수 있다. 이는 불확실성이 줄어들었다는 사실을 수치로 보여준다. 만약 주사위를 더욱 심하게 찌그러뜨려 1이 나올 확률은 9/10, 나머지 눈의 확률이 각각 1/50이라면 엔트로피는 더 낮은 값인 0.4860이 된다.

$$H\left(p_{high\_skewed}\right) = -\frac{9}{10}\log\frac{9}{10} - 5 \times \frac{1}{50}\log\frac{1}{50} = 0.4860$$

모든 강화 학습 알고리즘의 목표는 기대 이득을 최대화하는 정책을 찾는 것이다. 식 (11.14)는 이 사실을 식으로 표현한다. 둘째 행은 순간 t의 보상 r_t를 보상 함수로 바꿔 쓴 것이다.

$$\pi_* = \underset{\pi}{\operatorname{argmax}}\ \mathbb{E}_{e\sim\pi}\left[\sum_{t=0,T-1} \gamma^t r_t\right] \tag{11.14}$$

만약 옵티마이저가 식 (11.14)의 $\mathbb{E}_{e\sim\pi}[\Sigma_{t=0,T-1}\gamma^t r_t]$를 목적 함수로 사용하여 최적화를 실행했을 때 항상 전역 최적점을 찾는다는 보장이 있다면 더 이상 개선은 필요하지 않을 것이다. 하지만 옵티마이저가 사용하는 최적화 알고리즘은 지역 최적점에 빠질 위험이 있다. 지금까지 공부한 모든 강화 학습 알고리즘은 지역 최적점에 빠질 위험을 줄이기 위해 탐험 요소를 강제로 추가하였다. 예를 들어 [알고리즘 11-2]의 TD3은 8행에서 식 (11.7)을 사용하여 행동을 선택함으로써 탐험 효과를 얻는다.

SAC는 목적 함수에 엔트로피 항을 추가함으로써 탐험 효과를 달성한다. 식 (11.15)는 SAC가 사용하는 목적 함수로, 엔트로피를 높게 유지하면서 기대 이득을 최대화한다. α는 기대 이득과 엔트로피 중 어느 쪽에 더 비중을 둘지를 결정하는 하이퍼 매개변수다.

$$\pi_* = \underset{\pi}{\operatorname{argmax}}\ \mathbb{E}_{e\sim\pi}\left[\sum_{t=0,T-1} \gamma^t r_t + \alpha H(\pi(.\,|\,s_t))\right] \tag{11.15}$$

식 (11.15)의 목적 함수 $\mathbb{E}_{e\sim\pi}[\Sigma_{t=0,T-1}\gamma^t r_t + \alpha H(\pi(.\,|\,s_t))]$에서 엔트로피 항 $H(\pi(.\,|\,s_t))$는 어떻게 학습 알고리즘에 탐험 효과를 부여하여 지역 최적점에 빠질 위험을 줄일 수 있을까?

[예제 11-1]에서 살펴본 바와 같이 어떤 사건의 확률이 다른 사건보다 월등히 크면 엔트로피가 낮아진

다. 이 경우를 식 (11.15)에 비유하면 어떤 행동을 선택할 확률이 다른 행동보다 월등히 큰 상황에 해당한다. 이때 엔트로피 항 H의 값이 작아져 결국 목적 함수 값이 낮아진다. 학습 알고리즘은 목적 함수 값을 높이기 위해 확률의 차이가 작아지도록 조정한다. 탐험 효과를 강화하는 셈이다. 반대쪽 극단에 대해 생각해보자. 모든 행동의 확률이 같으면 엔트로피 항 H의 값은 최대가 되고 목적 함수 값을 크게 해준다. 이 경우는 랜덤하게 행동을 선택하는 랜덤 정책을 쓰는 셈이다. 이것은 2.3.1절에서 사용한 랜덤 정책에 해당한다. 극단적으로 탐험에 치우친 정책으로서 두 번째 항은 크지만 첫 번째 항의 기대 이득은 낮아 목적 함수 값은 만족스럽지 못하게 된다. 따라서 식 (11.15)는 적절한 수준의 탐험을 유지하면서 기대 이득을 최대화해주는 방향으로 학습을 유도한다.

SAC가 식 (11.15)를 통해 탐험 효과를 달성하는 방식은 이전 학습 알고리즘과 근본적인 차이가 있다. 예를 들어 TD3을 위한 [알고리즘 11-2]의 8행은 식 (11.7)을 통해 탐험을 적용한다. 식 (11.7)은 가우시안 잡음인 $noise$를 생성하고 결정론 정책 π가 정해준 행동에 $noise$를 더하여 탐험을 적용한다. [그림 4-3]에서 소개한 몬테카를로, Sarsa, Q-러닝의 탐험 기법 또한 이와 유사한 방식이다.

이러한 이전 방식은 모두 합리성을 기반으로 사람이 설계한 규칙 기반 기법이다. 규칙 기반에서는 탐험 연산이 옵티마이저의 계산 과정, 즉 목적 함수와 그레이디언트를 계산하는 과정의 내부에 위치하지 않는다. 대신 외부에서 임의성을 주입함으로써 탐험 효과를 얻는다. 이들은 학습 초반에 강한 탐험을 적용하다가 시간이 지남에 따라 탐험 강도를 점차 줄여나가는 전략을 사용한다. 그런데 학습 도중에 성능 붕괴가 일어나면 이미 탐험 강도가 낮아진 상태이므로 이를 극복할 마땅한 동력이 없다. SAC의 방식은 이와는 근본적으로 다르다. SAC는 식 (11.15)에서 보듯이 목적 함수에 엔트로피 항 H를 추가하였기 때문에 옵티마이저 자체가 탐험의 강도를 조절할 수 있다. 따라서 학습 도중에 성능 붕괴가 발생하더라도 옵티마이저가 엔트로피 항 H를 높여 성능 붕괴를 탈출하는 가능성이 열린다.

이제 엔트로피 개념을 기반으로 SAC가 사용할 수식을 유도해보자. 먼저 TD3이 레이블 값을 계산할 때 쓰는 식 (11.9)에 주목한다. 아래 식은 TD3을 위한 식 (11.9)를 SAC가 사용할 수 있도록 확장한 형태다.

$$y(r,s',d)=r+\gamma(1-d)\left(\min_{i=1,2} q_{\mathbf{w}_{target\_i}}(s',a')+\alpha H(a'\mid s')\right)$$

이 식을 SAC가 사용하려면 다음 순간의 행동 a'를 구하는 과정을 명시해야 한다. TD3은 결정론 정책을 사용하지만 SAC는 스토캐스틱 정책을 사용한다. SAC의 정책 $\pi_{\boldsymbol{\theta}}$는 PPO에서처럼 가우시안 함수를 위한 평균 μ와 표준편차 σ를 출력하고, 이를 통해 다음 순간의 행동을 샘플링한다. 이런 사실을 종합하면 식 (11.16)이 된다. 가치 신경망을 위한 손실 함수는 TD3이 사용하는 식 (11.10)과 동일하다. 다시 말해 SAC와 TD3의 손실 함수 구조는 동일하되, 목푯값(레이블) y를 계산하는 과정만 다르다고 할 수 있다.

$$y(r,s',d)=r+\gamma(1-d)\left(\min_{i=1,2} q_{\mathbf{w}_{target\_i}}(s',a')+\alpha H(\pi_{\boldsymbol{\theta}}(a'\mid s'))\right),\ \text{이때}\ a'\sim\pi_{\boldsymbol{\theta}}(s') \tag{11.16}$$

그런데 엔트로피를 계산할 때 에피소드에서 수집한 샘플을 사용하기 때문에 식 (11.13)의 $\mathbb{E}_{x\sim p}[-\log p(x)]$로 바꿔 써야 한다. 또한 충분히 많은 샘플을 확보하여 정확한 기댓값을 계산할 수 없기 때문에 $\mathbb{E}$를 제거한 추정치를 사용한다. 따라서 식 (11.16)을 식 (11.17)로 바꿔 쓴다.

$$y(r,s',d) \approx r + \gamma(1-d)\left(\min_{i=1,2} q_{\mathbf{w}_{target\_i}}(s',a') - \alpha \log \pi_{\boldsymbol{\theta}}(a' \mid s')\right), \text{ 이때 } a' \sim \pi_{\boldsymbol{\theta}}(s') \tag{11.17}$$

[그림 11-2]는 이산 과업을 위해 설계된 5.4절의 Q-러닝에 정책 최적화를 결합하여 연속 과업을 위한 DDPG, TD3, SAC로 발전해온 과정을 일목요연하게 보여준다. 특히 목푯값을 계산하는 방식의 차이를 강조해 보여준다. Q-러닝에서는 다음 순간의 행동 $\hat{a}$을 max 연산자로 구한다. Q-러닝은 이산 과업에 적용되기 때문에 유한한 개수의 행동에서 최대를 찾을 수 있어 max 연산자를 적용할 수 있다. 하지만 연속 과업으로 확장하면 다음 순간의 행동을 구하는 과정이 복잡해진다. DDPG와 TD3은 결정론 정책 신경망을 사용하여 다음 행동 a'를 구한다. DDPG는 정책 목표 신경망 $\pi_{\boldsymbol{\theta}_{target}}$을 통해 다음 행동 a'를 결정한다. TD3은 clip 연산으로 스무딩한 행동에 대해 두 개의 가치 목표 신경망 $\pi_{\boldsymbol{\theta}_{target1}}$과 $\pi_{\boldsymbol{\theta}_{target2}}$를 계산하고 그중 작은 값을 취한다. SAC는 스토캐스틱한 정책 신경망 $\pi_{\boldsymbol{\theta}}$를 통해 다음 행동 a'를 샘플링하고 엔트로피 항을 추가로 고려한다.

Q-러닝(이산 과업): $y(r,s',d) = r + \gamma(1-d) \max_{\hat{a}} q_{\mathbf{w}}(s',\hat{a})$

DDPG(연속 과업): $y(r,s',d) = r + \gamma(1-d) q_{\mathbf{w}_{target}}(s',a'(s'))$, 이때 $a'(s') = \pi_{\boldsymbol{\theta}_{target}}(s')$

TD3(연속 과업): $y(r,s',d) = r + \gamma(1-d) \min_{i=1,2} q_{\mathbf{w}_{target\_i}}(s',a'(s'))$,
이때 $a'(s') = \text{clip}(\pi_{\boldsymbol{\theta}_{target}}(s') + \text{clip}(\epsilon,-c,c), a_{low}, a_{high})$

SAC(연속 과업): $y(r,s',d) = r + \gamma(1-d)\left(\min_{i=1,2} q_{\mathbf{w}_{target\_i}}(s',a') - \alpha \log \pi_{\boldsymbol{\theta}}(a'|s')\right)$,
이때 $a'(s') \sim \pi_{\boldsymbol{\theta}}(s')$

그림 11-2 레이블 계산의 변천

지금까지 가치 신경망을 위한 손실 함수를 유도했는데, 이제 정책 신경망을 위한 손실 함수를 유도한다. 쉽게 생각할 수 있는 방법은 TD3이 사용한 식 (11.11)의 $J_{actor}(\boldsymbol{\theta}) \approx -\frac{1}{|M|}\sum_{s \in M} q_{\mathbf{w}1}(s, \pi_{\boldsymbol{\theta}}(s))$를 그대로 가져다 쓰는 것이다. 그런데 SAC의 정책 신경망 $\pi_{\boldsymbol{\theta}}$는 스토캐스틱한 성질을 달성하기 위해 가우시안의 평균 $\boldsymbol{\mu}$와 표준편차 $\boldsymbol{\sigma}$를 출력한다. 이 경우 옵티마이저가 그레이디언트를 구하려면 $\boldsymbol{\mu}$와 $\boldsymbol{\sigma}$로 정의되는 가우시안 샘플링 과정을 $\boldsymbol{\theta}$로 미분해야 한다. 그런데 가우시안 샘플링은 미분이 불가능하기 때문에 SAC는 식 (11.11)을 사용할 수 없다. SAC는 식 (11.18)의 재매개변수화reparametrization 과정을 통해 미분 가능하게 변환한다. 이 식에서는 잡음을 발생시키는 과정 $\boldsymbol{\xi} = N(0,1)$과 미분에 참여하는 매개변수 $\boldsymbol{\mu}$와 $\boldsymbol{\sigma}$를 분리함으로써 미분 불가능을 미분 가능으로 변환해준다. $\boldsymbol{\xi}$는 평균이 0이고 분산이 1인 가우시안 $N(0,1)$에서 샘플링한 잡음이다. $*$는 벡터의 요소별 곱 연산자다.

$$a_{\boldsymbol{\theta}}(s) = \tanh(\mu_{\boldsymbol{\theta}}(s) + \sigma_{\boldsymbol{\theta}}(s) * \boldsymbol{\xi}), \text{ 이때 } \boldsymbol{\xi} = N(0,1) \tag{11.18}$$

식 (11.19)는 식 (11.18)을 이용하여 정책 신경망의 손실 함수를 정의한다.

$$J_{actor}(\boldsymbol{\theta}) \approx -\frac{1}{|M|}\sum_{s \in M}\left(\min_{i=1,2} q_{\mathbf{w}_i}(s, a_{\boldsymbol{\theta}}(s)) - \alpha \log \pi_{\boldsymbol{\theta}}(a_{\boldsymbol{\theta}}(s) \mid s)\right) \tag{11.19}$$

마지막으로 고려할 사항은 목표 신경망의 매개변수를 갱신하는 일이다. SAC는 TD3과 마찬가지로 식 (11.12)의 Polyak 평균을 사용한다. 다만 SAC는 정책 목표 신경망이 없기 때문에 셋째 행을 제거하여 가치 목표 신경망 두 개만 갱신한다는 차이점이 있다.

2. 알고리즘

[알고리즘 11-3]은 SAC 학습 알고리즘이다. [알고리즘 11-2]의 TD3에서 바뀐 곳을 중심으로 설명한다. 1~2행은 다섯 개의 신경망 $\pi_{\boldsymbol{\theta}}$, $q_{\mathbf{w}1}$, $q_{\mathbf{w}2}$, $q_{\mathbf{w}_{target1}}$, $q_{\mathbf{w}_{target2}}$를 생성한다. 정책 신경망 $\pi_{\boldsymbol{\theta}}$는 목표 신경망을 가지지 않는 점에서 TD3과 다르다. 7행에서는 스토캐스틱한 정책 신경망 $\pi_{\boldsymbol{\theta}}(s)$로 행동 a를 샘플링한다. 결정론 정책 신경망을 사용하고 식 (11.7)에 따라 $noise$를 추가하는 TD3과 근본적으로 다르다. 14~17행은 가치 신경망의 손실 함수 J_{critic}을 계산한다. 14~15행은 식 (11.17)에 따라 $\pi_{\boldsymbol{\theta}}(s')$를 샘플링하여 행동 a'를 정하고 레이블에 해당하는 $y(r,s',d)$를 계산한다. 16~17행은 두 가치 신경망의 손실 함수 $J_{critic}(\mathbf{w}1)$과 $J_{critic}(\mathbf{w}2)$를 계산한다. 18~19행은 정책 신경망의 손실 함수를 계산한다. 18행은 재매개변수화된 식 (11.18)에 따라 행동 $a_{\boldsymbol{\theta}}(s)$를 샘플링한다. 19행은 식 (11.19)에 따라 손실 함수 $J_{actor}(\boldsymbol{\theta})$를 계산한다. 20행은 옵티마이저로 신경망을 학습한다. 21~22행은 두 가치 목표 신경망의 매개변수를 갱신한다.

알고리즘 11-3 SAC 학습 알고리즘

입력: 과업
출력: 최적 정책 신경망 π_*

```
1   정책 신경망 π의 가중치 θ와 두 행동 가치 신경망의 가중치 w1과 w2를 초기화한다.
2   w_target1=w1,  w_target2=w2  // 가치 신경망을 목표 신경망에 복사
3   리플레이 메모리 D를 빈 상태로 생성한다.  // deque를 사용하여 꽉 찬 경우 오래된 것을 제거
4   for i=1,2,⋯,n_epoch
5       초기 상태 s를 설정한다.  // reset 함수
6       while True
7           π_θ(s)로 행동 a를 샘플링한다.  // π_θ가 출력한 (μ, σ)로 가우시안 샘플링
8           행동 a를 실행하여 다음 상태 s', 보상 r, 종료 여부 d를 얻는다.  // step 함수
9           (s,a,r,s',d)를 D에 추가한다.
10          if d=True, break
11          if 학습 주기가 되면
```

for i=1,2,⋯,k

    D에서 미니배치 M을 샘플링한다.

    $\pi_{\boldsymbol{\theta}}(s')$를 샘플링하여 a'를 정한다. // 식 (11.17)

    $y(r,s',d)=r+\gamma(1-d)\left(\min_{i=1,2} q_{\mathbf{w}_{target\_i}}(s',a')-\alpha\log\pi_{\boldsymbol{\theta}}(a'|s')\right)$ // 식 (11.17)

    $J_{critic}(\mathbf{w}1)=\frac{1}{|M|}\sum_{(s,a,r,s',d)\in M}\left(y(r,s',d)-q_{\mathbf{w}1}(s,a)\right)^2$ // 식 (11.10)

    $J_{critic}(\mathbf{w}2)=\frac{1}{|M|}\sum_{(s,a,r,s',d)\in M}\left(y(r,s',d)-q_{\mathbf{w}2}(s,a)\right)^2$ // 식 (11.10)

    $a_{\boldsymbol{\theta}}(s)=\tanh(\mu_{\boldsymbol{\theta}}(s)+\sigma_{\boldsymbol{\theta}}(s)*\boldsymbol{\xi})$, 이때 $\boldsymbol{\xi}=N(0,1)$ // 식 (11.18)

    $J_{actor}(\boldsymbol{\theta})\approx-\frac{1}{|M|}\sum_{s\in M}\left(\min_{i=1,2} q_{\mathbf{w}_i}(s,a_{\boldsymbol{\theta}}(s))-\alpha\log\pi_{\boldsymbol{\theta}}(a_{\boldsymbol{\theta}}(s)|s)\right)$ // 식 (11.19)

    옵티마이저로 정책 신경망 $\boldsymbol{\theta}$와 가치 신경망 **w1**과 **w2**를 학습한다.

    $\mathbf{w}_{target1}=\rho\mathbf{w}_{target1}+(1-\rho)\mathbf{w}1$ // 식 (11.12)

    $\mathbf{w}_{target2}=\rho\mathbf{w}_{target2}+(1-\rho)\mathbf{w}2$ // 식 (11.12)

return $\pi_{\boldsymbol{\theta}}$

SAC는 원래 연속 과업을 염두에 두고 개발되었다. 하지만 이산 과업을 학습하는 버전으로 바꾸는 일은 그리 어렵지 않다. 가우시안 분포를 출력하던 정책 신경망을 이산 행동의 확률 분포를 출력하도록 바꾸고 행동 가치 신경망이 이산 행동을 처리할 수 있게 바꾸면 된다. 이산 과업을 위한 SAC의 구체적인 학습 과정과 성능 분석에 대해서는 [Christodoulou2019]를 참고한다. SAC를 여러 과업에 응용하고 벤치마킹 분석을 수행한 연구 결과로서 [Haarnoja2018b, Haarnoja2019]를 추천한다.

7

프로그래밍 실습: SAC를 이용한 Hopper 과업 학습

[프로그램 11-5]는 SAC를 이용하여 Hopper 과업을 학습한다. 11~33행의 ReplayBuffer 클래스는 [프로그램 11-1]과 같다. SAC는 스토캐스틱 정책 신경망을 사용하기 때문에 35~46행의 build_actor 함수는 DDPG나 TD3과 다르다. 37~42행을 통해 완결연결층을 두 개 쌓은 다음, 43~44행은 가우시안의 평균과 로그 표준편차를 출력한다. 48~60행의 build_critic 함수는 [프로그램 11-1]과 같다.

63~77행의 learn_critic 함수는 $q_{\mathbf{w}1}$과 $q_{\mathbf{w}2}$를 학습하는 [알고리즘 11-3]의 15~17행을 구현한다. 65~69행은 [알고리즘 11-3] 15행의 $y(r,s',d)$를 계산한다. 이를 위해 65행은 행동 a'와 $\log\pi_{\boldsymbol{\theta}}(a'|s')$를 계산하여 next_actions와 logp에 저장한다. 66~67행은 $q_{\mathbf{w}_{target_1}}(s', a')$와 $q_{\mathbf{w}_{target_2}}(s', a')$를 계산하여 q1_target과 q2_target에 저장한다. 68행은 둘 중 작은 값을 선택하여 min_q_target에 저장하고, 69행은 $y(r,s',d)$를 계산하여 y에 저장한다. 70~71행은 $q_{\mathbf{w}1}(s,a)$와 $q_{\mathbf{w}2}(s,a)$를 계산하여 각각 q1과 q2에 저장한다. 72~73행은 [알고리즘 11-3] 16~17행의 손실 함수 $J_{critic}(\mathbf{w}1)$과 $J_{critic}(\mathbf{w}2)$를 계산하여 각각 loss1과 loss2에 저장한다. 74~75행은 $q_{\mathbf{w}1}$과 $q_{\mathbf{w}2}$의 그레이디언트를 계산하고 76~77행은 이들의 매개변수를 갱신한다. 80~86행의 learn_actor 함수는 $\pi_{\boldsymbol{\theta}}$를 학습하는 [알고리즘 11-3]의 19행을 구현한다. 이를 위해 82행은 행동 $a_{\boldsymbol{\theta}}(s)$와 $\log\pi_{\boldsymbol{\theta}}(a_{\boldsymbol{\theta}}(s)|s)$를 계산하여 new_actions와 logp에 저장한다. 83행은 $q_{\mathbf{w}1}$을 계산하여 q1에 저장한다. 84행은 손실 함수 $J_{actor}(\boldsymbol{\theta})$를 계산하여 loss에 저장한다. 85행은 $\pi_{\boldsymbol{\theta}}$의 그레이디언트를 계산하고 86행은 매개변수를 갱신한다.

89~94행의 update_alpha 함수는 식 (11.17)과 식 (11.19)에 있는 α 값을 학습을 통해 스케줄링한다. 149행에서 alpha_var를 tf.Variable로 선언하여 학습이 가능한 변수로 정의한다. 91~92행은 손실 함수를 계산하고, 93~94행은 alpha_var를 갱신한다. 98~104행의 update_target_networks는 목적 신경망을 갱신한다. 106~112행의 sample_action 함수는 상태 state에서 행동 action을 샘플링하여 반환한다. 114~123행의 get_action_and_log_prob는 식 (11.18)을 통해 행동 $a_{\boldsymbol{\theta}}(s)$와 $\log\pi_{\boldsymbol{\theta}}$를 계산하여 반환한다.

125~198행은 메인에 해당한다. 125~132행은 하이퍼 매개변수를 설정하는데, 이전 프로그램과 같다. 134~137행은 Hopper 과업의 환경을 생성하고, 139~143행은 신경망을 생성하고, 145~147행은 옵티마이저를 생성한다. 149행은 식 (11.17)과 식 (11.19)에 있는 α 값을 학습하기 위한 텐서플로 변수

alpha_var를 생성한다. 150행은 α를 학습하기 위한 옵티마이저를 생성한다. 151행은 엔트로피 규제를 위해 행동 공간의 차원을 계산하여 target_entropy에 저장한다. 153행은 현재 α 값을 알아내어 alpha에 저장한다. 154행은 리플레이 메모리를 생성한다.

156~186행은 에피소드를 생성하고 신경망을 학습하는 과정을 반복한다. 159행은 에피소드를 초기화하며 시작한다. 160~182행은 에피소드 생성과 신경망 학습을 반복한다. 161행은 행동을 샘플링하고, 162행은 step 함수를 실행하여 다음 순간으로 넘어간다. 169~176행은 신경망 학습을 담당한다. 171행은 미니배치를 샘플링한다. 172행은 행동 가치 신경망을 학습하고, 173행은 정책 신경망을 학습한다. 174행은 α를 갱신하고, 176행은 목표 신경망을 갱신한다. 178~182행은 종료 상태를 만나면 학습 곡선에 쓸 정보를 저장하고 루프를 탈출한다. 184~186행은 에피소드 20개마다 에피소드의 평균 길이와 점수를 출력한다.

188행은 학습을 마친 정책 신경망을 파일에 저장한다. 191~198행은 에피소드의 길이와 점수를 위한 학습 곡선을 그린다.

프로그램 11-5 SAC를 이용한 Hopper 과업 학습

```
import gymnasium as gym
import numpy as np
from collections import deque
import tensorflow as tf
from tensorflow.keras.layers import Input, Dense, LayerNormalization, Activation, Concatenate
from tensorflow.keras.models import Model
from tensorflow.keras.initializers import RandomUniform
import matplotlib.pyplot as plt
import tqdm

class ReplayBuffer:
    def __init__(self,max_siz):
        self.state=deque(maxlen=max_siz)  # 상태
        self.action=deque(maxlen=max_siz)  # 행동
        self.reward=deque(maxlen=max_siz)  # 보상
        self.state1=deque(maxlen=max_siz)  # 다음 상태
        self.done=deque(maxlen=max_siz)  # 에피소드 종료

    def store(self,s,a,r,s1,d):
        self.state.append(s)
        self.action.append(a)
        self.reward.append(r)
        self.state1.append(s1)
        self.done.append(d)

```

```
    def get(self,siz):
        idx=np.random.choice(len(self.state),siz)
        s=tf.convert_to_tensor([self.state[i] for i in idx],dtype=tf.float32)
        a=tf.convert_to_tensor([self.action[i] for i in idx],dtype=tf.float32)
        r=tf.convert_to_tensor([self.reward[i] for i in idx],dtype=tf.float32)
        s1=tf.convert_to_tensor([self.state1[i] for i in idx],dtype=tf.float32)
        d=tf.convert_to_tensor([1.0 if self.done[i] else 0.0 for i in idx],dtype=tf.
        float32)
        return s,a,r,s1,d

def build_actor():
    inputs=Input(shape=(s_dim,))
    x=Dense(256)(inputs)
    x=LayerNormalization()(x)
    x=Activation('relu')(x)
    x=Dense(256)(x)
    x=LayerNormalization()(x)
    x=Activation('relu')(x)
    mu=Dense(a_dim,kernel_initializer=init)(x)
    log_std=Dense(a_dim,kernel_initializer=init)(x)
    model=Model(inputs,[mu,log_std])
    return model

def build_critic():
    state_input=Input(shape=(s_dim,))
    action_input=Input(shape=(a_dim,))
    x=Dense(256)(state_input)
    x=LayerNormalization()(x)
    x=Activation('relu')(x)
    concat=Concatenate()([x,action_input])
    x=Dense(256)(concat)
    x=LayerNormalization()(x)
    x=Activation('relu')(x)
    outputs=Dense(1,kernel_initializer=init)(x)
    model=Model([state_input,action_input],outputs)
    return model

@tf.function
def learn_critic(states,actions,rewards,next_states,dones):
    with tf.GradientTape(persistent=True) as tape:
        next_actions,logp=get_action_and_log_prob(next_states)
        q1_target=tf.squeeze(critic_target1([next_states,next_actions]),1)
        q2_target=tf.squeeze(critic_target2([next_states,next_actions]),1)
        min_q_target=tf.minimum(q1_target,q2_target)
        y=rewards+gamma*(1-dones)*(min_q_target-alpha*logp)
        q1=tf.squeeze(critic1([states,actions]),1)
        q2=tf.squeeze(critic2([states,actions]),1)
```

```
            loss1=tf.reduce_mean((q1-y)**2)
            loss2=tf.reduce_mean((q2-y)**2)
        grad1=tape.gradient(loss1,critic1.trainable_variables)
        grad2=tape.gradient(loss2,critic2.trainable_variables)
        optimizer_critic1.apply_gradients(zip(grad1,critic1.trainable_variables))
        optimizer_critic2.apply_gradients(zip(grad2,critic2.trainable_variables))

    @tf.function
    def learn_actor(states):
        with tf.GradientTape() as tape:
            new_actions,logp=get_action_and_log_prob(states)
            q1=tf.squeeze(critic1([states,new_actions]),1)
            loss=tf.reduce_mean(alpha*logp-q1)
        grad=tape.gradient(loss,actor.trainable_variables)
        optimizer_actor.apply_gradients(zip(grad,actor.trainable_variables))

    @tf.function
    def update_alpha(states):
        with tf.GradientTape() as tape:
            _,logp=get_action_and_log_prob(states)
            loss=-tf.reduce_mean(alpha_var*tf.stop_gradient(logp+target_entropy))
        grad=tape.gradient(loss,[alpha_var])
        optimizer_alpha.apply_gradients(zip(grad,[alpha_var]))

    def get_alpha(): return alpha_var.numpy()

    def update_target_networks():
        def update(source, target):
            for i in range(len(source)):
                target[i]=polyak*target[i]+(1-polyak)*source[i]
            return target
        critic_target1.set_weights(update(critic1.get_weights(),critic_target1.get_weights()))
        critic_target2.set_weights(update(critic2.get_weights(),critic_target2.get_weights()))

    def sample_action(state):
        mu,log_std=actor(state.reshape(1,-1))
        std=tf.exp(log_std)
        noise=tf.random.normal(shape=mu.shape)
        action=mu+std*noise
        action=tf.tanh(action)*action_bound
        return action[0].numpy()

    def get_action_and_log_prob(states):
        mu,log_std=actor(states)
        std=tf.exp(tf.clip_by_value(log_std,-20,2))
        noise=tf.random.normal(shape=mu.shape)
        action=mu+noise*std
```

```
    action_tanh=tf.tanh(action)
    log_prob=-0.5*((noise**2)+2*log_std+np.log(2*np.pi))
    log_prob=tf.reduce_sum(log_prob,axis=1)
    log_prob-=tf.reduce_sum(tf.math.log(1-action_tanh**2+1e-6),axis=1)
    return action_tanh*action_bound,log_prob

gamma=0.99  # 할인율
buffer_max_siz=1000000  # 리플레이 메모리 크기
batch_siz=128  # 미니배치 크기
n_episode=3000  # 에피소드 반복 횟수
learn_period,n_learn=1,1  # 학습 주기
actor_lr,critic_lr,alpha_lr=3e-4,3e-4,3e-4  # 학습률
polyak=0.995  # polyak 계수
init=RandomUniform(minval=-0.003,maxval=0.003)  # 출력층 초기화

env=gym.make('Hopper-v4')
s_dim=env.observation_space.shape[0]
a_dim=env.action_space.shape[0]
action_bound=env.action_space.high[0]

actor=build_actor()
critic1,critic_target1=build_critic(),build_critic()
critic2,critic_target2=build_critic(),build_critic()
critic_target1.set_weights(critic1.get_weights())
critic_target2.set_weights(critic2.get_weights())

optimizer_actor=tf.keras.optimizers.Adam(learning_rate=actor_lr)
optimizer_critic1=tf.keras.optimizers.Adam(learning_rate=critic_lr)
optimizer_critic2=tf.keras.optimizers.Adam(learning_rate=critic_lr)

alpha_var=tf.Variable(0.2,dtype=tf.float32)
optimizer_alpha=tf.keras.optimizers.Adam(alpha_lr)
target_entropy=-np.prod(env.action_space.shape).item()

alpha=get_alpha()
mem=ReplayBuffer(buffer_max_siz)

epi_length,epi_score,n_steps=[],[],[0]
for e in tqdm.tqdm(range(n_episode)):
    steps,score=0,0
    state,_=env.reset()
    while True:
        action=sample_action(state)
        state1,reward,terminated,truncated,_=env.step(action)
        mem.store(state,action,reward,state1,terminated)
        state=state1

```

```
        score+=reward
        steps+=1

        if len(mem.state)>batch_siz and steps%learn_period==0:  #학습
            for j in range(n_learn):
                s_batch,a_batch,r_batch,s1_batch,d_batch=mem.get(batch_siz)
                learn_critic(s_batch,a_batch,r_batch,s1_batch,d_batch)
                learn_actor(s_batch)
                update_alpha(s_batch)
                alpha=get_alpha()
                update_target_networks()

        if terminated or truncated:
            n_steps.append(n_steps[-1]+steps)
            epi_score.append(score)
            epi_length.append(steps)
            break

    mlen,mscore=np.mean(epi_length[-20:]),np.mean(epi_score[-20:])
    if (e+1)%20==0:
        print(f' 에피소드 길이,점수(총 순간)) {mlen:.2f},{mscore:.2f}({n_steps[-1]})')

actor.save('f11-5.keras')
env.close()

plt.figure(figsize=(16,5))
smooth=np.convolve(epi_length,10*[0.1],mode='valid')
plt.plot(smooth,label='Length')
smooth=np.convolve(epi_score,10*[0.1],mode='valid')
plt.plot(smooth,label='Score')
plt.legend()
plt.grid()
plt.show()
```

```
1%|          | 20/3000 [00:23<1:34:25,  1.90s/it] 에피소드 길이,점수(총 순간)) 32.85,43.20(657)
1%||         | 40/3000 [00:54<1:49:26,  2.22s/it] 에피소드 길이,점수(총 순간))
49.30,93.09(1643)
2%||         | 60/3000 [01:48<2:10:06,  2.66s/it] 에피소드 길이,점수(총 순간))
87.20,189.93(3387)
3%||         | 80/3000 [02:44<2:19:21,  2.86s/it] 에피소드 길이,점수(총 순간))
91.65,210.49(5220)
…
98%|██████████| 2940/3000 [31:07:41<52:25, 52.43s/it] 에피소드 길이,점수(총 순간))
750.65,2765.78(1812550)
99%|██████████| 2960/3000 [31:23:43<23:14, 34.87s/it] 에피소드 길이,점수(총 순간))
671.00,2459.19(1825970)
```

```
99%|██████████| 2980/3000 [31:41:40<16:28, 49.44s/it] 에피소드 길이,점수(총 순간))
751.70,2742.74(1841004)
100%|██████████| 3000/3000 [31:59:06<00:00, 38.38s/it] 에피소드 길이,점수(총 순간))
729.65,2646.85(1855597)
```

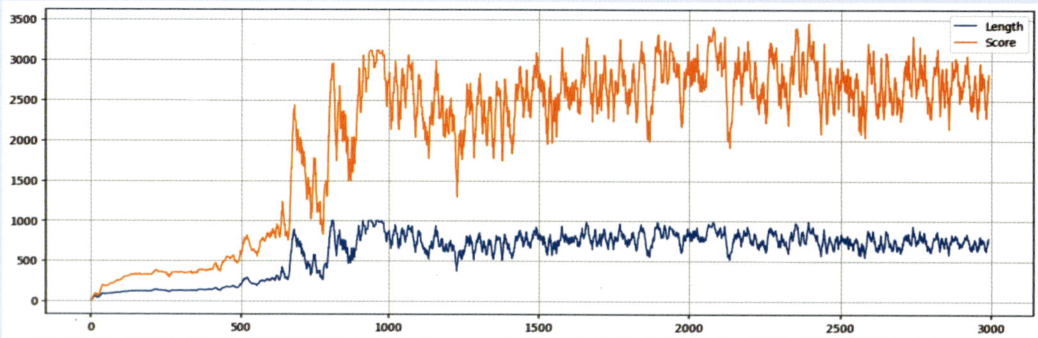

프로그램 실행 결과를 살펴보면 에피소드 길이는 1000, 점수는 3000에 육박하는 수준으로 수렴했다. 눈여겨 볼 점은 SAC가 DDPG나 TD3에 비해 더 안정적으로 수렴했다는 사실이다. 여러 벤치마킹 결과에서도 이러한 경향이 여러 과업에 걸쳐 대체로 성립함을 보여준다. 이에 대한 이유는 SAC는 스토캐스틱 정책 신경망을 사용하고 스스로 학습하는 엔트로피를 통해 탐험을 유도한다는 사실에서 찾아볼 수 있다.

[프로그램 11-6]은 Hopper 과업을 시험한다. 신경망 파일을 읽어오는 8행과 정책 신경망 actor에서 mean과 std를 받아와 step 함수를 호출하는 13~14행이 [프로그램 11-2]와 다르다. 나머지 행은 [프로그램 11-2]와 똑같다.

프로그램 11-6 Hopper 과업 시험(SAC)

1~7행은 [프로그램 11-2]와 동일함

```
...
8    actor=load_model('f11-5.keras')
9
10   length=0
11   s,info=env.reset()
12   while True:
13       mean,_=actor(s.reshape(1,-1))
14       s,r,terminated,truncated,info=env.step(mean[0])
15       length+=1
16
17       cv.imshow(task_name+' animation',cv.cvtColor(env.render(),cv.COLOR_BGR2RGB))
18       key=cv.waitKey(10)
19
20       if terminated or truncated:
21           print("에피소드의 길이:",length)
```

```
        break

env.close()
if cv.waitKey()==ord('q'):
    cv.destroyAllWindows()
```

```
에피소드의 길이: 1000
```

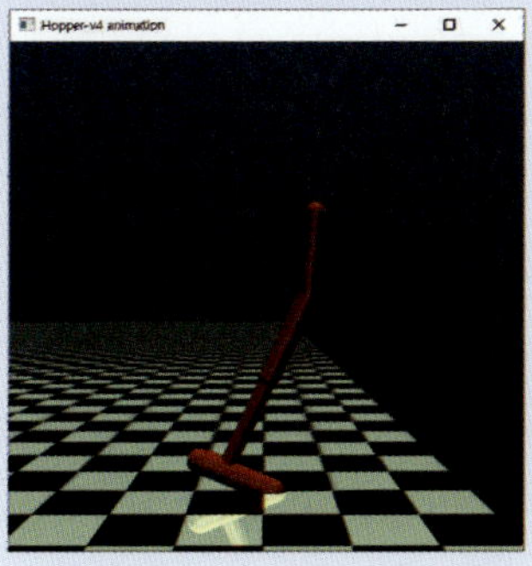

프로그램 실행 결과, Hopper 로봇이 1000 순간까지 성공적으로 뜀뛰기를 하는 장면을 확인할 수 있다.

8
벤치마킹 분석

10.4.2절은 PPO 알고리즘의 다양한 구현 상세에 대한 성능을 비교 분석한 벤치마킹 논문 내용을 상세히 소개하였다[Andrychowicz2021]. 이 외에도 다양한 학습 알고리즘을 여러 과업에 대해 비교 분석한 연구들이 발표되어 있다. 예를 들어 [Duan2016]은 28개 과업에 대해 REINFORCE, TRPO, DDPG를 포함한 9개 알고리즘을 벤치마킹한 결과, TRPO와 DDPG가 우수하다는 결론을 제시한다. PPO와 TD3, SAC 알고리즘이 발표되기 이전의 벤치마킹이라서 이들은 비교 대상에 없다. [Henderson2017]은 벤치마킹 실험을 수행할 때 유의해야 할 사항을 정리하고, 재현성[reproducibility]을 높이기 위해 구현 상세를 자세히 밝히는 요령을 제시한다. [Wan2025]는 MuJoCo 과업에 대해 PPO와 DDPG, TD3, SAC 학습 알고리즘을 벤치마킹한 결과를 제시한다.

OpenAI Spinning Up 사이트는 MuJoCo에 속한 Hopper, HalfCheetah, Walker2d, Swimmer, Ant 과업에 대해 VPG, TRPO, PPO, DDPG, TD3, SAC 알고리즘의 성능을 벤치마킹한 결과를 제시한다. [그림 11-3]은 Hopper 과업에 대해 벤치마킹한 성능 곡선을 보여준다. 가로축은 순간의 개수를 나타내는데, 300만 순간까지 성능을 보여준다. 세로축은 에피소드 보상의 합, 즉 [프로그램 11-5]의 실행 결과에서 학습 곡선에 있는 Score에 해당한다. [그림 11-3]의 학습 곡선은 알고리즘을 여러 번 실행하여 평균을 구한 값을 나타내고, 학습 곡선과 같은 색으로 옅게 표시한 띠는 성능 범위를 나타낸다. VPG가 가장 낮은 성능을 보이며, TRPO와 PPO가 VPG보다 약간 우수하다. SAC는 월등한 차이로 가장 높은 성능을 보이며, 그 뒤를 TD3이 따른다. 다른 과업에 대한 벤치마킹 곡선은 [Achiam2018]을 참조한다.

이 책은 벤치마킹 실험을 직접 수행하지 않는다. 다만 [프로그램 11-1]부터 [프로그램 11-6]까지의 실험 결과를 바탕으로 [그림 11-3]의 벤치마킹 결과와 비교하여 해석한다. [프로그램 11-1]의 학습 곡선에서 볼 수 있듯이 DDPG는 전반적으로 학습이 불안정하다. 이에 비해 [프로그램 11-3]의 TD3과 [프로그램 11-5]의 SAC는 상대적으로 안정적인 학습 곡선을 보이며, 누적 보상, 즉 Score도 더 높다. 대체적으로 SAC가 TD3보다 안정적이며 Score 역시 높게 나타난다. 이러한 결과는 [그림 11-3]의 벤치마킹 결과와도 일치한다.

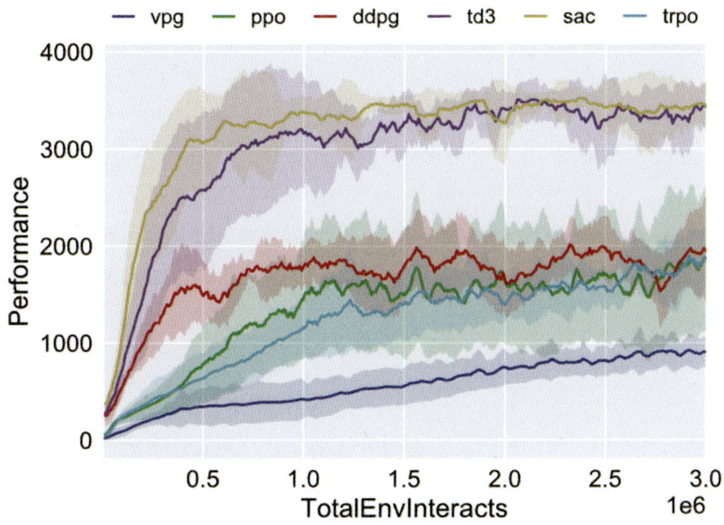

그림 11-3 Hopper 과업의 벤치마킹[Achiam2018]

연습문제

1 이 장에서 소개한 DDPG와 TD3, SAC 알고리즘은 7장의 DQN과 유사한 리플레이 메모리를 사용한다. 반면, 10장의 PPO는 동작 원리가 전혀 다른 롤아웃 메모리를 사용한다. 두 방식이 어떻게 다른지와 왜 다른 방식이 사용되는지를 설명하시오.

2 [프로그램 11-1]에서는 리플레이 메모리의 크기를 100만으로 설정하여 대용량 버퍼를 사용한다.

(1) 버퍼의 크기를 줄이면 데이터의 신선도가 어떻게 달라지는지 설명하시오.

(2) 버퍼 크기를 절반씩 감소시켜 100만, 50만, 25만, 12만 5천으로 설정하고 각각에 대해 성능 실험을 수행한 뒤, 결과를 비교 분석하시오.

3 [프로그램 11-1]의 DDPG를 개선하는 간단한 방법 중 하나는 보상 조형reward shaping을 적용하는 것이다. 보상 조형에 대해서는 12.3.1절을 참고한다. 142행에서 step 함수로 얻은 reward에 0.1을 곱하는 단순한 보상 조형 기법을 적용하고, 성능을 비교 분석하시오.

4 [프로그램 11-5]의 learn_actor 함수는 [알고리즘 11-3]의 19행을 어기고 있다.

(1) 어떤 점에서 어기고 있는지 설명하시오.

(2) 해당 부분을 올바르게 구현하고, 원래 프로그램과 성능을 비교 분석하시오.

5 [프로그램 11-5]는 신경망의 출력층에서 RandomUniform(minval=−0.003,maxval=0.003)의 초기화를 적용한다. 이 초기화를 제거한 프로그램과 성능을 비교 분석하시오.

6 [프로그램 11-5]의 SAC를 다음 과업에 적용하고 성능을 분석하시오.

(1) Walker2d

(2) HalfCheetah

(3) Ant

(4) Humanoid

7 DQN과 SAC는 목표 신경망의 매개변수 값을 갱신하는 방식이 서로 다르다.

(1) 두 방식이 어떻게 다른지 설명하시오.

(2) SAC 방식을 DQN에 적용하고 성능을 비교 분석하시오.

(3) DQN 방식을 SAC에 적용하고 성능을 비교 분석하시오.

(4) (1)~(3)의 결과를 종합하여 두 방식의 차이를 비교하는 짧은 논문을 작성하시오.

CHAPTER 12
흉내 학습

CHAPTER 12 흉내 학습

Preview

동물은 전문가가 하는 꼴을 흉내 내며 학습한다. 새끼 사자는 엄마 사자의 사냥 장면을 보며 성장하고, 수련 의사는 숙련된 외과 의사의 수술 동작을 따라 하면서 점점 실력을 쌓는다. [그림 12-1]은 요가 동작을 따라 하는 장면이다. 컴퓨터에도 전문가의 행위를 따라 하는 흉내 학습을 적용할 수 있을까? 이 장은 이에 대한 긍정적인 답을 제공한다.

그림 12-1 요가 동작 흉내 학습

전문가의 행위를 시간순으로 기록할 수 있다면 이 데이터를 활용하여 전문가 수준의 성능을 발휘하는 모델을 학습시킬 수 있을 것이다. 바둑을 두는 프로그램, 요가 동작을 멋지게 수행하는 로봇, 탁구를 치는 로봇, 스스로 운전하는 자율주행차도 만들 수 있다.

실제로 현재 도로를 질주하고 있는 자율주행차와 고급 지능을 갖춘 로봇의 대부분은 흉내 학습을 기반으로 제작되었다. 이제 흉내 학습의 세계로 들어가 보자.

1

발상과 전개

강화 학습을 적용하려면 상태 전이 확률과 보상 함수를 설계해야 하는데, 이 작업은 과업에 따라 매우 어렵거나 현실적으로 불가능한 경우도 존재한다. 반면, 시연 데이터demonstration data를 수집하는 일이 상대적으로 쉬운 과업의 경우에는 흉내 학습imitation learning을 적용할 수 있다.

1. 시연을 통한 학습

사과를 깎는 로봇을 만드는 프로젝트를 시작했다고 상상해보자. [그림 12-2(a)]는 이 과업을 구현하는데 사용할 로봇 손이다. 이런 정교한 작업을 할 수 있는 로봇 손을 솜씨 손dexterous hand이라 부르며, 이미 상용화된 제품이 여럿 있다. 이 상황에서 시스템 설계의 출발선은 3~11장에서 다룬 과업과는 완전히 다르다. 이전에는 Gymnasium 라이브러리가 상태 전이 확률과 보상 함수를 제공하는 과업을 대상으로 프로그래밍 실습을 수행했다. 하지만 사과 깎는 로봇을 위한 환경을 제공하는 라이브러리는 존재하지 않는다. 따라서 먼저 상태 전이 확률과 보상 함수를 직접 설계하고 프로그래밍하여 Gymnasium 방식의 API를 만들어야 한다.

(a) 과업이 사용할 솜씨 손

(b) 사과를 깎는 사람 손

그림 12-2 솜씨 손과 사람 손

상태 전이 확률은 로봇 손의 동역학을 공부하여 만들 수 있지만, 보상 함수를 설계하는 일은 매우 까다롭다. 예를 들어 [그림 10-10]의 로봇 과업에서는 단지 로봇이 앞으로 전진하면 되므로 모터에 힘을 덜 가하면서 앞으로 멀리 나갈수록 보상이 커지도록 설계하면 된다. 하지만 사과 깎기 과업에서의 보상은 무엇일까? 중간 단계에서는 0을 주고 종료 상태에서 성공하면 1, 실패하면 −1을 주는 방식으로 단순화할 수 있다고 해도, 여전히 성공과 실패를 어떻게 판정할 것인가라는 문제가 남는다.

1980년대에 자율주행차를 개발하는 프로젝트를 시작한 카네기 멜런 대학교Carnegie Mellon University의 연구팀은 비슷한 고민을 한다. 연구팀은 보상 함수를 설계하는 대신 사람이 차량을 운전하게 하고 차량의 상태와 사람의 행동을 기록한 시연 데이터demonstration data를 수집했다[Pomerleau1988]. 상태는 30×32 명암 영상과 8×32 깊이 영상을 조합하여 1215차원의 벡터로 표현하였고, 행동은 차량의 방향을 지시하는 45차원 벡터로 표현하였다. 그리고 이 시연 데이터를 바탕으로 다층 퍼셉트론 신경망을 학습하였다. 신경망이 운전하는 ALVINNautonomous land vehicle in a neural network은 대학 캠퍼스의 400미터 숲길을 초당 0.5미터 속도로 달렸다. [그림 12-3(a)]는 ALVINN의 운행 장면이다. ALVINN은 세계 최초로 흉내 학습을 적용한 시스템이다.

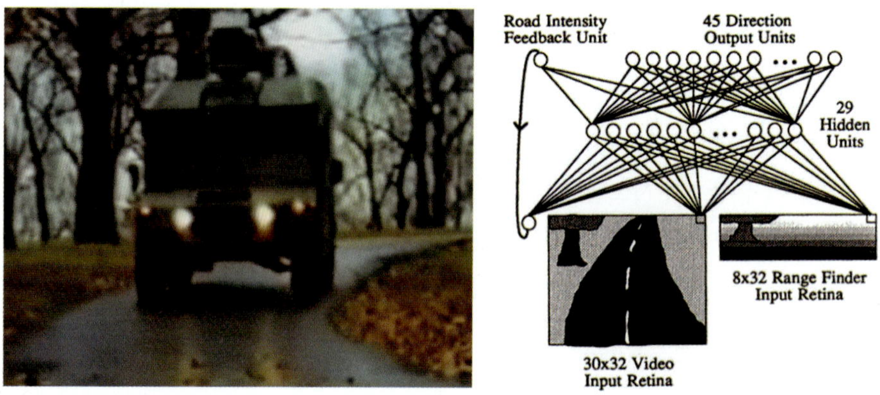

(a) ALVINN의 숲길 주행 장면

(b) 카메라 입력을 차량 제어 신호로 변환하는 신경망

그림 12-3 세계 최초의 자율주행차 ALVINN [Pomerleau1988]

ALVINN이 사용한 정책 신경망 $\pi_{\boldsymbol{\theta}}$를 식 (12.1)과 같이 표현할 수 있다. $\pi_{\boldsymbol{\theta}}$는 1215차원의 상태 s를 입력으로 받아 45차원의 행동 a를 출력하는 함수이며, $\boldsymbol{\theta}$는 [그림 12-3(b)]에 있는 다층 퍼셉트론 신경망의 매개변수다. 식 (12.1)에서는 강화 학습이 사용하는 $\pi_{\boldsymbol{\theta}}(a|s)$ 대신 $\pi_{\boldsymbol{\theta}}(s)$로 표기한 점을 주목할 필요가 있다. 강화 학습에서는 정책 신경망이 행동의 확률 분포를 출력하기 때문에 $\pi_{\boldsymbol{\theta}}(a|s)$로 표기하지만, ALVINN은 시연 데이터를 이용한 지도 학습을 하기 때문에 $\pi_{\boldsymbol{\theta}}(s)$로 표기한다.

$$a=\pi_{\boldsymbol{\theta}}(s) \tag{12.1}$$

[그림 12-4]는 지도 방식 측면에서 강화 학습과 흉내 학습을 비교한다. 강화 학습에서는 보상 함수 $r(s,a)$가 학습 알고리즘에게 최적 정책에 도달하는 길을 제시한다. 다시 말해, 보상 함수가 학습 과정을

지도supervision하는 셈이다. 흉내 학습에서는 전문가가 생성한 시연 데이터 D^{demo}가 학습 알고리즘을 지도한다. 즉, 시연 데이터가 최적 정책을 찾는 방향을 제시하는 역할을 한다.

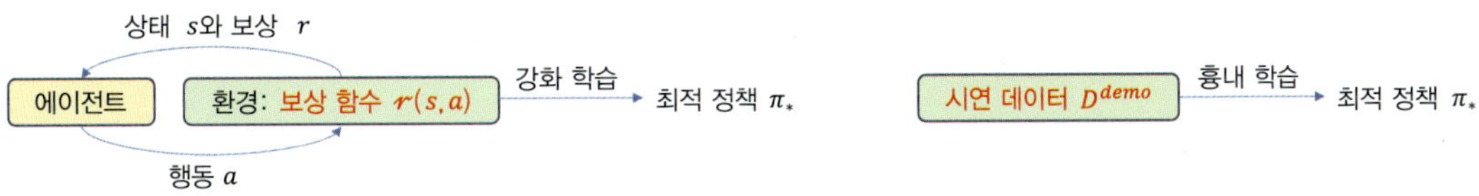

(a) 강화 학습

(b) 흉내 학습

그림 12-4 강화 학습과 흉내 학습의 지도 방식 비교

시연 데이터에 대해 다시 생각해보자. 초당 30번 샘플링한다면 10분 동안 운행한 데이터는 18000개 샘플을 기록하게 된다. 이 시연 데이터는 다음과 같이 표현할 수 있다.

$$D^{demo}=\{(s^{(1)},a^{(1)}),(s^{(2)},a^{(2)}),\cdots,(s^{(18000)},a^{(18000)})\}$$

여기서 $s^{(i)}$는 1215차원, $a^{(i)}$는 45차원 벡터다. ALVINN은 당시 컴퓨터 성능의 제한으로 1200개 샘플만 사용하여 학습했다. 따라서 ALVINN은 시연 데이터 수집 대상인 캠퍼스 숲길만 주행할 수 있었다. 충분히 다양한 도로를 장시간 운행하여 더 많은 시연 데이터를 수집한다면 ALVINN은 아무 도로나 주행할 수 있을까? 이는 흉내 학습에 던져진 아주 중요한 질문이다.

2. 흉내 학습 알고리즘

앞 절의 내용과 식 (12.1)을 보면 흉내 학습은 얼핏 시연 데이터를 가지고 지도 학습을 수행하면 완성될 것처럼 보인다. 하지만 흉내 학습은 지도 학습과 여러 측면에서 다르다.

첫째, 흉내 학습은 자율주행이나 로봇처럼 주로 시계열 과업에 적용된다. 따라서 시간 흐름에 따라 상태와 행동 데이터를 수집하기 때문에 샘플 간 상관성이 매우 높다. 예를 들어 자율주행에서 1/30초가 지난 다음 순간의 상태와 행동은 현재 순간 샘플과 매우 비슷할 것이다. 이 측면에서 흉내 학습은 강화 학습과 유사하다. 반면 지도 학습은 2.5.1절에서 설명했듯이 데이터가 독립항등분포에 가깝도록 데이터를 수집한다.

둘째, 흉내 학습은 시연 데이터를 수집한 도메인과 디플로이deploy 도메인이 달라 발생하는 공변량 변화covariate shift 문제를 다루어야 한다. 자율주행 과업에서 아무리 다양한 도로를 운행하며 시연 데이터를 수집해도, 실제 사고 장면과 같은 상황을 모두 담을 수는 없다. 로봇 과업에서도 정교한 시뮬레이터를 통해 시연 데이터를 수집해도, 현실 세계의 실물 로봇과는 차이가 존재한다. 이러한 작은 차이가 로봇의 오작동 또는 고장으로 이어질 수 있기 때문에 sim2real 기법을 통해 도메인 차이를 0에 가깝게 줄여야 한다.

셋째, 흉내 학습은 종종 강화 학습과 결합하여 문제를 해결한다. 둘은 학습 데이터의 성격이 유사할 뿐만 아니라, 둘의 결합은 sim2real을 달성하는 효과적인 방안이 되기 때문이다.

흉내 학습의 이런 독특한 특성을 반영하여 다양한 접근 방법이 개발되었다[Zare2024]. 대표적으로 다음 네 가지로 구분된다.

- **행위 복제**behavioral cloning(BC): 상태–행동 쌍을 충분히 수집한 시연 데이터 D^{demo}를 가지고 지도 학습을 한다. 식 (12.1)을 사용한 ALVINN이 여기에 해당한다.
- **역강화 학습**inverse reinforcement learning(IRL): 시연 데이터 D^{demo}를 가지고 보상 함수reward function를 알아낸다. 이렇게 알아낸 보상 함수를 가지고 강화 학습을 수행한다.
- **적대 흉내 학습**adversarial imitation learning(AIL): 신경망이 출력한 행동을 합성된 가짜로 간주하고 D^{demo}에 있는 행동을 진짜로 간주한다. 분별 신경망은 이 둘을 정교하게 구별하는 역할을 담당하고, 정책 신경망은 합성(가짜)을 더욱 진짜에 가깝게 만들어 분별망을 속이는 일을 한다. 둘은 게임 관계를 통해 점점 정교하게 학습된다.
- **관찰 흉내**imitation from observation(IfO): 시연 데이터 D^{demo}에 행동 정보가 없다. 다시 말해 시연 데이터 $D^{demo_observation} = \{(s^{(1)}), (s^{(2)}), \cdots\}$를 가지고 학습한다.

12.2절부터 12.5절까지는 이 네 가지 접근 방법을 하나씩 살펴본다.

흉내 학습 전반을 다룬 서베이 논문으로 [Bagnell2015, Hussein2017, Osa2018, Zare2024]와 함께 스탠퍼드 대학의 Brunskill 교수가 제공하는 강의 노트도 추천한다[Brunskill2025]. 특정 분야나 방법론에 집중한 서베이 논문으로 자율주행을 다룬 [Mero2022], 로봇 매니퓰레이터에 적용한 사례를 다룬 [Argall2009]와 [Fang2019], 로봇 학습을 위한 대화형 흉내 학습을 다룬 [Celemin2022]를 참고하면 좋다. 동물의 뇌가 수행하는 흉내 학습을 해석한 연구로는 [Rizzolatti2010]을 추천한다.

2

행위 복제

행위 복제는 시연 데이터를 가지고 지도 학습을 수행하는 방식이다. 행위 복제 기법은 줄여서 BC[behavioral cloning]라고 부른다. BC가 순수 지도 학습과 다른 점은 12.1.2절에서 설명한 흉내 학습의 독특한 특성에서 비롯된다. 즉, 시계열 특성에 따른 샘플 간 높은 상관성, 학습 도메인과 디플로이 도메인의 차이로 인한 공변량 이동 현상을 어떻게 해소할 것인지가 BC 알고리즘을 설계할 때 핵심 주제가 된다.

1. 바닐라 BC

앞 절에서 소개한 시연 데이터 D^{demo}에 대해 다시 살펴보자. 시연 데이터는 궤적의 집합이다. 자율주행차에서 수집한 데이터의 경우, 시동을 걸고 정지할 때까지의 기록이 하나의 궤적 z에 해당한다. n번 운행하여 수집한 시연 데이터는 식 (12.2)로 표현할 수 있다. 여기서 $z^{(i)}$는 i번째 운행으로 얻은 궤적이다. i번째 궤적은 $\left(s_0^{(i)},a_0^{(i)}\right),\left(s_1^{(i)},a_1^{(i)}\right),\cdots,\left(s_{T_i}^{(i)},a_{T_i}^{(i)}\right)$로 표현한다. T_i는 i번째 궤적의 종료 시점을 나타낸다.

$$\begin{aligned} D^{demo} &= \left\{z^{(1)},z^{(2)},\cdots,z^{(n)}\right\} \\ &= \left\{\left(s_0^{(1)},a_0^{(1)}\right),\left(s_1^{(1)},a_1^{(1)}\right),\cdots,\left(s_{T_1}^{(1)},a_{T_1}^{(1)}\right),\left(s_0^{(2)},a_0^{(2)}\right),\left(s_1^{(2)},a_1^{(2)}\right),\cdots,\left(s_{T_2}^{(2)},a_{T_2}^{(2)}\right),\cdots\cdots\right\} \end{aligned} \tag{12.2}$$

이제 시연 데이터의 높은 상관성과 공변량 이동 현상을 무시한 채, D^{demo}를 훈련 데이터로 사용하여 지도 학습을 수행하는 바닐라 BC[vanilla behavioral cloning]를 살펴본다. [알고리즘 12-1]은 바닐라 BC 알고리즘이다.

1행은 시연 데이터를 수집한다. 자율주행의 경우 운전자가 도로를 주행하며 수집한 데이터를 D^{demo}에 차례로 추가한다. 2행은 수집한 시연 데이터를 지도 학습의 훈련 데이터 형태로 변환한다. 이때 각 샘플이 어떤 궤적에서 왔는지는 중요하지 않기 때문에 상태와 행동을 순서대로 각각 X와 Y에 추가한다. 3행은 X와 Y를 훈련 집합으로 사용하여 지도 학습을 수행한다.

알고리즘 12-1 바닐라 BC

입력: 과업

출력: 최적 정책 π_*

1 전문가를 통해 시연 데이터 D^{demo}를 수집한다. // 식 (12.2)

2 D^{demo}의 상태 $s_t^{(i)}$와 행동 $a_t^{(i)}$를 순서대로 X와 Y에 추가한다.

3 X를 입력, Y를 참값(레이블)으로 간주하여 정책 신경망 $\pi_{\mathbf{\theta}}^{learner}$를 지도 학습한다.

2. 프로그래밍 실습: Hopper 과업에 바닐라 BC를 적용

[프로그램 12-1]은 Hopper 과업에 바닐라 BC를 적용한다. 바닐라 BC를 구현하려면 [알고리즘 12-1]의 1행을 어떻게 실현할지 생각해야 한다. 실제 로봇 과업에서는 실물 Hopper 로봇에 상태와 행동을 기록할 수 있는 장치를 부착한 뒤, 사람이 직접 로봇을 제어하면서 시연 데이터 D^{demo}를 수집해야 한다. 하지만 Gymnasium 라이브러리가 제공하는 Hopper는 가상의 로봇이므로, 여기서는 PPO-clip을 구현한 [프로그램 10-1]에서 학습하고 저장해둔 신경망을 전문가 대역으로 활용한다.

8~22행은 [프로그램 10-1]에서 사용한 신경망 구조를 그대로 옮겨온 코드다. 24~27행에서 사용된 expert_surrogator 함수는 저장된 전문가 신경망을 불러와 전문가 역할을 대행하게 한다. 29~34행의 mlp_network 함수는 BC 알고리즘이 지도 학습할 정책 신경망을 만든다. 31행은 상태를 입력하기 위해 s_dim 차원의 입력층을 쌓는다. 32행은 은닉층을 쌓고, 33행의 출력층은 행동을 출력하기 위해 a_dim 차원으로 설정한다. 활성 함수를 생략함으로써 linear 함수를 사용한다. 이 정책 신경망은 linear 활성 함수를 사용함으로써 행동의 확률 분포 대신 식 (12.1)처럼 행동 값을 출력한다. 36~52행의 demonstration_data_by_expert 함수는 시연 데이터를 수집한다. 이때 expert_policy가 전문가를 대행한다. 37행은 궤적을 저장할 리스트 demo_data를 초기화하고, 38행은 300번 반복함으로써 300개 궤적을 수집한다. 39~51행은 궤적 하나를 생성하며 50행은 궤적을 demo_data에 추가한다.

메인에 해당하는 54~69행을 살펴보자. 54~56행은 Hopper 과업의 환경을 설정하고 상태 공간의 크기 s_dim과 행동 공간의 크기 a_dim을 설정한다. 58행은 전문가 역할을 대행할 신경망을 만들어 expert에 저장한다. 59행은 BC 알고리즘이 학습할 정책 신경망을 만들어 policy_bc_vanilla에 저장한다. 61행은 expert를 이용하여 시연 데이터를 수집하여 D에 저장한다. 62~63행은 D에서 상태와 행동 샘플을 추출하여 X와 Y에 저장한다. 65행은 compile 함수로 손실 함수와 옵티마이저를 지정한다. 66행은 X와 Y를 훈련 데이터로 사용하여 fit 함수로 학습을 수행한다. 68행은 학습을 마친 신경망을 파일로 저장한다.

프로그램 12-1 바닐라 BC로 Hopper 과업 학습

```
1  import gymnasium as gym
2  import numpy as np
3  import tensorflow as tf
```

```python
from tensorflow.keras.layers import Input,Dense
from tensorflow.keras.models import Sequential
from tensorflow.keras.optimizers import Adam

class ActorNetwork(tf.keras.Model):
    def __init__(self):
        super().__init__()
        self.actor_mean=tf.keras.Sequential(
            [Input(shape=(s_dim,)),
             Dense(64,activation=activation,kernel_initializer=initializer),
             Dense(64,activation=activation,kernel_initializer=initializer),
             Dense(a_dim,kernel_initializer=initializer)])

    def call(self,state):
        mean=self.actor_mean(state)
        return mean

activation=tf.keras.activations.tanh
initializer=tf.keras.initializers.Orthogonal

def expert_surrogator():  # [프로그램 10-1]의 정책 신경망이 expert를 대행
    actor=ActorNetwork()
    actor.load_weights('f10-1.weights.h5')
    return actor

def mlp_network():  # BC가 학습할 신경망(MLP) 구축
    nn=Sequential()
    nn.add(Dense(64,input_shape=(s_dim,)))
    nn.add(Dense(64))
    nn.add(Dense(a_dim))
    return nn

def demonstration_data_by_expert(expert_policy,n_traj=300):  # expert로 시연 데이터 수집
    demo_data=[]
    for i in range(n_traj):
        traj=[]
        s,info=env.reset()
        while True:
            mean=expert_policy(s.reshape(1,-1))
            action=mean[0]
            s1,r,terminated,truncated,info=env.step(action)
            traj.append([s,action])
            s=s1

            if terminated or truncated:
                if (i+1)%20==0: print('시연 데이터의',i+1,'번째 궤적 길이=',len(traj))
                demo_data.append(traj)
```

```
                break
        return demo_data

env=gym.make('Hopper-v4',render_mode='rgb_array')
s_dim=env.observation_space.shape[0]
a_dim=env.action_space.shape[0]

expert=expert_surrogator()  # expert를 대행할 신경망
policy_bc_vanilla=mlp_network()  # BC가 학습할 신경망

D=demonstration_data_by_expert(expert)  # 시연 데이터 수집
X=np.array([[[a for a in b[0]] for b in c] for c in D]).reshape(-1,s_dim)
Y=np.array([[[a for a in b[1]] for b in c] for c in D]).reshape(-1,a_dim)

policy_bc_vanilla.compile(loss='MSE',optimizer=Adam())
policy_bc_vanilla.fit(X,Y,batch_size=128,epochs=100,verbose=1)  # 정책 신경망 학습

policy_bc_vanilla.save('f12-1.keras')  # 신경망 저장
env.close()
```

```
시연 데이터의 20 번째 궤적 길이= 1000
…
시연 데이터의 300 번째 궤적 길이= 1000

Epoch 1/100
2344/2344 ━━━━━━━━━━━━━━━━━━━━ 2s 590us/step - loss: 0.3886
Epoch 2/100
2344/2344 ━━━━━━━━━━━━━━━━━━━━ 1s 604us/step - loss: 0.2634
…
Epoch 100/100
2344/2344 ━━━━━━━━━━━━━━━━━━━━ 1s 586us/step - loss: 0.2463
```

프로그램 실행 결과를 살펴보면, 총 300개의 궤적이 생성되었고 모두 최대 길이인 1000까지 도달하였다. 이를 통해 [프로그램 10-1]이 학습한 신경망이 전문가 행세를 제대로 수행했다고 평가할 수 있다.

[프로그램 12-2]는 바닐라 BC로 학습한 신경망을 시험한다. 7행은 [프로그램 12-1]이 저장해둔 신경망 파일을 읽어와 policy_bc_vanilla에 저장한다. 9~22행은 에피소드를 생성하고 애니메이션한다.

프로그램 12-2 바닐라 BC 시험

```
1   import gymnasium as gym
2   import tensorflow as tf
3   import cv2 as cv
4
```

```
env=gym.make('Hopper-v4',render_mode='rgb_array')

policy_bc_vanilla=tf.keras.models.load_model('f12-1.keras')

length=0
s,info=env.reset()
while True:
    action=policy_bc_vanilla(s.reshape(1,-1))[0]
    s1,r,terminated,truncated,info=env.step(action)
    s=s1
    length+=1

    cv.imshow('Hopper animation',cv.cvtColor(env.render(),cv.COLOR_BGR2RGB))
    key=cv.waitKey(10)

    if terminated or truncated:
        print("에피소드의 길이:",length)
        break

env.close()
if cv.waitKey()==ord('q'):
    cv.destroyAllWindows()
```

```
에피소드의 길이: 71
```

프로그램 실행 결과, 에피소드는 불과 71 순간까지만 지속되었으며 이는 기대에 못 미치는 매우 낮은 성능이다. 이 프로그램은 [프로그램 12-1]에서 300개 궤적을 기반으로 학습한 정책 신경망을 사용하였다. 만약 [프로그램 12-1]의 61행을 D=demonstration_data_by_expert(expert,n_traj=1000)으로 수정하여 궤적의 개수를 늘려 다시 학습하면 정책 신경망의 성능이 향상될 수 있을까? 이 질문에 대한 해답은 실험을 통해 직접 확인해보도록 연습문제로 남긴다.

3. DAgger

바닐라 BC를 구현한 [프로그램 12-1]에서는 궤적의 개수를 늘려 시연 데이터를 확대하더라도 성능 향상은 미미하다. [그림 12-5(a)]는 바닐라 BC를 설명한다. π^{expert}는 전문가를 지칭하는데 [프로그램 12-1]에서는 58행의 expert라는 신경망이 이 역할을 수행한다. $\pi^{learner}$는 정책 신경망으로서 59행의 policy_bc_vanilla가 여기 해당한다. 바닐라 BC는 π^{expert}가 생성한 훈련 데이터를 일방적으로 $\pi^{learner}$에 전달하는 방식이다. 이때 훈련 데이터는 높은 상관성과 공변량 이동으로 인해 성능에 한계를 보인다.

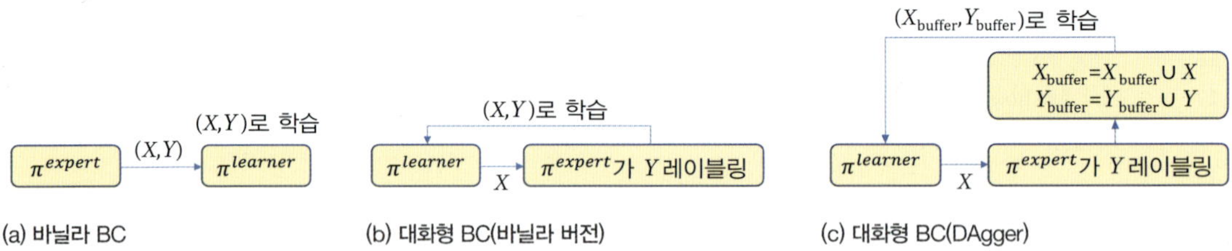

그림 12-5 바닐라 BC와 대화형 BC

Stephane Ross는 바닐라 BC가 범하는 전체 오류가 순간의 개수를 T, 오류를 ε이라고 할 때 $T^2\varepsilon$이라는 사실을 증명한다[Ross2011]. [그림 12-6(a)]는 이처럼 오류가 T의 제곱에 비례하여 확산되는 현상을 설명한다. 바닐라 BC는 $\pi^{learner}$와 상호작용 없이 π^{expert}가 일방적으로 시연 데이터를 구축한 다음, $\pi^{learner}$ 학습을 수행하는 방식이다. 이 때문에 어떤 순간에 오류 ε이 발생하면 그다음 순간에는 2ε만큼 발생하고 그 다음 순간은 3ε만큼 발생하는 식으로 오류가 점점 커진다. 예를 들어 자율주행에서 시연 데이터에 없는 새로운 상황이 발생하여 약간의 오류가 발생하면, 이 오류가 복리 오류compound error 방식으로 빠르게 커져 큰 사고로 이어질 수 있다. 다시 말해 한번 정상 궤적에서 벗어나면 원래로 복귀할 능력이 매우 약하다는 것이다. [프로그램 12-2]에서 성능 평가한 결과가 실망스러운 수준이었던 것도 이러한 이유에서다.

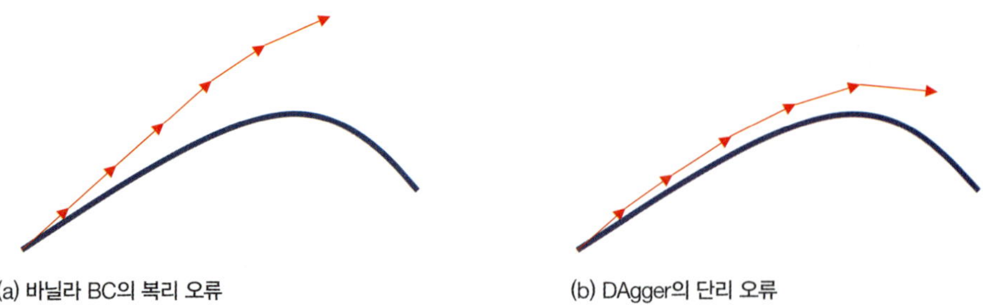

그림 12-6 BC의 오류

BC에 대한 연구는 대부분 시연 데이터의 높은 상관성과 공변량 이동 때문에 발생하는 복리 오류 문제를 어떻게 누그러뜨릴 것인지에 집중되어 있다. 여러 해결책이 있는데 가장 널리 쓰이는 방법은 대화형

BC[interactive BC]다. [그림 12-5(b)]는 대화형 BC의 원리를 설명한다. $\pi^{learner}$가 궤적을 구성하는 상태 열 X를 생성하면 π^{expert}가 X에 대한 행동 열 Y를 레이블링한다. BC 알고리즘은 (X,Y)를 훈련 집합으로 취해 $\pi^{learner}$를 개선한다. 개선된 $\pi^{learner}$가 다시 X를 생성하면 π^{expert}가 Y를 레이블링하고, (X,Y)로 $\pi^{learner}$를 개선하는 일을 반복한다. [알고리즘 12-2]는 대화형 BC를 위한 알고리즘이다.

알고리즘 12-2 대화형 BC(바닐라 버전)

입력: 과업

출력: 최적 정책 π_*

정책 신경망 $\pi_{\boldsymbol{\theta}}^{learner}$를 초기화한다.
while (not 수렴 조건)
    $\pi_{\boldsymbol{\theta}}^{learner}$로 궤적의 상태 열을 생성하여 X에 저장한다.
    π^{expert}로 X를 위한 행동 열을 레이블링하고 Y에 저장한다. // π^{expert}는 전문가
    (X, Y)를 훈련 집합으로 $\pi_{\boldsymbol{\theta}}^{learner}$를 학습한다.

[알고리즘 12-2]의 대화형 BC는 π^{expert}가 $\pi^{learner}$와 상호작용하면서 학습하기 때문에 데이터 수집 도메인과 디플로이 도메인의 차이를 크게 줄인다. 결과적으로 대화형 BC의 오류는 [그림 12-6(b)]가 설명하는 바와 같이 $T\varepsilon$으로 줄어든다.

[Ross2011]이 제안한 DAgger[data aggregation] 방법은 [알고리즘 12-2]를 약간 개선한 버전이다. [알고리즘 12-2]는 이전에 발생한 (X,Y) 데이터를 한 번만 사용하고 버리므로, 이미 학습한 궤적을 망각할 위험이 있다. 이 알고리즘에 바닐라 버전이라는 꼬리표를 붙인 이유다.

[그림 12-5(c)]는 DAgger를 설명한다. DAgger는 이전에 발생한 데이터를 버퍼에 추가하고, 학습 알고리즘은 $(X_{\text{buffer}}, Y_{\text{buffer}})$에 있는 데이터를 가지고 학습한다[Ross2011]. [알고리즘 12-3]은 DAgger 알고리즘이다. 4행에서 $\pi_{\boldsymbol{\theta}}^{learner}$가 상태 열 X를 생성하면, 5행에서 π^{expert}가 행동 열 Y를 레이블링하고, 6행에서 (X,Y)를 버퍼에 저장한다. 7행은 버퍼 데이터를 가지고 $\pi_{\boldsymbol{\theta}}^{learner}$를 학습한다.

알고리즘 12-3 대화형 BC(DAgger)

입력: 과업

출력: 최적 정책 π_*

1 정책 신경망 $\pi_{\boldsymbol{\theta}}^{learner}$를 초기화한다.
2 $X_{\text{buffer}}=\emptyset$; $Y_{\text{buffer}}=\emptyset$
3 while (not 수렴 조건)
4     $\pi_{\boldsymbol{\theta}}^{learner}$로 궤적의 상태 열을 생성하여 X에 저장한다.
5   π^{expert}로 X를 위한 행동 열을 레이블링하고 Y에 저장한다. // π^{expert}는 전문가
6     $X_{\text{buffer}}=X_{\text{buffer}}\cup X$; $Y_{\text{buffer}}=Y_{\text{buffer}}\cup Y$
7     $(X_{\text{buffer}}, Y_{\text{buffer}})$를 훈련 집합으로 $\pi_{\boldsymbol{\theta}}^{learner}$를 학습한다.

DAgger 알고리즘이 발표된 이후 SafeDAgger, LazyDAgger, ThriftyDAgger 등 여러 가지 개선된 버전들이 제안되었다. 또한 긴 궤적에서 특징적인 순간, 즉 웨이포인트waypoint를 찾아 여러 부분 궤적으로 분할한 뒤, 이 부분 궤적 단위로 학습함으로써 누적 오류를 줄이는 기법이 제시된다[Shi2023]. 보다 자세한 내용은 12.1.2절에서 제시한 서베이 논문을 참조한다.

4. 프로그래밍 실습: Hopper 과업에 DAgger 적용

[프로그램 12-3]은 Hopper 과업에 DAgger를 적용한 것이다. 10~36행은 [프로그램 12-1]과 동일하다. 38~49행의 state_data_by_learner 함수는 [알고리즘 12-3]의 4행에 해당하는 역할을 수행한다. 51~55행의 action_labeling_by_expert 함수는 [알고리즘 12-3]의 5행의 임무를 수행한다.

57~87의 메인을 살펴보자. 57~63행은 [프로그램 12-1]과 같다. 65행을 유심히 살펴볼 필요가 있다. 이 행은 Xbuffer와 Ybuffer를 deque 자료구조로 정의하며, 최대 크기를 10000으로 설정하였다. 이는 가장 최근의 10000개 샘플만 저장하고 그 이전 샘플은 버리겠다는 의도다. 67행은 궤적 300개를 반복 처리한다. 68행은 상태 열 X를 생성하고 69행은 Y를 레이블링한다. 71~72행은 이들을 버퍼에 추가한다. 73행은 fit 함수로 학습을 수행하고, 76행은 학습을 마친 신경망을 저장한다. 79~87행은 학습 곡선을 그린다.

프로그램 12-3 DAgger로 Hopper 과업 학습

```
1   import gymnasium as gym
2   import numpy as np
3   import tensorflow as tf
4   from tensorflow.keras.layers import Input,Dense
5   from tensorflow.keras.models import Sequential
6   from tensorflow.keras.optimizers import Adam
7   from collections import deque
8   import matplotlib.pyplot as plt
9
10  class ActorNetwork(tf.keras.Model):
11      def __init__(self):
12          super().__init__()
13          self.actor_mean=tf.keras.Sequential(
14              [Input(shape=(s_dim,)),
15               Dense(64,activation=activation,kernel_initializer=initializer),
16               Dense(64,activation=activation,kernel_initializer=initializer),
17               Dense(a_dim,kernel_initializer=initializer)])
18
19      def call(self,state):
20          mean=self.actor_mean(state)
21          return mean
22
```

```python
activation=tf.keras.activations.tanh
initializer=tf.keras.initializers.Orthogonal

def expert_surrogator():  # [프로그램 10-1]의 정책 신경망이 expert를 대행
    actor=ActorNetwork()
    actor.load_weights('f10-1.weights.h5')
    return actor

def mlp_network():  # BC가 학습할 신경망 구축(learner)
    nn=Sequential()
    nn.add(Dense(64,input_shape=(s_dim,)))
    nn.add(Dense(64))
    nn.add(Dense(a_dim))
    return nn

def state_data_by_learner(policy):  # learner로 상태 열 수집
    state_traj=[]
    s,info=env.reset()
    while True:
        mean=policy(s.reshape(1,-1))
        action=mean[0]
        s1,r,terminated,truncated,info=env.step(action)
        state_traj.append(s)
        s=s1
        if terminated or truncated:
            break
    return state_traj

def action_labeling_by_expert(policy,states):  # expert가 행동 레이블링
    actions=[]
    for s in states:
        actions.append(policy(s.reshape(1,-1))[0])
    return actions

env=gym.make('Hopper-v4',render_mode='rgb_array')
s_dim=env.observation_space.shape[0]
a_dim=env.action_space.shape[0]

expert=expert_surrogator()  # expert를 대행하는 신경망
learner=mlp_network()  # learner 신경망
learner.compile(loss='MSE',optimizer=Adam())

Xbuffer,Ybuffer=deque(maxlen=10000),deque(maxlen=10000)  # 최근 데이터를 저장하는 deque 사용
epi_length=[]
for i in range(300):
    X=state_data_by_learner(learner)
    Y=action_labeling_by_expert(expert,X)
```

```
        epi_length.append(len(X))
        Xbuffer.extend(X)
        Ybuffer.extend(Y)
        hist=learner.fit(np.array(Xbuffer),np.array(Ybuffer),batch_size=128,epochs=1,verbose=0)
        if i%20==0: print('세대',i,' 손실함수=',np.mean(hist.history['loss']),'궤적 길이=',
        len(X))

    learner.save('f12-3.keras')  #신경망 저장
    env.close()

    plt.figure(figsize=(16,5))
    plt.plot(range(1,len(epi_length)+1),epi_length)
    smooth=np.convolve(epi_length,10*[0.1],mode='valid')
    plt.plot(range(1,len(smooth)+1),smooth)
    plt.title('A2C scores for CartPole-v1 using shared network')
    plt.ylabel('Score')
    plt.xlabel('Episode')
    plt.grid()
    plt.show()
```

```
세대 0  손실함수= 24.731502532958984 궤적 길이= 7
세대 20  손실함수= 0.694827139377594 궤적 길이= 73
세대 40  손실함수= 0.46271413564682007 궤적 길이= 139
…
세대 280  손실함수= 0.6120960116386414 궤적 길이= 258
```

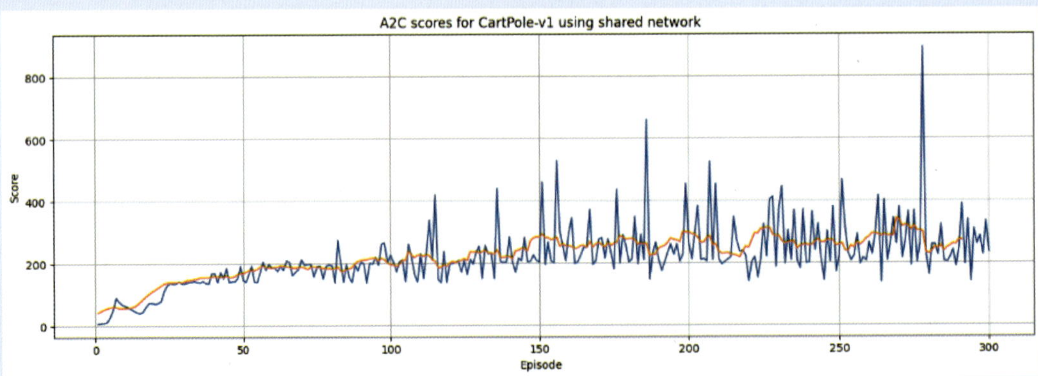

프로그램 실행 결과를 살펴보면, 세대 0에서는 궤적 길이 7로 시작하여 점차 증가하며 200을 넘는 수준으로 수렴한다. 학습 곡선을 보면 150세대 근처에서 수렴하는 양상을 확인할 수 있다. [프로그램 12-4]는 DAgger로 학습하고 저장해둔 신경망을 읽어와 시험하는 코드이며, [프로그램 12-2]에서 달라진 곳은 신경망 파일의 이름을 지정하는 7행뿐이다.

프로그램 12-4 DAgger 시험

```
7행을 제외한 나머지는 [프로그램 12-2]와 같음
...
7    policy_bc_vanilla=tf.keras.models.load_model('f12-3.keras')
```

```
에피소드의 길이: 230
```

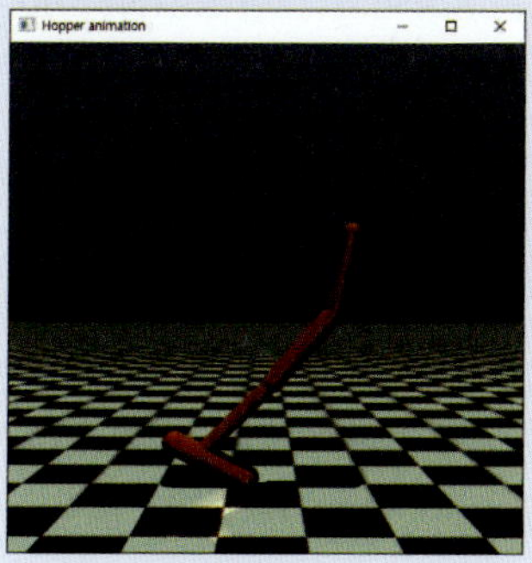

프로그램 실행 결과, 230 순간까지 지속되었다. 바닐라 BC보다 개선된 성능을 보였지만, 여전히 실망스러운 수준이다. [프로그램 12-3]의 67행에서 궤적의 수를 늘려 성능 실험하는 일은 연습문제로 남긴다. 또한 65행에서 버퍼의 크기를 충분히 크게 설정하여 오래된 샘플을 버리지 않고 모두 사용하는 기법의 성능 실험도 연습문제로 남긴다.

5. BC와 강화 학습의 결합

시연 데이터를 확보할 수 있다면 [알고리즘 12-1]이 보여주는 바와 같이 BC를 적용하는 일은 쉽다. 이런 이유 때문에 BC와 강화 학습을 결합하여 강력한 성능을 가진 시스템을 성공적으로 구축한 사례가 여럿 있다. 이때 BC는 주로 강화 학습의 초기화 단계로 사용된다. BC 입장에서는 성능 한계를 강화 학습으로 보완하는 셈이며, 강화 학습 입장에서는 랜덤하게 초기화하고 학습하는 것보다 BC로 초기화하고 출발하면 학습 속도가 빨라지고 최종 성능도 향상되는 효과를 기대할 수 있다.

BC와 강화 학습은 하나의 신경망을 공유해야 하므로 BC가 학습하는 신경망은 강화 학습 알고리즘에 맞춰 설계해야 한다. 강화 학습이 사용하는 정책 신경망은 확률 분포를 출력하기 때문에 식 (12.1)의 형태 대신 $\pi(a|s)$ 형태의 신경망으로 대치해야 한다.

13장에서 설명할 고급 응용 중 BC와 강화 학습이 결합한 사례는 세 가지가 있으며, 여기서는 이를 간략하게 소개한다.

첫째, 스타크래프트에서 그랜드마스터 수준을 달성한 알파스타다. 알파스타는 상위 22% 랭킹 안에 드는 전문 플레이어의 경기 기록 약 97만 개를 수집한 훈련 데이터로, [알고리즘 12-1]의 바닐라 BC를 사용하여 테란, 저그, 프로토스의 세 종족별로 정책 신경망을 학습한다. 이후 강화 학습 알고리즘으로는 A3C를 개선한 IMPALA를 사용한다. 13.2.2절에서 알파스타를 상세히 설명한다.

둘째, 세계 바둑 최고수인 이세돌을 이긴 알파고다. 바둑에서는 프로 기사들이 둔 기보가 많이 기록되어 있다. 하나의 기보는 하나의 궤적에 해당한다. 일반적으로 궤적은 대략 200수에서 끝나기 때문에 기보가 10만 개라면 2천만 개의 샘플로 이루어진 훈련 데이터를 이미 확보한 셈이다. 실제로 알파고는 3천만 개 샘플을 가진 훈련 데이터로 BC를 수행하였으며, 강화 학습 알고리즘으로는 8장이 소개한 REINFORCE를 사용한다[Silver2016]. 13.3.2절에서 알파고를 상세히 설명한다.

셋째, 웨이모는 자율주행차를 학습하는 방법 중 하나로 BC-SAC를 제안한다[Lu2022]. 자율주행차에 운행 기록 장치를 설치하면 비교적 손쉽게 시연 데이터를 확보할 수 있으며, 고품질의 시연 데이터를 공개한 웹 사이트도 여럿 있다. 이런 시연 데이터로 BC 학습을 수행하면 사람의 운전 습관에 가까운 자율주행 프로그램을 어렵지 않게 확보할 수 있다. 그런데 시연 데이터에는 다양한 형태의 위험 상황이 포함되어 있지 않다. 따라서 자율주행에서는 주로 BC로 신경망을 초기 학습한 다음 강화 학습으로 보강하는 전략을 사용한다. [Lu2022]는 강화 학습 알고리즘으로 SAC를 사용했다. 13.5.2절은 BC-SAC를 상세히 설명한다.

3

역강화 학습

역강화 학습은 식 (12.2)의 시연 데이터를 바탕으로 역으로 보상 함수를 추정하는 접근 방식이다. 역강화 학습 방법을 줄여서 IRL[inverse reinforcement learning]이라고 부른다. IRL의 기본 아이디어는 1998년에 발표된 논문에서 처음 제안되었으나, 보상 함수를 추정하는 구체적인 알고리즘은 제시되지 않았다[Russell1998]. 이후 IRL은 다양한 기법으로 발전해 왔다. IRL을 위한 서베이 논문 [Adams2022]와 많이 인용되는 강의 노트 [Abbeel2012]를 추천한다. 본격적으로 IRL을 설명하기에 앞서, 먼저 보상 공학[reward engineering]을 소개한다.

1. 보상 공학

[그림 12-4(a)]에서 볼 수 있듯이 강화 학습에서 가장 중요한 요소 중 하나는 보상 함수[reward function]다. 식 (12.3)은 보상 함수 r을 식으로 표현한다. r은 순간 t의 상태 s_t에서 행동 a_t를 실행했을 때 발생하는 보상 r_t를 나타낸다. 결정론 과업에서는 다음 상태 s_{t+1}이 유일하기 때문에 식 (12.3)처럼 쓴다. 반면, 스토캐스틱 과업에서는 s_{t+1}이 무엇이 되느냐에 따라 보상이 달라지기 때문에 $r(s_t,a_t,s_{t+1})$로 써야 한다.

$$r_t=r(s_t,a_t) \tag{12.3}$$

새로운 과업이 주어지면 식 (12.3)의 보상 함수를 설계해야 한다. 보상을 설계하는 방법에는 사람의 합리적 생각을 통한 수동 방법과 학습을 통해 알아내는 자동 방법이 있다. 먼저 수동 방법을 살펴본다.

[그림 2-3]과 [그림 2-4]에서 다룬 FrozenLake, CartPole, Pong, MuJoCo 과업의 보상 함수는 모두 그 과업을 제안한 연구자가 직접 설계하고 구현한 것이다. CartPole 과업의 보상 함수에 대해 생각해 보자. CartPole 과업의 목적은 막대를 세운 채 오래 버티는 것이다. 이때 에피소드의 종료 순간 T가 클수록 오래 버티는 셈이다. 따라서 매 순간 1이라는 보상을 주면 합리적이다. 이 보상 함수는 $r(s_t,a_t)=1$이다. 2.4.4절에서 설명했듯이, CartPole 과업을 영구 과업으로 간주하고 매 순간 0의 보상을 주고 막대가 넘어져 종료할 때 -1의 보상을 주는 방식으로 보상 함수를 설계할 수도 있다. 이 경우 이득이 $0+0+\cdots+\gamma^T\times(-1)=-\gamma^T$가 되어 오래 버틸수록 이득이 커진다. 예를 들어 $\gamma=0.99$일 때 100 순간을 버티면 이득은 -0.366, 1000 순간을 버티면 -0.0000432가 된다. 이처럼 같은 과업에 대해 보상 함수를

다르게 설계할 수 있다. 다만 보상 함수는 과업의 목적을 달성할 수 있는 합리성을 지녀야 한다.

보상 설계를 위한 두 번째 방법은 적절한 도구를 사용하는 자동화 방법이다. 이 접근 방법에서는 전문가가 어떤 방식으로 데이터를 제공하는지, 그리고 어떤 도구를 사용하는지에 따라 다양한 방법이 존재한다. ChatGPT와 같은 대규모 언어 모델에서는 사람의 선호도를 반영하는 후처리 단계에서 보상 함수를 설계한다. 이 경우 전문가는 GPT가 출력한 두 후보 응답 중 더 나은 것을 선택하고, 언어 모델은 이렇게 모은 선호도 데이터를 이용하여 보상 함수에 해당하는 신경망을 학습한다[Ouyang2022]. 이 기법은 13.4.2절에서 상세히 설명한다. 대규모 언어 모델의 퓨샷 능력을 활용하여 보상 함수를 설계하는 자동화 기법도 제안되었다[Kwon2023]. 이 절에서 소개하는 IRL 기법은 전문가가 구축한 시연 데이터를 이용하여 자동으로 보상 함수를 알아낸다. IRL 기법은 12.3.2절에서 설명한다.

보상 함수는 신중하게 설계해야 한다. 학습 알고리즘이 보상 함수의 취약한 부분을 파고들어 누적 보상, 즉 이득을 높이지만 실제로는 과업의 본래 목표와 거리가 먼 상황이 발생할 수 있기 때문이다. 이런 경우를 보상 해킹reward hacking이라고 부른다. 예를 들어 [그림 10-9]의 로봇 과업에서는 로봇이 걷거나 뛰어 앞으로 멀리 이동하는 것이 목표다. 10.5.2절에서 소개하는 Hopper 로봇의 보상 함수에서는 넘어지지 않으면 매 순간 1의 보상을 주고 거기에 적은 힘으로 멀리 이동할수록 추가적인 보상을 더해주는 방식이다. 그런데 학습 알고리즘이 그냥 서 있기만 해도 매 순간 1의 보상을 얻을 수 있다는 점을 이용하여 전진하지 않은 채 적당히 이득을 취한다면 보상 해킹을 했다고 말할 수 있다. 따라서 보상 함수를 설계할 때는 보상 해킹이 일어나지 않도록 주의해야 한다.

이러한 보상 함수의 취약성을 보완하여 보상 해킹의 위험을 줄이는 기법을 보상 조형reward shaping이라고 부른다. 예를 들어 Hopper 과업을 학습하는 [프로그램 10-1] 143행의 step 함수는 다음 순간으로 넘어갈 때 보상 값으로 reward를 생성한다. 이때 추가 정보를 담은 info를 살펴보면 로봇의 위치 정보를 알 수 있다. 만약 이 위치 정보를 활용하여 제자리에 머물러 있으면 적절한 벌칙을 보상 함수에 추가하여 로봇이 앞으로 이동하도록 유도한다면, 보상 조형을 적용한 셈이다. Ng는 보상 조형을 위한 일반적인 식으로 식 (12.4)를 제안한다[Ng1999]. f는 궤적을 구성하는 순간 t의 s_t–a_t–s_{t+1}, 즉 s–a–s'의 함수로서 보상 함수 $r_{\mathbf{w}}$와 포텐셜 함수 h_ψ로 구성된다. γ는 할인율이다. 보통 $r_{\mathbf{w}}$와 h_ψ는 신경망으로 구현한다.

$$f(s,a,s')=r_{\mathbf{w}}(s)+\gamma h_\psi(s')-h_\psi(s) \tag{12.4}$$

보상 해킹의 위험성을 안전한 인공지능 측면에서 고찰한 논문으로 [Amodei2016]을 추천한다. 보상 설계와 보상 조형을 포함하여 보상 함수를 개선하는 기술을 총칭하여 보상 공학reward engineering이라고 부른다. 보상 공학에 대한 서베이 논문으로 [Ibrahim2024]를 추천한다.

2. 최대 여백과 최대 엔트로피

IRL에서는 식 (12.2)의 시연 데이터 D^{demo}가 주어졌을 때, 이 데이터를 기반으로 역으로 보상 함수를 추정한다. 모든 추정 알고리즘은 D^{demo}를 가장 잘 설명하는 보상 함수를 찾는 원리에 기반한다. D^{demo}를 잘 설명한다는 말의 뜻을 구체적으로 생각해보자. 피겨 스케이팅의 규칙을 전혀 모르는 사람이 처음으로 경기를 본다고 상상해보자. 아나운서의 해설이나 점수 자막, 즉 경기 규칙에 대한 힌트는 전혀 주어지지 않고, 오로지 비디오 영상만 주어진다고 가정한다. 경기 규칙을 모른다는 말은 보상 함수를 모른다는 뜻이고, 비디오 영상이 주어진다는 말은 에이전트의 상태와 행동 열, 즉 식 (12.2)의 시연 데이터 D^{demo}가 주어진다는 뜻이다. 충분히 많은 비디오 영상을 관찰하다 보면, 선수가 넘어지지 않으려고 하거나, 높게 점프하고, 공중에서 여러 바퀴 회전한 뒤 안정적으로 착지하는 일이 반복된다는 사실을 깨닫게 된다. 이를 통해 점점 피겨 스케이팅의 점수 방식, 즉 경기 규칙을 유추할 수 있게 된다. 흉내 학습 용어로 말하면, 이는 시연 데이터 D^{demo}를 가장 잘 설명하는 보상 함수를 추정하는 과정에 해당한다.

시연 데이터를 가장 잘 설명하는 보상 함수를 찾는다는 원리를 실현하려면, 보상 함수를 찾는 최적화 문제를 정의해야 하고 최적해를 찾는 알고리즘을 구상해야 한다. IRL에는 최대 여백maximum margin과 최대 엔트로피maximum entropy 알고리즘, 그리고 이들로부터 파생한 다양한 방법이 있다. 시연 데이터에서 역으로 함수를 복원하는 문제는 매우 복잡하므로, 이들 방법은 문제를 단순화하는 데서 출발한다. 예를 들어 식 (12.3)의 보상 함수는 상태와 행동의 함수인데, 상태의 함수, 즉 $r=r(s)$로 단순화한다. 또한 보상 함수를 식 (12.5)처럼 특징의 선형 결합으로 단순화한다.

$$r(s)=\alpha_1\phi_1(s)+\alpha_2\phi_2(s)+\cdots+\alpha_d\phi_d(s) \tag{12.5}$$

이 식에서 $\phi_i(s)$는 i번째 특징이다. 앞서 예를 든 피겨 스케이팅의 경우 바닥에서 스케이트까지의 거리 또는 선수의 다리가 곧은 정도, 공중 회전 수 등이 $\phi_i(s)$가 될 수 있다. 이들 특징은 사람이 설계하기 때문에 수작업 특징hand-crafted feature이라고 부른다. 결국 식 (12.5)는 보상 함수를 찾는 문제를 선형 결합의 가중치 $(\alpha_1,\alpha_2,\cdots,\alpha_d)$를 찾는 문제로 정의한다. 그런데 데이터를 가장 잘 설명하는 $(\alpha_1,\alpha_2,\cdots,\alpha_d)$는 하나로 특정할 수 없는 애매성ambiguity 문제가 있다. 따라서 합리적인 조건을 추가로 설정해야 애매성을 해소하고 하나의 최적해로 수렴할 수 있다. Ng는 애매성을 해소하기 위한 방법으로 다른 해와 거리를 계산해서 가장 가까운 것까지의 거리가 최대가 되는 해를 최적해로 취하는 최대 여백maximum margin 방법을 제안하였다[Ng2000]. 최적화 분야에는 식 (12.5)의 선형 결합에서 최대 여백을 찾는 최적화 알고리즘이 이미 존재하므로, 그중에서 적절한 것을 가져다 쓰면 된다. Ziebart는 애매성을 해소하는 또 다른 방법으로, 불확실성이 가장 큰, 즉 엔트로피가 최대인 궤적을 생성하는 해를 최적해로 취하는 MaxEnt라는 최대 엔트로피maximum entropy 기법을 제안한다[Ziebart2008]. MaxEnt 기법은 피츠버그 근교를 운행하는 택시의 GPS 데이터를 활용한 실험에서 소개되었다. 이 실험은 운행 경로에 대한 선호도를 예측하는 비교적 단순한 응용을 대상으로 하였다. 실험 데이터는 25대의 택시가 12주 동안 운행한 약 10만 마일의 기록으로 구성되어 있다. 도로 교차로를 노드로 하는 그래프를 구축하고, 도로 유형, 제한 속도, 차선, 다음 구간으로의 전환 유형을 특징으로 사용한다. 실험 결과, 실제 경로를 상당히 높은 정확도로 예측할 수 있었다.

최대 여백과 최대 엔트로피 방법이 제안된 이후, 이들의 성능을 개선하려는 다양한 변형 기법들이 개발되었다[Zare2024]. 두 방법 모두 보상 함수를 상태의 함수, 즉 $r=r(s)$로 단순화했기 때문에 응용에 한계가 있으며, 이를 극복하기 위해 $r(s,a)$를 추정하여 응용을 확대하는 연구들이 진행되고 있다. 또한 두 방법 모두 특징을 사람이 직접 설계해야 한다는 단점이 있다. 이 단점을 보완하기 위해 딥러닝을 활용하여 특징을 자동으로 추출하는 방법이 제안되었으며, 대표적으로 FCN[fully convolutional network]을 사용한 DeepIRL 기법이 있다[Wulfmeier2015]. 최근에는 트랜스포머를 사용하여 성능을 향상하고 해석 가능성을 높인 논문도 발표되었다[Nan2025].

4

적대 흉내 학습

2014년에 생성 적대 신경망generative adversarial network, 줄여서 GAN이라고 부르는 매우 흥미로운 신경망이 등장하였다[Goodfellow2014]. 인공지능 분야에서 GAN의 등장은 생성 모델을 다시 주목받게 만든 역사적인 사건으로 평가된다. 흉내 학습에서는 2016년에 GAN을 도입한 GAIL 방법이 발표된다[Ho2016]. 먼저 GAN의 기본 원리를 설명한다.

1. 생성 적대 신경망

[그림 12-7(a)]가 보여주듯, GAN은 생성망 G와 분별망 D라는 두 개의 신경망을 사용한다. 생성망generative network의 목적은 분별망을 속일 수 있을 정도로 품질이 높은 가짜 샘플을 만드는 것이고, 분별망discriminative network의 목적은 생성망이 만든 가짜와 훈련 집합에 포함된 진짜 샘플을 높은 정확도로 구별하는 것이다. 두 신경망은 적대 관계에서 학습한다.

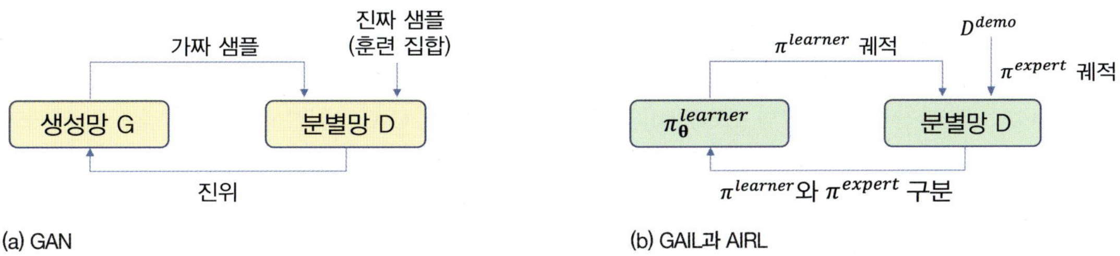

그림 12-7 GAN과 GAIL, AIRL의 원리

생성망과 분별망의 대립 관계는 위조지폐범과 경찰의 관계에 비유할 수 있다. 위조지폐범은 진짜와 구별할 수 없을 정도로 정교하게 위폐를 만들고자 하며, 경찰은 위폐를 정확히 분별하는 기술을 꾸준히 향상시킨다. 현실 세계에서는 경찰이 승리해야 하지만, 생성 모델에서는 위조지폐범의 승리, 즉 생성망이 분별망을 완전히 속이는 것이 목표다. 생성망이 분별망을 완전히 속이는 수준에 도달하면, 분별망은 더 이상 필요하지 않게 되고, 생성망을 이용해 필요할 때마다 새로운 영상을 생성할 수 있게 된다.

생성망은 난수 벡터를 입력으로 받아 영상을 합성하여 출력한다. 분별망은 영상을 입력으로 받아 진짜는 1, 가짜는 0을 출력한다. 분별망의 학습은 훈련 집합에 있는 진짜 영상에 1, 생성망이 합성한 영상에 0을 레이블링한 다음, MSE나 교차 엔트로피 손실 함수를 사용하여 진행한다. 생성망의 학습은 생성망과 분별망을 순차적으로 연결하여 수행한다. 난수 벡터를 받아 생성망은 영상을 합성하여 분별망에 전달한다. 분별망은 자신의 출력값을 가지고 MSE 또는 교차 엔트로피 손실 함수를 계산한다. 이때 주의할 점은 레이블을 진짜에 해당하는 1로 설정하여 분별망을 속이는 것이다. 또한 분별망의 매개변수는 고정한 채 생성망만 갱신되도록 학습을 진행한다.

2. GAIL과 AIRL

2016년에 GAN을 흉내 학습에 적용하는 흥미로운 방법이 발표되었다[Ho2016]. 이 방법을 줄여서 GAIL^generative adversarial imitation learning^이라고 부른다. [그림 12-7(b)]는 GAIL의 기본 원리를 설명한다. 여기서 $\pi^{learner}$는 학습 알고리즘이 최적화해야 하는 정책 신경망으로, GAN의 생성망 G에 해당한다. $\pi^{learner}$는 랜덤하게 초기화된 상태에서 학습을 시작하기 때문에 초반에는 형편없는 궤적을 생성한다. 반면, 분별망 D는 $\pi^{learner}$가 생성한 궤적과 π^{expert}가 생성한 궤적을 구분하는 역할을 수행하며, 이 역시 랜덤하게 초기화되어 학습을 시작하기 때문에 초반에는 두 궤적을 잘 구분하지 못한다.

학습이 진행되면서 분별망 D의 성능이 향상되고, 이에 따라 생성망 G에 해당하는 $\pi^{learner}$가 개선되고, $\pi^{learner}$가 개선됨에 따라 분별망이 개선되는 사이클을 수렴할 때까지 반복한다. 수렴했다는 말은 $\pi^{learner}$가 전문가 수준에 올라섰다는 뜻이며, 이 시점이 되면 분별망 D는 더 이상 필요하지 않게 되고, 최종 정책 신경망 $\pi^{learner}$를 저장하여 디플로이 단계에 활용한다.

Chelsea Finn은 얼핏 관련 없어 보이는 GAN과 IRL이 실제로는 깊은 관련성이 있다는 통찰과 이론적 토대를 제시한다[Finn2016]. 이 연구를 계기로 GAN을 기반으로 보상 함수를 추정하는 AIRL^adversarial inverse reinforcement learning^ 알고리즘이 등장한다[Fu2018].

AIRL은 GAIL과 마찬가지로 [그림 12-7(b)]의 틀에서 동작한다. GAIL에서는 분별망이 진짜와 가짜를 구별하는 단순한 이진 분류기 구조를 사용한다. 반면에 AIRL의 분별망에서는 식 (12.4)와 식 (12.6)을 통해 보상 함수를 명시적으로 추정한다. 식 (12.6)은 분별망 D의 출력값으로, 다음과 같이 정의된다.

$$D(s,a,s') = \frac{\exp(f(s,a,s'))}{\exp(f(s,a,s')) + \pi_{\boldsymbol{\theta}}^{learner}(a|s)} \tag{12.6}$$

이 식을 계산하기 위해 세 개의 신경망이 사용된다. 첫째는 생성망에 해당하는 $\pi_{\boldsymbol{\theta}}^{learner}$이며, 나머지 두 개는 식 (12.4)에서 f를 계산하는 $r_{\mathbf{w}}$와 $h_{\boldsymbol{\psi}}$ 신경망이다.

5
관찰 흉내

ChatGPT와 같은 대규모 언어 모델은 인터넷에서 모은 방대한 텍스트 문서를 기반으로 자율지도 학습 self-supervised learning을 통해 학습된다. 자율지도 학습 방식은 사람이 일일이 레이블링하지 않아도 되기 때문에, 대규모 데이터를 활용할 수 있는 길을 열어준다. 인터넷에는 엄청난 양의 비디오 데이터가 있다. 사람들은 비디오를 보고 점차 전문가 수준에 점점 가까워진다. 그렇다면 휴머노이드 로봇이 비디오를 보고 흉내 학습을 통해 사람 수준의 능력에 도달할 수 있을까?

1. IfO의 원리

사람은 비디오만 보고도 전문가의 동작을 곧잘 따라한다. 전문가가 어떤 행동을 취했는지, 즉 어떤 근육을 어떻게 움직여 그런 상태에 도달했는지를 모른 채 따라하는 것이다. 이를 로봇에 비유하면 관절에 있는 모터에 어느 정도의 힘을 가했는지, 즉 행동을 모른 채 로봇의 위치와 자세, 즉 상태만 보고 따라하는 것이다.

강화 학습 용어로 표현하면, 전문가가 생성한 상태 열, $z=s_0-s_1-s_2\cdots-s_T$만 보고 흉내 학습을 수행한다. 다시 말해 식 (12.2)의 시연 데이터에서 행동 정보가 빠진 식 (12.7)의 $D^{demo_observation}$을 가지고 학습을 수행하여 최적 정책을 알아낸다. $D^{demo_observation}$을 가지고 흉내 학습을 수행하는 알고리즘을 관찰 흉내 imitation from observation, 줄여서 IfO라고 부른다.

$$D^{demo\_observation}=\left\{s_0^{(1)},s_1^{(1)},\cdots,s_{T_1}^{(1)},s_0^{(2)},s_1^{(2)},\cdots,s_{T_2}^{(2)},\cdots\cdots\right\} \tag{12.7}$$

IfO는 상태 정보만 주어진 상황에서 매우 유용하다. 예를 들어 유튜브에 업로드된 비디오는 $D^{demo_observation}$에 해당한다. 피겨 스케이팅 경기 장면을 담은 유튜브 동영상을 가지고 피겨 스케이팅을 흉내 내는 휴머노이드 로봇을 제작한다면, IfO를 사용하면 된다. 자율주행에서도 IfO는 유용하다. 상태와 행동 정보를 모두 가진 D^{demo} 데이터를 수집하려면 차량에 운전자의 행동을 기록하는 장치를 부착해야 하는데, 일반 차량에 부착된 블랙박스 비디오를 사용할 수 있다면 데이터의 양이 수백~수만 배 이상으로 증가한다. 이러한 비디오는 전 세계에서 수집될 수 있으며, 도심, 농촌, 고속도로, 국도 등 자율주행차가 마주할 수 있는 대부분의 상황이 담겨 있다. 또한 운행 시간과 다양한 날씨 변화를 모두 포함한다. 게다가 블랙박스 비디오에는 다양한 형태의 사고 장면이 있어 사고 회피 학습에 매우 효과적이다. 블랙박스 비디오는 운전자의 행동 정보가 없기 때문에 식 (12.7)의 $D^{demo_observation}$에 해당한다. 사람이 앞만 보고 운전할 수 있다는 사실은 자율주행에서 블랙박스 비디오를 관찰 흉내 학습에 활용할 수 있음을 시사한다.

가장 쉽게 생각할 수 있는 IfO 방법은 상태 열 $s_0-s_1-s_2\cdots-s_T$로부터 행동 열 $a_0-a_1-a_2\cdots-a_{T-1}$을 추정한 다음, $D^{demo_observation}$에 행동 정보를 채워 식 (12.2)의 D^{demo} 데이터로 변환한 뒤, [알고리즘 12-1] 또는 [알고리즘 12-3]의 행위 복제 알고리즘을 적용하는 것이다. BCO^behavioral cloning from observation^는 이런 방식의 학습 알고리즘이다[Torabi2018].

[그림 12-8]은 BCO의 학습 과정을 설명한다. $D^{demo_observation}$은 학습 알고리즘에 주어지는 훈련 데이터다. 매개변수 $\boldsymbol{\theta}$를 가진 정책 신경망 $\pi_{\boldsymbol{\theta}}^{learner}$와 매개변수 $\boldsymbol{\psi}$를 가진 모델 신경망 $M_{\boldsymbol{\psi}}$를 랜덤하게 초기화하고 학습을 시작한다. $M_{\boldsymbol{\psi}}$는 현재 상태 s_t를 다음 상태 s_{t+1}로 전환시켰을 행동의 확률 분포를 추정하는 신경망으로, 역으로 행동을 알아내기 때문에 역동역학 모델^inverse dynamics model^이라고 부른다. 학습은 $\pi_{\boldsymbol{\theta}}^{learner}$로 궤적을 생성하는 것에서 시작한다. 이 궤적은 $s_0-a_0-s_1-a_1\cdots-a_{T-1}-s_T$처럼 상태와 행동을 가진 D^{demo}다. 이렇게 생성된 D^{demo}를 가지고 모델 $M_{\boldsymbol{\psi}}$를 개선하며, $M_{\boldsymbol{\psi}}$를 가지고 $D^{demo_observation}$의 상태에 해당하는 행동 a'를 추론한다. a'를 $D^{demo_observation}$에 추가하여 $D^{demo'}$를 만든 다음, $D^{demo'}$로 $\pi_{\boldsymbol{\theta}}^{learner}$를 개선한다. 이런 사이클을 $\pi_{\boldsymbol{\theta}}^{learner}$가 수렴할 때까지 반복한다. [Torabi2018]에서는 MuJoCo 과업을 가지고 실험한 결과 BCO가 GAIL에 비해 우수하다는 사실을 입증하였다.

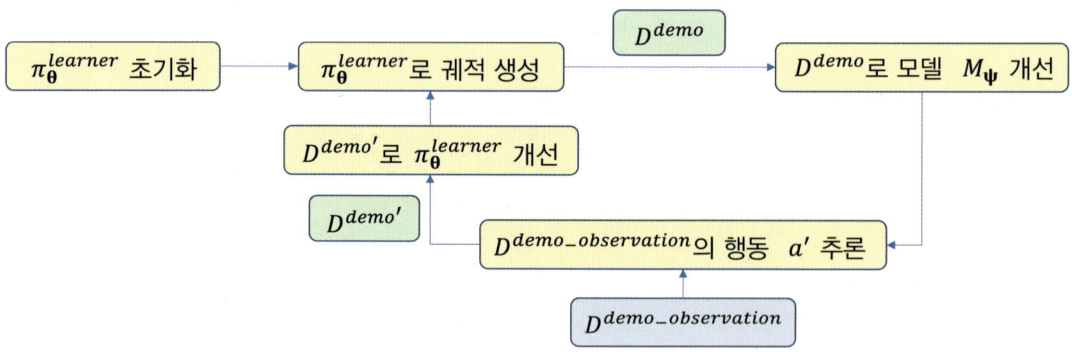

그림 12-8 BCO의 학습 과정

2. 비디오에서 IfO

앞 절에서 소개한 BCO는 비디오가 아닌 데이터를 대상으로 했다. Hopper 과업을 생각해보면, 로봇의 초기 상태는 좁은 범위의 난수로 설정되기 때문에 로봇은 항상 비슷한 상황에서 출발한다. [그림 10-10]에 따르면 상태는 11차원의 벡터로 표현된다. 이런 과업에서는 불확실성의 범위가 비디오에 비해 현저히 좁다. 이 절에서는 비디오를 대상으로 학습하는 IfO 방법을 소개한다. 먼저 비디오를 대상으로 할 때 발생하는 문제를 이해해야 한다. 비디오는 많은 수의 화소 집합이기 때문에 적절한 형태의 특징을 추출해야 한다. 보통 컨볼루션 신경망 또는 트랜스포머를 이용하여 특징을 추출한다. 이때 시연 도메인에서 촬영한 비디오와 디플로이 도메인에서 촬영한 비디오가 크게 다른 문제가 있다. 따라서 차이를 메꾸는 적절한 sim2real 기법을 적용해야 한다. 또한 비디오에서 추출한 특징, 즉 상태 정보를 로봇 구동에 필요한 제어 신호, 즉 행동 정보로 변환하는 정책 신경망이 필요하다.

[Liu2018]은 IfO라는 용어를 처음 사용한 논문이다. 이 논문에서는 비디오를 수집하는 상황을 문맥[context]이란 용어로 표현하는데, 문맥이란 카메라 위치와 시점, 작업 환경을 뜻한다. 이 논문은 시연 데이터를 수집하는 문맥과 로봇에 실제 적용하는 디플로이 문맥이 다른 문제를 해결하기 위해 문맥 전환[context translation]을 담당하는 신경망을 학습한다. [그림 12-9(a)]는 문맥 전환 신경망의 구조와 학습 과정을 설명한다. 빨간색으로 표시한 o^i와 o^j는 시연 데이터 $D^{demo_observation}$에서 랜덤하게 뽑은 두 궤적이다. 궤적은 비디오에 해당하고 o_t^i는 순간 t의 프레임이다. 로봇의 상태는 로봇의 자세와 위치 그리고 로봇 카메라로 입력되는 비디오로 구성되기 때문에 상태의 일부인 비디오 프레임을 s_t^i가 아닌 관찰을 나타내는 o_t^i로 표기한다.

[그림 12-9(a)]에 있는 왼쪽 신경망은 문맥 i에서 수집한 o^i를 문맥 j로 전환하는 신경망이다. 문맥 j에서 수집한 o^j는 첫 번째 프레임 o_0^j를 Enc2라고 표시된 인코더 블록에 입력한다. 인코더 블록은 여러 개의 컨볼루션층으로 구성되어 있으며, o_0^j로부터 특징 $\mathbf{z}_2$를 추출한다. Enc1은 o_t^i로부터 특징 $\mathbf{z}_1$을 추출하고, Trans 블록은 $\mathbf{z}_1$과 $\mathbf{z}_2$를 받아 $\mathbf{z}_3$을 출력한다. 디코더 블록 Dec는 $\mathbf{z}_3$을 해독하여 $\hat{o}_t^j$를 출력한다. 이때 o^i를 o^j로 전환하는 목적을 달성하기 위해 식 (12.8)의 손실 함수 J_{trans}를 활용한다. J_{trans}는 문맥 j의 데이터 o_t^j를 목푯값으로 사용하기 때문에 신경망은 Enc1의 입력 o_t^i를 문맥 j로 전환하도록 학습된다.

개념적으로는 J_{trans}를 통해 문맥 i의 비디오를 문맥 j로 변환할 수 있으나, 현실적으로는 비디오의 복잡성으로 인해 만족스럽게 변환되지 않는다. 이를 보완하기 위하여 두 가지 손실 함수를 추가로 사용한다. 식 (12.8)의 J_{recon} 손실 함수는 [그림 12-9(a)]에 있는 오른쪽 신경망의 출력을 예측값, o_t^j를 목푯값으로 사용한다. 이 신경망은 별개의 신경망이 아니라 왼쪽 신경망의 Enc1과 Dec를 공유한다. J_{recon}은 o_t^j를 입력받아 o_t^j를 출력하면 0이 되기 때문에 오토인코더를 학습하는 셈이다. 세 번째 손실 함수 J_{align}은 특징 $\mathbf{z}_3$과 $\mathbf{z}_3'$를 일치시키는 역할을 한다.

$$\left.\begin{aligned} J_{trans} &= \left\| o_t^j - \hat{o}_t^j \right\| \\ J_{recon} &= \left\| o_t^j - \text{Dec}\left(\text{Enc1}(o_t^j)\right) \right\| \\ J_{align} &= \left\| \mathbf{z}_3 - \text{Enc1}(o_t^j) \right\| \end{aligned}\right\} \tag{12.8}$$

[Liu2018]은 식 (12.9)를 이용하여 세 종류의 손실 함수를 하나로 결합한다. λ_1과 λ_2는 손실 함수에 부여하는 가중치로서 하이퍼 매개변수다. M은 $D^{demo_observation}$에서 랜덤하게 뽑은 미니배치다. (i,j)는 M에 있는 궤적의 쌍으로서 [그림 12-9(a)]의 신경망의 입력을 제공한다.

$$J = \sum_{(i,j) \in M} (J_{trans} + \lambda_1 J_{recon} + \lambda_2 J_{align}) \tag{12.9}$$

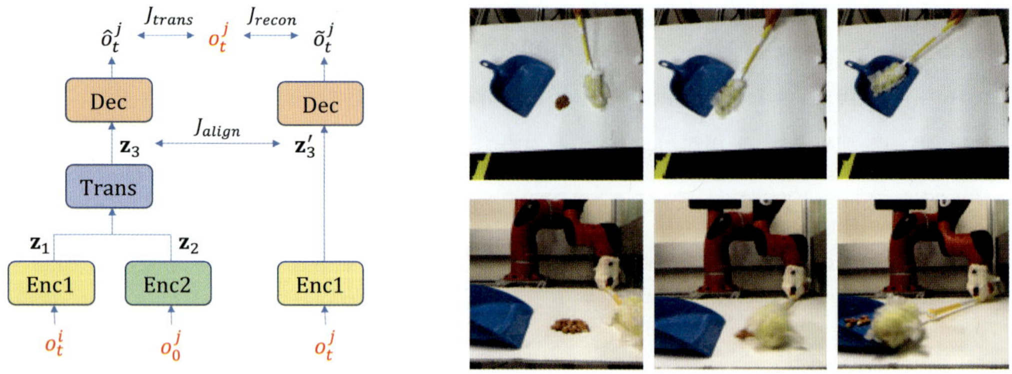

(a) 문맥 전환 신경망

(b) 쓸어 담기 과업(위는 시연 비디오, 아래는 현장 비디오)

그림 12-9 문맥 전환 신경망[Liu2018]

지금까지 시연 문맥에서 촬영한 비디오를 로봇이 실제 작업하는 디플로이 문맥으로 전환해주는 [그림 12-9(a)]의 신경망을 설계하였다. 이제 IfO를 수행하는 전체 과정을 설명한다. [그림 12-9(b)]에서처럼 로봇이 아몬드를 빗자루로 쓰레받기에 쓸어 담는 과업을 학습한다고 가정해보자. 사람이 전문가 역할을 맡아 쓸어 담기 과업을 수행하는 모습을 여러 개의 비디오로 촬영한 후, 이들을 $D^{demo_observation}$에 저장한다. [그림 12-9(b)]의 상단에 있는 비디오가 이에 해당한다.

가장 먼저 수행할 일은 $D^{demo_observation}$을 가지고 [그림 12-9(a)]의 문맥 전환 신경망을 학습하는 것이다. 문맥 전환 신경망의 학습이 완료되면, 이제 이를 활용하여 로봇이 흉내 학습을 수행한다. 먼저 로봇을 초기 상태로 설정한다. 이때 로봇 카메라에 입력된 첫 번째 프레임을 o_0^j로 간주한다. 다시 말해 로봇이 학습하는 단계에서는 로봇이 관찰하는 비디오가 문맥 j고, $D^{demo_observation}$에서 뽑은 비디오가 문맥 i이다.

정책 신경망 $\pi_{\boldsymbol{\theta}}$는 o_0^j에서 행동 a_0을 선택한다. 로봇이 a_0을 실행하면 로봇의 자세가 바뀌고 로봇은 다음 프레임 o_1^j를 관찰한다. [그림 12-9(a)]에 있는 신경망의 Enc2에 o_0^j를 입력하고, $D^{demo_observation}$에 있는 시연 비디오의 프레임 o_1^i를 Enc1에 입력하면 신경망은 $\hat{o}_1^j$를 출력한다. 이때 로봇이 관찰한 o_1^j와 신경망의 출력 $\hat{o}_1^j$에 대해 생각해본다. 둘이 비슷하면 로봇이 시연 데이터를 잘 따라 했다는 의미이고, 그렇지 않다면 잘 따라 하지 못한 것이다. 따라서 보상 함수는 식 (12.10)으로 정의할 수 있으며, 둘 간의 차이가 클수록 큰 음수를 부여하여 더 큰 벌칙을 준다. 이 보상 함수에 따라 보상 r_0이 생성된다.

다음으로 순간 1로 넘어간다. 정책 신경망 $\pi_{\boldsymbol{\theta}}$는 o_1^j에서 행동 a_1을 선택하고, 로봇이 a_1을 실행하면 로봇의 자세가 바뀌며 로봇은 다음 프레임 o_2^j를 관찰한다. 신경망의 Enc2에 o_0^j를 입력하고, Enc1에 시연 비디오의 o_2^i를 입력하면 신경망은 $\hat{o}_2^j$를 출력한다. 보상 함수는 o_2^j와 $\hat{o}_2^j$를 가지고 보상 r_1을 생성한다. 이런 과정을 반복하여 에피소드를 생성하고 정책 신경망 $\pi_{\boldsymbol{\theta}}$를 학습한다. 강화 학습 알고리즘으로는

TRPO를 사용했다. 실험에서는 아몬드를 쓸어 담는 과업, 물건을 목표 지점으로 이동하는 과업, 그릇에 물건을 붓는 과업을 학습하였다.

$$r\left(o_t^j, \hat{o}_t^j\right) = -\left\|o_t^j - \hat{o}_t^j\right\| \tag{12.10}$$

이런 초기 연구 이후에 다양하게 개선된 방법이 잇따르고 있다. [Sermanet2017]은 대조 학습contrastive learning을 활용한 TCNtime-contrastive network이라는 방법을 제시한다. 물을 따르는 과업에 대해 서로 다른 시점에서 촬영한 두 비디오를 생각해보자. 두 비디오 모두 잔을 기울이지 않은 초기 상태에서 시작하여 시간이 지남에 따라 점점 더 기울인 상태로 바뀐다고 가정한다. 서로 다른 비디오에 있지만 잔을 기울인 정도가 비슷한 두 프레임은 임베딩 공간에서 가깝도록 학습하고, 같은 비디오에 있지만 시간이 지나 잔을 기울인 정도가 다른 두 프레임은 임베딩 공간에서 멀어지도록 학습한다.

[Torabi2019]는 생성 적대 모델을 IfO에 도입한 GAIfOgenerative adversarial IfO라는 방법을 제안한다. 실험은 MuJoCo 과업을 활용했는데, TRPO로 학습한 정책을 전문가로 간주하여 로봇 작업을 진행하고 작업을 렌더링한 비디오를 시연 데이터로 활용하여 GAIfO를 적용한다.

[Aytar2018]은 유튜브에서 퐁 아타리 게임 플레이 영상을 대량으로 수집한 뒤, 이 동영상을 시연 데이터로 활용하여 IfO를 적용한다. 이 논문에서는 정책이 생성한 행동 열을 임베딩 공간에 시각화함으로써 제안한 방법이 일관성 있게 흉내 학습을 수행한다는 사실을 입증한다.

유튜브에는 차량 블랙박스에 촬영된 운행 동영상이 방대하게 존재한다. 하지만 운전자의 행동 신호가 없기 때문에 식 (12.2)의 D^{demo}가 아니라 식 (12.7)의 $D^{demo_observation}$에 해당한다. [Zhang2022]는 이러한 비디오 데이터를 활용하여 자율주행의 성능을 향상시키는 SelfD라는 방법을 제안한다. CARLA와 웨이모 시뮬레이터에서 실험한 결과, 초기 학습된 정책의 성능을 약 24% 향상시킨다는 사실을 입증한다.

3. 잠복 행동 모델

Ashley D. Edwards는 ILPOimitating latent policies from observation라는 흥미로운 아이디어를 제안한다 [Edwards2019]. 이 아이디어의 핵심은 잠복latent이라는 개념에 있다. 보통 강화 학습이 사용하는 데이터는 상태와 행동 정보가 들어 있는 데이터, 즉 s_t–a_t–r_t–s_{t+1} 형태를 사용한다. 간략히 표현하면 s–a–r–s'이다. 여기서 a는 과업에 실제 적용할 수 있는 행동 정보다. 예를 들어 퐁 아타리 게임의 경우 화면에 있는 배트를 왼쪽 또는 오른쪽으로 이동시키는 명령이 행동이며, 로봇의 경우 관절에 있는 모터에 적용할 수 있는 힘이 행동이 된다.

하지만 IfO에서는 상태 s와 다음 상태 s'만 주어지는 s–s' 형식의 데이터만 이용한다. 이때 s를 s'로 전환해주는 행동 a를 알아내야 하는데 a를 직접 알아내는 일은 불가능에 가깝다. ILPO는 잠복 공간에 표현되는 잠복 행동latent action a를 추정한 다음 a를 실제 행동 a로 변환하는 두 단계를 거친다. 식 (12.11)은 잠복 행동을 추정하는 첫 번째 단계를 수행하는 신경망을 위한 손실 함수다. 매개변수 $\mathbf{p}$를 가진 임

베딩 신경망 $E_{\mathbf{p}}(s)$는 상태 s를 임베딩 상태로 바꿔준다. 매개변수 $\boldsymbol{\omega}$를 가진 신경망 $G_{\boldsymbol{\omega}}$는 임베딩 상태 $E_{\mathbf{p}}(s)$와 잠복 행동 a를 받아 다음 임베딩 상태 $E_{\mathbf{p}}(s')$를 예측한다. 손실 함수는 목푯값 $E_{\mathbf{p}}(s')$와 예측값 $G_{\boldsymbol{\omega}}(E_{\mathbf{p}}(s),a)$의 오차를 측정한다. 실제 구현에서는 목푯값으로 $E_{\mathbf{p}}(s')$ 대신 이동 벡터 $E_{\mathbf{p}}(s')-E_{\mathbf{p}}(s)$를 사용함으로써 $G_{\boldsymbol{\omega}}$가 이동 벡터를 학습한다. 손실 함수는 가능한 모든 행동 중에서 최솟값을 취한다. 이때 최솟값을 손쉽게 구할 수 있도록 행동 공간이 이산인 이산 과업으로 국한한다. G는 다음 상태를 예측하기 때문에 일종의 생성 모델이고 식 (2.5)의 전이 확률을 대행하기 때문에 잠복 전방 역학 모델[latent forward dynamics model]이라고 부른다. ILPO의 두 번째 단계는 잠복 행동 a를 실제 행동 a로 변환하는 정책 신경망 $\pi_{\boldsymbol{\theta}}(a\,|\,a,E_{\mathbf{q}}(s))$를 학습한다. $E_{\mathbf{q}}$는 매개변수 $\mathbf{q}$를 가진 또다른 임베딩 신경망이다.

$$J(\boldsymbol{\omega},\mathbf{p}) = \min_{a} \left\| E_{\mathbf{p}}(s') - G_{\omega}(E_{\mathbf{p}}(s), a) \right\| \tag{12.11}$$

ILPO처럼 잠복 공간에 행동을 표현하는 모델을 잠복 행동 모델, 줄여서 LAM[latent action model]이라고 부른다. ILPO가 발표된 이후에 다양한 형태의 LAM이 개발된다. [Schmidt2023]은 ILPO가 전방 역학 모델[forward dynamics model(FDM)]만 사용한 점을 개선하여 역방향 역학 모델[inverse dynamics model(IDM)]까지 학습하는 LAPO[latent action policies] 방법을 제안한다. 또한 FDM[foward dynamics model]과 IDM[inverse dynamics model]을 모두 사용함으로써 연속 공간에 정의되는 행동, 즉 연속 과업까지 학습할 수 있게 확장한다. 이후 LAPO를 개선한 LAOM이 발표된다[Nikulin2025]. 기존 방법들이 잡음이 별로 없는 상황을 가정하는 반면 LAOM은 잡음 상황에 대처할 수 있는 방법을 제시한다. 예를 들어 로봇이 작업하는 공간에는 로봇이 조작하는 물건뿐만 아니라 우연히 지나치는 동물이나 사람, 수레 같은 잡음이 같이 나타난다. LAOM은 이런 상황에서 잡음을 무시하고 로봇의 행동이 일으킨 진짜 변화에 집중하는 신경망 모델을 제안한다. [Zadaianchuk2023]은 비디오를 가지고 자율지도 학습[self-supervised learning]을 수행하는 VideoSAUR라는 방법을 제안한다. 이 방법에서는 에이전트의 행동으로 인해 발생한 진짜 변화를 잘 표현하는 신경망을 자율지도 학습을 통해 제작한다. [Klepach2025]는 VideoSAUR를 LAPO에 적용하여 성능 향상을 꾀한다. [Ye2025]는 LAM을 텍스트와 비전, 행동을 동시에 모델링하는 VLA 로봇에 적용하는 LAPA라는 기법을 제안한다. VLA 로봇에 대해서는 13.6.4절을 참조한다.

딥마인드는 2024년에 Genie를 발표했다[Bruce2024]. Genie는 프롬프트로 첫 프레임을 입력하면 이후 프레임, 즉 비디오를 생성해주는 비디오 생성 모델이다. 프롬프트로는 텍스트, 합성 영상, 사진, 스케치 모두 가능하다. 비디오 생성 모델은 아주 많은데[Xing2024], Genie가 이들과 다른 점은 GENerative Interactive Environment라는 이름이 의미하듯이 단순한 비디오 생성을 넘어 대화형 환경을 생성한다는 사실에 있다. 따라서 Genie를 대화형 환경 생성 모델[interactive environment generative model]이라고 부른다. 여기서 환경이란 [그림 2-2]의 MDP에서처럼 행동에 따라 다음 상태, 즉 다음 프레임을 생성할 수 있다는 뜻이고, 대화형이란 사용자가 행동을 입력할 수 있다는 뜻이다. 사용자는 Genie에게 프롬프트를 입력한 다음 적절한 입력 장치를 통해 행동을 지정함으로써 자신의 뜻대로 비디오 생성을 제어할 수 있다. [그림 12-10(a)]는 프롬프트를 주고 left, right, jump, no-op이라는 행동을 선택했을 때 생성된 비디오 두 가지를 예시한다. 사용자가 지정한 행동에 따라 캐릭터가 제대로 움직인 것을 확인할 수 있다.

(a) Genie

(b) Genie 2

그림 12-10 Genie와 Genie 2로 생성한 비디오 [Bruce2024]

Genie는 platformer 장르의 게임을 플레이하는 비디오를 유튜브에서 수집하여 훈련 집합으로 사용한다. 행동 정보가 없기 때문에 식 (12.7)의 $D^{demo_observation}$에 해당한다. 대용량 텍스트 데이터로 175B 크기의 대규모 트랜스포머 모델을 학습한 GPT처럼, Genie는 3만 시간 분량(6.8M개의 16초 10FPS 비디오 클립)의 대용량 비디오 데이터를 사용하여 11B 크기의 비전 트랜스포머를 학습한 모델이다. GPT가 다양한 하위 과업으로 전이 학습할 수 있는 토대 모델foundation model이듯이, Genie는 비디오 관련한 다양한 하위 과정으로 전이 학습할 수 있는 토대 모델이다.

Genie는 [그림 12-11]처럼 비디오 토크나이저video tokenizer, 잠복 행동 모델latent action model, 역학 모델dynamics model로 구성된다. 이들 모두 트랜스포머 블록을 깊게 쌓은 딥러닝 모델이고, 자율지도 학습self-supervised learning을 통해 학습한다. 메모리와 계산 시간을 줄이기 위해 [Xu2020]이 제안한 ST 트랜스포머spatial-temporal transformer를 사용한다. 토크나이저는 160×90 크기의 프레임을 저차원의 토큰 벡터 z로 변환한다. 잠복 행동 모델, 즉 LAM은 12.5.2절에서 설명한 바와 같이 현재 프레임 o_t를 다음 프레임 o_{t+1}로 변환시켰을 잠복 행동 a를 추정한다. 다시 말해 사용자는 실제 영상을 보고 실제 행동을 입력하지만, Genie는 이들을 잠복 공간에 표현하고 잠복 공간에서 동작한다.

모델 학습은 자율지도 학습으로 수행한다. 다시 말해 $z_{1:1}$과 $a_{1:1}$을 입력받은 역학 모델이 다음 프레임 $\hat{z}_2$을 예측하면 참값 z_2와 예측값 $\hat{z}_2$ 간의 오차를 손실 함수로 사용하여 옵티마이저로 모델을 학습한다. 다음 순간으로 넘어가서 $z_{1:2}$과 $a_{1:2}$를 입력받은 역학 모델이 다음 프레임 $\hat{z}_3$을 출력하면 참값 z_3과 예측값 $\hat{z}_3$ 간의 오차를 손실 함수로 사용하여 모델을 학습하는 과정을 순간 $T-1$까지 반복한다. 시험 단계에서는 자동 회귀auto-regressive 방식으로 비디오를 생성한다. 사용자가 첫 프레임 o_1을 프롬프트로 주면, 토크나이저는 o_1을 z_1로 변환한다. 사용자가 키보드에서 행동을 입력하면 잠복 행동 a_1로 변환한 다음, 역학 모델은 o_1과 a_1을 입력으로 $\hat{z}_2$을 출력한다. $\hat{z}_2$을 z_2로 간주하고 z_1에 붙여 $z_{1:2}$를 만든다. 사용자가 다음 행동을 입력하면 잠복 행동 a_2로 변환한 다음, a_1에 붙여 $a_{1:2}$를 만든다. $z_{1:2}$와 $a_{1:2}$를 입력으로 받아 $\hat{z}_3$을 출력한다. 이런 과정을 비디오 끝까지 반복한다.

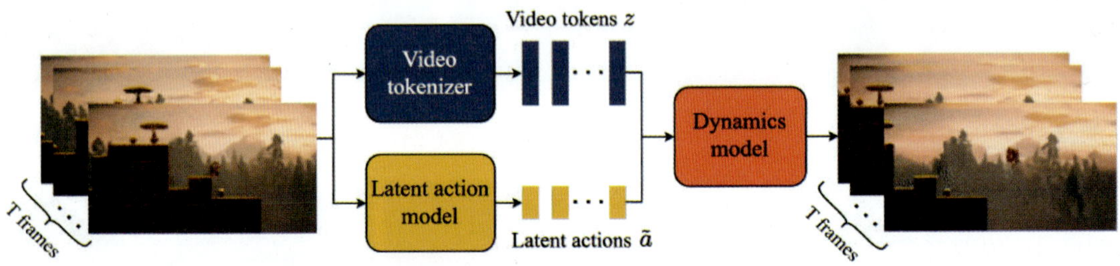

그림 12-11 Genie의 구조와 학습[Bruce2024]

Genie 이후에 곧바로 3차원 애니메이션 생성이 가능한 Genie 2가 발표된다[Parker-Holder2024]. [그림 12-10(b)]는 Genie 2의 동작을 보여주는데, 동일한 프롬프트 영상에서 시작하여 다른 행동 열을 입력했을 때 다른 3차원 애니메이션이 생성되는 예를 보여준다. 이때 행동은 여섯 개 키를 통해 입력한다.

[그림 12-10]이 보여주는 Genie의 동작이 기술적으로 또는 사회적으로 무엇을 의미하는지 생각해볼 가치가 충분하다. Genie 모델은 오직 비디오만 가지고 학습했다. 행동에 대한 정보는 전혀 없고, 영상의 어느 부분이 배경이고 어느 부분이 캐릭터인지에 대한 힌트조차 없다. 이런 상황에서 LAM은 잠복 공간에서 어떤 행동을 취해야 다음 프레임으로 변하는지를 스스로 추론하고 학습한다. 또한 현재 프레임에서 잠복 행동 a를 취하면 다음 프레임이 어떻게 될지 정확히 예측한다.

Genie는 게임 장면을 담은 비디오만 가지고 학습하였는데, 텍스트나 사진, 스케치를 프롬프트로 입력하면 해당 모달리티의 비디오를 생성할 수 있다. 이는 Genie가 단순히 비디오를 구성하는 화소 정보만을 학습한 것이 아니라, 비디오에 내포된 의미, 즉 캐릭터와 배경, 그리고 그들이 상호작용하는 역학을 모델링했다는 사실을 보여준다. 이런 이유로 [Bruce2024]에서는 Genie가 다능 에이전트generalist agent로 나아가는 길을 열었다고 평가한다.

연습문제

1 [프로그램 12-1]은 300개의 궤적을 생성하고, 이를 시연 데이터로 활용하여 행위 복제를 적용한다. 궤적의 수를 600개, 1200개, 2400개, … 식으로 점진적으로 늘려가며 실험을 수행하고, 궤적 수 증가에 따른 성능 변화를 분석하시오.

2 [프로그램 12-3]에서 65행의 버퍼 크기와 67행의 반복 횟수를 다양하게 늘려가며 실험하고 이들의 크기에 따른 성능을 분석하시오.

3 다음 로봇 과업에 [프로그램 12-3]의 DAgger를 적용하시오.

(1) Walker2d

(2) HalfCheetah

(3) Ant

4 Genie와 Sora는 현재 가장 뛰어난 비디오 생성 모델로 평가된다. 하지만 두 모델의 동작 방식은 크게 다르다.

(1) 둘의 동작 방식이 근본적으로 어떻게 다른지 설명하시오.

(2) Genie는 Sora가 수행하지 못하는 특정 기능을 수행할 수 있다. 그 기능이 무엇인지 설명하고, Sora는 불가능하지만 Genie는 가능한 응용 시나리오를 예시하시오.

5 마라톤 경기에 참가하여 사람들과 같이 경주를 하는 휴머노이드 로봇을 제작한다고 가정하자. 이 로봇이 인간처럼 자연스럽게 달리도록 만들기 위한 흉내 학습 알고리즘을 구체적으로 설계하시오

6 [그림 10-14]의 Humanoid는 사람 몸을 모방한 휴머노이드 로봇이다. 이 로봇의 행동은 17개의 관절에 있는 모터의 회전각에 해당하는 17차원 벡터로 표현된다.

(1) 실제 사람 몸의 행동을 Humanoid처럼 명확한 벡터로 표현할 수 있는가? 예/아니오로 답하고 이유를 설명하시오.

(2) 12.5.3절의 잠복 행동 모델(LAM)의 필요성을 (1)의 답과 연결하여 설명하시오.

7 대화형 흉내 학습interactive imitation learning(IIL)은 흉내 학습의 하위 분야 중 하나다. [Celemin2022][1] 논문을 참고하여 다음에 답하시오.

(1) 대화형 흉내 학습의 개념을 정의하시오.

(2) 대화형 흉내 학습이 효과적으로 활용될 수 있는 구체적인 응용 시나리오를 하나 제시하시오.

---

1 [Celemin2022] Carlos Celemin et al., "Interactive imitation learning in robotics: a survey," arXiv:2211.00600.

CHAPTER 13
고급 응용

1 강화 학습으로 만든 고급 제품: 기회와 도전

2 비디오 게임

3 보드 게임

4 대규모 언어 모델

5 자율주행

6 로봇

7 인공일반지능을 향하여

연습문제

CHAPTER 13 고급 응용

Preview

강화 학습의 응용 분야는 매우 넓고, 기술적 돌파를 이룬 주요 사례들이 다양하게 보고되고 있다. 최근에는 인공지능이 다양한 분야로 급속히 확산되며 응용되고 있다. [그림 13-1]은 사람이 도저히 받아낼 수 없을 정도로 공을 빠르게 치는 휴머노이드 탁구 로봇을 보여준다. 이런 휴머노이드 로봇은 실제로 존재하는가?

그림 13-1 휴머노이드 탁구 로봇 영상[https://www.youtube.com/watch?v=auTdHpw_ZKg]

이 장에서는 2010년대 중반부터 현재까지 강화 학습으로 개발된 제품들 가운데, 사람들을 놀라게 할 만큼 뛰어난 성능을 보인 사례를 선정하여 그 기술적 세부 내용과 성능을 소개한다. 퐁 아타리 게임과 스타크래프트 프로그램, 알파고, ChatGPT, 자율주행, 민첩한 로봇, 스포츠 로봇, VLA[vision-language-action] 로봇 등이 그 예다. 이들은 모두 인공지능 분야에서 가장 앞선 기술로 평가되며, 특히 인공일반지능[artificial general intelligence(AGI)]에 가장 근접한 사례로 평가된다. 1장부터 12장까지 소개한 강화 학습 이론과 프로그래밍 실습을 충분히 익힌 독자가 이런 최첨단 기술 세계로 뛰어든다면 더할 나위 없이 기쁜 일이 될 것이다.

1

강화 학습으로 만든 고급 제품: 기회와 도전

[표 13-1]은 이 장에서 상세히 설명할 제품을 요약한 것이다. 크게 게임, 자연어 처리, 자율주행, 로봇 분야로 나눌 수 있으며, 3~12장에서 소개한 강화 학습 알고리즘 중에 어떤 것을 사용했는지도 함께 설명한다. 13.2~13.6절이 소개하는 각 제품의 상세 기술 내용을 살펴보면 과업의 특성에 따라 이들 강화 학습 알고리즘을 어떻게 적용하는지 이해할 수 있다. 또한 강화 학습 알고리즘을 적용할 때 발생하는 현실적인 문제를 이해하고 해결책을 찾아가는 과정을 이해함으로써 현장에 적용할 실전 능력을 키울 수 있다.

[표 13-1]이 요약하는 13.2~13.6절의 제품은 도전적인 연구 주제를 많이 포함하고 있다. 예를 들어 자율주행에서 가장 앞선 제품인 웨이모Waymo 로보택시는 정밀한 지도를 가지고 운행하기 때문에 지도 밖으로 나갈 수 없는 수준 4에 해당하는 자율주행이다. 지도 없이 카메라 센서만으로 운행이 가능한 수준 5로 올라서기 위해서는 여전히 많은 기술적 도전이 남아 있다. 이러한 미래 자율주행 시스템에서 강화 학습은 어떤 역할을 할 수 있을까?

[그림 13-1]의 탁구 로봇은 실제로 존재하지 않는다. 컴퓨터그래픽스로 그린 애니메이션에 불과하다. 현재 기술 수준으로는 탁구를 사람 수준으로 플레이할 수 있는 휴머노이드 로봇을 아직 만들지 못한다. 다만 팔 하나만 가진 매니퓰레이터 로봇으로 사람 수준의 탁구 실력을 달성한 제품은 있다. 이 로봇은 단지 레일을 타고 좌우와 앞뒤로 빠르게 이동하면서 공의 움직임을 판단하고 라켓을 휘둘러 공을 되받아 친다. 이 로봇은 13.6.3절에서 소개한다.

한편, 사람의 빠르고 복잡한 동작을 모방하는 휴머노이드 로봇은 있다. 이 로봇은 13.6.2절에서 소개한다. 그렇다면 두 제품을 단순히 결합하면 어렵지 않게 탁구를 치는 휴머노이드 로봇을 만들 수 있을 것이라고 생각할 수 있다. 하지만 이 생각은 큰 착각이다. 레일 위에서 앞뒤 좌우로 움직이는 팔을 정교하게 제어하는 일과 3차원 공간에서 빠르고 복잡하게 움직이는 몸에 붙어있는 팔을 제어하는 일의 난이도는 천지차이다. 휴머노이드 탁구 로봇을 구현하는 일은 여전히 매우 도전적인 과업인 것이다.

표 13-1 13장에서 소개하는 고급 제품의 특성

분야	상세 분야와 해당 절	제품 이름	강화 학습 알고리즘	관련 문헌	융합[1]
게임	13.2 비디오 게임	아타리 프로그램	DQN	[Mnih2015]	RL
		알파스타	IMPALA	[Vinyals2019]	IL+RL
	13.3 보드 게임	알파고	REINFORCE	[Silver2016]	IL+RL+MCTS
		알파고 제로	MCTS와 결합한 맞춤 알고리즘	[Silver2017]	RL+MCTS
		알파제로	MCTS와 결합한 맞춤 알고리즘	[Silver2018]	RL+MCTS
		뮤제로	MCTS와 결합한 맞춤 알고리즘	[Schrittwieser2020]	RL+MCTS
자연어 처리	13.4 대규모 언어 모델	ChatGPT	PPO	[Ouyang2022]	SFT+RL
자율주행	13.5 자율주행	웨이모 로보택시	SAC	[Lu2022]	IL+RL
로봇	13.6.2 민첩한 로봇	ASAP	PPO	[He2025]	IL+RL
	13.6.3 스포츠 로봇	탁구 로봇	BGS	[D'Ambrosio2024]	IL+RL+휴리스틱
	13.6.4 VLA 로봇	제미나이 로보틱스	발표 안 됨	[DeepMind2025]	SFT+HL+RL
		iRe-VLA	PPO	[Guo2025]	IL+RL

1 RL: 강화 학습, IL: 흉내 학습, MCTS: 몬테카를로 트리 탐색, SFT: 지도 학습에 의한 미세 조정

2
비디오 게임

비디오 게임은 사람들이 가장 많이 즐기는 컴퓨터 프로그램 중 하나이다. 고전에 속하는 아타리 비디오 게임부터 GPU를 사용하여 실시간으로 고품질 3차원 그래픽스를 렌더링하는 최신 게임까지 그 종류는 매우 다양하다. 7장에서 프로그래밍 실습을 수행한 퐁 아타리 게임처럼 컴퓨터를 상대로 하여 플레이하는 게임도 있고, 브레이크아웃 아타리 게임처럼 혼자 플레이하는 게임도 있다. 또한 스타크래프트처럼 여럿이 팀을 구성해 상대 팀과 겨루는 실시간 전략 게임도 있다. 이 절에서는 강화 학습을 통해 사람 수준을 넘어선 성공 사례로 아타리 비디오 게임 프로그램과 스타크래프트 프로그램을 소개한다.

1. 아타리 비디오 게임

[그림 7-7]은 여러 종류의 아타리 게임을 보여준다. 7장에서는 DQN 학습 알고리즘을 구현한 [프로그램 7-5]를 이용하여 퐁 아타리 게임을 플레이하는 에이전트를 성공적으로 학습하였다. DQN을 구현하는 컨볼루션 신경망은 최근 네 장의 컬러 영상을 입력받아 그에 대응하는 적절한 행동을 출력한다 [Mnih2013]. 데이터 효율을 높이기 위해 에피소드 데이터를 저장해 두었다가 랜덤하게 미니배치를 뽑아 훈련 데이터로 활용하는 리플레이 메모리 아이디어와 에피소드 데이터를 생성하는 별도의 행위 신경망 아이디어를 사용한다. 기술적인 상세 내용은 7.5~7.6절을 참조한다.

이제 성능에 대해 살펴보자. 2013년에 발표한 첫 논문에서는 Beam Rider, Breakout, Enduro, Pong, Q*bert, Seaquest, Space Invaders의 일곱 종류의 게임에 적용한 실험 결과를 제시하였다 [Mnih2013]. 일곱 게임 중에서 Beam Rider, Breakout, Enduro에서 사람을 능가하는 성능을 보였다. 2015년 〈Nature〉에 발표한 논문에서는 성능이 급상승한다[Mnih2015]. 49종의 게임에 적용한 결과, 게임 규칙을 사전 정보로 준 다른 논문과 비교하여 43종에서 우수한 성능을 보인다. 아타리 게임에 능숙한 사람과 비교 실험을 수행한 결과, 29종의 게임에서 사람을 능가한다. [그림 13-2]는 사람이 얻은 점수를 100%로 설정하여 DQN과 비교한 결과를 보여준다. 파란 선분 왼쪽은 DQN이 사람 점수의 75% 이상 달성한 게임으로 총 29개가 있다.

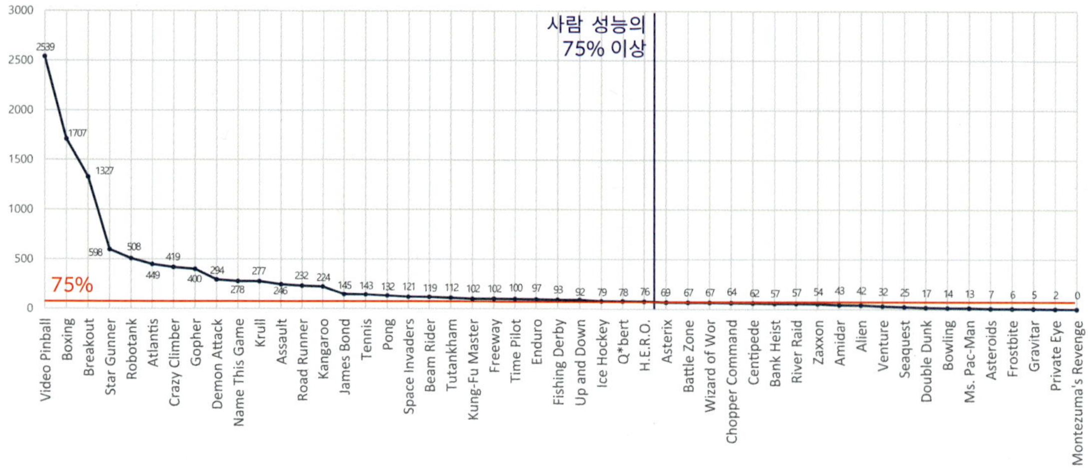

그림 13-2 아타리 비디오 게임에서 DQN과 사람의 성능 비교[Mnih2015]

[Mnih2015]의 핵심적인 의의는 게임 규칙과 입출력 형태가 크게 다른 49종의 게임에 대해 동일한 구조의 신경망을 동일한 하이퍼 매개변수로 설정하고 학습하였다는 데 있다. 다양한 게임에 대해 동일한 신경망 구조가 성능을 낸 것은, 과업 간 차이를 신경망이 흡수했음을 보여주는 결과로 해석할 수 있다. 다시 말해 서로 다른 규칙에 따라 플레이하는 여러 비디오 게임 과업에 걸쳐 신경망의 일반화 능력을 입증한 점에서 큰 의미가 있다.

사람이 게임을 배우는 과정과 강화 학습이 게임을 배우는 과정이 어떻게 다른지 생각해볼 가치가 있다. DQN은 게임의 규칙에 대한 정보를 전혀 알지 못한 채 단지 보상 정보만 가지고 학습한다. 사람은 친구나 가족으로부터 게임 규칙을 귀띔받거나, 매뉴얼을 읽고 대략적인 규칙을 이해한 후 게임을 시작한다. 심지어 규칙을 전혀 몰랐더라도 잠시 화면을 보면 감을 잡는다. 예를 들어 퐁 게임의 경우 컴퓨터가 배트를 이동하여 공을 되받아치는 모습을 보고 게임 규칙을 순간적으로 이해한다. 이런 점에서 컴퓨터는 사람보다 불리한 조건에서 학습하는 셈이다. 그렇다면 과연 누구의 지능이 더 높은가? 이 질문에 대한 답을 구하는 일은 연습문제로 남긴다.

2. 알파스타

스타크래프트StarCraft는 블리자드Blizzard 사가 1998년에 출시한 실시간 전략 게임이다. 최대 8명이 동시에 플레이할 수 있고 팀을 구성해 대전할 수 있기 때문에 다중 에이전트 과업에 해당한다. 예를 들어 6명이 참여했다면 3+3, 2+4, 1+1+2+2 등의 대결이 가능하다. 각 팀은 테란Teran과 저그Zerg, 프로토스Protoss 종족 중에 하나를 선택하고 게임을 시작한다.

각 종족은 특성이 다르다. 예를 들어 인류에서 파생한 종족인 테란은 기동성과 유연성이 뛰어나고, 건설과 자원 채취를 담당하는 SCV 유닛, 보병을 담당하는 Marine 유닛을 가진다. 저그는 빠른 증식과 압도적 물량이 강점인 외계 종족이고, 프로토스는 강력한 보호막과 개별 유닛의 강력함이 특징인 외계 종족이다. 게임의 목표는 미네랄이나 가스와 같은 자원을 효율적으로 활용하여 유닛과 건물을 구축하고, 상대의 주요 건물을 모두 파괴하여 승리하는 것이다. 팀 사이에는 우호적 관계와 적대적 관계를 유지할 수 있고 배신도 가능하다. 따라서 승리하려면 정찰을 통해 정보전과 심리전을 잘 펼쳐야 하고 상대의 전략을 간파하여 허를 찌르는 고도의 전술을 활용해야 한다.

알파스타AlphaStar는 흉내 학습과 강화 학습을 융합함으로써 스타크래프트 Ⅱ에서 그랜드마스터 수준을 달성한 인공지능 프로그램이다[Vinyals2019]. 스타크래프트는 넓은 지도상에서 카메라 시야에 들어온 지역의 정보만 확인할 수 있기 때문에 POMDP 과업에 해당한다. [프로그램 7-5]의 퐁 게임 프로그램에서는 POMDP를 해소하기 위해 최근 네 순간의 화면 영상을 이어 붙인 $o_{t-3:t}$를 순간 t의 상태로 정의하였다. 그런데 고도의 전략이 필요한 스타크래프트에서는 이전 순간의 관찰과 이전 순간에 취한 행동 정보가 중요하다. 따라서 현재 순간 t의 상태를 $s_t=(o_{1:t},a_{1:t-1})$로 표현한다. 여기서 $o_{1:t}$는 순간 1부터 t까지 관찰 열이고 $a_{1:t-1}$은 순간 1부터 t-1까지 행동 열이다. 순간 t의 관찰 o_t는 카메라 시야에 들어온 지역의 지도 영상과 자신과 적의 유닛과 건물 상태 등 게임의 다양한 정보를 포함한다. [그림 13-3]에서 순간 t의 관찰 o_t는 네 개의 부분 정보로 구성되며, $o_t=(o_t^{baseline}, o_t^{scalar}, o_t^{entities}, o_t^{minimap})$으로 표현된다. 플레이어가 취할 수 있는 행동은 순차적이고 구조화되어 있다. 어떤 종류의 행위(이동, 건설, 발사, 정찰 등 수백 가지)를 어느 팀의 어느 위치에, 언제 수행할지를 결정해야 한다. 순간 t의 행동 a_t는 이런 순차적 구조의 의사결정을 표현하고 처리할 수 있어야 한다. [그림 13-3]에서 a_t는 여섯 개의 부분 정보로 구성되며, $a_t=(a_t^{type}, a_t^{delay}, a_t^{queued}, a_t^{selected\ unit}, a_t^{target\ unit}, a_t^{target\ point})$로 표현된다. 스타크래프트 과업의 다른 과업과 가장 다른 차별성은 바로 행동이 이처럼 순차적이고 구조화된 사실에 있다.

상태는 첫 순간부터 현재 순간까지의 정보를 모두 포함한 $s_t=(o_{1:t},a_{1:t-1})$로 표현되기 때문에 시간이 지남에 따라 점점 크기가 커진다. 그렇다면 이렇게 가변 크기의 상태를 어떻게 일정한 크기의 텐서를 입력으로 받는 신경망에 입력할까? 행동은 순차적으로 결정되는데 한꺼번에 텐서를 출력하는 신경망이 행동을 어떻게 처리할까?

[그림 13-3]은 이런 처리를 가능하게 해주는 알파스타의 신경망 구조인데, 이 신경망은 다층 퍼셉트론MLP, 컨볼루션 신경망인 ResNet, 트랜스포머, LSTM으로 구성되어 있다. LSTMlong short-term memory은 순환 신경망의 일종으로서 이전 순간의 정보를 기억하고 있다가, 현재 순간의 정보가 들어오면 이전 정보와 결합한 정보를 처리한다. 처리 결과를 출력하고 다시 기억하는 신경망이다[Zhang2024b].

LSTM은 이전 순간까지의 정보 $s_{t-1}=(o_{1:t-1},a_{1:t-2})$를 잠복 벡터 h_{t-1} 형태로 내부에 기억하고 있기 때문에 순간 t에서 실제로 입력할 정보는 o_t뿐이다. [그림 13-3]에서 밑에 표시된 $(o_t^{baseline}, o_t^{scalar}, o_t^{entities}, o_t^{minimap})$이 o_t를 구성한다. $o_t^{baseline}$은 게임 전반에 대한 값, o_t^{scalar}는 게임 통계와 이전 기록, $o_t^{entities}$는 유닛과 건물 정보, $o_t^{minimap}$은 카메라 시야에 들어온 화면 영상을 표현한다. 이들 각각은 해당 신경망을 거쳐 출력되면, 이들을 결합한 텐서가 Deep LSTM에 입력된다. Deep LSTM은 기억하고 있던 h_{t-1}과 o_t의 처리 결과를 결합하여 *core*라고 표시된 출력을 생성한다. *core*는 Residual MLP 신경망에 입력된다. Residual MLP는 a_t^{type}이라고 표시된 텐서를 출력한다. 이 텐서는 순차적 구조의 행동 a_t의 첫 번째 의사

결정으로 이동, 건설, 발사, 정찰 등의 값 중에서 하나를 지정한다. 예를 들어 발사로 결정되었다면 다음에는 어느 팀의 어느 것에 언제 발사할지를 순차적으로 정해야 한다. 이런 순차적인 처리를 위해 a_t^{type} 텐서는 바로 오른쪽에 있는 MLP에 입력된다. 이 MLP는 a_t^{type} 텐서와 아래에서 들어오는 $core$ 텐서를 입력받아 $embed$라고 표시된 임베딩 벡터로 변환한 다음 또 다른 MLP를 통해 a_t^{delay}를 출력한다. a_t^{delay}는 알파스타의 처리 속도와 사람의 속도를 조율하기 위해 일부러 지연을 발생시키는 신호다. a_t^{delay} 텐서는 다시 그 오른쪽에 있는 MLP에 입력되어 a_t^{queued} 텐서를 출력하는데, a_t^{queued}는 행동을 바로 실행할 것인지 큐에 저장했다가 나중에 실행할지를 나타낸다. 앞서 발생한 신호를 가지고 다음 신호를 발생시키는 이런 방식을 자동 회귀auto-regressive 방식으로 처리한다고 말한다. 알파스타는 자동 회귀 방식으로 행동을 생성한다.

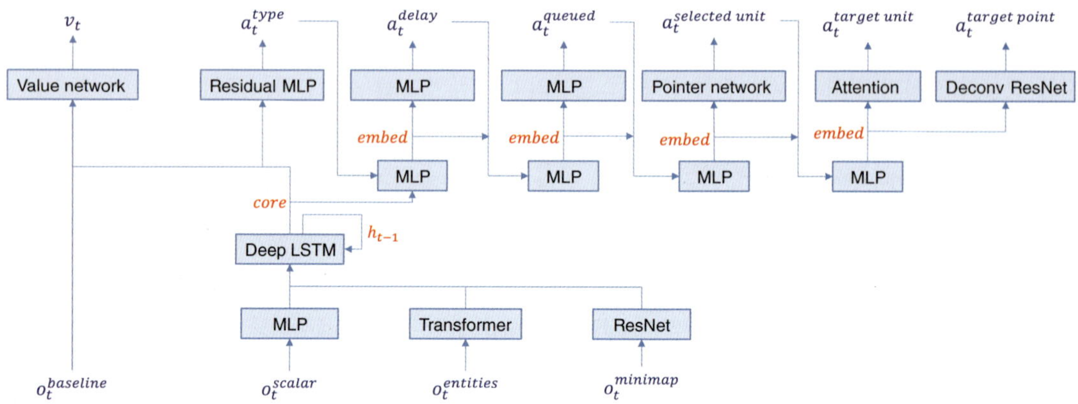

그림 13-3 알파스타의 신경망 구조와 처리 절차[Vinyals2019]

알파스타는 정책을 $\pi_{\boldsymbol{\theta}}(a_t|s_t,z)$로 표현한다. 정책을 매개변수 $\boldsymbol{\theta}$를 갖는 신경망으로 구현하고 입력은 상태 s_t와 z고 출력은 행동 a_t라는 뜻이다. 추가 정보 z는 게임 전략을 표현하는 벡터다. 예를 들어 공격 시간, 유닛의 선호도, 유닛 건설 순서, 자원 활용 등에 대한 통계를 표현한다. z는 에이전트가 다양한 전략을 선택하고 사람처럼 일관된 전략을 구사하도록 유도한다. 다시 말해 s_t만 가지고 행동 a_t를 결정하면 비슷비슷한 전략만 사용한다거나 줄곧 공격 위주이다가 급작스럽게 수비적으로 바뀌는 것처럼 일관성이 떨어지는 전략을 구사하는 현상이 나타날 수 있다. s_t와 z를 가지고 a_t를 결정하면 이런 부정적인 현상이 크게 줄어든다. z는 사람의 경기 데이터에서 패턴을 찾아 초기 추정한 다음 강화 학습이 진행되는 과정에서 새로운 전략이 발생할 때 갱신한다. [그림 13-3]에서 z는 o_t^{scalar}에 포함되어 입력된다.

학습 과정은 흉내 학습과 강화 학습의 두 단계로 구성된다. 흉내 학습에서는 상위 22% 랭킹 안에 드는 전문 플레이어의 경기 기록 약 97만 개를 모은 훈련 데이터로 학습한다. 이때 [알고리즘 12-1]의 바닐라 BC를 사용하여 종족별로 별도의 정책 신경망을 학습한다. 랜덤하게 초기화된 세 신경망 $\pi_{\boldsymbol{\theta}_{Terran}}^{random}$, $\pi_{\boldsymbol{\theta}_{Zerg}}^{random}$, $\pi_{\boldsymbol{\theta}_{Protoss}}^{random}$은 흉내 학습을 거쳐 $\pi_{\boldsymbol{\theta}_{Terran}}^{supervised}$, $\pi_{\boldsymbol{\theta}_{Zerg}}^{supervised}$, $\pi_{\boldsymbol{\theta}_{Protoss}}^{supervised}$가 된다. 학습은 [그림 13-3]의 신경망에 관찰 o를 입력했을 때 신경망의 출력 $\hat{a}$과 훈련 데이터의 정답 행동 a의 KL-다이버전스 손실 함수를 계산하고 Adam 옵티마이저로 신경망 매개변수 $\boldsymbol{\theta}$를 개선하는 방식으로 진행된다. 강화 학습을 위한 보상 함

수는 게임 중간에는 0을 주다가 종료 상태에서 이기면 1, 지면 −1을 준다. 흉내 학습된 정책 $\pi_{\theta}^{supervised}$를 초기 정책으로 삼아 강화 학습을 적용한다. 학습 알고리즘으로 A3C를 개선한 IMPALA를 사용한다. 강화 학습도 세 종족에 해당하는 세 정책 신경망에 독립적으로 적용한다. 강화 학습을 마친 정책 신경망을 $\pi_{\theta_{Terran}}^{reinforced}$, $\pi_{\theta_{Zerg}}^{reinforced}$, $\pi_{\theta_{Protoss}}^{reinforced}$로 표기한다.

알파스타는 프로그램의 복제품끼리 겨루는 자기 대전self-play을 통해 학습을 진행한다. 스타크래프트는 여러 팀이 동시에 겨루는 게임이기 때문에 다중 에이전트 과업에 해당하며 대적하는 팀의 종족이 서로 다르다. 이런 복잡한 상황에 효과적으로 대처하고 정책이 보다 다양한 전략을 학습할 수 있게 하기 위해 알파스타는 자기 대전 상대를 결정할 때 커리큘럼 학습curriculum learning을 적용한다.

[그림 13−4]에서 랜덤하게 초기화된 정책 신경망 π_{θ}^{random}은 흉내 학습을 거쳐 $\pi_{\theta}^{supervised}$가 된다. 흉내 학습은 지도 학습에 기반한 행위 모방BC을 사용하기 때문에 supervised라고 표기한다. $\pi_{\theta}^{supervised}$는 사람이 생성한 데이터로 학습했기 때문에 사람들이 주로 사용하는 정석에 가까운 전략을 효과적으로 구사할 수 있다. $\pi_{\theta}^{supervised}$는 강화 학습을 통해 $\pi_{\theta}^{reinforced}$로 개선되어 Past players라고 표시된 리스트에 추가된다. 이 리스트에 저장된 정책 신경망의 매개변수를 고정하여 더 이상 학습이 일어나지 않도록 한다. Main agents에 있는 정책 신경망은 이들과 겨룸으로써 이전에 학습한 내용을 망각하지 않게 된다.

커리큘럼 학습 알고리즘은 [그림 13−4]가 보여주듯이 Main agents, Main exploiters, League exploiters 리스트를 관리한다. Main agents와 Main exploiters에는 각각 종족별로 하나씩의 정책 신경망을 학습하며, League exploiters에는 종족별로 두 개씩의 정책 신경망을 학습한다. Main agents는 학습을 마친 뒤 최종적으로 사용할 정책 신경망을 학습한다. 알파스타의 최종 목표는 Main agents의 정책 신경망을 최대한 강하게 만드는 것이다.

[그림 13−4]에서 대전 매칭이라고 표시된 빨간 화살표는 대전을 벌이는 상대를 나타내는데, Main agents에 있는 정책 신경망은 서로 대전을 벌이는 동시에 Main exploiters 신경망과도 대전을 벌인다. Main exploiters는 Main agents의 약점을 집중적으로 공략함으로써, Main agents의 약점을 보완하도록 돕는 역할을 한다. 또한 Main agents는 Past players와 겨룸으로써 이전 경험을 잊지 않게 학습이 유지되며, 다양한 전략을 구사할 수 있게 강화된다. League exploiters는 Past players에 있는 정책 신경망과 겨룸으로써 Past players가 다양한 전술을 구사할 수 있게 유도한다.

Main exploiters에 있는 정책 신경망은 Main agents에 있는 세 개의 정책 신경망에 대해 승률이 70% 이상이 되거나 4×10^9개의 순간이 지나면 해당 신경망을 복사하여 Past players 리스트에 추가한다. 또한 자신은 $\pi_{\theta}^{supervised}$로 초기화된 다음 다시 학습을 시작한다. League exploiters에 있는 정책 신경망은 승률이 70% 이상 되거나 2×10^9개의 순간이 지나면 마찬가지로 신경망을 복사하여 Past players 리스트에 추가한다. 이때는 20%의 확률로 $\pi_{\theta}^{supervised}$로 초기화된 다음 다시 학습을 시작한다. 반면, Main agents에 있는 정책 신경망은 2×10^9개의 순간이 지나면 그때 신경망을 복사하여 Past players 리스트에 추가한다. Main agents에 있는 정책 신경망은 초기화하지 않는다.

커리큘럼 학습에서 정책 신경망이 경기 상대를 고를 때는 SP^self-play^ 또는 PFSP^prioritized fictitious self-play^를 사용한다. Main agents의 정책 신경망은 35% 확률로 SP를 사용한다. SP란 Main agents에 있는 세 개의 정책 신경망 중에서 상대를 고른다는 뜻이다. 또한 50% 확률로 Past players에서 PFSP를 이용하여 상대를 결정한다. PSFP는 A의 상대를 결정할 때 식 (13.1)로 상대 후보 B의 확률 분포를 계산하고, 그 분포를 기반으로 샘플링하여 상대를 선택하는 방식이다. O는 상대가 될 수 있는 후보 집합이다. Main agents는 Past players에서 상대를 고르기 때문에 Past players에 있는 모든 정책 신경망의 집합이 O다. f는 여러 식이 가능한데 Main agents는 $f(x)=(1-x)^p$를 사용한다. 이렇게 하면 A가 승률 1인 상대의 f는 0이 되어 뽑힐 가능성이 전혀 없고, 반대로 A가 승률 0에 가까운 상대의 f는 1에 가까워 뽑힐 가능성이 높다. 다시 말해 식 (13.1)은 A에게 어려운 상대를 뽑아줄 가능성이 높다. League exploiters는 Past players에서 PFSP로 상대를 뽑는다. Main exploiters는 50% 확률로 Main agents에서 상대를 뽑는다. 나머지 50% 확률로는 Main agents가 Past players에 추가한 신경망을 대상으로 PFSP로 상대를 뽑는다.

$$\frac{f\left(p(A\ beats\ B)\right)}{\sum_{C\in O} f\left(p(A\ beats\ C)\right)} \tag{13.1}$$

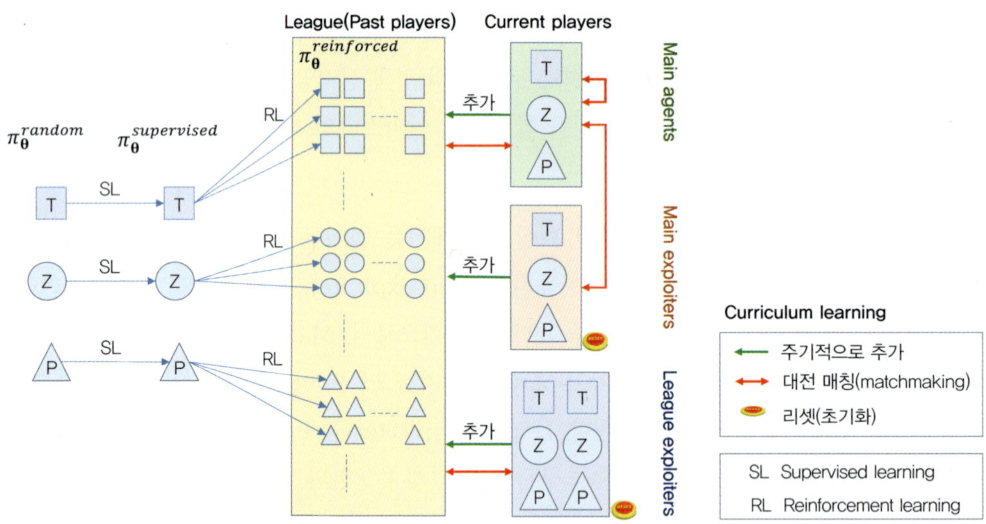

그림 13-4 알파스타의 커리큘럼 학습 [Vinyals2019]

[Vinyals2019]는 알파스타의 성능을 세 단계로 측정하였다. AlphaStar Supervised 프로그램은 지도 학습을 마친 정책 신경망, AlphaStar Mid 프로그램은 강화 학습으로 22일 동안 학습한 후의 중간 정책 신경망, AlphaStar Final 프로그램은 44일 동안 학습한 최종 정책 신경망이다. AlphaStar Supervised는 스타크래프트에 공식 등록된 사람 플레이어의 84% 수준으로서 Diamond 급이다. AlphaStar Mid는 99.6% 수준으로, Zerg와 Protoss 에이전트는 GrandMaster 급이고 Terran 에이전트는 Master 급이다. AlphaStar Final은 99.8% 수준으로서 세 종족 모두 GrandMaster 급이다.

3
보드 게임

바둑은 흑과 백이 번갈아 가며 수를 두는 보드 게임으로, 종료 상태에서 집이 많은 측이 승리한다. 바둑은 둘의 이득을 합하면 0이 되는 2인 0-합two-players 0-sum 게임이다. 규칙은 비교적 단순한 편이지만, 체스나 장기에 비해 경우의 수가 비교할 수 없을 정도로 많다. 보드 게임은 너비 b와 깊이 d를 가지는데 너비와 깊이가 탐색 공간의 크기, 즉 게임의 복잡도를 결정한다. 너비는 수를 고를 때 후보가 되는 수의 개수를 뜻하고 깊이는 게임 시작부터 끝날 때까지 두는 수의 개수를 뜻한다. 탐색 공간의 크기는 b^d이다. 체스는 b가 35가량이고 d는 80가량인데, 바둑은 이보다 훨씬 커서, b는 250가량이고 d는 150가량으로 탐색 공간의 크기는 대략 250^{150}으로서 감당할 수 없는 방대한 크기가 된다.

바둑은 이런 특성으로 인해 강화 학습 연구에서 매우 도전적인 과업으로 여겨져 왔다. 1990년대부터 본격적으로 바둑을 두는 컴퓨터 프로그램이 공개되는데 성능 향상이 매우 더뎌 인공지능이 사람을 이기는 일은 영영 불가능하거나 수십년이 지난 뒤에나 가능할 것으로 여겨졌다. 그러나 2016년 알파고가 이세돌을 이기면서 목표가 예상보다 빨리 달성되었다. 알파고는 강화 학습과 흉내 학습, 몬테카를로 트리 탐색 알고리즘을 결합하여 구현되었다. 먼저 몬테카를로 트리 탐색을 간략히 설명한다.

1. 몬테카를로 트리 탐색

바둑이나 체스 같은 보드 게임을 플레이하는 프로그램은 주로 트리 탐색tree search 알고리즘으로 만든다. 고전적인 트리 탐색 알고리즘으로는 최고 우선 탐색best-first search, A*, 미니맥스mini-max 등이 있다 [Russell2022]. 이러한 알고리즘은 체스 게임 정도의 복잡도는 감당할 수 있으나, 바둑과 같이 탐색 공간이 매우 큰 게임에서는 성능이 제한적이다. 이런 한계를 극복하려는 노력으로서, 1992년에 Bernd Brugmann은 처음으로 바둑 프로그램에 몬테카를로 방법을 적용하여 돌파구를 찾는다 [Brugmann1993]. 2000년대 초에는 탐험과 탐사 균형을 위한 식 (4.1)의 UCB 공식이 소개되었으며 [Auer2002], 이후 몬테카를로 방법은 UCB를 핵심 연산으로 사용한다. 2006년에는 Remi Coulom이 이러한 아이디어들을 정리하여 몬테카를로 트리 탐색Monte Carlo tree search(MCTS) 알고리즘을 개발하였다 [Coulom2006]. 앞으로 몬테카를로 트리 탐색을 MCTS라고 부른다.

최고 우선 탐색이나 A*와 같은 고전적인 알고리즘은 계산량을 감당할 수 있을 정도로 탐색 깊이 d를 제한한다. 그런 다음 현재 상태에서 d단계만큼 트리를 따라 내려가고, 그 지점의 상태가 얼마나 좋은지를 휴리스틱 함수로 추정한다. 이 추정 과정을 마친 다음, 좋은 정도가 가장 큰 수를 최적 수로 취한다. 이때 탐색 공간의 크기 b^d에서 d를 제한했기 때문에 계산 시간이 감당할 수준이 된다. 하지만 이 방식은 휴리스틱 함수를 개발해야 하는 부담이 있고, 휴리스틱 함수를 계산하는 데 걸리는 시간 부담 때문에 d를 충분히 크게 하지 못하는 한계가 있다.

MCTS는 d를 제한하지 않고 최종 상태까지 트리를 따라 내려간다. 최종 상태에서는 승패가 결정되기 때문에 이기면 1, 지면 −1을 보상으로 받는다. 이처럼 최종 상태까지 도달한 궤적을 롤아웃[rollout]이라고 부른다. 고전적인 방법이 d를 제한하고 중간 상태에서 휴리스틱 함수를 사용하는 대신 MCTS는 롤아웃의 보상을 사용한다. MCTS에서 롤아웃은 매우 빠르고 랜덤에 가까운 방식으로 생성되므로, 제한된 시간 안에 수많은 롤아웃을 통해 승률을 계산할 수 있다. MCTS는 이렇게 계산된 승률 통계를 바탕으로 최적 수를 결정한다.

[그림 13−5]는 MCTS의 원리를 설명한 것이다. 바둑과 틱택토는 문제의 규모만 다를 뿐 MCTS의 동작 원리는 같기 때문에 규모가 아주 작은 틱택토를 가지고 설명한다. 현재 상태 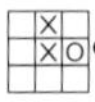에서 인공지능 프로그램이 O를 둘 차례라고 하자. 프로그램은 ①~⑥의 여섯 수 중에서 가장 유리한 것을 선택해야 한다. 그림에 나타난 트리에서 여섯 자식 노드는 모두 $win/visit$을 0/0으로 설정하고 출발한다. $visit$은 해당 자식 노드에서 출발한 롤아웃의 개수이고 win은 그중 승리한 롤아웃의 개수다. 새로운 롤아웃은 자식 노드 중 하나에서 출발하는데, 출발 노드를 선택할 때는 $win/visit$ 통계를 사용한다. 이때 식 (4.1)의 UCB를 트리 탐색으로 확장한 식 (13.2)의 UCT[upper confidence tree]를 사용한다. win_i와 $visit_i$는 i번째 자식 노드의 $win/visit$이고, $total_visit$은 모든 자식 노드의 $visit$을 더한 값이다. UCT의 첫 번째 항은 win이 큰 자식 노드의 선택 확률을 높여 주며, 탐색 위주다. 두 번째 항은 $visit$이 작을수록 선택 확률을 높여 주며, 탐험 위주다. η는 탐험과 탐색의 비중을 조절하는 하이퍼 매개변수다.

$$UCT(i) = \frac{win_i}{visit_i} + \eta\sqrt{\frac{\log(total\_visit)}{visit_i}} \tag{13.2}$$

MCTS 알고리즘은 UCT로 선택한 자식 노드에서 출발하여 롤아웃을 생성한다. 이때 매 순간 랜덤하게 또는 단순한 방법을 사용하여 빠르게 롤아웃을 생성한다. 생성된 롤아웃은 $win/visit$ 통계를 갱신하는 데 사용된다. 예를 들어 [그림 13−5]에서 UCT가 자식 노드 ⑤를 선택했고 종료 상태가 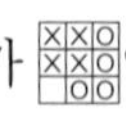인 롤아웃을 생성했다고 가정한다. 이제 0/0이던 ⑤의 $win/visit$은 1/1이 된다. 만일 이후에 ⑤에서 출발한 롤아웃이 패배한 경우가 추가로 발생하면 1/1이 1/2로 갱신된다. 이와 같은 통계 갱신은 ⑤에서 역으로 트리를 타고 올라가는 경로에 있는 모든 노드에 적용된다. MCTS는 빠르게 롤아웃을 생성하는 장점을 이용하여 충분히 많은 롤아웃을 생성하여 모든 자식 노드에 대해 신뢰할 만한 $win/visit$ 통계를 구한다. [그림 13−5]의 예제에서는 100개의 롤아웃을 생성하였는데, ①은 2/10, ②는 4/15, ③은 3/11, ④는 2/12, ⑤는 20/36, ⑥은 4/16의 통계를 얻었다. MCTS는 $visit$이 최대인 자식 노드를 최적 수로 선택하는데,

이 예제에서는 ⑤를 선택한다. 또는 *win*을 *visit*으로 나눈 승률을 이용하여, 승률이 최대인 자식 노드를 최적 수로 선택하기도 한다.

MCTS는 일반적으로 선택selection, 확장expansion, 시뮬레이션simulation, 역전파backpropagation의 네 단계를 거친다. [그림 13-5]의 예제를 가지고 설명하면 다음과 같다. 먼저 선택 단계에서는 UCT를 사용하여 잎 노드leaf node를 선택한다. 예제에서는 루트 노드 R의 자식 중에 선택했는데, 실제로는 루트에서 아래로 내려가면서 아직 롤아웃이 한 번도 시작되지 않은 노드 중에서 잎 노드 L을 선택하게 된다. 확장 단계에서는 잎 노드를 트리에 새로 추가한 다음 잎 노드의 자식 중에서 하나를 랜덤하게 선택한다. 선택된 자식 노드를 C라 하자. 시뮬레이션 단계에서는 노드 C에서 출발하여 롤아웃을 하나 생성하며, 이때 보상은 이기면 1, 지면 −1이다. 마지막으로 역전파 단계에서는 C에서 출발하여 R까지 트리를 역방향으로 올라가면서 경로에 있는 노드의 *win*/*visit* 통계를 갱신한다.

MCTS는 모델 기반 또는 모델 자유 방식으로 동작할 수 있다. MCTS가 MDP 모델에 해당하는 정보를 사용하면 모델 기반이 된다. 13.3.2절에서 설명할 알파고에서는 MCTS가 롤아웃을 생성할 때 정책 신경망과 가치 신경망을 사용하기 때문에 모델 기반이다. [그림 13-5]의 예제는 롤아웃을 생성할 때 랜덤 선택을 사용했기 때문에 모델 자유다.

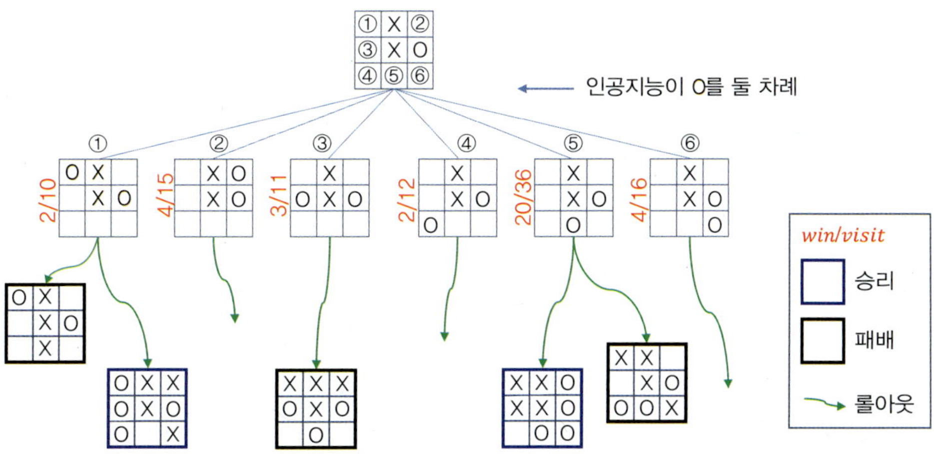

그림 13-5 몬테카를로 트리 탐색의 원리

2. 알파고

MCTS를 바둑에 적용할 때 여러 가지 휴리스틱을 사용한다. 예를 들어 [그림 13-5]에서 ⑤에 두지 않으면 바로 지게 되는데 바둑 프로그램은 이런 상황을 빠르게 판단하는 휴리스틱을 사용한다. 휴리스틱을 추가한 MCTS 프로그램은 초급 또는 중급 프로 수준에 도달할 수는 있지만, 고급 수준에 이르기에는 한계가 있다. 이런 이유 때문에 알파고는 MCTS와 강화 학습을 결합하여 만든다[Silver2016].

알파고는 흉내 학습과 강화 학습을 결합한 혼합 학습 알고리즘으로 최적 정책을 학습한다. 흉내 학습은 12.2.1절의 바닐라 BC를 사용한다. 바닐라 BC는 사람의 시연 데이터를 가지고 단순히 지도 학습하는 방식이다. 논문에서는 흉내 학습이라는 용어 대신 지도 학습을 사용하기 때문에 여기에서도 지도 학습이라고 부른다. 훈련 집합으로는 프로 기사들이 축적해 놓은 경기 기보를 활용한다. 이 기보는 KGS 서버(https://www.gokgs.com)에서 다운로드할 수 있다.

게임의 상태 s는 19×19 보드 영상이고 행동 a는 빈 점이다. 실제로는 점의 상태를 흑, 백, 빈 점의 상태와 활로 수 등을 총 48개의 값으로 표현한다. 따라서 s를 19×19×48의 텐서로 표현한다. 기보 하나가 180수까지 이어졌다면 매 순간 $t=0,1,2,\cdots,180$의 상태 s_t에 해당하는 텐서가 컨볼루션 신경망의 입력이 되고 그때 프로 기사가 최적 수로 취한 점이 행동 a_t가 되어 (s_t,a_t) 샘플을 훈련 집합에 추가한다. [그림 13-6]에서 훈련 데이터를 D^{demo}로 표기한다. 전체 샘플 수는 약 3천만 개에 이른다.

컨볼루션 신경망은 컨볼루션층과 relu 활성 함수를 교대로 13개 쌓았고, 출력층은 보드 점의 확률을 표현하기 위해 361개 노드를 가지며 softmax 활성 함수를 사용한다. 학습은 훈련 집합에서 랜덤하게 미니배치를 샘플링하여 옵티마이저로 수행한다. 학습을 마친 신경망은 최적 정책이기 때문에 π_σ로 표기할 수 있는데, 알파고 논문에서는 이를 SL 정책 신경망이라 부르고 $p_\sigma(a|s)$로 표기한다. 이처럼 표기를 알파고 제로를 기술한 논문 [Silver2016]과 일치시킴으로써 논문을 읽을 독자의 혼란을 방지한다. SL 정책 신경망 p_σ는 테스트 집합에서 57%의 정확률로 수를 맞혀, 당시 최고 수준이었던 44.4%보다 월등히 높은 성능을 보였다. 알파고는 훨씬 단순한 특징과 신경망 구조를 사용하여 롤아웃 정책 신경망 p_π를 추가로 학습한다. p_π는 소형 신경망으로서, 롤아웃을 빠른 속도로 생성하는 데 사용된다.

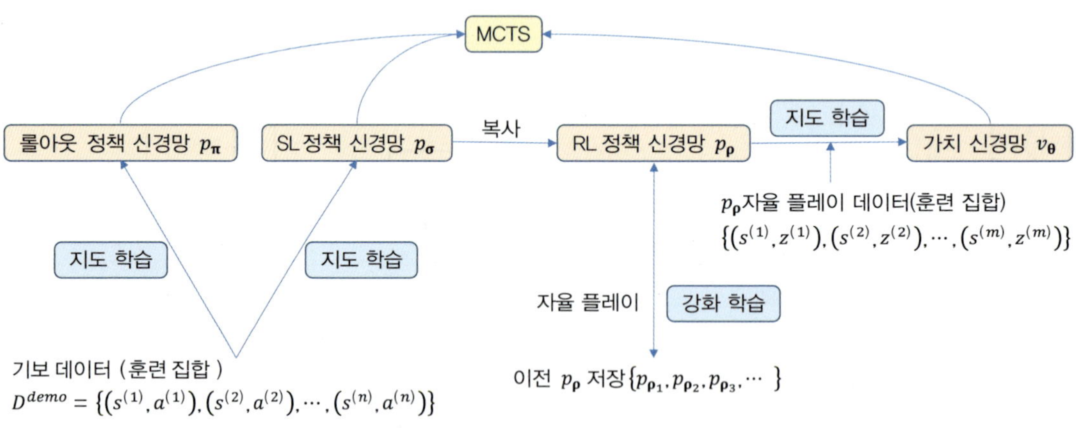

그림 13-6 알파고의 정책 신경망과 가치 신경망, MCTS 학습 과정

p_σ는 그 자체로 어느 정도 실력을 갖추었지만 프로 기사를 이길 수준에는 이르지 못한다. 따라서 [그림 13-6]에서 p_ρ로 표기한 RL 정책 신경망을 강화 학습으로 학습한다. p_ρ는 지도 학습된 SL 정책 신경망 p_σ의 매개변수 값 $\boldsymbol{\sigma}$를 $\boldsymbol{\rho}$에 복사하여 초기화한 다음 학습을 시작한다. 학습 도중에 정기적으로 p_ρ를 복제하여 리스트에 추가한다. p_ρ는 리스트에서 랜덤하게 뽑은 p_{ρ_i}와 겨루는 자기 대전을 통해 학습한다. 자

신의 과거에 해당하는 것 중에서 뽑아 겨루는 기법은 과잉 적합을 방지하는 데 효과적이다. 보상 함수는 경기 중에는 보상 0을 부여하고 종료 상태에서는 이기면 1, 지면 −1을 부여한다. 강화 학습 알고리즘으로는 REINFORCE를 사용하는데, REINFORCE에 대해서는 8장을 참조한다.

학습을 마친 RL 정책 신경망 $p_{\boldsymbol{\rho}}$는 SL 정책 신경망 $p_{\boldsymbol{\sigma}}$와의 대결에서 80%의 승률을 거두었다. 한편, MCTS로 제작한 Pachi 프로그램은 아마추어 2단 수준으로 당시 컴퓨터 바둑 프로그램으로는 최고 수준이었다. $p_{\boldsymbol{\rho}}$는 Pachi와 겨뤄 85%의 승률을 거두었다. 마지막으로 $p_{\boldsymbol{\rho}}$를 가지고 상태 가치 신경망 $v_{\boldsymbol{\theta}}$를 학습한다. $v_{\boldsymbol{\theta}}$는 $p_{\boldsymbol{\rho}}$와 비슷한 구조의 신경망으로 구현한다. 다른 점은 출력층에 있다. $p_{\boldsymbol{\rho}}$의 출력층은 361개 노드로 확률 분포를 출력하는 반면 $v_{\boldsymbol{\theta}}$는 linear 활성 함수를 갖는 한 개 노드로 가치를 출력한다. $v_{\boldsymbol{\theta}}$의 학습은 $p_{\boldsymbol{\rho}}$가 자신의 복제품과 겨루며 발생하는 에피소드 데이터로 수행한다. 순간 t의 상태 s_t가 승리로 이어지면 가치 1을 주어 $(s_t,1)$ 샘플을 훈련 집합에 추가하고 패배로 이어지면 $(s_t,-1)$을 추가한다. 과잉 적합을 방지할 목적으로 한 경기에서 랜덤하게 한 샘플만 뽑아 훈련 데이터에 추가한다. 3천만 번의 경기를 통해 수집한 훈련 데이터로 $v_{\boldsymbol{\theta}}$를 지도 학습한다. 손실 함수로는 MSE를 사용한다.

강화 학습으로 성능을 향상한 RL 정책 신경망 $p_{\boldsymbol{\rho}}$는 상당한 실력을 갖추었지만 높은 수준의 프로 기사를 이길 정도에는 미치지 못한다. 그 이유를 생각해보면, $p_{\boldsymbol{\rho}}$는 현재 상태만 보고 다음 수를 예측하기 때문이란 사실을 알 수 있다. 이런 한계를 돌파하기 위해 알파고는 앞서 학습해둔 정책 신경망과 가치 신경망을 MCTS와 결합함으로써 추가적인 성능 향상을 꾀한다. [그림 13−6]에서 볼 수 있듯이 알파고는 롤아웃 정책 신경망 $p_{\boldsymbol{\pi}}$, SL 정책 신경망 $p_{\boldsymbol{\sigma}}$, 가치 신경망 $v_{\boldsymbol{\theta}}$를 MCTS와 결합한다. [그림 13−5]의 순수 MCTS 알고리즘이 노드의 통계량으로 win(승리 횟수)/$visit$(방문 횟수)을 기록한 것과 달리, 알파고는 노드로 들어오는 에지에 행동 가치 $Q(s,a)$, 방문 횟수 $N(s,a)$, 사전 확률 $P(s,a)$를 저장한다. 선택 단계에서는 루트 노드 R에서 출발하여 이들 통계량에 기반하여 잎 노드를 선택한다. 잎 노드는 아직까지 한 번도 롤아웃이 시작하지 않은 노드다. 확장 단계에서는 잎 노드의 모든 자식 노드에 대해 SL 정책 신경망 $p_{\boldsymbol{\sigma}}$를 계산하여 사전 확률 $P(s,a)$를 설정한다. 순수 MCTS의 시뮬레이션 단계는 완전 랜덤하게 수를 두어 게임 종료 상태까지 진행하지만, 알파고는 아주 빠른 정책 신경망 $p_{\boldsymbol{\pi}}$를 이용하여 다음 수를 샘플링하면서 게임 끝까지 진행하여 롤아웃 하나를 생성하고 승패를 결정한다. 역전파 단계에서는 잎 노드의 값과 롤아웃의 보상을 이용하여, 잎 노드에서 트리를 역으로 올라가면서 노드의 통계량을 갱신한다. MCTS를 마친 후, 다음 수를 선택할 때는 루트의 자식 중에 방문 횟수 $visit$이 가장 큰 것을 선택한다.

알파고는 48개 CPU와 8개 GPU를 사용한 단일 기계 버전과 1202개 CPU와 176개 GPU를 사용한 분산 기계 버전이 있다. 단일 기계 버전의 알파고는 상업용으로 가장 강력한 CrazyStone, 오픈소스로 가장 강력한 Pachi 등의 기존 바둑 프로그램과 495 게임을 겨룬 결과 494 게임을 이겼다. 모든 프로그램은 한 수당 5초의 시간이 주어졌다. 기존 프로그램이 먼저 네 수를 깔고 둔 핸디캡 경기에서도 CrazyStone에 대해 77%, Zen에 대해 86%, Pachi에 대해 99%의 승률을 기록하였다. 분산 버전은 단일 버전을 77% 승률로 앞섰고 기존 프로그램에 대해서는 100% 승률을 거두었다. 분산 버전은 2016년 세계 최고 수준의 이세돌과 겨룬 결과 4:1로 승리한다.

3. 알파고 제로와 알파제로

알파고는 [그림 13-6]에서 볼 수 있듯이 프로 기사의 기보를 시연 데이터 D^{demo}로 활용하여 흉내 학습을 수행한 다음 강화 학습을 적용한다. 그런데 D^{demo}를 사용하지 않고 자기 대전으로 데이터를 생성하는 강화 학습만으로 바둑 프로그램을 만들 수는 없을까?

알파고 제로

알파고 제로는 이 발상에서 출발한다[Silver2017]. 이름에 제로가 붙은 이유다. 또한 다양한 특징을 추출하여 48장의 19×19 맵, 즉 19×19×48 텐서를 입력하는 알파고의 신경망과 달리 돌이 놓여 있는 정보(흑과 백, 비어 있음)를 표현하는 3장의 19×19 맵, 즉 19×19×3 텐서를 입력한다. 알파고 제로는 별도의 정책 신경망과 가치 신경망을 사용하는 대신 하나의 신경망만 사용하며, 롤아웃을 생성하지 않는 매우 단순한 MCTS를 사용한다. 구조를 단순화했음에도 불구하고, 알파고 제로는 알파고를 상대로 100% 승률을 기록한다.

알파고 제로는 매개변수 $\boldsymbol{\theta}$를 갖는 신경망 $f_{\boldsymbol{\theta}}$를 학습한다. $f_{\boldsymbol{\theta}}$는 상태 s를 입력으로 받아 s에서 행동 a를 선택할 확률 분포 p와 s의 가치(이득) v를 출력한다. 따라서 $(p,v)=f_{\boldsymbol{\theta}}(s)$처럼 쓸 수 있다. 이들 표기는 알파고 제로를 기술한 논문 [Silver2017]을 따른 것이다. [그림 13-7]은 강화 학습과 MCTS를 결합한 알고리즘으로 $f_{\boldsymbol{\theta}}$를 학습하는 과정을 설명한다. [그림 13-6]의 알파고에서는 신경망 학습을 모두 마친 다음, 학습된 신경망이 MCTS 과정에 투입되어 동작한다. 반면 알파고 제로에서는 MCTS를 통해 $f_{\boldsymbol{\theta}}$를 학습한다. 이 사실이 알파고와 알파고 제로를 구별 짓는 가장 큰 차이다. [그림 13-7]의 위에 있는 그림은 자기 대전을 통해 에피소드 s_0-a_0-s_1-$a_1\cdots$-s_{T-1}-a_{T-1}-s_T를 생성하는 과정이다. MCTS는 매 순간 t에서 $f_{\boldsymbol{\theta}}$를 이용하여 행동의 확률 분포 π_t를 추정한 다음, π_t를 통해 행동 a_t를 샘플링한다. 이렇게 종료 순간까지 진행한 다음 승리하면 보상 z로 1, 패배하면 −1이 주어진다. 에피소드 데이터 생성이 끝나면 [그림 13-7]의 아래에 있는 단계로 넘어간다. 이 단계는 신경망 $f_{\boldsymbol{\theta}}$를 학습한다. 매 순간 t에서 신경망 $f_{\boldsymbol{\theta}}$에 s_t를 입력하여 (p_t,v_t)를 계산한다. 신경망 예측값 p_t와 v_t 각각에 대해 π_t와 z를 정답으로 사용하여 손실 함수를 계산하고 옵티마이저로 학습을 수행한다. 이런 과정을 수렴할 때까지 반복한다.

알파고 제로의 MCTS는 알파고의 MCTS와 몇 가지 측면에서 다르다. 알파고의 MCTS는 세 개 신경망을 사용하는 반면, 알파고 제로는 하나의 신경망만을 사용한다. 알파고의 MCTS는 잎 노드에서 롤아웃을 생성한 다음 롤아웃의 보상 정보와 잎 노드의 가치 정보를 가지고 잎 노드의 통계를 갱신하는 반면, 알파고 제로의 MCTS는 롤아웃을 생성하지 않고 잎 노드의 가치 정보만 가지고 노드의 통계를 갱신한다.

시험 단계에서는 [그림 13-7]의 위에 있는 과정만 사용한다. 매 순간 $f_{\boldsymbol{\theta}}$와 MCTS를 이용하여 π_t를 구한 다음 최대가 되는 행동, 즉 탐욕 방법으로 수를 선택하면 된다.

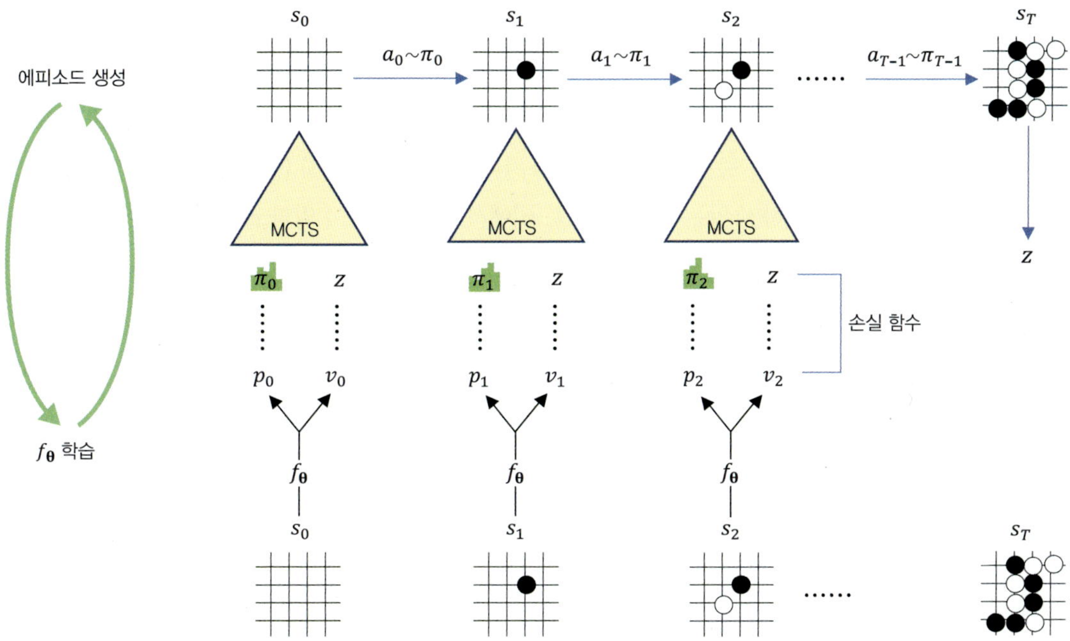

그림 13-7 알파고 제로가 신경망 f_θ를 학습하는 과정[Silver2017]

알파고 제로 알고리즘이 왜 잘 작동하는지 생각해볼 필요가 있다. 알파고 제로의 목표는 최적 정책 f_θ를 얻는 것이다. 매개변수 θ를 랜덤하게 초기화하고 출발한 신경망 f_θ는 [그림 13-7]의 위쪽 단계에서 MCTS를 이용하여 행동 확률 분포 $\pi_1, \pi_2, \cdots, \pi_T$를 생성한다. 이처럼 MCTS와 f_θ가 협력하여 생성한 확률 분포는 f_θ만으로 생성한 확률 분포보다 우월하다. [그림 13-7]의 아래쪽 단계에서는 우월한 에피소드 데이터를 가지고 f_θ를 학습한다. 이때 신경망 매개변수 θ는 $\pi_1, \pi_2, \cdots, \pi_T$에 가까운 확률 분포를 생성하도록 갱신된다. [그림 13-8]은 이런 원리로 작동하는 알파고 제로를 알파고와 비교한다.

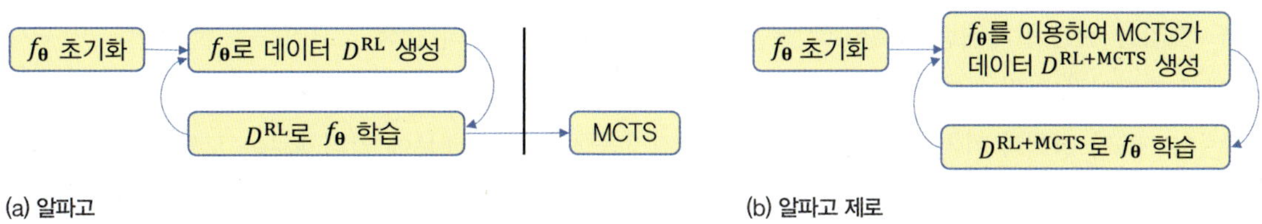

그림 13-8 알파고와 알파고 제로의 학습 과정 비교

알파제로

알파고 제로는 바둑만 둘 수 있다. 그렇다면 알파고 제로 알고리즘으로 체스 같은 다른 보드 게임을 플레이하는 프로그램을 만들 수 있을까? 알파제로는 이 발상에서 출발한다. 알파고와 알파고 제로를 개발한 Silver는 알파고 제로 알고리즘을 체스와 일본 장기인 쇼기에 확장 적용하였다[Silver2018].

알파제로는 알파고 제로와 대부분 유사하며, 몇 가지 측면에서만 차이가 있다. 이 차이는 바둑과 체스,

쇼기의 경기 방식이 서로 다른 데서 비롯된다. 바둑은 승과 패 두 가지 결과만 있지만 체스와 쇼기는 비김이 있다. 따라서 알파고 제로 알고리즘을 수정하여 세 가지 경우를 처리할 수 있게 하였고, 이를 통해 보다 일반적인 알고리즘으로 확장하였다. 또한 바둑에는 대칭이 있다. 이 특성을 활용해 알파고 제로에서는 대칭을 이용하여 데이터를 증강한다. 체스와 쇼기는 대칭이 성립하지 않기 때문에 알파제로는 대칭을 통한 데이터 증강을 적용하지 않는다. [그림 13-6]에서 볼 수 있듯이 알파고와 알파고 제로는 과거의 자신을 저장한 리스트 $\{p_{\rho_1}, p_{\rho_2}, \cdots\}$에서 상대를 뽑아 자기 대전을 수행했다. 반면 알파제로는 단 하나의 신경망만 학습하는데 이 신경망은 자신과 자기 대전을 통해 학습한다.

알파제로를 구현할 때는 바둑과 체스, 쇼기 모두 알파고 제로가 사용했던 신경망 구조와 하이퍼 매개변수를 그대로 가져다 사용한다. 이들 보드 게임마다 입력층과 출력층의 텐서 모양은 다르지만, 나머지 신경망 구조는 동일하며, 학습률과 탐험 관련 매개변수를 제외하면 나머지 하이퍼 매개변수도 동일하게 설정하였다. 학습에 걸린 시간은 체스 9시간, 쇼기 12시간, 바둑 13일이다. 바둑을 위한 알파제로는 알파고 제로와 겨뤄 61%의 승률을 거두었다. 체스를 위한 알파제로는 선수인 백을 쥐고 당시 가장 뛰어난 Stockfish 프로그램과 500경기를 수행한 결과 155승 6패 339무를 기록하였고, 후수인 흑을 쥐고 500경기를 수행한 결과 39승 3패 458무를 기록하였다. 쇼기를 위한 알파제로는 당시 가장 뛰어난 Elmo와 겨룬 결과 91.2% 승률을 거두었다.

4. 뮤제로

바둑과 체스, 쇼기는 게임 규칙과 신경망의 입출력 형태가 다른 보드 게임임에도 불구하고 알파제로는 이들을 동일한 알고리즘으로 학습할 수 있게 해준다. 그렇다면 비디오 영상을 통해 경기를 진행하는 아타리 게임을 알파제로로 학습할 수 있을까? 그냥은 불가능하다. 뮤제로MuZero는 알파제로를 확장하여 불가능을 가능으로 전환한다[Schrittwieser2020].

보드 게임을 위한 알파제로는 계획planning을 해주는 MCTS라는 트리 탐색 알고리즘을 활용한다. 인공지능에서 계획이란 어떤 문제를 해결하기 위해 합리적인 의사결정의 열을 생성하는 기능이다. 알파제로에서는 MCTS가 정책과 가치 함수 역할을 하는 신경망을 사용하기 때문에 알파제로는 모델 기반 학습 알고리즘이다. 반면에 비디오 게임에서는 MDP가 제공하는 환경과 상호작용하는 학습 알고리즘을 활용한다. 예를 들어 7.6절에서는 DQN 학습 알고리즘으로 퐁 아타리 게임을 학습한다. 이들 알고리즘은 모델 자체를 활용하는 대신 모델이 제공하는 상태와 보상 정보를 활용하기 때문에 모델 자유에 속한다. 이런 모델 자유 알고리즘은 MCTS를 이용하여 계획을 수행할 수 없기 때문에 바둑이나 체스 같은 게임에서 인간을 넘어설 수 없다. 따라서 비디오 게임과 보드 게임 모두에 걸쳐 인간을 넘어서는 인공지능 프로그램을 만들기 위해서는 제3의 학습 방법이 필요하다. 뮤제로는 비디오 게임과 보드 게임을 모두 학습할 수 있는 보다 일반화된 학습 알고리즘이다.

[그림 13-9]는 뮤제로의 계획과 학습을 위한 절차를 보여준다. 뮤제로가 일반화 능력을 확장하는 데 사용하는 핵심 아이디어는 추상화abstraction에 있다. 뮤제로는 서로 다른 모달리티modality의 상태를 동일한 공

간에 표현하기 위해 은닉 상태hidden state로 변환한다. 은닉 상태는 잠복 상태latent state라고도 부른다. 원래 상태는 화면 영상이나 바둑의 19×19 보드 상황이기 때문에 사람이 해석할 수 있는 의미를 가지지만, 뮤제로의 잠복 공간에서는 서로 다른 모달리티의 상태가 같은 공간에 표현되며 의미를 가지지 않는다. 뮤제로에서는 MDP도 추상 MDP로 변환되어 표현된다.

[그림 13-9(a)]는 MCTS가 롤아웃 하나를 생성하는 과정을 설명한다. 뮤제로는 모델 역할을 하는 신경망 $\mu_{\boldsymbol{\theta}}$를 학습한다. 이 신경망은 이전에 발생한 모든 관찰 $o_1, o_2, \cdots, o_t$와 $k>0$ 순간만큼의 미래의 행동 $a_{t+1}, a_{t+2}, \cdots, a_{t+k}$를 입력으로 받는다. 신경망 $\mu_{\boldsymbol{\theta}}$는 역학 함수dynamics function g, 예측 함수prediction function f, 표현 함수representation function h를 위한 세 개의 출력 헤드를 가진다. 식 (13.3)은 세 함수의 역할을 보여준다. 역학 함수 g는 상태와 행동을 받아 다음 상태와 보상을 출력하는데, MDP의 환경과 비슷한 일을 수행한다고 보면 된다. 예측 함수 f는 상태를 입력으로 받아 행동 선택 확률과 가치를 출력한다. 알파고 제로와 알파제로의 [그림 13-7]에서 f와 같은 역할을 한다고 보면 된다. 표현 함수 h는 관찰 열을 입력으로 받아 초기 상태 s^0을 출력한다. s^0은 잠복 공간에 정의되는 잠복 상태다. 이후에 발생하는 $s^1, s^2, \cdots$ 모두 잠복 상태에 해당한다. [그림 13-9(a)]는 이들 함수를 사용하여 MCTS가 롤아웃을 생성하는 과정을 설명한다. 먼저 h는 초기 잠복 상태 s^0을 생성한다. f는 s^0을 입력으로 받아 p^0과 v^0을 출력하고, g는 s^0과 UCT를 통해 선택한 행동 a^0을 입력으로 받아 보상 r^0과 다음 상태 s^1을 출력한다. 이런 과정을 종료 상태까지 반복하여 롤아웃을 생성한다. 한 가지 알아야 할 사실은 뮤제로에서는 상태와 보상은 잠복 공간에 표현되는 반면 행동은 실제라는 사실이다.

$$\left.\begin{aligned} r^k, s^k &= g(s^{k-1}, a^k) \\ p^k, v^k &= f(s^k) \\ s^0 &= h(o_1, o_2, \cdots, o_t) \end{aligned}\right\} \tag{13.3}$$

지금까지 설명한 롤아웃 생성 과정을 통해 뮤제로와 알파제로가 근본적으로 어떻게 다른지에 대해 생각해보자. 알파제로에서의 상태는 돌이 놓여있는 보드의 상태이며, 보상은 종료 상태에서 이기면 1, 지면 −1이다. 반면 뮤제로에서 상태와 보상은 의미를 알 수 없는 잠복 공간에 정의되고 신경망 h와 g가 학습을 통해 잠복 상태와 잠복 보상을 생성해준다. 다시 말해 상태와 MDP가 추상화되어 있고 이들은 표현 학습representation learning을 통해 값을 결정한다. 뮤제로는 이 추상화 특성을 통해 모달리티가 서로 다른 비디오 게임과 보드 게임을 같은 공간에 표현하고 학습할 수 있다.

[그림 13-9(b)]는 추상화 MDP를 통해 에피소드 데이터를 생성하는 과정을 순간 t에서 시작하는 궤적을 기준으로 설명한다. 순간 t에서 [그림 13-9(a)]의 MCTS 과정을 통해 충분히 많은 수의 롤아웃을 생성하고 자식 노드, 즉 후보 행동의 방문 횟수 $visit$을 기반으로 확률 분포 π_t를 계산한다. π_t를 통해 행동 a_t를 샘플링하고 보상 u_t를 추정한다. 또한 가치 v_t를 추정한다. 이렇게 한 순간의 데이터를 생성하는데, 같은 과정을 K번 반복하여 길이가 K인 궤적을 생성한다. 생성된 궤적을 학습에 쓸 수 있게 리플레이 메모리에 저장한다.

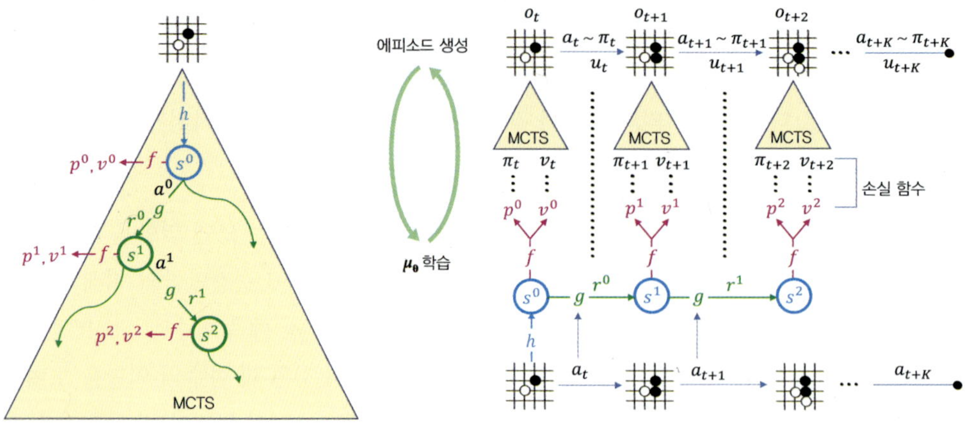

(a) MCTS 과정 (b) 에피소드 생성과 학습 과정

그림 13-9 뮤제로의 계획과 학습[Schrittwieser2020]

[그림 13-9(b)]는 학습 과정을 설명한다. 뮤제로는 에피소드 데이터를 생성하여 리플레이 메모리에 추가한 다음 리플레이 메모리에서 랜덤하게 미니배치를 뽑아 학습한다. 뽑힌 궤적이 [그림 13-9(b)]의 위에 있는 그림과 같다고 가정한다. 이제 이 궤적이 가진 정보 (π_t,v_t,u_t)–$(\pi_{t+1},v_{t+1},u_{t+1})$–⋯은 목푯값에 해당한다. 신경망 $\mu_\mathbf{\theta}$는 궤적이 가진 정보 (o_t,a_t)–(o_{t+1},a_{t+1})–⋯을 가지고 (p^0,v^0,r^0)–(p^1,v^1,r^1)–⋯을 생성한다. 이렇게 생성된 값은 신경망의 예측값에 해당한다. 목푯값은 MCTS를 통해 얻은 값이기 때문에 신경망 예측값보다 정확할 가능성이 높다. 목푯값과 예측값을 가지고 식 (13–4)의 손실 함수를 계산하면 옵티마이저는 $\mu_\mathbf{\theta}$를 학습한다. 이 식에서 z_t는 n–step 이득, $z_t=u_t+\gamma u_{t+1}+\cdots+\gamma^{n-1}u_{t+n-1}$이다. l_p와 l_v, l_r은 MSE와 같은 손실 함수다.

$$J_t(\theta)=\sum_{k=0,K} l_p(\pi_{t+k},p^k)+\sum_{k=0,K} l_v(z_{t+k},v^k)+\sum_{k=1,K} l_r(u_{t+k},r^k)+c\|\mathbf{\theta}\|^2 \tag{13.4}$$

뮤제로를 57종의 아타리 게임에 적용한 결과 기존 알고리즘에 비해 비슷하거나 우월한 성능을 보였다. 학습 시간은 기존 알고리즘이 며칠이 걸렸던 반면, 뮤제로는 불과 12시간 만에 학습을 완료하였다. 바둑에서는 알파제로보다 학습과 시험에 걸린 시간이 짧았음에도 불구하고 승률은 알파제로와 비슷하거나 더 높게 나타났다.

알파제로는 보드 게임 과업이 제공하는 MDP와 게임 규칙을 사용하기 때문에 구조적으로 다른 비디오 게임을 학습하는 데 한계가 있다. 반면, 뮤제로는 추상화 상태와 추상화 MDP를 학습을 통해 알아내기 때문에 보드 게임과 비디오 게임을 모두 학습할 수 있는 일반화 능력을 갖추게 되었다. 과업 측면에서 일반화 능력을 확장했음에도 뮤제로는 알파제로에 비해 성능 경쟁력을 갖추고 있다. 이는 기술적으로 매우 큰 진보로 평가할 수 있다.

그러나 뮤제로의 일반화 능력은 현재로서는 게임 과업에 국한된다. 아타리 게임과 보드 게임을 수행할 뿐만 아니라 챗봇도 되고, 로봇도 제어하고, 그림도 생성하는 등 다재다능한 인공지능 모델로 확장할 수는 없을까? 이 주제는 13.7절에서 간략하게 다룬다.

4

대규모 언어 모델

알파고 이후 2022년에 공개된 ChatGPT는 인공지능에 대한 대중의 뜨거운 관심을 또 한 번 불러일으킨다. ChatGPT는 대규모 언어 모델large language model(LLM)의 대표 주자 중 하나인데, 언어 모델은 무엇이고 대규모 언어 모델은 또 무엇인가? 대규모 언어 모델은 어떻게 만들고 이 과정에서 강화 학습은 어떤 역할을 할까? 이 절은 이런 주제를 다룬다.

1. 언어 모델

언어 모델language model은 사람의 언어를 수학적으로 표현한 모델이다. 구체적으로 말하면 문장 x에 발생 확률을 부여하는 모델이다[Jurafsky2023]. 예를 들어 x='This lecture is about LLM'과 같은 문장에는 높은 확률을 부여하지만 x='LLM this lecture about is'과 같이 어색한 문장에는 낮은 확률을 부여한다. 언어 모델은 음성 인식이나 언어 번역과 같은 자연어 처리의 하위 과업downstream task을 달성하는 데 중요한 역할을 한다. 예를 들어 음성 인식기가 음성 신호를 인식하여 여러 후보 문장을 출력하면, 언어 모델이 부여한 확률에 따라 최대 확률을 가진 문장을 최종 선택한다. 언어 모델은 부분 문장에서 다음 단어를 예측하는 데에도 쓸 수 있다. 예를 들어 x='This lecture'가 입력되면 가능한 모든 단어 y를 붙여 후보 문장을 만든 다음 최대 확률을 보인 단어를 선택하면 된다. 예를 들어 언어 모델은 y_1='is'와 y_2='are'가 있을 때 y_1에 더 큰 확률을 부여할 것이다.

그렇다면 언어 모델을 어떻게 만들 수 있을까? 초창기 자연어 처리 연구에서는 참조표에 확률을 기록하는 n-그램n-gram 방법을 사용했다. n-그램에서는 방대한 양의 문서 집합인 코퍼스corpus를 수집한 다음, 앞의 n-1개 단어 뒤에 나타나는 다음 단어의 빈도를 세어 참조표에 기록한다. 예를 들어 3-그램을 사용한다고 했을 때, x='This lecture' 뒤에 y='is'가 네 번 나타났다면 'This lecture' 행의 'is' 열 칸에 4라고 기록한다. 모든 칸을 채운 다음 행별로 합이 1이 되도록 정규화하면 3-그램 참조표가 완성된다. 어휘의 개수, 즉 사전의 크기를 d라 하면, x는 두 단어의 조합이므로 d^2개의 행과 d개의 열로 구성된 d^3 크기의 배열이 필요하다.

n-그램을 챗봇으로 쓸 때 한계가 있다. 사용자가 x='What is the language model?'이라는 프롬프트

를 주면 x에 대한 응답 문장을 구성하는 단어를 예측해야 하는데 3-그램은 두 단어를 가진 x에 대해서만 다음 단어를 예측할 수 있다. x가 허용하는 최대 길이를 문맥 길이[context length]라고 부르는데, 3-그램은 문맥 길이 $n_{context}$가 2로 국한되는 치명적인 한계가 있다. $n_{context}$를 10으로 확장하려면 11-그램을 사용해야 하는데, 이때 참조표의 크기는 d^{11}이 된다. 사전의 크기 d가 1만이라면 참조표를 위한 배열 크기는 감당할 수 없게 커진다. 셰익스피어 작품 전체를 모은 코퍼스에서 실험한 흥미로운 결과가 있다. 사전 크기는 29066이고 4-그램으로 셰익스피어를 얼추 흉내 내어 작품을 생성할 수 있다는 실험 결과를 제시한다[Jurasfsky2023].

Yoshua Bengio는 n-그램이 가진 한계를 신경망을 사용하여 극복하는 연구 결과를 발표한다[Bengio 2003]. [그림 13-10]은 Bengio가 제안한 언어 모델의 구조다. $|V|$는 사전의 크기인데, 각 단어는 단어 임베딩층을 통해 d_{model}크기의 임베딩 벡터로 변환되어 다층 퍼셉트론[MLP]에 입력된다. 언어 모델은 자율지도 학습[self-supervised learning]을 통해 학습한다. 코퍼스가 "GPT is a large language model that learns … We used it for …"와 같은 문장 집합을 가질 때, $n_{context}$크기의 윈도우로 부분 문장을 잘라 x, 다음 단어를 y로 취한다. $n_{context}=5$인 윈도우를 한 단어씩 이동하면서 (x,y)를 취하면 훈련 집합 $\{((GPT,is,a,large,language),model),((is,a,large,language,model),that),\cdots\}$을 얻는다. [그림 13-10]에서는 첫 번째 샘플의 입력 x와 정답 y를 보여준다. 지도 학습은 단어 임베딩 층의 매개변수 $\boldsymbol{\rho}$와 MLP의 $\boldsymbol{\theta}$에 동시에 수행된다. y는 $|V|$ 크기의 원핫 벡터로 표현되고 신경망 출력은 $|V|$ 크기의 확률 벡터 $\hat{y}$이다. 손실 함수는 y와 $\hat{y}$의 MSE를 측정하며 옵티마이저로 매개변수 갱신을 수행한다. Bengio는 $n_{context}$와 d_{model}로 각각 5와 100을 사용했고 $|V|$는 17964다. 이후 문맥 길이를 늘이고 다양한 하위 과업에 응용하는 많은 연구가 진행된다.

언어 모델은 자동 회귀[auto-regressive] 방식으로 응답을 생성한다. 예를 들어 x='〈sop〉What is the language model?〈eop〉'라는 프롬프트 문장이 주어지면 다음 단어로 〈sor〉에 가장 큰 확률을 부여하여 y=〈sor〉을 생성한다. 〈sop〉와 〈eop〉, 〈sor〉은 각각 프롬프트의 시작과 끝, 응답의 시작을 나타내는 특수한 단어다. 다음 순간에는 x='〈sop〉What is the language model?〈eop〉〈sor〉'이 입력되고, 모델은 y='The'를 예측한다. 다음 순간에는 x='〈sop〉What is the language model?〈eop〉〈sor〉The'가 입력되고, y='language'가 된다. 이런 방식으로 응답 문장 'The language model is a mathematical model for human language……'를 생성하고 사용자에게 제공한다.

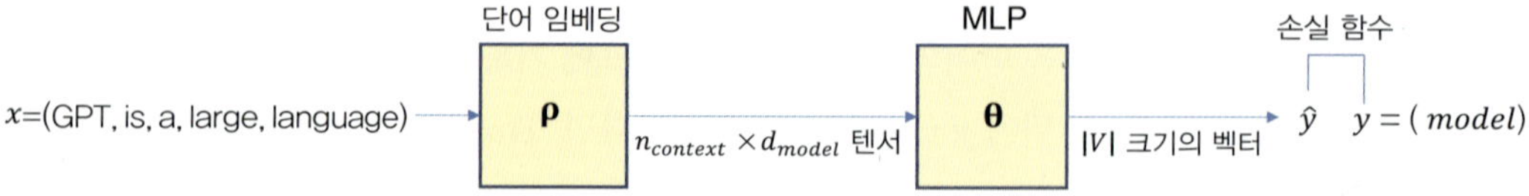

그림 13-10 Bengio의 언어 모델 구조

신경망은 언어 모델에 혁신을 이루었지만, 다층 퍼셉트론은 문장에서 단어가 나타나는 순서가 중요하다는 시계열time-series 성질을 전혀 반영하지 못하는 근본적인 한계를 안고 있다. 다층 퍼셉트론의 은닉층 노드들 사이에 에지를 추가하면 시계열 정보를 처리하는 능력이 생긴다[Zhang2024b]. [그림 7-5(c)]가 보여주는 이런 신경망을 순환 신경망recurrent neural network(RNN)이라고 부른다. 순수 순환 신경망이 등장한 이후에 게이트를 통해 입력값과 은닉값, 출력값의 강도를 조절할 수 있는 능력을 갖춘 LSTMlong short-term memory이 개발된다. Sutskever는 입력 문장의 길이와 출력 문장의 길이가 가변적인 LSTM 언어 모델을 제안하고 영어와 프랑스어 번역을 높은 수준으로 수행하는 언어 번역기를 만든다[Sutskever2014]. 이 모델을 seq2seq 모델이라고 부른다. 이후에 중요한 단어에 더 큰 가중치를 부여하는 능력을 갖춘 주목 모델이 등장한다[Bahdanau2015]. 2017년에는 모든 단어 쌍에 대해 Q-K-Vquery-key-value 연산을 통해 자기 주목self-attention을 계산하는 트랜스포머transformer가 발표된다[Vaswani2017]. 트랜스포머는 귀납 편향inductive bias이 작아 언어와 영상을 모두 다룰 수 있는 멀티 모달 특성뿐만 아니라 자기 주목으로 인해 성능이 혁신적으로 향상되는 놀라운 능력을 발휘한다.

언어 모델의 역사는 n-그램을 사용하는 통계적 언어 모델statistical language model(SLM) 시대, Bengio가 신경망을 도입한 이후를 신경망 언어 모델neural language model(NLM) 시대, 대규모 데이터로 사전 학습된 토대 모델을 다양한 하위 작업에 전이 학습하는 사전 학습 언어 모델pre-trained language model(PLM) 시대, 모델의 매개변수 개수가 10B를 넘는 대규모 언어 모델large language model(LLM) 시대로 구분한다. 대규모 언어 모델을 LLM으로 줄여서 부른다. 현재는 LLM 시대다.

2. RLHF를 이용한 대규모 언어 모델의 얼라이닝

현대에는 인터넷에서 수집한 대규모 문서 데이터를 가지고 자기 주목층을 수십~수백 개 쌓아 만든 대규모 트랜스포머 모델을 대규모 GPU를 사용하여 긴 시간 동안 학습하여 만든 언어 모델이 있다. 이들 언어 모델은 일반화 능력이 매우 뛰어나 다양한 하위 작업에 전이 학습하여 사용하는데, 사전에 학습되었다는 뜻으로 사전 학습 모델pre-trained model이라고 부른다. 또한 다양한 하위 작업에 전이하는 토대를 제공한다는 뜻에서 토대 모델foundation model이라고도 부른다. 보통 매개변수 수가 10억(1B) 이상 100억(10B) 미만인 모델은 사전 학습 언어 모델PLM이라고 부르고, 10B 이상인 경우에는 대규모 언어 모델LLM이라고 구분한다[Zhao2023]. ChatGPT는 매개변수가 175B개이고 문맥 길이 $n_{context}$가 2048인 GPT-3을 토대 모델로 사용하여 사람의 선호도를 반영하도록 후처리한 LLM이다. 하지만 이제 이 규모는 옛것이 되었고, 규모가 커지고 성능이 향상된 새로운 모델들이 속속 등장하고 있다. 대표적인 예로 GPT-4o, Gemini 2.5 Pro, Claude 3.7 sonnet 등이 있다.

이 절에서는 GPT-3의 사용성을 향상하기 위해 강화 학습으로 후처리하는 과정을 설명한다. 모든 LLM은 방대한 양의 문서를 인터넷에서 모아 학습에 활용하기 때문에 욕설, 차별, 허위 등의 부정적인 요소에서 자유롭지 못하다. 이를 해결하는 한 가지 방법은 사람이 일일이 데이터를 선별한 다음 학습에 사용하는 것인데, 이 방법은 비용이 많이 들고 또 다른 형태의 편견을 낳을 수 있어 현실성이 없다. 실제로는 사람의 피드백을 받아 강화 학습으로 미세 조정fine-tuning하는 방법을 사용한다. 이처럼 사람의 선호도를 반영해 지능적인 에이전트를 사용자의 기대에 맞게 조율하는 과정을 얼라이닝aligning이라 하며, 강화 학습으로 얼라이닝하는 방식을 RLHFreinforcement learning from human feedback라고 한다.

LLM 이전에도 RLHF를 적용한 다양한 사례가 있다. 아타리 비디오 게임 과업이나 로봇 과업에 적용한 연구[Christiano2017], 요약과 같은 자연어 처리의 하위 과업에 적용한 연구를 들 수 있다[Ziegler2019, Stiennon2020]. RLHF를 서베이한 논문으로 [Kaufmann2023]을 추천한다.

[그림 13-11]은 GPT-3을 RLHF로 얼라이닝하여 ChatGPT를 만드는 과정을 보여준다[Ouyang2022]. 이 과정은 GPT-3 토대 모델에서 시작하여 다음 세 단계를 거쳐 ChatGPT를 완성한다. 이들 처리 과정은 이전에 문서 요약에 적용한 [Stiennon2020]의 연구를 따랐다.

- **단계1**: 사람이 생성한 시연 데이터로 지도 학습을 수행하여 토대 모델을 미세 조정
- **단계2**: 모델이 출력한 후보 응답에 사람이 선호도를 매긴 데이터로 보상 함수를 학습
- **단계3**: 보상 함수를 사용하여 PPO로 모델을 미세 조정

단계1에서는 새로 수집한 프롬프트-응답 쌍을 훈련 데이터로 활용하여 GPT-3을 지도 학습으로 미세 조정한다. 지도 학습은 GPT-3을 학습하는 과정과 같다. 이 단계에서 중요한 일은 데이터 수집이다. 데이터는 프롬프트와 응답 쌍으로 구성되는데, 프롬프트는 GPT-3 베타 버전에 고객이 입력한 문장으로 구성한다. 사용자별로 200개 이내로 랜덤 샘플링하여 프롬프트 문장의 다양성을 유지한다. 응답 문장은 사전에 교육받은 40명의 레이블러를 고용하여 수집한다. 레이블러에게 프롬프트를 제시하고 적절한 응답을 받아 프롬프트-응답 쌍을 훈련 데이터에 저장한다. [그림 13-11]의 가장 위쪽 열은 단계1을 설명한다. 노란색으로 표시된 곳은 학습 대상인 신경망을 뜻한다. 여기에 supervised policy를 학습한다고 되어 있는데 policy가 무엇을 뜻하는지 생각해본다. 단계1은 사전 학습된 GPT-3을 미세 조정하는 과정인데, GPT-3은 프롬프트 문장 x를 입력으로 받아 순차적으로 다음 단어 y를 출력하는 모델이다. x를 상태, y를 행동으로 간주하면 GPT-3을 정책으로 간주할 수 있다. 단계1은 GPT-3이라는 정책을 지도 학습으로 미세 조정, 즉 SFTsupervised fine-tuning하는 셈이다. 정책은 자동 회귀의 매 순간 단위로 학습할 수도 있고 자동 회귀를 마치고 얻은 응답 문장을 가지고 학습할 수도 있다. ChatGPT는 후자 방식을 사용한다. 예를 들어 x='〈sop〉What is the language model?〈eop〉'라는 프롬프트에 대한 응답 문장 y='〈sor〉The language model is a mathematical model for ……〈eor〉'을 취하여 손실 함수를 계산하고 옵티마이저로 매개변수를 갱신한다.

단계1만 적용하고 대중에 공개하면 어떨까? 이런 의문은 매우 자연스럽다. 실제로 작은 모델이나 비행기 좌석 예약과 같이 특정 분야로 국한된 LLM은 단계1만 적용하고 대중에 공개하는 경우가 있다. 하지만 ChatGPT처럼 다양한 분야와 주제에 걸쳐 사용되는 LLM의 경우, 단계1만으로는 충분하지 않다. 단계1이 사용한 데이터 범위 내에서는 도움이 되지만, 그 이상으로는 성능을 발휘하지 못하기 때문이다. 단계2와 단계3은 강화 학습을 통해 이런 한계를 벗어나게 해준다. 강화 학습은 자신이 생성한 데이터로 다시

자신을 학습하기 때문에 사람이 수집한 데이터의 한계를 넘어서는 능력이 있다. 그런데 강화 학습을 적용하려면 보상 함수가 있어야 하는데 LLM의 보상 함수는 사람의 합리적인 생각으로 설계할 수 있는 수준을 넘어선다. 따라서 ChatGPT는 사람의 선호도를 반영한 데이터를 바탕으로 보상 함수를 학습하는 방식을 사용한다.

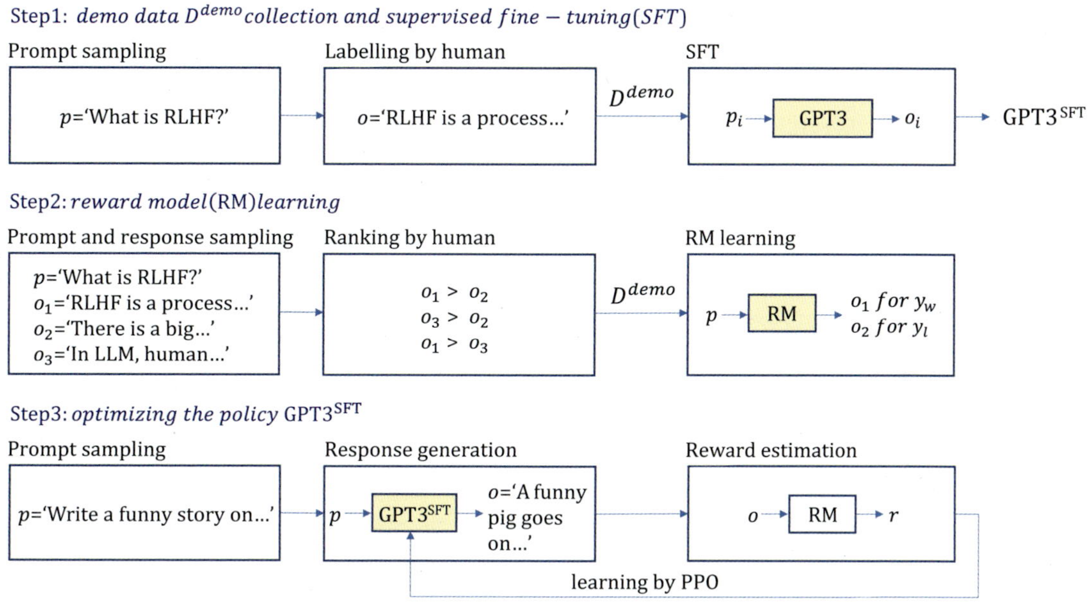

그림 13-11 RLHF로 GPT-3을 학습하는 과정[Ouyang2022]

단계2는 보상 함수를 학습하는 단계다. 학습에 필요한 훈련 데이터는 모델과 사람의 상호작용을 통해 만든다. [그림 13-11]의 가운데는 단계2를 설명한다. 먼저 프롬프트 데이터에서 랜덤하게 프롬프트 하나를 뽑고 단계1에서 미세 조정한 모델에 입력한다. 모델은 후보 응답 여러 개를 생성한다. 그림에서는 프롬프트 x='What is RLHF?'가 뽑혔고, 모델은 o_1='RLHF is a process...', o_2='There is a big...', o_3='In LLM, human...'이라는 후보 응답을 생성하였다. 사람에게 선호도에 따라 순서를 매기라고 요청한 결과, $o_1 > o_2, o_3 > o_2, o_1 > o_3$이라는 피드백을 받았다. 사람의 피드백 과정을 편리하게 하려고 이처럼 후보 쌍을 주고 우수한 것을 클릭하는 방식을 사용한다. 우수한 응답을 y_w, 열등한 응답을 y_l이라 하면 (x, y_w, y_l)이 훈련 데이터에 추가된다. 이 훈련 데이터를 가지고 보상 함수를 위한 신경망 r_φ를 학습한다. 보상 신경망 r_φ는 매개변수가 6B개인 트랜스포머를 사용한다. 신경망은 프롬프트 x와 응답 y를 입력으로 받아 보상에 해당하는 스칼라 값을 출력한다. 식 (13.5)는 r_φ를 학습하는 데 쓰는 손실 함수다. σ는 시그모이드 함수고, M은 랜덤하게 샘플링한 미니배치다. 이 손실 함수를 통해 우수한 응답에 더 큰 보상을 주도록 학습한다. 단계3은 단계2에서 학습한 보상 함수를 이용하여 단계1에서 미세 조정해둔 모델을 PPO 학습 알고리즘으로 미세 조정한다.

$$J(\varphi) = -\frac{1}{|M|} \sum_{(x, y_w, y_l) \in M} \log \sigma\left(r_\varphi(x, y_w) - r_\varphi(x, y_l) \right) \tag{13.5}$$

OpenAI는 이렇게 학습된 모델을 InstructGPT라는 이름으로 2022년에 세상에 선보인다. InstructGPT는 프롬프트에 대한 응답을 독립적으로 처리하는 LLM이다. 다시 말해 이전 프롬프트-응답을 저장하지 않기 때문에 문맥을 이해하지 못하며 대화를 이어가지 못한다. InstructGPT는 이후 ChatGPT로 진화한다. ChatGPT는 이전 프롬프트-응답을 저장해두고 다음 응답을 생성할 때 반영하도록 추가 학습한 대화형 LLM이다.

RLHF로 LLM을 얼라이닝하는 기법은 다양한 방향으로 꾸준히 발전하고 있다. [Rafailov2023]은 명시적으로 보상 함수를 알아내는 대신 사람의 선호도 데이터를 바탕으로 직접 정책을 학습하는 DPO direct policy optimization 방법을 제안한다. [Bai2022]는 사람의 피드백 HF human feedback 대신 LLM이 제공하는 피드백 AIF AI feedback를 사용하는 Constitutional AI CAI라는 이름의 RLAIF 방법을 제안한다. CAI에서 사람이 할 일은 'Please choose the response that is the most helpful, honest, and harmless'와 같은 원칙principle을 수십 개 만들어 제공하는 것이다. CAI는 이들 원칙을 반영한 피드백을 자동으로 생성하고 피드백 정보를 활용하여 학습한다. 학습은 [그림 13-11]의 세 단계와 유사한 과정을 거쳐 수행된다.

[Sun2024]는 SALMON이라는 이름의 개선된 RLAIF 기법을 제안하였다. [그림 13-12]는 [Ouyang2022]의 RLHF와 [Bai2022]의 RLAIF, [Sun2024]의 RLAIF를 개념적으로 비교하여 설명한다. [Ouyang2022]와 [Bai2022]는 사용자 선호도를 사람이 레이블링하느냐, 아니면 모델이 자동으로 레이블링하느냐에서만 차이가 있고, 식 (13.5)를 사용하여 보상 함수를 학습하는 방식은 같다. [Sun2024]는 선호도 레이블뿐만 아니라 원칙까지 함께 고려하여 학습한다는 점에서 차별성이 있다. 예를 들어, honest와 관련한 원칙에 따른 보상과 harmless와 관련한 원칙에 따른 보상이 다르다. LLM의 얼라이닝 기법에 대한 서베이 논문으로 [Wang2024]를 추천한다.

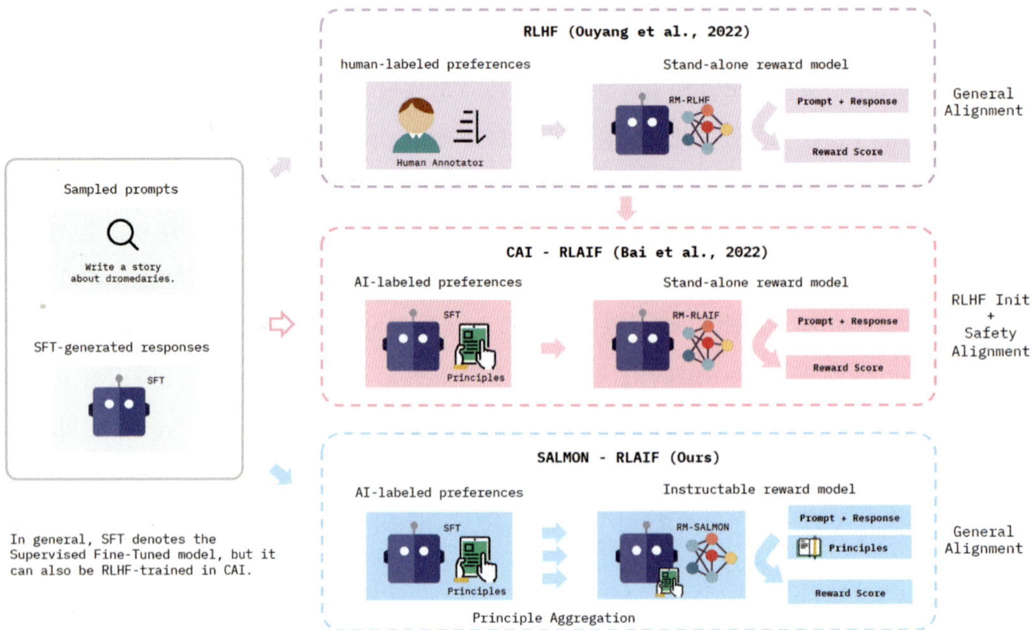

그림 13-12 RLHF와 RLAIF의 동작 원리 비교[Sun2024]

5

자율주행

자율주행 기술은 상당히 무르익었다. 운전자가 없는 로보택시robotaxi는 복잡한 도심을 누비며 고객을 상대로 택시 영업을 하고 있다. [그림 13-13]은 웨이모 사의 로보택시가 실제 도심에서 주행할 때, 차량 내부 시스템이 주변 환경을 어떻게 인식하고 있는지를 보여준다. 아래쪽은 차량이 주행 중인 실제 도로를 나타내며, 위쪽은 자율주행 인식 모델의 내부 표현이다. 이 표현을 통해 길가에 주차된 차와 정면으로 달려오는 차를 정확히 인식하고 있음을 알 수 있다. 로보택시의 수년간 운행 기록은 사람 운전자에 비해 사고율이 현저히 낮다는 통계를 보여준다. 그렇다면 자율주행 기술은 완벽한 자율성에 해당하는 수준 5에 도달한 것일까? 자율주행차는 어떻게 만들고 강화 학습은 어떤 역할을 하는가?

그림 13-13 자율주행 실시간 장면[Waymo2025]

1. 자율주행의 현재

웨이모의 로보택시는 미국의 피닉스, 샌프란시스코, 로스앤젤레스, 오스틴에서 상업 운행 중이며, 적용 대상 도시를 빠르게 확장하고 있다. 자율주행 기술은 자율성이 전혀 없는 수준 0부터 사람처럼 운전하는 수준 5까지 여섯 단계로 구분한다. 현재 운행 중인 로보택시는 고해상도 지도에 의존하기 때문에 지도에 포함된 지역 내에서만 운행할 수 있고 날씨에 따른 제한도 있다. 따라서 고수준 자동화에 해당하는 수준 4를 달성했다고 말한다. 한편 승용차에 장착된 자율주행은 운전자가 항상 주의를 기울여야 하는 수준 2 또는 특정 조건에서 운전자가 주의를 잠시 놓을 수 있는 수준 3에 해당한다.

자율주행을 구현하는 방법에는 모듈 방식modular method과 통째 방식end-to-end method이 있다. [그림 13-14(a)]의 모듈 방식에서는 카메라, 라이다, 레이다, GPS 등의 센서를 통해 들어온 데이터를 인식, 예측, 계획, 제어 모듈을 통해 자동차 운행에 필요한 신호로 변환한다. 이들 모듈을 각각 따로 설계하고 구현하여 이어 붙인다. 통째 방식은 전제 과정을 하나의 블랙박스로 보고 딥러닝 모델로 학습한다. [그림 13-14(b)]는 통째 방식을 보여주고, [그림 13-14(c)]는 인식 또는 제어 모듈은 유지하되 나머지 과정을 통째로 처리하는 부분 통째 방식을 보여준다.

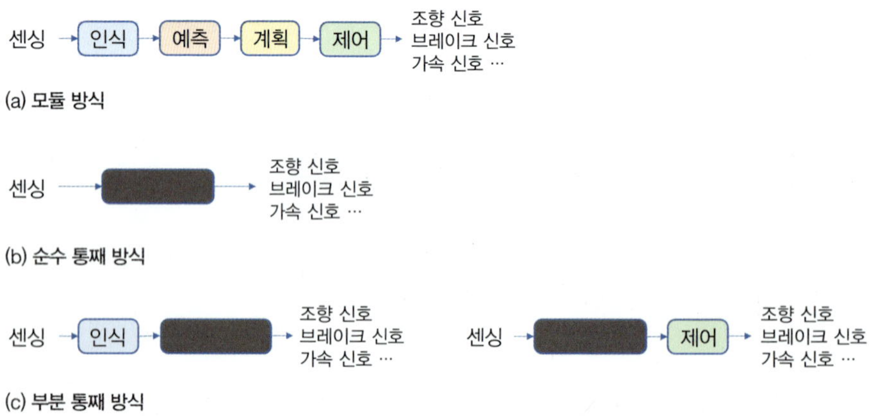

그림 13-14 자율주행 구현 방식

모듈 방식은 각 모듈의 입력과 출력이 명확하기 때문에 자동차의 동작에 대한 이유를 쉽게 해석할 수 있다. 이런 기능은 사고 원인을 밝히거나 성능 저하의 원인을 밝히는 데 도움이 된다. 반면에 새로운 운행 환경이 추가되었을 때 이에 대응하려면 많은 노력이 필요하다. 다시 말해 확장성scalability 측면에서 불리하다. 통째 방식은 블랙박스를 학습하기 때문에 자동차 동작의 이유를 설명하는 데 어려움이 있다. 그러나 새로운 환경으로 확장할 때 데이터를 추가로 수집하여 다시 학습하면 되기 때문에 확장성이 뛰어난 장점이 있다. 현재 통째 방식의 해석 가능성을 높이기 위한 연구가 진행되고 있으며, 이에 따라 점점 통째 방식을 선호하는 방향으로 나아가고 있다. 통째 방식을 이용한 자율주행에 대한 서베이 논문으로 [Mero2022, Chen2024a]를 추천한다.

자율주행은 시연 데이터를 수집하기가 비교적 쉽다. 운행 기록 장치를 부착한 자동차를 전문 운전자가 운행하면 데이터를 쉽게 확보할 수 있다. 또한, 자동차는 사람이 만든 기계이므로 동역학과 전자 신호 체계를 모방하는 꽤 정교한 시뮬레이터를 만들 수 있다. 이렇게 수집한 데이터 또는 시뮬레이터를 무료로 공개하는 연구 기관이 많다. 통째 방식을 서베이한 논문 [Mero2022]의 [표 2]는 유명한 데이터셋을, [표 3]은 잘 알려진 시뮬레이터를 소개한다. 웨이모는 https://waymo.com/open에서 방대한 자율주행 데이터를 공개하고 있으며, 이 데이터를 개량한 ROAD-Waymo 데이터셋도 있다[Khan2024].

자율주행의 두드러진 특징 중 하나는 평소 운행에서는 평범한 상황이 지속되다가 매우 드물게 위험 상황이 나타난다는 점이다. [그림 13-15]에서는 이런 희소한 상황을 긴 꼬리long-tail라고 부른다[Zhou2022]. 실제로 위험한 상황은 주로 긴 꼬리에 해당한다. 위험 상황은 비교적 자주 발생하는 경우부터 매우 드물게 또는 아직 한 번도 발생한 적이 없는 경우까지 이어진다. 예를 들어 갑자기 왼쪽 또는 오른쪽에서 사람이나 고양이가 튀어나오는 상황은 어느 정도 시연 데이터에 포함되어 있어 대처가 가능하지만, 양쪽에서 동시에 튀어나오는 경우는 아예 없을 수 있다. 자율주행에서는 [그림 13-15]의 긴 꼬리 끝에 있는, 즉 매우 희소한 경우라도 안전과 관련되기 때문에 무시하면 안 된다는 독특한 요구 조건이 있다. 따라서 자율주행을 학습할 때는 이런 특성을 충분히 반영해야 한다.

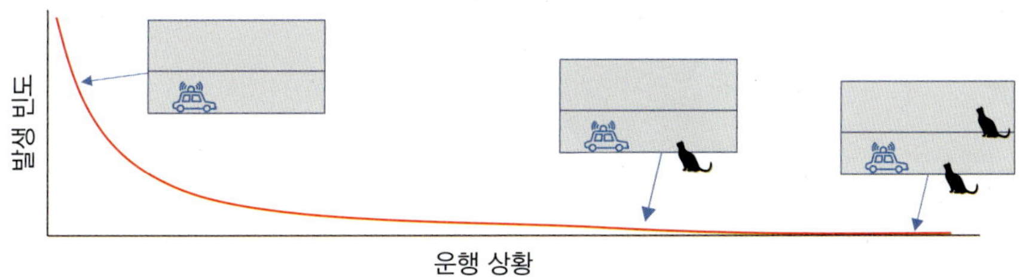

그림 13-15 자율주행 운행 상황의 발생 빈도와 긴 꼬리

강화 학습을 자율주행에 적용한 초창기 논문으로 [Kendall2018]이 있다. 이 논문은 한 대의 카메라에서 들어오는 영상만을 사용하여 차선을 추적하는 과업을 DDPG를 이용하여 학습한다. 이후에 강화 학습을 자율주행에 활용하는 연구가 빠른 속도로 진행되었다.

현재 자율주행 시스템은 주로 흉내 학습과 강화 학습을 결합하여 구현한다. 전문 운전자가 운전한 데이터를 시연 데이터로 간주할 수 있기 때문에, 대부분의 자율주행 개발팀은 이를 바탕으로 흉내 학습을 적용한다. 흉내 학습은 사람의 안정적인 운전 패턴을 보장하지만, 흉내 학습만으로는 긴 꼬리 끝에 있는 매우 희귀한 위험 상황에 대처하기 어렵기 때문에 강화 학습을 추가로 적용한다. 강화 학습과 흉내 학습을 결합하여 자율주행을 구현한 연구에 대한 서베이 논문으로 [Zhu2022]를 추천한다.

2. 웨이모의 자율주행

현재 수준 4에 도달한 자율주행차 대부분은 운행 가능한 지역이 한정되어 있다. 실시간으로 들어오는 영상 정보를 운행 가능한 지역의 정밀 지도와 연결 지어 운행 경로를 계획한다. 도로의 구조와 연결성은 그래프로 표현되며, 센티미터 단위까지 정밀하게 표현한 고해상도 지도를 사용한다. 이 그래프를 도로 그래프road graph라고 부른다. 도로 그래프에는 제한 속도, 과속 방지턱, 교통 표지판, 도로 구조물과 특성 등의 정보를 표현한다.

[Mi2021]은 도로 그래프를 광역 그래프와 지역 그래프로 구성된 계층 구조로 표현한다. [그림 13-16]은 계층적 도로 그래프의 일부다. 왼쪽 그림에서 회색 실선은 차선의 중심선으로서 오른쪽 그림의 노란 선분에 해당한다. ★는 신호등이고 ●는 차선의 끝 지점을 나타낸다. 이 끝 지점을 키포인트keypoint라고 부르며, 이는 광역 그래프의 노드가 된다. 같은 차선에 있는 두 키포인트는 에지로 연결된다. 광역 그래프는 교차로의 차선을 배제함으로써 도로의 대략적인 구조를 표현하는 반면, 교차로의 세밀한 곡선 차선은 지역 그래프로 표현한다. ▲는 지역 그래프의 노드로서 비교적 촘촘하게 배치한다. 이들은 스플라인 곡선의 제어점control point이 되어 곡선 차선을 표현한다.

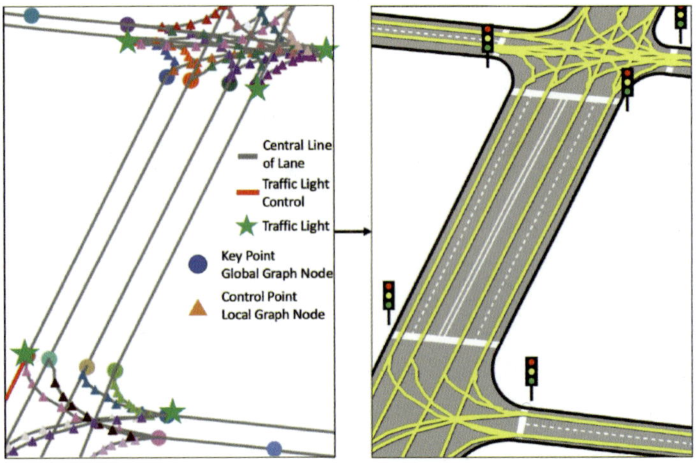

그림 13-16 계층 구조의 도로 그래프 [Mi2021]

[Lu2022]는 [그림 13-15]의 긴 꼬리 현상에 효과적으로 대처하기 위해 흉내 학습과 강화 학습을 결합하여 사용한다. 흉내 학습은 사람 운전자가 생성한 시연 데이터를 사용하여 학습함으로써 사람처럼 안정적으로 운전하는 능력을 자율주행에 부여한다. 반면, 강화 학습은 안전한 운행을 유도하는 보상 함수를 사용함으로써 희귀한 위험 상황에 적절히 대처하는 능력을 부여한다. [Lu2022]는 이러한 두 접근을 결합한 BC-SAC 알고리즘을 제안하였다. 이 알고리즘은 흉내 학습 단계에서는 행위 복제behavioral cloning(BC)를, 강화 학습 단계에서는 SAC를 사용한다. 각각의 알고리즘에 대해서는 12.2절(BC)과 11.6절(SAC)에서 자세히 다루었다.

BC 학습을 위해 10만 마일 분량의 운행 기록을 시연 데이터로 사용한다. 이 데이터를 초당 15번 샘플링하며 10초 분량으로 분할하여 학습에 사용한다. 샘플은 상태 s와 행동 a의 쌍으로 구성된다. 상태는 서로 다른 특성을 가진 다섯 종류의 정보로 구성된 다중 모달리티 데이터다. [그림 13-17]이 보여주듯이 (1) 차량 궤적(위치와 진행 방향), (2) 도로 그래프의 지점 정보, (3) 신호등 신호, (4) 목표 경로, (5) 물체 궤적(다른 차량, 오토바이, 보행자)으로 구성된다. 이 중 (5)는 [그림 13-14(c)]의 부분 통째 학습 방식에서 카메라 영상을 인식한 결과에 해당한다. 행동은 (1) 조향 장치를 위한 신호 $a^{(steer)}$, (2) 가속 장치를 위한 신호 $a^{(accelerator)}$로 구성된다.

BC-SAC는 다중 모달리티 데이터를 일관성 있게 처리하기 위해 [그림 13-17]의 트랜스포머 모델을 사용한다. 이 모델은 자율주행에 맞추어 [Jaegle2021]이 제안한 Perceiver 모델을 수정한 버전이다. 상태 s를 구성하는 다섯 종류의 데이터 $s^{(1)}$~$s^{(5)}$는 길이가 서로 다르기 때문에 완전연결층에 통과시켜 같은 길이의 텐서로 변환한다. 이 텐서는 [그림 13-17]에서 트랜스포머의 키[key] K와 값[value] V가 되어 cross attention이라고 표시된 블록으로 입력된다. 이들은 왼쪽에서 들어온 쿼리[query] Q와 함께 자기 주목[self-attention] 연산을 수행하고 결과를 오른쪽 블록으로 전송한다. 다섯 개의 블록을 통과한 텐서는 embedding 표시된 텐서가 되는데, 이 텐서는 정책 신경망 π의 입력이 된다. 정책 신경망은 행동을 샘플링하기 위해 가우시안 함수의 평균 μ와 표준편차 σ를 출력한다.

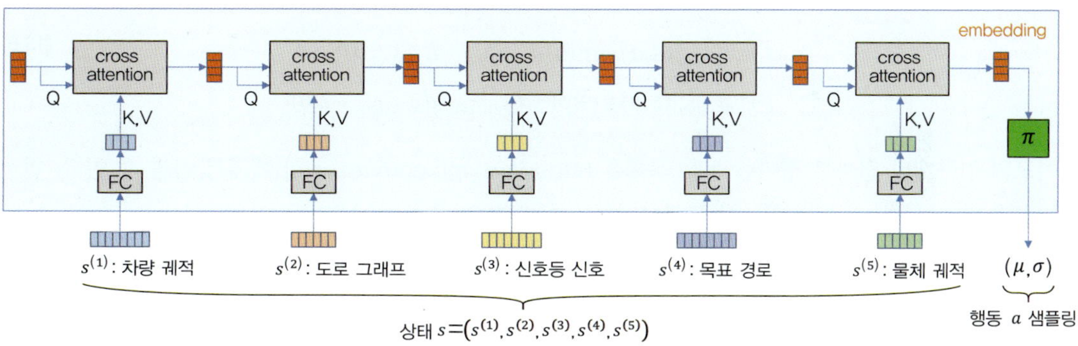

그림 13-17 BC-SAC의 트랜스포머 신경망 구조[Lu2022]

지금까지 [그림 13-17]을 BC 학습 알고리즘을 수행하는 용도로 설명하였다. 그렇다면 이 신경망을 강화 학습 알고리즘인 SAC에 어떻게 적용할 수 있을까? [그림 13-18]은 시연 데이터를 이용한 BC 학습 알고리즘과 리플레이 메모리를 사용하는 SAC 학습 알고리즘이 협동하여 정책 신경망 π를 학습하는 과정을 설명한다. 빨간색으로 표시한 시연 데이터에서 미니배치 M을 뽑아 π를 학습한다. 녹색 테두리로 표시된 cross attention과 π를 가진 블록은 [그림 13-17]의 신경망이다. 정책 π가 가우시안의 μ와 σ를 출력하면 BC 학습 알고리즘은 μ를 신경망이 예측한 행동 값으로 취한다. 미니배치에서 들어온 행동 a를 목푯값으로 간주하여 손실 함수를 계산하고 옵티마이저를 이용하여 신경망을 개선한다.

이제 SAC 학습을 설명한다. 에피소드 데이터 수집 단계에서는 정책 π가 출력한 μ와 σ를 이용하여 행동

a를 샘플링하고 실행한다. 이에 따라 환경은 보상 r과 다음 상태 s'를 생성하여 $s-a-r-s'$ 샘플을 리플레이 메모리에 저장한다. 학습 단계에서는 리플레이 메모리에서 미니배치 M을 뽑아 신경망에 입력한다. 신경망이 출력한 (μ,σ)와 미니배치 데이터를 가지고 손실 함수를 계산하고 옵티마이저를 이용하여 정책 π를 개선한다. BC-SAC는 SAC 학습과 BC 학습을 교대로 적용하는데, SAC를 8번 적용할 때 BC를 한 번꼴로 적용하였다.

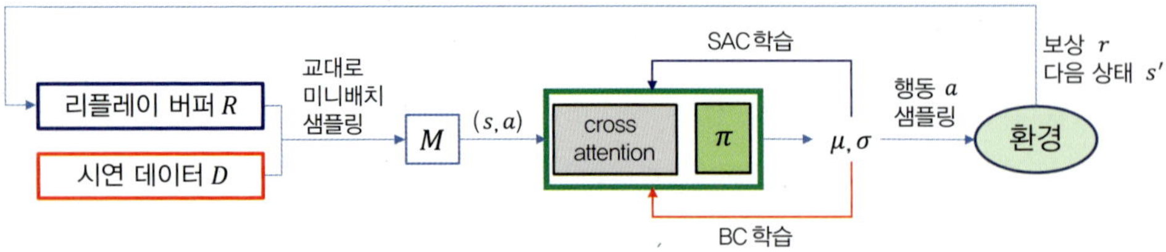

그림 13-18 BC 알고리즘과 SAC 알고리즘이 협동하여 신경망을 학습하는 과정[Lu2022]

SAC 학습을 적용할 때 쓰는 식 (13.6)의 보상 함수는 비교적 단순하다. 흉내 학습과 협동하기 때문에 단순한 보상 함수만으로도 SAC가 잘 작동한다. 보상 함수는 충돌 위험을 표현하는 $r_{\text{collision}}$ 항과 도로를 벗어난 정도를 측정하는 $r_{\text{off\_road}}$ 항의 합으로 정의한다.

$$r(s,a)=r_{\text{collision}}(s,a)+r_{\text{off\_road}}(s,a)$$

$$\text{이때} \begin{cases} r_{\text{collision}}(s,a)=\min(d_{\text{collision}}-d_{\text{c\_offset}},\ 0) \\ r_{\text{off\_road}}(s,a)=\text{clip}(-d_{\text{o\_offset}}-d_{\text{to\_edge}},\ -2.0) \end{cases} \tag{13.6}$$

웨이모의 연구개발 결과를 정리한 논문 목록은 https://waymo.com/research에서 찾아볼 수 있다. 앞서 설명한 [Mi2021]과 [Lu2022]는 이 목록에 있다. 적대 흉내 학습을 사용하는 방법[Brostein2022a], 난해한 상황에 대한 분석[Bronstein2022b], 계층적 흉내 학습을 사용한 방법[Igl2023], LLM을 이용한 구현[Hwang2024] 등 다양한 접근방법을 추가적으로 살펴볼 수 있다.

6

로봇

국제 로봇 연맹international federation of robotics(IFR)의 2024년 11월 보도 자료에 따르면 2023년 기준으로 세계 로봇 밀도robot density는 7년 전 74대에서 162대로 껑충 뛰어올라 7년 만에 두 배 이상 증가하였다. 로봇 밀도는 노동자 1만 명당 사용되는 로봇 수를 뜻하는데 [그림 13-19]에 따르면 대한민국의 로봇 밀도는 1012로 2위 싱가포르의 770과 큰 격차로 앞서며 세계 1위 자리를 차지하고 있다. 그런데 이들 로봇 대부분은 고정된 궤적을 따라 정해진 작업을 효율적으로 수행할 뿐, 지능은 없거나 매우 낮은 수준에 머물러 있다.

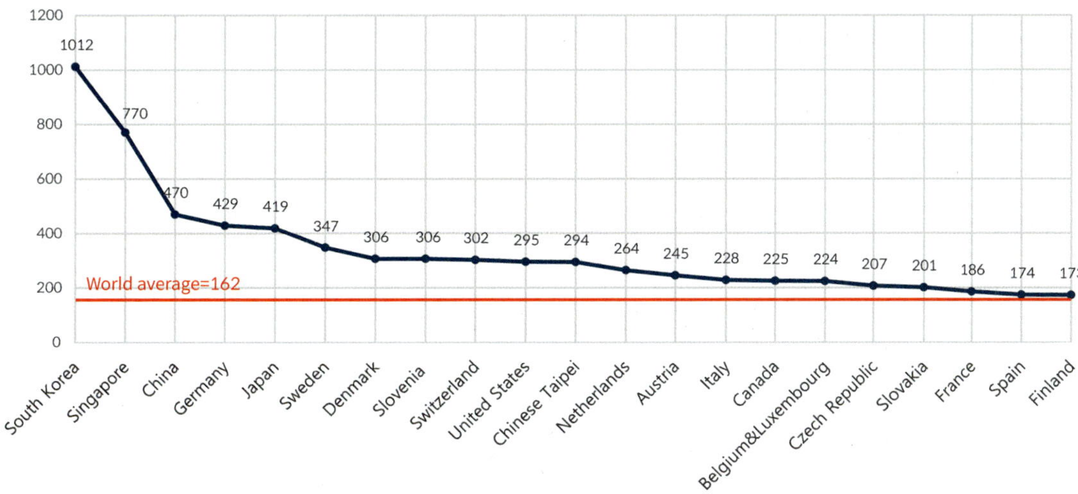

그림 13-19 2023년 세계 로봇 밀도[IFR]

기존 로봇의 한계를 극복하려는 연구가 활발히 진행되고 있다. 예를 들어 집안 곳곳을 청소해주는 낮은 수준의 지능 로봇부터 LLM과 결합함으로써 사람이 음성으로 명령을 내리면 처음 해보는 과업을 멋지게 성공하는 고도의 지능 로봇이 개발되고 있다. 이런 지능 로봇은 어떻게 만들어지는가? 그리고 강화 학습은 어떻게 활용되나?

1. 지능 로봇의 현재

[그림 13-20]은 주위에서 쉽게 볼 수 있는 로봇이다. 이들 로봇은 카메라와 라이다, 마이크 등의 센서를 통해 작업 환경에서 발생하는 불확실성을 인식하고 이를 바탕으로 경로 계획을 수행한다. 하지만 현재의 로봇은 여전히 낮은 수준의 인식과 경로 계획만 가능하며 이러한 수준의 지능 로봇은 이미 우리 생활 곳곳에 널리 퍼져있다.

그림 13-20 낮은 수준의 지능 로봇

현재 로봇 연구는 높은 수준의 지능에 초점을 맞추고 있다. 지능 로봇 연구의 중요한 주제 중 하나는 sim2real이다. 로봇의 학습은 보통 시뮬레이터의 도움을 받아 수행하는데 시뮬레이터를 아무리 정교하게 제작해도 실제 세계와 불일치가 존재한다. 불일치의 간격을 최대한 줄여주는 sim2real 기법으로 시스템 식별system identification, 도메인 적응domain adaptation, 도메인 랜덤화domain randomization가 있다. sim2real에 대한 서베이 논문으로 [Da2025]를 추천한다. 13.6.2절은 사람의 기민한 동작을 사람과 구별하기 어려울 정도로 수행하는 ASAP 로봇을 소개한다. ASAP 로봇은 델타 행동 모델을 학습하여 sim2real을 해결한다. [그림 13-21(a)]는 루빅 큐브를 맞추는 솜씨 손dexterous hand인데, 도메인 랜덤화를 발전시킨 자동 도메인 랜덤화automatic domain randomization(ADR) 알고리즘으로 sim2real을 해결한다[Akkaya2019].

세상은 불확실성uncertainty 투성이다. 날씨나 기온 등의 자연 현상에 따라 상황이 변하기도 하고 사람이 의도적으로 상황을 변화시키기도 한다. 예를 들어 스포츠에서는 상대의 허를 찌르는 한 수가 결정적인 역할을 하는데, 이는 상대에게 높은 불확실성을 안겨주는 셈이다. 스포츠 로봇이 상대를 이기려면 자신이 처한 불확실성을 잘 처리해야 하며, 상대에게는 당황할 정도의 높은 불확실성을 자주 안겨줘야 한다. 13.6.3절은 이런 능력을 갖춘 로봇으로서 탁구 로봇을 소개한다.

로봇 지능의 궁극적인 목표는 과업에 대한 일반화 능력을 갖추는 것이다. 자신이 학습한 과업을 환경이 달라지더라도 안정적으로 수행할 수 있어야 하며, 학습하지 않은 과업을 추론inference과 리즈닝reasoning을 통해 수행할 수 있어야 한다.

추론은 알고 있는 지식으로부터 새로운 지식을 유추해내는 능력을 뜻한다. 예를 들어, [그림 13-21(b)]에서 두 바퀴 사이에 고무밴드를 끼우는 과업을 수행해야 한다고 하자. 여러 종류의 고무밴드가 들어 있는 상자에서 적당한 길이와 장력을 가진 것을 선택해야 하는데, 이때 로봇이 두 바퀴 사이의 거리와 바퀴의 크기를 감안하여 적당한 고무밴드를 골랐다면 추론 능력을 갖추었다고 말할 수 있다. 리즈닝은 논리적 단계를 거쳐 합리적으로 문제를 해결하는 사고 능력을 뜻한다. 따라서 리즈닝은 추론을 포함하는 보다 포괄적인 능력이다. 예를 들어, [그림 13-21(b)]에서 도시락을 준비하는 로봇은 가방에 음식을 모두 담으려면 어떤 순서로 넣어야 하는지를 리즈닝을 통해 결정해야 하고 한 손으로 가방을 벌리고 다른 손으로 음식을 집어 가방에 넣는 행동을 리즈닝을 통해 알아내야 한다. 현재 인공지능 기술 중에 추론과 리즈닝이 가장 뛰어난 것은 LLM이다. 최근 로봇 연구는 LLM을 통해 추론과 리즈닝을 수행하고, 이때 발생한 행동 열을 실물 로봇이 실행하는 행동 열로 변환하는 실물 리즈닝embodied reasoning에 주력한다. 실물 리즈닝 능력을 갖춘 모델을 비전과 언어에 로봇 행동이 추가되었다는 뜻에서 VLA 모델vision-language-action model이라고 부른다. VLA 모델에 대해서는 13.6.4절에서 설명한다.

(a) 솜씨 손 [Akkaya2019]　　(b) 텍스트 또는 음성 명령을 실행하는 로봇 [DeepMind2025]

그림 13-21 높은 수준의 로봇

지능 로봇이 수행하는 과업은 매우 복잡하고 불확실성이 높기 때문에 한 가지 방법론으로 해결하기 어렵다. 따라서 흉내 학습과 강화 학습, 지도 학습 등을 결합하는 하이브리드 접근방식을 주로 사용한다.

2. 민첩한 휴머노이드 로봇

사람 또는 동물의 전신을 애니메이션하는 일은 영화나 게임, 가상 현실을 구현하는 데 중요하다. 예전에는 고정된 애니메이션을 생성한 다음 영화에서처럼 한 장면에만 사용하고 버리거나 게임에서처럼 특정 장면에서 반복 사용했다. 최근에는 걷기, 달리기, 점프, 회전, 차기, 던지기와 같은 다양한 동작을 학습한 다음 필요할 때마다 생성해내는 방식을 주로 사용한다. 이렇게 하면 생성할 때마다 조금씩 변화를 줄 수 있을 뿐만 아니라 서로 다른 동작을 무봉seamless으로 이어 붙여 덩크슛과 같은 복잡한 동작을 만들어낼 수 있다. 이때 주로 강화 학습을 사용한다.

강화 학습으로 최적화된 정책이 자세pose의 열을 생성하면 렌더링 알고리즘은 자세의 열로부터 애니메이션을 생성한다. 예를 들어 DeepMimic은 휴머노이드 로봇, 아틀라스 로봇, 공룡, 용이라는 캐릭터의 다양한 동작을 PPO 알고리즘으로 학습하는 기술을 제시하였다[Peng2018]. 강화 학습을 이용하여 전신 애니메이션을 수행하는 기술을 서베이한 논문으로 [Kwiatkowski2022]를 추천한다.

이런 기술을 실물 로봇에 적용할 수 있다. 정책이 자세의 열을 생성하면 애니메이션에서는 렌더링하여 영상을 생성하는 반면, 로봇에서는 로봇의 관절을 제어하는 신호로 변환하여 로봇을 제어하면 된다. 개념적으로는 문제가 이렇게 단순하게 보이지만 실제로는 그렇지 않다. 왜냐하면 컴퓨터로 시뮬레이션하는 세계와 실제 세계의 물리 법칙 사이에 불일치가 존재하기 때문이다. 실제 세계는 바닥과의 마찰, 미끄러짐, 부품의 닳음, 바람이나 날씨와 같은 외부 요인의 영향을 받기 때문에, 시뮬레이션과는 다른 상황이 자주 발생한다. 이런 불일치를 해소하여 가상 세계의 시뮬레이션과 실제 세계의 물리를 일치시키는 일을 sim2real이라고 부른다. 다양한 분야에서 널리 사용되는 sim2real 기법을 서베이한 논문으로 [Da2025], 로봇 분야에서 주로 사용되는 sim2real 기법을 서베이한 논문으로 [Zhao2020]을 추천한다.

현재 ASAP[aligning simulation and real physics] 로봇은 사람의 민첩한 동작을 흉내 내는 데 가장 뛰어난 기술로 평가된다[He2025]. 이 로봇은 슛이나 슛 성공 후 세리머니와 같은 민첩한[agile] 전신 동작을 위한 새로운 sim2real 기법을 제시한다. [그림 13–22]는 두 단계로 구성되는 강화 학습 절차를 설명한다. [그림 13–22(a)]는 비디오 영상 데이터를 가지고 사람의 민첩한 동작을 예비 학습하는 첫 단계다. 비디오는 컨볼루션 신경망을 통해 인식되며, 그 결과는 자세의 열로 변환된다. 이때 사람 전신을 표현하기 위해 SMPL[skinned multi-person linear] 모델을 사용한다. SMPL에서 자세란 전신을 구성하는 24개 랜드마크의 3차원 좌표로 구성되며, 골반을 루트(원점)로 간주하고 나머지 23개의 좌표로 표현한다[Loper2015].

컨볼루션 신경망이 추정한 사람의 자세 데이터 D_{SMPL}에서 잡음을 제거하여 $D_{SMPL}^{Cleaned}$로 변환한다. 그리고 $D_{SMPL}^{Cleaned}$를 Unitree G1이라는 실물 휴머노이드의 자세 데이터 $D_{Robot}^{Cleaned}$로 변환한다. [그림 13–22(a)]에서 'Imitation Goal' 표시가 $D_{Robot}^{Cleaned}$ 데이터다. 불꽃 모양과 함께 표시된 'Policy'는 강화 학습으로 최적화해야 할 정책 π이며, π는 PPO 알고리즘을 사용하여 학습한다. 구체적인 신경망 구조와 학습 기법은 [Peng2018]을 따른다. 상태는 랜드마크의 위치와 속도, 루트의 위치와 각속도, 이전에 취했던 행동으로 구성되는 75차원 벡터인데 최근 다섯 순간을 사용하기 때문에 최종 입력 벡터는 75×5=375차원 벡터다. 행동은 루트를 제외한 23개 랜드마크에 가할 힘으로서 23차원 벡터다. 보상은 현재 정책에 따라 발생하는 상태와 $D_{Robot}^{Cleaned}$에 있는 상태의 차이가 작을수록 높은 값을 제공한다. 이 보상 함수는 정책 π가 비디오에 나타난 사람의 동작을 최대한 비슷하게 흉내 내도록 유도한다. PPO와 함께 비대칭 행동가–비평가, 커리큘럼 학습[curriculum learning], 도메인 랜덤화 등의 기법을 사용함으로써 보다 안정적인 학습을 달성한다. 학습을 마친 정책 π를 Unitree G1 실물 로봇에 설치한 다음, 로봇을 구동하여 실제 에피소드 데이터 D^r을 충분한 양만큼 수집하여 단계2로 넘겨준다. [그림 13–22(a)]에서 $s_0^r - a_0^r - s_1^r - a_1^r - \cdots$의 집합이 에피소드 데이터 D^r이다.

단계1에서 예비 학습된 정책 π는 사람의 동작을 어느 정도 흉내 내지만, 자연스러움에서 한계를 보인다. 부자연스러운 동작의 원인은 정책을 학습할 때 사용한 시뮬레이터와 실물 로봇 사이의 불일치 때문이다. ASAP의 단계2는 이 불일치를 해소하는 sim2real 기법으로 [그림 13–22(b)]의 델타 행동 모델[delta action model]을 사용한다. 델타 행동 모델은 실물 로봇에서 수집한 데이터 D^r을 목푯값으로 사용하여 불일치 오차를 해소하는 능력을 학습한다.

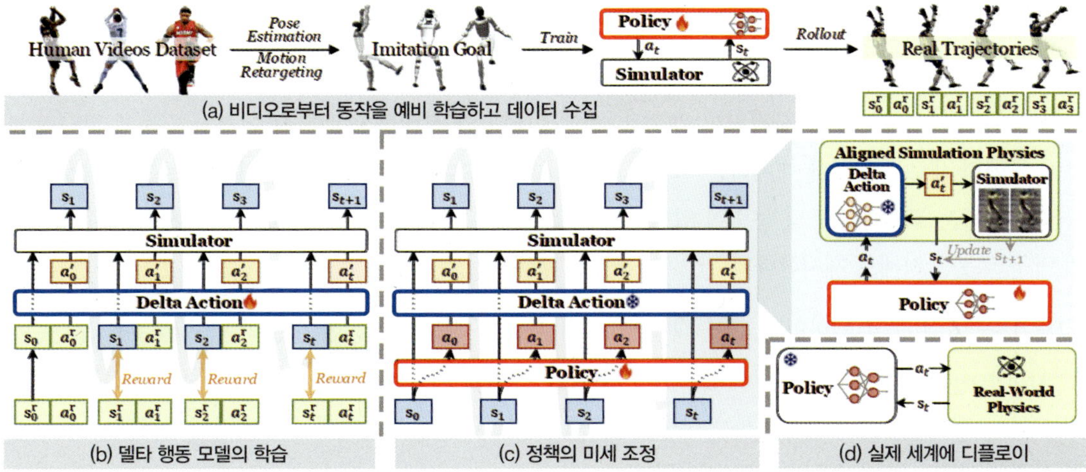

그림 13-22 ASAP 로봇의 두 단계 학습 과정[He2025]

학습 과정을 간략히 설명한다. [그림 13-22(b)]에서 볼 수 있듯이 먼저 순간 0의 상태-행동인 $s_0^r-a_0^r$을 입력한다. 델타 행동 모델이 수정된 행동 a_0'를 출력하면 시뮬레이터는 a_0'를 실행하여 다음 상태 s_1을 출력한다. 이때 사용하는 시뮬레이터는 단계1의 시뮬레이터와 같다. 다음 순간 1에서는 s_1과 a_1^r이 입력되면 델타 행동 모델은 수정된 행동 a_1'를 출력한다. 시뮬레이터는 a_1'를 실행하여 다음 상태 s_2를 출력한다. 이때 s_1과 s_1^r의 차이가 보상에 해당하는데, 차이가 작을수록 큰 보상을 줌으로써 이후에 차이가 줄어든 행동을 생성하도록 유도한다. 이런 방식을 순간 2, 3, …에 적용하면서 학습을 진행한다.

학습을 마친 델타 행동 모델은 [그림 13-22(c)]에서 정책 π를 미세 조정하는 데 사용된다. 이때 델타 행동 모델을 고정하고 단계1에서 예비 학습된 정책 π를 미세 조정한다. 순간 0을 위한 상태 s_0을 초기화한 다음 정책 π에 입력하고 행동 a_0을 얻는다. 델타 행동 모델은 a_0을 a_0'로 수정한다. 시뮬레이터는 a_0'를 실행하여 다음 상태 s_1을 출력한다. 순간 1에서는 s_1을 정책 π에 입력하고 행동 a_1을 얻는다. 델타 행동 모델은 a_1을 a_1'로 수정한다. 시뮬레이터는 a_1'를 실행하여 다음 상태 s_2를 출력한다. 이런 처리 방식을 순간 2, 3,…에 적용하면서 학습을 진행한다. 학습을 마치면 정책 π를 최적 정책 π_*로 간주하고 저장한다. [그림 13-22(d)]는 π_*를 시험 단계에서 현장에 적용하는 상황이다. 이때는 델타 행동 모델은 필요 없다.

ASAP 개발 팀은 IsaacGym 시뮬레이터에서 [그림 13-22(a)~(c)]의 학습을 진행하여 얻은 정책을 실물 로봇인 Unitree G1에 적용하였다. 그 결과 기존의 sim2real 기법에 비해 훨씬 자연스러운 동작을 얻을 수 있다는 사실을 입증한다. 이들은 향후 해결해야 할 여러 과제를 제시하는데, 그중 하나는 학습 과정에서 실물 로봇의 제어가 매우 어렵다는 점이다. 실제로 학습 도중에 로봇 두 대가 손상되는 사고가 발생했다는 일화가 소개되어 있다. 이처럼 실물 로봇을 활용한 학습은 높은 리스크를 동반하며, 실험 효율성과 안정성을 높이기 위한 대안이 필요하다.

3. 스포츠 로봇

스포츠는 지능 로봇의 성능을 가늠하기 좋은 테스트베드 문제다. 공의 위치와 속도, 스핀을 인식하고 제어하는 데 정확성과 빠른 의사결정이 필수고, 상대의 의도와 상태를 예측하기 어렵기 때문에 학습할 때 보지 못했던 새로운 상황에 대처하는 일반화 능력 또한 필수다. 게다가 상대의 허를 찌르는 전략을 구상하고 실행하는 고도의 리즈닝 능력이 있어야만 프로 수준에 올라설 수 있다. 여기서는 사람 수준에 올라선 탁구 로봇을 사례로 제시한다.

[그림 13-23]은 구글 딥마인드 팀이 개발한, 실제 사람과 대결이 가능한 수준의 탁구 로봇을 보여준다[D'Ambrosio2024]. 이 로봇은 다양한 수준의 사람 29명과 대결을 펼쳐 13승을 거두었다. 전문 선수에게는 모두 패배했지만 초심자에게는 전승을 거두었으며, 중간 실력자에게는 55%의 승률을 기록하여 대략 사람의 중간 실력에 해당한다고 평가된다.

이 로봇은 서브를 넣는 기능이 없어 항상 사람이 서브를 넣는 방식으로 경기가 진행된다. 자유도가 6인 ABB 110 매니퓰레이터 로봇을 좌우로 4미터, 앞뒤로 2미터 이동할 수 있는 받침대 위에 설치하였다. 공의 위치는 카메라 두 대를 통해 초당 125번 인식하며, 상대 선수의 라켓 위치를 인식하기 위해 경기장 주변에 PhaseSpace 모션 캡처 시스템의 카메라 20대를 설치하였다.

그림 13-23 사람 수준을 달성한 탁구 로봇[D'Ambrosio2024]

탁구 선수는 포핸드forehand와 백핸드backhand, 스핀spin을 거는 등의 다양한 기술을 갖추고 상황에 따라 적절한 기술을 구사한다. [D'Ambrosio2024]는 이런 계층적 의사결정 전략을 로봇에 부여하기 위해 낮은 수준의 기술을 제어하는 LLClow-level controller와 상황에 따라 적합한 기술을 선택하는 높은 수준의 전략을 제어하는 HLChigh-level controller로 구분한 시스템을 구현한다. LLC는 포핸드와 관련된 기술 11개 종류와 백핸드와 관련된 기술 6개 종류를 담당하는 정책 17개를 학습한다. HLC는 현재 상태에 따라 17개 정책 중 하나를 선택하는 일을 담당한다. 게다가 상대와 경기를 하면서 정책의 선호도 통계를 지속적으로 갱신함으로써 상대의 취약점을 공략하는 전략을 구사한다.

[그림 13-24(a)]는 17개 기술을 담당하는 LLC 정책을 학습하는 과정을 설명한다. 각각의 기술을 담당하는 정책을 별도의 신경망으로 학습한다. 17개 기술을 하나의 신경망으로 학습하지 않고 개별 신경망

으로 학습하면 치명적 망각 현상을 피할 수 있고 새로운 기술을 추가하는 게 쉬운 점 등의 장점이 있다. π_0^{LLC}~π_{16}^{LLC}는 17개의 LLC 기술을 위한 정책 신경망인데, 예를 들어 π_0^{LLC}는 포핸드 보통, π_7^{LLC}는 포핸드로 빠르게 오른쪽 가격, π_{10}^{LLC}는 백핸드로 빠르게 가격, π_{16}^{LLC}는 백핸드 언더스핀으로 서브 받기다. LLC 기술은 토대 기술과 응용 기술로 구분되는데, 예를 들어 π_0^{LLC}는 토대 기술이고 π_7^{LLC}는 π_0^{LLC}를 미세 조정한 응용 기술이다. 시뮬레이터는 공과 라켓, 로봇 궤적의 동역학을 MuJoCo 물리 엔진으로 제작하였다. 공이 상대의 라켓에 맞은 시간을 시작 순간 0으로 간주하여 에피소드를 시작하고 로봇이 공을 받아 치거나 놓치거나 공이 바깥으로 나간 순간을 종료 상태로 간주하여 에피소드를 완성한다. 한 순간은 1/50초에 해당한다. 상태는 공의 위치와 속도의 6차원, 로봇의 관절 위치의 8차원, 포핸드와 백핸드를 표현하는 원핫 코드의 2차원으로 구성된 16차원 벡터를 최근 8 순간 쌓은 8×16 텐서로 표현한다. 행동은 8개 관절의 속도를 나타내는 8차원 벡터로 표현한다. 실험 결과 PPO나 SAC로 학습한 정책은 가끔 발작과 같은 급격한 행동을 발생시키기 때문에 진화 전략에 기반한 BGS^blackbox gradient sensing 학습 알고리즘을 사용한다.

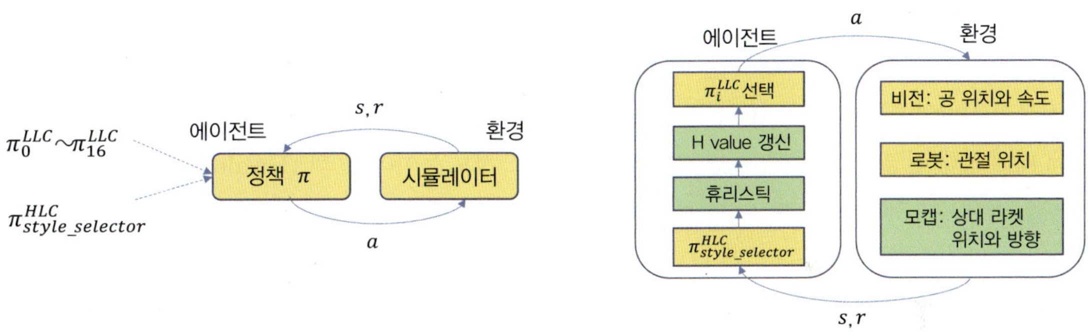

(a) LLC 정책과 HLC 정책의 학습 단계

(b) 시험 단계

그림 13-24 탁구 로봇의 정책 학습과 시험

HLC는 공을 어디로 보낼지, 얼마나 빠르게 타격할지, 어느 정도 위험을 감수할지 등의 전략적 결정을 한다. HLC는 강화 학습, 지도 학습, 규칙 기반 방법을 함께 사용하여 의사결정을 수행한다. 정책 $\pi_{style_selector}^{HLC}$는 포핸드와 백핸드 중 어느 것을 구사할지 결정하는데, 강화 학습은 [그림 13-24(a)]의 틀 속에서 BGS 알고리즘으로 학습을 수행한다. 상태는 LLC 정책을 학습할 때 사용한 8×16차원의 상태를 128차원으로 펼친 다음 최근 8개를 쌓아 8×128차원으로 표현한다. 행동 공간은 포핸드와 백핸드 중에 선택하면 되기 때문에 2차원의 원핫 벡터다. 스핀 분류기는 상대가 탑스핀과 언더스핀 중 어느 것으로 타격했는지 알아내기 위해 두 개 층을 가진 MLP를 사용한다.

π_0^{LLC}~π_{16}^{LLC}의 LLC 정책과 $\pi_{style_selector}^{HLC}$의 HLC 정책을 [그림 13-24(a)]의 시뮬레이터 환경에서 학습하면 sim2real 격차 문제가 발생한다. 연구개발 초창기에는 시뮬레이터를 이용한 학습과 사람과 대결하는 실제 환경에서의 학습을 여러 번 교차 반복하는 방식으로 격차를 해소하였다. 이런 방식은 사람이 개입되어 시간을 많이 소요하기 때문에 현재는 시뮬레이션 환경에서 학습한 정책을 추가 학습 없이 바로 현장

에 투입하는 제로샷 전이 방법을 사용한다. 제로샷을 달성하기 위해 공과 라켓, 로봇 동역학을 보다 정교하게 모방하는 시뮬레이터를 개발해 사용한다. 또한 시뮬레이터가 시작 상태를 생성할 때 랜덤 함수로 샘플링하던 이전 방식을 버리고 사람과 사람이 대결하는 실제 상황에서 수집한 데이터셋에서 샘플링하는 방법을 사용함으로써 sim2real 격차를 줄인다.

[그림 13-24(b)]는 학습을 마친 로봇을 실제 현장에 투입한 시험 단계에서 환경과 에이전트가 상호작용하는 방식을 보여준다. 시험 단계는 [그림 13-24(a)]의 학습 단계의 확장판이다. 노란색은 학습 단계에서 온 요소이고 녹색은 추가된 요소다. 이 단계에서는 상대 선수를 환경에 포함시키기 위해 모션 캡처 시스템을 통해 상대 선수의 상태를 인식한다. 에이전트는 HLC를 이용하여 LLC 기술을 선택함으로써 공을 어디로 보낼 것인지, 공을 얼마나 빠르게 칠 것인지, 그리고 어느 정도 위험을 감수할지를 결정한다. 이때 HLC는 ① $\pi^{HLC}_{style\_selector}$, ② 스핀 분류기, ③ 17개 LLC 기술의 능력치, ④ 현재 경기의 점수 기록, ⑤ LLC 기술에서 후보를 선택하는 전략, ⑥ H-value(LLC 선호도)의 정보를 활용하여 LLC 기술을 선택한다. HLC는 CPU에서 20밀리초 이내에 LLC 선택을 마치고 LLC 실행은 3밀리초 이내에 마친다.

HLC가 사용하는 ③의 LLC 기술의 능력치[skill descriptor]는 17개 기술 각각이 어느 정도의 실력을 발휘하는지를 나타내는 정보다. 초기 데이터는 시뮬레이터를 통해 수집하지만 sim2real 격차를 해소할 목적으로 로봇과 사람의 대결에서 수집한 실제 데이터를 추가로 반영한다. 데이터는 공의 상태(위치와 속도) 각각에 대해 상대 진영에 정확히 떨어진 비율과 위치, 속도 정보 등이다. ⑥의 H-value는 현재 경기를 진행 중인 상대 선수에 대한 온라인 정보로서 점수가 날 때마다 갱신함으로써 실시간으로 상대에 적응하는 능력을 발휘한다. H-value는 17개 LLC 각각에 대해 선호도를 기록하는데 HLC는 선호도가 높은 LLC에게 더 높은 선택 확률을 부여한다. 결과적으로 HLC는 ①~⑥의 다양한 정보를 기반으로 여러 가지 휴리스틱한 기준에 따라 LLC 기술을 선택하게 된다. 보다 상세한 기술 내용을 공부하려면 https://sites.google.com/view/competitive-robot-table-tennis에서 관련 논문을 찾아볼 수 있다.

4. VLA 로봇

앞서 살펴본 로봇은 특정한 환경에서 특정한 과업을 훌륭하게 수행한다. 하지만 환경이 바뀌거나 과업이 달라지면 무용지물이 된다. 그런데 인공일반지능[artificial general intelligence(AGI)]에서는 다양한 환경에서 다양한 과업을 수행할 수 있어야 하고 과업 사이의 전이가 무봉으로 이루어져야 한다. 그렇다면, 현재의 지능 로봇이 AGI에 한 발짝 다가가기 위해서는 어떻게 해야 할까?

발상과 전개

현재 널리 사용되고 있는 ChatGPT나 Gemini, Claude 등의 대규모 언어 모델[LLM]은 신경망 매개변수 개수가 수백억~수천억 개를 훌쩍 넘는 수준이다. 초창기 LLM은 언어 처리만 가능했으나, 이후 비전과 언어 처리를 모두 수행할 수 있는 멀티모달 대규모 언어 모델[multimodal large language model(MLLM)]로 발전하였다[Zhao2023]. 현재 사용하고 있는 모델 대부분이 MLLM이기 때문에, 보통 줄여서 LLM이라고 부른다.

LLM은 언어를 중심으로 학습하면서 비전도 가능하도록 확장한 모델이고, 이와 반대로 비전을 중심으로 학습하면서 언어도 가능하게 확장한 모델은 비전 언어 모델vision-language model(VLM)이라고 부른다[Laurencon2024]. 대표적인 VLM에는 Clip, Idenfics2 등이 있다. LLM과 VLM은 추론과 리즈닝 기능이 뛰어나며, 인공지능 제품 중에서는 AGI에 가장 근접한 모델로 평가된다. 이렇게 만든 LLM에 대해 특정한 하위 과업downstream task에서 수집한 소량의 데이터로 미세 조정을 수행함으로써 다양한 응용으로 전이할 수 있기 때문에 이들 LLM을 토대 모델이라고 부른다. 미세 조정은 지도 학습을 통해 이루어지는데, 이를 지도 미세 조정supervised fine-tuning 또는 SFT라고 한다. 예를 들어 질의 응답, 표 예매, 의학 상담 등의 하위 과업에 대해 SFT를 적용할 수 있다. 그렇다면 로봇 과업을 하위 과업으로 간주하여 SFT를 적용할 수 있을까?

[그림 13-25]는 여러 가지 모양의 물체를 쌓는 문제를 ChatGPT한테 제시했을 때의 응답이다[Bubeck2023]. 이 사례는 ChatGPT가 뛰어난 공간 추론과 리즈닝 능력을 가졌음을 잘 보여준다. 이런 높은 수준의 지능을 로봇에 연결할 수 있다면 로봇의 지능 수준을 상당히 높일 수 있다. 현재 지능 로봇 분야에서는 LLM 또는 VLM의 비전과 언어 모달리티에 로봇의 행동 모달리티를 추가한 비전-언어-행동vision-language-action(VLA) 모델이 가장 활발한 연구 주제 중 하나다. 줄여서 VLA라고 부른다. VLA에 대한 서베이 논문으로 [Firoozi2023, Ma2024]를 추천한다. 또한 2025년 3월 구글 딥마인드가 발표한 Gemini Robotics에 대한 짧은 소개 기사를 추천한다[Strickland2025]. 최근에는 학습을 마치고 공개한 Open VLA 모델도 등장했는데, 이에 대해서는 [Kim2024]를 참고하면 좋다.

Prompt: Here we have a book, 9 eggs, a laptop, a bottle and a nail. Please tell me how to stack them onto each other in a stable manner.

GPT-4:

```
One possible way to stack the objects onto each other in a stable manner is:

- Place the book flat on a level surface, such as a table or a floor. The book will serve as the base of
the stack and provide a large and sturdy support.
- Arrange the 9 eggs in a 3 by 3 square on top of the book, leaving some space between them. The eggs
will
form a second layer and distribute the weight evenly. Make sure the eggs are not cracked or broken, and
handle them gently to avoid dropping them.
- Place the laptop on top of the eggs, with the screen facing down and the keyboard facing up. The
laptop will fit snugly within the boundaries of the book and the eggs, and its flat and rigid surface
will provide a stable platform for the next layer. Make sure the laptop is closed and turned off, and do
not press any keys or buttons.
- Place the bottle on top of the laptop, with the cap facing up and the bottom facing down. The bottle
will add some height and balance to the stack, and its cylindrical shape will reduce the contact area
with the laptop. Make sure the bottle is empty and closed, and do not shake or tilt it.
- Place the nail on top of the bottle cap, with the pointy end facing up and the flat end facing down.
The nail will be the final and smallest object in the stack, and its sharp tip will prevent it from
rolling or sliding off the bottle. Make sure the nail is clean and straight, and do not touch or move
it.
```

그림 13-25 LLM의 리즈닝 능력[Bubeck2023]

VLA 모델에 연결된 로봇은 음성 또는 문장 형태로 지시받고, 작업 현장은 카메라로 촬영한 영상으로 입력받는다. VLA 모델이 사용하는 트랜스포머는 영상과 음성, 문장을 포함하는 멀티 모달리티를 입력받고 처리할 수 있기 때문에 로봇에 적용하는 데 문제가 없다. 그런데 VLA의 출력은 문장 형식이기 때문에 로봇에 바로 적용할 수 없다. 로봇을 구동하려면 문장을 로봇의 행동, 즉 모터의 회전 각으로 변환해야 한다. 따라서 트랜스포머에 로봇 행동에 해당하는 출력 헤드를 추가하고, 로봇 행동을 표현하는 새로운 데이터를 수집하여 미세 조정하는 전이 학습 단계를 추가로 거쳐야 한다. 이런 일에 활용할 수 있는 데이터셋과 시뮬레이터가 여럿 공개되어 있다[Ma2024, V장]. 예를 들어 Meta-world 데이터셋은 'Pull a lever down 90 degrees', 'Grasp a stick and pull a box with the stick'과 같은 50개의 로봇 작업에 활용할 수 있는 데이터를 제공한다[Yu2019]. 구글 로봇 연구팀은 13대의 로봇을 '로봇 교실 robot classroom'이라는 방에 설치하고, 17개월 동안 700개 이상의 작업에 대해 130만 개 이상의 에피소드를 수집하였다[Brohan2022]. 21개 연구 기관의 컨소시엄은 527개 스킬로 구분된 160266개 작업에 대한 Open X-Embodiment라는 이름의 대용량 데이터를 구축하였다[Open X-Embodiment2023]. 한편, 컴퓨터그래픽스 분야에서 개발한 고해상도 렌더링 기능을 로봇 학습 데이터를 생성하는 데 활용한 사례로 Proc4Gem이 있다[Lin2025].

제미나이 로보틱스

구글 로봇 연구팀은 2020년대 초반부터 LLM을 활용하여 로봇 지능을 확장하는 연구를 진행해왔다. 초창기 연구로 2022년에 발표한 SayCan이 있다[Ahn2022]. 예를 들어, 'I spilled my drink, can you help?'라는 프롬프트를 LLM에 입력했을 때 'find a cleaner', 'find a sponge', 'go to the trash can',⋯ 응답 순으로 높은 확률이 부여되었다고 하자. 이때 가장 높은 확률을 가진 응답은 사람에게는 적절해보일 수 있지만, 로봇에게는 추상적이어서 바로 실행할 수 없다. SayCan은 강화 학습으로 얻은 가치 함수를 사용하여 'find a sponge'가 가장 높은 확률이 되도록 재조정하고, 이 응답을 로봇에 전달한다. SayCan은 가치 함수를 컨볼루션 신경망으로 구현하였는데, 이후 등장하는 RT-1과 RT-2는 이 구조를 트랜스포머로 구현하여 일반성을 확장하고 성능을 향상한다. LLM이 트랜스포머로 제작되었기 때문에 LLM에 action을 추가한 VLA 구현 또한 트랜스포머를 사용하는 것이 자연스럽다.

RT-1 robotics transformer-1은 트랜스포머를 실제 로봇에 적용하는 아이디어를 구체화한 초기 연구다[Brohan2022]. 트랜스포머는 query-key-value라는 자기 주목 self-attention 연산에 기반하여 학습한다[Vaswani2017]. 트랜스포머는 문장이나 오디오, 영상, 동영상을 토큰으로 변환하여 입력하고 귀납 편향 inductive bias이 낮기 때문에 다양한 모달리티를 처리할 수 있는 강점을 가진다. 토큰의 개수를 k, 토큰의 차원을 d라고 하면 $k \times d$ 크기의 텐서를 입력받아 여러 층을 거치면서 같은 크기를 유지하다가 마지막 층에 있는 헤드를 통해 원하는 형태로 변환하여 출력한다.

[그림 13-26]의 위에 있는 그림은 RT-1의 구조와 처리 절차를 설명한다. 맨 왼쪽에서 'Route cable'이라는 명령과 작업 현장의 동영상을 입력으로 주면, EfficientNet과 트랜스포머를 통해 맨 오른쪽에서 'Discrete Action'이라고 표시된 행동을 생성하여 로봇에 전달한다. 이 예에서 행동은 초당 명령 실행 횟수 Hz, 그리퍼 동작을 나타내는 Gripper, 속도를 나타내는 Velocity, 관절 회전과 회전 속도를 나타내는 Z-Rot, Velocity로 구성된다.

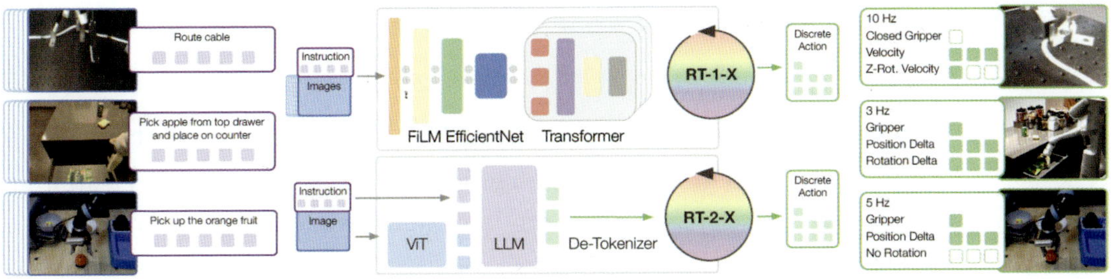

그림 13-26 RT-1과 RT-2의 구조와 처리 절차[Open X-Embodiment2023]

RT-2의 논문은 'Can large pre-trained vision-language models be integrated directly into low-level robotic control to boost generalization and enable emergent semantic reasoning?'이란 질문을 던지고 실험 결과를 통해 긍정적인 응답을 제시한다[Brohan2023]. RT-1은 LLM이나 VLM을 사용하지 않고 로봇 제어를 위한 트랜스포머 모델을 바닥부터 새로 학습한 방식이다. 반면, RT-2는 예비 학습된 VLM을 미세 조정하는 접근방법을 사용한다. 따라서 RT-1은 VLA에 해당하지 않고 RT-2는 VLA에 해당한다. VLM으로는 PaLI-X와 PaLM-E를 사용하고 SFT로 학습한다. 이렇게 미세 조정된 모델을 RT-2-PaLI-X와 RT-2-PaLM-E라고 부른다. 훈련 데이터로는 RT-1이 사용한 것을 확장해 사용한다.

[그림 13-26]의 아래에 있는 그림은 RT-2의 신경망 구조를 설명한다. 비전 트랜스포머인 ViT를 통해 영상 토큰을 생성하고 텍스트 토큰과 결합하여 LLM에 입력한다. LLM이 출력한 토큰은 De-Tokenizer를 통해 로봇 구동 신호, 즉 행동으로 변환된다. 학습 단계에서는 목푯값 행동과 트랜스포머가 예측한 행동의 차이를 MSE 손실 함수로 측정하여 학습을 진행하고, 디플로이 단계에서는 트랜스포머의 예측값을 로봇 제어기에 전송하여 로봇을 실제로 구동한다. 학습을 마친 RT-2를 시험해본 결과, 'Pick the nearly falling bag' 명령을 주었을 때 탁자 가장자리에 있는 물건을 잡거나, 망치를 집으라고 명령했는데 망치가 없는 경우 대안으로 돌멩이를 집는 행동을 수행하였다. 이런 사례를 통해 RT-2는 추론 능력을 갖추었다는 사실을 확인할 수 있다.

RT-1과 RT-2를 비교 실험한 결과, 데이터에 있는 물체에 대해서는 RT-1과 RT-2가 비슷한 성능을 보인 반면 한 번도 본 적 없는 물체에 대해서는 RT-2가 훨씬 우수한 성능을 보였다. RT-2는 LLM의 능력을 이어받아 개념을 이해하고, 제로샷 공간 추론을 수행하며, 창발^{emergent} 능력과 사고 연쇄^{chain-of-thought(CoT)} 능력까지 갖춘 로봇이 된 것이다.

구글 로봇 연구팀은 RT-1과 RT-2의 연구 성과를 이어받아, LLM으로 Gemini 2.0을 사용하고 데이터 수집과 SFT 학습, 성능 벤치마킹을 보다 체계적으로 수행한 제미나이 로보틱스^{Gemini Robotics}를 2025년에 발표하였다[DeepMind2025]. 논문은 상세 기술보다 광범위한 성능 벤치마킹 위주로 작성되었다. 이 논문에서 연구팀은 'What would it take to endow a state-of-the-art digital AI model with the embodied reasoning capabilities needed to interact with our world in a general and dexterous manner?'라는 질문을 던지고 긍정적인 실험 결과와 함께 미래 연구 방향을 제시한다.

먼저 Gemini 2.0 자체의 성능을 로봇 관점에서 측정하였는데, 2D 물체 검출, 위치 지정, 궤적 찾기, 물체를 잡을 수 있는 곳을 알아내는 그리핑gripping 찾기, 여러 영상에서 대응점 찾기, 3차원 바운딩 박스 찾기 등에서 높은 성능을 보였다. 예를 들어 'detect the spill and what can be used to clean it up' 프롬프트에 대해 비디오에서 커피 흘린 곳과 행주가 있는 곳을 성공적으로 검출한다.

연구팀은 Gemini 2.0에 그리핑 찾기 기능을 추가하려고 미세 조정을 통해 Gemini Robotics 모델을 학습한다. 미세 조정 과정에서는 영상과 텍스트를 입력으로 받아 텍스트와 로봇 행동을 출력하도록 SFT 학습을 적용한다. SFT 학습은 RT-2와 비슷하다. Gemini Robotics는 그리핑 기능이 추가되었을 뿐만 아니라 Gemini 2.0보다 우월한 성능을 보인다. 두 개의 매니퓰레이터로 구성된 ALOHA라는 두 손 로봇과 Apollo 휴머노이드 로봇에 적용한 결과 [그림 13-21(b)]와 같은 과업을 성공적으로 수행한다. 이들 과업은 'make an origami fox', 'pack a lunch box'와 같이 긴 행동 열을 생성해야 성공할 수 있는 경우와 'Can you flip the red die so that it matches the number on the green die?'처럼 추론이 필요한 경우에 해당한다.

iRe-VLA

Guo는 SFT와 강화 학습 알고리즘인 PPOProximal Policy Optimization를 같이 적용하는 iRe-VLAiterative online reinforcement learning VLA 방법을 제안하였다[Guo2025]. 그는 SFT 없이 PPO만 적용할 경우 성능이 오히려 감소하는 현상을 발견하였다. 이는 PPO는 학습 과정에서 치명적 붕괴와 같은 불안정 현상이 나타나기 때문이다. 이런 실험 결과에 따라 iRe-VLA는 두 단계 접근방법을 채택한다. 첫 번째 단계에서는 [그림 13-27(a)]의 SFT 학습을 적용하고, 두 번째 단계에서는 [그림 13-27(b)]에서처럼 강화 학습과 SFT를 번갈아 반복 적용한다. 강화 학습 단계에서는 VLM을 고정한 채 [그림 13-27]에서 'Action head'라고 표시된 행동 헤드만 학습하고, SFT에서는 신경망 전체를 학습한다. 그림에서 노란색 박스가 학습할 대상을 나타낸다.

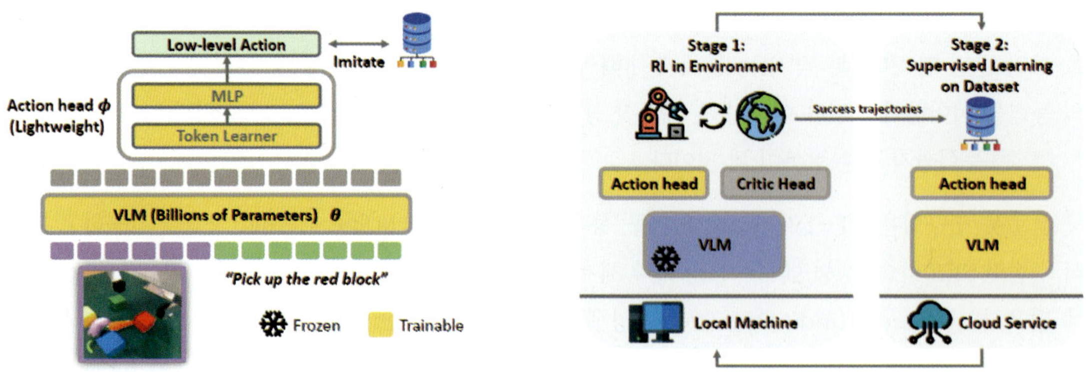

(a) SFT 학습 (b) 강화 학습과 SFT

그림 13-27 iRe-VLA의 신경망 구조와 학습 과정[Guo2025]

먼저 첫 번째 학습 단계인 [그림 13-27(a)]의 SFT를 설명한다. VLM으로는 BLIP-2를 사용한다. BLIP-2는 텍스트 토큰을 출력하기 때문에 출력 헤드를 로봇 제어 신호를 출력하는 'Action head'라고 표시된 행동 헤드로 교체한다. 행동 헤드로는 단순한 MLP를 사용한다. 훈련 집합은 $D=\{(o_1,l_1,a_1),(o_2,l_2,a_2),\cdots\}$ 이다. BLIP-2의 매개변수는 $\boldsymbol{\theta}$, 행동 헤드의 매개변수는 $\boldsymbol{\phi}$로 표기한다. $\boldsymbol{\theta}$는 30억 개로서 방대하지만 $\boldsymbol{\phi}$는 Token Learner층과 MLP층으로 구성되기 때문에 소량이다. BLIP-2에 영상 o_i와 함께 명령어 l_i='pick up the red block'이라는 텍스트가 입력되면 임베딩 과정을 통해 토큰 집합으로 변환되어 BLIP-2에 입력된다. 행동 헤드의 Token Learner는 출력된 토큰 집합에서 가장 중요한 토큰 하나를 선택하는 역할을 담당한다. 이렇게 함으로써 중복 정보를 제거함과 동시에 빠른 계산이 가능하다. 선택된 토큰은 MLP를 통해 로봇 행동으로 변환되어 출력된다. SFT 학습은 $\boldsymbol{\theta}$를 고정한 채 소량의 매개변수 $\boldsymbol{\varphi}$를 투입하고 $\boldsymbol{\varphi}$를 학습하는 LoRA 알고리즘으로 진행된다. 출력된 예측 행동 벡터와 D에 있는 목푯값 행동 벡터 a_i 사이의 오차를 계산한 MSE 손실 함수를 계산하고 옵티마이저로 학습한다. SFT 학습을 마친 모델을 $\pi_{\boldsymbol{\theta}+\boldsymbol{\phi}}$로 표기한다. 이 모델은 LLM인 BLIP-2를 기반으로 하기 때문에 일반화 능력을 갖추었지만 훈련 집합 D에 들어있는 로봇 작업에 특화된 측면이 있다.

$\pi_{\boldsymbol{\theta}+\boldsymbol{\phi}}$는 [그림 13-27(b)]의 두 번째 학습 단계로 넘어가서 강화 학습과 SFT를 반복 적용하면서 최적 모델로 점점 다가간다. 강화 학습에서는 행동가-비평가 알고리즘을 적용하기 위해 가치 신경망을 추가로 학습한다. 학습은 $\boldsymbol{\theta}$를 고정하고 $\boldsymbol{\phi}$와 가치 신경망의 매개변수만 학습한다. 개선된 $\pi_{\boldsymbol{\theta}+\boldsymbol{\phi}}$를 가지고 에피소드를 생성한 후 이들 중에서 성공한 에피소드를 D'에 추가한다. 이제 SFT 단계로 넘어가는데 이때는 데이터로 $D \cup D'$를 사용한다. 이런 과정을 수렴할 때까지 반복한다. 두 번째 학습 단계는 강화 학습으로 찾은 성공적인 에피소드를 추가로 학습하여 일반화 능력을 확장하는 셈이다.

5. 다능 로봇 모델

앞 절에서 소개한 VLA 로봇은 다양한 로봇 기종에서 다양한 과업을 수행할 수 있는 일반성을 확보하기 위한 접근방법 중 하나이다. 이런 일반성을 가진 로봇 모델을 다능 로봇generalist robot이라고 부른다. 이 절에서는 다능 로봇 모델을 구현하는 또 다른 방법으로서 토대 모델foundation model과 월드 모델world model을 소개한다. 향후에는 이들이 하나의 방법론 틀에서 동작하는 통일 모델이 나올 것으로 기대한다. 다능 로봇을 위한 국제적인 협력 연구 동향에 대한 기사로 [Levine2024]를 추천한다.

토대 모델

현대 인공지능은 대용량 데이터로 대용량 모델을 학습한 토대 모델foundation model을 제작하고, 토대 모델을 필요에 따라 다양한 하위 과업으로 전이 학습하는 접근방법을 사용한다[Bommasani2021]. 예를 들어 ChatGPT는 GPT라는 토대 모델을 얼라이닝을 통해 대화형 언어 모델이라는 하위 과업으로 전이 학습한 제품이다. 이런 토대 모델 방식을 로봇에도 적용할 수 있을까?

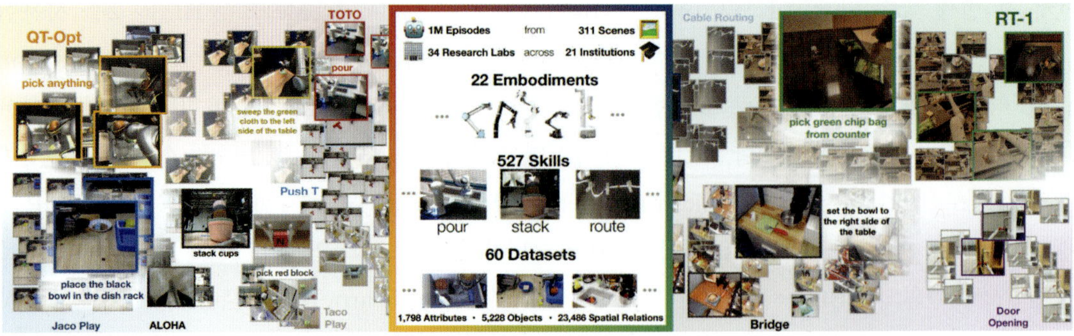

그림 13-28 Open X-Embodiment 데이터셋[Open X-Embodiment2023]

전 세계의 여러 유명한 로봇 연구 기관은 컨소시엄을 형성하여, 로봇 토대 모델을 만드는 데 필요한 Open X-Embodiment라는 데이터셋을 구축하고 2023년에 오픈소스로 공개했다[Open X-Embodiment2023]. [그림 13-28]은 이 데이터셋의 개념도다. 21개 연구 기관이 참여했는데, 이들이 보유한 서로 다른 22기종의 로봇에서 수집한 약 100만 개의 에피소드가 데이터셋에 들어 있다. 로봇에게 지시하는 과업은 텍스트로 표현되는데, 약 16만 개의 과업이 527가지 스킬로 구분되어 있다. 스킬을 높은 빈도부터 몇 가지만 나열하면 picking, moving, pushing, placing, sliding이다.

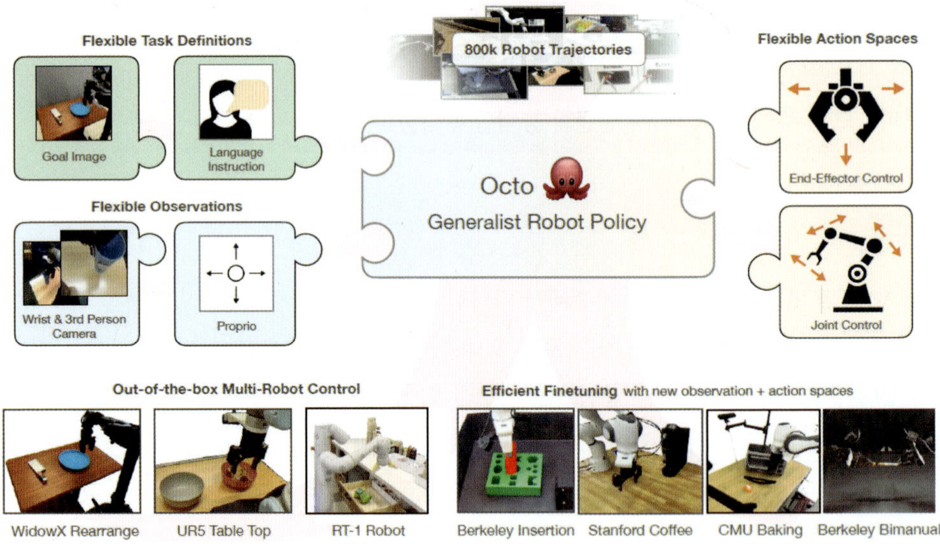

그림 13-29 Octo 모델의 일반화 능력[Ghosh2024]

Open X-Embodiment가 공개된 이후에 다양한 아이디어를 통해 로봇 토대 모델이 등장하였다. 13.6.4절에서 소개한 제미나이 로보틱스는 대표적인 토대 모델이다. 또 다른 예로는 [그림 13-29]의 Octo가 있다. Octo는 제미나이 로보틱스와 마찬가지로 대용량 데이터셋인 Open X-Embodiment를 사용하고 학습 모델로는 트랜스포머를 사용한다[Ghosh2024]. 그림에서는 레고에 부품을 끼우듯이 원하는 과업, 관찰(카메라 종류), 로봇 기종을 Octo 모델에 연결하여 다양한 작업 환경을 쉽게 구성할 수 있다는 사실을 보여준다. Octo는 약 80만 개의 궤적을 학습하여 그림 아래에서 볼 수 있는 다양한 작업을 성공적으로 수행할 수 있게 되었다. 그 밖에도, 로봇 종류를 이족 로봇, 사족 로봇, 두 손 로봇, 항해 로봇, 드론 등으로 확장한 토대 모델[Doshi2024], 사고 연쇄[chain-of-thought(CoT)]를 통한 리즈닝 기능이 강화된 토대 모델[Chen2025]이 등장한다.

이들 토대 모델은 주로 12장에서 살펴본 흉내 학습을 사용하여 학습한다. 흉내 학습의 네 가지 방법 중에 가장 단순한 형태인 행위 복제를 주로 사용한다. Open X-Embodiment와 같은 대용량 데이터셋이 필요한 이유가 여기에 있다.

월드 모델

[그림 13-9]의 뮤제로는 바둑만 두던 알파고 제로를 다양한 보드 게임과 다양한 비디오 게임을 학습할 수 있게 확장한 알고리즘이다. 뮤제로는 상태와 보상을 잠복 공간에 표현함으로써 일반성을 확보한다. 이런 잠복 공간 아이디어를 로봇에도 적용할 수 있을까?

Hafner는 로봇의 상태와 보상을 잠복 공간에 표현하는 Dreamer라는 월드 모델을 제안한다[Hafner2020, Wu2022, Hafner2025]. [그림 13-30(a)]는 월드 모델의 동작 원리와 학습 과정을 설명한다. 기본 원리는 순환 신경망과 강화 학습을 결합한 형태다. 로봇으로부터 취득한 관찰 x_t는 로봇의 위치와 속도 등을 나타내는 벡터와 카메라를 통해 들어온 영상으로 구성된다. enc라고 표시된 인코더는 x_t를 잠복 관찰 z_t로 변환한다. dec라고 표시된 디코더는 x_t를 복원한 $\hat{x}_t$을 생성한다. 월드 모델은 순간 t에서 z_t와 행동 a_t, 은닉 벡터 h_t를 가지고 다음 순간의 h_{t+1}을 생성한다. 이런 과정을 지정한 횟수만큼 반복한다. 월드 모델은 $\boldsymbol{\phi}$를 매개변수로 가진 신경망 $w_{\boldsymbol{\phi}}$로 이 과정을 구현한다. $\boldsymbol{\phi}$의 학습은 리플레이 메모리 D에서 랜덤하게 샘플링한 미니배치를 가지고 수행한다. 손실 함수는 관찰 x_t와 $\hat{x}_t$의 오차, 보상 r_t와 $\hat{r}_t$의 오차, 잠복 관찰 z_t와 $\hat{z}_t$의 오차로 구성된다. 학습 초반에는 랜덤하게 초기화된 정책 $\pi_{\boldsymbol{\theta}}$로부터 수집한 에피소드로 D를 채운다. D에 들어있는 에피소드는 $x_1-a_1-r_1-x_2-a_2-r_2-\cdots$로 표기할 수 있는데, 이 에피소드는 실제 공간에서 env.reset과 env.step 함수를 통해 수집한 것이다. 논문의 표기와 일치시키기 위해 상태 s_t를 관찰 x_t로 표기한다. 한 가지 주목할 점은 h_t를 제외한 모든 값은 확률 분포로부터 샘플링을 통해 생성한다는 사실이다.

[그림 13-30(b)]는 정책 신경망 $\pi_{\boldsymbol{\theta}}$와 상태 가치 신경망 $v_{\boldsymbol{\psi}}$의 동작 원리와 학습 과정을 설명한다. 순간 1에서 관찰 x_1을 월드 모델 $w_{\boldsymbol{\phi}}$에 입력하면 잠복 관찰 z_1이 생성된다. 이때 $v_{\boldsymbol{\psi}}$와 $\pi_{\boldsymbol{\theta}}$는 v_1과 a_1을 생성한다. 순간 2에서는 h_1, z_1, a_1로부터 h_2와 $\hat{z}_2$을 생성한다. 또한 보상 $\hat{r}_1$과 v_2, a_2가 생성된다. 이런 과정을 반복하면 잠복 공간에서 에피소드 $z_1-a_1-\hat{r}_1-\hat{z}_2-a_2-\hat{r}_2-\cdots$가 생성된다. $v_{\boldsymbol{\psi}}$와 $\pi_{\boldsymbol{\theta}}$는 잠복 공간에서 생성된 이 에피소드를 가지고 학습한다. 개선된 $v_{\boldsymbol{\psi}}$와 $\pi_{\boldsymbol{\theta}}$를 가지고 실제 공간에서 env.reset과 env.step 함수를 통해 에피소드를 수집하여 D에 추가한다. 이제 월드 모델을 학습하는 [그림 13-30(a)] 단계로 가서 월드 모델 $w_{\boldsymbol{\phi}}$를 학습하는 과정과 [그림 13-30(b)]의 $v_{\boldsymbol{\psi}}$와 $\pi_{\boldsymbol{\theta}}$를 학습하는 과정을 수렴할 때까지 반복한다.

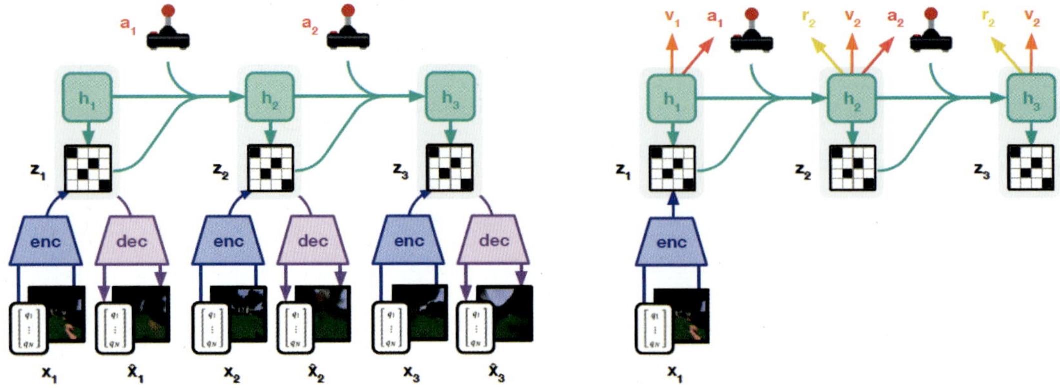

(a) 월드 모델의 동작 원리와 학습 과정　　(b) 정책 신경망과 가치 신경망의 동작 원리와 학습 과정

그림 13-30 Dreamer라는 월드 모델[Hafner2023]

앞서 공부한 PPO나 SAC 같은 기존 학습 알고리즘과 Dreamer의 근본적인 차이점에 대해 생각해보자. 기존 학습 알고리즘이 사용하는 모든 정보는 실제 세계에서 발생하는 에피소드 데이터로부터 취한다. 반면 Dreamer는 실제 세계에서 획득한 실제 에피소드 데이터로 먼저 월드 모델을 학습하고, 이 월드 모델이 생성한 잠복 공간의 에피소드로 정책 신경망과 가치 신경망을 학습한다. 다시 이들 신경망이 생성한 실제 에피소드 데이터로 월드 모델을 학습하는 과정을 반복한다. 이와 같이 학습하는 Dreamer는 서로 다른 특성을 가진 다양한 과업에 대해 일반화 성능이 뛰어나다는 것이 큰 강점이다[Hafner2023, Hafner2025]. 또한 기존 학습 알고리즘에 비해 훨씬 적은 수의 에피소드 데이터를 가지고 빨리 수렴한다는 장점이 있다.

[그림 13-31]은 Dreamer를 PPO와 같은 기존 알고리즘과 성능을 비교한다. PPO와 Dreamer는 동일한 신경망 구조와 하이퍼 매개변수 설정을 사용하였고, 다른 학습 알고리즘은 과업마다 특화된 신경망과 하이퍼 매개변수를 사용하였다. 벤치마킹은 [그림 13-31]에서 보는 바와 같이 8개 도메인에 속한 150개 과업을 대상으로 수행되었으며, 모든 도메인에 걸쳐 일관성 있게 Dreamer가 우수함을 확인할 수 있다.

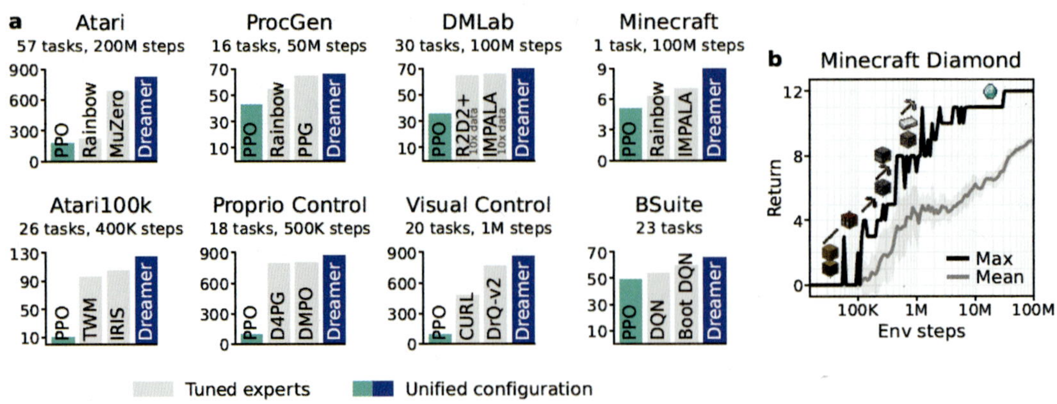

그림 13-31 Dreamer의 성능 벤치마킹[Hafner2023]

3장의 동적 프로그래밍은 환경이 가진 전이 확률 분포를 활용하기 때문에 모델 기반이다. Dreamer 역시 학습하는 과정에서 월드 모델을 사용하기 때문에 모델 기반에 속한다. 그런데 Dreamer가 동적 프로그래밍과 다른 점은 별도의 월드 모델을 학습하여 사용한다는 사실에 있다. Dreamer는 모델 기반 강화학습 알고리즘 중에서 가장 발전된 방법으로 평가된다.

7

인공일반지능을 향하여

13.2절부터 13.6절까지 소개한 인공지능 제품은 다양한 방식으로 확장된 강화 학습 알고리즘으로 만들었다. 이러한 확장 방식은 잠복 공간, 혼합 알고리즘, LLM과 결합, 실물 리즈닝이라는 기술로 요약할 수 있다. 이들 제품은 현재 인공일반지능artificial general intelligence, 줄여서 AGI라 불리는 영역에서 가장 앞서 있는 것으로 평가된다. 향후 이 기술들은 인공지능이 AGI에 점점 가까워지는 데 핵심적인 토대로 작용할 것이다. 13.7.1절은 이들 기술의 의미와 역할을 표현–학습–실물이라는 AGI 계층 구조에 따라 설명한다. 13.7.2절은 현재 인공지능 기술을 사람의 지능과 비교함으로써 AGI의 현재와 미래를 조망한다.

1. 강화 학습과 인공일반지능

강화 학습은 자신이 생성한 데이터를 바탕으로 시행착오를 거치면서 최적의 에이전트를 자율적으로 학습한다는 점에서 사람의 지능과 가장 유사한 방식으로 작동한다. 하지만 에피소드 생성과 정책 학습을 반복하는 기존의 기본 구조만으로는 AGI에서 가장 중요한 일반화 능력에 한계가 있다. 13장에서 소개한 대부분의 인공지능 제품은 이러한 한계를 극복하고 일반화 능력을 확대하기 위한 기술적 진보를 포함하고 있다. [그림 13–32]는 잠복 공간을 사용하여 일반화를 확장한 13.3.4절의 뮤제로와 LLM과 결합하여 일반화를 확장한 13.6.4절의 VLA 로봇을 설명한다.

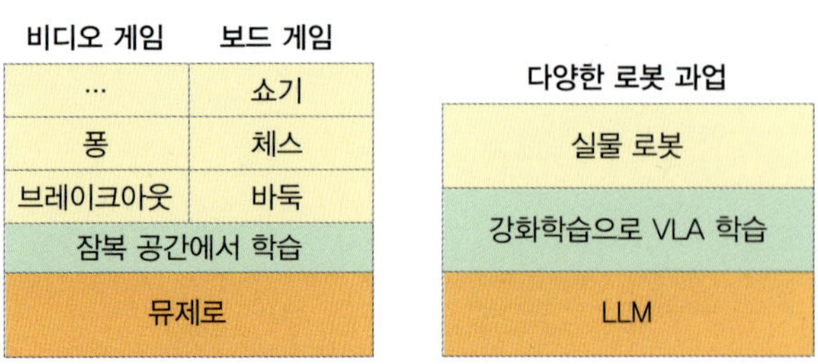

그림 13–32 확장된 강화 학습으로 일반화 능력 확대

[그림 13-33]은 확장된 강화 학습의 계층 구조를 보여준다. 센싱을 통해 얻은 실제 세계의 상태를 표현한 다음, 학습을 통해 지능 에이전트를 만들고, 실물 행동을 생성하여 실제 세계에 액츄에이션하는 과정을 보여준다. 표현 층은 서로 다른 모달리티를 일관성 있게 다루기 위해 주로 잠복 공간을 사용한다. 학습 층은 다양하고 복잡한 여러 과업을 동일한 구조의 신경망 또는 하나의 신경망으로 학습하기 위해 주로 혼합 알고리즘을 사용한다. 실물 층은 AGI에 다가가기 위해 실물 리즈닝을 구사한다.

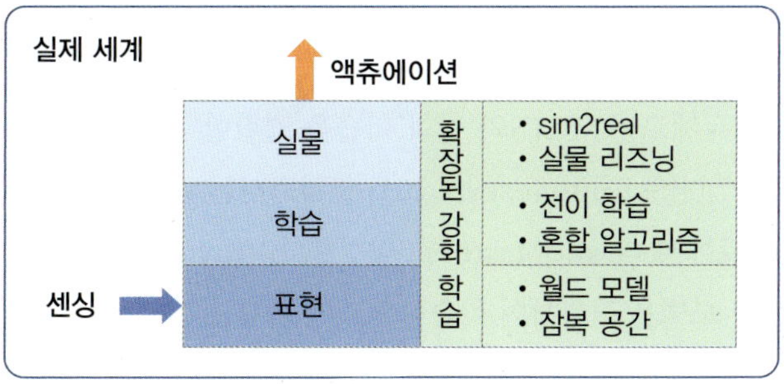

그림 13-33 확장된 강화 학습의 계층 구조

표현representation

[프로그램 11-5]는 Hopper라는 로봇이 넘어지지 않고 앞으로 나아갈 수 있도록 SAC 알고리즘으로 학습하는 프로그램이다. [그림 10-10]은 Hopper 과업을 설명하는데, 상태는 로봇 위치를 나타내는 11차원 벡터로 표현하고 행동은 모터를 구동하는 힘을 나타내는 3차원 벡터로 표현한다. 다시 말해 상태와 행동 모두 로봇과 관련한 실제 세계의 값으로 표현한다. 이런 표현을 사용하는 한, 신경망 구조와 학습 알고리즘은 특정 과업에 국한될 수밖에 없다. [프로그램 11-5]를 [그림 10-11]의 Walker2d 과업에 적용하려면 프로그램 코드를 수정하고 처음부터 다시 학습해야 한다. 즉, 서로 다른 과업 사이를 전이할 수 있는 일반화 능력이 매우 약하다고 말할 수 있다.

일반화 능력을 확대하려면 여러 과업이 공유할 수 있는 잠복 공간이 필요하다. 12.5.3절은 잠복 공간에 행동을 표현하는 여러 방식의 잠복 행동 모델latent action model, 즉 LAM을 소개하였다[Nikulin2025, Klepach 2025]. 최근에는 LAM을 비전과 텍스트, 행동을 동시에 모델링하는 VLA 로봇에 적용하는 LAPA라는 기법이 발표되었다[Ye2025]. 13.6.5절에서 소개한 Dreamer는 잠복 공간에서 에피소드를 생성하는 월드 모델을 사용한다[Hafner2025]. 바둑만 둘 수 있었던 알파고를 체스와 쇼기라는 다른 보드 게임은 물론, 모달리티가 다른 비디오 게임도 할 수 있는 뮤제로로 확장할 수 있었던 핵심 아이디어는 상태와 보상, MDP를 잠복 공간에 표현하는 것이었다[Schrittwieser2020]. Wayve 사는 자율주행차가 입력받은 비디오, 텍스트, 행동을 공통의 잠복 공간에 표현하고, 이 잠복 공간의 정보를 활용하여 월드 모델을 구축하는 GAIA-1generative AI for autonomy 모델을 제안한다[Hu2023]. 이들 사례에서 살펴본 바와 같이, 다양한 모달리티 정보를 공통의 잠복 공간에 표현함으로써 일반화 능력을 향상하는 일은 점점 보편적인 기술이 되어가고 있다.

학습learning

Hopper처럼 넘어지지 않고 멀리 나아가는 단순한 과업은 단일 학습 알고리즘으로도 해결할 수 있다. 하지만 [그림 13-22]와 같은 로봇은 넘어지지 않는 것을 넘어서, 복잡한 행동을 매끄럽고 빠르게 수행해야 하기 때문에 여러 신경망을 서로 다른 학습 알고리즘을 결합한 혼합 알고리즘으로 학습해야 한다.

[그림 13-22]의 민첩한 로봇은 정책 신경망뿐 아니라 sim2real을 모델링하는 신경망을 계층적인 단계에 따라 학습한다. [그림 13-26]에서 보는 바와 같이, VLA 로봇은 추론과 리즈닝 능력을 확보하기 위해 예비 학습된 LLM을 미세 조정하는 학습 방법을 사용한다.

보드 게임과 비디오 게임을 모두 학습할 수 있는 뮤제로는 MCTS와 강화 학습을 결합한 혼합 알고리즘을 활용하여 과업 일반성을 확장하는 데 성공하였다[Schrittwieser2020]. 알파스타는 순환 신경망인 LSTM과 강화 학습을 결합함으로써 스타크래프트에서 GrandMaster를 달성했다[Vinynals2019]. 자율주행을 위한 GAIA-1 모델은 흉내 학습과 생성 모델을 결합하여 학습함으로써 현재 순간에서 어떤 행동을 취했을 때 이후 순간의 비디오를 예측할 수 있다[Hu2023].

예전에는 학습 모델로 다층 퍼셉트론과 컨볼루션 신경망을 주로 사용했는데, 최근에는 트랜스포머를 사용하여 토대 모델을 구축하고 이를 다양한 하위 과업으로 전이 학습하는 경향이 두드러지고 있다. 컨볼루션 신경망은 영상처럼 격자 형태를 가진 입력에 적합하기 때문에 귀납 편향inductive bias이 심한 편인데, 트랜스포머는 귀납 편향이 상대적으로 낮아 토대 모델을 만드는 데 더 유리하다. 13.6.5절에서 설명한 바와 같이 로봇 토대 모델은 대부분 트랜스포머로 구현한다. 또한 Decision Transformer를 이런 노력의 일환으로 볼 수 있다[Chen2021].

실물embodiment

이전의 지능 로봇 연구가 주로 Hopper와 같은 가상의 로봇에서 이루어졌다면, 현재는 실물 로봇에 초점을 맞추고 있다. 13.6.2절의 민첩한 로봇과 13.6.3절의 탁구 로봇은 매우 동적이고 빠른 의사결정이 필요한 상황에 지능적으로 대처하는 실물 로봇의 예다. 13.6.5절의 토대 모델과 월드 모델은 여러 과업을 서로 다른 기종의 실물 로봇에서 실행할 수 있는 일반화를 목표로 한다. 게다가 13.6.4절의 VLA 로봇은 LLM의 지능을 이어받아 실물 리즈닝 능력을 갖춰가고 있다[Huang2022b, Ghosh2024, Doshi2024, Chen2025, Guo2025]. 자율주행에서도 LLM과 결합하여 실물 리즈닝 능력을 향상하려는 연구가 많다[Cui2023, Yang2023]. 실물 인공지능embodied AI에 대한 서베이 논문으로 [Liu2024]를 추천한다.

2. 사람 지능과 인공지능

현재 인공지능은 강화 학습과 흉내 학습, MCTS 등의 여러 알고리즘을 결합하고, 여러 모달리티를 일관성 있게 처리하기 위해 잠복 공간을 사용함으로써 일반화 능력을 확장한다. 여기에 더해 LLM과 결합하여 리즈닝 능력을 크게 향상한다. 이런 노력의 결과로 과업 일반화 능력은 확실히 과거보다 크게 향상되었다. 하지만 사람의 과업 일반화에 비하면 여전히 턱없이 열등하다[Lake2017].

[그림 13-34(a)]는 무봉으로 과업 전환seamless task transfer이 가능한 사람의 일상생활을 보여준다. 사람은 달리기를 하다가 주머니에서 휴대폰이 울리면, 잠시 멈춰 통화를 하고, 가까운 의자를 찾아 앉은 후 인터넷 검색을 하며, 상대가 요청한 문서를 찾아 전송한 뒤, 다시 달리기를 이어 나간다. 이런 과업 전환은 봉합 자국 없이 자연스럽게 일어난다. 이처럼 달리기라는 하나의 과업은 서로 다른 성격의 소규모 과업의 연쇄로 이루어진다. 달리기 과업을 마치면 집에 가기 위해 운전 과업을 수행하고, 집에 도착하면 샤워 과업, 저녁 식사 과업, TV 시청 과업, 취침 과업이 연쇄적으로 일어난다. 이들 과업 각각은 고유한 소규모 과업의 연쇄로 이루어지기 때문에 과업은 계층화되어 있다라고 말할 수 있다. 사람은 어떤 과업을 수행할 때 의도intention가 분명하다. 의도는 과업을 촉발시키며 과업을 수행하는 과정을 제어한다. 중간에 돌발 상황이 발생하면 유연하게 대처하는 능력과 원래 과업으로 회복하는 능력이 뛰어나다.

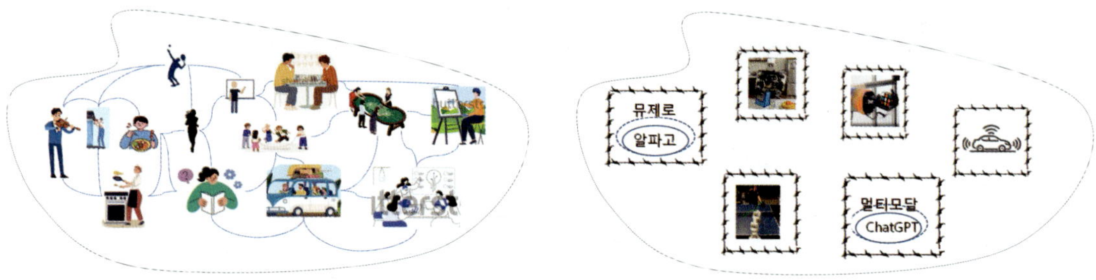

(a) 무봉으로 과업 전환이 가능한 사람 지능

(b) 인공지능의 분절된 과업

그림 13-34 과업 전환 측면에서 사람 지능과 인공지능의 커다란 격차

사람의 과업 전환 능력에 다가가려는 다양한 시도가 이루어지고 있으며, 이들 시도는 일정 정도의 성과를 거두고 있다. 13.3.4절의 뮤제로, 13.6.4절의 VLA 로봇, 13.6.5절의 로봇 토대 모델과 월드 모델 등은 대표적 성공 사례다. 또 다른 다능 에이전트generalist agent로 Gato를 들 수 있다[Reed2022]. [그림 13-35]는 Gato가 처리할 수 있는 다양한 응용 도메인을 보여준다. Gato는 모달리티가 다르고 상태 공간과 행동 공간이 서로 다른 604개의 과업을 단일 신경망으로 학습했다는 데 큰 의미가 있다. 이외에도 메타 강화 학습meta-RL을 통한 일반화 향상[Beck2023], XLand라는 환경 공간에서 매끄럽게 변하는 과업을 학습함으로써 일반화 향상[Open-Ended Learning Team2021, Adaptive Agents Team2023], LLM이 가진 풍부한 지식을 강화 학습에 활용하려는 다양한 노력[Luketina2019, Kwon2023, Feng2024] 등의 연구가 활발히 진행되고 있다.

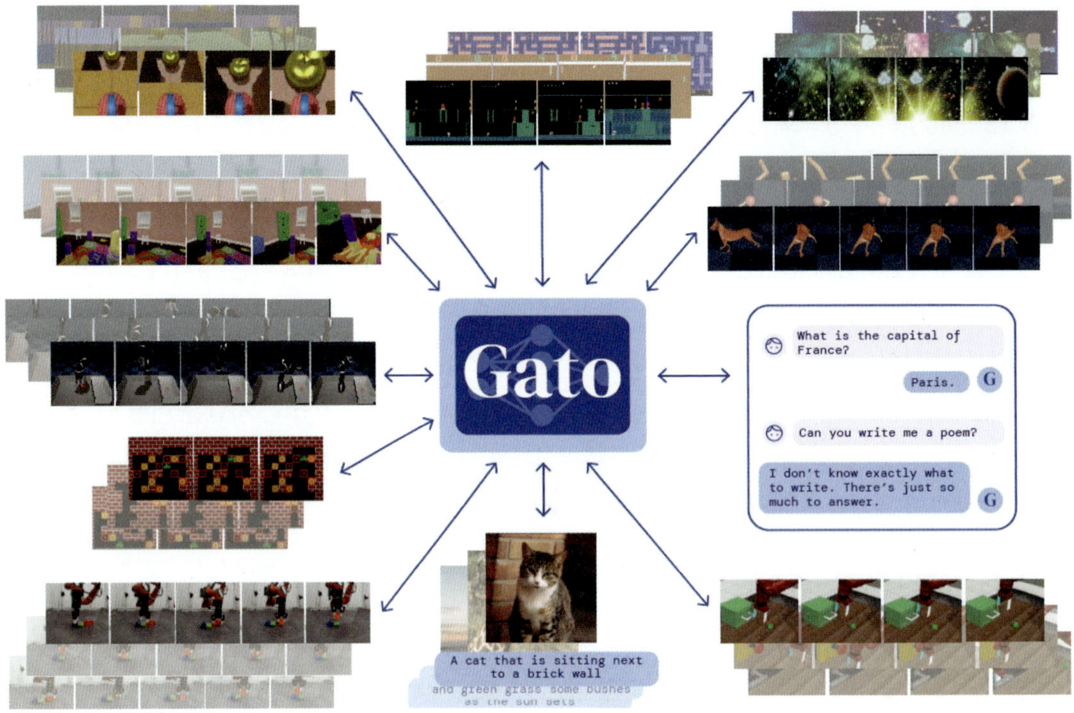

그림 13-35 Gato의 일반화 능력[Reed2022]

이러한 노력과 성과에도 불구하고, 인공지능은 [그림 13-34(b)]에서 보는 바와 같이 과업 전환이 철저히 분절되어 있다. 앞서 소개한 과업 일반화 성과는 단지 방대한 과업 공간에서 좁은 영역에서 일반화를 일으킨 정도에 불과하다. 진정한 AGI에 다가가기 위해서는 과업을 분절하는 울타리를 넘어설 수 있어야 한다. 이 책의 범위를 넘어서는 주제지만, AGI로 나아가기 위한 중요한 연구 방향으로 하나를 제시하자면, 서로 다른 특성을 가진 데이터와 알고리즘의 밀접한 결합이다. [그림 13-36(a)]는 [그림 13-6]의 알파고, [그림 13-36(b)]는 [그림 13-9]의 뮤제로를 위한 개념도를 다시 정리한 것이다. 알파고에서는 알고리즘이 분절되어 있고 순차적으로 동작하는 반면, 뮤제로에서는 두 알고리즘이 밀접하게 결합하여 동시에 학습한다. [그림 13-36(b)]는 [그림 13-30]의 Dreamer의 밀접한 결합도 보여준다.

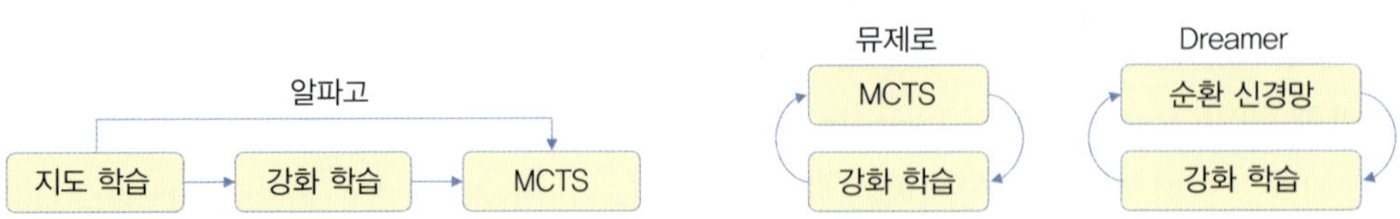

(a) 느슨한 결합 (b) 밀접한 결합

그림 13-36 혼합 알고리즘의 결합 형태

연습문제

1 13.2.1절의 마지막 문단은 사람이 게임을 배우는 과정과 강화 학습이 게임을 배우는 과정의 차이를 설명한다. 다음 질문에 대한 자신의 의견을 제시하시오.

(1) 퐁 아타리 게임에서 사람과 DQN 중 누가 더 지능적인가?

(2) DQN은 진정으로 지능적이라고 볼 수 있는가?

2 [그림 13-2]는 DQN이 사람 점수의 75% 이상을 달성한 게임과 그렇지 않은 게임으로 구분한다. 75% 미만인 게임은 대체적으로 DQN이 학습하기 까다로운 특성을 가진 것으로 유추할 수 있다.

(1) 75% 미만의 예제 게임을 하나 선택하여, 까다로운 이유를 구체적으로 설명하시오.

(2) [Oh2018][2]은 까다로운 게임에서 성능을 향상할 수 있는 self-imitation 기법을 제안한다. 이 기법의 원리를 설명하시오.

3 알파고는 흉내 학습을 사용하지 않는 알파고 제로로 발전하였다. 자율주행은 일반적으로 흉내 학습을 사용하는데, 알파고 제로처럼 흉내 학습을 사용하지 않는 버전으로 발전할 수 있을까? 이에 대한 자신의 의견을 제시하시오.

4 일반 운전자가 사용하는 내비게이션에 장착된 지도와 자율주행차에 장착된 지도는 어떻게 다른지 조사하여 설명하시오.

5 최근 마라톤에 참여한 로봇, 배달 로봇, 가사 로봇 등 흥미로운 지능 로봇들이 뉴스를 통해 소개되고 있다. 이들 중 하나를 선택하여 아래 질문에 답하시오.

(1) 선택한 로봇의 뛰어난 점과 한계를 가능한 한 자세히 설명하시오.

(2) 해당 로봇은 지능을 어떻게 학습했는지 또는 자신이라면 어떻게 학습시킬 것인지 설명하시오.

---

2 [Oh2018] Junhyuk Oh, Yijie Guo, Satinder Singh, and Honglak Lee, "Self-imitation learning," ICML.

6 뮤제로는 잠복 공간을 도입함으로써 비디오 게임과 보드 게임을 동일한 알고리즘으로 학습할 수 있게 되었다. Dreamer는 잠복 공간을 활용하여 로봇 과업을 포함한 더 다양한 문제를 동일한 방식으로 학습할 수 있도록 한다.

(1) 뮤제로와 Dreamer의 공통점을 설명하시오.

(2) 뮤제로와 Dreamer의 차이점을 설명하시오.

7 [그림 13-34]는 과업 전환이 매끄러운 사람 지능과 과업 전환이 분절된 인공지능을 비교한다. 미래의 인공지능이 사람처럼 매끄럽게 과업 전환을 할 수 있을까? 이 질문은 미래 인공지능의 핵심적인 화두다. 이에 대한 자신의 견해를 짧은 논문 형식으로 작성하시오.

참고문헌

- arXiv에 발표된 뒤에 학술대회 또는 저널에 중복으로 게재된 경우에는 저널 또는 학술대회 논문을 기준으로 연도를 표시하고 arXiv를 괄호 안에 표시한다.
- 간결성을 위해 vol/no와 페이지 번호를 생략하고 발표 연도는 [Abadi2016]처럼 표기한다.
- 약어로 잘 알려진 학술대회와 학술지는 약어로 표기한다.

학술대회 약어

NIPS (Conference on Neural Information Processing Systems) → 2018년부터 NeurIPS로 명칭 변경됨
NeurIPS (Conference on Neural Information Processing Systems)
CVPR (Conference on Computer Vision and Pattern Recognition)
ICLR (International Conference on Learning Representations)
ICML (International Conference on Machine Learning)
IJCAI (International Joint Conference on Artificial Intelligence)
AISTATS (International Conference on Artificial Intelligence and Statistics)
ECML (European Conference on Machine Learning)
ECCV (European Conference on Computer Vision)
CoRL (Conference on Robot Learning)
AAAI (AAAI Conference on Artificial Intelligence)
IEEE ICRA (IEEE International Conference on Robotics and Automation)
IEEE IROS (IEEE/RSJ International Conference on Intelligent Robots and Systems)

학술지 약어

IEEE PAMI (IEEE Transactions on Pattern Analysis and Machine Intelligence)
CACM (Communications of the ACM)

[Abadi2016] Martin Abadi et al., "TensorFlow: a system for large-scale machine learning," arXiv:1605.08695.

[Abbeel2012] Pieter Abbeel, Lecture notes(UC, Berkeley, CS 287: Advanced Robotics, Fall 2012), https://people.eecs.berkeley.edu/~pabbeel/cs287-fa12/slides/inverseRL.pdf.

[Achiam2018] Josh Achiam, OpenAI Spinning Up, https://spinningup.openai.com/.

[Adams2022] Stephen Adams, Tyler Cody, and Peter A. Beling, "A survey of inverse reinforcement learning," Artificial Intelligence Review.

[Adaptive Agents Team2023] Adaptive Agents Team(Google DeepMind), "Human-timescale adaptation in an open-ended task space," arXiv:2301.07608.

[Aderinwale2024] Tunde Aderinwale et al., "AFM-RL: large protein complex docking using AlphaFold-Multimer and reinforcement learning," bioRxiv:2024.01.20.576386.

[Afsar2022] M. Mehdi Afsar, Trafford Crump, and Behrouz Far, "Reinforcement learning based recommender systems: a survey," ACM Computing Surveys.

[Agawal2023] Pranav Agarwal, Aamer Abdul Rahman, Pierre-Luc St-Charles, Simon J. D. Prince, and Samira Ebrahimi Kahou, "Transformers in reinforcement learning: a survey," arXiv:2307.05979.

[Ahn2022] Michael Ahn et al., "Do as I can, not as I say: grounding language in robotic affordances," CoRL (arXiv:2204.01691v2).

[Akkaya2019] Ilge Akkaya et al., "Solving Rubik's cube with a robot hand," arXiv:1910.07113.

[Alowais2023] Shuroug Alowais et al., "Revolutionizing healthcare: the role of artificial intelligence in clinical practice," BMC Medical Education.

[Amin2021] Susan Amin, Maziar Gomrokchi, Harsh Satija, Herke van Hoof, and Doina Precup, "A survey of exploration methods in reinforcement learning," arXiv:2109.00157v2.

[Amodei2016] Dario Amodei et al., "Concrete problems in AI safety," arXiv:1606.06565v2.

[Andrychowicz2019] Marcin Andrychowicz et al., "Learning dexterous in-hand manipulation," The International Journal of Robotics Research (arXiv:1808.00177).

[Andrychowicz2021] Marcin Andrychowicz et al., "What matters for on-policy deep actor-critic methods? A large-scale study," ICLR.

[Argall2009] Brenna D. Argall, Sonia Chernova, Manuela Veloso, and Brett Browning, "A survey of robot learning from demonstration," Robotics and Autonomous Systems.

[Arulkumaran2017] Kai Arulkumaran, Marc Peter Deisenroth, Miles Brundage, and Anil Anthony Bharath, "Deep reinforcement learning: a brief survey," IEEE Signal Processing Magazine (arXiv:1708.05866).

[Atkinson2021] Craig Atkinson, Brendan McCane, Lech Szymanski, and Anthony Robins, "Pseudo-rehearsal: achieving deep reinforcement learning without catastrophic forgetting," Neurocomputing (arXiv:1812.02464v6).

[Auer2002] Peter Auer, Nicolo Cesa-Bianchi, and Paul Fischer, "Finite-time analysis of the multiarmed bandit problem," Machine Learning.

[Aytar2018] Yusuf Aytar et al., "Playing hard exploration games by watching YouTube," NeurIPS.

[Bagnell2015] J. Andrew Bagnell, "An invitation to imitation," CMU Technical Report.

[Bahdanau2015] Dzmitry Bahdanau, Kyunghyun Cho, and Yoshua Bengio, "Neural machine translation by jointly learning to align and translate," ICLR (arXiv1409.0473).

[Bai2022] Yuntao Bai et al., "Constitutional AI: harmlessness from AI feedback," arXiv:2212.08073.

[Barto1983] Andrew G. Barto, Richard S. Sutton, and Charles W. Anderson, "Neuronlike adaptive elements that can solve difficult learning control problems," IEEE Transactions on Systems, Man, and Cybernetics.

[Beck2023] Jacob Beck et al., "A survey of meta-reinforcement learning," arXiv:2301.08028v3.

[Bellemare2013] Marc G. Bellemare, Yavar Naddaf, Joel Veness, and Michael Bowling, "The arcade learning environment: an evaluation platform for general agents," Journal of Artificial Intelligence Research (arXiv:1207.4708v2).

[Bellman1957] Richard Bellman, Dynamic Programming, Princeton University Press(2003 Reprint Edition).

[Bengio2003] Yoshua Bengio et al., "A neural probabilistic language model," Journal of Machine Learning Research.

[Berner2019] Christopher Berner et al., "Dota 2 with large scale deep reinforcement learning," arXiv1912.06680.

[Bhukar2023] Karan Bhukar, Harshit Kumar, Dinesh Raghu, and Ajay Gupta, "End-to-end reinforcement learning for conversation disentanglement," AAAI.

[Binas2019] Jonathan Binas, Leonie Luginbuehl, and Yoshua Bengio, "Reinforcement learning for sustainable agriculture," ICML Workshop.

[Bommasani2021] Rishi Bommasani et al., "On the opportunities and risks of foundation models," arXiv:2108.07258v3.

[Boyan1994] Justin A. Boyan and Andrew W. Moore, "Generalization in reinforcement learning: safely approximating the value function," NIPS.

[Brockman2016] Greg Brockman et al., "OpenAI Gym," arXiv:1606.01540.

[Brohan2022] Anthony Brohan et al., "RT-1: robotics transformer for real-world control at scale," arXiv:2212.06817v2.

[Brohan2023] Anthony Brohan et al., "RT-2: vision-language-action models transfers web knowledge to robotic control," arXiv:2307.15818.

[Bronstein2022a] Eli Brostein et al., "Hierarchical model-based imitation learning for planning in autonomous driving," arXiv:2210.09539.

[Bronstein2022b] Eli Brobstein et al., "Embedding synthetic off-policy experience for autonomous driving via zero-shot curricula," arXiv:2212.01375.

[Brown2019] Noam Brown and Tuomas Sandholm, "Superhuman AI for multiplayer poker," Science.

[Bruce2024] Jake Bruce et al., "Genie: generative interactive environments," arXiv:2402.15391.

[Brugmann1993] Bernd Brugmann, "Monte Carlo Go," Technical Report, Department of Physics, Syracuse University.

[Brunskill2025] Emma Brunskill, "Stanford CS245: reinforcement learning," https://web.stanford.edu/class/cs234/.

[Bubeck2023] S. Bubeck et al., "Sparks of artificial general intelligence: early experiments with GPT-4," arXiv:2303.12712.

[Cao2020] Di Cao et al., "Reinforcement learning and its applications in modern power and energy systems: a review," Journal of Modern Power Systems and Clean Energy.

[Celemin2022] Carlos Celemin et al., "Interactive imitation learning in robotics: a survey," arXiv:2211.00600.

[Charpentier2021] Arthur Charpentier, Romuald Elie, and Carl Remlinger, "Reinforcement learning in economics and finance," Computational Economics (arXiv:2003.10014).

[Chatterjee2024] Soumo Chatterjee, "7 applications of reinforcement learning in finance and trading," Neptune.ai blog(https://neptune.ai/blog/7-applications-of-reinforcement-learning-in-finance-and-trading).

[Chatti2024] Mohamed Amine Chatti, Mouadh Guesmi, and Arham Muslim, "Visualization for recommendation explainability: a survey and new perspectives," ACM Transactions on Interactive Intelligent Systems.

[Chen2021] Lili Chen et al., "Decision Transformer: reinforcement learning via sequence modeling," NeurIPS (arXiv:2106.01342v2).

[Chen2024a] Li Chen et al., "End-to-end autonomous driving: challenges and frontiers," IEEE PAMI.

[Chen2024b] Tao Chen et al., "Empowering agrifood system with artificial intelligence: a survey of the progress, challenges and opportunities," ACM Computing Surveys.

[Chen2025] William Chen et al., "Training strategies for efficient embodied reasoning," arXiv:2505.08243v1.

[Chitta2023] Kashyap Chitta et al., "TransFuser: imitation with transformer-based sensor fusion for autonomous driving," IEEE PAMI.

[Christiano2017] P. F. Christiano et al., "Deep reinforcement learning from human feedback," NIPS.

[Christodoulou2019] Petros Christodoulou, "Soft actor-critic for discrete action settings," arXiv:1910.07207v2.

[Chung2021] Wesley Chung, Valentin Thomas, Marlos C. Machado, and Nicolas Le Roux, "Beyond variance reduction: understanding the true impact of baselines on policy optimization," ICML.

[Collins2021] Jack Collins, Shelvin Chand, Anthony Vanderkop, and David Howard, "A review of physics simulators for robotic applications," IEEE Access.

[Cormen2022] Thomas H. Cormen, Charles E. Leiserson, Ronald L. Rivest, and Clifford Stein, Introduction to Algorithms, 4th Edition, The MIT Press.

[Coulom2006] Remi Coulom, "Efficient selectivity and backup operators in Monte Carlo tree search," International Conference on Computers and Games.

[Coumans2015] Erwin Coumans, "Bullet physics simulation," ACM SIGGRAPH2015 courses.

[Coumans2016] Erwin Coumans, "PyBullet, a python module for physics simulation for games, robotics and machine learning," http://pybullet.org.

[Cover2006] Thomas M. Cover and Joy A. Thomas, Elements of Information Theory, 2nd Edition, Wiley.

[Covington2016] Paul Covington, Jay Adams, and Emre Sargin, "Deep neural networks for YouTube recommendations," ACM Conference on Recommender Systems.

[Cui2023] Can Cui et al., "A survey on multimodal large language models for autonomous driving," arXiv:2311.12320.

[Da2025] Longchao Da et al., "A survey of sim-to-real methods in RL: progress, prospects, and challenges with foundation models," arXiv:2502.13187v3.

[D'Ambrosio2024] David B. D'Ambrosio et al., "Achieving human level competitive robot table tennis," arXiv:2408.03906v2.

[DeepMind2022] DeepMind "Open-sourcing MuJoCo," https://deepmind.google/discover/blog/open-sourcing-mujoco/.

[DeepMind2025] DeepMind(Robotics Research team), "Gemini Robotics: bringing AI into the physical world," arXiv:2503.20020.

[Degris2012] Thomas Degris, Martha White, and Richard S. Sutton, "Off-policy actor-critic," ICML.

[Deng2009] Jia Deng et al., "ImageNet: a large-scale hierarchical image database," CVPR.

[Dong2020] Hao Dong, Zihan Ding, and Shanghang Zhang (Edited), Deep Reinforcement Learning: Fundamentals, Research and Applications," Springer.

[Doshi2024] Ria Doshi, Homer Walke, Oier Mees, Sudeep Dasari, and Sergey Levine, "Scaling cross-embodiment learning: one policy for manipulation, navigation, locomotion and aviation," CoRL (arXiv2408.11812).

[Dreyfus2002] Stuart Dreyfus, "Richard Bellman on the birth of dynamic programming," Operations Research.

[Du2023] Yuqing Du et al., "Guiding pretraining in reinforcement learning with large language models," ICML.

[Duan2016] Yan Duan, Xi Chen, Rein Houthooft, and Pieter Abbeel, "Benchmarking deep reinforcement learning for continuous control," ICML.

[Dussauge2023] Thomas P. Dussauge, Woong Je Sung, Olivia J. Pinon Fischer, and Dimitri N. Mavris, "A reinforcement learning approach to airfoil shape optimization," Scientific Reports.

[Eckhardt1987] Roger Eckhardt, "Stan Ulam, John von Neumann, and the Monte Carlo method," Los Alamos Science.

[Edwards2019] Ashley D. Edwards, Himanshu Sahni, Yannick Schroecker, and Charles L. Isbell, "Imitating latent policies from observation," ICML (arXiv:1805.07914v3).

[Eimer2023] Theresa Eimer, Marius Lindauer, and Roberta Raileanu, "Hyperparameters in reinforcement learning and how to tune them," arXiv:2306.01324.

[Engstrom2019] Logan Engstrom et al., "Implementation matters in deep policy gradients: a case study on PPO and TRPO," ICLR.

[Espeholt2018] Lasse Espeholt et al., "IMPALA: scalable distributed deep-RL with importance weighted actor-learner architectures," ICML.

[Espeholt2020] Lasse Espeholt, Raphael Marinier, Piotr Stanczyk, Ke Wang, and Marcin Michalski, "SEED RL: scalable and efficient deep-RL with accelerated central inference," ICLR.

[Fang2019] Bin Fang et al., "Survey of imitation learning for robotic manipulation," International Journal of Intelligent Robotics and Applications.

[Fawzi2022] Alhussein Fawzi et al., "Discovering faster matrix multiplication algorithms with reinforcement learning," Nature.

[Fedus2020] William Fedus et al., "Revisiting fundamentals of experience replay," ICML (arXiv:2007.06700v1).

[Feng2023] Shuo Feng et al., "Dense reinforcement learning for safety validation of autonomous vehicles," Nature.

[Feng2024] Xidong Feng et al., "Natural language reinforcement learning," arXiv:2402.07157v2.

[Finn2016] Chelsea Finn, Paul Christiano, Pieter Abbeel, and Sergey Levine, "A connection between generative adversarial networks, inverse reinforcement learning, and energy-based models," arXiv:1611.03852v3.

[Firoozi2023] Roya Firoozi et al., "Foundation models in robotics: applications, challenges, and the future," arXiv:2312.07843.

[Francois-Lavet2018] Vincent Francois-Lavet et al., "An introduction to deep reinforcement learning," Foundations and Trends in Machine Learning.

[Fu2018] Justin Fu, Katie Luo, and Sergey Levine, "Learning robust rewards with adversarial inverse reinforcement learning," ICLR.

[Fujimoto2018] Scott Fujimoto, Herke van Hoof, and David Meger, "Addressing function approximation error in actor-critic methods," ICML.

[Geman2012] Stuart Geman, Elie Bienenstock, and Rene Doursat, "Neural networks and the bias/variance dilemma," Neural Computation.

[Gemini-team2023] Gemini team, "Gemini: a family of highly capable multimodal models," arXiv:2312.11805.

[Ghosh2024] Dibya Ghosh et al., "Octo: an open-source generalist robot policy," arXiv:2405.12213v2.

[Goldenits2024] Georg Goldenits, Kevin Mallinger, Sebastian Raubitzek, and Thomas Neubauer, "Current applications and potential future directions of reinforcement learning-based digital twins in agriculture," Smart Agricultural Technology.

[Goodarzy2021] Sepideh Goodarzy, Maziyar Nazari, Richard Han, Eric Keller, and Eric Rozner, "SmartOS: towards automated learning and user-adaptive resource allocation in operating systems," ACM SIGOPS Asia-Pacific Workshop on Systems.

[Goodfellow2014] Ian J. Goodfellow et al., "Generative adversarial nets," NIPS (arXiv:1406.2661).

[Goodfellow2016] Ian J. Goodfellow, Yoshua Bengio, and Aaron Courville, Deep Learning, The MIT Press.

[Google2018] https://deepmind.google/discover/blog/safety-first-ai-for-autonomous-data-centre-cooling-and-industrial-control/.

[Graesser2020] Laura Graesser and Wah Loon Keng, Foundations of Deep Reinforcement Learning: Theory and Practice in Python, Addison-Wesley.

[Greensmith2004] Evan Greensmith, Peter L. Bartlett, and Jonathan Baxter, "Variance reduction techniques for gradient estimates in reinforcement learning," Journal of Machine Learning Research.

[Gronauer2022] Sven Gronauer and Klaus Diepold, "Multi-agent deep reinforcement learning: a survey," Artificial Intelligence Review.

[Grondman2012] Ivo Grondman, Lucian Busoniu, Gabriel A.D. Lopes, and Robert Babuska, "A survey of actor-critic reinforcement learning: standard and natural policy gradients," IEEE Transactions on Systems, Man and Cybernetics-Part C: Applications and Reviews.

[Guo2025] Yanjiang Guo et al., "Improving vision-language-action model with online reinforcement learning," IEEE ICRA (arXiv:2501.16664).

[Haarnoja2018a] Tuomas Haarnoja, Aurick Zhou, Pieter Abbeel, and Sergey Levine, "Soft actor-critic: off-policy maximum entropy deep reinforcement learning with a stochastic actor," ICML (arXiv:1801.01290v2).

[Haarnoja2018b] Tuomas Haarnoja et al., "Soft actor-critic algorithms and applications," arXiv:1812.05905v2.

[Haarnoja2019] Tuomas Haarnoja et al., "Learning to walk via deep reinforcement learning," Robotics: Sciences and System (arXiv:1812.11103).

[Hafner2020] Danijar Hafner, Timothy Lillicrap, Jimmy Ba, and Mohammad Norouzi, "Dream to control: learning behaviors by latent imagination," ICLR (arXiv:1912.01603v3).

[Hafner2023] Danijar Hafner, Jurgis Pasukonis, Jimmy Ba, and Timothy Lillicrap, "Mastering diverse domains through world models," arXiv:2301.04104v2.

[Hafner2025] Danijar Hafner, Jurgis Pasukonis, Jimmy Ba, and Timothy Lillicrap, "Mastering diverse control tasks through world models," Nature.

[Hamalainen2018] Perttu Hamalainen, Amin Babadi, Xiaoxiao Ma, and Jaakko Lehtinen, "PPO-CMA: proximal policy optimization with covariance matrix adaptation," arXiv:1810.02541v9.

[Hambly2023] Ben Hambly, Renyuan Xu, and Huining Yang, "Recent advances in reinforcement learning in finance," Mathematical Finance.

[Hasselt2010] Hado van Hasselt, "Double Q-learning," NeurIPS.

[Hasselt2016] Hado van Hasselt, Arthur Guez, and David Silver, "Deep reinforcement learning with double Q-learning," AAAI (arXiv:1509.06461v3).

[He2025] Tairan He et al., "ASAP: aligning simulation and real-world physics for learning agile humanoid whole-body skills," arXiv:2502.01143v2.

[Henderson2017] Peter Henderson et al., "Deep reinforcement learning that matters," AAAI (arXiv:1709.06560).

[Henderson2018] Peter Henderson, Joshua Romoff, and Joelle Pineau, "Where did my optimum go?: an empirical analysis of gradient descent optimization in policy gradient methods," European Workshop on Reinforcement Learning (arXiv:1810.02525).

[Hessel2018] Matteo Hessel et al., "Rainbow: combining improvements in deep reinforcement learning," AAAI (arXiv:1710.02298).

[Ho2016] Jonathan Ho and Stefano Ermon, "Generative adversarial imitation learning," NIPS.

[Hornik1989] Kurt Hornik, Maxwell Stinchcombe, and Halbert White, "Multilayer feedforward networks are universal approximator," Neural Networks.

[Hou2022] Shengren Hou, Edgar Mauricio Salazar, Pedro P. Vergara, and Peter Palensky, "Performance comparison of deep RL algorithms for energy systems optimal scheduling," arXiv:2208.00728.

[Hu2023] Anthony Hu et al., "GAIA-1: a generative world model for autonomous driving," arXiv:2309.17080.

[Huang2019] Zhewei Huang, Wen Heng, and Shuchang Zhou, "Learning to paint with model-based deep reinforcement learning," CVPR.

[Huang2022a] Shengyi Huang et al., "The 37 implementation details of proximal policy optimization," https://iclr-blog-track.github.io/2022/03/25/ppo-implementation-details/.

[Huang2022b] Wenlong Huang et al., "Inner monologue: embodied reasoning through planning with language models," CoRL (arXiv2207.05608).

[Huh2023] Dom Huh and Prasant Mohapatra, "Multi-agent reinforcement learning: a comprehensive survey," arXiv:2312.10256.

[Hussein2017] Ahmed Hussein, Mohamed Medhat Gaber, Eyad Elyan, and Chrisina Jayne, "Imitation learning: a survey of learning methods," ACM Computing Surveys.

[Hwang2024] Jyh-Jing Hwang et al., "EMMA: end-to-end multimodal model for autonomous driving," arXiv: 2410.23262v2.

[Ibrahim2024] Sinan Ibrahim, Mostafa Mostapa, Ali Jnadi, and Pavel Osinenko, "Comprehensive overview of reward engineering and shaping in advancing reinforcement learning applications," IEEE Access (arXiv:2408.10215).

[Igl2023] Maximilian Igl et al., "Hierarchical imitation learning for stochastic environments," arXiv:2309.14003v1.

[Ipek2008] Engin Ipek, Onur Mutlu, Jose F. Martinez, and Rich Caruana, "Self-organizing memory controllers: a reinforcement learning approach," International Symposium on Computer Architecture.

[Islam2017] Riashat Islam, Peter Henderson, Maziar Gomrokchi, and Doina Precup, "Reproducibility of benchmarked deep reinforcement learning tasks for continuous control," ICML (arXiv:1708.04133).

[Jaeger2023] Bernhard Jaeger and Andreas Geiger, "An invitation to deep reinforcement learning," arXiv:2312.08365.

[Jaegle2021] Andrew Jaegle et al., "Perceiver: general perception with iterative attention," ICML.

[Januszewski2024] Piotr Januszewski, "Best benchmarkings for reinforcement learning: the ultimate list," Neptune.ai blog.

[Jordan2020] Scott M. Jordan, Yash Chandak, Daniel Cohen, Mengxue Zhang, and Philip S. Thomas, "Evaluating the performance of reinforcement learning algorithms," arXiv:2006.16958v2.

[Jurafsky2023] D. Jurafsky and J.H. Martin, Speech and Language Processing, 3rd edition (무료 draft version at https://web.stanford.edu/~jurafsky/slp3/).

[Kaelbling1996] Leslie Kaelbling, Michael L. Littman, and Andrew W. Moore, "Reinforcement learning: a survey," Journal of Artificial Intelligence Research.

[Kallenberg2023] Michiel G. J. Kallenberg, Hiske Overweg, Ron van Bree, and Ioannis N. Athanasiadis, "Nitrogen management with reinforcement learning and crop growth models," Environmental Data Science.

[Kashyap2022] Rohan V. Kashyap, "A survey of deep learning optimizers-first and second order methods," arXiv:2211.15596v2.

[Kaufmann2023] Timo Kaufmann, Paul Weng, Viktor Bengs, and Eyke Hullermeier, "A survey of reinforcement learning from human feedback," arXiv:2312.14925v2.

[Kendall2018] Alex Kendall et al., "Learning to drive in a day," IEEE ICRA (arXiv:1807.00412v2).

[Khan2024] Salman Khan et al., "ROAD-Waymo: action awareness at scale for autonomous driving," arXiv:2411.01683v2.

[Kim2024] Moon Jin Kim et al., "OpenVLA: an open-source vision-language-action model," arXiv:2406.09246v3.

[Kiran2022a] B. Ravi Kiran et al., "Deep reinforcement learning for autonomous driving: a survey," IEEE Transactions on Intelligent Transportation Systems.

[Kiran2022b] Mariam Kiran and Melis Ozyildirim, "Hyperparameter tuning for deep reinforcement learning applications," arXiv:2201.11182.

[Klaiber2023] Janice Klaiber and Clemens Van Dinther, "Deep learning for variable renewable energy: a systematic review," ACM Computing Surveys.

[Klepach2025] Albina Klepach et al., "Object-centric latent action learning," arXiv:2502.09680.

[Kocsis2006] Levente Kocsis and Csaba Szepesvari, "Bandit based Monte Carlo planning," ECML.

[Koju2025] Saurabh Koju et al., "Surgical vision world model," arXiv:2503.02904.

[Konda1999a] Vijaymohan R. Konda and Vivek S. Borkar, "Actor-critic like learning algorithms for Markov decision processes," SIAM Journal on Control and Optimization.

[Konda1999b] Vijaymohan R. Konda and John N. Tsitsiklis, "Actor-critic algorithms," NIPS.

[Krizhevsky2012] Alex Krizhevsky, Ilya Sutskever, and Geoffrey E. Hinton, "ImageNet classification with deep convolutional neural networks," NIPS.

[Kwiatkowski2022] Ariel Kwiatkowski et al., "A survey on reinforcement learning methods in character animation," Eurographics.

[Kwon2023] Minae Kwon, Sang Michael Xie, Kalesha Bullard, and Dorsa Sadigh, "Reward design with language models," ICLR.

[Ladosz2022] Pawel Ladosz, Lilian Weng, Minwoo Kim, and Hyondong Oh, "Exploration in deep reinforcement learning: a survey," arXiv:2205.00824.

[Lake2017] Brenden M. Lake, Tomer D. Ullman, Joshua B. Tenenbaum, and Samuel J. Gershman, "Building machines that learn and think like people," Behavioral and Brain Sciences (arXiv:1604.00289v3).

[Lapan2024] Maxim Lapan, Deep Reinforcement Learning Hands-on: A Practical and Easy-to-follow Guide to RL from Q-learning and DQN to PPO and RLHF, 3rd Edition, Packt.

[Laurencon2024] Hugo Laurencon, Leo Tronchon, Matthieu Cord, and Victor Sanh, "What matters when building vision-language models?," NeurIPS (arXiv:2405.02246v1).

[Le2022] Ngan Le et al., "Deep reinforcement learning in computer vision: a comprehensive survey," Artificial Intelligence Review.

[LeCun1998] Yann LeCun, Leon Bottou, Yoshua Bengio, Patrick Haffner, "Gradient-based learning applied to document recognition," Proceedings of IEEE.

[LeCun2015] Yann LeCun, Yoshua Bengio, and Geoffrey Hinton, "Deep learning," Nature.

[Levine2024] Sergey Levine and Karol Hausman, "The global project to make a general robotic brain," IEEE Spectrum.

[Li2018] Yuxi Li, "Deep reinforcement learning," arXiv:1810.06339.

[Li2023a] Shengbo Eben Li, Reinforcement Learning for Sequential Decision and Optimal Control, Springer.

[Li2023b] Wenzhe Li et al., "A survey on transformers in reinforcement learning," Transactions on Machine Learning Research.

[Lillicrap2016] Timothy Lillicrap et al., "Continuous control with deep reinforcement learning," ICLR.

[Lin1992] Long-Ji Lin, "Self-improving reactive agents based on reinforcement learning, planning and teaching," Machine Learning.

[Lin1993] Long-Ji Lin, "Reinforcement learning for robots using neural networks," PhD Thesis, Carnegie Mellon University.

[Lin2025] Yixin Lin et al., "Proc4Gem: foundation models for physical agency through procedural generation," arXiv:2503.08593v1.

[Liu2018] YuXuan Liu, Abhishek Gupta, Pieter Abbeel, and Sergey Levine, "Imitation from observation: learning to imitate behaviors from raw video via context translation," IEEE ICRA (arXiv:1707.03374v2).

[Liu2020] Liang Liu et al., "Weighing counts: sequential crowd counting by reinforcement learning," ECCV.

[Liu2024] Yang Liu et al., "Aligning cyber space with physical world: a comprehensive survey on embodied AI," arXiv:2407.06886v7.

[Loper2015] Matthew Loper, Naureen Mahmood, Javier Romero, Gerard Pons-Moll, and Michael J. Black, "SMPL: a skinned multi-person linear model," ACM Transactions on Graphics.

[Lu2022] Yiren Lu et al., "Imitation is not enough: robustifying imitation with reinforcement learning for challenging driving scenarios," arXiv:2212.11419.

[Lu2024] Chris Lu, Cong Lu, Robert Tjarko Lange, Jakob Foerster, Jeff Clune, and David Ha, "The AI Scientist: towards fully automated open-ended scientific discovery," arXiv:2408.06292.

[Luketina2019] Jelena Luketina et al., "A survey of reinforcement learning informed by natural language," IJCAI.

[Luo2022] Jerry Luo et al., "Controlling commercial cooling systems using reinforcement learning," arXiv:2211.07357.

[Ma2024] Yueen Ma, Zixing Song, Yuzheng Zhuang, Jianye Hao, and Irwin King, "A survey on vision-language-action models for embodied AI," arXiv:2405.14093v4.

[Machado2018] Marlos Machado et al., "Revisiting the arcade learning environment: evaluation protocols and open problems for general agents," Journal of Artificial Intelligence Research.

[Malik2023] Ali Ahmad Malik, Tariq Masood, and Alexander Brem, "Intelligent humanoids in manufacturing to address worker shortage and skill gaps: case of Tesla's Optimus," arXiv:2304.04949.

[McCloskey1989] Michael McCloskey and Neal J. Cohen, "Catastrophic interference in connectionist networks: the sequential learning problem," Psychology of Learning and Motivation.

[Mero2022] Luc Le Mero, Dewei Yi, Mehrdad Dianati, and Alexandros Mouzakitis, "A survey on imitation learning techniques for end-to-end autonomous vehicles," IEEE Transactions on Intelligent Transportation Systems.

[Metropolis1987] Nicholas Metropolis, "The beginning of the Monte Carlo method," Los Alamos Science.

[Mi2021] Lu Mi et al., "HDMapGen: a hierarchical graph generative model of high definition maps," arXiv:2106.14880.

[Mnih2013] Volodymyr Mnih et al., "Playing Atari with deep reinforcement learning," NIPS Workshop (arXiv:1312.5602).

[Mnih2015] Volodymyr Mnih et al., "Human-level control through deep reinforcement learning," Nature.

[Mnih2016] Volodymyr Mnih et al., "Asynchronous methods for deep reinforcement learning," ICML.

[Montavon2012] Gregoire Montavon, Genevieve B. Orr, and Klaus-Robert Muller, Neural Networks: Tricks of the Trade, 2nd Edition, Springer.

[Moore1990] Andrew William Moore, "Efficient memory-based learning for robot control," Technical Report, UCAM-CL-TR-209.

[Morales2020] Miguel Morales, Grokking Deep Reinforcement Learning, Manning Publications.

[Moravcik2017] Matej Moravcik et al., "DeepStack: expert-level artificial intelligence in heads-up no-limit poker," Science.

[Naghibi-Sistani2006] M. B. Naghibi-Sistani, M. R. Akbarzadeh-Tootoonchi, M. H. Javidi-Dashte Bayaz, and H. Rajabi-Mashhadi, "Application of Q-learning with temperature variation for bidding strategies in market based power systems," Energy Conversion and Management.

[Nan2025] Jiangfeng Nan et al., "Safe and interpretable human-like planning with transformer-based deep inverse reinforcement learning for autonomous driving," IEEE Transactions on Automation Science and Engineering.

[Ng1999] Andrew Y. Ng, Daishi Harada, and Stuart Russell, "Policy invariance under reward transformations: theory and application to reward shaping," ICML.

[Ng2000] Andrew Y. Ng and Stuart Russell, "Algorithms for inverse reinforcement learning," ICML.

[Nikulin2025] Alexander Nikulin et al., "Latent action learning requires supervision in the presence of distractors," ICLR Workshop (arXiv:2502.00379v2).

[Niv2009] Yael Niv, "Reinforcement learning in the brain," Journal of Mathematical Psychology.

[Oh2018] Junhyuk Oh, Yijie Guo, Satinder Singh, and Honglak Lee, "Self-imitation learning," ICML.

[OpenAI2019] OpenAI, "Dota 2 with large scale deep reinforcement learning," arXiv:1912.06680.

[Open-Ended Learning Team2021] Open-Ended Learning Team, "Open-ended learning leads to generally capable agents," arXiv:2107.12808v2.

[Open X-Embodiment2023] Open X-Embodiment Collaboration, "Open X-embodiment: robotic learning datasets and RT-X models," arXiv:2310.08864.

[Osa2018] Takayuki Osa et al., "An algorithmic perspective on imitation learning," Foundations and Trends in Robotics.

[Ouyang2022] L. Ouyang et al., "Training language models to follow instructions with human feedback," arXiv:2203.02155.

[Ozaibi2024] Youssef Al Ozaibi, Manolo Dulva Hina, and Amar Ramdane-Cherif, "End-to-end driving in CARLA: a survey," IEEE Access.

[Parker-Holder2024] Jack Parker-Holder et al., "Genie 2: a large-scale foundation world model," DeepMind Blog.

[Patterson2024] Andrew Patterson, Samuel Neumann, Martha White, and Adam White, "Empirical design in reinforcement learning," Journal of Machine Learning Research.

[Peng2017] Xue Bin Peng, Marcin Andrychowicz, Wojciech Zaremba, and Pieter Abbeel, "Sim-to-real transfer of robotic control with dynamics randomization," IEEE ICRA.

[Peng2018] Xue Bin Peng, Pieter Abbeel, Sergey Levine, Michiel van de Panne, "DeepMimic: example-guided deep reinforcement learning of physics-based character skills," ACM Transactions on Graphics (arXiv:1804.02717).

[Perera2021] A. T. D. Perera and Parameswaran Kamalaruban, "Applications of reinforcement learning in energy systems," Renewable and Sustainable Energy Reviews.

[Pomerleau1988] Dean A. Pomerleau, "ALVINN: an autonomous land vehicle in a neural network," NIPS.

[Rafailov2023] Rafael Rafailov et al., "Direct preference optimization: your language model is secretly a reward model," NeurIPS.

[Rajpurkar2022] Pranav Rajpurkar, Emma Chen, Oishi Banerjee, and Eirc J. Topol, "AI in health and medicine," Nature Medicine.

[Razzaghi2024] Pouria Razzaghi et al., "A survey on reinforcement learning in aviation applications," Engineering Applications of Artificial Intelligence.

[Reddy2018] Gautam Reddy, Antonio Celani, Terrence J. Sejnowski, and Massimo Vergassola, "Learning to soar in turbulent environments," PNAS.

[Reed2022] Scott Reed et al., "A generalist agent," Transactions on Machine Learning research (arXiv:2205.06175v3).

[Riedmiller2005] Martin Riedmiller, "Neural fitted q iteration-first experience with a data efficient neural reinforcement learning method," ECML.

[Rizzolatti2010] Giacomo Rizzolatti and Corrado Sinigaglia, "The functional role of the parieto-frontal mirror circuit: interpretations and misinterpretations," Nature Reviews Neuroscience.

[Rosenblatt1958] Frank Rosenblatt, "The Perceptron: a probabilistic model for information storage and organization in the brain," Psychological Review.

[Ross2011] Stephane Ross, Geoffrey J. Gordon, and J. Andrew Bagnell, "A reduction of imitation learning and structured prediction to no-regret online learning," AISTATS.

[Rumelhart1986] David E. Rumelhart et al., Parallel Distributed Processing: Explorations in the Microstructure of Cognition, The MIT Press.

[Rummery1994] G. A. Rummery and M. Niranjan, "On-line Q-learning using connectionist systems," Technical Report, Cambridge University.

[Ruparelia2023] Nayan Ruparelia, Cloud Computing, The MIT Press.

[Russell1998] Stuart Russell, "Learning agents for uncertain environments," Annual Conference on Learning Theory.

[Russell2022] Stuart Russell and Peter Norvig, Artificial Intelligence: A Modern Approach, 4th Edition, Pearson.

[Samuel1959] Arthur Samuel, "Some studies in machine learning using the game of Checkers," IBM Journal of Research and Development.

[Schmidt2021] Robin M. Schmidt, Frank Schneider, and Philipp Hennig, "Descending through a crowded valley-benchmarking deep learning optimizers," ICML (arXiv:2007.01547v6).

[Schmidt2023] Dominik Schmidt and Minqi Jiang, "Learning to act without actions," ICLR (arXiv:2312.10812v2).

[Schrittwieser2020] Julian Schrittwieser et al., "Mastering Atari, Go, chess and shogi by planning with a learned model," Nature (arXiv:1911.08265).

[Schulman2015] John Schulman, Sergey Levine, Philipp Moritz, Michael I. Jordan, and Pieter Abbeel, "Trust region policy optimization," ICML.

[Schulman2016] John Schulman, Philipp Moritz, Sergey Levine, Michael I. Jordan, and Pieter Abbeel, "High-dimensional continuous control using generalized advantage estimation," ICLR.

[Schulman2017] John Schulman, Filip Wolski, Prafulla Dhariwal, Alec Radford, Oleg Klimov, "Proximal policy optimization algorithms," arXiv:1707.06347v2.

[Sermanet2017] Pierre Sermanet et al., "Time-contrastive networks: self-supervised learning from video," CVPR Workshop (arXiv:1704.06888v3).

[Shakya2023] Ashish Kumar Shakya, Gopinatha Pillai, and Sohom Chakrabarthy, "Reinforcement learning algorithms: a brief survey," Expert Systems with Applications.

[Shi2023] Lucy Xiaoyang Shi, Archit Sharma, Tony Z. Zhao, and Chelsea Finn, "Waypoint-based imitation learning for robotic manipulation," CoRL.

[Silver2014] David Silver et al., "Deterministic policy gradient algorithms," ICML.

[Silver2016] David Silver et al., "Mastering the game of Go with deep neural networks and tree search," Nature.

[Silver2017] David Silver et al., "Mastering the game of Go without human knowledge," Nature.

[Silver2018] David Silver et al., "A general reinforcement learning algorithm that masters chess, shogi, and Go through self-play," Science.

[Silver2021] David Silver, Satinde Singh, Doina Precup, and Richard S. Sutton, "Reward is enough," Artificial Intelligence.

[Singh2021] Bharat Singh, Rajesh Kumar, and Vinay Pratap Singh, "Reinforcement learning in robotic applications: a comprehensive survey," Artificial Intelligence Review.

[Stiennon2020] Nisan Stiennon et al., "Learning to summarize from human feedback," NeurIPS.

[Strickland2025] Eliza Strickland and Evan Ackerman, "With Gemini Robotics, Google aims for smarter robots," IEEE Spectrum.

[Summerscales2023] Owen Summerscales, "Hitting the jackpot: the birth of the Monte Carlo method," https://www.lanl.gov/media/publications/actinide-research-quarterly/1123-hitting-the-jackpot-the-birth-of-the-monte-carlo-method.

[Sun2024] Zhiqing Sun et al., "SALMON: self-alignment with instructable reward models," ICLR.

[Sutskever2014] Ilya Sutskever, Oriol Vinyals, and Quoc V. Le, "Sequence to sequence learning with neural networks," NIPS (arXiv:1409.3215v3).

[Sutton1988] Richard S. Sutton, "Learning to predict by the methods of temporal difference," Machine Learning.

[Sutton1999] Richard S. Sutton, David McAllester, Satinder Singh, and Yishay Mansour, "Policy gradient methods for reinforcement learning with function approximation," NIPS.

[Sutton2018] Richard S. Sutton and Andrew G. Barto, Reinforcement Learning: An Introduction, 2nd Edition, The MIT Press.

[Szepesvari2009] Csaba Szepesvari, Algorithms for Reinforcement Learning, Morgan&Claypool Publishers.

[Tang2024] Chen Tang et al., "Deep reinforcement learning for robotics: a survey of real-world successes," Annual Review of Control, Robotics, and Autonomous Systems (arXiv:2408.03539).

[Tesauro1992] Gerald Tesauro, "Practical issues in temporal difference learning," Machine Learning.

[Tesauro1995] Gerald Tesauro, "Temporal difference learning and TD-Gammon," CACM.

[Thrun1993] Sebastian Thrun and Anton Schwartz, "Issues in using functional approximation for reinforcement learning," Proceedings of the Fourth Connectionist Models Summer School.

[Tian2022] Yingjie Tian and Yuqi Zhang, "A comprehensive survey on regularization strategies in machine learning," Information Fusion.

[Tobin2017] Josh Tobin et al., "Domain randomization for transferring deep neural networks from simulation to the real world," IEEE IROS.

[Todorov2012] Emanuel Todorov, Tom Erez, and Yuval Tassa, "MuJoCo: a physics engine for model-based control," IEEE IROS.

[Toner-Rodgers2024] Aidan Toner-Rodgers, "Artificial intelligence, scientific discovery, and product innovation," arXiv:2412.17866.

[Torabi2018] Faraz Torabi, Garrett Warnell, and Peter Stone, "Behavioral cloning from observation," IJCAI.

[Torabi2019] Faraz Torabi, Garrett Warnell, and Peter Stone, "Generative adversarial imitation from observation," ICML Workshop (arXiv:1807.06158v4).

[Towers2024] Mark Towers et al., "Gymnasium: a standard interface for reinforcement learning environments," arXiv:2407.17032.

[Tsitsiklis1997] John N. Tsitsiklis and Benjamin Van Roy, "An analysis of temporal-difference learning with function approximation," IEEE Transactions on Automatic Control.

[Tucker2018] George Tucker et al., "The mirage of action-dependent baselines in reinforcement learning," arXiv:1802.10031.

[Vaswani2017] Ahish Vaswani et al., "Attention is all you need," NIPS (arXiv:1706.03762).

[Vazquez-Canteli2019] Jose R. Vazquez-Canteli and Zoltan Nagy, "Reinforcement learning for demand response: a review of algorithms and modeling techniques," Applied Energy.

[Vecerik2017] Mel Vecerik et al., "Leveraging demonstrations for deep reinforcement learning on robotics problems with sparse rewards," arXiv:1707.08817v2.

[Vinyals2019] Oriol Vinyals et al., "Grandmaster level in StarCraft II using multi-agent reinforcement learning," Nature.

[Wan2025] Yi Wan, Dmytro Korenkevych, and Zheqing Zgu, "An empirical study of deep reinforcement learning in continuing tasks," arXiv:2501.06937.

[Wang2023] Hanchen Wang et al., "Scientific discovery in the age of artificial intelligence," Nature.

[Wang2024a] Xu Wang et al., "Deep reinforcement learning: a survey," IEEE Transactions on Neural Networks and Learning Systems.

[Wang2024b] Zhichao Wang et al., "A comprehensive survey of LLM alignment techniques: RLHF, RLAIF, PPO, DPO and more," arXiv:2407.16216.

[Watkins1989] Christopher J. C. H. Watkins, "Learning from delayed rewards," PhD Thesis, University of Cambridge.

[Watkins1992] Christopher J. C. H. Watkins, "Q-learning," Machine Learning.

[Wawrzynski2009] Pawel Wawrzynski, "A cat-like robot real-time learning to run," ICANNGA(LNCS 5495).

[Waymo2025] https://waymo.com/.

[Weng2025] Lilian Weng, https://lilianweng.github.io.

[Williams1992] Ronald J. Williams, "Simple statistical gradient-following algorithms for connectionist reinforcement learning," Machine Learning.

[Won2020] Dong-Ok Won, Klaus-Robert Muller, and Seong-Whan Lee, "An adaptive deep reinforcement learning framework enables curling robots with human-like performance in real-world conditions," Science Robotics.

[Wu2017] Yohuai Wu, Elman Mansimov, Shun Liao, Alec Radford, and John Schulman, "OpenAI baselines: ACKTR and A2C," OpenAI blog(https://openai.com/index/openai-baselines-acktr-a2c/).

[Wu2022] Philipp Wu, Alejandro Escontrela, Danijar Hafner, Ken Goldberg, and Pieter Abbeel, "DayDreamer: world models for physical robot learning," arXiv:2206.14176.

[Wu2024] Yue Wu et al., "Self-play preference optimization for language model alignment," arXiv:2405.00675.

[Wulfmeier2015] Markus Wulfmeier, Peter Ondruska, and Ingmar Posner, "Maximum entropy deep reinforcement learning," arXiv:1507.04888v3.

[Xiao2024] Zhiqing Xiao, Reinforcement Learning: Theory and Python Implementation, Springer and China Machine Press.

[Xing2024] Zhen Xing et al., "A survey on video diffusion models," ACM Computing Surveys (arXiv:2310.10647v2).

[Xiu2023] Xi Xiu, Jialun Li, Yujie Long, and Weigang Wu, "MRLCC: an adaptive cloud task scheduling method based on meta reinforcement learning," Journal of Cloud Computing.

[Xu2020] Mingxing Xu et al., "Spatial-temporal transformer networks for traffic flow forecasting," arXiv:2001.02908v2.

[Yang2015] Sarah Yang, "New deep learning technique enables robot mastery of skills via trial and error," UC Berkeley News(https://news.berkeley.edu/2015/05/21/deep-learning-robot-masters-skills-via-trial-and-error).

[Yang2023] Zhenjie Yang, Xiaosong Jia, Hongyang Li, and Junchi Yan, "LLM4Drive: a survey of large language models for autonomous driving," arXiv:2311.01043v4.

[Ye2025] Seonghyeon Ye et al., "Latent action pretraining from videos," ICLR.

[Yu2019] Tianhe Yu et al., "Meta-world: a benchmark and evaluation for multi-task and meta reinforcement learning," arXiv:1910.10897v2.

[Yu2021] Chao Yu, Jiming Liu, Shamim Nemati, and Guosheng Yin, "Reinforcement learning in healthcare: a survey," ACM Computing Surveys.

[Zadaianchuk2023] Andrii Zadaianchuk, Maximilian Seitzer, and Georg Martius, "Object-centric learning for real-world videos by predicting temporal feature similarities," NeurIPS (arXiv:2306.04829v2).

[Zare2024] Maryam Zare, Parham M. Kebria, Abbas Khosravi, and Saeid Nahavandi, "A survey of imitation learning: algorithms, recent developments, and challenges," IEEE Transactions on Cybernetics.

[Zhang2019] Marvin Zhang et al., "SOLAR: deep structured representations for model-based reinforcement learning," ICML.

[Zhang2020] Yongfeng Zhang and Xu Chen, "Explainable recommendation: a survey and new perspectives," Foundations and Trends in Information Retrieval.

[Zhang2022] Jimuyang Zhang, Ruizhao Zhu, and Eshed Ohn-Bar, "SelfD: self-learning large-scale driving policies from the web," CVPR.

[Zhang2024a] Yifan Zhang, Xinkui Zhao, Jianwei Yin, Lufei Zhang, and Zuoning Chen, "Operating system and artificial intelligence: a systematic review," arXiv:2407.14567.

[Zhang2024b] Aston Zhang, Zachary C. Lipton, Mu Li, and Alexander J. Smola, Dive into Deep Learning, Cambridge University Press.

[Zhao2020] Wenshuai Zhao, Jorge Pena Queralta, and Tomi Westerlund, "Sim-to-real transfer in deep reinforcement learning for robotics: a survey," arXiv:2009.13303.

[Zhao2023] Wayne Xin Zhao et al., "A survey of large language models," arXiv:2303.18223v16.

[Zhou2021] S. Kevin Zhou, Hoang Ngan Le, Khoa Luu, Hien V. Nguyen, and Nicholas Ayache, "Deep reinforcement learning in medical imaging: a literature review," Medical Image Analysis.

[Zhou2022] Weitao Zhou et al., "Long-tail prediction uncertainty aware trajectory planning for self-driving vehicles," arXiv:2207.00788v2.

[Zhou2023] Zhehua Zhou et al., "Towards building AI-CPS with NVIDIA Isaac Sim: an industrial benchmark and case study for robotics manipulation," arXiv:2308.00055.

[Zhou2024] Guangyao Zhou, Wenhong Tian, Rajkumar Buyya, Ruini Xue, and Liang Song, "Deep reinforcement learning-based methods for resource scheduling in cloud computing: a review and future directions," Artificial Intelligence Review.

[Zhu2022] Zeyu Zhu and Huijing Zhao, "A survey of deep RL and IL for autonomous driving policy learning," IEEE Transactions on Intelligent Transportation Systems.

[Zhuang2023] Ziwen Zhuang et al., "Robot parkour learning," CoRL (arXiv:2309.05665v2).

[Zhuang2024] Ziwen Zhuang, Shenzhe Yao, and Hang Zhao, "Humanoid parkour learning," CoRL (arXiv:2406.10759v2).

[Ziebart2008] Brian D. Ziebart, Andrew Maas, J. Andrew Bagnell, and Anind K. Dey, "Maximum entropy inverse reinforcement learning," AAAI.

[Ziegler2019] D. M. Ziegler et al., "Fine-tuning language models from human feedback," arXiv:1909.08593.

찾아보기

ㅅ ㅇ

ㅈ ㅊ

A B

C D

F G

H I

L M

N O P Q